AF672254

Die Freiheit der Kunst

und

ihre Grenzen

Johannes E.R. Berthold

Die Freiheit der Kunst

und

ihre Grenzen

Ein methodisch-systematischer Versuch zu ergründen, wie man die Begriffe „Kunst, Kunstwerk und Künstler“ allumfassend, allgemeinverständlich und zeitlos definieren kann, um daran die Grenzen und den Missbrauch der Freiheit der Kunst durch manche Künstler zu demonstrieren. Die Ursachen und Beweggründe dieser Grenzverletzungen und dieses Missbrauchs werden dargestellt und erklärt.
Wer die Freiheit der Kunst missbraucht, überschreitet auch ihre Grenzen!
Besonders wird diese wissenschaftliche Abhandlung auch die Folgen für die Gesellschaft aus den Grenzverletzungen und dem Missbrauch dieser Freiheit aufzeigen.

Johannes E.R. Berthold

Dank meiner Frau Brigitta

war es mir möglich, dieses Buch zu schreiben. Sie war von früh bis spät bestrebt, mir die Zeit zu verschaffen, ohne die mein jahrelanges „Kunststudium“ und die Niederschrift der vorliegenden Arbeit nicht möglich gewesen wäre. In vielen abendlichen Gesprächen bereicherte sie so manches Kapitel durch ihre fundierten Kenntnisse über alte und moderne Kunstwerke. Auch machte sie mich auf Vorträge und Veranstaltungen in der Kunstakademie, der Hochschule für Musik, auf Opern und Konzerte u.a. auch in Dresden aufmerksam.
Wir besuchten gemeinsam viele Kunstausstellungen in Deutschland, um anschließend langanhaltend und ausführlich darüber zu diskutieren.

Großer Dank gebührt auch meinem Freund, Herrn Dr. Ekkehard Fuchs.

Anfangs wollte er verständlicherweise nicht glauben, dass mir gelungen sei, eine allumfassende Definition für die Begriffe „Kunst“ und „Kunstwerk“ gefunden zu haben. Nachdem er das nicht ganz fertige Manuskript gelesen hatte, schrieb er mir: „Nun verstehe ich, dass manches Kunstwerk, welches früher für mich keines war, tatsächlich auch ein Kunstwerk ist.“
Seine und die Worte meiner Frau „Es war notwendig, dass dieses Buch geschrieben wurde“, bestärkten mich immer wieder in meiner Arbeit, die mich manches Mal zum Verzweifeln brachte.
Dank beiden für wertvolle Ratschläge und Hinweise auf so manchen Fehler, aber auch für die vielen aufmunternden Worte, die mir dazu Mut machten, dass ich das nun vorliegende Buch gegen die Unkultur in mancher heutigen Kunst und gegen die Grenzverletzungen in der Kunst und den Missbrauch der „Freiheit der Kunst“ zu Ende geschrieben habe.
Ich schrieb in der Hoffnung, dass „durch Literatur Unvernunft und Dummheit niedergerungen werden können“. Mögen sich diese Worte Lion Feuchtwangers vom 21. Juni 1935 aus Paris bewahrheiten!

Berthold, Johannes E. R.
Die Freiheit der Kunst und ihre Grenzen
Oberding: Reimo-Verlag, 2016

Am Mitterfeld 3, 85445 Oberding
Tel.: 08122 / 47 99 715 oder / 79 90
Fax: 08122 / 47 99 714
E-Mail: reimo_verlag@gmx.de
www.reitmajer-verlag.de

ISBN **978 – 3 – 942867 – 47 – 4**

Inhaltsverzeichnis

Hommage an den großen, jüdischen Psychiater und Kunsthistoriker Max Nordau (Simon Maximilian Südfeld)

Max Nordau hat in seiner unübertroffenen Art und Weise schon 1893 über die Beurteilung von Kunstwerken, über die Grenzen der Freiheit der Kunst und über deren Missbrauch in seinem Buch „Entartung" u. a. das Folgende geschrieben:

„Sobald man erkennt, dass Kunst nicht um ihrer selbst willen ausgeübt wird, sondern um die Befriedigung eines organischen Bedürfnisses und der Wirkung auf andere Menschen, müssen die Grundsätze der Sittlichkeit und der Gesetze zur Beurteilung dieser, Anwendung finden, nach denen jede andere denselben Zweck verfolgende menschliche Tätigkeit beurteilt wird.
Wir haben also jeden organischen Drang darauf zu prüfen, ob er einem rechtmäßigen Bedürfnis entspringt oder die Folge einer Verirrung ist, ob seine Befriedigung dem Organismus nutzt oder schadet; wir unterscheiden den gesunden vom krankhaften Trieb und müssen die Bekämpfung des krankhaften fordern.
Sucht der Drang seine Befriedigung in einer Tätigkeit, die auf andere wirkt, so müssen wir untersuchen, ob diese mit dem Bestand und Gedeihen der Gesellschaft vereinbar ist oder sie gefährdet.
Die Tätigkeit, welche die Gesellschaft schädigt, verstößt gegen Brauch und Gesetz, die nichts anderes sind als die Zusammenfassung der jeweiligen Anschauungen der Gesellschaft über das, was ihr nützt oder schadet.
Die Begriffe gesund und krank, sittlich und unsittlich, gesellschaftlich und gesellschaftsfeindlich, gelten somit für die Kunst wie für jede andere menschliche Tätigkeit, und es lässt sich nicht der Schimmer eines vernünftigen Grundes anführen, weshalb wir ein Kunstwerk anders ansehen sollen, wie jede andere Kundgebung einer Individualität."
„Es ist sehr wohl denkbar, dass die Emotion, welche der Künstler in seinem Werk Ausdruck gibt, aus einer krankhaften Verirrung hervorgeht, dass sie naturwidrig, wollüstig, grausam, auf Hässliches oder Ekelhaftes gerichtet ist; sollen wir diese Werke nicht verurteilen und, wenn uns dies möglich ist, unterdrücken? Wie will man seine Berechtigung verteidigen? Etwa damit, dass der Künstler aufrichtig war, als er es schuf, dass er das wiedergab, was wirklich in ihm lebte und dass er deshalb die subjektive Berechtigung hatte, sich künstlerisch auszuleben? Es gibt deshalb eben Aufrichtigkeiten, die gänzlich unzulässig sind. Der Trunk- und Zerstörungssüchtige ist

auch aufrichtig, wenn er säuft oder alles zerbricht, was in seinem Handbereiche liegt. Wir gestehen ihm aber nicht das Recht zu, seinen Drang zu befriedigen. Wir hindern ihn gewaltsam daran. Wir entmündigen ihn, obschon er mit seinem Trinken und Verwüsten vielleicht nur sich selbst und sonst niemanden schädigt.

Und noch viel entschiedener widersetzt sich die Gesellschaft der Befriedigung jener Begierden, die nicht ohne gewaltsame Einwirkung auf andere gestillt werden können. Die (Ende des 19. Jahrhunderts) neue, Wissenschaft der Kriminal-Anthropologie gibt ohne weiteres zu, dass die Lustmörder, gewisse Brandstifter, viele Diebe und Landstreicher unter ihren Zwangsantrieben handeln; dass sie mit ihren Verbrechen einen organischen Drang befriedigen; dass **sie schänden, töten, zündeln, stehlen, faulenzen,** wie andere sich zum Mittagstische setzen, einfach weil sie Hunger danach haben; aber sie fordert trotzdem, gerade deshalb, dass diesen Entarteten die Stillung ihrer sehr aufrichtigen Begierde mit allen Mitteln verwehrt werde, nötigenfalls durch ihre vollständige Unterdrückung.

Es fällt uns nicht ein, dem Verbrecher aus organischer Anlage zu gestatten, dass er seine Individualität in Verbrechen „auslebe"; und ebenso wenig kann uns zugemutet werden, dem entarteten Künstler zu gestatten, dass er seine Individualität in unsittlichen Kunstwerken auslebe. Der Künstler, der das Verwerfliche, das Lasterhafte, **das Verbrecherische** mit Behagen darstellt, es billigt, es vielleicht gar verherrlicht, unterscheidet sich nicht im Wesen, sondern nur im Stärkegrad vom Verbrecher, der es tatsächlich verübt.

Es ist eine Frage der Dringlichkeit des Zwangsantriebes und der Widerstandskraft des Urteils, vielleicht auch des Mutes und der Feigheit; nichts anderes. Wenn das positive Gesetz den Verbrecher im Geiste nicht ebenso streng behandelt, wie den Verbrecher der Tat, so ist dies darum, weil das Strafrecht die Tat, nicht die Absicht, die objektive Erscheinung und nicht ihre subjektiven Wurzeln verfolgt.

Das Mittelalter kannte Zufluchtsstätten, wo Verbrecher wegen ihrer Missetaten nicht behelligt werden durften. Das neuere Recht hat diese Einrichtung aufgehoben. Soll nun etwa die Kunst das letzte Asyl sein, wohin Verbrecher sich flüchten, um der Strafe zu entgehen? Sollen sie die Triebe, deren Befriedigung auf der Straße der Schutzmann verhindert, im sogenannten „Tempel" der Kunst stillen dürfen? Ich sehe nicht, wie man solches Vorrecht gesellschaftsfeindlichster Natur verteidigen will."

„Ich bin weit entfernt davon, dass man von einem Kunstwerk nur Sittlichkeit und sonst nichts verlangen dürfe. Die Sittlichkeit allein tut es nicht.

Die Vorzüglichkeit der Form behält in allen Künsten ihre Rechte und sie gibt der Schöpfung in erster Linie ihren Kunstwert. Das Werk braucht also nicht sittlich zu sein. Es braucht genauer gesagt, nicht ausdrücklich Tugend und Gottesfurcht zu predigen. Aber zwischen einem Werk ohne Heiligungszweck und einem gewollt unsittlichen Werk ist ein himmelweiter Unterschied. Ein sittlich gleichgültiges Werk wird nicht alle Geister gleich stark anziehen und gleich tief befriedigen, es wird aber niemand abstoßen und ärgern. Ein ausgesprochen unsittliches Werk erregt im gesunden Menschen dieselben Empfindungen der Unlust und des Abscheus, wie die unsittliche Handlung selbst und die Form des Werkes kann daran nichts ändern. Gewiss, die Sittlichkeit allein macht ein Kunstwerk nicht schön. Aber Schönheit ist ohne Sittlichkeit unmöglich.“

1. Vorwort

Der Nobelpreisträger für Literatur, Mario Vargas Llosa, hat in seinem Buch „Alles Boulevard“ (451) eine einzigartige Kampfrede gegen die geistigen Auswüchse unserer heutigen Kultur gehalten. Und da zur Kultur die Kunst gehört, richtete sich seine Rede auch gegen die Kunst-Dummschwätzer, die Professor Clavier (323) anprangerte. Llosa erhebt in seinem Buch Fundamentalkritik an sehr vielen gesellschaftlichen Fehlentwicklungen der letzten Jahrzehnte, so u.a. auch daran, dass das Unzeitgemäße verachtenswert wäre, dass die Verteidiger von Konservatismus und Tradition Reaktionäre und auf dem Gebiet der Kunst sogar Kunstbanausen seien. Matthias Matussek schrieb 2013 im Spiegel (452) den bemerkenswerten Satz: „Heute, in Zeiten des Spektakels, ist die Unzeitgemäßheit in der öffentlichen Arena das, was die Lepra im Mittelalter war.“ Die Leprösen wurden erbarmungslos aus der mittelalterlichen Gesellschaft ausgestoßen, oft enterbt und manchmal sogar für tot erklärt.
Llosa spricht vielen konservativen Menschen aus tiefster Seele. Man muss sein Buch lesen, was seinesgleichen sucht, nämlich eine Rede gegen unseren heutigen Kulturverfall.
Hoch interessant sind auch seine Worte: „Wer seine Kultur verliert, verliert sich selbst.“ Sind wir nicht schon lange auf dem besten Weg, unsere Kultur zu verlieren?
Wenn ich mit meinem Buch harsche Kritik an dem Missbrauch der „Freiheit der Kunst“ übe, dann werde ich ihnen in Kapitel 8 auch zwei allgemeine, allumfassende, allgemeinverständliche und völlig neuartige Definitionen der Begriffe „Kunst“ und „Kunstwerk“ vorstellen. Denn nichts lag mir ferner, mich bei jenen einzureihen, die, wie z.B. Adorno (†), Bücher über Kunst und Kunstwerke schrieben und nicht einmal einen Versuch machten, diese Begriffe allumfassend zu definieren.
Ich stelle diese kurzen Sätze deshalb an den Anfang meines Buches, weil sich durch meine neuen Definitionen für die Begriffe „Kunst“ und „Kunstwerk“, sowohl positive als auch negative Fundamentalkritiken an „moderner Kunst“ und „modernen Kunstwerken“ ergeben. Doch betone ich, auf gar keinen Fall negative Kritik an der Mehrheit der modernen Kunstwerke, die oft durchaus wunderbar sind, zu üben.
Meine Kritik bezieht sich unter anderem auf Kunst, die religiöse Symbole schändet, auf abstoßende Fäkalien- und Urinkunstwerke und auf jene, mit denen Künstler Sie und ihre Bewunderer zum Narren halten. Voltaire drückte es besonders humorvoll aus: „Nie hat jemand so viel Geist aufgeboten, um uns zu dummen Eseln zu machen.“ Was allerdings die Fäkalien- und Urinkunstwerke betrifft, sollte man lieber statt Geist das Wort Ungeist verwenden.
Auch Jan Fleischhauer, als Redakteur beim Spiegel gewiss kein Rechtsradikaler, nimmt zu dem Phänomen „Zum Narren halten“ mit wunderbar offenen Worten Stel-

lung (481): „Unser fleißiger Steuerbürger beschwert sich noch nicht einmal über die üppigen Staatssubventionen für die schönen Künste, die ihren Daseinszweck vor allem darin sehen, ihn zum Narren zu halten.“ Ich erlaube mir, ihn ein klein wenig zu korrigieren, indem ich darauf hinweise, dass es sich bei diesen Subventionen meist nicht um die schönen, sondern um die hässlichen Künste handelt.

Meine Kritik richtet sich also in erster Linie gegen den Missbrauch des Begriffes „Freiheit der Kunst“. Sie erfahren auch, warum einige Künstler die „Freiheit der Kunst“, die ich keinesfalls in Frage stelle, so oft missbrauchten.

Die Väter des Deutschen Grundgesetzes haben sie uns im §5,3 beschert, in dem sie schrieben: „Die Kunst ist frei.“ Sie begingen damit einen gewaltigen Fehler, weil sie nicht klar und deutlich sagten, was sie unter einer solchen Kunstfreiheit verstanden haben. Entschuldigend muss ich sie in Schutz nehmen, da diese integeren moralisch hochstehenden Politiker nicht im Geringsten geahnt hatten, wie und wozu manche abgrundtief schlechten und bösen Künstler diese Freiheit missbrauchten.

Sie konnten auch nicht ahnen, dass unsere linken Medien, die Kritiker von perversen Kunstwerken, als Nazis verteufeln. Ich stelle ihnen erschreckende Beispiele dafür vor.

Professor em. Dr. Jürgen Paul, Professor für Mittlere und Neuere Kunstgeschichte der Technischen Universität Dresden, schrieb in der Kunstzeitschrift „fama“ (457): „Eine wirkliche Kunstkritik aus der Distanz – von außerhalb des Systems – findet nicht mehr statt.“

Wenn man die fast unendlich vielen Kunstkritiken liest, die seit Jahrzehnten in unseren Medien erschienen sind und noch immer erscheinen, kann man seiner Meinung durchaus zustimmen. Prozentual verschwindend wenige Experten wagten und wagen gegen die Kunstmafia anzutreten. In der Fernsehsendung „Vorsicht Mafia“ der ARD am 7.April 2014 wurde dazu bemerkt: „In Deutschland kann die Mafia nahezu ungestört agieren.“ Natürlich gehört auch die Kunstmafia dazu, die durch völlig legale Spekulationen riesige Geschäfte mit Kunstwerken macht.

Ein Musterbeispiel war der jüdische Schriftsteller Ephraim Kishon, der sich u.a. in einer Talkshow und in zwei seiner Bücher (9, 16, 407)) mutig gegen gewisse moderne Kunst aussprach und sie als Nichtkunst vehement verurteilte. Ja, er bezeichnete diese „gewissen“ Kunstwerke sogar als entartet.

In meinem, Ihnen nun vorliegenden Buch werde ich auch auf die Begriffe „Entartung“ und „entartete Kunst“ zu sprechen kommen, obwohl die meisten Leserinnen und Leser wissen, dass der Begriff „Entartung“ nichts anderes heißt, als aus der Art geschlagen.

Dass er von den Nationalsozialisten und Kommunisten missbraucht wurde, wissen die meisten Menschen natürlich auch. Ich komme darauf zurück.

Ich muss nicht extra erklären, dass der von mir erhobene Anspruch, eine Definition des Begriffes „Kunst“ gefunden zu haben, natürlich nicht nur moderne Kunst und Kunstwerke, sondern auch alle Kunstwerke betrifft, die Künstler bereits vor vielen Jahren, Jahrzehnten und Jahrhunderten schufen und in den nächsten Jahren, Jahrzehnten und Jahrhunderten schaffen werden.
Professor Paul führte weiter aus (457), dass der Allgemeingültigkeitsanspruch der „Kunstdefinition“ der sog. „Szene“, „sich wie eine Festung in den Medien erhoben hat.“
Ich ergänze diese Worte: Obwohl von einer echten Definition im Sinne der „genauen Bestimmung eines Begriffes durch Auseinanderlegung und Erklärung seines Inhaltes“ (146) gar nicht die Rede sein kann, wie ich im Laufe meines Buches ausführen werde.
Professor Paul weist u.a. darauf hin, „dass, wenn sie fallen sollte, sich auch ihr Fundament, der Kunstbegriff und sein Wahrheitsanspruch, wohl zwangsläufig auflösen werden“.
Die Europäische Menschenrechtskonvention sieht in ihrem Gesetz verankerte Einschränkungen der Freiheit der Kunst vor, die „in einer demokratischen Gesellschaft u.a. notwendig sind und zwar zum Schutz des guten Rufes und der Rechte anderer, zum Schutz der Moral und der geistigen Gesundheit und auch der minderjährigen Jugend“, die ja ohne weiteres jede Kunstausstellung betreten darf und sich blutrünstige, ekelerregende, pornographische, also unmoralische und unsittliche Kunstwerke betrachten kann. Auch gegen diese Art von Kunstwerken, die den Missbrauch der Freiheit der Kunst eindrucksvoll demonstrieren, richtet sich meine Kritik.
Zuerst will ich Ihnen meine Einstellung zu dem Begriff „Moderne Kunst“ mit den Worten des Psychiaters und Kunsthistorikers Hans Prinzhorn (37) darlegen, weil man sehr häufig hört, die modernen Künstler seien doch alle mehr oder weniger schizophren, also verrückt, was natürlich grundfalsch ist, denn:
„Die schizophrene Erkrankung einer Person zerstört nicht notwendigerweise deren künstlerische Potenz. Krankheit und innovative Fähigkeit bestehen unabhängig voneinander. Schizophrene Veränderungen eines Künstlers können nicht lediglich als „Entartung“ durch Krankheit aufgefasst werden. Man muss ein für allemal mit einer produktiven Komponente rechnen und allein in dem Niveau der Gestaltung einen Wertmaßstab für „Leistung“ suchen, auch bei Schizophrenen!“
Unter Schizophrenie versteht man in der Psychiatrie die Bewusstseinsspaltung, den Verlust des inneren Zusammenhangs der geistigen Persönlichkeit, das Spaltungsirresein, die innere Widersprüchlichkeit, Zwiespältigkeit, Unsinnigkeit und das absurde, also widersinnige, abwegige, sinnlose, dem gesunden Menschenverstand widersprechende Verhalten. Wie jeder weiß, verhalten sich manche Künstler mehr oder weniger schizophren, haben aber trotzdem oft eine hohe künstlerische Potenz.

Nur meine ich, bestimmte Kreise sollten damit aufhören, künstlerische Leistungen eines schizophrenen Menschen, als das Nonplusultra, das Unübertreffbare, Unvergleichliche, im positiv ästhetischen Sinn der Kunst hinzustellen.
Der ursprünglichen Wortbedeutung nach, ist die Ästhetik (griechisch: aisthanesthai, d.h. durch die Sinne wahrnehmbar, sinnlich anschaubar) nicht nur die Wissenschaft von dem, was gefällt, sondern auch von dem, was nicht gefällt, also missfällt (24). Karl Rosenkranz verfasste und veröffentlichte sogar schon 1853 das Buch „Die Ästhetik des Hässlichen".
Um ebenfalls zu Beginn meines Buches meine Einstellung zu dem von den Nationalsozialisten schändlich missbrauchten und leider heute noch von einigen Medien verteufelten Begriff „Entartung" deutlich zu machen, sage ich mit den Worten des jüdischen Psychiaters und Kunsthistorikers Max Nordau (17): „Entartung ist alles, was der Gesellschaft schadet".
Auf dem Gebiete der Kunst gehört dazu unter vielem anderen auch der Aufruf zu Mord und Totschlag, die Schändung religiöser Symbole, gleich welche Religion sie verehrt und das Bestreben, die alte Morgenländische und Abendländische Kultur systematisch zu zerstören.
Doch „perverse" oder „dreckige" Kunst, auch Unvermögen in der Kunst, sind nicht von vornherein mit entarteter Kunst gleichzusetzen. Es gibt allerdings ganz gewiss Kunst und Kunstwerke, die auf Perversion oder Unvermögen zurückzuführen sind.
Der Begriff Entartung wurde nicht, wie immer noch einige glauben, von den Nationalsozialisten erfunden. Paradoxerweise haben sie diesen bei dem Juden Max Nordau gefunden und in schändlicher Art und Weise missbraucht. Von der nationalsozialistischen Definition „Entartung gleich nicht lebenswert" distanziere ich mich an dieser Stelle entschieden und mit dem allergrößten Nachdruck.
„Der kleine Mut kämpft gegen die böse Absicht, der große Mut gegen vollzogene Tatsachen, mit denen sich die Mehrheit abgefunden hat". Mit diesem Satz sprach Aleksander Swietowski (355) dem bekannten Satiriker Ephraim Kishon, aber auch mir, aus dem Herzen. Kishon (9), der gegen Perversionen und Unvermögen in der Kunst, also gegen den Missbrauch der Freiheit der Kunst, vergeblich kämpfte, begründete das damit, dass dies alles für ihn keine Kunst sei. Doch leider täuschte er sich, denn viele der Kunstexperten halten perverse, und aus Unvermögen entstandene Werke durchaus auch für Kunstwerke. Und erstaunlicherweise völlig zu Recht!
Auch Alexander Block (355) kam durch unvollständige Überlegungen, die sich wahrscheinlich aus einer momentanen Wut über entartete Kunstwerke gebildet hatte, zu einem unhaltbaren Ausspruch. Er schrieb: „Die Kunst ist eine ungeheuerliche und glanzvolle Hölle. Aus der Finsternis dieser Hölle holt der Künstler seine Gestalten."
Für manche Künstler hatte er sicher Recht, doch mit der Verallgemeinerung seines

Ausspruchs fügte er wohl unbewusst sehr vielen, auch heutigen Künstlern bitteres Unrecht zu.
Leider begründen manche Experten ihre Meinungen nicht, weil sie nicht wissen, was Kunst und Kunstwerke wirklich sind. Kishon fand ebenfalls keine allgemeingültige Definition für den Begriff „Kunst“, so dass auch er über Kunst sprach, ohne zu wissen, was Kunst wirklich ist. Wen wundert es dann, wenn man über Kunst noch heute so verbissen diskutiert und streitet?
Besonders oft „entarten“ die Diskussionen, die sich mit „Entarteter Kunst“ befassen, ohne dass sich die Diskussionsteilnehmer vorher über die Definition des Begriffes „entartet“ informiert haben.
Ich werde auf den folgenden Seiten, sowohl zu den bösen Absichten, als auch zu den vollzogenen Tatsachen in der Kunst, nämlich die Anerkennung von Perversion und Unvermögen durch Experten, mit denen sich die Mehrheit abgefunden hat, meine Meinung ausführlich sagen. Ich werde Ihnen zeigen, dass auch diese „Kunst“ tatsächlich Kunst ist! Ich habe nur dem Missbrauch der Freiheit der Kunst den Kampf angesagt.

2. Einleitung

Kunst ist heute nicht allzu oft und erst recht nicht immer, die krampf- und krankhafte Suche einiger Künstler nach absurden, verrückten Ideen, woraus man durchaus schließen darf, dass diese wenigen Künstler nicht normal sind, d.h. dass sie mit ihrer Kunst „nur“ von der herkömmlichen Norm abweichen, also nicht etwa kränkeln. Doch auch die, welche diese „Kunstarten“ unterstützen und fördern, weichen von dem Begriff „Norm“ ab. Unter Norm haben wir nämlich (49) nicht nur die „Richtschnur und Regel“ zu verstehen, sondern auch das sittliche Gebot oder Verbot als Grundlage unserer Rechtsordnung. Mit „normal“ wird etwas bezeichnet, was der Norm entspricht, also vorschriftsmäßig, gewöhnlich, üblich, durchschnittlich, aber auch geistig gesund (49) ist.
Wenn es den Begriff „geistig gesund“ gibt, dann gibt es natürlich auch den Begriff „geistig ungesund“, was etwas anderes ist als geisteskrank, geistig behindert oder geistesgestört. Aus dem Begriff Geistesschwäche folgt geistesschwach und aus dem Begriff Geistesstörung, geistig gestört. Wir sehen, was für ein großes sprachliches Gebiet mit all diesen Begriffen vor uns liegt.
Doch auch die Forderung, dass die Sprache einzig und allein der Verständigung zu dienen hat, sagte mir, dies sollte eigentlich auch auf dem Gebiet der Kunst selbstverständlich sein.

Schon der Philosoph Ludwig Wittgenstein (337), der zwischen 1889 und 1951 lebte, bemühte sich, das Unbestimmte der Sprache zu säubern und ihre Mehrdeutigkeiten zu beseitigen. Dass es eine derartige „Präzisionssprache" nicht geben kann, werde ich noch an Beispielen zeigen. Doch Begriffe definieren kann und sollte man wenigstens auf so bedeutenden Gebieten, wie denen der Kunst und der Kunstwerke.
Und so kam es, dass ich schon seit sehr langer Zeit nach einer allumfassenden Definition des Begriffes Kunst zu suchen begann, weil manche moderne Kunst nicht mehr zu dem Kunstverständnis vieler damaliger, aber auch heutiger Menschen passte und noch immer nicht passt.
Ferdinand Barth (327) spricht 1999 in seinem Vortrag „Wie wird man ein Klassiker?" von der „Aristokratie der „Geist-Reichen", die uns als Vorbild und Norm gilt, nach der wir uns richten, deren Maßstäbe wir übernehmen". Er beschwört diese Geist-Reichen und die, die sich ihren gesunden Menschenverstand bewahrt haben, in dem er ungefähr wie folgt weiter ausführt: „Lasst uns in der verwirrenden Freiheit und Gleichheit aller Bürger, wenigstens für die Kultur und damit auch für die Kunst, so etwas wie eine Elite herausstellen, so einen Rest von heiler Welt bewahren, in der es noch ein oben und unten, in der es noch Fürsten gibt, eben Dichterfürsten; eine Welt in der jeder weiß, wo oben und unten ist."
Doch in der heutigen „Antiwelt", in der sich die „Bildende Kunst" und nicht nur diese, teilweise in „Verbildende Kunst" wandelte, wollen manche Experten den einfachen Bürgern weismachen, dass oben unten und unten oben ist. Und auch ich musste erkennen, dass die „Deutsche Sprache eine schwere Sprache" ist.
Begleiten Sie mich nun auf meiner Reise durch Kunst und Kunstwerke, und lesen Sie, was ich, ein kunstinteressierter Physiker und gläubiger Christ dazu zu sagen habe.
Worum geht es mir? Ich möchte, dass alle kunstinteressierten Menschen, aber auch die, welche sich über Kunst noch keine Gedanken gemacht haben, verstehen, was Kunst und Kunstwerke sind und warum entartete Kunst auch Kunst war und ist.
Rauterberg ist der Meinung (398), dass die Kunst nichts dringender braucht, als einen klaren Nachweis dafür, ob es sich bei den fast unendlich vielen Angeboten in Museen und Ausstellungen überhaupt um Kunst handelt. Doch es handelt sich tatsächlich um Kunst, besser gesagt, um Kunstwerke. Und ich werde ihnen im Kapitel 8 diesen klaren Nachweis methodisch-systematisch liefern, um daran den Missbrauch der Freiheit der Kunst einiger Künstler zu demonstrieren und ihre Beweggründe zu erklären. Aber auch die Ursachen für diesen Missbrauch werde ich aufdecken und sie scharf verurteilen.
Doch nicht zuletzt ist es mir auch ein ganz besonderes Anliegen, allen meinen Leserinnen und Lesern zu zeigen, was aus Kunst und Kunstwerken, natürlich auch aus zeitgenössischer Kunst und zeitgenössischen Kunstwerken, für wundervolle Stunden

für den Einzelnen entstehen, aber auch welche Gefahren aus Kunst und Kunstwerken sich für die Gesellschaft ergeben können.
Und nicht zuletzt soll mein Buch dazu beitragen, den an vielen Beispielen zu beobachtenden Verfall der Abendländischen Kultur und deren Werte aufzuhalten, indem ich auf die Fülle der alten und neuen „modernen“, wundervollen Kunstwerke eingehen werde, die auch heute noch tausendfach entstehen, aber von ihren Gegner in einigen Medien und im Kunsthandel gelegentlich nicht beachtet, abgelehnt, ignoriert und manchmal sogar bekämpft werden.
Schon Albert Schweitzer (2) sagte am 29. Oktober 1952 im Rahmen seines Vortrages „Die Lehre der Ehrfurcht vor dem Leben“ in der Französischen Akademie der Wissenschaften:
„Der Welt zu einer wahren Kultur zu verhelfen, ist die große geschichtliche Aufgabe, die sich uns, die wir eine Kulturvergangenheit besitzen, stellt. An uns liegt es, das Licht wahrer Humanitätskultur in der Welt aufleuchten zu lassen“.
Albert Schweitzer spricht nicht nur mir, sondern vielen, nein sehr vielen, Menschen mit diesen wunderbaren Worten aus den Herzen.
Ich bin mir allerdings sehr sicher, dass er das berühmt-berüchtigte Fäkalienhappening (3), ein Künstlerhappening in der Wiener Universität am 7. Juni 1968, nicht mit zu dieser „wahren Kultur“ und zu „einem Licht wahrer Humanitätskultur“ gerechnet hätte. Während diesem suhlten sich nämlich, die Freiheit der Kunst missbrauchend, die Künstler Günther Brus und Genossen in menschlichen Fäkalien und ließen sich von unten bis oben kotbeschmiert auch noch fotografieren.
Doch es kam noch schlimmer, die Entartung war also noch steigerungsfähig: Mario Vargas Llosa berichtet in seinem Buch (451): „Während der Aktion des Künstlers Fernando Pertuz, entleerte dieser in einer Galerie Kolumbiens vor dem Publikum seinen Darm und verspeiste dann mit großer Feierlichkeit seinen Kot.“
Ich werde mich nicht scheuen, auf diesen und vielen anderen „Schmutz und Dreck“ in der „Kunstszene“ immer wieder aufmerksam zu machen, ihn anzuprangern und ihn zu verurteilen, weil er heute unter den Kunstwerken einen viel zu großen und bedeutenden Platz einnimmt.
Obwohl diese Art von Kunst zahlenmäßig der „sauberen, reinen Kunst“ haushoch unterlegen ist, wird sie von einigen wenigen Medien völlig zu Unrecht hochgelobt und als Krone der Kunst verherrlicht.
Ich werde im Verlauf meines Buches darstellen, dass dieser „Schmutz und Dreck“ leider auch Kunst ist und dass daraus tatsächlich Kunstwerke entstanden sind und immer noch entstehen.

Kurt Tucholsky sagte, „dass derjenige als viel gefährlicher gilt, der auf den Schmutz hinweist, als der, der den Schmutz verursacht“ (4). Also muss ich mir wohl darüber im Klaren sein, dass ich für manche Kunstexperten eine Gefahr bedeute.
Ich will, dass man gesellschaftsschädliche, also entartete Kunst, auch entartete Kunst nennt und deshalb nicht als „Nazi“ verschrien wird. Ich verurteile, dass dieser Begriff als „nicht lebenswert“ im nationalsozialistischen Sinne umdefiniert wurde. Ich fordere, dass die Rede- und Gedankenfreiheit für alle Menschen auf dieser Erde, also auch in Deutschland, wieder gleichermaßen gilt.
Vor allem will ich aber auch, dass man entartete Kunst nicht hochstilisiert und z.B. Religionsschänder, Schänder christlicher, jüdischer und islamischer Symbole, gleich welcher Art, zu den größten Künstlern Deutschlands oder gar der ganzen Welt rechnet und sie obendrein noch verherrlicht, wie ich es schildern werde.
Und nicht zuletzt will ich versuchen, dass man die „Umerziehung“ der Menschen zu Unkultur und Unästhetik durch die neomarxistischen 68er und deren Großväter, Väter, Kinder und Enkel stoppt und wir zurückkehren zur Kultur der Ästhetik des Schönen, zu unserer Abendländischen Kultur.
Die 68er Kulturrevolution bescherte und beschert uns noch heute, „abschreckend hässliche Fassungen großer Opern, in verzweifelter Bemühung zu zeigen, dass Wagner, Beethoven & Co. nur verkleidete marxistisch-leninistische Revolutionäre waren“ (392).
Die Älteren unter ihnen erinnern sich sicher, wie entsetzlich weit es die gleichen üblen Kreaturen, die „Viererbande“, es in China getrieben haben. Viele konventionelle chinesische Kulturschätze wurden damals blindwütend vernichtet.
An dieser Stelle muss ich allerdings darauf hinweisen, dass die linken 68er keinesfalls die Erfinder des „Kampfes gegen die Konventionen in der Kunst“ waren. Schon Anfang des 20. Jahrhunderts begann diese entsetzliche Entwicklung, welche die 68er Neomarxisten weiter entwickelten. Ihre Höhepunkte fand sie dann in der „Kulturrevolution“ der Achtundsechziger und Nachachtundsechziger Jahre und gipfelte bekanntlich in dem verheerenden Treiben der Mörderbande der „Roten Armee Fraktion“.
Jan Fleischhauer beschrieb 2009 die Auswirkungen der Kulturrevolution in seinem Buch „Unter Linken, von einem, der aus Versehen konservativ wurde“ (481), wie folgt: „Die Linke hat gesiegt, auf ganzer Linie, sie ist zum „Juste Milieu“ derer geworden, die über unsere Kultur bestimmen.“ Da Juste Milieu „die rechte Mitte“ bedeutet, gehört nicht viel dazu, zu erkennen, wie sich Fleischhauer über diese „linke Masse“ völlig zu Recht empörte. Es ist unverkennbar: Der Missbrauch der Sprache greift genau so um sich, wie der Missbrauch der Freiheit der Kunst. Fleischhauer beschreibt, mit welcher zerstörerischen Kraft die 68er Kulturrevolution über Deutschland hereinbrach. Doch nicht nur auf dem Gebiet der Kultur, nein auf allen Gebieten

der Politik, Religion, Bildung und Erziehung übten und üben sie noch heute einen verheerenden, katastrophalen Einfluss auf unsere Menschen und insbesondere auf unsere Jugend aus. Was haben sie aus unserem, von Wilhelm von Humboldt begründeten Bildungswesen gemacht, der einst weltweit bewunderten und gefeierten Institution. Nach 40 Jahren bundesdeutscher Bildungsreform geriet unser Bildungssystem zum Sanierungsfall, wie die Pisa-Studie beweist: 25% der Schüler verfügen nicht über die Voraussetzungen für eine Berufsausbildung!
80 000 Schülerinnen und Schüler verließen 2009 die Schulen ohne jeden Abschluss. Das ist die Saat der 68er, die mit vernichtenden Folgen für die Kinder aus sozial schwachen Schichten aufgegangen ist (481). So sieht der wahre Sozialismus von Rot-Rot-Grün aus! Und auch der von Rot-Schwarz!
In Frankreich gab es natürlich diese Sorte von Revoluzzern auch. Llosa (451) nennt sie die vom „Mai 68“. Auch sie verkündeten: „Jede Autorität ist verdächtig, schädlich und verwerflich. Die Lehrer sind Feinde, denen man zur Erlangung der Freiheit und der menschlichen Würde Widerstand leisten und die man fertigmachen muss.“
Im weiteren Verlauf werde ich Ihnen auch zeigen, dass wir unter positiv und negativ entarteter Kunst unterscheiden sollten, wobei nur die Kunst als negativ entartet zu bezeichnen ist, die der Gesellschaft, insbesondere unserer Jugend, und unserer Abend- und Morgenländischen Kultur in vieler Hinsicht schadet. Wenn ich von positiver Entartung spreche, werde ich ausdrücklich darauf hinweisen, weil man heute noch immer den Begriff Entartung ganz allgemein mit etwas Negativem verbindet.
Kommen wir zurück zu dem Begriff Ästhetik. Schon der 68er Neomarxist Theodor Wiesengrund Adorno, auf den ich ausführlich zu sprechen kommen werde, erklärte in seiner „Ästhetischen Theorie“ (5) für mich und viele andere völlig unbegreiflich, dass nur die Unästhetik zu wahren Kunstwerken führt.

Bei meinen folgenden Überlegungen und Äußerungen beziehe ich mich auf das Grundgesetz der Bundesrepublik Deutschland, welches sich ja auch mit den Menschenrechten befasst.

Ich beginne mit Artikel 1, Abs. 1:

„Die Würde des Menschen ist unantastbar. Sie zu achten und zu schützen ist Verpflichtung aller staatlichen Gewalt.“

Leider vergaßen die Politiker, dass die Würde der Menschen nicht unabhängig von einigen anderen Begriffen ist. So schrieb schon Johann Gottfried Herder: „Der Name

Menschenrechte kann ohne Menschenpflichten nicht genannt werden, beide beziehen sich aufeinander“.
Nach Schiller (396) ist der Begriff „Würde“ bereits seit 1793 der Ausdruck der Beherrschung der Triebe durch die moralische Kraft. Die sittliche Würde sei die Erhebung des Geistes über die Natur.
Ich erkläre für die, welche statt Gott gern Natur sagen, also für die Atheisten und Agnostiker: Schiller meinte nicht etwa die Erhebung über Gott! Er stellte der sittlichen Würde ergänzend die sittliche Anmut als die Harmonie zwischen Geist und Natur, zwischen Pflicht und Neigung zur Seite.

Ich fahre fort mit Artikel 5, Abs. 1 lautet:

Jeder hat das Recht, seine Meinung in Wort, Schrift und Bild frei zu äußern und zu verbreiten.

Artikel 5, Abs. 2 lautet:

Diese Rechte finden ihre Schranken in den Vorschriften der Allgemeinen Gesetze, den gesetzlichen Bestimmungen zum Schutze der Jugend und in dem Recht der persönlichen Ehre.

Ich ergänze, vorausgesetzt die Verantwortlichen wissen, was man unter „Würde“ und „Recht der persönlichen Ehre“ eines jeden zu verstehen hat:
Ehre ist nämlich die hohe Achtung, die achtungsvolle Scheu vor der Würde und Erhabenheit einer Person, eines Wesens oder einer Sache (146). Wer diese Ehre nicht besitzt, wer die „Beherrschung der Triebe durch die moralische Kraft“ nicht befolgt, dem steht auch nicht der Schutz der Gemeinschaft und aller staatlichen Gewalt zu.
Wer in seinen Äußerungen, Handlungen und öffentlichen Auftritten, insbesondere in den Medien, die Würde oder Ehre anderer verletzt, verstößt gegen das Grundgesetz der Bundesrepublik Deutschland. Diese Verstöße sind heutzutage in der Kunstszene fast an der Tagesordnung und bleiben von den Strafverfolgungsbehörden weitestgehend unbeachtet. Dabei fordere ich ganz besonders, dass auch die Ehre Verstorbener geschützt wird.
Verletzen jedoch Künstler mit ihren Werken das Schamgefühl oder die Ehre unbescholtener Bürger, religiöse Symbole, sittliche Gesetze oder rufen sie gar zum Mord an Politikern auf, dann haben sie ihre Würde und Ehre verloren, die man dann auch nicht mehr verletzen kann, wenn man ihre Untaten an den Pranger stellt. Und schämen sich Künstler nicht, das Schamgefühl anderer zu verletzen, dann haben sie selbst

ihre Scham verloren, was nach Sigmund Freud das erste Zeichen von Schwachsinn ist!
Ulrich Wickert (273) setzt gegen die heute herrschende, moralische Gleichgültigkeit seine „Sehnsucht nach verlässlichen Werten". Er sagt, und das kann ich nur immer wieder betonen: „Gauner muss man Gauner nennen".
Hinzu kommt noch die Tatsache, dass sich heute auf den Gebieten Film- und Theaterkunst ungeheuer verwerfliche Dinge abspielen, die ich einem möglichst großen Kreis von, auf diesem Gebiet weniger bewanderten, Leserinnen und Lesern nahebringen möchte. Insbesondere auch deshalb, weil in erster Linie die Kulturpolitiker die Schuldigen sind, denn sie halten sich nicht an ihre eigenen Gesetze und Verträge (308, 382 und 383) und kommen ihrer Aufsichtspflicht gegenüber den staatlichen und privaten Medien kaum nach.
So schrieb z.B. Anna Wirth im Christlichen Medienmagazin über einen Artikel in der „Frankfurter Allgemeinen Sonntagszeitung" (7): „In 46 von 100 von der Freiwilligen Selbstkontrolle (FSK) ab 12 Jahren freigegebenen Filmen (Kunstwerken) kommen explizit, also ausführlich und in die Einzelheit gehende, Gewalt- und Sexszenen oder obszöne, also unanständige und schamlose Sprache vor." Auch die „Bundesprüfstelle für jugendgefährdende Medien" zeigt nicht das geringste Interesse, gegen derartige Medien einzuschreiten. Als Musterbeispiel und Belegfunktion sollen die folgenden Zeilen dienen:
In dem von fast allen Medien hochgepriesenen Film „Das Parfüm" ermordet der junge Parfümeur Grenoulle junge Frauen, um ihren Duft zu konservieren.
Zwölfjährige Kinder konnten sich beispielsweise ansehen, wie eine Katze gekocht, ein ermordetes, nacktes Mädchen in einem Glasbehälter „destilliert", also verdampft und wiederverflüssigt und ein weiteres vom Mörder mit Tierfett eingestrichen, in Leinen gewickelt, und das Fett schließlich mit einer Sichel abgeschabt wurde. Das ist Missbrauch der Freiheit der Kunst!
Die Zeitschrift Funkuhr vom 07.01.11 schreibt dazu, „dass nach Veröffentlichung 1985 der dem Film zugrundeliegende, gleichnamige Roman von Patrik Süskind, 316 Wochen lang, d.s. 6 Jahre, auf der Bestsellerliste rangierte und dass das unfassbar sei. Hinzu kommt, dass er in 46 Sprachen übersetzt wurde, ja sogar ins Lateinische. Die Filmrechte gingen für sage und schreibe geschätzte 10 Millionen Euro weg."
Voller Entsetzen las ich dazu, dass die „Freiwillige Selbstkontrolle der Filmwirtschaft FSK" in über 40% aller Fälle total versagte, und dass die FSK-Ge-schäftsführerin Christiane von Wahlen sich mit der zynischen Bemerkung zu rechtfertigen versuchte: „Kinder vertrügen heute mehr als früher". Doch es kommt leider noch schlimmer: Der Koordinator der Filmarbeit der Deutschen Bischofskonferenz, Peter Hasenberg, meinte: „Man weiß, dass Jugendliche mit zwölf Jahren schon viele Sachen kennen.

Sie können klar zwischen real und fiktional, d.h. auf einer Erdichtung oder Erfindung beruhend, unterscheiden." Dem widerspreche ich ausdrücklich! Auch nur eine einzige Nachahmung, die z.B. ein 12-jähriger an einem kleinen Mädchen vollführt, weil er eben noch nicht zwischen real und fiktional unterscheiden kann, ist eine zu viel!!
Gemessen am Film „Das Parfüm" schießt Charlotte Roches Roman „Feuchtgebiete", der am 11.08.2013 in Locarno Weltpremiere hatte, den Vogel ab. Die FSK gab ihn für Jugendliche ab 16 Jahre frei. In den Dresdner Neusten Nachrichten schrieb Norbert Wehrstedt am 12.08.2013: „Es gibt versiffte (verdreckte), öffentliche Toiletten mit richtig dreckigen Schüsseln. Es wird der Finger vorn und hinten in Öffnungen gesteckt. Es wird Gemüse zweckentfremdet benutzt, geleckt und gejuckt, ein blutiger Tampon mit der Grillzange entfernt, bevor die wieder nach Bratwürsten greift und zu Walzerklängen masturbiert, während das Sperma in Zeitlupe tanzend auf eine große Pizza niedergeht." Das ist übelster Missbrauch der Freiheit der Kunst, den jeder normale Mensch bekämpfen sollte.
Jetzt wissen Sie, was die Damen und Herren der FSK nach ihrem sechzehnten Lebensjahr alles so getrieben zu haben scheinen. Und dass die Vertreter der Kirchen dagegen nicht einsprachen, ist weit mehr als nur beschämend! Doch mich wundert das nicht mehr, rühmte sich doch der (ehemalige) Ratsvorsitzende der Evangelischen Kirche, Schneider, ein 68er zu sein. Was Wehrstedt noch alles über diesen Film schrieb, und was die FSK-Leute natürlich wussten, kann ich ihnen nicht wiedergeben, da mir sonst ernsthaft übel wird. Und wie kann es anders sein, das Zweite Deutsche Fernsehen produzierte fleißig und „mutig" mit. Jeder kann damit sehen, dass der berühmte Marsch der 68er Revoluzzer durch die Institutionen siegreich auch die Intendanzen vieler Fernsehsender erreicht hat. Das alles ist eindeutig Missbrauch der Freiheit der Kunst, dem die Verantwortlichen in unverantwortlicher Art und Weise ihre Bühnen zur Verfügung stellen.
Wenn Sie, liebe Leserinnen und Leser, mehr über die vernichtende Wirkung unserer Medien auf dem Gebiet „Kultur" lesen wollen, dann kaufen Sie sich das Buch „Die Asozialen" von Walter Wüllenweber (455), der ihnen darin eine Welt beschreibt, die sie schlichtweg in die Fassungslosigkeit stürzt. Sie wie ich haben davon noch nichts gehört, zumindest nicht, mit welcher ungeheuren Dynamik und Dramatik die „Unterschicht" einem Höllenabgrund entgegen rast. Ein Beispiel aus diesem Buch soll Ihnen zeigen, wie ungeheuer verantwortungslos unsere zuständigen Kulturpolitiker dieses Thema ignorieren, also davon nichts wissen wollen. Ich zitiere von Seite 102: „In die Beratungsstelle von Karl Wahlen kamen Kinder, die Pornos nachspielten. Sie spielten Gang-Bang oder zwangen sich gegenseitig zum Oralsex auf der Schultoilette." Was Sie noch in dem Kapitel „Du bist, wie du liebst" von 12 oder 13-jährigen Jugendlichen zu lesen bekommen, halten Sie sicher nicht für möglich. Jakob Pastötter, Präsi-

dent der Deutschen Gesellschaft für sozialwissenschaftliche Sexualforschung, kommt in diesem o.g. Buch zu der Meinung: „Pornographie wird zur Leitkultur der Unterschicht.“ Und wer hat diese grauenvolle Entwicklung zu verantworten? Die Damen und Herren von der FSK haben solche Taten zu verantworten, denn sie sind die mit hoher ethischer, moralischer und sittlicher Verantwortung beauftragten Würdenträger und entpuppen sich als absolut verantwortungslose Ignoranten, die sich wohl ganz bewusst in diese Ämter gedrängt haben, um ihr eigenes perverses Gedankengut, das sie wahrscheinlich aus der „Kritischen und Ästhetischen Theorie“ der „Frankfurter Schule“ bewusst oder unbewusst erwarben, zu verbreiten. Dass es so weit gekommen ist, wie ich Ihnen berichtete, ist doch einzig und allein ihre ureigene Schuld. Sie hätten auf Grund ihrer Aufgaben und kraft ihrer Ämter die Freigaben solcher und ähnlicher Filme in unseren Medien, wenigstens die Freigabe für Kinder und Jugendliche, verhindern müssen. Sie sind die Schuldigen! Und einer ihrer Lehrmeister, Theodor W. Adorno (†), war Professor an der Universität Frankfurt/M. Als Mitautor der sog. „Kritischen Theorie der Frankfurter Schule“ hat er solche Kunstwerke in seiner „Ästhetischen Theorie“ (5) gefordert. Er war einer der übelsten Rattenfänger von Frankfurt, er hämmerte diese verheerenden Thesen in die Köpfe seiner Studenten, die dann den Marsch durch die Institutionen erfolgreich antraten. Ich komme später ausführlich darauf zurück.

Im „Staatsvertrag der Bundesrepublik Deutschland über den Schutz der Menschenwürde und den Jugendschutz in Rundfunk und Telemedien“ (382) kann man nachlesen: „ .... Angebote (in Rundfunk und Telemedien) sind unzulässig, wenn sie grausame oder sonst unmenschliche Gewalttätigkeiten gegen Menschen in einer Art schildern, die eine Verherrlichung oder Verharmlosung derartiger Gewalttätigkeiten ausdrückt oder die das Grausame oder Unmenschliche des Vorgangs in einer die Menschenwürde verletzenden Weise darstellt; dies gilt auch bei virtuellen Darstellungen.“

Beschäftigt man sich mit dem Gesetz und Staatsvertrag zum Jugendschutz intensiver, ist man entsetzt, in welcher flagranten, also schreienden, offenkundigen Art und Weise, dieses Gesetz und dieser Staatsvertrag ständig verletzt werden, wie z.B. auch Morche in (361) nachgewiesen hat.

Mit was für einer dreisten, unverhohlen zynischen Art dieses Jugendschutzgesetz immer wieder verletzt wird, musste ich sogar am Heiligen Abend 2014 feststellen. Im Pro7-Fernsehen lauteten die Titel der Filme: Stirb langsam, tödliche Weihnachten, blutige Weihnachten. Nicht einmal die Kirchenfürsten empörten sich!

Doch kommt es noch schlimmer, als oben beschrieben. Pascal Morche berichtete in der Zeitschrift Crescendo (361) unter der Überschrift „Klingelingeling!“, dass diese perverse Art und Weise auch bereits die deutsche Märchenoper erreicht hat. Er schreibt, ich zitiere wörtlich: „Die Hexe beeindruckt Horrorfilmerfahrene Kinder

immer weniger, selbst wenn sie in einer modernen Inszenierung von der Regie als Domina angelegt ist (in Dresden!), und Hänsel und Gretels Eltern auf der Bühne inzwischen von Peter Zwegat beraten werden."
Eine Domina ist, wie die meisten wissen, eine Prostituierte, die sadistische Handlungen an einem Masochisten vornimmt. Bekanntlich versteht man unter Sadismus: „Erregung beim Ausführen körperlicher oder seelischer Misshandlungen, auch die Lust am Quälen und an Grausamkeiten. Ein Masochist ist ein Mensch, der beim Erdulden von körperlichen oder seelischen Misshandlungen sexuelle Erregung empfindet (146). Natürlich schieben die o.g. Verantwortlichen der FSK die Schuld für derartige Perversionen den zuständigen Regisseuren und Theaterdirektoren in die Schuhe, um sich ihrer Verantwortung zu entziehen.
Wenn ein geisteskranker Mensch ein Verbrechen begeht, wird er in einem Gerichtsverfahren nicht verurteilt, weil er schuldunfähig ist. Er wird in eine psychiatrische Anstalt eingewiesen. Der oben genannte Personenkreis, der die Umerziehung unserer Kinder zu Sadisten und Masochisten betreibt, ist absolut schuldfähig und gehört ob dieser Verbrechen, nach einem ordentlichen Gerichtsverfahren, nicht in die Psychiatrie, sondern in eine Haftanstalt für Pädophile, also Kinderschänder. Die Personen dieses Kreises schänden nicht nur die Seelen unserer Kinder, sondern sie versuchen sie zu zerstören, um sie zu willfährigen Lumpenproletariern (24) zu erziehen. Wenn jemand diesen Entarteten das Handwerk legen kann, dann sind es doch die Familien- und Kulturminister. Sie tragen die Hauptschuld am drohenden Untergang unserer Kultur und der Kriminalisierung unserer Kinder und Jugendlichen. Und wenn sie sagen, die Gesetze lassen es nicht zu, dass wir etwas dagegen tun, dann müssen sie kraft ihrer Ämter entsprechende Gesetzesänderungen im Parlament einbringen. Wer denn sonst?! Doch ist das gar nicht nötig, Gesetze zu ändern, man braucht sie nur anzuwenden. So reichen das Jugendschutzgesetz (383) und der diesbezügliche Staatsvertrag von 2002 (382) völlig aus, um diesem entsetzlichen Treiben und damit dem Missbrauch der Freiheit der Kunst ein Ende zu setzen.
Und wieder stehe ich mit meiner Meinung nicht allein da. Der Hirnforscher Professor Manfred Spitzer (358) bestätigte meine Meinung, dass Gewalt, natürlich auch sexuelle Gewalt, in den Medien mehr als schädlich für die Gesellschaft, also nach Max Nordau (17) entartet ist, indem er schrieb: „Je höher der Fernsehkonsum in jungen Jahren, umso höher die Gewaltbereitschaft und umso höher die Wahrscheinlichkeit, im Knast zu landen". Das heißt doch nichts anderes als: Je höher der Fernsehkonsum unserer Jugendlichen, desto eher werden diese straffällig, wobei ein Jugendlicher bereits einer zu viel ist!! Das Fernsehen wird zur Schule für künftige Verbrecher. Natürlich ist das vielen meiner Leserinnen und Lesern schon seit langem klar, doch die o.g. Verantwortlichen gefallen sich in den Rollen der Ignoranten, also der Nicht-

wissenwollenden und in den Rollen von unverbesserlichen Betonköpfen. Je mehr Verbrecher herumlaufen, desto schneller geht unsere heutige Gesellschaft zugrunde.
Vorerst will ich abschließend zu diesem Thema dafür plädieren, dass, wenn Gewalt in den Medien und da auch auf dem riesigen Gebiet der Kunst, gezeigt wird, darf diese nicht länger verherrlicht werden, sondern ist auf das Schärfste zu verurteilen. Am Ende eines Krimis sind beispielsweise alle Täter ausnahmslos und mit aller Härte zu verurteilen und zu bestrafen. Das sollten die Herren Kulturminister durch unser Parlament zum Gesetz erheben lassen und zwar mit allen sich daraus ergebenden Konsequenzen, um dem Missbrauch der Freiheit der Kunst Einhalt zu gebieten!
Doch nicht nur in Kino- und TV-Filmen findet man solche Szenen. Nein, auch auf anderen „kulturellen" Gebieten versagten und versagen die Verantwortlichen Kulturhüter, die man besser „Hüter der Unkultur" nennen sollte.
So pries z.B. in der sogenannten Musikszene der TV-Sender (8) in einem Rapsong, das sind Sprechgesänge und Teil der Kultur des Hip-Hops, der kurdische Rapper (Rap-Sänger) „Xatar" auf Deutsch „Gefahr", sein eigenes kriminelles Leben in Deutschland. Auf seine Songs trifft besser der Begriff „Gangsta-Rap" zu, weil man darunter heute ein Genre der Rapmusik versteht, das gewaltorientiert ist und das Lebensumfeld eines Gangsters beschreibt. Seine Gang verübte regelmäßig Überfälle auf die Geschäfte seines Bezirks. Seine Videos vermitteln das Ideal, Macht über andere zu haben, vor allem über Frauen, die die Gangster wie Prostituierte kaufen oder verkaufen. Derartige kriminelle Künstler haben in Deutschland nichts zu suchen, denn sie sind antidemokratisch und integrationsfeindlich. Vor allem aber ist ihre „Kunst" auch völlig ungeeignet für Kinder und Jugendliche, also gesellschaftsschädlich. Unsere Kulturminister schließen ihre Augen, wenn die Musik- und TV-Industrie diesem Gangsta-Rapper und anderen Gangstern immer wieder in unverantwortlicher Manier den roten Teppich ausrollen.
Im November 2011 erhielt der „Rüpel-Rapper" oder besser gesagt, der „Gangsta-Rapper" Aris Mohamed Youssef Ferchichi, alias Bushido, den Integrations-Bambi des Burda-Verlages. Er wurde durch seine menschenverachtenden Texte bekannt. Viele, so ist zu lesen (400), empfinden Bushidos Texte als diskriminierend, sexistisch oder gewaltverherrlichend. Nun hat der „Marsch durch die Institutionen" der 68er auch den Burda-Verlag erreicht, der sich noch vor einigen Jahren sicher von diesem Unwesen distanziert hätte. Heute nennen die Verantwortlichen des Verlages diese Art von Kunst eine „ehrbare Leistung". Seine Musik sei eine Kunstform, der bewusste Tabubruch ein Stilmittel des Raps – „ob es einem gefällt oder nicht". Es ist für mich die verkommenste Form der Diktatur der Kunstszene und ein ungeheuerlicher Missbrauch der Freiheit der Kunst! Wer darüber mehr lesen möchte, z.B. über Bushidos

Kontakte zum kriminellen Milieu, der lese in der Zeitschrift Stern nach (447), in dem man einen mutigen Journalisten zu Wort kommen ließ.
Empören sie sich nicht nur, sondern tragen sie ihre Empörung hinaus in ihren Bekannten- und Freundeskreis.
Die oben genannten Rechte und Schranken unseres Grundgesetzes gelten ausnahmslos für alle deutschen und ausländischen Menschen in unserem Land. Aber auch für Kulturminister und Künstler jedweder Art.

Ein weiterer Grund, warum ich mir über eine Definition des Begriffes Kunst den Kopf zerbrochen habe, ist der, dass von keinem Begriff in der Welt so viel gesagt, geschrieben, diskutiert, gestritten, ge- und bekämpft und behauptet wurde.
Die meisten meiner Leserinnen und Leser kennen die unterschiedlichsten Kunstarten. Sie alle aufzuzählen führte an dieser Stelle zu weit. Doch für mich waren Kunstarten, wie koptische Kunst, Merowinger Kunst, Islamische Kunst, arabische Kunst nicht wirklich bekannt. Und Fluxus-Art, Funk-Art, Minimal-Art usw. waren für mich, bis ich mich damit beschäftigte, nur „Böhmische Dörfer". Eigentlich müsste es sogar eine Un-Art geben, wenn man z.B. an die „Urin-Macke" des Künstlers Marcel Walldorf denkt (174).
Diejenigen, die verständlicherweise „Moderne Kunst" in ihrer krassesten, negativen Form ablehnen, haben leider für den Begriff „Kunst" keine Definition zu bieten. Aber auch die, welche die „Moderne", in ihrer krassesten Form begeistert feiern, haben keine Definition parat. Überraschend ist nur, dass sie zu wissen glauben, was keine Kunst ist, obwohl sie nicht wissen, was Kunst ist. Erstaunlich, nicht wahr?
Mäckler (10) hat in seinem Buch „Was ist Kunst?", 1080 Antworten zusammengetragen, was im Grunde genommen ein Armutszeugnis für viele Kunstexperten ist. Und das kann und darf nicht länger so sein.
Andreas Mäckler, der Kunstgeschichte studierte, stellte noch 1989 in seinem Buch (10) fest: „Das Problem der Definition von Kunst ist so alt wie ungelöst, man kann sagen: ungelöster denn je." Er führt u.a. El Lissitzky an, der völlig unsinnig behauptet: „Der Mensch ist das Werk der Kunst". So gesagt, ist das nur Schöngeisterei. Hätte er es so gesagt, wie ich es sage, nämlich: „Der Mensch ist das Werk der Kunst Gottes", dann wäre das eine bemerkenswerte, allerdings fast selbstverständliche Einsicht gewesen.
Lasst uns also zuerst definieren, dann gibt es keinen Streit! Das war und ist meine Devise, mein Leitspruch vor jeder Diskussion mit Freunden und Bekannten. Und nicht nur, wenn wir über Kunst debattierten.

Nehmen wir einmal an, Kunstexperten oder Kunstliebhaber stehen vor einem Bild von Raphael. „Das ist wahre Kunst“ schwärmen sie und meinen, es sei ein wundervolles Kunstwerk. Worin liegt der Unterschied zwischen Kunst und Kunstwerk?
Gabrielle Gorgas, stellte in ihrem Artikel „Tanz für Genussfähige“ (11) fest, dass irgendwer einmal gesagt haben soll „Kunst lässt sich nicht messen und zählen“. Doch messen heißt vergleichen! Also kann man Kunst selbstverständlich messen. Zählen lassen sich allerdings nur Kunstwerke und Künstler!
Wenn ich von vergleichen spreche, erhebt sich sofort die Frage, womit vergleichen. In der Messtechnik vergleicht man immer mit einem „Normal“.
Das Metermaß vergleicht man mit der Länge des Urmeters, welches in Paris unter ganz bestimmten Bedingungen aufbewahrt wird. In der Kunst hat man sich aus vielen Gründen nicht festgelegt, weil man offensichtlich keinen Maßstab wünschte. Wenn sich seriöse Kunsterzieher um einen Maßstab bemühen, um ihren Schülern zu erklären, was Kunst ist, gehen diese immer von den unterschiedlichsten Techniken aus, die der Maler oder Bildhauer eingesetzt hat. Bei der Bewertung von manchen Kunstwerken spielt beispielweise der „Goldene Schnitt“ eine große Rolle, der in Kunstwerken angewendet, meist ein Gefühl von Schönheit und Wohlgefallen im Betrachter erzeugt. Er besagt, dass die Teilung einer Strecke in zwei Abschnitte so erfolgen muss, dass der kleinere Abschnitt sich zum größeren verhält, wie dieser zur ganzen Strecke.
Nun kann man allerdings den Goldenen Schnitt für das Komponieren nicht einsetzen und deshalb auch nicht für die Bewertung musikalischer Kunstwerke heranziehen.
Mancher stimmt mit mir vielleicht überein, wenn ich sage, es gibt Bilder, Gedichte (12) und Musik (13), die in mir den Eindruck erwecken, als wären sie Eintrittskarten für eine Psychiatrische Klinik. Aber trotzdem, sie sind Kunstwerke.
Aus meinen Definitionen folgen wesentliche, völlig neue Erkenntnisse über Künstler, Kunstliebhaber, Kunstexperten, Kunstkritiker, Kunsthändler, alte und junge Künstler, gesunde und kranke Künstler, blinde und gehörlose Künstler und über viele andere Künstler mehr.
Eine wirkliche Kunstdefinition muss natürlich für alle Kunstarten gelten: Musik, Malerei, Literatur, Bildhauerei usw., auch für die „Schönen Künste“ und die „Hässlichen Künste“. Doch um darüber zu diskutieren, muss man erst einmal erklären, was hässlich ist. Hässlich ist zumindest ein subjektiver, also auf die eigene Person bezogener Begriff.
Da die „Moderne“ unzweifelhaft zur Kunst gehört, muss eine Definition auch für sie gelten. Doch nicht nur für die „Moderne“, nein auch für perverse, abartige und entartete Kunst, die man nicht einfach als „Moderne“ bezeichnen oder gar abtun darf, weil man damit vielen modernen, zeitgenössischen Künstlern, die hervorragende Kunstwerke schufen, schweres Unrecht zufügte.

Mit den Worten „hervorragende Kunstwerke“ meine ich diejenigen, die im Sinne von positiv ästhetisch hervorragend sind, obwohl vielen Museums- und Opernbesuchern auch das Unästhetische gefällt. Also, ob jemandem ein Kunstwerk gefällt oder nicht, durfte für eine Definition keine Rolle spielen!
Warum hat nun noch niemand eine allumfassende Definition für den Begriff Kunst gefunden? Weil Kunst eben nicht allein von können, gefallen oder nicht gefallen abgeleitet werden kann, wie manche meinen. Käme die Tätigkeit „Kunst“ nur von können oder gefallen, könnte man die Entstehung sehr vieler heutiger und gestriger Kunstwerke nicht mehr als Kunstwerke bezeichnen, insbesondere mancher moderner Kunstwerke. Und deshalb ist u.a. auch die „primitive Kunst“ Kunst, die auch nicht unbedingt etwas mit können oder gefallen zu tun hat. Doch die überwiegende Mehrheit der Kunstwerke haben sehr wohl mit dem Können der Künstler zu tun und das Gleiche gilt für das Gefallen: Die meisten aller je geschaffenen Kunstwerke gefallen den Hörern, Lesern und Betrachtern sogar sehr gut, weil sie wunderschön und ein ästhetischer Hochgenuss sind.
Wenn Sie die Frage „Was ist Kunst?“ stellen, erwarten Sie sicher eine Antwort, die allgemein gültig, allgemeinverständlich und allumfassend ist. Bedenkt man, dass Mäckler in seinem Buch 1080 Antworten auf diese Frage präsentierte, kommt man aus dem Staunen nicht heraus. Liest man darin die Antworten vieler bekannter „Größen“, dann zweifelt man oft am Verstand mancher dieser Autoren, die man zu diesen Größen rechnen muss und die sich zu dieser Frage geäußert haben.
Schon zu meiner Oberschulzeit sagte einmal unser Deutschlehrer: „Kunst ist am Einzelfall das Unendliche darstellen.“ Doch auch das ist keine Definition! Dass diese Definition zumindest für sehr viele literarische Werke zutrifft, steht allerdings außer jedem Zweifel. Wenn ein Künstler an einem Einzelfall eines jüdischen Menschen die entsetzlichen Verbrechen der Nationalsozialisten verarbeitete, schuf er ein Kunstwerk, woran er an diesem Einzelfall auch die Verbrechen der Kommunisten in ihren Konzentrationslagern, dem Gulag, dargestellt hat. Für andere Beispiele trifft diese Definition natürlich nicht zu.
Der Maler Max Liebermann (330) meinte: „Kunst ist das Unsichtbare sichtbar machen.“ Sollte er einmal versucht haben, das unsichtbare Gas „Wasserdampf“ sichtbar zu machen, dann hat er sicher festgestellt, dass dies nicht möglich ist. Mancher, der verständlicherweise von Physik weniger Ahnung hat, erwiderte mir sicher, doch, man kann Wasserdampf sichtbar machen, indem man ihn kondensiert. Doch kondensierter Wasserdampf ist kein Gas mehr, sondern reines Wasser in riesiger Anzahl winziger Tröpfchen!
Die interessanteste Antwort, die allerdings nicht in Mäcklers Buch steht, hat Pablo Picasso, sicher mit einem inneren, verschmitzten Lächeln, in seinem „Brief an einen

unbekannten Empfänger“ (370) gegeben: „Sie erwarten von mir, dass ich Ihnen sage, dass ich Ihnen definiere: Was ist Kunst? Wenn ich es wüsste, würde ich es für mich behalten. Ich suche nicht; ich finde.“

Auch er wusste also nicht, was Kunst ist. Er war aber ehrlich genug und gab es unumwunden zu. Dass Picasso nicht nur ein außergewöhnlicher Künstler, sondern auch tüchtiger Geschäftsmann, aber auch ein schlauer Fuchs war, ist wohl unumstritten. Und dass er sehr viel von sich selbst hielt und sich sicher als einen der größten Maler der Welt ansah, geht u.a. auch aus seinem berühmten Ausspruch „Gebt mir ein Museum, und ich werde es füllen!“ hervor.

Nachdem viele unästhetischen Kunstwerke, teils berechtigt, teils unberechtigt, sehr negative Kritiken hinnehmen mussten, z. B. die Kritiken über Beuys in den Büchern (3) von Eichler, fragte ich mich schon als Student der Physik: „Was ist Kunst?“

Viele Menschen verstehen, dass Künstler, Kunstexperten und Kunsthistoriker sich in der Frage „Was ist Kunst?“ nicht festlegen, festlegen können oder wollen. Ich kann es nicht, denn es wäre schon längst deren Aufgabe gewesen.

Sicher, man könnte meinen, in den Naturwissenschaften und der Technik sei es zwingend notwendig zu definieren, in der Kunstwissenschaft nicht. Doch dies ist falsch, da Kunst auf die gesamte Menschheit mindestens einen genauso großen positiven, wie negativen Einfluss ausübte und ausübt, wie die Technik, deren Grundlage ja die Physik ist.

Nun gibt es sehr viele Worte, die zwei oder mehrere Bedeutungen haben. So kann beispielsweise das Wort Hang, den Berghang oder die Vorliebe für etwas bedeuten und Singen ist Gesang oder eine Stadt in Hessen.

Ein köstliches, naives Missverständnis entsteht, wenn eine sich sorgende Mutter ihre Tochter fragt: „Hast du dich schon einmal nach den Verhältnissen deines zukünftigen Mannes erkundigt?“ und zur Antwort bekommt: „Ja natürlich, es sind alles nette, anständige Frauen.“ Diesen wunderschönen Witz veröffentlichte B. Schmidt aus Nidderau 2010 in der Zeitschrift „Funk Uhr“.

Das Wort Kunst kann komponieren, malen, musizieren, bildhauern, inszenieren usw. bedeuten. Auch gibt es die Kunst des Glockengießens. Tonkünstler nennt man auch die Komponisten, Musiker und Sänger, aber auch Künstler, die aus Ton Werke schaffen.

Diese Tatsachen erklären vielleicht, dass die, welche mit Kunst, bzw. Kunstwerken zu tun hatten und zu tun haben, bisher keine einheitliche Definition für den Begriff Kunst fanden. Insbesondere auch deshalb, weil das Komponieren, Malen, Bildhauern, Schriftstellern, Dichten usw. Kunst ist, und eine Definition für alle diese Kunstarten zutreffen muss. Nun könnte man es dabei belassen. Doch befriedigend ist es nicht.

Eine Erklärung muss natürlich verständlich sein, auch für Laien. Der allgemeine Grundsatz gilt auch heute noch: „Die Sprache hat einzig und allein der Verständigung zu dienen!“ Wir sahen, dass es keine „Präzisionssprache“ geben kann. Doch ist dies auch nicht nötig, da der Sinn eines Begriffes in den allermeisten Fällen aus dem Zusammenhang eines Satzes zu erkennen ist. Doch wir sollten nicht zulassen, die Sprache zu missbrauchen, um bekannte Begriffe umzudefinieren.
Mein Wunsch wäre, dass man sich in der Kunstszene auf eine einheitliche Definition des Begriffes Kunst einigt.
Beim Lesen des Buches von Mäckler (10) stellt man fest, dass einige Äußerungen auf manche Entstehungsarten von Kunstwerken durchaus zutreffen. Auch auf moderne Kunst, wobei meist die Kunstwerke gemeint sind, die oft Zielscheiben rabiater Kritik waren. Negative Kritik macht auch heute noch, für viele unverständlich, vor manchen „modernen“, zeitgenössischen Kunstwerken halt, obwohl bzw. gerade deshalb, weil viele Kunstwerke wunderschön und edel sind. Das Musterbeispiel solcher negativen Kritik lieferte Adorno in seiner „Ästhetischen Theorie“, auf die ich zurückkommen werde.
Auch Dalí zeigte in seinem sog. „Testament“, welchen Zweck er mit seinen Kunstwerken verfolgte: „Er wollte die Menschen aller Zeiten und Länder zum Narren halten.“ Und das ist ihm mit seinen Kunstwerken wirklich gelungen. Wenn Sie Kapitel 8 gelesen haben, wissen Sie, warum ihm das, mit wenigen Ausnahmen, geglückt ist.
Weil dieses „Testament“ sicher nur wenige von Ihnen kennen, gebe ich es hier zur Belustigung aber auch zum Nachdenken wieder. Ob er es tatsächlich selbst verfasste, kann ich nicht mit Bestimmtheit sagen, doch lesenswert ist es bestimmt.

Was ich fürchte und erwarte
von Salvadore Dalí (?)

“Ich habe beschlossen, mich unmittelbar nach meinem Ableben konservieren zu lassen, um die Entdeckung abzuwarten, die es der Menschheit eines Tages gestatten wird, den genialen Dali wiederzuerwecken. Ich bin überzeugt, dass man den Krebs heilen und erstaunliche Transplantationen vornehmen wird, und die Verjüngung der Zellen ist die Frage der allernächsten Zukunft. Jemanden das Leben zurückgeben, das wird eine ganz gewöhnliche Operation sein. Ich werde ohne Ungeduld in meinem flüssigen Helium warten.
Drei Dinge fürchte ich allerdings, abgesehen von der Gefahr der Verschlechterung der Zellen meines wunderbaren Gehirns. Das erste ist, dass sich die Menschheit unter der Einwirkung der Überbevölkerung, von einem mörderischen Wahn befallen, daran

macht, die Leichen zu massakrieren. Meine zweite Befürchtung ist, dass das Leben, das ich wiedererlangen werde, nicht genau das meine ist, ich will sagen, dass ich nicht den göttlichen Leib Dalis wiederfinde, so wie er eingeschlafen ist. Wird meine Auferstehung eine Wiederbelebung sein oder der Beginn eines anderen, neuen Lebens, die Geburt eines Dali, den ich nicht wiedererkenne? Und schließlich fürchte ich, dass mich die Menschheit einer späteren Epoche vergessen haben könnte. Doch diese Gefahr erscheint mir, ehrlich gesagt, gering, denn mein unsterbliches Werk wird nur immer größer werden, und meine Legende wird den Ruf meines Genies fördern. Ich bin so gut wie fest davon überzeugt, dass die Menschen aller Zeiten den Wunsch verspüren werden, die neuen Schöpfungen des göttlichen Dali zu sehen, zu hören und zu kennen. Was für ein erhabenes Abenteuer für mich!
Es würde mir nicht missfallen, wenn mich die Menschheit eines Tages heiligspräche und die Fackeln meines Lebens von Generation zu Generation weiterreichte als ewiges Zeugnis der Evolution. Dalí, der durch die Welt irrt bis zum Verlöschen der Sonnen – was für ein großartiges Delirium!
So würde ich dann die Menschheit aller Zeiten und Länder zum Narren halten!"

Es ist erschreckend, wie wenige Menschen nachdenken und sich verständlich ausdrücken können. Ganz zu schweigen von deren Unfähigkeit, logisch, also folgerichtig, zu denken: So definiert Kosuth: „Kunst ist die Definition von Kunst" (10). Wer so eine Definition hört, dem kommt wohl unweigerlich der Begriff „Entartung" in den Sinn, weil sie unsinnig ist. Unsinnig hat nämlch etwas mit Entartung, also aus der Art geschlagen, zu tun; doch davon später.
Was man von gebildeten „Kunstexperten" alles so über die Deutung von Kunstwerken hört, ist wahrhaftig erstaunlich.
Ich gebe hier einige besonders beeindruckende Beispiele dieser psychopathischen Deutungen aus Kishons Buch „Picassos süße Rache" (16) wieder: So bezeichneten „Kunstexperten"

- einen braunen Fleck in der linken Ecke eines Bildes als schwellende Weichstrukturen eines narzistisch efferveszenten Kräftespieles,

- zwei Leisten als apollinische Vollendung von rhythmisierten Linienschichtungen,

- eine leere Leinwand auf der Rückseite signiert als vorgezeichnete vibrierende Synthese, als optische Distanz zu melodiöser Hypertrophie,

- ein aufgeblasenes Kondom als geometrisierendes, somnambulisches Vorbewußtsein der exotisch glutvollen Erosionen von luminösen, fötalen Zerstörungskoeffizienten und zu guter Letzt bezeichnen sie als i-Tüpfelchen der Entartung den Begriff

- „Nichts“ als kosmisch aufsteigende Zellenblasen von zeitloser Transfiguration, spiraloide und fluodoide Antagonismen der archetypischen und chimärenhaften Esoterik.

Hat man das Buch „Entartung“ des jüdischen Psychiaters und Kunsthistorikers Max Nordau (17) gelesen, weiß man, wie so etwas zustande kommt.
Kishons Verlag Langen-Müller schreibt zu diesen o.g. „Kunstexperten“: „Kishon bietet erstmals seinen Lesern eine kleine Kostprobe des modernen Kunstesperanto, der ersten Sprache auf der Welt, die sogar ihre Jünger nicht verstehen und die nur dazu da ist, mit Hilfe eines digitalen Wortverstümmlers normale Menschen um den Verstand zu bringen“. Dabei glauben diese sachverständigen Kritiker noch, neue, völlig unverständliche Worte einführen zu müssen.
Spätestens jetzt sollten Sie, liebe Leserinnen und Leser, erkennen, wie dringend notwendig ernsthafte Definitionen der Begriffe Kunst und Kunstwerk sind.
Andere „Geistesgrößen“ wollen sich an die Zukunft erinnern, anstatt daran zu denken oder auf die Vergangenheit zu hoffen, anstatt sich ihrer zu erinnern. Wieder andere, besonders die Nachahmer des Franzosen Baudelaire (1821 –1867), wollen Farben hören oder riechen, mit der Nase sehen oder haben sogar ein Ohr im Auge (17). Sie wollen auffallen um jeden Preis!
Haben diese Künstler noch nichts davon gehört, dass die Sprache der Verständigung der Menschen untereinander zu dienen hat, nicht der Verwirrung? Auch aus dem Satzzusammenhang kann ich den Sinn dieser „Wortschöpfungen“ nicht entnehmen.
Doch leider bescherten uns die 68er Soziologen und Pädagogen ein neues Deutsch, das einem normalen Menschen schon wieder die Haare zu Berge stehen lassen. Hier ein schönes Beispiel aus dem Buch „Mehr Erfolg mit gutem Deutsch“ von der Sprachwissenschaftlerin Edith Hallwass (19):
„Im Frankfurter Stadtteil Bockenheim wurden die Eltern von Erstklässlern von jungen Lehrern und Studenten eingeladen, wobei man besonderen Wert auf Kinder aus der Arbeiterklasse legte. Die jungen Pädagogen und Soziologen erörterten ihre Vorstellungen zu ihrer Lehrtätigkeit etwa so: Nachdem der Katalog der Inhalte bisher weitgehend nur imitatives und rezeptives Lernen zuließ, muss jetzt kompensatorische Erziehung erprobt werden. Lernprozesse müssen die kognitiven und affektiven Kräfte des Schülers herausfordern. Die Lernsituationen erfordern Kommunikationen, nach

den in den Lerneinheiten relevanten allgemeinen verhaltensorientierten Lernzielen muss das Kind sich zu artikulieren lernen, frei von Zwängen, und zu einer optimalen Teilnahme an gesellschaftlichen Entscheidungsprozessen durch die Aufhebung ungleicher Lebenschancen gebracht werden. Es muß zur Verbalisierung eigener Bedürfnisse und Interessen, zur Argumentation befähigt werden und lernen, vorhandene Aggressionen nicht in diffuse zerstörerische Aktivitäten umzusetzen. Lernprozesse werden in der Regel durch Identifikationsprozesse in Gang gebracht. Vorraussetzung ist, dass das Kind motiviert wird usw, usw."
Dieses Soziologendeutsch kann ein einfacher Mensch nicht verstehen. Diese Damen und Herren sollten sich jeden Morgen sagen: „Die Sprache dient der Verständigung!" Auch einfache Arbeiterinnen und Arbeiter haben das Recht, alles, was gesprochen wird, zu verstehen, wenn es, wie oben geschildert, auch sie betrifft. Oder etwa nicht?
Borgeest (10) treibt diese Auswüchse auf die Spitze: „Kunst ist, was mit meiner Kunsttheorie in Übereinstimmung gebracht werden kann."
Piscator (10) zitiert in seinem Buch „Das politische Theater" eine Kunstdefinition von fäkaler Primitivität: „Kunst ist Scheiße". Alles ist vertreten im geistigen Ausfluss der großen „Experten".
Tolstoi (10) beklagte schon Ende des 18. Jahrhunderts den Verfall der geistigen Fähigkeiten, die Fin-de-siecle-Stimmung der damaligen Künstler, indem er schrieb: „Kunst ist Spiel. Und so lange es sich um das Spiel arbeitender, normaler Menschen handelt, ist es gutes Spiel; doch wenn es das Spiel sittlich verdorbener Schmarotzer ist, ist es schlecht; und so haben wir es heute bis zur Dekadenz gebracht". Und ich ergänze, bis zu entarteter Kunst.
Unter „Fin de siecle" versteht man den Epochenbegriff als Ausdruck eines dekadenten, bürgerlichen Lebensgefühls in Gesellschaft, Kunst und Literatur am Ende des 19. Jahrhunderts (24).
Natürlich ist dekadente Kunst auch Kunst, sie wird von vielen Kunstexperten mit Recht auch dazu gerechnet. Und deshalb muss eine Definition auch diese Kunst verkommener, sittlich verdorbener, aber auch geisteskranker Künstler berücksichtigen.
Wenn man eine allumfassende Definition gehabt oder gefunden hätte, dann hörten manche o.g. unsinnigen Definitionsversuche auf. Dann gäbe es eine klare Antwort auf die Frage „Was ist Kunst?"
In Pinchas Lapides Buch (20) „Ist die Bibel richtig übersetzt?" findet man in Band 1 die wunderbaren Gedanken: „Im Grund ist alles Reden Übersetzung. Der Sprecher (auch Redner) verleiht seinen inneren Gefühlen und Gedanken sprachlichen Ausdruck, indem er sie in Worte kleidet, die - wie er hofft - seinen Hörern die eigentlichen Aussagen verinnerlicht werden lassen!"

Lapide weiter: „Kunst ist die Sprache der (menschlichen) Seele. Eine Himmelssprache, die der Göttlichkeit angemessen wäre, gibt es hienieden nicht, - mit der möglichen (denkbaren) Ausnahme der Kirchenmusiken (Bach, Mozart, Beethoven etc.).“
Der große Physiker und Nobelpreisträger Albert Einstein empfand Ähnliches, als er nach einem grandiosen Menuhin-Konzert sagte: „Jetzt weiß ich, dass es einen Gott im Himmel gibt!“ (463)
Doch ich bin überzeugt, dass noch viele andere Kunstwerke durchaus der Göttlichkeit angemessen sind, weil sie Gott und seine Schöpfungen verehren, preisen und verherrlichen. Ja, sie sind sogar oft die Sprache, durch die Gott zu uns spricht. Und wie unterschiedlich spricht doch Gott durch die Musik zu uns: Liebevoll, zärtlich, vertrauenerweckend. Aber auch mahnend, zornig und ungehalten, lässt Gott durch seine ihn verehrenden Künstler, über so manche anderen Künstler, die sein Werk, die Schöpfung, verunglimpfen oder gar schänden, sprechen.
Man sollte aber auch nicht verkennen, dass viele Kunstwerke dem Bösen, religiös gesprochen, dem Teufel auf unserer Erde, angemessen sind.
Es kommt allerdings immer auf die Definition an. Einigte man sich vor einem Streitgespräch über Gut oder Böse, also über Gott oder den Teufel, auf Definitionen, was zumindest für gutwillige Menschen angemessen wäre, entfielen fast alle Streitgespräche und man führte ein Gespräch, in dem man seine Meinung ruhig vorträgt, andere anhört und überzeugt oder sich überzeugen lässt, lernt und lehrt. Und jeder sollte daran denken, dass Meinungen nur Meinungen sind und kein Wissen! Wissen muss man sich in mehr oder weniger mühevoller Arbeit erst aneignen!
Eine allgemeine Definition des Begriffes Kunst muss selbstverständlich auch alle Kunstarten der Vergangenheit, Gegenwart und der Zukunft umfassen. Sollte jedoch jemand behaupten: „Ein vom Baum gefallener, verfaulter und zerschellter Apfel ist ein Kunstwerk“, dann sollte er wirklich zu einem Arzt gehen und sich untersuchen lassen. Kurt Götz meinte dazu sinngemäß: „Wenn sie, liebe Leserinnen und Leser, noch nicht gemerkt haben sollten, dass sie unter lauter Idioten leben, dann sollten sie sich einmal untersuchen lassen“. Doch ich bin fest überzeugt, dass sie es, so wie ich, schon seit langem bemerkt haben.
Es gibt Leute, die wagen zu bestimmen, nicht etwa zu definieren, was Kunst ist. Sie diktieren, was Kunst sein soll, ohne selbst zu wissen, was Kunst ist.
Wenn Johann Wolfgang von Goethe sagte, „Die Kunst ist eine Art von Erkenntnis“ und dies damit begründete, „weil die andere Erkenntnis keine vollständige Welterkenntnis ist“ (10), dann ist das aus seiner Sichtweise heraus vielleicht richtig, aber keine Definition des Begriffes Kunst. Und Kunst ist eine Tätigkeit (62; 63) und kann schon deshalb keine Art von Erkenntnis sein, doch aus Kunstwerken kann man sehr wohl Erkenntnisse erhalten!

Ich kam nach dem Studium vieler Definitionsversuche berühmter Menschen zu der Erkenntnis: Es darf keine Autoritätsbeweise für eine Antwort auf die Frage: „Was ist Kunst?“ geben, denn das wäre der Tod eines Versuches zur Definition des Begriffes Kunst gewesen.
Ich stehe mit dieser Meinung nicht allein da. So greift z.B. Bongard (10), vielleicht sogar unbewusst, die folgende Definition an: „Kunst ist, was von Kunstexperten in angesehenen Museen, Ausstellungshäusern, Zeitschriften und Büchern als Kunst vorgestellt wird“.
Noch schärfer werden zwei weitere Aussprüche angegriffen, die zwar heute den Nagel auf den Kopf treffen, aber mit einer Definition in meinem Sinne ebenfalls nichts zu tun haben: So stellt Jankowsky (10) sicher nicht zustimmend klar: „Die Ausstellungspraxis zeigte sehr schnell, dass die Kunst in der kapitalistischen Industriegesellschaft eine Ware, wie jede andere ist, dass die Inhalte der Bilder niemanden interessieren, sondern dass es ausschließlich auf die warenästhetische Maske der Bilder – auf ihre Verpackung – ankommt. Für die Zirkulation der Ware Kunst sorgt monopolartig der kommerzielle Kunstbetrieb, er entscheidet darüber, was Kunst ist und was nicht, damit entscheidet er auch darüber, welcher Künstler von seiner Kunst leben kann und welcher nicht.“ Jankowsky meint natürlich die Kunstwerke, die eine Ware sind. Er wollte jedoch nur zum Ausdruck bringen, dass niemand, auch er nicht, bisher den Begriff Kunst zu definieren vermochte.
Und Chotjewitz (10) fragte: „Ist nicht seit Beginn des imperialistischen Zeitalters ausgemachte Sache, dass alles in den letzten 100 Jahren, was ein Künstler hervorbringt, Kunst ist, und dass es ausreicht, wenn er sich selbst und ein paar Koryphäen ihn zum Künstler bestellen (küren), damit aus einem x-beliebigen Menschen ein Künstler wird?“
Ich lese aus diesen klagenden Fragen die strikte Ablehnung all dieser Machenschaften ab und insbesondere den Missbrauch der Freiheit der Kunst.
Also wir sehen: Es wird oft ein Werk einfach zu einem Kunstwerk erklärt, ohne zu sagen, was Kunst ist, aus der es entstand. Auch fehlt in vielen dieser „Weisheiten“ häufig die Unterscheidung zwischen Kunst und Kunstwerk.
Kommen wir zu dem Begriff „Beutekunst“, der seit Jahren für gestohlene, erbeutete Kunstwerke verwendet wird. Kunst kann man im eigentlichen Sinne nicht erbeuten, es sei denn, man erbeutet den Künstler selbst, der dann in der Höhle der Räuber Kunstwerke schaffen muss.
Man sollte sich nicht wundern, wenn durch Journalisten, die solche Begriffe wie Beutekunst erfanden, der Begriff Kunst immer undurchsichtiger geworden ist.
Was es allerdings gibt, sind „Erbeutete Kunstwerke“. Das gleiche gilt für den Begriff „Kunstraub“. Kunst lässt sich nicht rauben, nur Kunstwerke oder Künstler. Denn

Kunst bezieht sich nach dem Herkunftswörterbuch des Dudenwörterbuches (63) „seit dem 18. Jahrhundert speziell auf die künstlerische Betätigung des Menschen und auf die Schöpfungen des Menschengeistes in Malerei, Bildhauerei, Dichtung und Musik".
Kunst ist also immer eine Betätigung, d.h. eine menschliche Tätigkeit!
Doch halt: Kunstwerke kann man erbeuten oder rauben und sie in einem anderen Land ausstellen, wo dann im Betrachter die sogenannte „Sekundärkunst" entsteht! Auf diesen Begriff, den ich meines Wissens hier zum ersten Mal mit einer besonderen Bedeutung einführe, werde ich noch zu sprechen kommen. Also kann man, wenn man diesen Begriff zulässt, tatsächlich auch Kunst rauben oder erbeuten, nämlich als Sekundärkunst in einem anderen Menschen, die beim Betrachten eines geraubten Kunstwerkes in ihm entsteht.
Ich erlaube mir das Wort Jean Pauls „Die Erinnerung ist das einzige Paradies, aus welchem wir nicht getrieben werden können" (21) auf den Begriff Kunst angewandt, wiederzugeben: „Die Kunst ist das einzige Paradies, aus dem wir nicht getrieben werden können!" Und ich erweitere: „Kunst ist, wie auch die Erinnerung, manchmal auch die Hölle, in die man uns treibt!"
Insbesondere denke ich hierbei an die heutigen perversen, entarteten Inszenierungen alter, klassischer Theaterstücke und Opern.
Martin Furber und Sigrid Konrad (22) kommen meiner Antwort auf die Frage „Was ist Kunst?" schon recht nahe: Sie schrieben: „Einige der größten musikalischen Werke resultieren direkt aus persönlichen Gefühlsregungen und Gefühlsumbrüchen."
Damit haben sie zum Teil recht. Doch nicht nur einige der größten, nein, auch einige der völlig unbekannten, „kleinen" Kunstwerke entstanden so. Warum verschweigt man das so oft?
Schon Goethe (23) schrieb: „Mit Worten lässt sich trefflich streiten, mit Worten ein System bereiten!"
Könnte es aber nicht sein, dass man an einer allumfassenden Definition gar nicht interessiert ist? Es gibt nämlich erstaunliche Gründe dagegen zu sein:

- Mancher Künstler, weil er sich offenbaren müsste.
- Mancher Sammler, weil er vielleicht ein Werk gekauft hat, das gar kein Kunstwerk sein kann. So hat er vielleicht ein Bild, welches von einem Affen, einem Pferd oder einer Katze gemalt wurde, gekauft.
- Mancher Händler, weil er mit jedem beliebigen Werk ein Geschäft machen will, und deshalb muss es ein Kunstwerk sein.
- Mancher Museumsdirektor, weil er vielleicht fürchtet, dass die Besucher dann erkennen könnten, dass der leere Rahmen, den er als Kunstwerk gekauft hat, vielleicht gar kein Kunstwerk ist.

- Manche Betrachter, Hörer und Zuschauer, weil sie dann nicht mehr selbst bestimmen können, was Kunst ist.
- Einige Rechthabenwollende, die dann nicht mehr streiten können.

Sicher lassen sich noch weitere Gründe finden, warum einige Menschen an einer allgemeingültigen, allumfassenden, einheitlichen, allgemeinverständlichen Definition nicht interessiert sind.
Nun kann sich ein Künstler verstellen wie er will, durch seine Kunst und Kunstwerke verrät er sich selbst. Er offenbart sich z.B. entweder als gefühlvoller, liebevoller, edler Mensch oder aber als brutaler, gewaltverherrlichender Psychopath. Die Maler, Bildhauer, Komponisten oder Dichter haben es relativ leicht, sich zu verstellen, indem sie behaupten: Unsere Künste haben mit unseren Gefühlen oder geistigen Vorgängen in unseren Gehirnen nichts zu tun. Vielleicht deshalb, weil der eine oder andere sonst wohl fürchten müsste, dass man ihn in eine Psychiatrische Anstalt einliefert. Ein Schriftsteller, insbesondere ein Romancier, ein Verfasser von Romanen, kann sich kaum verstellen, weil die meisten seiner Leser auf seine geistigen Vorgänge in seinem Gehirn schließen können. Max Nordau führte in seinem Buch „Entartung" (17) sehr viele Beispiele von Schriftstellern auf, aus deren Werken sowohl edle als auch unedle, geistige Vorgänge zu erkennen sind.
Im Großen Brockhaus von 1970 (24) wird Kunst folgendermaßen definiert:
„Kunst ist im engeren Sinne schöpferisch gestaltende Tätigkeit, die sich durch Bearbeitung innerer und äußerer Erfahrungsinhalte mit der Welt auseinandersetzt und auf Wertsetzung im Kunstwerk und Werterlebnis des Betrachters abzielt." Weiter findet man im Brockhaus, dass Kunst die Erzeugung von Kunstwerken, die Nachahmung oder Nachbildunng der Wirklichkeit ist. Sie sei lehr- und lernbar. Sie erzeuge das Schöne, sie sei die Auseinandersetzung des Menschen mit der Welt und zuletzt sei sie die Betätigung eines Urtriebes der Menschheit.
Ich glaube, dass mancher „moderne Künstler" dies nicht so sieht. Damit will ich sagen, manche heutigen Künstler wollen schlicht und einfach nur provozieren und schon deshalb hat diese Definition keine allgemeingültige Bedeutung, denn Provokation ist für mich kein Urtrieb, weil gute Menschen nicht provozieren, da Provokation oft zu Gewalt führt. Doch provozierende Kunst ist natürlich auch Kunst!
Das gleiche gilt auch für die Definition Ludwig Richters (10): „Die Kunst ist ein Ausfluss des Edelsten und Besten unseres Innern."
Schon allein deshalb, weil die Kunst mancher Künstler, wie ich zeigen werde, auch ein ekelhafter Ausfluß des Unedelsten und Schlechtesten ist, hat diese Definition keine Allgemeingültigkeit. Auch hier beschreibt sie nur für den Einzelfall das Richtige.

Man sollte für Kunstwerke den Begriff Kunst von anderen Begriffen, die das Wort Kunst in sich tragen, unterscheiden, ja abgrenzen, so wie man auch für manche Worte unterschiedliche Bedeutungen haben kann. Kunsthonig z.B. ist kein Kunstwerk! Ein Künstler kann aber durchaus aus oder mit Kunsthonig ein Kunstwerk schaffen, so wie Joachim Hiltmann sein Kunstwerk „Elefantenkot“ schuf (3).
Oder noch „schöner“, wenn der Künstler Piero Manzoni seinen eigenen Kot in eine Blechdose fallen lässt, sie verschließt und daraufschreibt: „Merda d´artista“, was nach Kishon (9) auf deutsch „Künstlerscheiße“ heißt. Seine hervorragende Geschäftstüchtigkeit bewies er 1961 außerdem noch damit, dass er gleich 90 Dosen à 30 g Kot (netto) anfertigte und sie gewinnbringend zu einem Preis verkaufte, der etwa dem Preis von 30g Gold entsprach. Vielleicht verkaufte er sogar die Dose plus Inhalt zum Goldpreis, wie Rauterberg meinte (401). Diese Kunst ist für mich allerdings entartete Kunst, was keinesfalls heißen soll, ich wollte Manzoni vergasen oder in eine Psychiatrische Anstalt einweisen lassen! Am interessantesten wird es, wenn Kunstsachverständige das Werk honorieren, ausstellen, darüber diskutieren und es für gut befinden, weil es die Demonstration eines avant-gardistischen Handelns sei.
Am 27. Juni 2013 las man sinngemäß in der FAZ (456): Piero Manzoni entstammte einem italenischen Grafengeschlecht. Geboren im Juli 1933 starb er mit 30 Jahren im Februar 1963 an einem Herzinfarkt. Zufall? War er vielleicht degeneriert, wie man von Adligen gern und völlig zu Unrecht behauptet? Oder hat ihn gar der Teufel geholt?
Martin Engler, der Kurator der Manzoni-Schau und Sammlungsleiter für die Kunst nach 1945 im „Frankfurter Städel“, antwortete auf die Frage Björn Hayers, ob wirklich das drinnen sei, was drauf steht: „Es ist gar nicht wichtig, was drin ist!“ Für den Künstler Bernard Bazile war es dagegen doch sehr wichtig. Er kaufte eine Dose, ließ sie öffnen und fand darin eine weitere, kleinere Dose. Den Öffnungsvorgang bezeichnete er als „seine Kunst“, da er durch die Tätigkeit „Zerstörung des ursprünglichen Kunstwerkes“ etwas Neues geschaffen hätte, nämlich das Werk „Boîte ouverte“, d. h. „offene Dose“. Ob nun tatsächlich Manzonis Kot in einer seiner Dosen gefunden wurde, wollte Bazile nicht verraten. Martin Engler meinte, „das streift natürlich auch die Grundsatzfrage: Was ist überhaupt Kunst? Und da gibt es eben immer die ganz einfache Antwort: Kunst ist, was ein Künstler gemacht hat – egal ob mit dem Pinsel oder seiner Körperbiologie.“
Was für ein gewaltiger Irrtum! Nicht Kunst ist, was ein Künstler gemacht hat, sondern das Kunstwerk hat der Künstler gemacht! Was Kunst ist, weiß bis heute keiner der Experten!
Was in dem Künstler Manzoni oder dem „Experten“ Engler vorging, erfahren sie in Kapitel 8. Aber bereits jetzt: Ein Kunstwerk ist diese „Dose“ in jedem Fall auch!!

Auch die offene! Sicher sind beide auch avantgardistisch. Für die Käufer dieser 90 „Kunstwerke“ fehlen mir allerdings die Worte.
Sogar der Titel der Fernsehserie „Reisewege zur Kunst“ (25) zeigt, dass eine Definition fehlt. Es müsste besser heißen „Reisewege zu Kunstwerken“.
Kommen wir zu dem Begriff „Gefälschte Kunstwerke“. Natürlich ist auch die Frage erlaubt, ob „Kunstfälschen“ Kunst ist (26).
Wenn ein Maler eines seiner gefälschten Kunstwerke so wunderbar nachempfindet und es deshalb eigenhändig mit seinem Namen signiert, dann ist die Fälschung zu einem Kunstwerk geworden. Zumindest gibt es dann keinen Streit über die „Echtheit der Fälschung“. Frage: Warum sollte die Wiedergabe eines Gemäldes keine Kunst sein, wenn die Wiedergabe von Kompositionen in der Musik als Kunst uneingeschränkt akzeptiert wird? Jeder Dirigent, jede Sängerin, jeder Sänger, jeder Solist, jedes Orchestermitglied ist doch ein Künstler!
Bis eine Fälschung an einer gefälschten Unterschrift auf dem gefälschten Bild erkannt ist, kann sie als Kunstwerk anerkannt sein. Sie bleibt aber immer geistiger Diebstahl. Doch nicht, wenn der Künstler seine Kopie als Kopie öffentlich ausgibt und sich zu ihr bekennt. Diese Vorgehensweise ist mit der Photographie eines Kunstwerkes nah verwandt.
Wie man sieht, sind dem Missbrauch des Wortes Kunst Tür und Tor solange geöffnet, bis eine Definition allgemein anerkannt ist und nicht nur von „Kunstexperten“! Mit einer allumfassenden, allgemeingültigen Definiton wird auch der Missbrauch der Freiheit der Kunst eingeschränkt.
In dem wunderbaren Katalog „ars mundi“ (27) wird geschrieben: „Die Kunst von Friedensreich Hundertwasser ist ein Paradies, das jedem gehören kann“. Auch wenn hier Kunst gleich Kunstwerk gesetzt wird, wir wissen ja schon, was gemeint ist, trifft das für alle Bewunderer dieses Künstlers zu, auch wenn er manchmal in etwas merkwürdiger Art und Weise auftritt. Und mit Recht lassen sie sich nicht aus diesem Paradies des großen Künstlers vertreiben. Wie unterschiedlich über den Künstler Hundertwasser allerdings auch gedacht werden kann, geht aus der Meinung von Eichler (3) hervor, dem Hundertwasser nicht gefiel. Doch warum sollte Eichler das nicht sagen dürfen. Er sagte aber nicht, dass Hundertwasser entartet sei.
Nun will ich Sie einmal zum Lachen bringen: Ein Studienfreund von mir hatte ein großes Foto von der wundervollen Rosette der Kathedrale zu Reims, einem klassischen Kunstwerk, in seiner Studentenbude hängen. Die Unterschrift darunter gewann er folgendermaßen: Er zeigte mit verschlossenen Augen mit einem Bleistift auf einen beliebigen Punkt einer Seite einer Tageszeitung, schnitt das getroffene Wort heraus und klebte es unter das Foto. Auf meine Frage, was das wohl zu bedeuten hätte, erklärte er mir: „Alle Welt verwendet grundsätzlich eine zum Bild, also zum Kunst-

werk, passende Unterschrift. Ich wollte eine unpassende darunter setzen, um mich von anderen zu unterscheiden.“ Auch das hat mit meiner Definition etwas zu tun. Es erinnert mich sehr an manche Kunstwerke moderner Künstler.
Wenn ein Mensch in einem Gedicht seine Meinung über einen öffentlichen Missstand zum Ausdruck bringt, dann ist das selbstverständlich auch Kunst, nämlich Dichtkunst. So dichtete Frau Gisela Foerster (438) die mehr als lustigen Zeilen:

Wer unbedacht ein Fremdwort wählt,
ein deutsches Wort für ihn nicht zählt,
wer „happy“ sagt und glücklich meint,
und “sunshine“, wenn die Sonne scheint,
wer „hot“ gebraucht anstelle heiß,
„know how“ benutzt, wenn er was weiß,
und sich mit „sorry“ kühl verneigt
und „shows“ abzieht, wenn er was zeigt,
wer „shopping“ geht, statt einzukaufen
und „jogging“ sagt zum Dauerlaufen,
der bleibt zwar „fit“, doch merkt er spät,
wenn er kein Wort mehr DEUTSCH versteht.

Als ich einmal einem Freund folgendes kleine Gedicht eines Bekannten von mir vortrug, sagte dieser dazu: „Das ist keine Kunst!“ Mein Bekannter hatte sehr viele ähnliche Gedichte geschaffen. Entartet war er ganz gewiss nicht, er war ein Spaßvogel. Urteilen sie selbst:

„Der Baum hat Äste
und das ist das Beste,
denn wäre er kahl,
dann wär´s ein Pfahl.“

Das Gedicht entstand sicher aus einer fröhlichen Laune heraus und tatsächlich, auch das war Kunst. Auch ich habe vor sehr vielen Jahren ein kleines Kunstwerk entworfen, es von einem Juwelier anfertigen lassen und meiner Frau geschenkt. Den Kreis ließ ich aus einer großen, echten Perle, die unsere Erde darstellen sollte, herstellen:

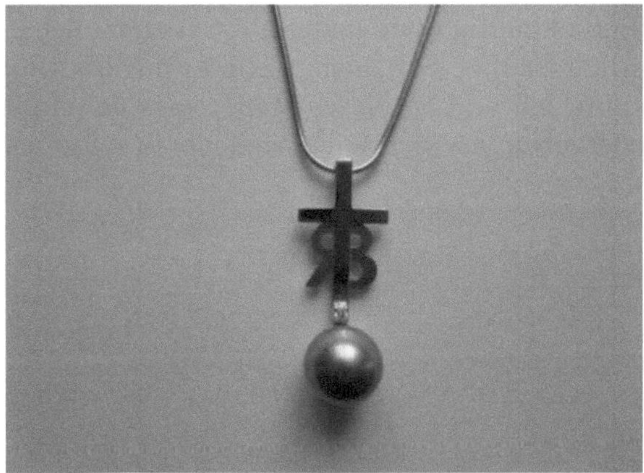

Abb.1: Vom Autor entworfenes Kreuz mit Perle

In Kap.8 erfahren Sie, dass es auch Kunst war, als ich es schuf. Und noch etwas: Die Beherrschung des Kunsthandwerks, so behaupten einige Experten, hätte heute keine Bedeutung mehr. Doch das stimmt keineswegs, wenn man sich einmal auf dem „Kunstmarkt" umsieht.

So findet man in dem Katalog „THE FINE ARTS COLLECTIONS 2008" (28) Angebote über wunderbare Kunstdrucke vieler zeitgenössischer Künstler, die allerhöchstes, handwerkliches Können erkennen lassen. Der Katalog straft diejenigen der Lüge, die behaupten, moderne Kunst sei entartete Kunst. Er enthält die Reproduktionen großartiger, wunderschöner, alter und moderner Kunstwerke. Sie können ihn in fast jedem Geschäft, welches Bilder und Rahmen verkauft, einsehen.

Auch Picassos Kunstwerke der Blauen und Rosa Periode (29) lehren uns, dass seine Bilder aus diesen Perioden seines Schaffens hohe handwerkliche Leistungen darstellen. Damit wird natürlich die Bewertung eines Kunstwerkes, auf die ich am Ende zu sprechen komme, nicht gerade leichter, insbesondere, wenn man an Picassos „Barbarische Periode" denkt, in der für den Psychiater der, vielleicht auch nur zeitlich begrenzte, Schwachsinn schon deutlich erkennbar ist.

Erlauben Sie mir nun die Frage: „Kann man Kunst erlernen?" Obwohl Kunst eine Tätigkeit ist, kann man sie nicht erlernen, weil man nur das „Gebrauchen des Handwerkzeuges", die Techniken für das Schaffen eines Kunstwerkes erlernen kann, wie z.B. das Komponieren einer Sinfonie, das Malen eines Gemäldes, usw.

Ob ein Mensch, der die Technik des Malens, z.B. die Aquarelltechnik, autodidaktisch, also im Selbststudium gelernt hat, auch in der Lage ist, ein Kunstwerk zu schaffen, kann man nicht voraussagen, doch ist dafür die Wahrscheinlichkeit sehr hoch, denn er tat es meist freiwillig und häufig ohne materiellen Anreiz. Seine Kunst schuf er rein uneigennützig. Natürlich freut er sich auch, wenn er unverhofft eines seiner wunderschönen Bilder verkauft. Ich will an dieser Stelle eines der Aquarelle meines Vaters Martin Berthold wiedergeben, der sich seine Maltechnik selbst aneignete:

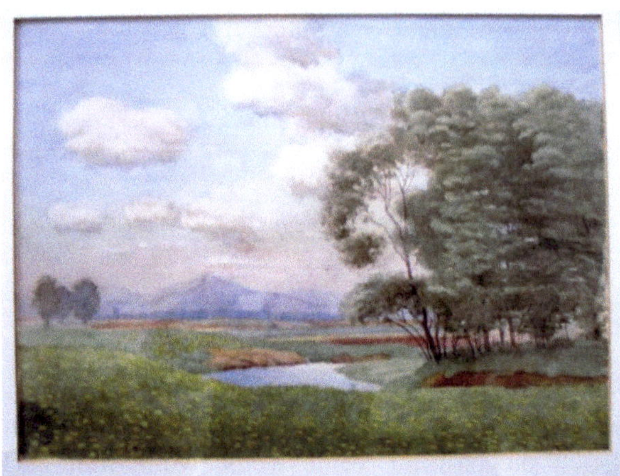

Abb. 2: Der Valtenberg

Der vielen Menschen als Schriftsteller bekannte Günter Grass (30) sagte von sich: „Als bildender Künstler bin ich gelernter, als Schreiber ungelernter Künstler". Es drängte sich mir die Frage auf: Was ist ein gelernter und was ein ungelernter Künstler? Er meinte wahrscheinlich, er habe das Handwerk der Malerei, der Bildhauerei, usw. gelernt, das Handwerk des Schreibens dagegen nicht. Und trotzdem erhielt er als schreibender, also ungelernter Künstler und nicht als gelernter, seinen Nobelpreis.
Wenn Kunst von Können, bezogen auf Ausbildung und Technik käme, wie manche glauben, dann gäbe es sehr viel weniger Künstler. Ja, manche wollen gar nicht mehr „etwas können", so wie Picasso (29) uns in seinen späteren Perioden zeigte. Als er seine mehr als eigenartigen Frauenakte malte, zeigte er allerdings, dass er „seine merkwürdigen Techniken" beherrschte.
Viele Experten preisen zu Recht diese Aktbilder als großartige Kunstwerke. Die Preise dieser Werke sind allerdings großartig und ich bin mir auch sicher, dass er eine solche Frau, die es nur in seinem (vorübergehend) dekadenten Gehirn gab, niemals, wie Kishon sarkastisch (spöttisch) einmal feststellte (9), geheiratet hätte.
Auch wäre der Begriff Kunst mit der Definition „Kunst kommt von Können" derart eingeschränkt, dass nur eine einzige Definition nicht ausreichte und letztlich vom

individuellen Wertempfinden des Betrachters, Zuschauers oder Zuhörers abhinge. Und das darf nicht sein, weil sie sonst nicht allgemein gültig und einheitlich wäre. Auch der, welcher die im negativen Sinne berühmte „Dose“ gezeigt bekommt, muss sagen können, ja, auch die ist ein Kunstwerk!
Schon jetzt erkennt man, dass der Begriff Kunst in der Vergangenheit, aber auch heute noch immer wieder zerredet wurde und wird! Das ist auch der Grund dafür, dass niemand bisher festgestellt hat, wie oft die Freiheit der Kunst missbraucht wurde.
Wenn ich in Gesprächen höre, dass „Kunst Dinge sind, die wir nicht brauchen“, so kann ich nur sagen, ein ungebildeter Laie, der sich noch nie für ein Kunstwerk interessiert hat, kann für sich gesprochen, sicher Recht haben, doch ein Gebildeter, ein Intellektueller hätte damit nur eine Schöngeisterei von sich gegeben. Er leidet an einer Profilierungsneurose, denn dieser Ausspruch ist schlicht und einfach bei ihm ein Zeichen von Schizothymie, d. h. von einer latent bleibenden, nicht zum Durchbruch kommenden Veranlagung zur Schizophrenie, also zur Bewusstseinsspaltung, zum Verlust des inneren Zusammenhangs der geistigen Persönlichkeit, zum Spaltungsirresein, zur inneren Widersprüchlichkeit, Zwiespältigkeit, Unsinnigkeit und zum absurden Verhalten. Sehr viele Menschen brauchen Kunst und Kunstwerke zum Leben, wie die Luft zum Atmen.
Prof. Dr. Ruhrberg meinte (9), „dass Kunst eine geistige, emotionale Vorstellung“ ist. Wohingegen Kishon sagte (9): „Wenn alles Kunst ist, ist nichts Kunst!“ Beide Aussprüche haben mich nicht überzeugen können. Eine emotionale Vorstellung ist zwar eine geistige Tätigkeit, doch was diese sein soll, bleibt im Unklaren. Kishons Ausspruch ist unzweifelhaft richtig, aber auch so selbstverständlich, wie das Amen in der Kirche.
Noch einfacher macht es sich der, der mit Goethe sagt: „Wer es nicht fühlt, der wird es nicht erjagen“ (23). Allerdings wollte Goethe damit sicher keine Definition für den Begriff Kunst geben.
Oft hörte ich die Frage: „Warum sollten Laien nicht Kunstwerke schaffen können?“ Dichten kann man z.B. nicht erlernen! Doch das ist heute auch nicht mehr nötig, wie folgendes „Gedicht“ beweisen soll:
Es entstand so, dass ich Überschriften aus der „Frankfurter Allgemeinen Zeitung“ vom 25. Mai 2002 entnommen, untereinandergeschrieben und einfach nur in Fragen umgewandelt und mit Fragezeichen versehen habe. Kunstexperten entschieden, was Lyrik ist und was nicht. Obwohl sie weder wussten noch ahnten, wie es entstanden war, empfahlen sie es als Lyrik zu veröffentlichen, was 2011 auch tatsächlich geschah.

Ich gebe es an dieser Stelle wieder. Zuerst die Original-Überschriften:

„Hört die Signale!
Auch weiße Wollfädchen haben klein angefangen.
Die Barbaren am Gartentor.
Zwiebelzauber und rätselhafte Unschärfe.
Kaputnik kann passieren.
Keller fürs Duell!
Die eingebaute Dunkelziffer der Mütter der Priester.
Drei Schutzgeister wachen symbolisch über das Unzerstörbare.
Es bleibt nicht auf dem Teppich, sondern darunter.
Kurzatmige Wiederkehr des Grotesken bewirkt Glaube mit Fensterblick.
Hundertzweiundzwanzig Quadratmeter Freiheit
und bei Anruf droht Gefängnis.
Raubtierbrot ist fast eine Kindheit.
In der Schule des Lebens wird der Tod nicht gelehrt,
jedoch Vergleichen schadet nicht aus nächster Ferne.
Also es kann losgehen, das Haus brennt.
Zwei Jünglinge schweben zum Erfolg zu gefährlichen Liebschaften,
und sie nehmen Kontakt zu Ihren künftigen Gästen auf."

Und nun das Gedicht „Fragezeichen":

Hört ihr die Signale?
Haben auch weiße Wollfädchen klein angefangen?
Waren die Barbaren am Gartentor?
Ist Zwiebelzauber rätselhafte Unschärfe?
Kann Kaputnik passieren?
Gibt es Keller fürs Duell?
Ist die eingebaute Dunkelziffer der Mütter auch die der Priester?
Wachen drei Schutzgeister symbolisch über das Unzerstörbare?
Bleibt es nicht auf dem Teppich, sondern darunter?
Bewirkt kurzatmige Wiederkehr des Grotesken Glaube mit Fensterblick?
Droht bei Anruf Gefängnis
und sind Hundertzweiundzwanzig Quadratmeter Freiheit?
Ist Raubtierbrot fast eine Kindheit?
Wird der Tod in der Schule des Lebens nicht gelehrt,
jedoch schadet Vergleichen nicht aus nächster Ferne?
Kann es also losgehen, weil das Haus brennt?
Schweben zwei Jünglinge zum Erfolg zu gefährlichen Liebschaften,
und nehmen sie Kontakt zu ihren künftigen Gästen auf?

So kann ich mir Diskussionen in einer Psychiatrischen Klinik unter bedauernswerten schizophrenen Patienten vorstellen!
Was ging nur in den Köpfen derjenigen vor, die zum einen die Aufnahme solchen Schwachsinns in einen Lyrikband einer renommierten (angesehenen und namhaften) Frankfurter Buchgesellschaft veranlassten? War es Mitleid mit mir, dem scheinbar geistesgestörten „Dichter"?
Mein „Gedicht" erschien, man sollte es nicht für möglich halten, tatsächlich in der Frankfurter Bibliothek der Brentano-Gesellschaft Frankfurt/M. mbH, nachdem es in dem Gedichtwettbewerb 2011 einen Platz „gewonnen" hatte. (31)
Die verantwortlichen „Experten" empfahlen das unsinnige Gestammel eines Entarteten, in diesem Fall eines von mir gespielten Entarteten, als „Deutsche Lyrik" zu veröffentlichen. Sie haben in meinen Augen das Recht verwirkt, „Gedichte", die gar keine sind, zu bewerten und ihre Autoren als Gewinner eines Wettbewerbes hinzustellen. Halten sie, liebe Leserinnen und Leser, z.B. die Zeile „Ist Raubtierbrot fast eine Kindheit?" nicht auch für absurd?
Hätte ich ein Gedicht in entarteter Fäkaliensprache, wie z.B. das im gleichen Hause als Lyrik veröffentlichte, eingesandt, wäre es ebenfalls erschienen.
Nun will ich ihnen diese, dem ganzen zugrunde liegenden Machenschaften zu erklären versuchen: Ein pfiffiger Werbefachmann kam wahrscheinlich auf die Idee, den Absatz des o.g. Buchverlages gewinnbringend zu steigern. Man schrieb einen Gedichtswettbewerb öffentlich aus und „jeder Dichter" wurde als einer der Sieger hingestellt. Und man gab jedem „Gewinner", also auch mir „großzügig" die Möglichkeit, sein Gedicht, also mir mein Gedicht „Fragezeichen" in dem „Jahrbuch für das neue Gedicht" käuflich zu erwerben. Und da mehr als 3000 Dichter sich geehrt fühlten, kauften sie sicher, so wie auch ich, postwendend den gesamten Band für ca. 85 Euro, was für den Verlag einen Umsatz von ca. 250 000 Euro bedeutete. Auch wenn nur 80% der Dichter den Gedichtband für 85 Euro gekauft hätten, wäre ein Umsatz von ca. 200 000 Euro zusammengekommen. Ist doch eine tolle, neue Geschäftsidee, die nichts mit Betrug oder einer strafbaren Handlung zu tun hat. Wenigstens das nicht!
Ähnliche Vorkommnisse sind recht häufig in der Kunstszene zu finden, wie Dalis Testament offenbarte. Je verrückter, desto besser. Von Können keinen blassen Schimmer. Je dreister ein Künstler, desto besser! Auch ich war so dreist und machte dieses Experiment. Mein Vorbild war kein Geringerer als Wolfgang Amadeus Mozart, der aus Ärger über seine Mannheimer Kollegen seinen „Musikalischen Spaß" schrieb und deren Kompositionen darin verulkte und verspottete. Ich werde Ihnen darüber noch ausführlich berichten.
Mich wundert dieses bereits mehrere Jahre dauernde Geschäftsgebaren der Brentano-Gesellschaft nicht, obwohl es seit langem bekannt ist.

Ich erinnere nur an die blauen Pferde, die gelb-rot-grünen Kühe und die roten Rehe des Malers Franz Marc, über die sein „Freund“ August Macke bemerkte: „Eigenliebe, Pantoffelheldentum und Blindheit spielen bei den Blauen Pferden eine große Rolle“ (490). Für mich ist allerdings unverständlich, was er damit sagen wollte. Vielleicht war es Neid oder doch nur fehlende innere Resonanz? Wie wichtig wäre eine Definition des Begriffes Kunst auch für Macke gewesen!

John Keats (32) sagte einmal: “Truth is beauty and beauty is truth. That’s all you know and all you need to know!” (Wahrheit ist schön und Schönheit wahr. Das ist alles, was du weißt und alles was du wissen musst). Abgesehen davon, dass dies wieder nur eine Schöngeisterei ist, könnte man diesen Spruch auch abwandeln in: „Wahre Kunst ist schön und Schönheit ist wahre Kunst“. Damit spräche ich zwar E. Kishon und vielen anderen aus ihren Herzen, doch dieser Spruch stimmt eben leider auch nicht.

Im Begriffslexikon der Bildenden Künste von Bert Bilzer (33) liest man: „Kunst ist die schöpferische Gestaltung von Erfahrungen, Ideen und seelischen Erfahrungen zu Kunstwerken“.

In Meyers Enzyklopädischem Lexikon von 1971 (34) steht für den weitaus wichtigsten Sinn des Wortes Kunst: „Kunst ist nicht sowohl Ausdruck für ein subjektives Vermögen, als vielmehr für die objektiven Erzeugnisse dieses subjektiven Vermögens; Kunst ist also die abstrakte Gesamtbezeichnung für die dauernden oder zu beliebiger Erneuerung fixierten Produkten des ästhetischen Schaffens.“ Es ist schwer, diesen Gedankengängen zu folgen und außerdem wird Kunst hierbei noch bedauerlicherweise mit dem Begriff Kunstwerk gleichgesetzt.

Aus dem Buch von Mäckler (10) will ich noch einige Antworten anführen, aus denen die ganze Problematik einer Definition hervorgeht:

Johann Nestroy versteigt sich in folgende, auch noch unsinnige Schöngeisterei: „Kunst ist, wenn mans nicht kann, denn wenn mans kann, ist´s keine Kunst“.

Auch Adorno ergab sich in Schöngeistereien übelster Art und Weise, als er schreibt: „Kunst ist emphatisch (d.h. mit Nachdruck, stark, eindringlich), Erkenntnis, aber nicht die von Objekten.“ Was er noch für entsetzliches Zeug über Kunst sagte, erfahren sie später, wenn ich auf die 68er Kulturrevolutionäre zu sprechen komme, von denen er bekanntlich einer der geistigen Väter war, die die Vernichtung der Abendländischen Kultur auf ihre Fahnen geschrieben hatten.

Rudolf Arnheim (10) stellt hinsichtlich einer Definition fest, „dass die Kunst unverständlich geworden sei“. Damit sagt er aus meiner Sicht nichts anderes als: „Ich weiß nicht, was Kunst ist“. Für manche moderne Kunst hat er damit allerdings recht.

Benedetto Croce (10) behauptet: „Die Grenzen der Expressions-Intuitionen, die man Kunst nennt, gegenüber den gemeinen, nicht als Kunst bezeichneten zu definieren, ist unmöglich.“
Wenn Wladyslaw Tatarkiewicz (10) meint: „Die Kunst ist eine schöpferische Tätigkeit“, war Albert Einstein einer der größten Künstler unserer Erde und alle Erfinder technischer Produkte wären dann auch Künstler. Er hätte besser sagen sollen: Kunst ist auch eine schöpferische Tätigkeit“.
Hans Hess (10) kommt einer Definition des Begriffes Kunst näher, als viele andere Autoren:
„Kunst ist sichtbar gewordener Geist, die Vision, die zur Materie wird. Könnte das Geistige keine materielle Form annehmen, so gäbe es keine Kunst. Die Kunst ist der Beweis, dass das Geistige und das Materielle ein und dasselbe in einer anderen Zustandsform sind.“
Ich sage dazu: Ja! Hätte er noch dazu gesagt, dass Geist gleich Energie ist, dann hätte ich sogar zwei mal ja gesagt, weil wahrscheinlich nur wenige wissen, dass Materie eine Erscheinungsform der Energie ist.
Hat man nun verstanden, was Hess zum Ausdruck bringen wollte, erheben sich folgende Fragen: Was ist sichtbar gewordener Geist? Ist es denn nicht denkbar, dass ein Künstler so manches Geistige nicht als Kunstwerk gestaltet, also in materielle Form gebracht hat? Bleibt denn das nicht doch Kunst, verlorene Kunst? Diese Fragen wären von mir nicht gestellt worden, wenn Hess, wie so viele, Kunst und Kunstwerk nicht durcheinander gebracht hätte.
Die Antworten, die in Mäcklers Buch (10) über Kunst zu finden sind, reichen von unsinnigen Schöngeistereien über profilierungsneurotische Äußerungen bis hin zu ernsthaften, grüblerischen Bemühungen, zu ergründen, was Kunst ist. Aus den Aussagen ergeben sich unterschiedlichste Intelligenzstufen der Menschen, die sich an einer Definition versuchten. Oft ist auch nur ein bestimmter Zweck der Äußerung erkennbar.
Wenn die „Kunstexperten“ das Geschmiere mancher „Modernen Künstler“ Kunst nennen, dann könnte man vielleicht annehmen, dass die Werke z.B. eines Raffaels nicht durch Kunst entstanden sind! Siehe dazu später meine Ausführungen über den Begriff „Entartung“ in Max Nordaus Buch (17), wo dieser über den Praeraphaelismus schreibt. Dann müssten sie aber ganz sicher durch etwas anderes entstanden sein! Probieren wir es einmal, und nennen wir das Schaffen solcher Werke, wie die von Raphael, nicht mehr Kunst, sondern Gunst oder Gnade, denn nur diese Begünstigten, diese Begnadeten, von Gott Begnadeten, konnten und können solch herrliche Werke schaffen. Sie lebten in der Gunst, der Gnade Gottes. Die Günstler wären dann von Gott begnadet.

Wählte man den Begriff Kunst als Oberbegriff, dann könnte man vielleicht auch unterscheiden in: Gnade Gottes und Gunst des Teufels, also in Gunst und Tunst. Doch das alles tun meine atheistischen Kritiker als Schöngeisterei ab, was ich natürlich sehr wohl verstehen kann.
Andere wieder unterscheiden zwischen Kunst, Nichtkunst, Antikunst und Pseudokunst, so z.B. Eichler in (3).
Beuys meinte, „die richtig verstandene Kunst schließe Kunst und Antikunst ein". Rainer Rappmann (35) erklärte dies so: „Beuys meinte dieses „anti-gegen" schließlich gar nicht im Sinne von Widerspruch, sondern im Sinne, Kunst ist so die eine Hälfte, Antikunst die ergänzende andere Hälfte einer Ganzheit (10).
Doch das ist auch sehr fraglich. Ich wollte nur zeigen, dass eine Definition sowohl die Entstehung alter als auch „moderner" Kunstwerke erfassen sollte. Denn zwischen „Moderner Malerei" und „Moderner Malerei" liegen himmelweite Unterschiede, wenn man bedenkt, dass sie von dem einen verteufelt und dem anderen angebetet wird. Auch zwischen der Schönheit vieler moderner Kunstwerke liegen Welten!
Letztendlich kam ich zu der Erkenntnis, dass vieles als Kunst bezeichnet wird, was viele, ja sehr viele Menschen als Kunst ablehnen. Ein Musterbeispiel ist Kishon (9), der manche „Kunstwerke", aus seiner Sicht sogar mit Recht, als verabscheuungswürdig bezeichnete und sagte: „Das ist für mich keine Kunst". Neu und unverständlich ist diese Meinung natürlich nicht. Man denke nur an die oft verteufelten Bücher Richard W. Eichlers (3) und Ephraim Kishons (16), in denen diese ihre Meinungen über manche „Moderne Kunst" und deren Künstler zum Ausdruck bringen. Verteufelt deshalb, weil sie schonungslos die Machwerke und Machenschaften mancher Künstler, Händler, Museumsdirektoren und Kunstexperten an den Pranger stellten, obwohl eben doch auch diese Machwerke Kunstwerke sind. Auch Eichler fand keine einheitliche Definition.
Es ist leider so, dass sich die, die mit entarteten Kunstwerken Geschäfte machen, natürlich schrecklich ärgerten und nun ihrerseits Eichler verteufelten. Das geht sogar so weit, dass sie über ihn die „Nationalsozialismuskeule" schwingen, obwohl er sich ganz eindeutig gegen den Nationalsozialismus und dessen politische Kunstwerke aussprach.
Viele Kunstwerke, die wir kennen, entstanden aus der alten Tradition, die nach den Prinzipien der Schönheit entstanden sind. Doch Schönheit ist ganz gewiss kein alleiniges Kriterium für den Begriff Kunst. Wohl aber für den Begriff „Schöne Künste".
Die Diskrepanz, also der Unterschied zwischen den Meinungen ist dadurch zu erklären, dass es tatsächlich keine allgemeingültige, einheitliche, allumfassende und verständliche Definition des Begriffes Kunst bisher gibt. Hinzu kommt noch, dass sehr viele „Kunstsachverständige" nicht einmal zwischen Kunst und Kunstwerk unter-

scheiden, wodurch die Verwirrung noch größer wurde. Auch der Begriff „Kunstperiode“ wurde erfunden, obwohl man nicht wusste, was Kunst ist. Unter Periode kann man in diesem Zusammenhang nur einen Zeitraum verstehen, in dem eine bestimmte Art von Kunstwerken geschaffen wurde. Also hätte es besser heißen müssen: Kunstwerk-Periode, was natürlich unmöglich geklungen hätte.
Sie sagen nun sicher, natürlich gibt es für ein und dieselbe Sache unterschiedliche Bezeichnungen. Ja, das ist zwar richtig, verstößt aber für gewisse Begriffe gegen den Grundsatz: Die Sprache dient der Verständigung unter den Menschen, insbesondere wenn es sich um den Begriff Kunst handelt.
Weil es verschiedene Bezeichnungen für dieselbe Sache gibt, sind die Leserinnen und die Leser, Hörer oder Betrachter auf den Zusammenhang angewiesen, in dem der Begriff oder die Bezeichnung gebraucht wird. Und da wird es noch komplizierter. Denken Sie nur an „den Schein wahren“ und „den Schein ausgeben.“ Diese Beispiele ließen sich endlos fortsetzen.
Doch nun lassen Sie mich mit einem Scherz fortfahren. Als ich neulich gefragt wurde „Was ist Kunst?“, antwortete ich mit ernster Miene: „Schauspieler!“ „Was? Was soll diese dumme Antwort?“ Nun sie scheint genau so falsch zu sein, wie die unpassende Unterschrift unter dem oben erwähnten Bild der Rosette der Kathedrale von Reims.
Und genau aus diesem Grund antwortete ich: Kunst ist „Schauspieler“. Oder vielleicht doch nicht aus so einem Grund? Richtig! Wilhelm Kunst, geboren am 02.02.1799 in Hamburg, gestorben am 17.11.1859 in Wien (24), war tatsächlich Schauspieler. Sie sehen, ich riss das Wort Kunst aus dem erwarteten Zusammenhang und so entstand dieser lustige Unfug.
Doch nun Scherz beiseite. Wie will man ernsthaft über Kunst diskutieren oder wenigstens sich unterhalten, wenn der eine das und der andere das unter Kunst versteht. Wenn ich Stuhl sage und Tisch meine, dann versteht mich keiner mehr.
Ich bin ein kunstinteressierter Physiker und gewöhnt in klar definierten Begriffen zu denken und mit klar definierten Begriffen zu arbeiten und deshalb suchte ich nach einer vernünftigen Definition, um damit dem Missbrauch der Freiheit der Kunst Einhalt zu gebieten.
Als ich mir vor sehr langer Zeit die Frage stellte, ob es möglich sei, eine Definition des Begriffes Kunst zu finden, die tatsächlich allgemein gültig, allumfassend und nicht zuletzt, auch allgemein verständlich ist, zweifelte auch ich. Gehört doch zu einer derartigen Definition auch die Veranlagung, das Talent, die Berufung, die Befähigung, die Art der Gestaltungkraft des Künstlers, usw.
Doch dann kam es anders. Meine Definition erzählte ich einigen, wenn auch unbekannten Künstlern, die verwundert feststellten, ja, diese Definition stimmt, zumindest trifft sie für meine Kunst zu. Natürlich gibt es Künstler, die sie ablehnen, weil sie sich

entblößt darin wiederfinden. Sie stehen damit auf der gleichen Stufe wie Terroristen, die sich vermummen, um nicht zu zeigen, wessen Geisteskind sie sind. Nur ist so ein Verhalten vordergründig meist nicht gefährlich und deshalb weder verboten noch strafbar. Man könnte sie auch mit Karnevalisten vergleichen, die Masken tragen.

Eine allumfassende Definition bedeutet: Alle Arten und Variationen der Kunst können damit erklärt werden. Alle und wirklich alle! Darunter fällt nicht nur die Kunst von geistig normalen Menschen, sondern z. B. auch die „Bildnereien geisteskranker Menschen", um mit Prinzhorn (37) zu sprechen, nach dem man in Heidelberg das sehenswerte „Prinzhornmuseum" benannt hat.

Die Definition muss auch die „Kunst" beinhalten, die sehr viele Menschen nicht als Kunst bezeichnen, aber von „Kunstexperten" als Kunst bezeichnet wird. Mancher Kunstsachverständige muss wohl verständlicherweise seinen Kopf schütteln und sagen: „Das ist unmöglich!" Vielleicht sagt auch der eine oder andere: „Eine solche Definition gefunden haben zu wollen, ist arrogant und anmaßend!" Natürlich habe ich für diese Menschen volles Verständnis, denn allein 1080 Antworten signalisieren: „Es gibt keine allgemeingültige und allumfassende Definition des Begriffes Kunst!"

Ich will nun nicht gleich mit meiner Definition ins Haus fallen, sondern erzählen, wie ich auf die Idee kam, eine so schwere Aufgabe zu lösen.

Schon als junger Mann, als Physikstudent, beschäftigte ich mich mit Kunst. Ich fragte mich immer und immer wieder: „Was ging in dem Komponisten Wolfgang Amadeus Mozart oder in dem Maler William Turner vor, als sie ihre, für mich so wundervollen Kunstwerke schufen?"

Und später fragte ich mich: „Was ging nur in dem Bildhauer Lenk vor, als er sein, unten wiedergegebenes, frivoles, ja perverses, pornographisches „Ludwigshafener Kunstwerk" schuf?" (38)

Mir kam unweigerlich die Kunstdefinition in den Sinn, die Hans Arp, der Uralt-Dada von sich gab (39). Nach ihm ist Kunst nämlich „magischer Stuhlgang"! (3)

Und für den Psychiater Sigmund Freud ist „der Verlust von Scham das erste Zeichen von Schwachsinn." Mit diesen Worten dürfen wir also Lenk als schwachsinnig bezeichnen, da sein Kunstwerk bar jedes Schamgefühls ist.

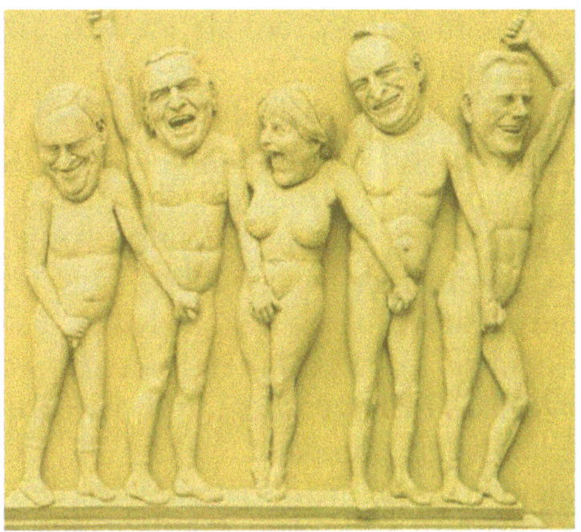

Abb. 3: Lenk‘s „Ludwigshafener Kunstwerk“

Wenn ich dieses Bild als Bildzitat hier anführe, dann deshalb, weil es als Beleg dient, zu zeigen, dass auch Lenk die Freiheit der Kunst in übelster Art und Weise missbrauchte und die Würde der Dargestellten nicht nur angetastet, sondern entwürdigend der Lächerlichkeit preisgegeben hat. Fragen Sie sich, ob es aus Ihrer Sicht Freiheit der Kunst wäre, wenn Lenk sie derartig widerlich mit Ihren weiblichen und männlichen Freunden und Bekannten dargestellt hätte.

Wie ich bereits zu Beginn meines Buches schrieb, besteht mein Anliegen in dem methodisch-systematischen, ernsthaften wissenschaftlichen Versuch, zu ergründen, wie man die Begriffe „Kunst, Kunstwerk und Künstler“ allumfassend, allgemeinverständlich und zeitlos definieren kann, um daran die Grenzen und den Missbrauch der Freiheit der Kunst durch manche Künstler zu demonstieren. Die Ursachen und Beweggründe von Grenzverletzungen und von Missbrauch der Freiheit der Kunst, werde ich immer wieder darstellen und erklären.

In § 51 Nr. 1 des Urheberrechtsgesetzes wird festgesetzt (506), dass mit dem Begriff Wissenschaft nicht nur die an Hochschulen und in Forschungsinstituten betriebene Wissenschaft gemeint ist, sondern dass zu den wissenschaftlichen Werken auch alle Arbeiten gehören, die sich um eine ernsthafte, methodisch geordnete Suche nach Erkenntnis bemühen, die Vermittlung von Erkenntnissen fördern wollen und der Belehrung dienen (507). Genau das ist meine Absicht.

Wie lautet doch Artikel 1, Abs.1 des Grundgesetzes der Bundesrepublik Deutschland? „Die Würde des Menschen ist unantastbar. Sie zu achten und zu schützen ist Verpflichtung aller staatlichen Gewalt.“ Und wo bleibt diese? „Sie sieht nichts, sie hört nichts, sie sagt nichts!“ Die staatliche Gewalt erweist sich als das berühmte Trio

der drei Affen! Sie machen sich zum Affen, sie machen diesem Künstler die Affen und merken es noch nicht einmal.
Was erwartet man von Politikern, die sich ihre angeblich unantastbare Würde und Ehre von einem Künstler derart in den pornographischen Dreck ziehen lassen und nicht einmal den Versuch einer Strafanzeige machen? Haben sie heimlich still und leise unser Grundgesetz für entartete Künstler außer Kraft gesetzt? Wenn Stoiber, Schröder und die anderen darüber lachen, wundert mich das nicht. Doch dass die Christin Merkel sich derartig entwürdigen lässt, bedeutet, dass Nobelpreisträger Llosa mit seinen Ausführungen über die Moral der Politiker wohl Recht hat, wenn er schreibt: „Heute ist nach allen Umfragen eine große Mehrheit der Bürger der Meinung, Politik sei eine schmutzige Tätigkeit, welche die Ehrlichsten und Fähigsten abstoße und vor allem Nieten und Schlitzohren anlocke, deren Interesse es allein sei, schnell reich zu werden.“ Und weiter: „Das intellektuelle, professionelle und ohne Zweifel auch das moralische Niveau der politischen Klasse ist gesunken (451).
Zu meinem tiefsten Bedauern fällt die Würde Verstorbener wohl nicht unter Artikel 1, Abs.1 des Grundgesetzes, wie ich an Hand der Regisseure Bieito und Genossen noch zeigen werde. Tote können keine Strafanzeige mehr erstatten. Umso eher müssten die Herren Staatsanwälte von sich aus Verfahren gegen die Schänder der Würde und Ehre unserer großen, alten ehrwürdigen Künstler einleiten, um dem Artikel 1, Abs.1 des Grundgesetzes wieder das Gewicht zu geben, das ihm gebührt! Doch eher kriecht ein Staatsanwalt, frei nach Kishon, durch ein Nadelöhr, ehe das geschehen wird!
Auf Lenk komme ich noch ausführlich zurück. Die Antworten auf diese Fragen stehen nämlich in engstem Zusammenhang mit meiner Definition des Begriffes Kunst.
Ich glaube sagen zu dürfen, dass die allermeisten Menschen Mozarts Kunst auch wirklich als Kunst begreifen, erleben, empfinden und anerkennen. Seine Musik spricht das Gute in den Menschen an. Bei Lenks Kunst könnte ich mir vorstellen, dass einige sagen: Was, das soll Kunst sein? Nein, das ist einfach eine obszöne, widerliche, perverse Verhöhnung von Menschen, in o.g. Fall von Politikern. Diese Kunst spricht in den Menschen das Böse an. Andere sagen vielleicht sogar mit Recht, wenn es unbedingt Kunst sein soll, dann ist das jedenfalls entartete Kunst.
Ich aber sage: Natürlich ist das alles Kunst, auch wenn nicht alles Kunst ist. Natürlich sind viele meiner Leserinnen und Leser erst einmal über diese Meinung entsetzt oder sogar empört! Ich sage allerdings voraus, dass ich am Ende meiner Ausführungen bei den meisten auf Verständnis stoßen werde.
Um zu verstehen, warum ich mich mit dem Begriff Kunst fast ein Leben lang beschäftigt habe, will ich noch zwei Autoritäten zitieren, die sich vehement, mehr oder weniger berechtigt, gegen Auswüchse auf unseren heutigen, aber auch früheren Opernbühnen zur Wehr setzten: Daphne Wagner berichtete von ihrer Großmutter

Winifred Wagner, der Schwiegertochter Richard Wagners, dass diese sich in Bayreuth immer mit dem Rücken zur Bühne gesetzt hat, weil sie die Inszenierungen ihres Sohnes, Wieland Wagner, als grauenhaft empfand (44). Auf die Musik, die man ihrer Meinung nach noch nicht entstellen konnte, bzw. entstellt hatte, wollte sie allerdings nicht verzichten. Ich glaube aber, seit ich Jefferson (495) gelesen habe, sie tat ihm damit nicht Unrecht. Seine Bühnenbilder waren zwar alles andere als entartet, doch Wieland Wagner entpuppte sich als einer der vielen Vorläufer der 68er Kulturrevoluzzer. Dies geht aus den Meinungen vieler Altwagnerianern hervor. Die Bayreuther Festspiele wurden nämlich am 30. Juli 1951 mit Parsifal unter dem weltberühmten Dirigenten Knappertsbusch neu eröffnet, der allerdings die völlige Spärlichkeit von Wieland Wagners Inszenierung mit den Worten missbilligte: „Auf der Kochplatte, der einheitlich runden Spielfläche, kein Schwan, kein Speer für Klingsor und im dritten Akt kein Quell und keine Hütte“ (495). Und zum Schluss des Bühnenweihfestspiels schwebte auch die Taube nicht mehr herab! Die Hüter der alten Bayreuther Tradition fanden die Inszenierung schändlich und Knappertsbusch nahm sich Wieland gegenüber auch kein Blatt vor den Mund.
Später sang Elisabeth Schwarzkopf unter Herbert von Karajan während dieser Festspiele auch nur einmal und nie wieder; sie empfand die heimlichtuerische Atmosphäre der Herrschaft der Familie Wagner erstickend. Karajan hasste Wieland Wagners Bühnenkonzeption so sehr, dass er es nur zwei Sommer in Bayreuth aushielt (496).
In Wolfgang Wagners ausgezeichnetem Buch „Lebensakte“ finden sie dagegen sehr viele, wunderschöne, moderne Bühnenbilder, womit Wolfgang Wagner einige der „modernen Regisseure“ mehr als nur in den Schatten stellte. So z.B. die, in der Neuinszenierung der „Meistersinger“ von 1981 und die des „Rings“ von 1970-1975.
Um Winifred noch besser verstehen zu können, muss ich erwähnen, dass 1976 die berühmt berüchtigte Bayreuther Inszenierung des „Rings“ von Patrice Chereau, der die Szenen in Absprache mit Wolfgang Wagner im Dritten Reich spielen ließ, einen ungeheueren Sturm der Entrüstung und wütenden Ablehnung erntete. Wenn man bedenkt, dass vor Chereau Wolfgang Wagner mit dem Regisseur Peter Stein verhandelt hatte und mit diesem nicht zu einer Vereinbarung kam, kann man sich recht gut vorstellen, wie Stein auf der Bühne gewütet und Richard Wagners Ideen noch schlimmer geschändet hätte. Stein wollte u.a. den viertägigen Ring sogar auf zwei Tage verkürzen, sprich verstümmeln und sowohl Bühne und Zuschauerraum nach seinen Vorstellungen umbauen lassen. Wessen Geisteskind Stein ist und was für ein Charakter obendrein, zeigte sich nach dem Scheitern der Vertragsverhandlungen darin, dass er Wolfgang Wagner in einem Schreiben an den Dirigenten Pierre Boulez als Deppen, albern, läppisch, verbohrt, reaktionär, knickerig und intrigant beschimpfte

(251). Das war typisch für die damaligen 68iger, die Karl Marx als Lumpenproletarier bezeichnet hätte.
Da Stein wahrscheinlich keine Aufträge mehr erhielt, seine abartigen Inszenierungen auf die Bühnen zu bringen, inszenierte er 2014 für die Salzburger Festspiele tatsächlich die Oper „Fierrabras“ von Franz Schubert in Werktreue und durfte sicher auch nichts dagegen haben, dass Ferdinand Wögerbauer wunderbare Bühnenbilder schuf, die dem altfranzösischen Heldenepos aus dem Jahre 1170 völlig gerecht wurden. Dieses alte Epos behandelt den Helden „Fierrabras“ und die Sage von Eginhard und Emma, für welches Annamaria Heinrich traumhaft schöne Kostüme entwarf. Die Verantwortlichen der Festspielleitung ließen diesmal also nicht zu, dass Regieberserker Stein sein Unwesen treiben durfte.
Schon 1995 beklagte sich die große, unvergessliche Sängerin Elisabeth Schwarzkopf (46) in Wien über die entsetzlichen Inszenierungen sog. „moderner“ Regisseure mit den Worten: „Für Bondys Figaro-Produktion 1995 in Salzburg, habe ich mich so geschämt für Salzburg. Ich war kurz davor, meinen österreichischen Pass abzugeben. Die Aufführung hatte nichts mit dem Stück zu tun. Vom ersten Takt der Ouvertüre an war es klar: Jetzt kommt ein Trauerspiel. Schwerfällige Rezitative, total willkürliche Tempodehnungen – das hatte mit Komödie nichts zu tun. Und diesen Vorwurf kann ich Herrn Professor Harnoncourt nicht ersparen, denn der Dirigent hat ja die Verantwortung für die Oper, nicht der Regisseur. Die Musik ist in einer Oper immer noch wichtiger als das Libretto. Das Bühnenbild war viel zu wuchtig, hässlich und dramaturgisch total unlogisch. Dazu eine ebenso unlogische, manchmal fast infantile Regie. Nehmen sie nur die Arien: Da wurde wer weiß wie agiert, und dabei müsste jedem intelligenten Regisseur klar sein, dass es sich bei den meisten Mozart-Arien nicht um „Action“ handelt, sondern um Fühlen und Denken, das aus der Situation entsteht. Ich habe das alles aus Überzeugung geschrieben, dass jemand spätestens jetzt protestieren muss gegen das, was heute mit den großen Kunstwerken angestellt wird. Denn das hat nichts mehr mit Interpretation zu tun; es ist schlichtweg Vergewaltigung. Viele Regisseure werden heute engagiert, damit sie sich selbst inszenieren.“
Und nicht nur Elisabeth Schwarzkopf mahnte schon 1995 die Verantwortung der Dirigenten an den Inszenierungen an. 2010 bekannte Startenor Jonas Kaufmann, dessen Gesangsleistungen nicht mehr zu übertreffen sind, in einem Interview mit dem Arte-Magazin (47):
„Als Sänger tragen wir die Entscheidungen unserer Regisseure mit, damit die inszenierten Vorgänge so lebensnah, so „wahr“ wie möglich dargestellt werden.“ Nehmt es doch endlich zur Kenntnis, ihr Dirigenten, Sängerinnen und Sänger. Vereinigt euch, schließt euch zusammen und verkündet wortgewaltig im Chor und unüberhörbar: Schluss mit diesen perversen, abartigen, entarteten Inszenierungen! Ihr seid die wah-

ren Künstler, normal und nicht pervers! Eure wunderbaren Stimmen lasst nicht länger aus Morast und ekelerregendem Dreck heraus erklingen, jagt sie aus euren Tempeln, denn diese sind das echte Umfeld eures edlen und sauberen Lebens!
Doch leider verstieß Jonas Kaufmann wenig später selbst gegen seine hehren Worte. Die Inszenierung der „Romantischen Oper Lohengrin“ 2012 in der Mailänder Scala, wo er die Hauptrolle übernommen hatte, war für mich oft nicht mehr nur lächerlich. Bitte bedenken sie, wenn sie weiterlesen, Lohengrin ist ein „Märchen“, in welchem Gottfried von Brabant, der Bruder Elsas, von der Hexe Ortrud in einen Schwan verzaubert, und zum Schluss der Oper von Lohengrin nach inbrünstigem Gebet zu Gott, zurückverwandelt wurde: Der Schwan tauchte unter, der Knabe Gottfried erschien und Lohengrins Kahn wurde von einer Taube, der Gralstaube, dem Zeichen des Friedens zwischen Gott und den Menschen, davongezogen!
Aus heutiger Sicht war natürlich für das, von den 68ern umerzogene Publikum die Verlegung des Brautgemachs ins nasse Schilf der Schelde, wo die Dasch mit dem Kaufmann den Eindruck erweckten, Sex zu treiben, das reinste Gaudium. Für mich allerdings ein großes Ärgernis! Ich hatte Kaufmanns oben erwähnte Worte anders verstanden. Mehr als schade, dass er eine solche Inszenierung, diesen „Vorgang“ im Uferschilf der Schelde, sie umklammerte ihn mit geschürztem Rock, als „lebensnah und so wahr als möglich“ bezeichnet. Erstaunlich nur, dass beide sich wenigstens in voller Montur im nassen Schilf wälzten. Es hätte auch noch schlimmer ablaufen können.
Diese alberne Inszenierung, in der auch ein Klavier auf der Bühne nicht fehlte, war ganz gewiss nicht im Sinne Richard Wagners. - Sie kennen sicher die Geschichte von Friedrich dem Großen und dem Bahnwärter? Oder doch nicht? Ich erwähne die Geschichte, weil Lohengrin im 10. Jahrhundert n. Chr. spielt und das Klavichord, der Vorläufer des Klaviers erst im 12. Jahrhundert n. Ch. entstand! Doch woher sollten die heutigen Regisseure das auch wissen? Oder wollen sie unsere Jugend in voller Absicht verblöden?
Natürlich funktionierte man auch den Schwan um, der nicht nur einmal in den Szenen herumgeisterte. Mit nur einem Flügel, versteht sich.
Die ganze, also auch von Kaufmann gebilligte Inszenierung, erweckte in mir den Eindruck, dass man Richard Wagners Lohengrin verhöhnen wollte. Man hat ihn ganz bewusst ins Lächerliche gezogen. Deshalb rufe ich alle geistig normalen Journalisten auf, Fotos von Kaufmann und Dasch nur noch mit langen, nein sehr langen Eselsohren zu verzieren, damit sie einmal merken, was es heißt, wenn man sie verschandelt.
Ach, wie vielen Musikliebhaberinnen und –liebhabern spricht dagegen die Sängerin Elisabeth Schwarzkopf aus tiefsten Herzen, auch mir. Doch leider muss ich sagen: Kunst war es trotzdem, was diese „Herren“ mit ihrer Inszenierung von sich gaben.

Auch Elisabeth Schwarzkopf verstände mich heute, wenn sie meine Kunstdefinition gekannt hätte.
Lassen sie mich nun die Oper verlassen. Ich zeige ihnen jetzt zwei Statuen. Eine wunderbare von Hermann Haller „Weinendes Mädchen“ (34) und eine im Vergleich dazu entartete von Anne-Katrin Altwein „Freifrau“. Doch auch die, von mir fotografierte „Freifrau“ der Künstlerin Altwein ist ein Kunstwerk. Es stand 2011 einige Wochen in aller Öffentlichkeit, in der Schillerstraße zu Weimar. Viele Betrachter schüttelten nur den Kopf und gingen, anstatt laut zu protestieren, wortlos weiter. Als ich einige von ihnen ansprach, gaben sie mir vorbehaltlos Recht.

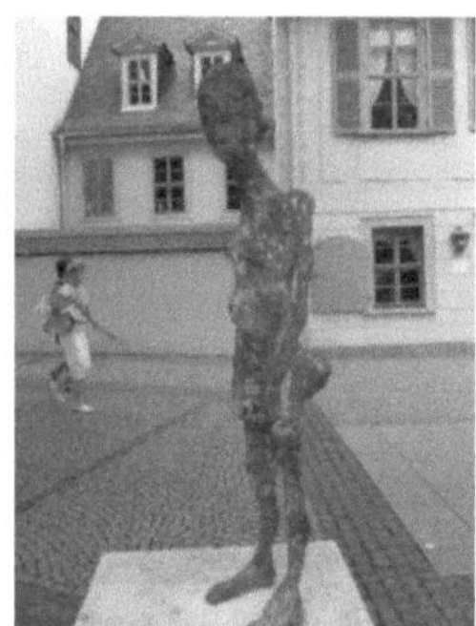

Abb. 4: Anne-Katrin-Altwein: „Freifrau“

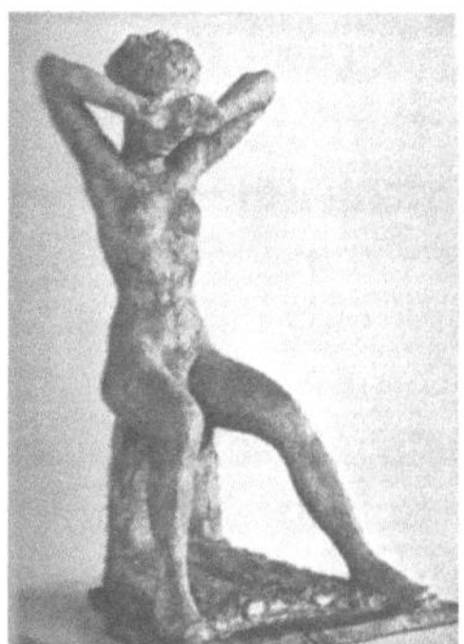

Abb. 5: Hermann Haller: „Weinendes Mädchen“

Wer in einer derartig abwegigen, entstellenden Art und Weise eine „Freifrau“ darstellt, entlarvt sich beeindruckend als 68erin, für die Adlige nur abscheuliche Missgeburten sind. Wenn ich dieses Bild als Bildzitat hier anführe, dann deshalb, weil es als Beleg dient zu zeigen, wie Altwein mit ihrem Kunstwerk die Freiheit der Kunst missbrauchte und außerdem noch ganz bewusst die Würde und Ehre aller adligen Frauen Deutschlands verletzte. Im Vergleich dazu, stellte Haller seine Skulptur mit ähnlichen technischen Mitteln völlig frei von bösen Absichten her. Sie dient deshalb besonders eindrucksvoll als Beleg dafür, dass ein normaler Künstler, auf normalen Weg normale Kunstwerke schafft, die weder verletzen noch gegen die Würde der dargestellten Person verstoßen.

3. Kunst und Philosophie

Was hat Philosophie mit Kunst zu tun? Dass manche meiner Leserinnen und Leser dazu keine Antwort parat haben, ist für mich durchaus verständlich, weil ihnen die Definition des Begriffes Philosophie nicht mehr ganz gegenwärtig ist.

Ich habe mein Wissen über Philosophie weitestgehend aus Fachbüchern gewonnen, weil während meines Studiums in Dresden die Philosophische Fakultät eine Marxistisch-Leninistische war. Doch allein schon der Duden (146) gibt wie folgt Auskunft über den Begriff Philosophie:

Sie ist „das forschende Fragen nach Erkenntnissen des letzten Sinnes der Ursprünge des Denkens und Seins, der Stellung des Menschen (also auch des Künstlers) im Universum, des Zusammenhanges der Dinge in der Welt". Und zu diesen Dingen gehören ganz gewiss auch die Kunstwerke.

Unter „philosophieren" versteht man auch: „Über etwas nachdenken, grübeln und nachdenklich über etwas reden oder schreiben".

Schon nach diesen wenigen Worten sehen Sie, dass man intensiv über den Begriff Kunst nachdenken und sich kritisch mit ihm auseinandersetzen muss, bevor man etwas einigermaßen Vernünftiges darüber schreiben kann. Und Denken ist die Grundlage der Philosophie, insbesondere das folgerichtige Denken, die Logik.

Wenn man bedenkt, wie viele Begriffe und Symbole dem philosophischen Denken zugrunde liegen, erkennt man sehr eindrucksvoll den Zusammenhang zwischen Kunst und Philosophie. Um Ihnen das zu belegen, will ich nur einige dieser Begriffe alphabetisch aufzählen:

Ästhetik, Egoismus, Ehre, Eros, Ethik, Freiheit, Geist und Natur, Gesellschaft, Gott, gut und schlecht, Idee, Individuum, Kultur, Leben und Tod, Leib und Seele, Logik, Materie, Moral, Notwendigkeit, Pädagogik, Psychologie, schön und hässlich, sein und werden, Sprache, Theologie, Unmoral, wahr und falsch, Welt und Mensch, Wille, Würde, Zufall, usw.

Schon in meinen vorhergehenden Ausführungen habe ich Sie mit einigen dieser Begriffe konfrontiert. Im weiteren Verlauf werde ich dies fortsetzen.

Die Philosophie durchdringt über alle geschichtlichen, wissenschaftlichen und akademischen Schranken hinaus weiteste Gebiete der gesamten Kultur, des geistigen Tuns, also auch der Kunst und den Kunstbegriff.

Es gehört aber auch das persönliche Denken zu allgemeinen Einsichten in das Wesen von Mensch und Welt und damit natürlich auch und vielleicht sogar ganz besonders zu den Begriffen Kunst, Kunstwerk und Künstler.

Eine der wichtigsten, anspruchsvollsten Forderungen der Philosophie besteht darin, dass der Philosoph alles vorhandene Wissen vollenden und krönen soll.

Die Anfänge der Philosophie sind im prähistorischen, urkundenlosen Dunkel der Menschheit zu suchen. Und dabei haben uns die prähistorischen Kunstwerke hervorragend geholfen und helfen uns noch immer!

Die Philosophie im herkömmlichen Sinne ist durch ihren altgriechischen Ursprung auch eine Eigenschaft der Abendländischen Kultur. Doch auch die islamische und die

zeitgenössische jüdische Spätkultur unter dem Einfluss der Antike, haben im abendländlichen Sinne eine ebenbürtige Philosophie geschaffen.
Unter Sokrates war das Hauptthema der Philosophie die moralische Beschaffenheit der Menschen. Was sagte er wohl, wenn er den wirklich entsetzlichen Verfall der Moral einiger heute lebender Menschen, also auch Künstler erleben müsste. Ich werde Ihnen diesen Verfall und den damit verbundenen Missbrauch der Freiheit der Kunst anhand von Beispielen vorstellen.
Aristoteles stellte in seiner Philosophie das logische, also folgerichtige Denken, die Seele des Menschen, die belebte und unbelebte Natur und das Verhältnis Geist-Stoff im methaphysischen Sinne, also die Erforschung des hinter der sinnlich erfahrbaren, natürlichen Welt Liegende und die letzten Gründe und Zusammenhänge des Seins, in den Mittelpunkt seiner Überlegungen.
Nach Sokrates begann die Philosophie sich aus der sichtbaren Welt auf eine rein seelisch-geistige Innerlichkeit zurückzuziehen. Die vielen, vielen Kunstwerke dieser Zeit belegen dies sehr anschaulich. Sie gab auch ihre theoretisch-wissenschaftlichen Bemühungen zu Gunsten einer religiösen Haltung auf. Es war die letzte Blüte des Altertums.
Zu Beginn der Philosophie des Mittelalters (3.-15. Jahrhundert) stand neben der christlichen Religion die frühchristliche Philosophie, deren Künstler wundervolle Kunstwerke hervorbrachten. Im Mittelpunkt standen die „Gedanken Gottes vor aller Schöpfung“, heute sagte man, die Gedanken Gottes vor dem Urknall.
Eines der großen Gebiete der damaligen Philosophie waren die ontologischen Gottesbeweise. Unter Ontologie haben wir die Lehre vom Sein, von den Ordnungen, Begriffs- und Wesensbestimmungen des Seienden zu verstehen.
Die platonische und aristotelische Grundlage der Philosophie übergreift alle Gebiete der Natur und Kultur, also auch die der Kunst und Kunstwerke. Mittelpunkt waren immer die Gedanken, der aus oder von Gott stammenden und den Dingen wirklich innewohnenden Ideen. Man schuf damit Vertrauen zur Wirklichkeit der Begriffe, so wie ich durch meine Definition des Begriffes Kunst Klarheit und dadurch Vertrauen schaffen will.
Zum Abschluss dieses kleinen Kapitels wiederhole ich: Die Philosophie ist stets Lehrfach an allen Universitäten der Welt gewesen und ist es noch heute. Es hat das erworbene Wissen meist erst vollendet und gekrönt. Das gilt auch für das Teilgebiet der Philosophie: „Kunst“.

4. Kunst und Kunstwerk

Der Kunst- und Architekturkritiker Hanno Rauterberg (398) stellte 2007 mit seinem Buchtitel „Und das ist Kunst?“ eine klare Frage, die er jedoch leider unbeantwortet ließ. Das lag daran, dass er sich nicht mit der Beantwortung der sinnvolleren, eigentlichen Frage „Was ist Kunst?“ beschäftigt hat und dass er Kunst und Kunstwerk als ein und dasselbe ausgab, was ganz offensichtlich falsch ist. Hinzu kommt noch, dass er Literatur und Musik als etwas anderes als Kunst auffasst. Man könnte meinen, dass Literatur und Musik für ihn keine Kunst ist. Auch das wäre völlig falsch. Unter moderner, zeitgenössischer Kunst versteht er im Grunde genommen das, was Max Nordau bereits 1893 als entartete Kunst bezeichnet hatte, und was die überwiegende Mehrheit der Menschen, zumindest der normalen Menschen, völlig zu Unrecht nicht unter Kunst versteht. Auch hier fehlt eine Begründung dafür, warum diese Kunst keine Kunst sein soll, wird sie doch immer wieder von Kunstexperten völlig zu Recht als Kunst bezeichnet. Das Wort „Entartung“ verwendete Rauterberg sicher aus Furcht vor den linken Medien nicht.

Meine Kritik an ihm besteht darin, dass er und die „selbstermächtigten“ „modernen“ Künstler nur wenige Worte über die fast unendlich vielen, hoch ehrbaren, zeitgenössischen Künstlerinnen und Künstler verlieren, die tausende wundervoller Kunstwerke schufen und noch immer schaffen. Ohne erst einmal zu sagen, was Kunst wirklich ist, stellt er Kriterien für „Gute Kunst“ auf, die durchaus ernst zu nehmen wären, wenn man vorher erführe, was „Gute Kunst“ eigentlich ist. So schreibt er völlig richtig, „Gute Kunst“ kennt Kriterien, muss nicht Neues bieten, nicht irritieren, nicht wahrhaftig sein, braucht aber handwerkliche Fähigkeiten. Gute Kunst hat es nicht schwer, muss nicht kritisch sein und nicht alles kann Gute Kunst sein“. Mit all diesen Behauptungen könnte man völlig übereinstimmen, wenn, ja wenn man nur wüsste, was denn „Gute Kunst“ ist. Seiner letzten Behauptung kann ich allerdings nur zustimmen, wenn er an Stelle „Gute Kunst braucht keine guten Ideen“ sagte: „Kunst braucht keine guten Ideen“. Letzteres beweist er anhand sehr vieler grauenvoller Beispiele. Sie können das aber erst alles verstehen, wenn sie später meine Definition des Begriffes Kunst gelesen haben.

Ein meiner Meinung nach völlig falsches Bild erweckt er mit seiner Beschreibung und negativen Kritik des eindrucksvollen Bildes „Die Bergung“ des Malers Jonas Burgert. Er behauptet: „Trotz des Aufwands, den Burgert treibt, fällt dem Betrachter spätestens beim zweiten Hinsehen auf, wie unstimmig seine Menschen sind. Hier ein überlängter Arm, dort eine aufgedunsene Schulter, und die Hände wirken häufig, als seien sie von unfähigen Chirurgen zusammengeflickt worden.“ Er versteigt sich sogar in die Aussage, dass diese Details missraten seien. Wenn er danach Tizian, der zwischen 1477 und 1576 malte und Raffael, der zwischen 1483 und 1520 seine Kunstwerke schuf, ins Feld gegen Burgert führt, beweist er, dass er sich über den Begriff „Kunst“ nur sehr wenig Gedanken gemacht hat und mit Burgerts Bildern nicht in innere Resonanz zu treten vermochte.

Um Ihnen, liebe Leserinnen und Leser, die Gelegenheit zu geben, sich ein eigenes Urteil zu bilden und meine Kritik nachvollziehen zu können, gebe ich Ihnen einen Ausschnitt aus dem Kunstwerk „Die Bergung“ als Beleg dafür wieder, mit welcher tiefen Ernsthaftigkeit und mit welchem hohen moralischen Anspruch Burgert sein Kunstwerk schuf.

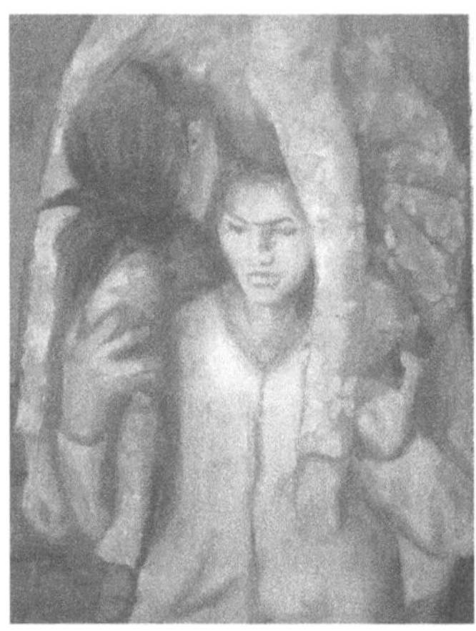

Abb. 6: „Die Bergung“ von Jonas Burgert (2006)

Wer nicht sieht, dass die rettende Person fast unter der Last der Bewusstlosen zusammenbricht, der versteht erstaunlicherweise die klare Sprache Burgerts nicht. Unter Einsatz ihres Lebens setzt sie Schritt für Schritt vorsichtig auf einen ungewissen Untergrund. Ich empfinde das Kunstwerk als Mahnung und Aufforderung an alle Menschen: Helft, wo immer ihr könnt, wenn es euch irgendwie möglich ist, auch wenn es euch noch so schwer fällt!

Meiner Meinung nach hat sich Rauterberg nicht ernsthaft, methodisch und geordnet um Erkenntnis bemüht, sondern auch die Vermittlung von Erkenntnissen nicht gefördert. Hinzu kommt noch, dass nur im negativen Sinne von Belehrung zu sprechen ist, denn das, was er schrieb, ist einfach falsch.

Wenn er sich schon über misslungene Details von Künstlern auslassen musste, wäre es wahrlich bei den vielen entarteten Bildern und Skulpturen, über die er berichtete, mehr als angebracht gewesen.

Für viele Menschen ist, auch für Rauterberg, also ein Kunstwerk gleich Kunst.

Wäre Kunst gleich Kunstwerk, dann müsste eine Definition nämlich beide Begriffe umfassen. Und eine Tätigkeit kann nicht gleichzeitig ein Gegenstand sein.
Rudolf Steiner (48), Generalsekretär der deutschen Sektion der Theosophischen Gesellschaft war um das Jahr 1907, in dem die Revolution der modernen Kunst in vollem Gange war, der Ansicht, dass „ein Kunstwerk in Zukunft gar nicht mehr beschrieben werden kann, indem man nur seine sinnlich vorhandenen Farben, Formen usw. beschreibt. Das Kunstwerk bildet sich erst in der Seele des die Kunst Erlebenden."
Im weiteren Verlauf meines Buches sehen wir, dass Steiner, der ebenfalls nicht zwischen Kunst und Kunstwerk unterscheidet, erstens nicht das Kunstwerk, sondern nur die Kunst gemeint haben kann, die sich in der Seele des Kunsterlebenden bildet und zweitens, dass diese Kunst als Sekundärkunst im Inneren des die Kunst Erlebenden in Erscheinung tritt. Allerdings auch nur dann, wenn in ihm das Kunstwerk entsprechende positive oder negative Resonanz erzeugte.
Die Autoren des o. g. Buches (48) vertreten die Meinung, „die wirklich moderne Kunst fordert den Menschen zu innerer Regsamkeit auf. Man muss aktiv werden, um sie überhaupt zu sehen". Das ist sicher richtig, aber sie vergaßen zu sagen, dass natürlich jeder etwas anderes in der modernen, abstrakten Kunst sieht und notgedrungen sehen muss.
Da ich in erster Linie mein Buch für interessierte Laien und nicht für „Sachverständige" schrieb, obwohl letztere leider bisher keine allgemeingültige Definition vorgelegt haben, will bzw. muss ich noch einmal einen kurzen Blick auf die Begriffe Kunst und Kunstwerk werfen. Es ist doch eigentlich sehr einfach: Nach dem Duden (49) „ist ein Kunstwerk das Produkt von Kunst, nämlich das Ergebnis des künstlerischen Schaffens." Malen, komponieren, bildhauern, schauspielern, schaffen von dichterischen und schriftstellerischen Werken sind natürlich Tätigkeiten.
Das Kunstwerk entsteht oder entstand also aus der Kunst, d.h. aus einer Tätigkeit körperlicher <u>und</u> geistiger Art. Kunst bedeutet somit Schaffen von Kunstwerken. Doch ist das genau so wenig eine Definition, wie z.B. ein Ausspruch im Buch von Mäckler (10), den ich so verstehe, dass „Kunst Selbstzweck" sei.
Kunstwerke kann man sehen, hören, angreifen. Sie sind physisch erfassbar und quasi konserviert für alle Zeiten, wenn man einmal davon absieht, dass Kunstwerke auf verschiedene Weisen auch verloren gehen können. Besonders ist hier die nationalsozialistische und kommunistische Kulturbarbarei zu nennen (50).
Dagegen kann man Kunst, d.h. das Schaffen von Kunstwerken, weder sehen, hören noch anfassen. Den Künstler allerdings schon. Das, was man nicht sehen, hören oder anfassen kann, ist die geistige Tätigkeit beim Schaffen von Kunstwerken, die sich ausschließlich unsichtbar im Gehirn des Künstlers abspielt. Das sich bewegende

Werkzeug, mit dem der Künstler schafft, also z.B. den Pinsel oder das Musikinstrument kann man natürlich sehen.
Auch wurde der eine oder andere Künstler beim Schaffen seiner Kunstwerke beobachtet oder gehört. Aber letztendlich hat niemand, außer dem Künstler selbst, dessen Kunst gesehen, gehört oder angefasst. Bruchstücke des in Entstehung begriffenen Kunstwerkes kann man schon einmal sehen, hören oder anfassen. Letzten Endes sind es aber doch nur Bruchstücke des Kunstwerkes und nicht Bruchstücke des Schaffens des Künstlers, die genauso unsichtbar, unhörbar sind, wie die gesamte Kunst des Künstlers.
Warum schreibe ich das? Weil eben eine Definition fehlt. Schaffen eines Kunstwerkes bedingt nicht nur manuelle Tätigkeit, sondern auch geistige! Und diesen wichtigsten Teil des geistigen Schaffens, die Intuition, die Inspiration, kann man tatsächlich weder sehen, hören noch anfassen. Vielleicht gelingt es einmal der physikalisch-medizinischen Forschung aus dem EEG eines Menschen (Elektroenzephalogramm) d.h. aus der Aufzeichnung der Hirnströme, die durch elektrische Spannungsschwankungen entstehen, welche wiederum durch die elektrische Aktivität der menschlichen Nervenzellen hervorgerufen werden, diesen Teil des künstlerischen Schaffens sichtbar zu machen. Die Forschung ist auf diesem Gebiet weiter fortgeschritten, als die meisten wissen. So kann man heute „Event related potentials", d.s. EEG-Signale, die sich auf konkrete geistige Vorgänge beziehen, rechnerisch erfassen. Die funktionelle Kernspintomographie und auch die funktionelle Magnetresonanztomographie können schon heute aus ihren Bilddaten die Stoffwechselaktivität der Nervenzellen während einer bestimmten körperlichen oder geistigen Tätigkeit bestimmen.
Was das bedeutet, ist nur schwer vorstellbar, weil man dann das Innerste eines jeden Menschen aufdecken könnte. „Big brother is watching" (Der große Bruder überwacht) aus Orwells Roman „1984" (51). „Big brother" lässt grüßen! Grauenvolle Aussichten! - Oder doch nicht? Wie die Menschen in Orwells Buch das „Zwiedenken" gelernt haben, werden sich die Menschen und insbesondere die Künstler mit ihren „Zwiedenken" tarnen! Und das ist gut so! Die ehemaligen DDR-Insassen, nicht DDR-Bürger, um mit Joachim Gauck zu sprechen (52), können davon ein Lied singen! Viele von Ihnen, auch ich, haben damals in der DDR oft „zwiegedacht".

5. Was ist Kunst und was sind Kunstwerke nach althergebrachten Definitionen?

Bevor ich Ihnen meine Definition des Begriffes Kunst vorstellen werde, will ich einige Beispiele von recht guten und brauchbaren, aber nicht universellen Definitionen vorlegen. Aber auch einige besonders beeindruckende, unsinnige, geistige Ausflüsse sollen sie kennenlernen. Wichtig zu wissen ist: Ein Kunstwerk, welches heute auf

dem Mond oder dem Mars läge, ist keine Kunst, jedoch ein Kunstwerk. Vielleicht erkennen Sie damit unmissverständlich den Unterschied zwischen Kunst und Kunstwerk.
Schopenhauer meinte, der Künstler sei der Spiegel der Menschheit, der ihr zum Bewusstsein bringt, was sie fühlt und treibt. Auch er meinte natürlich, die Kunstwerke seien die Spiegel der Menschheit. Davon einmal abgesehen, ist das nicht richtig, denn der Künstler oder sein Kunstwerk ist das Sprachrohr von sich selbst, er flüstert oder trompetet seine Meinung über das, was die Menschheit treibt, in die Welt hinaus. Was die Menschheit fühlt, kann er nicht erfassen, es sei denn, er befragte die Menschheit, also alle Menschen der Erde, was wohl niemand fertig bringen wird. Auch über die Aussagen von Philosophen sollte man immer nachdenken, bevor man sie sich zu Eigen macht!
Der Psychiater Max Nordau (17) erklärte Kunst schon 1893 mit dem Begriff Kunsttätigkeit, die von einem Künstler ausgeübt wird und zwar so, wie man auch irgendeinen Beruf ausübt. Das heißt natürlich nichts anderes, als dass Kunst, wie ich schon ausführte, eine Tätigkeit, ein Schaffen, ein Tun, ja einfach eine spezielle Arbeit ausführen, bedeutet. Das Wort „Kunsttätigkeit" ist doppelt gemobbelt, was zeigt: Niemand ist perfekt!
Der Künstler unterscheidet sich von anderen Menschen allerdings dadurch, dass er durch seine Tätigkeit „Kunst" sein Nervensystem von einer Erregung entlastet. Natürlich gibt es dafür auch viele andere Möglichkeiten, wobei ich an Yoga oder autogenes Training denke, was ja bekannte Methoden zur Selbstentspannung sind.
Eine solche Erregung kann entarten und zu einer krankhaft gesteigerten, z.B. sexuellen Erregbarkeit, dem sexuellen Erethismus, führen, um es medizinisch auszudrücken. Die Ursache von Kunst ist also die Gemütsbewegung, die seelische Erregung oder der Gemütszustand des Künstlers. Sie erfolgt aus einer inneren Erregung heraus. Fangen wir mit althergebrachten Erklärungen an. Da wäre in Anlehnung zum Großen Brockhaus (24) zunächst zu nennen:
„Kunst ist im allgemeinen Sinne jedes zur Meisterschaft entwickelte Können, das aus einer Tätigkeit eine Fähigkeit macht. Im engeren Sinne, die auf schöpferischer Begabung beruhende Erzeugung ästhetisch wirksamer „Gebilde", also Kunstwerke." Dabei verstand man damals unter ästhetisch, die Ästhetik betreffend, stilvoll schön, geschmackvoll, ansprechend. Die Ästhetik ist die Wissenschaft vom Schönen, die Lehre von der Gesetzmäßigkeit und Harmonie in Natur und Kunst, das stilvoll Schöne! Der ursprünglichen Wortbedeutung nach ist, wie ich bereits schrieb, die Ästhetik aber nicht nur die Wissenschaft vom Schönen, sondern auch von dem, was durch bloße Anschauung gefällt oder missfällt (24). Deshalb sollte man heute ergänzen: Kunst ist im engeren Sinne eine auf schöpferischer Begabung beruhende Erzeugung ästhetisch

oder unästhetisch wirksamer Gebilde! Durch das Unästhetische, nicht durch das Hässliche, das für den einen oder anderen durchaus ästhetisch sein kann, wurde die alte, kulturelle Welt auf den Kopf gestellt, was zweifellos u.a. auch das „Verdienst“ der Ururgroßväter der 68er Kulturrevoluzzer ist, wobei ich größten Wert auf die Feststellung lege, dass nach Duden (49) „der Revoluzzer im verächtlichen Sinne ein kleiner Revolutionär“ ist, dessen Unfähigkeit sich dadurch ausdrückt, dass er nicht folgerichtig denken kann oder will.

Gemäß dem Großen Brockhaus ist also ein Kunstwerk ebenfalls das Produkt von Kunst, das Ergebnis des künstlerischen Schaffens, dem Malen, Komponieren, Bildhauern, Schauspielern, Schaffen von dichterischen und schriftstellerischen Werken. Doch leider immer noch keine Definition!

Auch muss ich hier noch intensiver den Großen Brockhaus (24) zitieren: „Die Kunst ist ihrem Wesen nach sehr verschieden bestimmt worden. Einige dieser Bestimmungen sind folgende: Die Kunst ist Nachahmung oder Nachbildung der Wirklichkeit, also auch eine Tätigkeit“. Aristoteles vertrat die Meinung, „wer Kunst hervorbringt, ahmt nach, wer Kunst genießt, erfreut sich an der Übereinstimmung zwischen Original und Nachbildung“.

Diese Auffassung vertrat auch der Philosoph Plato und sie herrschte u.a. im Altertum vor, aber auch im Mittelalter, ferner in der Renaissance und weiterhin bis ins 18. Jahrhundert. Im Zusammenhang damit steht die Meinung, dass Kunst lehr- und lernbar sei, was sicher nur zum Teil zutraf und zutrifft. Zumindest muss man heute nicht lernen, Kunstwerke zu produzieren. Heute darf man z.B. einfach drauflos schmieren, Schrott anhäufen o.ä., wobei letzteres durchaus ernst zu nehmende Kunst sein kann.

Ich zitiere weiter aus dem Großen Brockhaus (24): „Kunst ist Erzeugung des Schönen.“ Diese Meinung findet sich schon in Ansätzen bei Plotin (53), für den die künstlerische Phantasie Teil des lebendigen göttlichen Prinzips in der Natur war. Doch auch im Mittelalter und seit der Renaissance (Dürer) bis zur Gegenwart, d.h. bis 1931, da ich mich auf den alten Großen Brockhaus von 1931 (24) beziehe, wurde diese Meinung vertreten. Mit dieser verbindet sich die im 18. Jahrhundert aufgekommene Ansicht, Kunst sei ein Mittel zur Erzeugung ästhetischer Lust, deren Wesen, so namentlich nach Emanuel Kant, (54) „in einem interesselosen Wohlgefallen am schönen Gegenstand besteht.“ Etwas ausführlicher fährt er fort: „Wenn wir aus der harmonischen Gliederung eines Gegenstandes eine unbestimmte Zweckmäßigkeit überhaupt herausfühlen, so kommt eine solche objektive Gestaltung der Anlage unserer Seele entgegen, und es entsteht das Lustgefühl der Schönheit; wenn wir hingegen die Vollkommenheit mit dem Begriff und dem bestimmten Zweck eines Dinges verknüpft denken, so fällt sie außerhalb des Ästhetischen. Weder durch den begrifflich fassba-

ren Inhalt noch durch seine Zielsetzung gefällt ein Objekt, sondern es wirkt als schön durch die bloße Form und interesselose Betrachtung.“
Nach Dugald Stewart können dieselben Gegenstände je nach den Assoziationen, d.s. die Verknüpfungen von Vorstellungen, von denen die eine die andere hervorgerufen hat, bald schön, bald hässlich erscheinen.
Nach Johann Gottfried Herder werden Dinge erst als sinnlicher Ausdruck einer inneren Vollkommenheit schön, sind es nicht etwa bereits durch ihre Form. Im Gegensatz dazu hat Schiller das Schöne für bloße Form erklärt. Schlegel, Tieck und Novalis stimmten darüber überein, dass in der Kunst sich das innerste Wesen des Seins enthüllt, womit sie natürlich das innerste Wesen des künstlerischen Seins meinten. Auf den Begriff Wesen werde ich noch ausführlich zurückkommen.
Jean Paul, Solger und Schelling äußerten sich in etwa dahin, dass die Kunst die erhabenste Tätigkeit des Ichs sei. Und im Kunstwerk offenbare sich das Göttliche. Ich bin allerdings auf Grund meiner Erfahrung der Meinung, dass Kunst oft auch das ganze Gegenteil von Erhabenem ist, denn in einem Kunstwerk offenbart sich auch ab und zu das Teuflische. In Kapitel 6.13 gehe ich ausführlich darauf ein. Wie ich diese gegensätzlichen Aussagen in Übereinstimmung bringe, zeige ich Ihnen in Kapitel 8, wo ich Ihnen auch erkläre, dass sowohl das eine, wie auch das andere tatsächlich Kunst ist.
Für Hegel war Schönheit das sinnliche Scheinen der Weltvernunft. Ich sage lieber, Schönheit ist u.a. das sinnliche Scheinen des Vernünftigen in der Welt.
Robert Zimmermann vertrat in seinem Werk „Die allgemeine Ästhetik als Formwissenschaft“ die Meinung: „Kunst hat es immer nur mit einem Wie, niemals mit einem Was, die Ästhetik also nur mit wohlgefälligen und missfälligen Formen zu tun.“ Auch darüber ließe sich lange diskutieren.
Fechner sagte 1898 in seiner „Vorschule der Ästhetik“, er glaube nicht, dass der ästhetische Genuss eine Freude an reinen Formen sei, denn fortwährend spielten Assoziationen hinein und leihten der Form eine Bedeutung, durch die sie etwas ausdrücke. Was sie ausdrücke, sagte er nicht. Sie erfahren es in Kapitel 8. Weitere, durchaus im Einzelfall zutreffende Definitionen bekannter Philosophen sind:
„Kunst ist nach Friedrich Theodor Vischer (55) Vollstreckung des Phantasiebildes, nach Konrad Fiedler (56) anschauliche Erkenntnis der Wirklichkeit.
Kunst ist nach Schmarsow (57) eine schöpferische Auseinandersetzung des Menschen mit der Welt, in die er gestellt ist, nach Dessoir (58) eine Kulturfunktion, in der der Wille zur Gestaltung sich in Reinheit bekundet.
Nach der Kunstauffassung des Expressionismus (59) ist „Kunst in erster Linie gestalteter Ausdruck von Seelischem in Unabhängigkeit von jedem Naturvorbild.“

Für mich erheben sich aus Letzterem sofort die Fragen: „Was ist das, „das Seelische" im Menschen?" Und was heißt „unabhängig von jedem Naturvorbild? Ich werde später darauf eingehen.

Im Allgemeinen stehen bei den neueren Begriffsbestimmungen der Kunst ab 1931 das Merkmal des Schöpferischen im Vordergrund und die Auffassung der Kunst als Bestätigung eines Urtriebes der Menschheit. Sie ist für manche Kunstexperten immer noch nach den Idealen und Gesetzen der Ästhetik vollzogene, unbewusste oder bewusste Gestaltung innerer Erlebnisse oder äußerer Eindrücke zu einer anschaulichen Wirklichkeit. Das Mittel ihrer Erzeugung und das Werkzeug ihres Verständnisses ist die Phantasie. Das Kunstwerk bildet eine geschlossene, selbstgenügsame Einheit von Ausdruck und Form, Gehalt und Gestalt. Die Anschauung vom tendenzfreien Selbstwert der Kunst hat ihren reinsten Ausdruck in der von Victor Cousin (60) 1836 geprägten Formel „L´art pour l´art" gefunden, d.h. „Die Kunst für die Kunst".

Die Kunst ist also nicht von kunstfremden Grundsätzen, besonders nicht von sittlichen her, zu beurteilen. Diese Formel diente sowohl zur Rechtfertigung einer lebensfremden, symbolisierenden, wie einer wirklichkeitsnahen, naturalistischen Kunst, die nach Zola (61) damit besonders ihr Recht zur Verwendung des Hässlichen begründete. Seit dem ersten Weltkrieg trat dieser vieldeutige Grundsatz zurück. Ich vertrete allerdings die Meinung, dass er schon sehr bald wieder unheilvoll in den Vordergrund trat, was aber nicht heißen soll, dass durch diese Kunst nicht auch Kunstwerke geschaffen wurden.

Im Bedeutungswörterbuch des Duden (62) steht: „Kunst sind die Schöpfungen des menschlichen Geistes in Dichtung, Malerei, Musik etc." Das ist allerdings falsch, denn damit wird Kunst mit dem Kunstwerk gleichgestellt. Nur ein Kunstwerk kann das Ergebnis einer Schöpfung des menschlichen Geistes, des schöpferischen Schaffens sein. Wenn man von dieser Gleichsetzung „Kunst gleich Kunstwerk" wieder absieht, trifft dies alles mehr oder weniger zu, auch wenn sich der Duden in diesem Zusammenhang über den Begriff Geist nicht auslässt. Denn was ist „der menschliche Geist"?

Sehr viel Interessantes findet man auch im Duden - Herkunftswörterbuch (63) und in Meyers Enzyklopädie (34) unter Kunst, Kunstkritik, Kunstpsychologie, Kunstsoziologie, Kunstwissenschaft.

Ich sage nun: Wenn ein produzierender oder reproduzierender Künstler stirbt, dann stirbt seine Kunst für immer auf Erden. Er schafft selbst keine Kunstwerke mehr. Aber seine CD, seine Noten, sein von ihm gemaltes Bild bleiben Kunstwerke, die möglicherweise noch einmal im Inneren der Hörer, Betrachter oder Zuschauer zu Kunst werden, nämlich zu der bereits erwähnten Sekundärkunst.

Franz Liszt deutete die Musik und damit wohl die Kunst schlechthin, als „verkörperte, fassbare Wesenheit des Gefühls".
Zum Schluss dieses Kapitels komme ich noch kurz zu dem „Ästhetizismus". Dieser vertritt nach (24) die Auffassung, die im Ästhetischen, besonders in der Kunst, den höchsten aller Werte und das Ziel der Kultur sieht, dem sich Religion, Sittlichkeit, Wissenschaft usw. unterzuordnen hat. Ich glaube, in diesem Zusammenhang klammerte man damals die Unästhetik aus und verstand unter Ästhetik nur die Wissenschaft vom Schönen und Harmonischen. Weiter wird ausgeführt, vom Ästetizismus ist der Gedanke zu unterscheiden, dass man die Kunst nur aus sich selbst ohne Einmischung fremder Gesichtspunkte würdigen darf. Dafür ist wieder der Ausspruch „L´art pour l´art" allgemein bekannt, d.h. „Die Kunst für die Kunst", wobei sicher gemeint war: „Die Kunst nur für die Kunst".
Meiner Ansicht nach liegen hier gleich zwei falsche Ansichten vor. Erstens kann Kunst ohne Einmischung, besser gesagt, ohne Berücksichtigung auch anderer Gesichtspunkte, wie z.B. Sitte, Moral usw. nicht beurteilt und gewürdigt werden. Und zweitens heißt „würdigen" nach Schiller: „Betrachten hinsichtlich der Beherrschung der Triebe durch die moralische Kraft." (416)

6.0 Einige herkömmliche Haupteinteilungsarten für Kunst nach bekannten Merkmalen

So mannigfaltig wie die Begriffsbestimmungen von Kunst, sind auch die Versuche, die einzelnen Kunstgattungen systematisch zu ordnen. Es lassen sich z.B. wieder nach dem Großen Brockhaus (24) folgende Haupteinteilungsarten unterscheiden:

6.1. Zweck der Kunst

Man trennt die „Schöne und freie Kunst" von der „Angewandten Kunst", der Gebrauchs- und Nutzkunst und dem Kunstgewerbe. Die erstere trägt ihren Sinn in sich selbst, die letztere will darüber hinaus auch eine äußere, ästhetische Kultur schaffen oder durch eine Verbindung von Schönheit und praktischer Brauchbarkeit wirken, wie van de Velde vom Weimarer Bauhaus (64) es vertrat. D. h. dass er mit seinem Kollegen, dem Bauhauslehrer Lothar Schreyer nicht einer Meinung war, der 1920 erklärte (351): „Alles Wissen und alles Können ist für die Kunst belanglos." Aus heutiger Sicht scheint er tatsächlich Recht gehabt zu haben, auch wenn viele Kunstliebhaber eine solche Einstellung ablehnen. Und doch hatte er tatsächlich Recht. (Kap. 8.0) Zum Zweck der Kunst, auf den ich im Verlauf meiner Ausführungen immer wieder zurückkomme, will ich aber schon hier einige Bemerkungen machen:

Politisch oder religiös engagierte Künstler wollen oft mit ihren Gegnern abrechnen, nämlich mit den Vertretern der jeweiligen Gesellschaftsordnung oder mit dem Bösen, also dem Teufel, wie wir es z.B. an den vielen Gemälden sehen, die das Motiv „Ritter, Tod und Teufel“ verwendeten (65).

Fast jeder Künstler hat ein Anliegen, das er verkünden und vermitteln will. Anti Krieg, anti Naturzerstörung, Liebe, Hass und vieles andere mehr. Dem Künstler ist es aus unterschiedlichsten Gründen ein Bedürfnis, ein Kunstwerk zu schaffen.

Dabei drängt sich die Frage auf: Kunst für wen? Warum soll das einfache Volk nicht verstehen, was „Kunst“ ist? Warum macht man es ihm heute oft so schwer, dem einfachen Mann und der einfachen Frau auf der Straße? Aus vielen Gründen sollen sie glauben, dass die alten Zeiten so miserabel waren, wie die heutigen Inszenierungen mancher Regisseure zu beweisen versuchen. Aber auch die Sprache ist oft für den einfachen Mann von der Straße nicht zu verstehen. Wenn die Oper „Don Giovanni“ in Spanien in spanischer Sprache aufgeführt wird, ist das wunderbar! In Deutschland ist es das nicht. Scheinbar wollen die Verantwortlichen beweisen, dass Text und Musik nicht zusammengehören. Dabei beweisen sie nur, dass für sie Kunstwerke nichts anderes sind als Waren, die mit möglichst geringen Mitteln für viel Geld an den Mann gebracht werden müssen. Einem Sänger kann man wohl nicht, wie früher oft üblich, zumuten, in der jeweiligen Landessprache zu singen.

Doch das ist wieder eine von vielen Lügen, die wir überall auf der Welt antreffen. Ich stehe mit meiner Meinung keinesfalls allein da. Am 26.11.2011 machte sich im 3Sat-Fernsehen der Regisseur der Aufführung der Oper „Die Sache Makropolos“ von Leos Janaček unter der musikalischen Leitung von Esa-Pekka Salonen, in köstlicher Art und Weise über die Wiedergabe von Opern in fremden Sprachen lustig.

Allerdings haben manche Sänger und Sängerinnen schon zum Ausdruck gebracht, dass die Sprache die Singstimmen beeinflusst und es oft sogar schwierig sei, die Stimme in der übersetzten Sprache zur Geltung zu bringen.

Im Text von Mozartopern drücken sich die Lebensgewohnheiten u. a. so aus, wie sie zu Lebzeiten Mozarts waren. Auch wenn das Libretto, wie Elisabeth Schwarzkopf (46) treffend sagte, nicht die gleiche Bedeutung wie die Musik selbst hat. Nur Richard Wagner bildete darin eine Ausnahme. Für ihn war seine Musik und seine Dichtung ein einheitlich ganzes Kunstwerk.

Was sind aber die Folgen, wenn man Don Giovanni z.B. auf Italienisch in Deutschland aufführt? Die Deutschen, die den Inhalt dieser Oper noch nicht kennen, müssten die italienische Sprache lernen, um das grandiose Kunstwerk vollständig zu verstehen. Manch einfacher, nicht so umfassend gebildeter Mensch wie mancher akademische Musikliebhaber, meidet den Besuch einer Oper, weil er sie im wahrsten Sinne

des Wortes nicht „versteht!“ Schon darin steckt die große Bedeutung der Sprache, wenn sie klar und deutlich gesprochen oder gesungen wird!
Am Beispiel einer weiteren Mozartoper erkennt man sofort, dass der Text, also das Libretto, äußerst wichtig für das Verständnis der damaligen Zeit ist. Für die Alt- und Neu-68er natürlich nicht, weil sie die alte, deutsche Kultur zerstören möchten, um ihre sozialistische, neomarxistische Kulturdiktatur zu errichten. Die kulturzerstörenden Absichten der Nachkommen der 68er-Kulturrevolutionäre sind unverkennbar, wie wir an den Regisseuren Schlingensief, Neuenfels, Bieito, Konwitschny, Castorf u.a. sehen werden. Hinzu kommt ein gerüttelt Maß an Profilierungsneurose, die jedem normalen Zuhörer und Zuschauer schon einmal auffiel und die Haare zu Berge stehen ließen. Einige Beispiele führte ich ihnen bereits vor.
Rezitative, Wechselgespräche in lateinischer Sprache, die auch häufig in religiösen Musikwerken vorkommen, werden nicht verstanden, weshalb man der Musik und Sprache auf einer CD sinnvollerweise eine deutsche Übersetzung des Textes beilegt. In diesen Fällen kann der Zuhörer während des Hörens den Text lesen und damit auch die Musik verstehen. In einer Oper oder in einem Schauspiel geht das nicht, da die künstlerischen Leistungen der Schauspieler den Zuschauern verloren gingen. Es sei denn, sie lernen den Text aus einem Textbuch auswendig. Doch, wer tut das schon? Neuerdings geht man dazu über, wie in Dresden vorbildlich geschehen, den Operntext oberhalb der Bühne in deutscher Sprache gut leserlich zu projizieren. Diese Methode stört die Aufführung kaum und ermöglicht dem, der den Text nicht kennt, sich ein Bild von der Zeit zu machen, in der die Oper handelt. Dies ist sogar bei deutschen Opern in deutscher Sprache oft sehr angebracht, weil viele Sänger, zumindest für ältere Zuhörer, nicht besonders gut zu verstehen sind.
Stellen Sie sich einmal vor, man brächte Goethes Faust in arabisch auf die Bühne und die verantwortlichen Theaterdirektoren belehrten Sie, indem Sie Ihnen klarzumachen versuchten, dass sie dadurch die Leistungen der Schauspieler besser würdigen könnten.
Natürlich kann man sich in Opern, wie Winifred Wagner, nur auf die Musik konzentrieren, doch dann sollte man lieber gleich zu einer konzertanten Aufführung gehen oder eine gute CD hören.
Warum wehren sich die reproduzierenden Künstler nicht gegen das Diktat, die Diktatur der Intendanten und Direktoren? Sie haben doch eine Kulturaufgabe, eine Mitverantwortung für unsere Abendländische Kultur! Ganz einfach, weil sie dann ihren „Job“ verlieren! Viele Sänger, die bei den Richard-Wagner-Festspielen in Wels bei Linz gesungen haben, könnten Ihnen davon ein Lied singen. In Wels werden nämlich die Wagneropern weitgehend in wundervoller Werktreue, also so, wie in den Regieanweisungen Richard Wagners nachzulesen ist, inszeniert.

Im neuen Festspielhaus in Erl, Südtirol, das manchem Konservativen sicher nicht gefällt, wird ab 2013 Werktreue groß geschrieben. Gustav Kuhn, liebevoll der Erlkönig genannt, sei unser aller Dank dafür. Für die werktreuen Inszenierungen!
Doch wenn alle großen, berühmten Künstler sich weigerten, abscheulich inszenierte Kunstwerke wiederzugeben, dann hörte das Unwesen mancher entarteter Regisseure schnell auf, weil die Kassen der Opernhäuser und Konzertsäle leer blieben. Leider beugte sich auch der Dirigent Barenboim vor diesen Regisseuren, wie er 2012 an der Mailänder Skala mit Mozarts Don Giovanni bewies. Er hätte das wirklich nicht nötig! Sollte es ihm jedoch egal sein, was für eine Inszenierung er dirigiert, dann wäre es noch schlimmer. Dann machte er ihnen wirklich nur den Affen.
Unter dem Begriff „den Affen machen“, der nicht von mir stammt, verstehe ich auch, sich willenlos und völlig gedankenlos dem Diktat mancher Regisseure und Theaterdirektoren zu beugen und zu fügen.
Als Musterbeispiel einer grauenvollen Musikinszenierung sollte man sich Wehmeyers „Ring in neunzig Minuten“ (66) anhören und ansehen, falls dieser noch einmal aufgeführt werden sollte, in dem der völlig unbegründete, ganze Hass zweier fanatischer, antifaschistischer Künstler, den diese gegenüber Richard Wagner völlig zu Unrecht empfanden, offensichtlich wurde. Ich konnte mich vor langer Zeit selbst in der Stadthalle Heidelberg davon überzeugen. Doch Kunst war es natürlich auch.
Lassen Sie mich nun zum Zweck der Kunst zurückkommen. Ein positives Beispiel gibt uns Vincenzo Bellinis Motto (67): „Mit Gesang die Zuhörer zum Weinen bringen.“ Er konzentrierte sich ganz auf die emotionale Wirkung seiner Musik und das zu recht, denn nach Goethe sind die Tränen der Menschheit bestes Gut. In diesem Sinne wollte Bellini sein Motto sicherlich verstanden wissen. Yvonne Kálmán, die Tochter des bekannten, ungarischen Operettenkomponisten Emmerich Kálmán, erzählte zu diesem Thema folgende kleine Geschichte: „Ich erinnere mich an ein Sylvesterkonzert, auf dem seine Musik gespielt wurde – damals musste ich weinen vor Freude, so ist das bei uns Ungarn: Wenn wir glücklich sind, dann weinen wir“ (435).
Ganz im Gegensatz dazu gab eine Künstlerin, deren Name mir leider entfallen ist, vor einigen Jahren ein Beispiel für ihre Bösartigkeit in einer Fernsehsendung, in der sie sagte: „Ich will weh tun!“ Was geht in einer solchen Frau nur vor? Warum in aller Welt will ein Mensch einem anderen, in diesem Falle sogar einem wildfremden, wehtun? In meinen Augen ist das sadistisch, also psychopatisch und ein Fall für die Psychiatrie. Der Psychiater Max Nordau zitierte dazu auch Friedrich Nietzsche: „Meine Denkweise erfordert eine kriegerische Seele, ein „Wehe-thun-Wollen“, eine Lust am Neinsagen“ (17). Auch Ibsen entpuppt sich häufig als Künstler, der wehtun will, in

dem er schreibt: „Es soll etwas geschehen, das all dieser Wohlanständigkeit ins Gesicht schlägt“ (17), also es soll weh tun.
Ein weiterer Zweck, den so mancher Künstler mit seiner Kunst verfolgt, ist der des französischen, zeitgenössischen Malers Robert Corbas. In seinen Kunstwerken beherrschen Gewalt und Sexualität seine Motive, die er mit historischen und mythologischen Bezügen versieht (69). Und wo bleiben die „Jugendschützer“? Sie halten sich dazu ihre Augen, Ohren und natürlich auch ihren Mund zu!
Im Deutschlandfunk wurden am 06.04.07 die Schöngeisterei eines sadistischen Profilierungsneurotikers, sein Name ist mir ebenfalls entfallen, wie folgt wiedergegeben: „Kunst braucht Schmerz!“ (70). Ich glaube allerdings nicht, dass dies ein Zweck der Kunst ist. Vielleicht braucht der eine oder andere Künstler den Schmerz, wie die Flaggelantisten, die sich selbst geiseln, um Lust zu empfinden.
Oder aber die oben erwähnte Künstlerin wollte einfach nur wehtun, was auf eine Entartung in medizinischer Sichtweise hinweist. Man sollte nicht vergessen, wohin eine solche Geisteshaltung führen kann, nämlich zu Mord und Totschlag, mit denen uns die Medien ständig konfrontieren. Für mich steht allerdings fest, das „Wehtunwollen“ ist Missbrauch der Freiheit der Kunst.
Wieder ein anderer meinte: „In der Kunst gibt es keine Ideen, nur Arbeit“ Ich meine allerdings, wenn es in der Kunst keine Ideen gäbe, gäbe es keine Kunst! Sie sehen, auch bei der Suche nach dem Zweck der Kunst, gelangt man schnell in die Irrgärten der Psychiatrie.
Der 1893 geborene Maler Joan Miró sagte dazu: „Wichtiger als ein Kunstwerk selbst ist seine Wirkung. Kunst kann vergehen, ein Bild zerstört werden. Was zählt, ist die Saat.“ Ja, das ist wahr! Die Saat die daraus aufgeht, spielt auch in der Kunst eine große Rolle. „An ihren Früchten sollt ihr sie erkennen!“ Eine uralte, biblische Weisheit, die bei der Beurteilung eines Kunstwerkes meist außer Betracht gelassen wird.
Zum Zweck der Kunst schrieb Max Nordau schon 1893 (17) sinngemäß: „Die Kunsttätigkeit ist nicht Selbstzweck, sondern sie hat einen unmittelbaren Nutzen für den Künstler. Sie befriedigt sein Bedürfnis, seine Emotionen in Bewegungen, also in schreiben, komponieren, bildhauern, malen, dichten, singen, musizieren, dirigieren usw. umzusetzen. Er befreit sein Nervensystem von einer inneren Spannung, d.h. er schreibt, malt, singt oder tanzt sich eine ihn erregende, belastende oder auch erfreuende Vorstellung von der Seele.“
Zu dem Zweck der Selbstbefreiung des Künstlers tritt ein zweiter hinzu: Der Zweck auf andere zu wirken. Das ist ein Drang, sich in emotionaler Gemeinschaft mit anderen Menschen zu bewegen. Man nennt diesen Drang in der Medizin Sympathie, die nach Edmund R. Clay (71) eine Emotion ist, die in uns durch das erregt wird, was uns die Emotion oder Empfindung unseres Nächsten zu sein scheint. Hinzu kommt, dass

der Künstler sein Kunstwerk auch mit der Nebenabsicht schafft, berühmt zu werden. Diese Absicht ist durchaus gesellschaftsfreundlich. Schafft er sie aber nur, um Geld zu verdienen, ist die Absicht rein selbstsüchtig. Man spricht dann von Ich-Sucht. Doch gesellschaftsfeindlich ist diese solange nicht, bis sie zu kriminellen Taten führt oder verführt.

Leider wirkt diese Ich-Sucht, zu der auch die Profilierungsneurose gehört, bei einigen Künstlern nur noch als einziger Beweggrund ihrer Tätigkeit. Auffallen um jeden Preis!

Zum Zweck der Kunst kann man unter Umständen auch die Kunsterziehung rechnen. Unter Kunsterziehung versteht man nämlich die Erziehung zum künstlerischen Schaffen und die Erziehung durch Kunst und Kunstwerke, aber auch die Erziehung zum Genießen von Kunstwerken. Und nicht zuletzt die Erziehung zum künstlerischen Urteil, also dazu, ein Kunstwerk beurteilen zu können, was letztlich zu einem Werturteil führt, das immer und ausnahmslos subjektiv, also von der eigenen Person aus urteilend, ist und bleiben wird.

Schüler und Studenten von Malschulen und Universitäten wollen sich zu Künstlern ausbilden lassen und ihr „Handwerk“, also ihren zukünftigen Beruf erlernen. Für diese jungen Menschen ist das Treiben einiger Maler und Regisseure ein Albtraum und sie fragen sich sicher oft, warum bemühen wir uns, die schwierigen Techniken zu erlernen, wenn am Ende keiner, der über mein Schicksal entscheidet, auf Technik Wert legt. Manche Medien und Institutionen glorifizieren die größten Schmierfinken, die widerlichsten Schmuddelfritzen und die absurdesten Künstler, honorieren ihre Werke und prämieren diese sogar.

Doch für normale, also geistig gesunde Menschen, führt nur die Beherrschung des Handwerks zur Qualität eines Kunstwerkes. Für die abstrusen Künstler spielt Qualität, also die Güte oder der Wert im althergebrachten Sinne keine Rolle mehr. Leider! Doch Kunstwerke produzieren sie dennoch, auch wenn sie unter Wert nur den Geldwert verstehen!

Welche gewaltige Bedeutung der „Kunsterziehung“ zukommt und welche große Verantwortung die Kunsterzieher gegenüber unserer deutschen, ja unserer alten europäischen Kultur haben, geht aus den Folgen falscher Kunsterziehung, z.B. der Kunsterziehung Adornos (5) hervor, die sie in Auszügen in Kapitel 10 meines Buches nachlesen können.

Ein hochinteressantes, politisch motiviertes Kunstwerk zum Thema RAF-Terrorismus schuf der Künstler Hans-Peter Feldmann (398), der damit ein Zeichen gegen die 68er-Mordbanditen, die Rote-Armee-Fraktion, setzte. In den Ideologiekämpfen der 68er starben am Ende der Bewegung rund neunzig Menschen in Deutschland, denen er mit seinem Kunstwerk ein eindrucksvolles, aber auch bedrückendes Denk-

und Mahnmal errichtete. Aus Zeitungen und Zeitschriften suchte er die Fotos der Ermordeten und der Mörder, brachte sie auf ein einheitliches Format und ordnete diese, streng nach Todesdatum sortiert, nebeneinander an. Mörder neben Ermordeten! Dieses Kunstwerk „Andachtsbilder", die letztlich „nur" Pressefotos waren, gaben ein erschütterndes Bild davon, wohin der Neomarxismus der 68er geführt hat. Und wenn die Linke, die sich laut Wagenknecht dem Marxismus verschreiben soll, heute wieder erstarkt, dann rufe ich unsere Gesellschaft auf: Wehret den Anfängen!
Denn die Kommunisten, die meist reine Marxisten sind, haben bis heute weltweit ca. achtzig Millionen Menschen ermordet (118) Es ist kaum zu glauben, in der Prager Straße Dresdens stand 2012 ungestraft ein Altkommunist mit einer Roten Fahne, die mit den mörderischen Symbolen „Hammer und Sichel" versehen war.
Nicht auszudenken, was passiert wäre, wenn ein Neofaschist sich mit einer Hakenkreuzfahne danebengestellt hätte. Die Polizei hätte ihn völlig zu Recht sofort abgeführt. Doch warum führt man den Vertreter einer Massenmordideologie nicht auch ab? Links nichts sehen, links nichts hören, links nichts sagen!! Wirklich affig? Nein, ganz gewiss nicht! Bertold Brecht sagte dazu: „Wer die Wahrheit nicht kennt, ist nur ein Dummkopf. Wer sie aber weiß und sie Lüge nennt, der ist ein Verbrecher."

6.2 Abstrakte, logische (folgerichtige), gegenständliche Merkmale der Kunst

Hierher gehört vor allem die grundlegende Unterscheidung Lessings, in Raum- und Zeitkünste, wonach sich zwei Gruppen ergeben: Baukunst, Bildhauerei, Malerei, Musik <u>und</u> Dichtung. In der Mitte zwischen beiden, dem Raum und der Zeit zugleich angehörend: die Gebärdenkunst und der Tanz. Beide Gruppen werden auch als bildende und redende Künste unterschieden. Im gewöhnlichen Sprachgebrauch versteht man unter Kunst nur bildende Kunst, so besonders in Zusammensetzungen Kunstgeschichte, Kunstwissenschaft, Kunstgelehrter oder Kunstakademie. In Zusammenhang damit steht Fechners Unterscheidung von Künsten der Ruhe und solchen der Bewegung. Er stellte darüber bereits 1915 in seinem Werk „Kommende Kunst" erstaunliche, ästhetische Betrachtungen an (72). Dabei sollte man sich immer die Definition des Begriffes (positive) Ästhetik gegenüber der Unästhetik vor Augen führen: Sie ist nach (62) die „Wissenschaft vom Schönen, die Lehre von der Gesetzmäßigkeit und Harmonie in Natur und Kunst".

6.3. Merkmale, die sich durch die Psychologie des künstlerischen Schaffens ergeben

Volkelt (73) gliedert nach den Arten der Sinne in optische, akustische und optoakustische Künste, in dingliche und undingliche, in mehr oder minder formende. Ganz besonders beschäftigte ihn auch die Ästhetik, über die er grundlegende Schriften veröffentlichte.
Nach Dessoir (58) gibt es einerseits nachahmende Künste der bestimmten Assoziationen, d.h. der Verknüpfungen von Vorstellungen, von denen die einen die anderen hervorgerufen haben und realen Formen; andererseits freie Künste der unbestimmten Assoziationen und idealen Formen. Um das zu verstehen, muss man sehr phantasiereich sein!

6.4. Einteilung nach der Genealogie der Künste, d.i. die Wissenschaft vom Ursprung, von Folge und Verwandtschaft der Geschlechter und von der Ahnenforschung

Nach Schmarsow (57) sind Bildhauerei und Mimik ursprünglicher als die Malerei und Baukunst. Musik ursprünglicher als die Malerei und Baukunst. Und Baukunst ursprünglicher als die Dichtkunst. Aus einer oder mehreren Keimzellen hätten sich alle Künste in allmählicher Stufenfolge entwickelt. Ein weites Feld.

6.5. Teleologische, das ist die ziel- und zweckgerichtete, metaphysische Einteilung

Die Künste erscheinen auf ein ideales, geistiges Ziel gerichtet und werden nach dem Grade, wie sie es erfüllen, eingeteilt. Für Solger (74) war die Kunst die Offenbarung Gottes, aber auch oft die Selbstvernichtung Gottes, weil er das Schöne in der Kunst vertrat und nicht das Ekelhafte, Hässliche, was Nordau später als das Entartete brandmarkte und geißelte.
Hegel (75) und Schopenhauer (76) vertraten ebenfalls die Ethik, die Lehre von Sitte und Moral in der Kunst. Sie bewerteten und beurteilten menschliches Verhalten, also auch die Kunst, als gut, böse usw. Die Ethik veranlasste in ihnen die Anschauung über das, was sein soll und nicht sein soll. Normen, Gebote und Verbote verschiedenster Art waren für sie die Grundlage menschlichen Kulturlebens.
Die in Kapitel 6.4 genannten fünf Einteilungsarten treten gewöhnlich nicht jede für sich, sondern in mannigfacher Verbindung auf, was natürlich wieder zur allgemeinen Verwirrung beiträgt. Allgemeinste Anerkennung hat dabei die Raum-Zeit-Einteilung

gefunden. Die Schöpfer dieser Einteilung haben damit sicher unbewusst den Minkowsky-Raum in die Kunstwissenschaft eingeführt. In der Theoretischen Physik ist nämlich die Zeit seit langem die vierte Dimension und bildet mit der Höhe, Breite und Länge den Minkowsky-Raum. Minkowsky war ein Wegbereiter der modernen Physik (77). Ich verwende hier das Eigenschaftswort „modern“ so, wie wir es im Duden (49) nachlesen können: „Dem neusten Stand der kulturellen, geschichtlichen, gesellschaftlichen, technischen Entwicklung entsprechend“. Der Begriff „Neuster Stand“ ist nicht besonders treffend gewählt, insbesondere, wenn ich an die sog. „Moderne“ denke, die bereits um 1890 von Kandinsky eingeläutet wurde.
Da wir gerade bei der Physik angekommen sind, fällt mir folgendes ein: Bei all dem, was ich über Kunst in der Literatur fand, hatte ich das Gefühl, dass man den Begriff zwar definieren wollte, doch ähnlich wie bei der Definition des physikalischen Begriffes „Energie“ nicht zum Ziel kam. Sie haben in der Schule sicher gelernt, Energie ist die Fähigkeit Arbeit zu leisten. Wenn Sie über diesen Satz nachdenken, so kommen Sie unweigerlich zu dem richtigen Schluss, die Physiker wissen nicht, was Energie eigentlich ist. Wie schon erwähnt, sie wissen zwar viel über die mannigfaltigen Erscheinungsformen der Energie und was man damit machen kann, was aber Energie wirklich ist, bleibt ihnen, wie uns genauso verborgen, wie Gott, der bei diesen Überlegungen eine fundamentale Rolle spielt.
In Analogie dazu stelle ich fest, auch von der Kunst gibt es mannigfaltige Erscheinungsformen, über die sehr viel geschrieben wurde.
Für Karl Kardinal Lehmann (78) ist Gott ein Geheimnis. Und ich sage: Energie und Kunst sind bis heute auch Geheimnisse. Und wenn man bedenkt, dass seit der Schöpfung die Summe aller Energien nach dem Energieerhaltungssatz nicht zu und nicht abgenommen hat (79), erkennt man den tiefen Sinn in dem Wort „Geheimnis“.
Der Begriff „Kunst“ schien mir nach intensivem Kunststudium ebenfalls ein Geheimnis zu sein. Wie Sie in den vorangegangenen Ausführungen sahen, warf man mit den Begriffen Begabung, Leistung, Fähigkeit usw. wild um sich. Letztendlich kam es immer auf ein Werturteil hinaus, womit man loben und preisen, aber auch verurteilen, herabsetzen, entwürdigen und erniedrigen wollte. Das wiederum darf eine Definition keinesfalls ermöglichen. Sie muss absolut wertfrei und neutral sein! Beurteilen sollten die, welche sich die Kunstwerke ansehen oder anhören.
In Anlehnung an die angebliche Definition des Begriffes Energie, könnte man vielleicht auch sagen: „Kunst ist die Fähigkeit, Kunstwerke zu schaffen.“ Doch mit Goethe (23) sage ich dazu: „Hier stehe ich, ich armer Tor und bin so klug, als wie zuvor.“
Kommen wir nun zu dem Kunstschaffen, doch sollte man besser sagen, zum Schaffen von Kunstwerken. Künstler ist nach dem Großen Brockhaus (24) „derjenige Mensch, der neben großer Erlebnisfähigkeit und Freude am Schönen einen unbezwinglichen

Drang und die Fähigkeit hat, seine Erlebnisse zu gestalten und auszudrücken. Und ich ergänze, auch seine Freude am Hässlichen, weil dieser wichtige Gesichtspunkt im Brockhaus außer Acht gelassen wurde. Im Brockhaus liest man weiter: „Der Künstler unterscheidet sich vom gewöhnlichen Menschen nicht durch die Art, sondern durch den Grad seiner Begabung und Leistung, so meist durch eine außergewöhnliche, lebhafte und zeugungsstarke Einbildungskraft, besonders auf dem Gebiet, in dem sein Schaffen liegt, z.B. der Akustik oder Optik. Der schöpferische Akt, der Schaffensvorgang, wird eingeleitet durch die sogenannte Inspiration, indem die Idee, das Neue, was das Kunstwerk nachher bringt, plötzlich scheinbar ohne Vorbereitung intuitiv vor dem inneren Blick steht. Die Inspiration kann der Künstler nicht willensmäßig und zu jeder beliebigen Zeit herbeiführen, aber sie kann durch die Einstellung und durch Arbeitsversuche gefördert werden. Auf sie muss dann die planmäßige Ausführung und Durchformung folgen, in der die Idee Gestalt gewinnt. Zu dieser Ausführung gehört eine gewisse Technik und Übung“ (24).
Letzteres ist heute für einige Künstler nicht mehr gültig, wenn man an manche Schmierereien, an das weiße Blatt Papier mit Rahmen oder an ein Drauflostrommeln mit den Ellenbögen und Unterarmen auf die Klaviertasten, denkt. Und trotzdem ist auch dieses „Machen“ Kunst und diese Machwerke Kunstwerke.

6.6 Primitive Kunst

Unter „Primitiver Kunst“ versteht man die Kunst der Primitiven, also der schriftlosen Völker. Unter anderem führten auch schon bei diesen ein Ausdrucksverlangen seelischer Stimmungen zu Kunstwerken, was wir allerdings wohl schwerlich beweisen, jedoch bei näherer Betrachtung sicher begründen oder wenigstens erfühlen können. Doch nicht nur die schriftlosen Völker waren Primitive, sondern auch Künstler der Neuzeit, die sich durch primitives Zeichnen artikulierten. Sind es dagegen Kinder, dann handelt es sich nicht um Geschmiere, das diese wissentlich auf Papier oder Wände bringen, sondern um Äußerungen, die ihrem geistigen Entwicklungszustand entsprechen. Erwachsene Künstler sind manchmal Betrüger (398), für die Experten und „Kunstliebhaber“ die Affen machen, also nicht merken wollen, dass man sie zum Narren hält, wie es Dali so schön am Ende seines Testamentes ausdrückte. Empfindet ein Betrachter „Primitive Kunst“ als wundervoll, so ist auch sein Kunstempfinden primitiv, was keinesfalls eine negative Wertung seiner Persönlichkeit bedeutet. Denn wäre der Begriff „primitiv“ etwas Negatives, wäre auch „Primitive Kunst“ etwas Negatives und das ist sie ganz gewiss nicht!
Nach Winkler (40) erscheinen in der Kunst der Primitiven die einzelnen Komponenten der Stilisierung ebenso rein und kompromisslos wie in der „Moderne“. Die

alte primitive Kunst sollte man allerdings nicht so sehen, als ob die damaligen Künstler wissentlich vereinfacht, wiederholt oder vervielfacht haben. Sie haben ganz gewiss nicht bewusst formvereinfachend gearbeitet. Nein, sie waren geistig noch nicht in der Lage, bewusst Kunstwerke zu schaffen, wie sie die heutigen, geistig normalen Künstler zustande bringen.

Anfang des 20sten Jahrhunderts hat sich der sog. Neoprimitivismus in Europa etabliert. Man versteht darunter die Bestrebungen einiger „moderner“ Komponisten, mit Klangmitteln und Elementen der Tonsprache der Naturvölker neue Wirkungen zu erreichen, bzw. zu erzielen. Als Musterbeispiel sei hier Strawinskys Kunstwerk aus dem Jahr 1913 „Le sacre du Printemps“ erwähnt. In (86) liest man, dass diese Aufführung zu einem der größten Skandale der Musikgeschichte geriet. Für viele Zuhörer und Zuschauer galt schon damals der Grundsatz: „Auffallen um jeden Preis“. Doch Strawinsky wollte ganz gewiss nicht auffallen. Das hatte er nach seinen beiden Werken der „Feuervogel“ und „Pétrouchka“ nicht nötig.

Das ARTE Magazin schrieb am 29.05.2013 sinngemäß: „Igor Stravinsky komponierte mit „Le sacre du Printemps“ die Begleitmusik zum Aufbruch in ein neues Zeitalter.“ Das kann allerdings meiner Meinung nach nur für die Musik gelten. Die Originalchorographie von Vaslav Nijinsky sagt nämlich etwas völlig anderes aus. Allein der ins Deutsche übersetzte Titel „Die Frühlingsweihe“ und sein Untertitel „Bilder aus dem heidnischen Russland“ drückt etwas aus, was Strawinsky in seinem Inneren tief bewegte.

Nijinsky erkannte das und ließ seine Tänzer in wunderschönen, farbenprächtigen, russischen Folkloregewändern auftreten. 1913 war das Publikum durch die Dominanz der rhythmisch-schlagenden Elemente, die von Streichern, Bläsern und Schlagzeug gleichermaßen übernommen werden, schockiert. Heute sind viele Zuhörer von diesem Kunstwerk deshalb beeindruckt und begeistert, weil diese Musik in ihnen mit nahezu primitiver Urgewalt den ältesten Abschnitt der erdgeschichtlichen Frühzeit wieder entstehen lässt.

Guido Fischer schrieb in (454) sehr treffend: „Angesichts seiner tiefen Verwurzelung in der russischen Volksmusik, sowie der fehlenden Komplexität in der Harmonik, hinkte „Le sacre du Printemps“ zu seiner Entstehungszeit eigentlich schon hinter den Revolutionen her, die Claude Debussy und die Wiener Zwölftonkollegen ausgelöst hatten.“

Von einer Begleitmusik zum Aufbruch in ein „neues Zeitalter“, wie Arte schrieb, könnte man im übertragenen Sinn allerdings schon eher von der Neuinterpretation dieses interessanten Balletts durch Sasha Waltz sprechen. Ihre Chorographie, die am 29.05. 2013 vom Arte-TV übertragen wurde, bestand für mich zum Teil in einem albernen, einfältigen Herumgehampel. Die Kostüme waren meist grau in grau gehal-

ten, von den Körpern der Tänzer herunterhängend. Strawinsky sagte einmal von sich selbst: „Ich bewundere das klassische Ballett, die Schönheit seiner Ordnung und die aristokratische Strenge seiner Form. Seine Haltung entspricht genau der Auffassung, die ich von der Kunst habe.“
Entweder kannte Waltz diesen Ausspruch nicht, was mehr als beschämend wäre oder sie hat ganz bewusst gegen diese Auffassung choreographiert, was dann typisch für sie gewesen wäre. Vaslav Nijinsky hätte allerdings die Hände über seinem Kopf zusammengeschlagen. Die 68er Kulturrevolution lässt grüßen! Um mit Llosa zu sprechen: „Wer seine Kultur verliert, verliert sich selbst.“ Waltz hat sich damit aus meiner Sicht selbst verloren. Arte demonstrierte mit ihrer Chorographie den von Llosa und mir immer wieder tief beklagten Kulturverfall der heutigen Zeit, was natürlich alte und junge Kulturrevoluzzer nicht so empfinden. Jedoch spätestens dann wissen Sie, was ich meine, wenn Sie einmal beide Chorographien hintereinander gesehen haben.

6.7 Die Kunst der Kinder, der Jugendlichen und Werke der Tiere

Die Kunst der Kinder und der Jugendlichen führt uns in eine eigenartige, jedoch sehr vertraute Welt. Gedichte und Malereien junger Menschen, vor allem von Jugendlichen, tut man manchmal als pubertäre Ergüsse ab. Sie sind jedoch viel öfter schönere Kunstwerke, als manches „moderne Kunstwerk“, wie z. B. die berühmte „Fettecke“ von Beuys, die wohl niemand als schön empfunden hat. Trotz alledem ist auch sie ein Kunstwerk und Beuys ein Künstler. Wolfgang Amadeus Mozart komponierte im frühen Kindesalter bereits erstaunliche Kunstwerke, was sicher niemand bestreiten wird. Wie sein Melodienreichtum in sein Innerstes kam, erfahren wir allerdings auf Erden nie. Doch dass es Kunst war, als er seine Kompositionen schuf, hat noch niemand bezweifelt.
Wenn ich von der Kunst der Kinder spreche, unterscheide ich zwischen dem Kleinkind und dem Schulkind. Das Kleinkindalter liegt im Allgemeinen zwischen dem zweiten und sechsten, das Schulkindalter zwischen dem siebten und vierzehnten Lebensjahr. Sie alle haben schon Kinderchöre gehört und gesehen und wissen deshalb, mit welcher Hingabe und Begeisterung Schulkinder singen. Denkt man an den Kreuz- und Thomanerchor oder die Wiener Sängerknaben, dann hört man kleine, oft schon großartige Künstler, die in tiefer Resonanz mit dem Komponisten ihre herrlichen Stimmen erklingen lassen.
Zu Ehren des 30sten Geburtstages des chinesischen Pianisten Lang Lang, am 15. Juni 2012 konnte man Kinderkunst im Arte-TV im großen Stil bewundern. Aus der „Berliner O2 World Arena“ wurde ein Konzert übertragen, in dem u.a. fünfzig Kinder an fünfundzwanzig Klavieren auftraten und den Militärmarsch von Franz Schubert und

den Ungarischen Tanz Nr.5 von Johannes Brahms in erstaunlicher, faszinierender Weise interpretierten. Jedes Kind stammte aus einem anderen Land der Erde, was zum einen wieder bewies, dass die Tätigkeit Kunst weltweit verbreitet ist und zum anderen, dass ein friedliches Zusammenleben aller Menschen dieser Erde möglich wäre, wenn alle Politiker so dächten, wie Lang Lang, der sich um die Völkerverständigung mehr als verdient machte und macht.

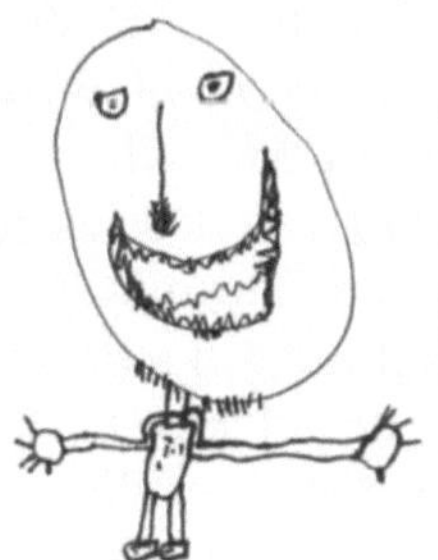

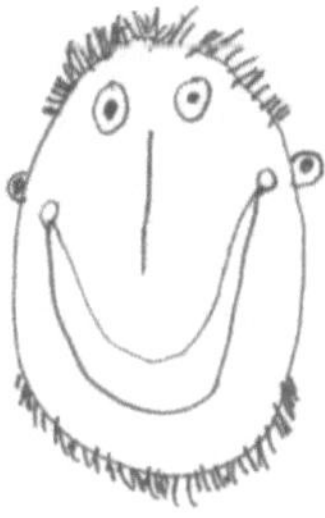

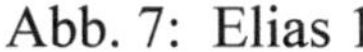

Abb. 7: Elias 1

Abb. 8: Elias 2

Schaut man sich die obenstehenden Bilder an, die mein fünfjähriger Enkel Elias 2009 malte, so wird fast jeder, der Kinder hat, sagen: „Ach ja, so haben meine Kinder auch gemalt, als sie noch klein waren." Doch ist es wirklich Kunst? Natürlich ist das auch Kunst, Kinderkunst! Abb.1 ordnete man, wäre es ein Kunstwerk Picassos, seiner barbarischen Periode zu. Natürlich hätte auch Picasso dieses Portrait zeichnen können. Es wäre für die meisten von uns unbezahlbar.

Das Malen verschlungener Linien auf einem Bogen Papier eines x-beliebigen kleinen Fratzes ist etwas ganz anderes, als das eines kleinen Äffchens oder das eines Pferdes, dem ihre Besitzerin einen Pinsel ins Maul steckt. Beide können nur nachahmen. Kein Tier kam bisher allein auf die Idee, zu malen.

In der Rhein-Neckarzeitung (165) fand ich folgenden interessanten Beitrag über „Tierische Kunst im Heidelberger Tiergarten", der meine Meinung bekräftigt. Zoodirektor Dr. Klaus Wünnemann sagte dazu: „Die Affenmalerei ist nicht nur ein lustiges Experiment, es ist durchaus eine sinnvolle Beschäftigung für die intelligenten Menschenaffen. Niemand will behaupten, dass sie mit ihren Werken etwas Bestimmtes ausdrücken wollen!" D. h., es ist eine reine Beschäftigungsart, um ihnen etwas die Langeweile zu nehmen.

Das Pferd Cholla der Reiterin Renee Chambers aus Reno/Nevada/USA erhielt 2005 sogar einen 4. Platz auf der Liste der „Tierkünstler" (80). Natürlich wird dabei der

Begriff „Kunst“ ad absurdum geführt, weil Kunst per Definition eine menschliche Tätigkeit ist. Sollte sich jedoch in Zukunft für derartiges Malen der Begriff „Tierkunst“ einbürgern, wäre dagegen nichts einzuwenden.
Die Schlussfolgerung daraus könnte lauten: Alles was ein Tier malen kann, ist keine Kunst! Und umgekehrt: Alles was ein Tier auch malen könnte, ist keine Kunst. Doch das ist tatsächlich falsch.
Lassen Sie einmal ein Kleinkind und einen Schimpansen, jeden für sich Bilder malen, z.B. getrennt in je einem anderen Raum. Danach sammeln Sie die Werke ein und lasssen sie diese von einem Kunstsachverständigen, der nicht weiß, dass auch die Bilder eines Affen dabei sind, beurteilen. Wer war der Mensch, wer der Affe? Ich vermute, dass der „Sachverständige“ nicht dahinter kommt, dass es ein Kleinkind und ein Affe war! Ich nenne diesen Test in Analogie zu dem Turingtest zwischen Mensch und Computer, den Turingtest für Kunst! Der Turingtest (81) auf den ich mich beziehe, soll die rasante, also sehr schnelle Entwicklung der elektronischen Speichertechnik demonstrieren. Wenn Experten nicht mehr erkennen, wer die sowohl dem Menschen als auch dem Computer gestellten, sehr schwierigen Prüfungsaufgaben aus allen Wissensgebieten beantwortet hat, dann soll angeblich bewiesen sein, dass der Computer dem menschlichen Gehirn äquivalent, also gleichwertig ist. Ich bezweifle allerdings, dass es jemals so weit kommen wird. Ein Computer kann nämlich nur das beantworten oder von sich geben, was ein Mensch ihm einprogrammierte.
Wir erkennen daraus, dass es für eine Definition des Begriffes Kunst notwendig ist, zu wissen, ob das Kunstwerk von einem menschlichen Wesen stammt. Und unter menschlichen Wesen verstehe ich auch geisteskranke Menschen und abartige Künstler.
Zum Schluss will ich noch den Maler Paul Klee zu Wort kommen lassen: „Je hilfloser Kinder sind, desto lehrreichere Kunst bieten sie“. Wenn man jedoch die Bilder unserer eigenen Kinder betrachtet, kommen wir sehr schnell zu dem Schluss, darin irrte sich Klee. Die Kunst der Kinder ist eine Funktion der Zeit. Je älter, desto interessantere Kunst bieten sie. Die Ausdrucksformen dieser Kunst entsprechen voll und ganz dem, in einem bestimmten Alter der kunstschaffenden Kinder vorliegenden Geisteszustand. Allerdings unterscheiden sich Kunstwerke hilfloser Kinder wesentlich von Kunstwerken gleichaltriger, nicht hilfloser Kinder.
Nun gibt es Künstler, die mit derartigen Kinderbildern zu innerer Resonanz gelangen. Dadurch bildet sich in ihnen Sekundärkunst, die sie anschließend auf ihre Leinwände malen und schon liegt ein der Kinderkunst sehr ähnliches Bild vor uns.

6.8. Vorgeschichtliche Kunstwerke

Unter vorgeschichtlichen Kunstwerken versteht man altsteinzeitliche, jungsteinzeitliche und die Kunstwerke der Völkerwanderungszeit.

6.9 Volkskunst

Die geistige Grundlage und der Träger der Volkskunst sind das Brauchtum und die Stetigkeit heimatlich gebundener Lebens- und Werkanschauung. Zu einem sehr großen Teil ist sie auch Gebrauchs- und Handwerkskunst. Auf sie trifft meine Definition ebenso zu, wie auf alle anderen Kunstarten auch.
Ein interessantes Beispiel zeigt einen Brauthandschuh aus Ostpreußen, der im 19. Jahrhundert entstand, mit zwei Hakenkreuzen versehen war und der nichts mit dem Nationalsozialismus zu tun hatte und der zeigt, dass die Nationalsozialisten nicht nur den Begriff Entartung, sondern auch das Hakenkreuz (lat. Crux gammata) für ihre Zwecke missbraucht haben! Auf diese vielen Missbräuche komme ich noch ausführlicher zurück. Auch wenn das dem einen oder anderen „politisch nicht korrekt" erscheinen mag. Das Gleiche gilt auch für die Symbole „Hammer und Sichel", die Werkzeuge ehrbarer Handwerker, die von den Kommunisten missbraucht wurden. Unter diesen Symbolen wurden bekanntlich mehr als 80 Millionen Menschen weltweit ermordet (118). Man kann es nicht oft genug sagen!

6.10. Moderne Kunst

Was haben wir unter „moderner Kunst" zu verstehen? Um diese Frage zu beantworten, gäbe es dann nichts zu definieren, wenn der Begriff Kunst definiert wäre.
Jeder kennt den Begriff Mode, „der im weiteren Sinne jede plötzlich auftauchende Nachahmung menschlicher Lebensäußerungen, die, ohne in tieferen Schichten des Volkes verwurzelt zu sein, von einem engeren Kreis unserer Gesellschaft ausgehen, sich verbreiten und nach einiger, manchmal sehr langer Zeit unbedingter Herrschaft wieder verschwinden." (24)
Was ist also „Moderne Kunst"? Was ist modern? Die Moderne Kunst entstand, wie schon gesagt, um 1890. Kann sie dann noch modern sein? Muss man nicht besser von einer „Kunstepoche", d. h. von einem länger anhaltenden, kunstgeschichtlichen Zeitabschnitt sprechen? In dem Katalog „THE FINE ARTS COLLECTION" (28) werden hunderte „moderne", also zeitgenössische, ästhetische Kunstwerke als Reproduktionen angeboten, die an Schönheit nichts zu wünschen übrig lassen. Doch auch ekelerregende Kunstwerke bezeichnet man als „moderne Kunst". Wir sehen, zwi-

schen moderner Kunst und moderner Kunst bestehen aus Sicht der Ästhetik und Unästhetik riesige Unterschiede. Wenn es eine einheitliche Definition des Begriffes Kunst gäbe, beständen in den Antworten zwischen den Anhängern und Gegnern abartiger Kunst auf die Frage „Was ist Kunst“ keine Unterschiede mehr. Und später sehen Sie, genau dieses habe ich mit meiner Definition erreicht. Ob abartige Kunstwerke aus dem Missbrauch der Freiheit der Kunst entstanden, muss man von Fall zu Fall gesondert entscheiden, zumindest für sich allein.

Modern heißt nichts anderes als: heutig, neu, neuzeitlich oder modisch. Also hat modern auch etwas mit modisch, mit Mode zu tun.

Häufig wird unter „moderner Kunst“ die sog. „Moderne“ verstanden, wobei dieses Wort ein von Hermann Bahr 1890 in seinem Buch „Kritik der Moderne“ (84) geprägtes Schlagwort für die schon damals neuesten, künstlerischen Bestrebungen war.

Modernisieren bedeutet im Kunstbetrieb (24) so viel wie erneuern, sich der herrschenden Mode anpassen. Auch manche Künstler sind bestrebt, sich der herrschenden Mode anzupassen, was oft zu immer absurderen Kunstwerken führt.

Da Sie sicher auch schon das Wort „Modernismus“ gehört und es vielleicht fälschlicher Weise in Zusammenhang mit der „Moderne“ gebracht haben, will ich die Definition dieses Begriffes kurz wiedergeben (34): „Modernismus ist die zusammenfassende Bestrebung, einen Ausgleich zwischen katholischem Glauben und modernem Denken herzustellen und zwar durch kritische Geschichtsforschung, Bibelerklärung und Philosophie und im Speziellen bedeutet er die Überwindung der Rückständigkeit, der damaligen Inferiorität (Unterordnung) der Katholiken.“ Dieses o.g. Wort stammt also aus einer Zeit, in der noch das Verlangen vieler Katholiken bestand, am modernen Leben und neuzeitlicher Wissenschaft teilnehmen zu dürfen. Kurz gesagt, es bedeutet die Überwindung der mittelalterlichen Gedankenwelt. Für meine Betrachtungen über den Begriff Kunst spielt der Modernismus keine Rolle, da sich die katholische Kirche diesem o.g. Verlangen weitgehend geöffnet hat.

Und es gibt noch einen ähnlich klingenden Begriff, die „Modernität“. Dieser spielt nun wieder eine große Rolle bei der Betrachtung von Kunstwerken. Er ist ein anderer Ausdruck für „Stil und Eigenart“ der Neuzeit und drückt ganz bewusst den Stil neuzeitlicher Kunstwerke aus. Doch ganz so viel, wie man vielleicht denken könnte, hat er mit dem Begriff „neu“ nichts zu tun, weil die Geschichtsschreiber die Neuzeit zwischen die Jahre 1500 bis zur Gegenwart einordnen, zwischen denen ja auch die „Aufklärung“ liegt, unter der wir die ab Mitte des 17. Jahrhunderts bis Anfang des 19. Jahrhunderts reichende westeuropäische Geistesbewegung verstehen. Dieser Zeit folgen nur noch die „Neuere und die neueste Zeit“.

Eugen Roth konnte sich einen kleinen Hieb gegen die Geschichtsschreiber nicht verkneifen und schrieb:

„Was man in unsern Büchern dreist
Als sogenannte Neuzeit preist,
Ist auch schon wieder lange her –
Fünfhundert Jahre ungefähr."

Da die Thesen der Aufklärung (24) recht viel mit den Themen, die ich in meinem Buch weiterhin besprechen werde, also mit den Begriffen Kunst und entartete Kunst, zu tun haben, muss ich sie an dieser Stelle kurz wiedergeben:

- Durchsetzung von Vernunft und Menschenwürde!
- Jeder muss zu jeder Zeit selbst (logisch, also folgerichtig) denken!
- Die Vernunft ist der letzte Probierstein der Wahrheit!
- Jeder muss auf Verbesserung der Erziehung und des Unterrichts an unseren Schulen drängen!
- Jeder muss nach naturgemäßer, vernünftiger Lebensgestaltung in Sitte, Sprache und Kleidung streben!
- Der Staat hat als durch Vertrag entstanden zu gelten und muss sich den Religionen gegenüber neutral verhalten.

Ich füge mit Nachdruck hinzu: Und alle, ich betone alle, Religionen müssen sich gegenüber dem Staat ebenfalls absolut neutral verhalten. Jedoch sollte der Staat energisch gegen alle Hassprediger in allen Religionen strafrechtlich vorgehen, denn diese verstoßen zweifellos gegen unsere demokratischen Gesetze.
Wie ungeheuer wichtig die o.g. Thesen der Aufklärung sind, erkennt man schon daran, dass sie unter vielem anderen in Amerika zur Abschaffung der Sklaverei führten. Und leider auch zum Atheismus, den Max Plank bereits vor 80 Jahren beklagte. Die „Sexuelle Aufklärung", die mit Beginn des 20. Jahrhunderts einsetzte (24), führte zu den Bestrebungen, die heranwachsende Jugend in wissenschaftlicher Weise über die Herkunft des Menschen und die mit dem Geschlechtsleben zusammenhängenden Vorgänge, z.B. über die Gefahren der Geschlechtskrankheiten und deren Folgen zu unterrichten. Wie wichtig allein letztere These heute ist, zeigt die Tatsache, dass die Erreger der altbekannten Geschlechtskrankheiten gegen die verfügbaren Medikamente in rasantem Tempo immun werden.
Die unglaublich vielen modernen Kunstwerke der heutigen Zeit, die nichts mit Surrealismus, Barbarei, Pornographie oder abstrakter Kunst zu tun haben, schweigen die Medien oft tot.
Die entarteten der modernen Künstler verstoßen fast alle gegen die Thesen der Aufklärung und wären schon deshalb in ihre Schranken zu verweisen. Doch wer tut das

schon von den Verantwortlichen, die dem Missbrauch der Freiheit der Kunst entgegentreten müssten?
Die bekannte Regisseurin Christine Mielitz sagte sinngemäß in einem Interview mit Valeska Stern über die musikalische Komödie „Moskau, Tscherjomuschki“ von Schostakowitsch: „Ungeziefer und Schmutz gibt es in jedem gesellschaftlichen System. Dagegen muss man sich wehren (479)“.
Doch auch bekannten Autoritäten, wie dem berühmten Philosophen Cicero, der behauptete, dass „alles Vortreffliche selten sei“ (85), muss ich widersprechen. Cicero irrte sich nämlich und ist mit diesem Ausspruch sogar ungerecht, da es viel, ja sehr viel Vortreffliches, auch in der Kunst gab und gibt.
Auch Heinrich von Kleist irrte, als er sagte: „Alles Vortreffliche führt etwas Befremdendes mit sich“ (392). Natürlich führt manches unter dem ungeheuer vielen Vortrefflichen manchmal etwas Befremdendes mit sich, aber doch nicht alles und immer!
Und Sie, liebe Leserinnen und Leser, wissen ja selbst, dass es, mit wenigen Ausnahmen, nicht gelingt und auch in Zukunft nicht gelingen wird, Ihren Geschmack auf etwas auszurichten, was Sie nicht mögen oder gar verabscheuen. Ein altes deutsches Sprichwort lautet: „Es ist alles Geschmackssache, sagte der Affe, als er die Seife fraß“. Lassen wir also den Entarteten unter den Kunstliebhabern die „Seife fressen“!
Bedauerlicherweise versteht man unter moderner Kunst oder der Moderne oft die abstrakte, barbarische, kubistische oder surrealistische Kunst. Natürlich gehören diese Kunstrichtungen oder Kunstbegriffe zur Moderne, doch verdienen sie ganz gewiss nicht allein die Bezeichnung „heutige, zeitgenössische, neue, neuzeitliche oder modische Kunst“. Jeder kennt derartige Kunstwerke des Expressionismus, sei es ein Musikstück Arnold Schönbergs, sei es ein Bild des Malers Ernst Ludwig Kirchner, auf den ich etwas näher eingehen will.
Die Dresdner Palliativakademie zeigte im Jahr 2014 eine Filmreihe über „Krankheiten berühmter Künstler“. Am 15.05.2014 schaute ich mir den Film „Zeichnen bis zur Raserei“ an. Kirchners „Berufsleben“ begann in Dresden und führte ihn über Berlin in die Schweiz, wo er sich 1938 erschoss. Anfangs geistig völlig normal, fühlte er in sich den Drang zu zeichnen und zu malen. Der Film, der eine gelungene, kurze Wiedergabe seines Lebens ist, zeigt eindrucksvoll, wie sich sein geistiger Zustand immer mehr in Richtung Geisteskrankheit bewegte. In seinem letzten Lebensabschnitt war er besessen von einem inneren Drang zu arbeiten: „Ich muss zeichnen bis zur Raserei, nur zeichnen. Nur arbeiten, arbeiten und an sonst nichts denken.“ Kennt man das Prinzhorn-Museum in Heidelberg, in dem viele Bildnereien Geisteskranker zu sehen sind, so glaubt man, dass Kirchner, so wie z.B. Klee, zu den Bildnereien dieser Kranken Kontakt hatte. Im Gegensatz zu einigen anderen Malern, war Kirchners Schaffen

allerdings nicht gesellschaftsschädlich, so wie alle Kunstwerke der sog. „Brückemaler“, zu denen er gehörte.
Doch möchte ich darauf hinweisen, dass durch innere Resonanz mit teuflischen, gesellschaftsfeindlichen Kunstwerken, die in labilen Menschen manchmal auftritt, einige wenige davon „zu Amokläufern“ aufsteigen können.
Der Expressionismus begann am Anfang des 20. Jahrhunderts die Künste zu beeinflussen. Schon das lateinische Wort „expressio“ sagt aus, was wir darunter zu verstehen haben. Nämlich Ausdruckskunst. Nach Matthias Edbauer (86) werden seelische Empfindungen und elementare Gefühle des Künstlers in seinen expressionistischen Kunstwerken dargestellt. Völlig richtig fährt er fort und sagt, dass sich oftmals ein expressionistisches Kunstwerk nur schwer einer Interpretation öffnet. Bettina Brand-Claussen (354) geht noch einen Schritt weiter und schreibt in ihrem Artikel „Prinzhorns Bildnerei der Geisteskranken – ein spät – expressionistisches Manifest“, also eine Grundsatzerklärung: „Expressionistische Künstler sind auf Welt- und Kunstwende, auf Geistiges, Visionen, Ekstase und Traumgesichter gestimmt; sie suchen nach dem Reinen und Ursprünglichen und proklamieren später, nach dem ersten Weltkrieg, den neuen Menschen und die Neue Kunst. Immer aber malen sie gegen den Fluch der Zivilisation.“
Verständlich, dass sie Hans Prinzhorn zu Wort kommen lässt und schreibt: „Hans Prinzhorn propagierte die Idee von der spontanen, ursprünglichen und reinen Schöpferkraft des Geisteskranken“. Damit bringt sie den Expressionismus in die Nähe von Kunstwerken geisteskranker Künstler, was durchaus berechtigt ist. Sie beschreibt Kunstwerke von primitivistischen Deformationen, von kindlich vereinfachtem Gekritzel, eruptivem Gestus (geistigem Gebaren) und spielerischen, vieldeutigen Konstellationen. Ja, sie geht sogar so weit zu sagen: „Das „Primitive“ wurde zur Chiffre für alles Normwidrige und die ubiquitäre (überall verbreitete, allgegenwärtige) Wahrheit des Ursprünglichen“. Ernst Bloch schrieb 1937 sogar von „Barbarenkunst“ (352), wobei man nicht übersehen sollte, dass ein Barbar ein roher, ungesitteter und ungebildeter Mensch, ein Wüstling und Rohling ist. Er widerspricht allen Vorstellungen von Gesittung, Bildung und Kultur (146). Max Nordau nannte solche Kunst, die Bloch als Barbarenkunst bezeichnete, entartet.
Vielen meiner Leserinnen und Lesern sind solche Ausführungen bekannt. Doch leider sind sie nur die eine Seite der expressionistischen Kunst. Hätten die heutigen „Kunstsachverständigen“ das Wort „Entartung“ nicht verteufelt, sondern fein säuberlich definiert, dann hätten wir die Möglichkeit, zwischen entarteten und nichtentarteten, expressionistischen Kunstwerken zu unterscheiden. Die meisten von Ihnen wissen, dass es wundervolle expressionistische Kunstwerke gibt, die nichts, aber auch gar nichts mit der Kunst geisteskranker oder entarteter Künstler zu tun hat.

Um sich ein Bild über das Angebot moderner, nicht abstrakter oder surrealistischer Kunstwerke zu machen, gehe man nur in die vielen Geschäfte, die „Kunstdrucke“ von Bildern heutiger Maler anbieten. Sie finden dort sehr, sehr viele paradiesisch schöne, ästhetisch hochwertige Werke. Niemand zwingt sie, abstrakte oder surrealistische Kunstwerke zu kaufen, die selbstverständlich auch im Angebot sind. Das Gleiche gilt für die vielen, vielen modernen, wunderschönen bildhauerischen Kunstwerke in unseren europäischen Städten, die z.B. in Hameln, da ist es „Der Rattenfänger“ oder in Schwetzingen, da ist es „Die Spargelfrau“ von Franz -Werner Müller-Steinfurth, zu bewundern sind.
Auch in der deutschen Stadt Kefelar steht ein solches wundervolles Kunstwerk (s. Abb. 9).

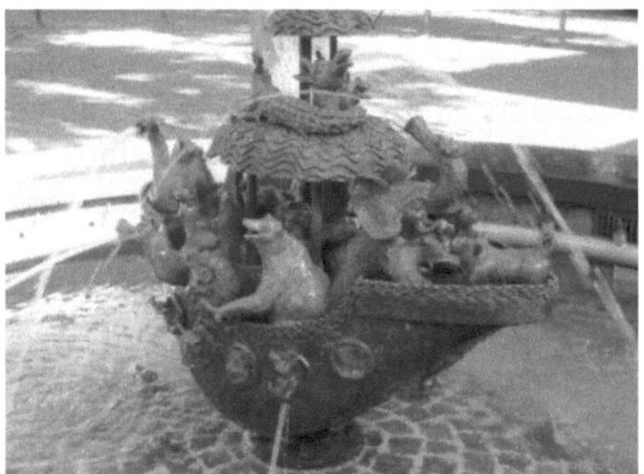

Abb. 9: Brunnen in Kefelar

Keine Stadt wird gezwungen, eine Skulptur, also ein Kunstwerk, das aus Hauen und Schneiden in harten Werkstoffen, oder eine Plastik, also ein Kunstwerk, das aus Formen und Kneten aus weichen Werkstoffen entstand, zu kaufen, vor denen die Betrachter dann kopfschüttelnd stehen und sich fragen: Was – das soll Kunst sein? Unweigerlich kommt ihnen der Begriff „Verschwendung von Steuergeldern“ in den Sinn, worin Politiker Weltmeister sind. Auf die Frage: „Warum Politiker derartige „Kunstwerke kaufen“, komme ich noch ausführlich zurück. Vorab nur so viel: Ich plädiere dafür, dass alle Bürger einer Stadt und nicht nur einige Abgeordnete, darüber abstimmen sollten, was von ihren Steuergeldern gekauft und in ihrer Gemeinde aufgestellt oder aufgehängt wird. Es muss endlich Schluss mit der Diktatur der „Kunstmafia“ sein, die allerdings, meist nicht beweisbar, sehr wahrscheinlich den oder die Geldgeber bestiecht. Auch in Salzburg wird „Volkes Wille“ mit Füßen getreten. Dort können sie ein abscheuliches Kunstwerk des Bildhauers Lüpertz, einen hässlichen, verkrüppelten Torso Mozarts anschauen. Elke Heidenreich hat sich, wie sie in (434) schreibt, einen Spaß daraus gemacht, immer wieder nach dem Weg zum Lüpertz-

Denkmal zu fragen, nur um von den normalen Einwohnern Salzburgs zu hören: „Gehen´s da ja nicht hin!“ – „Grauslig, das müssen´s nicht sehen!“ – „Eine Schande, eine Zumutung, degoutant (ekelhaft, abstoßend)!“
Sie sehen, liebe Leserinnen und Leser, die 68er-Kulturrevolution hat sich inzwischen über ganz Europa ausgebreitet. Die Salzburger Stadtväter meinten sicher der „Moderne“ etwas Gutes getan zu haben, als sie diese „Missgeburt“ errichten ließen. Doch in Wahrheit förderten sie den Missbrauch der Freiheit der Kunst.
Das Wort „Moderne“ muss sich endlich wieder von dem versteckten Vorwurf der Entartung befreien. Tausende „moderner“ Künstler sollten sich erheben und rufen: „Wir sind die wahren Künstler, nicht ihr, die ihr nur Schrott-, Pornographie- oder Fäkalienkunstwerke oder Kunstwerke, die eure geistige Verwirrtheit offenbaren, produziert!“
Natürlich hängt das alles noch mit der 68er Kulturrevolution zusammen. Auch dazu nimmt Heidenreich in ihrem Buch „Passione“ (434) Stellung. Sie schreibt: „Ich glaube, dies alles ist ein Teil eines Umbruchs, der nun schon 50 Jahre andauert.“ Obwohl die 68er erst 1968 unter dieser Bezeichnung bekannt wurden, hat sie Recht, wenn auch nur bedingt, denn die 68er hatten Väter und Großväter.
Dass sie in diesem Zusammenhang schrieb, „das Adenauer-Deutschland des Wiederaufbaus lag wie ein Schimmelpilz auf unseren Seelen – diese Möbel! Diese Hausordnungen! Diese Ideale von Ordnung, Sauberkeit und Frische!“ kann ich allerdings nicht nachvollziehen. Da ich mich an diese Zeit noch sehr gut erinnern kann, weiß ich, dass sehr vielen jungen Menschen, zu denen auch ich gehörte, dieses Deutschland keineswegs wie ein Schimmelpilz auf ihren Seelen lag! Ganz im Gegenteil, wir wollten schon damals nichts von diesen abartigen Kulturrevoluzzern wissen und machten uns darüber einfach nur lustig. Wir gehörten zwar nicht zu den Reichen, aber ganz gewiss zu den Geistreichen und erkannten sehr wohl, wo dieses Treiben hinführen musste, nämlich zu Mord und Totschlag der Roten-Armee-Fraktion!
Ich begrüßte es sehr, wenn eine so bedeutende Frau wie Elke Heidenreich heute ihre Stimme gegen Unordnung, Schmutz, Mief und Pornographie usw. lautstark erhebt, weil sie, wie sie schrieb, damals vieles nicht verstanden und dazu geschwiegen hatte.

6.11 Pornographische Kunst

Ich beginne damit, was der Nobelpreisträger Mario Vargas Llosa (451) schrieb: „Pornographie ist ein schamloser, billiger, lumpiger Abklatsch jener Erotik, die in der Vergangenheit einen so reichen Strom an Werken der Literatur und bildenden Kunst speiste, Künste, die, inspiriert von den Fantasien des Begehrens, denkwürdige ästhetische Schöpfungen hervorbrachten, dem politischen und moralischen Status quo trotzten, für das Recht des Menschen auf seine Lust kämpften und einem animalischen Trieb Würde verliehen, indem sie ihn seinerseits in ein Kunstwerk verwandelten."

Um die pornographische Kunst zu erklären und zu beschreiben genügt es nicht, aus dem Großen Brockhaus (24) zu zitieren, denn da findet man nur, dass Pornographie unzüchtiges Schrifttum sei, also nach Nordau entartetes Schrifttum, entartete Bilder, die auch in starkem Maße gesellschaftsfeindlich sind. Doch Pornographie ist weit mehr! Im neuen großen Handbuch der Allgemeinbildung von 2002 (86) liest man:

„Es gibt keine einheitliche Definition des Bergriffes Pornographie und wie sie beispielsweise gegen die Kunst abgegrenzt werden kann. Pornographische Darstellungen, ich ergänze: pornographische Kunstwerke, sind künstlerisch wertlose Darstellungen in Bild, Schrift oder Ton, die das Ziel haben, Menschen sexuell anzuregen. Dabei vernachlässigt die Pornographie seelische und partnerschaftliche Gesichtspunkte weitgehend."

Dass dies keinesfalls allgemein zutrifft, geht schon daraus hervor, dass viele Menschen sich ganz gewiss nicht von Pornographie anregen lassen, sondern sich abgestoßen fühlen, dagegen viele andere Menschen, sowohl unterschiedlich geschlechtliche als auch gleichgeschlechtliche, Pornographie mit größter Lust betrachten oder sogar betreiben. Solange das in ihren vier Wänden geschieht, ist es sicher für die meisten Menschen akzeptabel. Schwieriger zu beurteilen, ja sogar kriminell ist es, wenn sie ihre oder gar fremde Kinder dazu einbeziehen. Auch in ihren vier Wänden!

Also auch das trifft, wie wir sahen, nicht den Kern, weil damit der Anschein erweckt wird, Pornographie sei nur eine Art von Kunst, die man von Kunst irgendwie abgrenzen müsste. Dass pornographische Kunstwerke wertlos seien, halte ich für unhaltbar, weil der Wert von Kunstwerken aus vielen unterschiedlichen Gesichtspunkten zu ermitteln und zu begründen ist. Für viele Liebhaber von Pornographie sind manche pornographischen Kunstwerke schon aus persönlichen Gründen wertvoll, da sie eine enge Verwandtschaft zu ihnen empfinden und weil sie diese vielleicht selbst schufen. Sie fühlen sich außerordentlich davon angesprochen und hingezogen, während sehr viele andere Menschen sich angewidert abwenden. Es sei hier an den Analverkehr homo-, aber auch heterosexueller Männer erinnert.

Sie sehen also, dass wir wieder das Dilemma der nicht vorhandenen Definition des Begriffes Kunst haben.

Bei Lenk (38), der das von mir gezeigte, pornographische Kunstwerk schuf und es in aller Öffentlichkeit auch noch ungestraft ausstellte, müsste man an seinem Verstand zweifeln, wenn da nicht noch etwas anderes wäre, was man nicht so leicht verstehen kann. Und dieses Andere führt uns zum nächsten Kapitel, zur entarteten Kunst. Abschließend ist meine Meinung, dass zumindest die sogenannte „harte Pornographie", wenn sie in der Öffentlichkeit, also z.B. im Internet gezeigt wird, ekelhaft und äußerst

primitiv, aber auch gesellschaftsschädlich ist. Moralisch hochstehende Menschen werden sie verurteilen und als entartet bezeichnen, genauso wie sie die Zote, den unanständigen, pornographischen Witz ablehnen.
Lassen Sie mich noch einen Blick auf einen der Künstler werfen, der eines der berühmtesten, pornographischen Kunstwerke schuf. Gustave Courbet malte eine wohlbeleibte, nackte, auf dem Rücken liegende Frau, die mit gespreizten Beinen ihre dicht behaarten, offenen Genitalien zur Schau stellt (87) und nannte das Gemälde „Der Ursprung der Welt“. Hier trifft das zu, was wir im nächsten Kapitel erfahren. Diese Kunstwerke sind entartet, d.h. aus der Art geschlagen, jedoch keinesfalls wertlos und schon gar nicht „keine Kunstwerke“.
Im Gegensatz zur pornographischen ist dagegen die erotische Darstellung eine allgemein anerkannte Kunstrichtung. Sie ist, wie man 2012 in der Sendereihe des Arte-tv „Philosophie“ hören konnte, eine „Metaphysik“, d.h. eine philosophische Disziplin oder Lehre, die das hinter der sinnlich erfahrbaren, natürlichen Welt Liegende, die letzten Gründe und Zusammenhänge des Seins behandelt. Die Pornographie ist dagegen phantasiefeindlich, ja phantasiezerstörend, weil sie alles zeigt, was nur irgendwie gezeigt werden kann. Sie artet in manchen jungen Menschen sogar zur Sucht aus, die gefährlich ist, weil sie mit völligem Verfall der körperlichen und geistigen Leistungsfähigkeit einhergehen kann.
Die erotische Darstellung spornt dagegen die Phantasie durch Verschleierung an, was man anhand vieler erotischer Kunstwerke leicht beweisen kann. In der o.g. Sendung führte Frau Professor Olivia Gazale aus, dass Erotik ein Spiel mit Doppeldeutigkeiten ist und sich von der animalischen, also der tierischen Sexualität darin unterscheidet, dass sie das „innere Leben“ in Frage stellt. Diese Aussage spielt in meiner Definition des Begriffes Kunst eine große Rolle.

6.12 Die Begriffe Entartung und Entartete Kunst

Im großen Brockhaus von 1930 (!) findet man unter dem Begriff Entartung nur: „Entartung → Degeneration“. Liest man im großen Brockhaus von 1929 unter Degeneration nach, bleibt nur noch für meine Ausführungen übrig: „Es gibt eine große Anzahl von körperlich, geistig und sittlich kranken Menschen, bei denen tatsächlich eine Degeneration, (also eine Entartung) vorliegt und die die Anlage zu ihren Leiden (Geisteskrankheit, Trunksucht, Epilepsie) meist erblich übernommen haben.“ Und da Künstler selbstverständlich auch zur Gattung Mensch gehören, muss man davon ausgehen, dass es unter ihnen auch einige gibt, die degeneriert, also entartet sind, auch wenn das heutige „Wahrheitsministerium“, um mit Orwell („1984“) zu sprechen, eine Verbesserung im damaligen Brockhaus vorgenommen haben sollte.

Über entartete Kunst wurde schon sehr viel gesprochen, geschrieben, diskutiert und gedruckt. Um es von vornherein zu sagen: Es gab und gibt nur deshalb die Tätigkeit „entartete Kunst“, weil es entartete Künstler gibt. Unter dem Begriff „entartet“ hat man, solange Worte noch einen Sinn haben, ganz allgemein „aus der Art geschlagen“ zu verstehen. Und nichts anderes! Entartete Künstler sind aus der Art ihrer Artgenossen geschlagen. Ihre Werke sind entartete Kunstwerke, die aus ihrem Schaffen heraus entstanden sind und immer wieder entstehen. Um zu erklären, warum das so ist, muss man erklären, was ein normaler, also auch geistig gesunder, gebildeter Mensch unter dem Begriff „Entartung“ versteht oder besser gesagt, verstehen sollte. Ich meine, die Entartung eines Menschen, also auch die eines Künstlers, drückt einen gewissen Geisteszustand, eine gewisse Geisteshaltung aus. Anders als es im großen Brockhaus von 1929 steht, handelt es sich meiner Meinung nach dabei nicht immer um Geisteskrankheiten der Betreffenden.

Nicht nur Menschen, sondern z.B. auch die Natur kann entarten. Der jüdische Dichter Heinrich Heine vertrat nämlich, berechtigt oder unberechtigt, sei dahingestellt, diese Meinung in seinem Gedicht „Entartung“. Im weiteren Verlauf meines Buches komme ich darauf zurück. Ich kann mich allerdings dem, was er darin behauptet, nicht anschließen und rechne dieses Gedicht zu einem seiner satirischen Kunstwerke.

Und wenn Sie nun weiterlesen, kommen Sie aus dem Staunen nicht mehr heraus, weil der Begriff Entartung sehr weit verbreitet ist.

Sogar der Neomarxist Theodor Wiesengrund Adorno verwendet in seiner „Ästhetischen Theorie“ den Begriff Entartung, worüber sich die Medien natürlich nicht aufregten.

Nicht nur in den Naturwissenschaften, nein überall, in der Literatur, der Politik, der Geschichte, den schöngeistigen Wissenschaften, ja sogar in der Lyrik findet man diesen Begriff. Uehling verstieg sich noch 2008 in seinem Buch „Karajan“ auf Seite 195 (324) zu der unglaublichen Aussage: „So entartete das typische Karajan-Publikum zu einer zahlungskräftigen und dabei so unmusikalisch inkompetenten (nicht über den nötigen Sachverstand verfügenden) wie prätentiösen (anmaßenden, selbstgefälligen) Klientel“. Diese prätentiöse Aussage, dass das Karajan-Publikum entartet gewesen sei, ist mehr als beleidigend gegenüber diesem, in den allermeisten Fällen sehr gebildeten, auch auf musikalischem Gebiet gebildeten Klientel. Woher will Uehling wissen, ob das, was er behauptet, wirklich zutrifft? Und einen Beweis bleibt er uns selbstverständlich schuldig.

Wenn Sie eine Fülle heutiger entarteter Kunstwerke (z.B. Gemälde) kennenlernen wollen, dann schauen Sie in das Buch von Ephraim Kishon „Picassos süße Rache“ (16) und lesen Sie, was Sie sicher nicht für möglich halten. Ich gebe Ihnen an dieser Stelle einen kleinen Vorgeschmack: „Auf der Biennale in Venedig erntete der subli-

mierte Geist unserer Epoche, ein minutiös durchdachtes Kunstwerk des Malers Alberto Burri, der zwei Jutesäcke in der Größe von jeweils 3x2 Metern an die Wand hängte, lebhaften Beifall. Die international renommierte Ausstellung in der Lagunenstadt entwickelt sich von Jahr zu Jahr mehr zu einem Wettbewerb monumentalen Wahnsinns.“ Wenn Sie weiterlesen, stehen Ihnen garantiert die Haare zu Berge.
Diese Art von Kunst ist so dumm und einfallslos, dass mir dazu noch einmal die Worte Voltaires, allerdings in einem anderen Zusammenhang, einfielen: „Nie hat jemand so viel Geist aufgeboten, um uns zu dummen Eseln zu machen. Man bekommt Lust auf allen Vieren zu gehen, wenn man sein Werk liest. Da ich jedoch seit mehr als sechzig Jahren diese Gewohnheit abgelegt habe, fühle ich unglücklicherweise, dass es mir unmöglich ist, sie wiederaufzunehmen.“
Im Internet schreibt man: „Entartete Kunst ist der Sammelbegriff der Nationalsozialisten für alles, was von ihnen aus ideologischen Gründen abgelehnt wurde. Dazu zählen Kunstwerke, sowie die Stilrichtungen der modernen Kunst; aber auch bestimmte Autoren wurden verboten. Ab 1936 war in Deutschland nur noch die „Deutsche Kunst“ zugelassen. Alles andere, ich betone alles, galt als entartet und wurde verboten und verfolgt. Was für ein Missbrauch der deutschen Sprache, in welcher der Begriff Entartung weit verbreitet ist! Ich komme darauf ausführlich zurück, so dass sie selbst erkennen können, wie ungebildet die Nazis waren und die heutigen „Nazikeulenschwinger“ sind. Der Begriff „Entartung“ war den selbst entarteten Nazis damals sehr wichtig, denn er wurde vor dem „Deutschen Volk als Rechtfertigung dazu verwendet, um eine ganze Bevölkerungsgruppe auszugrenzen“. Dies war ein ungeheurer Missbrauch dieses Begriffes, der heute leider immer noch von gewissen, unseriösen Medien betrieben wird, obwohl ihn, wie gerade erwähnt, sogar der jüdische Neomarxist Adorno auf den Seiten 79/80 seiner Ästhetischen Theorie u.a. wie folgt verwendet: „Die Infiltration des Ästhetischen mit dem Moralischen, wie Kant sie außerhalb der Kunstwerke im Erhabenen aufsuchte, wird von der Kulturapologie als Entartung diffamiert.“ Eine Apologie ist nach (146) eine Verteidigung, eine Rechtfertigung einer Lehre, eine Überzeugung, eine Verteidigungsrede oder Verteidigungsschrift. Was Adorno damit zum Ausdruck bringen wollte, bleibt mir allerdings unverständlich. Denn die Verteidiger der abendländischen, alten Kultur haben wohl nie etwas dagegen gehabt, dass das Moralische in das Ästhetische eingedrungen ist; ganz im Gegenteil haben sie das Moralische stets mit dem (positiv) Ästhetischen in Verbindung gebracht. Insofern ist dafür der Begriff Entartung nicht zulässig. Hier erkennt man deutlich, dass sich Adorno weder mit dem Begriff „Kunst“ noch mit dem Begriff „Entartete Kunst“ intensiv beschäftigt hat.
Aus all dem lässt sich leider nicht herleiten, dass „Entartete Kunst“ selbstverständlich auch Kunst ist, wie ich es später erklären werde.

Nun gibt es sogar eine Forschungsstelle „Entartete Kunst“ im Kunsthistorischen Institut der Freien Universität Berlin. Auch diese Forschungsstelle beschäftigt sich verständlicher Weise nicht mit der Frage: Was ist Kunst? Schon daraus geht hervor, dass sich deren Wissenschaftler auch nicht mit einer Definition des Begriffes „Entartete Kunst“ befassten, sondern nur mit dem entsetzlichen Missbrauch, den die Nationalsozialisten damit trieben. Es ist für mich beschämend, dass für die Kunstwissenschaftler dieser Forschungsstelle gemäß ihrer, von den Politikern vorgeschriebenen Aufgabenstellung, entartete Kunst nur das ist, was die Nationalsozialisten darunter verstanden. Damit bleibt auf den vielen Künstlern, die vor und während der damaligen Zeit wundervolle, keinesfalls entartete Kunstwerke auch im psychiatrischen Sinne schufen, das Brandmal „entartet“ (42) haften. Ist das nicht aberwitzig? Sollte man nicht von Staats wegen verbieten, die keinesfalls entarteten Kunstwerke einiger weltbekannter Maler und Bildhauer, die völlig unverständlich von den Nazis als entartet eingestuft wurden, weiterhin als entartet zu bezeichnen? Unter vielen, vielen anderen will ich nur auf die wunderschöne Skulptur von Erwin Scharff verweisen, der die Bronze der Schauspielerin Anni Mewes (1896-1980) schuf, die man im staatlichen Museum für Vor- und Frühgeschichte in Berlin bewundern kann.
Mit der Aufrechterhaltung der nationalsozialistischen Definition des Begriffes „entartete Kunst“, beleidigen die verantwortlichen Kunstexperten und Politiker in meinen Augen tausende moderne Künstler, die vor und während der nationalsozialistischen Zeit großartige Kunstwerke schufen und von den Nazis als entartet beschimpft wurden. Oft auch nur deswegen, weil sie jüdischen Glaubens waren.
Was wir heute unter Entartung in der Kunst verstehen sollten, kann man nur aus der Sicht eines renommierten Psychiaters, Mediziners, Naturwissenschaftlers, Musikwissenschaftlers, Germanisten u.a. sehen. Voraussetzung ist jedoch, dass sich diese Wissenschaftler ausführlich mit dem Begriff Entartung auf ihrem Spezialgebiet befasst haben und sich deshalb auch damit auskennen. Auf „Volkes Stimme“ sollte man in diesem Fall nur bedingt hören, weil sie jahrzehntelang eingebläut bekam, der Begriff „entartete Kunst“ sei ein nationalsozialistischer. Darauf komme ich mit einigen markanten Beispielen zurück, wenn ich beschreibe, wie manche Jugendliche wirklich entarteter Kunst in unseren Theatern frenetischen Beifall zollten, weil sie nicht mehr wissen können, dass sie „Ungeziefer und Schmutz“, also entarteter Kunst zujubelten. Begründen will ich diese Meinung damit, dass die Nationalsozialisten, man kann es einfach nicht für möglich halten, sogar Rembrandt als Entarteten beschimpften. Man drohte den Museumsdirektoren schwere Repressalien an, wenn sie nicht schleunigst diesen Judenfreund von den Wänden nähmen (42). Und da komme ich zu einer äußerst wichtigen Aussage. Christoph Zuschlag schrieb in seiner 1991 an der Universität Heidelberg verfassten Dissertation sinngemäß: Die Nazis definierten „Entartet =

jüdisch“ und „jüdisch = entartet“. Für die Nationalsozialisten galt also für diese Problematik das Assoziative Gesetz der Mathematik: A=B und B=A, was in den sog. Geisteswissenschaften sehr häufig und völlig zu Recht nicht gilt (331). Auch führte er aus, dass die nationalsozialistische Ideologie u.a. die physische und psychische Vernichtung von Mensch und Werk „entarteter Künstler“ vorsah.
Doch zurück zu Rembrandt: Will man etwa heute immer noch behaupten, dass dieser und die vielen anderen von den Nationalsozialisten gebrandmarkten Künstler entartete Kunstwerke schufen? Hier sollte man endlich den Begriff so definieren, wie er in der Psychiatrie (88) und allen anderen Wissenschaften gebräuchlich ist und vor allem erst einmal umdenken, indem man sich von der „Nazikeule“ distanziert. Wenn jemand entartet ist, dann doch die Nationalsozialisten selbst und die, welche dauernd und unüberlegt diese Keule schwingen!
Auch Adolf Behne beschrieb schon 1947 diesen Missbrauch in seinem Buch „Entartete Kunst“ (42).
Da jedoch „Entartete Kunst“, schon wie der Name sagt, auch Kunst war und auch heute noch immer ist, sollte man entsprechend den Gesetzen der Logik, also folgerichtig, erst einmal den Begriff „Kunst“ definieren. Hat man das geschafft, dann erkennt man sehr schnell, dass Kunst der Oberbegriff auch von jeder Art „Entarteter Kunst“ ist. Allerdings sage ich den Kunstexperten: Die von den Nationalsozialisten als „Entartete Kunst“ bezeichnete Kunst ist in den allermeisten Fällen keine entartete Kunst! Doch selbstverständlich gab und gibt es auch heute noch Künstler, die entartete Kunstwerke produzierten und produzieren, welche die Nationalsozialisten brandmarkten, wären sie noch an der Regierung. Aus Sicht des Psychiaters gab und gibt es durchaus entartete Kunst und entartete Künstler, wie z.B. den Regisseur Calixto Bieito oder den nur zeitweise entarteten Opern-Komponisten Paul Hindemith.
Allein wenn man die vielen Leserzuschriften zu „entarteten Inszenierungen“ von Schauspielen und Opern liest, erkennt man, dass das Volk diese vehement ablehnt. Dazu fällt mir eine schöne Geschichte ein: „Stehen zwei Ehefrauen in einem Museum für moderne Kunst und betrachten ein Bild, welches nichts anderes darstellt, als sinnloses Gekritzel und Geschmiere. Sagt die eine zur anderen, dieses Bild könnte von meinem Mann sein, der kann auch nicht malen!“ Zu beachten ist dabei, dass Künstler, wie ich schon schrieb, auch oft nur zeitweise, also zeitlich begrenzt, entartet waren und sind. Viele von diesen hatten nur eine mehr oder weniger kurze entartete Periode.
Max Liebermann, der im Dritten Reich auch als Entarteter galt, schrieb dazu einige interessante Zeilen (347):
„Es ist nicht so, dass dem Volk die Kunst fehlt, vielmehr fehlt der Kunst das Volk. Aber nicht indem man die Kunst zum Volke herabzieht, sondern indem das Volk zur

Kunst emporgezogen wird, kann es zu größerer Kultur erzogen werden." Ich bin allerdings der Meinung, dass er nicht die heutigen entarteten Kunstwerke gemeint hat, sondern die damaligen und heutigen sehr vielen, wunderschönen Kunstwerke. Das berüchtigte Kunstwerk „Fäkalienhappening", das ich bereits beschrieb, hat er sicher nicht gemeint.
Die Meinung von Klaus von Trotha, dem ehemaligen baden-württembergischen Kulturminister: „Kunst darf religiös verletzen" widerspricht eindeutig unserem Grundgesetz, weil sie Würde und Ehre der gläubigen Menschen verletzt. Und diejenigen Künstler, die religiöse Symbole schänden, verletzen unser Grundgesetz und sind damit gesellschaftsschädlich, also entartet.
Die ungeheuerliche Behauptung „Kunst darf religiös verletzen" führt dazu, dass sich besonders verletzt fühlende Mitglieder einer Religionsgemeinschaft völlig zu Recht zum Protest erheben und auf Grund ihrer fehlenden, demokratischen Bildung diesen Protest in Gewalt ausarten lassen. Ein besonders widerwärtiges Beispiel stellt der islamfeindliche Film „Die Unschuld der Muslime" dar, der 2012 in die Lichtspielhäuser einiger Länder kam. In diesem Film wird der Religionsstifter des Islams, Mohammed, in ungeheuerlicher Weise verunglimpft, ja sogar beleidigt. Wenn man verallgemeinernd die Muslime als unmoralisch und gewalttätig darstellt, überschreitet man die Grenze der sittlichen, moralischen und konventionellen Schranke jedes normalen Menschen. Die Empörung unserer Politiker über diesen religiös verletzenden Film war viel zu gering. So wie sie auf ihren linken Augen blind sind, sind sie auch blind, wenn es um Tabubrüche auf religiösen Gebieten geht. Ich denke nur an das Schauspiel „Corpus Christi", in dem Jesus Christus und seine Jünger in abscheulicher Art und Weise beleidigt wurden. Doch wenn Neonazis jüdische Grabmale mit Hakenkreuzen beschmieren, dann erheben sie sich mit Recht zu gewaltigen Protesten. Man misst eigenartigerweise mit zweierlei Maß. Ist das nicht eigenartig?
Wenn allerdings die Islamwissenschaftlerin Bettina Gräf in den DNN vom 15./16. 09.2012 die Meinung vertrat, die demokratischen Regierungen könnten keinen „Löschbefehl" für diesen verletzenden, schmähenden Film erteilen, dann irrt sie sich gewaltig! Wenn die Politiker nur wollten, bräuchten sie nur das Gesetz zu ergänzen, in dem die Veröffentlichung von Filmen zu Recht unter Strafe gestellt ist, in denen die Naziherrschaft verherrlicht wird. Es wäre ein Leichtes, das Gesetz zu erweitern und damit dem Unwesen „religiös verletzen" ein Ende zu setzen!
Was heißt eigentlich verletzen? Verletzen heißt, Gewalt antun. Mit seinem Ausspruch hat Trotha der Gewalt gegen religiöse Symbole Tür und Tor geöffnet. „Dem muss Einhalt geboten werden!" verkündete dagegen erfreulicher Weise der damalige Bundesinnenminister Friedrich. Doch wie so oft, es geschah nichts!

Und weiter: Nicht nur körperlich verletzen, nein auch seelisch verletzen, also seelische Gewalt antun, sollte endlich unter Strafe stehen, um dem Missbrauch der Freiheit der Kunst Einhalt zu gebieten.
Abschließend fordere ich Sie, liebe Leserinnen und Leser auf: Distanzieren Sie sich in aller Öffentlichkeit auf das Schärfste von allen widerwärtigen Kunstwerken, mit denen Künstler Religionsstifter, gleich welcher Religion, beleidigen, verunglimpfen oder schmähen, auch wenn dieses Schmähen und Verunglimpfen Kunst ist. Auf jeden Fall ist es aber Missbrauch der Freiheit der Kunst und ein typisches Zeichen der Entartung. Für mich sind alle Künstler, welche die Freiheit der Kunst missbrauchen, entartet. D.h. allerdings nicht, dass ich sie vergasen möchte!
Sollten jedoch Kulturpolitiker den Irrsinn der entarteten, modernen Künstler nachbeten und sollten sie diesen vielleicht auch noch dankbar sein, dass sie ihnen das Denken und Nachdenken abgenommen haben, dann triebe ich sie aus ihren Ämtern.
Zurück zu dem Begriff „Entartung". Oft sagt man wider besseres Wissen meist nicht, woher und von wem der Begriff „Entartete Kunst" stammt. Nämlich, wie ich bereits erwähnte, nicht von den Nationalsozialisten und Kommunisten, die ihn in verbrecherischer Art und Weise missbrauchten, sondern von dem jüdischen Psychiater und Kunsthistoriker Max Nordau, der ihn bereits 1893 auf dem Gebiet der Kunst einführte. Man kann es nicht oft genug wiederholen.
Zuallererst muss ich alle, die sich mit dem Begriff „Entartung" beschäftigt haben, fragen: Haben sie den Begriff „Entartung" überhaupt schon einmal definiert oder haben sie sich wenigstens nach einer wirklichen Definition umgesehen? Haben sie mit einem unvoreingenommenen Psychiater oder Naturwissenschaftler darüber gesprochen?
Lassen Sie mich nun auf diesen, in den Wissenschaften weitverbreiteten Begriff zu sprechen kommen:
In der Pathologie versteht man unter Degeneration eine Entartung oder Minderwertigkeit der Gewebe oder der Zellen in Hinsicht auf ihre Leistung für den Gesamtorganismus, natürlich auch auf die Leistung für das menschliche Gehirn! Kann man das z.B. Rembrandt und den vielen anderen, von den Nationalsozialisten gebrandmarkten Künstlern unterstellen? Nein, nein und abermals nein!
Der Große Brockhaus von 1930 (24) setzt den Begriff „Entartung" mit dem Begriff „Degeneration" gleich. Der Rechtschreibe-Duden enthält sich in seiner 25. Auflage vorsorglich einer Definition, weil er vielleicht befürchtet, von den linken Medien als faschistoid beschimpft zu werden. Er setzt hinter die Worte „entartete Kunst" nur: (Nationalsoz.), was leider unvollständig ist.
Es sei nebenbei die Frage erlaubt: Sind Mörder entartete Menschen? Ja, auch wenn sie geisteskrank wären, sind sie dennoch „Entartete", dennoch Mörder. Sie geben mir

sicher uneingeschränkt Recht. Doch ist ein Schriftsteller und Nobelpreisträger ein Mörder und Entarteter, der am Ende des 2. Weltkrieges über hundert wehrlose deutsche Kriegsgefangene eigenhändig erschoss? Ja, auch er ist ein Entarteter und ein Mörder, allerdings nicht unbedingt geisteskrank! In diesem speziellen Fall handelt es sich um Ernest Hemingway (89), den US – amerikanischen „großen Schriftsteller", der mit seinen abscheulichen Taten auch noch öffentlich prahlen durfte und der nie vor ein Kriegsverbrechergericht gestellt wurde. Hätte man diesem Massenmörder nicht schon längst den Nobelpreis aberkennen müssen? Schon Orwell (90) schrieb in seinem Buch „Die Farm der Tiere": „Alle Tiere sind gleich, aber einige sind gleicher als die anderen!" Wie tief sind doch die Verantwortlichen moralisch gesunken! Die Nobelpreiskommission hätte schon längst ihre Statuten ändern müssen!

Eine weitere Frage, die sich ergibt, wenn man das Wort entartet mit dem Begriff „aus der Art geschlagen" definiert: Sind weibliche Tiere, die nach ihrem Geschlechtsakt ihre Männchen auffressen, aus der Art geschlagen, also entartet? Natürlich, weil dieses Phänomen in der Natur nur äußerst selten vorkommt. Ob das allerdings krankhaft oder degenerativ ist, wage ich zu bezweifeln, denn es hat sicher einen Sinn in Gottes Evolution.

Lassen Sie mich nun zwei eigenartige Kunstwerke vorstellen. Zuerst „Die Strandkönigin" – ein 1985 entstandenes Produkt der Künstlergruppe „endart" (100). Bei diesem Bild drängt sich mir die Frage auf, was soll das sein, was wollten die Künstler damit sagen? Muss ich das Kunstwerk verstehen? Picasso schrieb einmal: „Jeder möchte die Kunst verstehen. Warum versucht man nicht, die Lieder des Vogels zu verstehen? Warum liebt man die Nacht, die Blumen, alles um uns her, ohne es durchaus verstehen zu wollen? Aber wenn es um ein Bild geht, denken die Leute, sie müssen es verstehen (474)." Das ist aus meiner Sicht nicht richtig. Die meisten normalen Menschen möchten es verstehen und das ist etwas ganz anderes als: Die Leute denken, sie müssen es verstehen. Nein, sie wollen es einfach nur verstehen. Und das ist ihr gutes Recht und wenn sie es nicht verstehen, dann dürfen sie sagen: Das ist keine Kunst. Besser allerdings wäre, sie sagten: Für mich ist das keine Kunst! Später lesen sie in Kapitel 8, dass auch dieses, unten gezeigte Werk, ein aus Kunst entstandenes Kunstwerk ist. Was es darstellt, habe ich trotz ernsthaftem Bemühens und methodisch geordneter Suche nicht erkennen können. Zwei Brüste (?), ein kurzes Rohrstück mit aufgesetztem Ventil, ein Kopf (?), ein Körper mit quergestreiftem Hemd auf Krabbenfüßen (?). Sehen Sie unten selbst, vielleicht gelingt es Ihnen zu erkennen, was es darstellt.

Ein Psychiater könnte mit großer Sicherheit auf die Persönlichkeit der Künstler schließen. Auch wenn es kein Fäkalienkunstwerk ist, stellte ich es im Prinzhornmuseum in Heidelberg aus. Für mich sind diese Künstler zutiefst bedauernswerte Menschen. Das hier gezeigte Bild dient wieder als Beleg dafür, wie die Künstlergruppe „endart", bewusst oder unbewusst, in unverständlicher Art und Weise die Freiheit der Kunst missbrauchte.

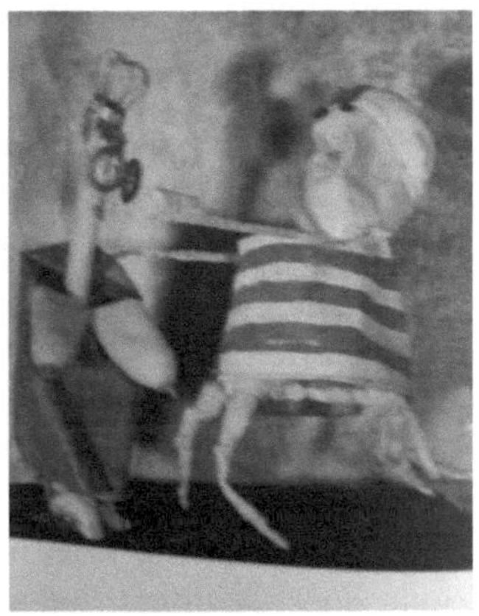

Abb. 10: Die Strandkönigin

Das zweite Kunstwerk stammt von dem Künstler Erwin Wurm aus dem Jahr 1999 und nennt sich „Bankmanager vor seiner Bank". (398) Der Künstler, bekleidet mit Anzug, Schlips und Kragen, steckte sich zwei Spargelstangen in seine Nasenlöcher und ließ sich damit fotografieren: Fertig war das Kunstwerk. Auch dieses Bild macht der zeitgenössischen „entarteten Kunst" alle Ehre!
Als ich es meinem achtjährigen Enkel zeigte, sagte er dazu nur: „Peinlich!" Ich hätte es nicht besser beurteilen können.
Johannes Röser (421) meinte zu ähnlichem Verhalten: „Die Infantilisierung (d.h. die geistige Rückwärtsentwicklung zu kindlichen Entwicklungsstufen) der Gesellschaft wird zusehends zum Problem auch für den Staat". Sollten unsere hochbezahlten Kulturpolitiker darüber nicht einmal nachdenken? Oder ist das zu viel verlangt?
An dieser Stelle möchte ich noch einmal festhalten, die sogenannte „Entartete Kunst" ist selbstverständlich eine Tätigkeit von Künstlern, die auch zu Kunstwerken führt und somit Kunst ist!
Wichtig ist jedoch zu wissen, dass Entartung auch infolge einer Geisteskrankheit auftreten kann. (34) Die Worte „entartete Kunst" einfach damit zu stigmatisieren, also zu brandmarken, indem man unüberlegt und dumm behauptet, sie kämen aus dem „Wörterbuch des Unmenschen", ist absolut abwegig, da der Jude Max Nordau bereits 40 Jahre vor dem Erscheinen des „Unmenschen", besser gesagt der Unmenschen, diese Worte in die Kunstdebatte einführte. Wer wagt es, in antisemitischer Art und Weise,

bewusst oder unbewusst, wieder gegen einen ehrbaren Juden ins Feld zu ziehen? Das sind doch die gleichen Typen, wie die „Unmenschen“ selbst, die die Meinung Andersdenkender im KZ oder Gulag enden ließen.
Beginnen wir zuerst einmal mit dem Begriff „Ausartung“. Jeder kennt den Ausspruch „Das artet jetzt aber aus!“ Das heißt doch, der Begriff „Ausartung“ ist uns allen sehr geläufig, weder verboten, noch den linken Ideologen suspekt.
An dieser Stelle will ich zwei Beispiele anführen, die den Begriff noch etwas verständlicher machen sollen. Wenn Sie mit drei Würfeln vor einer Jahrmarktbude, wie geschehen, zweimal hintereinander drei Sechsen würfeln, dann artete das für den Budenbesitzer im negativen und für den Würfelnden im positiven Sinne aus. Wenn Sie zu DDR-Zeiten Apfelsinen hamsterten, d.h. wenn es einmal welche gab, dann war ihr Hamstern für ihre Mitbewohner im negativen Sinne, im Sinne von Übertreibung, ausgeartet und für sie, die sie für mehrere Tage in den Genuss von Apfelsinen gelangt waren, im Sinne, endlich kann ich mich einmal daran satt essen, positiv ausgeartet.
Nun ergibt sich die Frage, erzeugt etwas für sie Positives immer auch etwas Negatives für einen anderen? Wenn man darüber länger nachdenkt, kommt man zu der Erkenntnis: Ja, so ist es. Kaufen Sie sich z.B. ein neues, teures Auto, so erzeugt das in Ihnen Freude, in manchem Mitbürger Neid und das ist tatsächlich etwas Positives bzw. Negatives. Kaufen Sie Fleisch, dann bedeutete das für das Tier den Tod, der von den meisten Menschen als etwas Negatives betrachtet wird, insbesondere dann, wenn es sich um ihren eigenen Tod handelt. Diese Beispiele lassen sich beliebig fortsetzen.
Der Philosoph Richard David Precht befasste sich ausführlich mit der Problematik „Gut und Böse“ in seinem Buch „Die Kunst, kein Egoist zu sein“ (235). Das Böse ist auch immer abartig oder entartet im negativen Sinn.
Was der Laie und natürlich auch der ungebildete Ideologe, nicht wissen können, ist die Tatsache, dass der Begriff Entartung völlig ideologiefrei in den Naturwissenschaften weit verbreitet ist und keinesfalls aus dem „Wörterbuch des Unmenschen“ stammt. Hier einige weitere Beispiele:
In der Informationstechnik bezeichnet man eine Datenstruktur als entartet, wenn sie final einen Zustand angenommen hat, in der sie anders als vor der Entartung nachteilig wirkte (444).
In der Astrophysik (93) spricht man von dem „Entartungsdruck“ (auch Fermidruck genannt), zwischen den Elektronen erloschener Sterne, den Weißen Zwergen oder den Neutronen von Neutronensternen.
In der Quantenphysik (79) gibt es ein Teilchengas, das sich so speziell verhält, dass es nach dem Physiker Fermi als Fermigas bezeichnet wird. Fermi selbst führte dafür den Begriff „Entartetes Gas“ ein. Ein solches Gas besitzt die sog. Fermienergie E_F. Da diese einer bestimmten Temperatur T entspricht, nennt man sie „Entartungstempera-

tur T_F. Allgemein gilt: Wenn ein beliebiges Gas bei einer Temperatur T, die sehr viel niedriger als die „Entartungstemperatur“, also $T \ll T_F$ ist, wird es als „entartet“ bezeichnet. Also Gase können entartet sein!
Auch in der Quanten-Atomphysik (79) gibt es diesen Bergriff. Der Physiker Niels Bohr sprach von Kreisbahnen, auf denen sich die Elektronen eines Atoms um deren Kern bewegen. Der Physiker Sommerfeld (79) erweiterte diesen Gedanken und fand, dass sie auf Ellipsenbahnen kreisen. Nun hätten im Feld eines punktförmigen Atomkerns diese Ellipsenbahnen bei gleicher Quantenzahl auch gleiche Energien. Dieses Phänomen bezeichnet man als „entartet“, weil das quantenphysikalisch nicht möglich ist. In diesem Falle ist etwas entartet, wenn es unmöglich ist, also wie in der Kunst, wo Nordau auch das „Unmöglichste“ als entartet bezeichnete.
Im mathematischen Handwerkszeug der Quantenmechaniker (79), zu dem auch die Begriffe Eigenfunktion und Eigenwert gehören, findet man ebenfalls den Begriff „Entartung“. So heißt es da: „Wenn zum gleichen Eigenwert mehrere verschiedene Eigenfunktionen gehören, nennt man den Eigenwert und die Eigenfunktion „entartet“. Doch auch in den Teilgebieten der Mathematik, der Planimetrie und der Kegelschnitte, gibt es die „entartete Hyperbel“ und die „entarteten Kegelschnitte“.
In der Naturwissenschaft „Biologie“ ist der Begriff „entartet“ heute ebenfalls ein allgemein anerkannter Fachausdruck, der besagt, dass sich eine Pflanze oder ein Tier so verändert haben, dass sie nicht mehr zu ihrer ursprünglichen Art gehören. Die Verwendung dieses Begriffes in der Biologie setzte sich nach dem Erscheinen der beiden einflussreichsten Werke von Charles Darwin durch. Es handelt sich um „Die Entstehung der Arten durch natürliche Auslese oder die Erhaltung der begünstigten Rassen im Ringen um die Existenz“ aus dem Jahr 1859 und „Die Abstammung des Menschen und die geschlechtliche Auslese“ aus dem Jahr 1871, also lange bevor Max Nordau sein Buch „Entartung“ veröffentlichte.
Und nicht zuletzt sage ich mit äußerster Eindringlichkeit, dass der Begriff „entartet“ sogar in philosophischen Schriften Verwendung gefunden hat, wie z.B. in Nietzsches Werk „Also sprach Zarathustra“ (95), wo er im ersten Teil auf Seite 108 sogar vom „entarteten Sinnen“ spricht.
Auch der Geschichtswissenschaftler kennt den Begriff „Entartung“: Im Geschlecht der Wettiner schlug der Sohn Heinrichs des Erlauchten, Albrecht II. aus der Art und erwarb sich dadurch den Beinamen „Der Entartete“ (384). Die Entartung war so stark, dass seine Ehefrau vor ihrem gewalttätigen Gatten floh.
In der Medizin findet man den Begriff „Sarkomatöse Entartung, der von dem Wort Sarkom abgeleitet wurde. Er bezeichnet eine bösartige, nicht gleichzeitig an verschiedenen Stellen des gleichen Organsystems auftretende Geschwulst des Binde- und Stützsubstanzgewebes. Die Betonung liegt auf dem Wort bösartig, wobei es sicher

nicht falsch ist, dieses auch mit dem Begriff Entartung in der Kunst in Verbindung zu bringen. Es ist manchmal wahrlich „bösartig“, was sog. moderne Künstler uns als Kunstwerke präsentieren.
Ein weiterer medizinischer Begriff ist die „Entartungsreaktion EaR“. Sie ist eine abnorme, schwache oder fehlende Reaktion von degenerativ veränderten Nerven und Muskeln auf elektrische Reize. (34)
In der Physik spricht man noch von „entarteter Materie“ und „entarteten Energieniveaus.“
Und nicht zu vergessen: In der Politik gibt es, man staune, den Begriff „entartete Demokratie“.
Wenn man suchte, fände man viele weitere Literaturstellen, in denen der von den Medien verunglimpfte und verteufelte Begriff auftaucht.
Kein normaler Mensch, aber auch keiner von den linken Ideologen käme heute auf die Idee, auf den o.g. Gebieten das Wort „Entartung“ zu verteufeln. Und das hat Gründe! Sie machten sich nämlich lächerlich und unglaubwürdig!
Worin liegt nun der Unterschied zu dem Begriff „Entartung“ von Künstlern, Kunstwerken und Kunst, der fast schon verboten und natürlich den linken Ideologen völlig suspekt ist? Suspekt deshalb, weil die Nationalsozialisten ihn in ungeheuerlich anmaßender Art und Weise oft mit dem Begriff „lebensunwertes Leben“ gleichsetzten und diese „nicht lebenswerten Leben“, wie z.B. schon 1940 das von Franz Bühler und das tausender anderer, geisteskranker Menschen im KZ Graveneck auslöschten! (394)
Doch das ist nur die Hälfte der Wahrheit. Auch die SED-Sozialisten bedienten sich des Begriffes „Entartung“ und enthüllten damit einmal mehr ihre große geistige Verwandtschaft mit den Nationalsozialisten. Auch für sie bedeutete, wie Knabe in seinem Buch „Die Wahrheit über die Linke“ (97) schrieb, „entartet“ gleich „nicht lebenswert!“ Im Juli 1948 beschloss nämlich der Parteivorstand der SED die „Säuberung“ ihrer eigenen Partei „von feindlichen und entarteten Elementen“, wobei er auch noch menschenverachtend seine andersdenkenden Parteivorstandsgenossen als „Elemente“ bezeichnete. Und „Säuberung“ bedeutete damals, wie jeder politisch interessierte Mensch weiß, Verschleppung und Tod in stalinistischen, sowjetischen, also kommunistischen Arbeitslagern. Um noch einmal auf die große geistige Verwandtschaft der „Linken“ mit den Nationalsozialisten hinzuweisen, zitiere ich Joseph Goebbels, der am 06.12.1931 (!) in der Zeitung „Der Angriff“ sagte: „Der Idee der NSDAP (Nationalsozialistische Deutsche Arbeiterpartei) entsprechend sind wir die deutsche Linke! Nichts ist uns verhasster als der rechtsstehende Bürgerblock“. Und Adolf Hitler fügte hinzu: „Es ist einer meiner größten Fehler gewesen, nicht rechtzeitig mit den Rechten aufgeräumt – also den Kampf gegen rechts nicht konsequent genug geführt zu haben (420)“.

Jeder freiheitlich demokratisch gesinnte Mensch ist mit mir einer Meinung, dass die, die politisch, religiös, philosophisch Andersdenkende als entartet bezeichnen, selbst entartet im negativsten Sinne sind.
Der Begriff Entartung wird heute auf dem Gebiet der Kunst von vielen Laien fälschlicherweise oft in Zusammenhang mit einer mehr oder weniger schweren Geisteskrankheit gesehen. Doch auch normale Künstler können entartete Kunstwerke hervorbringen; sie zeigen allerdings damit, dass sie Psychopaten sind, was sie in die Nähe von Geisteskranken bringt. Natürlich können auch geisteskranke Menschen Kunstwerke schaffen, wie es uns nicht nur Prinzhorn (37) lehrte und wie sie diese in der „Sammlung Prinzhorn“ (98) in Heidelberg betrachten können. Und das führt unweigerlich wieder in das Spezialgebiet der Psychiatrie (88).
Welche Geisteskrankheiten für meine Überlegungen wichtig sind, sei hier kurz erläutert: In erster Linie ist es die Geistesschwäche, die volkstümliche Bezeichnung für alle Formen der Demenz, dem erworbenen Schwachsinn, also dem Verfall der Intelligenz infolge einer auf pathologischen, anatomischen Veränderung im Gehirn beruhenden Geisteskrankheit, d.h. der infolge von krankhaften Störungen herabgesetzten Intelligenz. Im BGB (99) ist dies die Bezeichnung für alle leichteren Formen von Geisteskrankheiten. Natürlich gibt es verschiedene Arten von Demenz, auf die ich hier nicht eingehen kann. Auch die viel zitierte Dekadenz ist nichts anderes als ein geistiger Verfall, eine Verschlechterung der geistigen Beweglich- und Fähigkeit, die sog. fin-de-Siecle-Stimmung, in die manche bekannte Künstler fielen und so ihre Kunstwerke schufen. Unter „fin de siecle“ versteht man, wie ich schon ausführte, den Epochenbegriff als Ausdruck eines dekadenten, bürgerlichen Lebensgefühls in Gesellschaft, Kunst und Literatur am Ende des 19. Jahrhunderts (24).
Schwere geistige Störungen sind leicht auch von Laien erkennbar. Leichter Schwachsinn jedoch nicht.
Wenn, wie ich oben bereits erwähnte, der Künstler Piero Manzoni seinen Kot in Dosen (9) fallen ließ, sie verschloss und eine davon als Kunstwerk einem Museum anbot, das es für einen bestimmten Geldbetrag erwarb und ausstellte, dann geben sich sowohl der Künstler als auch der Museumsdirektor als geistesgestört, besser gesagt als schwachsinnig, vielleicht aber auch nur als besonders geschäftstüchtige „Fachleute“ zu erkennen. Hier haben wir es in doppelter Hinsicht mit dem Missbrauch der Freiheit der Kunst zu tun. Zum einen mit Steuerverschwendung und zum anderen mit der Verdummung des einfachen Volkes, dem man einredet, dass diese Dose ein ausstellungswürdiges Kunstwerk sei. Doch Kunstwerke sind die Dosen tatsächlich.
Ob sie wertvoll sind oder nicht, ob sie ausstellungswürdig sind oder nicht, das ist eine ganz andere Frage! Kunstwerke müssen nicht wertvoll sein. Der Begriff Wert ist ein rein subjektiver.

Kunstwerke, wie die „Dose“, trugen in der Vergangenheit und tragen auch heute noch wesentlich zur Zerstörung unserer Abendländischen Kultur (68) bei, wozu u.a. auch die 68er, die Neomarxisten, die Schüler der „Kritischen Theorie“ der „Frankfurter Schule“, die mit riesigem Erfolg den „Marsch durch die Institutionen“ begannen und es erfolgreich bis in höchste Regierungsämter schafften. (100) Besondere Ziele ihrer Umerziehungsaktionen waren die Schulen, Universitäten, Schauspiel- und Opernhäuser, aber auch die Pfarr- und Kirchenämter, weil sie über diese den größten Einfluss auf die Bevölkerung nehmen konnten.

Dass dieser Marsch sich bis heute fortsetzte, beweisen die unzähligen, entarteten Opern- und Schauspiel-Inszenierungen, wie z.B. schon 1969 in Hamburg die Uraufführung der Oper „Teufel von Loudum“ von Krzysztof Penderecki nach Aldous Huxley. Doch der Marsch nahm kein Ende. Dieses entartete Opernmonstrum wurde 2012 an der Staatsoper Hannover erneut aufgeführt, worüber die FAZ (397) berichtete: „Das Stück schlägt bis heute Menschen in die Flucht. Das will etwas heißen, wo doch kaum noch ein Tabubruch zum Aufreger taugt. Wer indes in dem weihrauchgeschwängerten Teufelsdunst aus Unterleibsnöten, Blasphemie und Fanatismus hinabtaucht, muss sich nicht wundern, wenn der brave Opernbesucher vor Scham und Wut das Weite sucht. Nonnen in erotischer Ekstase, bestialische Folterung eines Priesters samt Ausreißen der Fingernägel und vieler weiterer Scheußlichkeiten, waren Höhepunkte der Entartung in Hannover.“ Das verstehe ich unter Missbrauch der Freiheit der Kunst, dem ich den Kampf ansagte.

Und leider rühmen sich heute noch auch hohe kirchliche Würdenträger, 68er zu sein, wie z.B. der ehemalige Ratsvorsitzende der Evangelischen Kirche in Deutschland (EKD), Nikolaus Schneider, der voller Stolz sagte: „Ich bin ein alter 68er, und ich schäme mich nicht“! (393) Wohin diese Bewegung führte, habe ich bereits anhand des Kunstwerkes „Andachtsbilder“ von Hans-Peter Feldmann beschrieben. Hat Schneider vergessen, dass die 68er-Bewegung, von den Neomarxisten der Frankfurter Schule ins Leben gerufen wurde, und dass aus dieser später die Rote Armeefraktion hervorging? Hat er ihre vielen Morde an damaligen Persönlichkeiten der Bundesrepublik Deutschland vergessen? Er hätte wahrlich allen Grund sich zu schämen und sich zu verkriechen!

Doch wie ich schon ausführte, haben die 68er natürlich Väter, Großväter und Urgroßväter, die schon lange vor 1968 in Deutschland, nein in Europa, nein in der ganzen Welt, ihr Unwesen trieben. So sagte der berühmte Physiker, Max Planck, in einem seiner Vorträge (399) bereits 1937: „Es ist nicht zu verwundern, wenn die Gottlosenbewegung, welche die Religion als ein willkürliches, von machtlüsternen Priestern ersonnenes Trugbild erklärt und für den frommen Glauben an eine höhere Macht über uns nur Worte des Hohnes übrig hat, sich mit Eifer die fortschreitende naturwissenschaftliche Erkenntnis zunutze macht und im angeblichen Bunde mit ihr in immer schnellerem Tempo ihre zersetzende Wirkung über die Völker der Erde in allen ihren Schichten vorantreibt. Dass mit ihrem Siege nicht nur die wertvollsten Schätze unserer Kultur, sondern was schlimmer ist, auch die Aussichten auf eine bessere Zukunft der Vernichtung anheimfallen würden, brauche ich hier nicht näher zu erörtern."

Max Nordau (17) hat diese zersetzende Wirkung vor allem auf den Gebieten der Kunst als entartet bezeichnet. Die heutigen Kinder und Enkel der „68er" versuchen noch immer sie voranzutreiben. Doch ich bin der Meinung, dass die weitaus überwiegende Mehrheit der Künstler nicht entartet ist und auch nicht der Gottlosenbewegung angehört. Woher kommt es also, dass die entarteten Künstler ihr Unwesen treiben können, aber dies auch ungestraft dürfen? Nun, das ist recht einfach zu beantworten. Das kommt daher, dass die heutigen Politiker, insbesondere die Kulturpolitiker, ihnen unter dem Motto „Die Freiheit der Kunst gehört zu den unverrückbaren Grundsätzen unserer Verfassung", völlige Narrenfreiheit gewähren und die Strafgesetze (382 und 383) auf Künstler so gut wie nie anwenden. Dass sie damit dem Missbrauch der Freiheit der Kunst, der natürlich nicht strafbar ist, Tür und Tor öffneten, wollen sie nicht wahrhaben.

Erstaunlich und erfreulich zugleich ist die Tatsache, dass es die 68er zwar in fast alle Institutionen geschafft haben und viele davon noch immer besetzt halten, aber nicht erreichten, ihr zum großen Teil verwerfliches, neomarxistisches Gedankengut in die geistig normale Bevölkerung hineinzutragen. Das wiederum erkennt man daran, dass die allermeisten Künstler nichtentartete, hochgeschätzte Künstler sind.

Wenn der Philosoph Precht (356) die Schüler der Frankfurter Schule, Dutschke und Krahl, als die Köpfe einer verschwindenden Minderheit ihrer Generation hinstellt, dann muss er wohl etwas anderes gemeint haben, als man sich schlechthin von dieser adornoschen „Generation" vorstellt. Fischer, Schröder, Trittin und Genossen waren keinesfalls die Vertreter einer Minderheit. Sie wurden von dem umerzogenen Deutschen Volk gewählt und schafften mit ihrer Politik eine Arbeitslosigkeit von über 5%. Man bedenke, dass 1932 eine Arbeitslosigkeit von 7,5% herrschte, die eine der Ursachen für die Hitlerdiktatur war (494). Kann man so etwas wirklich vergessen? Die meisten dieser Revoluzzer stammten aus Familien, die unter sehr privilegierten, wohlhabenden Umständen lebten. Hier bewahrheitet sich wieder einmal das schöne, alte, deutsche Sprichwort: „Wenn es den Eseln zu gut geht, gehen sie aufs Eis tanzen".

Natürlich schwappte die 68er Revolte auch auf die Kunstszene über. Die „ästhetische" Revolution des Revoluzzers Adorno definierte sich zunächst, um wieder mit Precht zu sprechen, an seinem, Adornos Unbehagen des damaligen Status quo. So wie die 68er nicht den Glauben an die Veränderbarkeit der Gesellschaft zum Bösen hin

verloren, so hat Precht, den Glauben an die Veränderbarkeit zum Guten, zur besseren Moral hin, nicht verloren. Ich will nur hoffen, dass er ihn nie verliert und ein Kämpfer für das Gute in der Welt bleibt.
Die 68er besetzten nicht nur in der Politik, sondern in allen Bereichen unseres Lebens führende Positionen. Ganz bewusst eroberten sie sich, wie schon erwähnt, die Bildungsstätten, d.h. die Kindergärten, Schulen und Universitäten, aber auch die Gerichte und viele unserer Kulturstätten, wie Theater und Opernhäuser. Wer logisch, also folgerichtig darüber nachdenkt, wird, falls er nicht ideologisch verblendet ist, dies bestätigt finden.
Zu unserem Glück mieden sie früher die Hochschulen für Naturwissenschaften und konnten deshalb nur sehr beschränkt Einfluss auf den technischen Fortschritt nehmen, dem wir unseren heutigen, hohen Lebensstandard noch zu verdanken haben. Später führten sie, trotz völliger Unwissenheit auf dem Gebiet der Atomphysik, in der Atomgegnerschaft das Heer der Ungebildeten und Böswilligen an. In letzter Zeit betraten sie auch das Gebiet des Klimawandels, mit verheerenden Folgen auf unsere Staatsverschuldung und die immer mehr steigende Steuerbelastung unserer Bürger. Das EEG kostet die Steuerzahler ca. 1000 Milliarden Euro, wie in der Frankfurter Allgemeinen Zeitung zu lesen war.
Das alles ist die Folge von großer Unwissenheit der Verantwortlichen, aber auch der einfachen, auf diesen Gebieten verständlicherweise ungebildeten Journalisten, Medienmacher und Bürger unserer Gesellschaft.
Schon Omar Khayyam, persischer Mathematiker, Astronom, Philosoph und Dichter, sagte zwischen 1048-1123:
„Von allen Menschen, die ich je gekannt, ich nur zwei Menschen glücklich fand. Den, der der Welt Geheimnis tief erforscht, und den, der nicht ein Wort davon verstand."
Lebte er noch, wen meinte er wohl heute damit?
Die gebildeten Politiker unter ihnen wissen natürlich ganz genau, dass sie nur aus machtpolitischem Größenwahn und krankhafter Ichsucht unsinnige Positionen vertreten, um von den Ungebildeten wiedergewählt zu werden. Zum Wohle des Deutschen Volkes, auf das sie bei Amtsantritt geschworen hatten, gereicht dieses Verhalten ganz bestimmt nicht. Gegen die wahren Ursachen, z.B. die Überbevölkerung der Erde, die unsinnigen, milliardenschweren Steuerverschwendungen, die Schuldenmacherei, wirksame Verbrechensbekämpfung usw. usw. haben sie keine Rezepte.
Zurück zur Kunst. Unwissenheit ist auch die Ursache davon, dass nur noch wenige von den „Schönen Künsten" sprechen.
Schon für Volkelt (73) bildete der ästhetische Wert als Selbstwert eine Seite des absoluten methaphysischen Wertes, dessen drei andere Seiten die Werte der Erkenntnis, des sittlichen Wollens und des religiösen Fühlens sind. Ästhetik ist nach (24) der

Ausdruck für Schönheit, Kultiviertheit, Ansprechendes und Geschmackvolles. Die Methaphysik ist ja die alte ehrwürdige Lehre, die das hinter der sinnlich erfahrbaren, natürlichen Welt Liegende, die letzten Gründe und Zusammenhänge des Seins behandelt, was heute für viele „avantgardistische Künstler" keine Bedeutung mehr hat, weil sie irrtümlicherweise glauben, dass diese letzten Gründe und Zusammenhänge des Seins restlos erforschbar sind.
Seit den letzten 50 Jahren trat die Entästhetisierung immer stärker in den Vordergrund des „Kunstgeschehens". Die Ursachen sind u.a. in der o.g. „Kritischen Theorie" der „Frankfurter Schule" und deren „Ästhetischen Theorie" unschwer auszumachen, die bereits 1923/24 von den fünf neomarxistischen Professoren Max Horkheimer, Friedrich Pollok, Theodor W. Adorno, Herbert Marcuse und Jürgen Habermas erfunden wurden (100). Der außergewöhnlich erfolgreiche Marsch ihrer Schüler durch die Institutionen, hatte und hat noch immer, eine vernichtende Wirkung u.a. auf die gesamte Kulturlandschaft Deutschlands, so wie ich es beispielsweise in Hinblick auf die FSK, die „Freiwillige Selbstkontrolle" beschrieben habe.
Die Älteren unter uns wissen, wohin die „Frankfurter Schule" führte, nämlich zu den Mitgliedern der „Roten Armeefraktion", die nach 1968 in der alten Bundesrepublik, wie schon gesagt, viele Morde an Politikern und Industriellen begingen. Doch nicht nur diese Verbrechen waren die Folge der 68er Ideologie. Brigadegeneral a.D. Reinhard Günzel (36) beklagte noch andere Folgen: „Eine beständige Umerziehung und Indoktrinierung (d.h. die ideologische Durchdringung, Beeinflussung) durch unsere Medien sowie die verderbliche Saat der Frankfurter Schule, die in der sogenannten Kulturrevolution der Achtundsechziger aufgegangen ist, haben aus einem vormals stolzen Kulturvolk eine Gesellschaft gemacht, die sich praktisch aufgegeben hat." Mein Buch soll dazu beitragen, diejenigen, die aufgegeben haben, wachzurütteln.
Manche moderne Kunst folgt nicht mehr den Regeln des positiv Ästhetischen, also des Schönen, Wahren, Guten, des Ehrwürdigen oder der Harmonie der Ordnung, sondern ganz bewusst und provokativ der Verächtlichmachung des Schönen und Guten, der Sitte und Moral, der Propaganda und Agitation für das Sinnlose, Hässliche, Anstößige und Perverse, also des Entarteten. Dass diese Art der Agitation und Propaganda eine böse Art ist, wird wohl niemand bezweifeln.
Am 1. Juli 2012 hielt Professor Dr. Peter-André Alt auf Schloss Ettersburg bei Weimar sogar einen Vortrag über die „Ästhetik des Bösen". Am Ende konnte ich mich des Eindrucks nicht erwehren, dass es besser gewesen wäre, er hätte seinem vorzüglichen Vortrag die Überschrift die „Unästhetik des Bösen" gegeben. Da mich das Thema im Zusammenhang mit dem Begriff Entartung interessierte, las ich über sein gleichnamiges, über siebenhundert Seiten langes Buch, einige interessante Texte, auf die ich in Kapitel 6.13 eingehen werde.

Welche ungeheuere Verantwortung die Erfinder der „Kritischen Theorie“ in Bezug auf die „Moderne“ tragen, will ich anhand der „Ästhetischen Theorie“ (5) Theodor W. Adornos vorab schon einmal erläutern. Ausführlich gehe ich in Kapitel 10 darauf ein. Für mich ist diese sog. Theorie alles andere als eine Theorie, da eine solche bekanntlich ein System wissenschaftlich begründeter Aussagen zur Erklärung bestimmter Tatsachen oder Erscheinungen und der ihnen zugrundeliegenden Gesetzmäßigkeiten sein muss. Der Begriff „Theorie“ bedeutet bekanntlich auch die Lehre von den allgemeinen Begriffen, Gesetzen und Prinzipien eines bestimmten Bereiches, in unserem Fall des Bereiches „Kunst“ (24). Adorno ist meines Erachtens von dieser Definition meilenweit entfernt.
Er kannte wahrscheinlich nur eine weitere, für viele Menschen unbekannte Definition, die eine rein begriffliche, abstrakte, nicht praxisorientierte oder –bezogene Erfassung von irgendetwas, also hier von Kunst, ist. Sie ist eine wirklichkeitsfremde Vorstellung, also bloße Vermutung, die ja selbst von Gretel Adorno und Rolf Tiedemann, den Herausgebern von (5), als „dickichthaft verschlungen“ bezeichnet wurde.
Für mich ist seine „Ästhetische Theorie“ das gleiche wie die Ideen der brandlegenden, brandbeschleunigenden „Siebenlehner Feuerwehr“ am Ende des 19. Jahrhunderts (459).
Adorno, einer der Einpeitscher der Frankfurter Schule, Neomarxist, eigentlich eine anachronistische (d.h. nicht zeitgemäße, widersprüchliche) Figur, hat sich mit seinen „Kritischen und Ästhetischen Theorien“ unter anderem der Verführung zu allen nur denkbaren Übeln in Politik, Soziologie, Philosophie, zu der die Kunst gehört, an seinen Studenten schuldig gemacht. Jeder einigermaßen Gebildete weiß, dass die Marxisten, die amerikanischen, meist jüdischen Plutokraten (Pluto heißt auf Griechisch „der Reiche“), die durch ihren Reichtum politische Macht ausübten und ausüben (24) bis aufs Messer bekämpft haben und noch immer bekämpfen. Hinzu kommt noch, dass sie unsinnigerweise Kapitalismus mit Raubtierkapitalismus gleichsetzen.
Auf dem Gebiet der Kunst, nicht einmal wissend, was Kunst ist, hat Adorno haarsträubenden, „dickichthaft verschlungenen“ Unsinn gepredigt. Jahrzehntelang, vor und nach 1968, durfte er diese gefährlichen, gesellschaftsschädlichen, absurden, perversen Ideen und Gedankengänge, die ich ihnen weiter unten vorlegen werde, in die Köpfe seiner Studenten infiltrieren. Für mich völlig unverständlich und nicht nachvollziehbar sogen manche Frankfurter Soziologie- und Kunststudenten diese wissbegierig auf, und verbreiteten sie anschließend im Verlauf ihres „Marsches durch die Institutionen“ erfolgreich in den von ihnen eroberten Positionen in Politik, Pädagogik, Religion und Kultur, zu der ja auch die Kunst gehört.
Im Gegensatz zur Aristokratie (griech.), der „Herrschaft der Edelsten und Bevorzugtsten“, die auf Grund ihrer geistigen, anfänglich auch moralischen und sittlichen

Überlegenheit, die Macht im Staat ausübten, inszenierten sie ab 1968 durch ihre zerstörerischen Gedanken den Niedergang jeglicher Kultur Deutschlands. Nicht nur in Politik und Wirtschaft, sondern auch auf dem weiten Feld des Rechts, der Moral, Sitten und Kultur, zu der eben auch die Kunst gehört. Zur Erläuterung will ich noch erwähnen, dass die von den Kommunisten (Marxisten) verteufelte Aristokratie, diejenige republikanische Staatsform ist, bei der ein nicht durch Erbfolge bestimmter bevorzugter „Stand des Volkes“ die oberste Staatsgewalt innehat und sie entweder mit oder ohne Repräsentation des übrigen Volkes ausübt (24). Das Widersinnige der kommunistischen Ideologie gipfelt bekanntlich darin, dass z.B. im kommunistischen Nordkorea sehr wohl die Macht im Staate durch Erbfolge weitergereicht wird. Dabei handelt es sich um die sog. „gewillkürte Erbfolge“, die auf dem in einer Verfügung von Todes wegen besonders ausgesprochenen Willen des Erblassers begründet ist.
Liest man Adornos „Ästhetische Theorie“ (5) nicht nur oberflächlich, obwohl das schon genügte, um seinen wahren Charakter zu erkennen, sondern denkt man beim Lesen intensiv und folgerichtig nach, stehen einem die Haare zu Berge.
Er predigte darin unter vielem anderen die Empörung und den Widerstand gegen alles Bestehende. Wenn er schreibt „Nur die Male der Zerrüttung sind das Echtheitssiegel der Moderne“ (5; Seite 41), müssten alle nichtentarten Künstler, die uns wundervolle, schöne und edle moderne Kunstwerke präsentieren, wie HB-Männchen geschlossen durch die Decke gehen und die Jünger Adornos, die Kulturrevoluzzer, aus dem Tempel der Kunst jagen.
Nun will ich ihnen zum Beweis meiner Ausführungen das weitere zerstörerische Gedankengut Adornos vorlegen und zwar so, wie es uns Michael Hauskeller (326) mehr als beeindruckend zusammenfassend schilderte:

- Die Kunst darf nicht den geringsten Anschein von Versöhnung erwecken, sie muss rigoros die Kommunikation verweigern, die Zumutung des Verstandenwerdens abweisen.
- Sie verschließt sich der Forderung nach Sinn, bricht mit der Ordnung, den Erwartungen, die an sie herangetragen werden, pocht auf ihre Andersheit und bewahrt sich im Widerspruch, in der Dissonanz, im Nichtidentischen und Fragmenthaften.
- Die Male der Zerrüttung sind das Echtheitssiegel der Moderne.
- Soweit zeitgenössische Kunst noch in farbenfroher Buntheit schwelgt, disqualifiziert sie sich.
- Mit dem Wahren, Schönen und Guten kann man sich in unserer pervertierten Welt nur noch beflecken.

- Kunst muss hässlich sein, um solche Welt zu denunzieren, zu Ehren der vergewaltigten Schönheit.
- Kunst muss grausam sein, muss Chaos in die Ordnung bringen, um zu zeigen, wie chaotisch die Ordnung in Wahrheit ist.
- Kunst muss wehtun, die Unwahrheit des gesellschaftlichen Zustandes gegen alle Widerstände und Friedensangebote ans Licht zerren.
- Geradezu ein Gradmesser für den Wert eines Kunstwerkes ist die Wut, die ihm entgegenschlägt.
- Die Sinnlosigkeit wird allgemein in der modernen Kunst zum Formprinzip (nach Samuel Beckett).
- Sobald aber Kunst genossen wird, ist es auch schon um sie geschehen.
- Nur der Banause genießt, und die Kulturindustrie macht uns alle zu Banausen, indem sie die Kunst zu einem somatischen (nur den Körper betreffenden) Stimulans (Anreiz) erniedrigt.
- Darum befindet sich die Kunst in einem ununterbrochenen Abwehrkampf gegen die Gesellschaft, die sie bereitwillig in sich aufnimmt, nur um ihr auf diese Weise umso sicherer den Garaus zu machen.
- Kunst hat immer, zu jeder Zeit, unverständlich zu sein. Das ist ihr Adel.
- Was sich dem Verstehen restlos fügt, ist keine Kunst, weil diese immer fremd zur Welt ist.
- Gegen die Stumpfheit der Gegenwart hilft allein der stechende Schmerz, erst im jähen Entsetzen wird das Ich zurückgeworfen auf sein wahres Sein.
- Nie wird Kunst von den zuschauerhaft Verständnisvollen, wohlig sich Einfühlenden verstanden.

Letzteres heißt, wenn sich Zuschauer verständnisvoll und wohlig sich in Kunstwerke einfühlen, also in positive Resonanz mit ihnen treten, dann hätten sie diese Kunstwerke nie verstanden.
Ich empfinde alle diese Aussagen als anmaßend, da er sie in keiner Weise begründet, was wiederum verständlich ist, da er ja nicht einmal weiß, wie er selbst sagte, was Kunst ist. Er meinte nämlich, Kunst sei eine Aporie (s.Kap.26). Es war ihm also unmöglich, diese Frage zu beantworten.
Wie wenig er sich mit dem Begriff „Kunst" auseinandergesetzt und wie wenig er darüber nachgedacht hat, was Kunst ist, offenbart er uns auch an anderer Stelle mit den Worten: „Weil Kunst rätselhaft ist, bedarf sie der Interpretation; die Anschauung allein zeigt niemals, was ein Kunstwerk ist". Mit diesem Satz offenbarte er seine dickichthaft verschlungene Gedankenwelt.

Oft ist ja die Interpretation eines Kunstwerkes eine Anmaßung des Interpreten, weil dieser noch nicht einmal sagen kann, was Kunst wirklich ist.
Und was meinte nun Adorno mit dem Wort Interpretation, das er sehr oft verwendete? Beziehe ich es auf Kunstwerke, so stelle ich fest: Wie kann er glauben, etwas interpretieren zu können, d.h. auslegen, erklären oder deuten, von dem er nicht einmal weiß, was es ist oder wie es definiert wird? Ein Interpret, der in einer Ausstellung ein Gemälde eines ihm unbekannten, „modernen" Künstlers betrachtet, kann dieses deshalb weder auslegen, erklären noch deuten, weil er gar nicht weiß, gar nicht wissen kann, was der Künstler mit seinem Werk dem Betrachter sagen, bzw. übermitteln wollte.
Was ein Interpret nur tun kann ist, dass er das Kunstwerk visuell auf sich einwirken lässt und danach das wiedergibt, was er dabei empfunden hat.
Er kann also nur darüber sprechen oder schreiben, was in ihm beim Betrachten oder Anhören vorging. Und das muss keinesfalls dem gleichen, was in dem Künstler vorging, als dieser seine Kunst ausübte. Wenn er allerdings nichts dabei empfand, d.h. nicht mit ihm in Resonanz trat, sollte er die Finger von einer Interpretation lassen.
Oft stellten moderne Künstler verblüfft fest, was sie von Interpreten über ihre Kunstwerke so alles erfuhren, wobei sie eben nur erfuhren, wie ihre Kunst auf diesen oder jenen Interpreten eingewirkt hat. Manche, d.h. die cleveren griffen es auf und wurden berühmt damit. Jules de Goncourt sagte dazu treffend: „Niemand auf der Welt bekommt so viel dummes Zeug zu hören, wie (über) die Bilder in einem Museum."
Adorno (5) lehrte (in Klammern stehen meine Ergänzungen): „Die (künstlerischen) Gebilde sollen Züge enthalten, die im Produktionsprozess (der Tätigkeit Kunst) nicht absehbar sind; dass, subjektiv, der Künstler von seinen Gebilden (selbst) überrascht werde."
Was also interpretiert nun ein Kritiker wirklich? Dadurch, dass er das Gemälde auf sich einwirken ließ, trat er mit ihm in Kontakt, was in ihm eine mehr oder weniger ausgeprägte Resonanz erzeugte.
Die meisten Interpreten oder Kritiker geraten natürlich beim Betrachten oder Hören eines Kunstwerkes in mehr oder weniger starke Resonanz. Die einen in positive, sie beginnen zu schwärmen und die anderen in negative, was diese zu einem „Zerreißen" des Kunstwerkes veranlasst. Schlussendlich interpretieren sie jedoch immer nur die in ihnen entstandene „Sekundärkunst". Ein Begriff, den ich meines Wissens, wie schon erwähnt, als Erster mit dieser Bedeutung in die Kunstwissenschaft einführte. Und über diese können sie dann selbstverständlich sehr viel erzählen, auslegen, erklären und deuten.
Die Interpretation eines Kunstwerkes ist also keinesfalls die Interpretation der Kunst, also der Tätigkeit des Künstlers, es sei denn, der Interpret ist mit dem Künstler so eng

befreundet und vertraut, dass dieser ihm die Gründe offenbarte, die ihn zu seinem Kunstwerk veranlassten. Verschweigt er diese während seiner Interpretation, begeht er geistigen Diebstahl.
Für die Kunstwerke der Komponisten ergibt sich bei deren Interpretation eine ganz andere Situation. Musik muss unbedingt künstlerisch wiedergegeben werden, da sonst der Zuhörer sehr schnell merkt, dass der Interpretierende, also der Musiker, Sänger oder Dirigent nicht in Resonanz mit dem tritt, was er spielt, singt oder dirigiert, das heißt, dass er das musikalische Kunstwerk nur rein technisch wiedergibt. Daraus folgt, Musik muss künstlerisch wiedergegeben werden, um so auf die Zuhörer zu wirken, wie es sich der Komponist gewünscht hat. Beethoven schrieb sogar: „Von Herzen, möge es zu Herzen gehen."
Mit dem größten Unfug, den ich je gelesen habe, will ich den Ausflug in die Gedankenwelt Adornos, einem der berüchtigten Lehrmeister der 68er, vorerst beschließen. Er schrieb: „Dass einer Beethovensymphonie so wenig jemand gewachsen ist, der nicht die sogenannten rein musikalischen Vorgänge in ihr versteht, wie einer, der nicht das Echo der Französischen Revolution darin wahrnimmt .... (456)". An anderer Stelle soll er sich ähnlich ausgedrückt haben, nämlich: „Wer etwa in einer Beethoven-Symphonie nicht das Echo der Französischen Revolution mithört, dem entgeht sie."
Adorno erweckt hier den Eindruck, nur die 3. Symphonie Beethovens, die Eroica, gehört zu haben, sonst hätte er so viel Unfug wohl nie von sich gegeben!
Welche menschenverachtende Meinung Adorno über seine Mitmenschen hatte, zeigen seine Ausführungen an anderer Stelle (326) seiner aberwitzigen Theorie:

- Künstlerisch zu erreichen sind die Menschen überhaupt nur noch durch den Schock.
- Gegen die Stumpfheit der Gegenwart hilft allein der stechende Schmerz, erst im jähen Entsetzen wird das Ich zurückgeworfen auf sein wahres Sein.

Jetzt weiß man, woher viele Künstler ihre Anregungen erhielten. In vielen modernen Kunstwerken erkennt man die Folgen dieser „Ästhetischen Theorie" (5), die man nur als Ausgeburt des Bösen, als entartet bezeichnen kann, weil Tausende moderner Künstlerinnen und Künstler schöne, wahre, gute, ehrwürdige, keinesfalls auch nur im entferntesten entartete Kunstwerke schufen und schaffen, die, ganz im Gegenteil der Harmonie der Ordnung folgen. Und diese wunderbaren Kunstwerke entspringen eben nicht einer „Ästhetik des Bösen", sondern der „Ästhetik des Guten".
Die „Frankfurter" Neomarxisten Adorno, Habermas, Horkheimer, Marcuse und Pollock sind für mich Entartete, die die Auflösung, Destruktion, Negation, Zerstörung

und Zersetzung unserer Abendländischen Werte und Kultur im Auge hatten und deren Schüler und Enkel sie noch immer in ihren verblendeten Augen haben.
Und so sehen die Folgen der Ästhetischen Theorie (5) Adornos aus, der unseren Studenten lehrte:

- „Man muss die Menschen künstlerisch, also mit Kunst schockieren,
- ihnen stechende Schmerzen bereiten,
- ihre „Ichs“ durch jähes Entsetzen auf ihre (angeblich) wahren Seins zurückwerfen.“

Bei so viel Entartung bleibt mir nur zu sagen: „Herr vergib ihm, denn er wusste nicht, was er sagte!“
Der zeitgenössische Maler Jonathan Meese, der seine Bilder bis zu 80 000 Euro verkauft, verkörpert fast alles, was in dieser Ästhetischen Theorie zu lesen war. Lernen sie ihn kennen, indem sie in seine Ausstellungen gehen oder sich im Fernsehen Beiträge über ihn anschauen. So sendete z.B. der Sender „ZDF-Kultur“ 2013 die Reportagen „Künstler hautnah: Jonathan Meese“ (439), „Der radikale Gärtner, Grenzgänge in Kunst und Werbung“ (440) und „Durch die Nacht mit Jessica Schwarz und Jonathan Meese“ (441).
Sie können diese drei Beiträge als DVDs bei dem TV-Sender „ZDF-Kultur“ Mainz, käuflich erwerben. Zu dem Beitrag „Der radikale Gärtner“ nur so viel:
Radikal bedeutet: An die Wurzeln gehend. Vollständig, gründlich und ohne Rücksichtnahme. Hart und rücksichtslos. Einen Radikalismus vertretend.
Mich hat schon das kalte Grauen beim Sehen und Hören des ersten Beitrages erfasst, der den Missbrauch der Freiheit der Kunst durch Meese eindrucksvoll demonstrierte.
Damit sie einen Vorgeschmack davon bekommen: Es werden sehr viele Bilder gezeigt, die Meese einfach so daher schmierte. U.a. formte er auch Statuen mit monströsen Geschlechtsorganen und erektierten Riesenpenissen. Hitlergruß, Hakenkreuze und Pistolen gehörten natürlich auch dazu. Seine Aussagen über Kunst klingen so, als wäre er ernsthaft geisteskrank. Ich zitiere ihn aus (439) wie folgt: „Die Kunst will nicht, dass ich leide. Die Kunst produziert keine Opfer und Märtyrer, das macht nur die Kultur. Kunst macht das nicht. Kunst ist nicht Kultur. Kultur ist etwas mundgerecht servieren, etwas züchten. Kunst dagegen ist Spielzeug.“
Wenig später verkündet er selbstbewusst: „Die Diktatur der Kunst ist von mir ausgerufen worden, auch schon in mehreren Städten und Ländern. Dass ich das getan habe, ist nicht der Rede wert. Es musste jemand machen, deshalb bin ich aber nichts Besonderes. Ich bin ein Spielkind und habe mich in den Dienst der Diktatur der Kunst gestellt, nicht in den Dienst meiner Künstlerschaft. Jonathan Meese interessiert sich

für den Künstler Jonathan Meese Null. Hab´ mich noch nie für ihn interessiert, ich finde ihn Scheiße", usw. usw.
An anderer Stelle (439) hören wir von ihm, dem großen, von einigen Medienmachern bewunderten Künstler: „Die Diktatur der Kunst ist die einzige Alternative, (wozu sagt er nicht) das wird auch in Berlin im Reichstag stattfinden. Alle Politiker werden abdanken, sie werden in Liebe und Demut abdanken und der Kunst die Macht schenken. Und dann wird im Parlament in Berlin im Reichstag die Diktatur der Kunst ausgerufen sein, und dann wird die Kunst regieren, ohne Menschen. Instinktiv werden wir das tun, was notwendig ist und das ist hier schon gezeigt." Er deutet mit seinen Armen und Händen auf sein Atelier, das laut Filmkommentar aussieht, wie der Weg in die Vorhölle oder wie ein strukturiertes Chaos. Mit einem Revolver in der Hand fuchtelnd, fährt er in seiner unsinnigen, scheinbar von Wahnsinn gezeichneten Schwafelei fort, die sich wahrhaftig wie die eines Geisteskranken anhört. Wenn sie sich diesen Film ansehen, können sie sehr wahrscheinlich nicht mehr ruhig schlafen, weil widerliche Albträume sie verfolgen. Es drängte sich in mir der Vergleich mit dem amerikanischen „Schwulenmanifest" auf, das ich denjenigen von ihnen noch zur Kenntnis bringen werde, aber nur denjenigen, die starke Nerven haben. Die anderen sollten diese Seiten lieber überblättern.
Wenn Meese die Diktatur der Kunst anstrebt und durchzusetzen versucht, dann will er damit die Freiheit der Kunst abschaffen. Ich muss wohl nicht erst sagen, dass Diktatur mit Freiheit nichts, aber auch gar nichts zu tun hat. Diktatur der Kunst ist Missbrauch der Freiheit der Kunst in seiner reinsten Form. Und die Damen und Herren der Kulturbeauftragten sollten darüber einmal nachdenken und diese „Reden" nicht einfach abtun.
Weiter erfährt man in dieser Sendung sinngemäß aus Meeses Mund: „In der Anti-Realität, auf der Bühne, in der Literatur, im Film, in der Philosophie, da können wir uns schlecht benehmen, unter aller Sau, so schlecht, so mies, wie wir es uns gar nicht vorstellen können."
In der Reportage „Durch die Nacht mit Jonathan Meese und Jessica Schwarz" (441) versteigt er sich zu Jessica gewandt, die mit ihm im Auto sitzt, sogar zu der Aussage: „In der Kunst ist alles erlaubt, in der Realität nicht. In der Realität darf ich dir nichts antun, in der Kunst ist das legitim." Meese schwafelt in einem fort über Kunst, obwohl er gar nicht weiß, was Kunst ist. Braucht er auch nicht, Meese macht Kunst! Ist das nicht großartig!? Ist das nicht phänomenale (außergewöhnliche!) Kultur, meine Herren Kulturminister? Wozu sind sie eigentlich noch da? Erkennen sie denn nicht diesen ungeheuerlichen Missbrauch der Freiheit der Kunst?
Ich möchte ihnen weitere Einzelheiten darüber ersparen, um sie nicht im Sinne Adornos weiterhin zu schockieren. Doch nicht genug solcher Umerziehungsversuche

unserer Kulturrevoluzzer, die Ältere der „Bayreuther Damen“ verkündete im Juli 2012 voller Stolz die Verpflichtung des Konzeptkünstlers Jonathan Meese als Regisseur der Oper „Parsifal“ 2016. Wenn man bedenkt, dass Meese „schon mal öffentlich mit dem Hitler-Gruß provozierte und Hakenkreuze pinselte“ (422), gehört schon ein gerüttelt Maß an Unverfrorenheit dazu, ihn auf den grün-braunen Hügel zu holen, damit er auch da sein Unwesen treiben kann und den berühmten Hügel in Bayreuth immer tiefer in Misskredit bei den normalen, geistig gesunden Wagnerverehrern bringt. Mitte November 2014 hatte ihn „Katharina die Große“ allerdings wieder entlassen. Sie wollte wohl Meeses zu erwartenden Missbrauch der Freiheit der Kunst noch rechtzeitig verhindern.

Die Begriffe Ästhetik, Werte und Kultur sollen natürlich für die heutigen Menschen eine andere Bedeutung bekommen! Man will diese alten Begriffe umdefinieren und damit zu Grunde richten. Sie sollen so umdefiniert werden, wie die Nazis viele Begriffe, z.B. den Begriff Entartung, umdefinierten. Das ganze kommt auf Orwells „Wahrheitsministerium“ in seinem Buch „1984“ (51) hinaus. Sogar alte Zeitungen wurden da eingestampft und mit den umdefinierten Begriffen, „politisch korrekt“ neu gedruckt. Verwerflicher geht es nicht mehr! Hoffentlich habe ich damit nicht unseren Einheits-Politikern und Presseleuten einen Tipp gegeben.

Kosiek (100) schreibt zu diesem Thema erstaunlich offen: „Der geistige Einbruch in die alten Ordnungen wurde auch in den äußeren Formen vernachlässigter Ordnung, bei den 68ern beginnend, sichtbar, nämlich in schlampiger Kleidung, Vernachlässigung der Hygiene und Abnahme der Sauberkeit, zunehmender Verlausung bei Schulkindern und ebenso in einer Verrohung und Primitivisierung der allgemeinen Sitten des Miteinanderumgehens, angefangen von den Brutalitäten der Kinder auf den Schulhöfen, der mutwilligen Zerstörung von Sachen über die erschreckend angewachsene Jugendkriminalität bis hin zu allgemeinen Verhaltensformen in der Erwachsenenwelt, nicht zuletzt auch bei den Tischsitten.“

Im Mai 2014 wurde z.B. bekannt, dass ein 13jähriger ausländischer Junge derartig viele gefährliche Straftaten vollbrachte, dass er von mehreren Polizisten in Zivil auf Schritt und Tritt rund um die Uhr bewacht wurde. Natürlich auf Kosten der Steuerzahler!

Ein weiteres Beispiel wird von Pascal Morche (101) wie folgt geschildert: „Ja, tatsächlich scheint der große bildende Künstler Jonathan Meese jeden Morgen sich vor dem Spiegel unendlich viel Mühe zu geben, um den ganzen lieben langen Tag für sein Publikum als ungepflegter und ungekämmter Künstler ´rüberzukommen“.

Jeder normaldenkende Mensch fragt sich, was soll nur an den Regeln des Umgangs, des sozialen Verhaltens, die für die Gesellschaft als Verhaltensnorm, also der Konvention, gelten, falsch sein? Ohne Konventionen ist sogar ein Staat zum Sterben ver-

urteilt und wird früher oder später, so wie die DDR und alle ehemaligen sozialistischen Staaten im Osten Europas, zugrunde gehen.
Jeder normale Mensch beobachtet seit 1968 verstärkt diesen schrecklichen Verfall unserer Kultur, insbesondere auf dem Gebiet der Kunst und Werbung und lehnt ihn ab. Unter Kultur verstehe ich nach allgemeiner Ansicht die Gesamtheit der geistigen und gestalterischen Vorstellungen, Fähigkeiten und Leistungen eines Volkes und deshalb auch die Kunst. Wenn ich die Werbung an dieser Stelle einbeziehe, dann nur deshalb, weil Werbung meist auch Künstler gestalten. Und wenn sie manche Filme in den Beiträgen des Senders ZDF-Kultur (339, 340 und 341) ansehen, dann verstehen sie mich und sagen mit ziemlicher Sicherheit: Dieser Sender sollte sich in „ZDF-Unkultur" umbenennen.
Der Kulturbegriff, nicht der Begriff „Unkultur", wird am Maßstab der Vernunft und des ethisch und ästhetisch Vertretbaren gemessen und auf positiv bewertete Kulturleistungen, Handlungsformen und Normensysteme der Menschen begrenzt. Und genau das versuchen die Nachkommen der 68er zu unterlaufen! Jean Paul schrieb in seinem Buch „Vorschule zur Ästhetik" (332): „Der Standpunkt des gesunden Menschenverstandes ist der kalkulierbarste und nützlichste. Alle anderen dagegen führen zur Untergrabung der Fundamente der menschlichen Gesellschaft". D. h., es ist gesellschaftsschädlich! Das sollten sich die Damen und Herren, die für die Unkultur in Europa verantwortlich sind, dick hinter ihre tauben Ohren schreiben.
Unsere Politiker hätten eigentlich die zerstörerische Entwicklung bemerken müssen, die nicht erst 1968 begann. Kurz nach 1945 kamen nämlich die neomarxistischen Urheber der 68er Revolution aus den USA nach Frankfurt am Main. Hier, im damals „roten Hessen", waren sie mehr als willkommen, erhielten Lehrstühle an der Frankfurter Universität, um ihr vernichtendes Gedankengut, ihre verheerenden Theorien und Praktiken, mit größtem Erfolg in die Köpfe ihren Studenten zu infiltrieren.
Und nur die heutigen Politiker könnten, wenn sie nur wollten, den Verfall stoppen. Da aber keine politische Partei etwas dagegen tut, müssen wir Bürger Deutschlands uns massiv gegen diesen Kulturverfall erheben, lautstark und wortgewaltig protestieren und uns zur Wehr setzen, sonst wird die „Kritische Theorie" der Neomarxisten unsere Abendländische Kultur tatsächlich vernichten. Beschädigt hat sie diese bereits, wie man an den vielen entarteten Inszenierungen alter deutscher Opern und Schauspiele sieht. Bereits Oswald Spengler prophezeite zwischen 1918 und 1922 in seinem Buch „Der Untergang des Abendlandes" den Niedergang der Abendländischen Kultur, den die 68er Väter betrieben und deren Kinder und Enkel noch immer betreiben. Unter „Abendland" hat man nach (24) die zusammenfassende Bezeichnung, insbesondere für den „Mittelmeerischen Kulturkreis", also auch für den maßgeblich christlich bestimmten, deutschen Kulturkreis, zu verstehen. Dass dieser Begriff auch von

Hitler persönlich für Durchhalteparolen am Ende des 2. Weltkrieges missbraucht wurde, ist fast selbstverständlich, denn die Nationalsozialisten waren Meister im Missbrauch der Sprache.

Mein Vater, Martin Berthold, der als Autodidakt wunderschöne Aquarelle malte, klagte einmal: „Wie empfindlich ist ein hohes Kunstbewußtsein und wie geringfügiger Kräfte bedarf es nur, um die ideale Vorstellung bis zur Unkenntlichkeit umzubilden.“ Er nannte diese Kunst, die man besser als entartete Kunst bezeichnen sollte, die „Kunst der teuflischen Seele“ und bezeichnete manche Feuilletonisten als Narren der modernen Kultur. Natürlich meinte er damit auch, dass manche moderne Künstler, also auch Regisseure, entartet sind.

So wie ich von positiver und negativer Ausartung sprach, so will ich an dieser Stelle einmal versuchen, zwischen positiver und negativer Entartung zu unterscheiden. Mir kam dieser Gedanke, als ich das Buch von Erich Kästner „Fabian oder die Geschichte eines Moralisten“ (102) las. Am Ende sprang der Nichtschwimmer Fabian, ohne daran gedacht zu haben, dass er nicht schwimmen konnte, nur beseelt von dem Gedanken Leben zu retten, von einer hohen Brücke in einen tiefen Fluss, um einem um Hilfe rufenden Menschen das Leben zu retten und ertrank selbst. Auch der zum Begriff gewordene „Hauptmann von Kapernaum“ (103) opferte, allerdings bewusst, sein Leben für einen anderen.

Ein normaler Nichtschwimmer, der seine fünf Sinne auch in kritischen Situationen noch beherrscht, käme sicher nicht auf den Gedanken, so wie Fabian, von der Brücke zu springen, sondern hätte versucht, anderweitig Hilfe herbeizuholen. Auch der Hauptmann gehört zu den wenigen Menschen, die sich für einen anderen opferten. Das ist, gemessen an der Masse aller Menschen, ganz gewiss eine nicht normale Handlungsweise, sie sind also aus der Art „Mensch“ geraten. Sie sind positiv entartet. Dass sie bereits an der Grenze zum Schwachsinn stehen, bestreite ich energisch. Sie sind vom „Gutes tun wollen“ beseelt. Ja, und das gibt es auch heute noch millionenfach, wenn man an die vielen freiwilligen Helfer in Deutschland denkt. Ein Mörder ist dagegen immer negativ entartet, weil er gemeingefährlich ist.

Führt die Entartung zu Gutem, auch der Versuch ist lobenswert, so handelt es sich um eine positive, führt sie zu Bösem oder Schlechtem, wie zu einem Verbrechen, dann handelt es sich um eine negative, gesellschaftsschädliche Entartung. Die Normalität liegt mit einer gewissen Breite zwischen beiden.

Für Entartung und entartete Kunst kann man also eine Skala angeben, die einen Nullpunkt, eine negative und positive Seite hat, was für eine Bewertung von Kunstwerken durch Vergleichen, also Messen, sehr hilfreich ist. Schwierig ist nun das Auffinden und Festlegen des „Normalwertes“. Woran soll, muss oder darf man messen? Womit also vergleichen? An den alten Künstlern? Ja, aber an welchen? Oder sollte man lie-

ber die beiden Endpunkte der Skala als Vergleichspunkte heranziehen? Ich glaube, das schon eher. So setzte ich beispielweise die Maler Caspar David Friedrich, Rembrandt Harmensz van Rijn und Raffaelo Santi an das rechte Ende des positiven Teiles der Skala und die Regisseure Bieito, Neuenfels und Genossen an das linke, also an das negative Ende, weil ihre Kunst oft gesellschaftsschädigend ist.
Auch für die Musik ließe sich ähnlich verfahren. Mozart, Beethoven, Bach und viele andere gehörten an das positive Ende; der ältere Schönberg, der junge Hindemith u.a., an das linke. Eine Begründung finden Sie in Kapitel 10 dieses Buches. Wenn die Experten nur wollten, dann könnten sie sehr wohl, basierend auf ihren Kenntnissen, endlich damit Schluss machen, dass niemand so recht weiß, was gute und was schlechte Kunstwerke wirklich sind. Fluxuskunst gehört für den normalen Hörer und Betrachter, vorausgesetzt er weiß, was das ist, an das negative Ende der Skala. Ich komme darauf zurück.
Früher hielt ich es nicht für möglich, dass man an klassischen Musikwerken ohne szenische Handlungen etwas verfälschen kann. Doch hier irrte ich mich gewaltig. Am 27.März 2010 sendete 3-Sat das Oratorium „Messiah (105) in drei Teilen von Georg Friedrich Händel, was Arte-TV dann 2013 wiederholte. Der Regisseur Claus Guth schuf am Theater an der Wien eine szenische Fassung in „zeitgemäßer Version", d.h. hier, in 68er Manier und ohne die echte Leidensgeschichte Christi. In „moderner" Art und Weise berichtet er über einen „Selbstmörder", was u.a. auch ein beliebtes Thema mancher psychisch kranker Künstler ist. Ich vermute, Kulturrevoluzzer Guth stellte Jesus Christus als Selbstmörder dar, weil dieser sich freiwillig ohne den geringsten Widerstand verhaften und kreuzigen ließ. Was für ein perverser Vergleich! Für Millionen christlicher und jüdischer Gläubiger sind der von Jennes ausgewählte alttestamentarische Text und die Musik von Händel, ein tief zu Herzen gehendes Oratorium, welches zu den größten und bedeutendsten Kunstwerken des Barock zählt. Die Saat der 68er ging auf, indem sie sogar den Begriff „Selbstmörder" umdefinierten.
Ein Oratorium ist eine Gattung von opernartigen Musikwerken ohne szenische Handlung. Ich betone ohne Handlung! Meist handelt es sich dabei um religiöse oder episch-dramatische Stoffe (146). In den beiden Weltreligionen Juden- und Christentum spielt der Glaube an den Messias eine besonders große Rolle.
Bei dem Kunstwerk Händels „Der Messias" handelt es sich um den im Alten Testament verheißenen Heilskönig (146), also um ein streng religiöses Oratorium.
In der christlichen Religion ist der Messias auf Jesus von Nazareth bezogen, also auf eine tiefreligiöse Person von außergewöhnlicher Bedeutung und wie jeder gebildete Mensch weiß, auch Gottes Sohn.
Was lag nun für einen Kulturrevoluzzer näher, als dieses heilige Werk völlig zu entstellen, denn es gilt ja bekanntlich, unsere alte deutsche, in diesem Fall sogar europäi-

sche Kultur zu zerstören. Guth begann mit seiner Inszenierung damit, dass er eine junge Schauspielerin, wahrscheinlich in der Taubstummensprache, Stellen des Textes vortragen ließ. Ein tauber Zuhörer eines musikalischen Werkes? Wollte er damit die nicht anwesenden Taubstummen verhöhnen?
Doch das wird Guth sicher abstreiten, obwohl man es durchaus so verstehen könnte. Was er durch diese Gebärden ausdrücken wollte, blieb mir ein Rätsel. Doch dann kam er so richtig zur Sache: „Geradezu ein Gradmesser für den Wert eines Kunstwerkes ist die Wut, die ihm entgegenschlägt“, verkündete stolz Adorno an der Universität Frankfurt, dessen Ästhetik Guth sicher gut kannte. Doch wenn ich daran denke, mit welch rasendem Beifall Guth von seinem umerzogenen, verbildeten Publikum gefeiert wurde, sage ich mit Adorno: Diese Inszenierung war absolut wertlos, denn ihm schlug kein bisschen „Wut“ über diese Blasphemie entgegen.
Lassen Sie mich noch einige Sätze zu diesem unglaublichen Missbrauch der Freiheit der Kunst schreiben. Das ganze Oratorium Händels, welches kein Oratorium mehr war, bestand aus folgenden Teilen, die es weder bei Händel gab, noch zum biblischen Libretto Charles Jennens passte. Der erste Teil hieß: „Die Trauerfeier“. Auf der Bühne stand ein Sarg; darin lag im Straßenanzug der verstorbene Selbstmörder. Vor dem Sarg sein Foto. Der Text, „Der Herr der Heere“, wurde von einem wütenden Raufbold gesungen, der zu allem Überfluss den Sargdeckel öffnete und den Zuschauern und Zuhörern die riesige, blutige Schnittwunde an der Handschlagader des Selbstmörders zeigte. Dazu sang er: „... und die Kostbarkeiten aller Nationen werden kommen“. Nach der Trauerfeier wechselte der Ort der Handlung in eine moderne Entbindungsklinik. Eine Putzfrau wischte Türrahmen und Klinken säuberlich und langanhaltend ab und diskutierte mit der Sängerin, die sang: „Seht, die Jungfrau wird ein Kind empfangen, sie wird einen Sohn gebären und sie wird ihm den Namen Immanuel (d. h. Gott mit uns) geben. Danach sangen die Sänger des Chores und eine Altstimme den Text nach Jes.40,9. Der Chor trat, völlig unpassend, als unsinnig mit Händen, Armen und Fingern herumfuchtelnder Haufen auf. Bezeichnend für die Fernsehregie war, dass sie oft und auch an dieser Stelle die Untertitel wegließ, um wohl dem Fernsehpublikum einen Vergleich der völlig unpassenden Handlung mit den Originaltexten nicht zu ermöglichen.
Der nächste Auftritt begann vor einem Kaffeeautomaten mit einem davorstehenden, rauchenden Bassisten. Danach erschien barfuß im Straßenanzug, völlig unsinnig tanzend, der auferstandene Selbstmörder, seine Wunde vorzeigend. Er nahm später auch an der „Taufe“ teil, die zu einem hemmungslosen Kaffee- und Kuchenhappening entartete.
Es erschien nun eine moderne Mutter mit Wickelkind, wonach die sog. Guthsche „Rückblende“ als „Die Taufe“ nach Jes.9,6 begann.

Die dargebotene Handlung hatte mit dem Text wieder nichts zu tun. Guths dritter Teil „Leidenswege“ begann in noch unsinnigerer Art und Weise mit einer Sitzung oder Konferenz in einem Stilbühnen-Büro. Im Arte-TV ließ man die Untertitel wieder weg. Zu dem Text nach Jes.53,4 taumelte der Selbstmörder wie wild auf der Bühne herum, was wohl die Leiden Christi am Kreuz zeigen sollte.
Der zweite Teil folgte offensichtlich als Rückblende mit der Taufe. Der vierte Teil besaß die Überschrift „Einsamkeiten, Zweisamkeiten – Tod“ und begann mit einer Schlafzimmerszene zum Text aus den biblischen Klageliedern (Klgl. 1,12): Links das Schlafzimmer des Selbstmörders, rechts das seiner Geliebten. Er zückte ein riesiges Küchenmesser und verschwand damit in einem Nebenraum. Doch bevor er sich die Schlagader aufschlitzte, wechselte er noch schnell und unsichtbar zu ihr ins Schlafzimmer, wo eine alberne, lächerliche Liebesszene mit dem biblischen Text nach Jes.52, 7/9 begann. Beide waren halb ausgezogen. Mehr wagte Gotteslästerer Guth noch nicht zu zeigen, denn plötzlich stand sie auf, zog sich an und verschwand zur Türe hinaus. Die nächste Szene begann mit dem Text nach Psalm 2,1. Er lag blutüberströmt in seinem Zimmer auf seinem Bett. Ein Priester bemühte sich um ihn. Danach folgte wieder die Rückblende zur Trauerfeier. Der Sarg wurde hereingerollt, während die Gebärdendarstellerin wild gestikulierend zwischen den Trauergästen herumgeisterte. Danach folgte der Teil „Nach der Trauerfeier“, der in einem Raum mit einem großen, gedeckten Tisch begann. Nach einigen unsinnigen Zwischenszenen erschien der auferstandene Selbstmörder und stellte sich an die Mitte des Tisches, wohl Jesus Christus nachahmend. Man speiste und zechte, also man trank viel Alkohol. Zum biblischen Text nach 1.Kr. 15,55 entartete das Gelage zu einem Herumtorkeln der total betrunkenen Gäste. Die Analogie zu dem religionsschändenden Werk “Corpus Christi“, auf das ich ausführlich später zurückkommen werde, ist unverkennbar! Nun drehte sich die Bühne zum nächsten Bild: Die Sänger, Tenor und Alt, torkelten über die Bühne, prosteten sich total betrunken, Flaschen schwenkend zu und sangen „Der Stachel des Todes ist die Sünde“. Natürlich hat Guth über die Bedeutung dieses Satzes nicht nachgedacht, denn sonst hätte er sich wie Judas Ischarioth (Matth. 27,5) am nächstbesten Baum aufgehängt!
Ich habe es nicht für möglich gehalten, doch es kam noch schlimmer: Während der nun folgenden Zusammenkunft einiger Menschen, wurden u.a. Stühle aufgetürmt, woraus ein unsinniges Chaos entstand. Und dann drehte sich die Bühne zu meinem Erstaunen und Entsetzen zum Schlafzimmerbett seiner Geliebten, mit einem Babystubenwagen daneben. Der Selbstmörder saß daneben in einem Sessel, neben dem ein typisches modernes Managerköfferchen stand. Sie lag in Unterwäsche auf dem Bett; zog sich ihre Strümpfe aus, und unter dem hochgezogenen Unterrock erschienen ihre nackten Schenkel. Daraufhin stand der Selbstmörder auf, zeigte seine große Wunde

und legte sich zu ihr aufs Bett. Der Text, zu dem sie sang, blieb unverständlich, weil man aus den bereits erwähnten Gründen die Untertitel erneut wegließ. Ob diese Handlung zum biblischen Text Röm. 8,31 passte? Ich meine, ganz gewiss nicht! Lesen Sie in der Bibel nach und urteilen auch Sie!
Der Schluss des ganzen „Trauerspiels“ endete mit dem Chorgesang nach Texten des Buches „Die Offenbarung des Johannes“ des Neuen Testamentes, Kapitel 5,1ff. Die Gebärdendarstellerin hampelte dabei gehorsam und fleißig auf der Bühne herum. Der Guthsche Text folgte allerdings nicht dem Original (Offb. 5.12, Offb. 5,9 und 5.13), was wohl niemand vom umerzogenen Publikum bemerkte.
Ich komme nicht umhin, Ihnen die letzten Zeilen des Originaltextes nach Jennes vorzulegen, damit Sie sich selbst ein Urteil bilden können:

„Würdig ist das Lamm, das geschlachtet wurde,
und das mit seinem Blut Menschen für Gott erworben hat,
Macht zu empfangen, Reichtum und Weisheit,
Kraft und Ehre, Herrlichkeit und Lob.
Ihm, der auf dem Thron sitzt, und dem Lamm gebühren Lob und Ehre
und Herrlichkeit und Kraft in alle Ewigkeit. Amen.“

Wer je in einer Kirche oder Konzertsaal Händels tief religiös überwältigendes Oratorium „Der Messias“ hörte, wird mich sicher verstehen, dass dieser Guthschen Blasphemie meine ganze Wut entgegenschlug. Sie war, im Gegensatz zu Adornos Meinung, ein Gradmesser für den äußerst miesen Wert dieser Inszenierung. Und wieder stehe ich nicht allein mit meiner Meinung da. Romain Rolland, der große französische Schriftsteller, schrieb vor langer Zeit:
„Händel sah in seiner Kunst das Leben aus weiter Höhe und Ferne an, wie Goethe. Unsere moderne Empfindsamkeit, die sich hemmungslos auszuströmen und darzubieten liebt, begreift das nicht mehr.“
Beethoven sagte über Händel: „Er ist der größte Komponist, der je gelebt hat. Ich würde mein Haupt entblößen und auf seinem Grabe niederknien.“
Hätte er diesen Guthschen „Messias“ erlebt, wäre er wütend über diesen Missbrauch der Freiheit der Kunst geworden und hätte seinen Zorn darüber wohl in Noten verewigt.
Seit ich Nordaus Buch las, kann ich eine solch abscheuliche Entwürdigung Händels zwar verstehen, aber keinesfalls billigen. Regisseur und das daraus entstandene Kunstwerk waren für mich aus der Art geschlagen. Allerdings wären sie es nicht, hätten sie sich für ihr Kunstwerk nicht Händel und Jennens als Vorbilder genommen, einen eigenen Text und eine eigene Musik dazu komponiert oder komponieren lassen.

Da sie dieses nicht taten, war es besonders widerwärtig und verabscheuenswürdig. Aber auch das war Kunst, „Guthsche Kunst“.
Es ist nun sicher klar geworden, warum um den Begriff Entartung so viel Unsinniges gesagt und geschrieben wurde. Klar ist auch, warum die Begriffe Ausartung, Unart, Abart, aber auch Unrat keine Beanstandungen, auch in Kunstdiskussionen, fanden und finden. Nur der Begriff „Entartung“ wurde von den Entarteten in ihre Ideologie aufgenommen, weil er sich vorzüglich, von den Nazis missbraucht, als Waffe gegen die Gegner der entarteten Kunst, zu denen ich z.B. auch René Kollo (106) und Ephraim Kishon (9) zähle, eignet. Der Begriff „Entartung“ wurde zur bekannten „Nationalsozialismuskeule“ gekürt, die natürlich auch Celine Kaiser in ihrem Buch „Rhetorik der Entartung“ (43) fleißig und unheilvoll schwang. Doch bevor ich auf dieses Buch komme, muss ich auszugsweise darüber berichten, was Max Nordau selbst unter Entartung verstand und was selbstverständlich von seinen Kritikern verschwiegen wird.
So liest man in Band II seines Werkes „Entartung“ (17) auf Seite 241, dass ein Dichter (hier Ibsen) kein Entarteter wäre, wenn er nicht ein Zurückkehren zu den ältesten, längst überwundenen Zuständen für einen Fortschritt, die ferne Vergangenheit für Zukunft hielte. Auf Seite 243 beschreibt er den Geisteszustand tiefer Verwirrtheit als Entartung. Wenn ein Künstler die Unzucht, das „Sichausleben“ fortwährend empfiehlt und rühmt, dann ist er entartet (S.247). Oder, wenn ein Dichter in allen seinen Stücken seinen Gestalten, u.a. auch anarchistische Effekt-Phrasen von Volksversammlungsrednern niedrigster Gattung in den Mund legt, dann ist das Entartung (S. 248/251). Auch der Gebrauch geheimnisvoller Ausdrücke, die dem Hörer unverständlich sind und die der Sprecher entweder vollkommen frei erfindet oder denen er einen eigenen, vom gewöhnlichen Sprachgebrauch abweichenden Sinn gibt, liegt nach Max Nordau Entartung vor.
Mir fällt dabei wieder das uralte, bekannte Wort ein: Die Sprache hat einzig und allein der Verständigung zu dienen! Nordau weiter: „Auch Absurditäten, wie die nichtssagenden, verschwommenen, tiefsinnig klingenden Redensarten, die geheimnisvollen, formelartigen Worte und die Traum-Faselei, deuten auf eine Entartung des Künstlers hin (S. 265). Natürlich gehört der Zustand der beständigen, fortwährenden Empörung gegen alles Bestehende, in dem nicht etwa gezeigt wird, was schlecht ist, warum es schlecht ist und wie es besser gemacht werden könnte und das Verlangen es zu zerstören, z.B. der Staat muss zerstört werden, zu den Kennzeichen der Entartung. (S. 269/270). Auch die Sucht mancher Dichter, die Auflehnung gegen die Pflicht zu verfechten und Gesetze, Sitten, Einrichtungen, Selbstzügelung zu beschimpfen oder zu verspotten und rücksichtslose Ichsucht als einzige Lebensführerin auszurufen,

weist einen solchen Künstler in das Reich der Entarteten“ (S. 273). Hier kommen mir wieder die Thesen der „Frankfurter Schule“ in den Sinn.
Die Liste der Entartungskriterien, die ich Ihnen vorlegte, ist nur ein kleiner Auszug, sie ließe sich leicht fortsetzen. Man nehme nur ein Fachbuch über Psychiatrie (88) her und schon findet man viele weitere Merkmale von Geisteskrankheiten, die man in den Kunstwerken entarteter Maler, Komponisten, Bildhauer und Regisseure nur zu häufig entdeckt. Und noch einmal, Künstler sind sie selbstverständlich alle. Und über den Zweck und Wert dieser Kunstwerke entscheidet jeder, der sie hört und/oder betrachtet, für sich selbst allein. Schon deshalb kann man entartete Kunstwerke nicht als wertlos bezeichnen.
An dieser Stelle komme ich zu den heute „Andersdenkenden“, die, wie René Kollo und Ephraim Kishon, den wirklich entarteten Künstlern entgegengetreten sind. Wenn Kishon schreibt: „Die Schuld an dem gigantischen Bluff der Kunstmafia am weltweiten Terror des modernen Establishment der Kunst-Schickeria lastet eindeutig auf den leider zu schmalen Schultern des breiten Publikums“, wird er, wie alle anderen Andersdenkenden, genau wie in Hitler-Deutschland, gebrandmarkt und als Ignorant verteufelt. Auch Eichler, den man gelesen haben sollte, bevor man sich ein Urteil bildet, hatte als Andersdenkender unter diesen „Kritikern“ zu leiden. Doch das Erstaunliche ist, dass man unter Hitler gefährlich lebte, wenn man für die sog. entartete Kunst eintrat und heute, wenn man gegen sie etwas sagt, wobei alle diese Kritiker nicht einmal wissen, was Kunst und geschweige denn, was entartete Kunst ist. Wäre es also nicht höchste Zeit, dass man sich mit dieser Problematik öffentlich auseinandersetzt und endlich Klarheit schafft?
Für mich ist Kunst, die Verbrechen verherrlicht, entartet. Genauso sind die Schänder religiöser Sinnbilder entartet. Insbesondere auch die, welche in der Öffentlichkeit jugendgefährdende Bilder und Skulpturen, pornographische Abbildungen, jugendgefährdende Romane, angefangen mit denen, die von nationalsozialistischem und kommunistischem Gedankengut verseucht sind, verbreiten. Begründen kann man das recht einfach, denn sowohl die nationalsozialistische, als auch die kommunistische Ideologie führte bekanntlich zu Konzentrationslagern, zum Gulag und letztendlich zum 80 millionenfachen Massenmord an Andersdenkenden.
Besonders interessant sind die wirklich entarteten Bilder von damals überzeugten, nationalsozialistischen Künstlern, die mit entsetzlichen, blutrünstigen Darstellungen in der heute unbekannten NS-Parteizeitung „Der Stürmer“ gegen die amerikanischen „Plutokraten und Kapitalisten“ hetzten, in denen sie diese als blutsaugende, menschliche Ungeheuer oder Bestien darstellten. Ähnliches soll es auch in der Zeit des Bolschewismus in Russland gegeben haben (118).

Selbstverständlich gab es auch überzeugte nationalsozialistische Künstler, die keinesfalls entartete Kunstwerke schufen und man sollte sie ebenfalls nicht als entartete Künstler bezeichnen. Ganz im Gegensatz zu denjenigen, die in ihren Kunstwerken und Ansprachen zum Mord an Politikern u.a. aufrufen, wie z.B. der Regisseur Schlingensief, der vor längerer Zeit öffentlich zum Mord an Bundeskanzler Helmut Kohl (367) ungestraft aufrief.
Ein letztes Beispiel soll zeigen, dass man selbstverständlich die Komposition von Ernst Toch und das Gedicht von Alfred Döblin durchaus, wie die Nationalsozialisten, als schwachsinnig, also als entartet bezeichnen kann. Toch vertonte den absurden Vers Döblins (331): „Was ist Wasser ...? Und bleibt doch immer H zwei O. Physik ist nicht Physik, Chemie ist nicht Chemie." - Sie können sich sicher vorstellen, was in mir vorging, als ich diesen Schwachsinn las.
Lassen Sie mich damit enden. Selbstverständlich sollte sich jede und jeder von Ihnen ein eigenes Urteil darüber bilden, ob er zu einer anderen oder der gleichen Meinung über den Begriff Entartung gekommen ist. Noch besser wäre es allerdings für die Bildung eines eigenen Urteils, wenn Sie die nicht enden wollenden Beispiele selbst nachlesen, die Max Nordau z.B. in dem Kapitel „Die Ichsucht" vorlegte oder wie Richard W. Eichler in seinem Buch „Der gesteuerte Kunstverfall" (3) anprangerte. Beide Bücher sind, wenn nicht in einer Bibliothek vorhanden, über die Fernleihe oder aber auch antiquarisch erhältlich, also nicht verboten!
Nun komme ich zu einem traurigen Kapitel, dem heutigen antisemitischen Kampf gegen den Juden Max Nordau, dessen o.g. Buch über entartete Kunst in den Köpfen der Nazis und heutiger, bornierter Neomarxisten entsetzliches Unheil anrichtete.
So behauptet z.B. Celine Kaiser in ihrem Werk „Rhetorik der Entartung" (43), Nordau habe die Moderne Kunst und ihre Produzenten stigmatisiert, also gebrandmarkt. Ich habe das fast tausendseitige Buch Max Nordaus „Entartung" gelesen, intensiv studiert und stelle fest: Nein, von den Tausenden und Abertausenden der „modernen Künstler" des 19. Jahrhunderts brandmarkte Nordau ausschließlich die entarteten, also die, welche die Auflösung, Destruktion, Negation und Zersetzung unserer abendländischen Sitten, Moral, Religion und Kultur bewusst oder unbewusst im Auge hatten, und deren Schüler und Enkel sie noch immer in ihren Augen haben. Diese hat Nordau zu Recht an den Pranger gestellt und gebrandmarkt, also stigmatisiert. Die weitaus überwiegende Mehrheit der Künstlerinnen und Künstler, die schöne, wahre, gute, ehrwürdige, keinesfalls auch nur im entferntesten entartete, moderne, also zeitgenössische Kunstwerke schufen und schaffen, die ganz im Gegensatz zu den Entarteten, der Harmonie der Ordnung folgten und folgen, die hat Nordau sehr wohl immer und immer wieder als Künstler gewürdigt und den entarteten gegenübergestellt. An dieser Stelle verweise ich nur auf Shakespeare, den er auf Seite 198, Band II seines

Buches, mehr als nur lobend darstellte. Die zahllosen weiteren Künstler der damaligen Zeit, die er ebenfalls lobend aufzählte, sind ein schlagender Beweis der Unkenntnis von Celine Kaiser. Oder sollte sie bewusst die Unwahrheit geschrieben haben? In der Tabelle des Kapitels 24.0 habe ich eine kleine Anzahl von Künstlern aufgelistet, die Kaiser Lügen straft. Man könnte sie beliebig fortsetzen.

Nordau hat beispielsweise Künstler wie Henrik Ibsen hinsichtlich seines Anspruchs auf den Dichterkönigsthron, den Voltaire, Goethe und Hugo vor ihm innehatten, nicht nur kritisiert, sondern völlig berechtigt und schonungslos stigmatisiert.

Celine Kaiser (43) hütet sich, die merkwürdigen Ergüsse Ibsens z.B. in dem Werk „Rosmersholm" anzuführen und zitiert schon gar nicht die Nordausche Kritik auf den Seiten 188 bis 189 in Band II seines Buches dazu. Sie lässt also Nordau überhaupt nicht zu Wort kommen, sondern stellt einfach Behauptungen auf, wohlwissend, dass kaum einer ihrer Leserinnen und Leser Nordaus fast 1000-seitiges Werk gelesen hat oder lesen wird. Damit kann natürlich keiner den wahren Sachverhalt, den sie bekämpft, nachvollziehen. Das ist im Übrigen auch typisch für die Neomarxisten der Frankfurter Schule, die Erfinder der „Kritischen Theorie", die die Vernichtung unserer Abendländischen Kultur betrieben und deren Kinder und Enkel sie noch heute betreiben. Man kann es nicht oft genug sagen! Im weiteren Verlauf meines Buches finden Sie genügend Beispiele, die das beweisen.

Und immer wieder: Nordau deckt in seiner Kritik wortgewaltig, klar und verständlich die geistige Verwirrtheit Ibsens auf, wenn er nach seiner Kritik schreibt: „So sehen die Vorstellungen aus, die sich dieser „Realist" von der Weltwirklichkeit machte!"

Schade, nein abscheulich, wie Celine Kaiser gleich zu Beginn auf Seite 11 ihres Buches Nordau diffamiert, also in verleumderischer Bosheit beschimpft und verunglimpft, indem sie schreibt, dass Nordau der gesamten, ich betone der gesamten, Literatur und Kunst seiner Zeit den totalen Krieg, den Vernichtungskrieg erklärt und die Produzenten dieser Literatur und Kunst wie tolle Hunde abschießt. Abgesehen davon, dass Literatur sehr oft auch Kunst ist und dass sie, in ekelhafter Art und Weise den Jargon eines Goebbels (Wollt ihr den totalen Krieg?) und Hitlers (den Vernichtungskrieg) verwendet, praktiziert sie das, was sie Nordau unterstellt, selbst in übler Art und Weise. Hätte sie die Stellen, die sie kritisiert, vorher wörtlich wiedergegeben, dann könnten sich ihre Leser und Leserinnen über Ibsen u.a. selbst ein Bild machen. Doch das wollte sie gar nicht nach dem Motto: „Was nicht sein darf, ist nicht!" So wie der Weltklimarat in seinem Gründungsprotokoll den Wissenschaftlern vorschrieb: „Ihr seid dazu da nachzuweisen, dass der Mensch am Klimawandel schuld ist, das ist eure Aufgabe", so hatte sich Kaiser zur Aufgabe gemacht, nachzuweisen, dass Nordau allen Künstlern und Geistesgrößen seiner Zeit den Garaus machen wollte.

Ich kann mich dem nicht anschließen und sage mit George Orwell (107): „In unserer Zeit der universellen Täuschung ist die Wahrheit zu sagen ein revolutionärer Akt, doch noch immer gilt: Freiheit ist die Wahrheit zu sagen: Nämlich 2+2=4". Auch Bertolt Brecht erkannte in seinen letzten Lebensjahren: „Wer die Wahrheit nicht kennt, ist nur ein Dummkopf. Wer sie aber weiß und sie eine Lüge nennt, der ist ein Verbrecher."
Und ich ergänze mit Robert Lynd (108): „Es ist leichter eine Lüge zu glauben, die man schon hundertmal gehört hat, als eine Wahrheit, die man noch nie gehört hat."
Und der Sprachwissenschaftlerin Kaiser möchte ich die Worte des Nobelpreisträgers Konrad Lorenz (6) besonders ans Herz legen: „Die erste Pflicht des Wissenschaftlers ist es, sich von jeder Ideologie freizuhalten".
Mich erinnert das ganze Getue über unliebsame Wissenschaftler an eine Parodie über die Verleihung des „Leninpreises" in der Sowjetunion. Als der letzte von zehn zukünftigen Preisträgern, ein Literaturwissenschaftler, an die Reihe kommen sollte, sagte Stalin zu ihm: „Und du Genosse Iwan Iwanowitsch erhältst diesen Preis erst dann, wenn du nachgewiesen hast, dass Goethe ein Russe war!" (110)
Genauso wurden im Dritten Reich und in der DDR tausenden und abertausenden jungen Menschen die wahren Sachverhalte vorenthalten mit dem Ergebnis einer völligen „Verbildung" ihrer geistigen Fähigkeiten. Und leider setzt sich diese entsetzliche Entwicklung der „Verbildung, Unbildung und Umerziehung", u.a. dank der 68er „Frankfurter Schule", noch heute fort, wie der Autor Wolf in seinem Artikel „Das Niveau sinkt" im Spiegel 40/2012 mit seinen vernichtenden Urteilen über unser Bildungswesen feststellte.
Wenn der Psychiater Nordau Ibsens äußerst zweifelhafte, medizinischen Kenntnisse anprangerte, dann doch mit Recht. Ich selbst empfinde es immer und immer wieder lächerlich, wenn Laien sich über Atomkraftwerke, also über Kerntechnik und Kernphysik, das Klima oder über theologische und philosophische Probleme in völlig unsinniger Weise ergehen und verkünden, wie es Ibsen nachweislich, ausführlich und in fast allen seinen Werken tat. Ich kann mich des Eindruckes nicht erwehren, dass Kaiser Nordaus Buch „Entartung" nur sehr flüchtig und oberflächlich, wenn überhaupt gelesen hat.
Hätte sie ihren Lesern erklärt, warum Nordau so tief Unrecht haben soll, wenn er z.B. das Buch von Georg Brandes „Moderne Geister", erschienen 1886 in Frankfurt am Main (17), angreift und mit vollem Recht brandmarkt. Oder ist sie etwa auch der Meinung Brandes, dass der Willensstarke jede Zucht und Pflicht verachtet, jeder Laune, jeder Verführung, jeder Regung seines Bauches oder seiner „sonstigen Organe" folgt? Oder „Seinen Sinnen gehorchen heißt Charakter haben, wer sich von seinen Leidenschaften leiten lässt, der ist eine Individualität." Spätestens jetzt erkennt man,

welchen Lehrmeistern die Erfinder der „Kritischen Theorie“ der „Frankfurter Schule“ u.a. folgten. Auch Brandes lehrte schon seine Schüler den „Marsch durch die Institutionen“, so wie es die 68er taten und bis heute tun. Auch er war von Beruf Lehrer.
Wenn ich bedenke, dass Celine Kaiser an der Universität Bonn Neuere Deutsche Literatur lehrt, ist es für mich völlig unverständlich, dass sie ausgerechnet Catulle Mendes Gedicht “Reccapitulation“ mit Ludwig Uhlands Gedicht „Frühlingstag“ vergleicht, in dem sie schreibt, „dass der „Frühlingstag“ Uhlands im Wesentlichen, so wie bei Mendes, aus einer Liste von Wörtern in Versform besteht“.
Damit sie selbst erkennen, worin der Unterschied zwischen dem geistig völlig normalen Dichter Uhland und dem bedauernswerten, entarteten Mendes besteht, und wie absurd dieser Vergleich ist, zitiere ich hier beide Gedichte:

Rose,
Emmeline,
Margueridette,
Odette,
Alix,
Aline.

Paule,
Hipolyte,
Lucy,
Lucile,
Cecile,
Daphne,
Melite.

Artemidore,
Myrrha,
Myeehine,
Perine,
Nais,
Endore.

Nach weiteren elf Strophen von ausschließlich, ich betone ausschließlich, weiblichen Namen, endet das Gedicht mit:

Zulma,
Zelie,
Regine,
Reine,
Irene!

Et j'men oublie !

Was so viel heißt wie „Und ich vergesse noch welche". Man beachte, dass dieses Gedicht aus 59 Frauennamen besteht, also aus einer Liste von 59 Wörtern, im Gegensatz zu Uhland, der nur sechs Zeilen verwendete und die außerdem noch voller Sinn und Emotionen, also voller Gemütsbewegungen und seelischer Erregungen sind. Uhlands Dichtung wurde von führenden Literaturwissenschaftlern des vorigen Jahrhunderts als klar, schlicht und charaktervoll bezeichnet.
Im Gegensatz zu Uhlands Gedicht ergibt nur die letzte Zeile des Gedichtes von Mendes, wie sie selbst sahen, einen erkennbaren Sinn.

Uhlands wundervolles „Lob des Frühlings" lautet dagegen:

„Saatengrün, Veilchenduft,
Lerchenwirbel, Amselschlag,
Sonnenregen, linde Luft.
Wenn ich solche Worte singe,
Braucht es dann noch große Dinge,
Dich zu preisen, Frühlingstag?"

Nordau schreibt zu diesem Gedicht, „dass das beziehungsvolle Wort, das Uhland anwendet, an sich einen verständigen Sinn hat und ferner geeignet ist, in jedem Menschen Emotionen zu erregen; die erregten Emotionen beziehen sich endlich auf den Gegenstand des Gedichtes."
Celine Kaiser schreibt nun ihrerseits sinngemäß dazu: „Uhlands Gedicht ließe sich etwa so beschreiben: „In den ersten drei Versen werden einige, die Grundbedeutungen einiger Worte begleitenden, zusätzlichen, emotionalen, expressiven, stilistischen Vorstellungen des im sechsten Vers von Uhland genannten Gegenstandes „Frühlingstag", lediglich durch Kommata verbunden, aufgelistet." Damit ihre Meinung besonders wissenschaftlich klingt, spricht sie allerdings nur von Konnotationen und Denotaten, wahrscheinlich, um den Leser von der eigentlichen Problematik abzulenken. Das, was in Uhland vorging, als er den „Frühlingstag" in Form seines Gedichtes be-

schrieb, konnte Kaiser überhaupt nicht nachvollziehen und kann es damit auch nicht beurteilen. Ihr fehlt einfach die Fähigkeit, mit diesem wundervollen Kunstwerk Uhlands in innere Resonanz zu treten.
Max Nordau kommentierte Uhlands Verse dagegen wie folgt: „Jedes Wort der ersten drei Verszeilen schließt eine sachliche Vorstellung in sich. Jedes von ihnen erweckt in einem natürlich empfindenden Menschen Frohgefühle. Diese Gefühle zusammen geben die Stimmung, mit welcher das Erwachen des Frühlings die Seele erfüllt, und sie zu erwecken, war gerade die Absicht des Dichters.“ Was hat Celine Kaiser nur gegen Nordaus Lob für Uhland? Ist es nicht wunderbar und vollkommen zutreffend? Hat sie noch nie in freier Natur das Frühlingserwachen erlebt, dass sie Uhlands Gedicht mit Mendes gleichsetzt? Oder kennt sie Goethes „Osterspaziergang“ nicht, der ähnliche Gefühle in einem normalen, nicht entarteten Menschen erweckt?
Wenn sie Nordau objektiv hätte beurteilen wollen, dann wäre sie bei Baudelaire und Huysman geblieben, von denen sie auf Seite 170 ihres Buches erstaunlich einsichtig bemerkte, dass Nordau seitenweise „deren Vorliebe für das Ekelhafte und Sittenlose vorführte“. Sie weiß ganz genau, dass gerade auch dies, das Entartete ist, was Nordau anprangerte. Zu einer Stellungnahme zu diesen abscheulichen Entartungen ließ sich Kaiser natürlich nicht herab. Und schon gar nicht zu einer Verurteilung des in Baudelaires Kunst enthaltenem Bösen.
Wie wichtig wäre es gewesen, wenn sie die wahren Beweggründe geschildert hätte, die Nordau zur Erhebung seiner Stimme zu den wortgewaltigen Anklagen gegen das „Ekelhafte und Sittenlose in der Kunst“ seines Jahrhunderts bewog.
Gasch, ein Kenner des Surrealismus, hätte Max Nordau aus dem Herzen gesprochen, als er sinngemäß schrieb „Ich lehne kategorisch die krankhafte, sadistische Komponente des Surrealismus ab, seine Päderastie (Knabenliebe, Homosexualität), seinen beständigen Schmutz, allen Drogen- und Bordellgestank, den der literarische Surrealismus ausdünstet“. (14) s. Gasch: „Escritts d´art i d´avantguarda, S.101 ff.
Der berühmte Philosoph Anatole France schrieb: „Wenn fünfzig Millionen etwas Dummes sagen, dann bleibt es trotzdem eine Dummheit.“ (111) An diese Worte musste ich denken, als ich die vielen und langen Zitate las, die Celine Kaisers Kollegen in „politbüroähnlicher Übereinstimmung“ gegen Max Nordaus Buch „Entartung“ vorbrachten.
Da all das, was Nordau z.B. über Nietzsche und andere „Geistesgrößen“ schrieb und was Kaiser in ihrem Buch angriff, nicht zum Thema meines Buches gehört, will ich dazu schweigen, doch kann ich Ihnen, liebe Leserinnen und Leser nur empfehlen, in Band II ab Seite 303 von Nordaus Buch „Entartung“ das Kapitel über die „Ich-Sucht“ Friedrich Nietzsches zu lesen. Sie kommen, wenn Sie in Nietzsches Werken nachgelesen und verglichen haben, aus dem Staunen nicht mehr heraus! Auch auf dem Ge-

biet der Kunst zeigte sich Nietzsches vielschichtiger Geisteszustand. Er schrieb: „Wir haben die Kunst, damit wir nicht an der Wahrheit zugrunde gehen.“ Über diesen Ausspruch ließe sich vorzüglich streiten. Doch definierte man zuerst einmal, was die Begriffe „Wahrheit“ und „Kunst“ bedeuten, würden die Diskussionsteilnehmer sehr schnell erkennen, dass es sich wohl um eine unsinnige „Schöngeisterei“ handelt, von denen Nietzsche eine ganze Menge von sich gab, nicht zu vergessen, sein grauenvolles Buch „Der Anti-Christ“, von dem sogar Nordau schwieg.

Zurück zu Ibsen. Man muss nur einmal darüber nachdenken, was Nordau z.B. über den Wahn mancher Hauptpersonen Ibsenscher Dramen hinsichtlich der selbstanklagenden, öffentlichen, selbstzerfleischenden Beichte „Aller vor Allen“ schreibt. Mir kommen da unweigerlich die Hexenprozesse im Mittelalter, die bolschewistischen Säuberungsprozesse Stalins und der Volksgerichtshof Hitlers in den Sinn, die allesamt die selbstmörderische Beichte der Angeklagten, nach qualvoller Folter als Vorwand für ihre „Genickschuss-Justiz“ missbrauchten. Wenn das keine Entartung ist, weiß ich nicht, was Entartung sein soll. Hätte Ibsen seine Beichtenden in Beichtstühlen, also nichtöffentlich, ihre Schuld bekennen lassen, dann wären, wie im Faust Goethes (Ach neige du Schmerzensreiche ....), vortreffliche, zu Herzen gehende Kunstwerke entstanden.

Wie objektiv Nordaus Kritiken und Urteile sind, beweist er z.B. in Bd. 2 auf Seite 210 seines Buches, auf der er über das Ibsensche Beichtmotiv, das in dessen „Wildente“ köstlich verspottet wird, voll höchstem Lob schreibt: „Der Auftritt, in welchem Gina ihrem Gatten ihr früheres Verhältnis zu Werle bekennt, ist einer der prächtigsten des zeitgenössischen Theaters.“ Doch diese Objektivität Nordaus verschweigt Celine Kaiser!

Nordau stand mit seiner Meinung nicht allein da. Auch Bahr (84) widersprach schon so manchen Experten, die behaupteten: „Ibsen ist ein Meister der naturalistischen Technik. Kein anderer hat die natürliche Sprache des gewöhnlichen Lebens in so hohem Maße erreicht und keiner führt den Dialog so meisterhaft wie Ibsen und keiner weiß mit seiner überzeugenden Wahrheit zu charakterisieren.“ Bahr kritisiert in seinem Buch „Kritik der Moderne„(84) völlig zu Recht viele Darstellungen und Ibsens widersprüchliche Kunst der Charakterisierungen im „Volksfeind“, in „Rosmersholm“, in den „Stützen der Gesellschaft“, in den „Gespenstern“ und auch in „Nora“, wo in der letzten Szene des letzten Aktes mit einem Schlage sich der „lockere Zeisig Nora“ in eine kritische Moralphilosophin verwandelt und auf einmal tiefsinnige Distinktionen (Unterscheidungen) in den Mund nimmt.

Das Gleiche gilt auch für die Person Richard Wagners, den Nordau in dessen späteren Lebensjahren aus medizinischer Sicht, als entartet bezeichnete und über den er aber auch sagte, „dass sich ihm eine große bühnendichterische Begabung nicht absprechen

lässt, nämlich die der malerischen Einbildungskraft, die bei ihm bis zur Genialität gesteigert ist. Der Dramatiker Wagner ist ein Historienmaler allerersten Ranges".
Nordau zitiert voller Lob eine schier endlose Liste von Szenen aus Wagners Opern, denen nichts nahe käme, was die Kunst bisher geschaffen hätte. Auch lobt er auf Seite 345, Band I, in allerhöchsten Tönen Wagners frühe Werke aus tiefster Überzeugung und mit vollem Recht auch Nietzsches Meinung, Wagner sei ein „Freskenmaler". Ich zitiere Nordau zu all diesem wörtlich:
„Das ist er (ein Freskenmaler) in einem Maße wie kein anderer Bühnendichter des ganzen Weltschrifttums. Jede Handlung verkörpert sich ihm in einer Folge großartigster Bilder, die, wenn sie so gestellt sind, wie Wagner sie mit dem Inneren Auge gesehen hat, den Zuschauer überwältigen und hinreißen müssen. Der Empfang der Gäste im Wartburgsaal, das Auftreten und Wegziehen Lohengrins im schwangezogenen Kahn, das Spielen der drei Rhein-Töchter im Strome, der Zug der Götter über die Regenbogenbrücke nach der Asenburg, das Einbrechen des Mondlichts in Hundings Hütte, der Ritt der neun Walküren über das Schlachtfeld, Brünhilde in der Waberlohe, der Schlussauftritt der „Götterdämmerung", wo Brunhilde sich aufs Ross schwingt und in den Scheiterhaufen sprengt, während Hagen sich in den hochangeschwollenen Rhein stürzt und am Himmel der Widerschein des Brandes der Götterburg aufflammt, das Liebesmahl in der Gralsburg, Titurels Leichenfeier und Amfortas Heilung sind Anblicke, denen ebenfalls nichts nahekommt, was die Kunst bisher geschaffen hat."
Und das nennt Kaiser in übelster, verleumderischer Art und Weise „brandmarken!"
Ich glaubte es nicht, wenn ich es nicht selbst gelesen hätte.
Auf Seite 349, Bd.1 seines Buches „Entartung" lobt Nordau explizit auch den Musiker Wagner, in dem er schreibt: „Wagner ist, trotz ablehnender Urteile mancher seiner Fachgenossen, unzweifelhaft ein hervorragend befähigter Musiker. Wagner sind, allerdings in der ersten Zeit seines Schaffens viel häufiger als später, sehr schöne Stücke gelungen, von denen manche als Perlen des Musikschrifttums zu bezeichnen sind und sich wahrscheinlich lange der Schätzung auch der gesunden und vernünftigen Leute erfreuen werden."
Auch das verschweigt Celine Kaiser in ihrem Buch, obwohl Nordaus Ansichten bis heute zutreffen. Kaiser bleibt jeden Beweis ihrer Anschuldigungen in Form von Beispielen, die Nordau aufzählte, schuldig. Sie zitiert seitenweise Kollegen, die durch die Bank den wortgewaltigen Max Nordau verteufeln. In mir erweckte sie den Eindruck, dass sie zu einem objektiven, eigenen Urteil absolut unfähig ist und nur das in ihrem Buch nachplapperte, was andere, wahrscheinlich 68er, schon vor ihr sagten und schrieben.
Und nun will ich kurz auch die negative Kritik Nordaus an Richard Wagner zusammenfassend wiedergeben: „Dem Tondichter Wagner stand sein Leben lang ein großer

Feind gegenüber, der ihn an der vollen Entfaltung seiner Gaben gewaltsam hinderte, und dieser Feind war der Musiktheoretiker Wagner!“

Wenn Celine Kaiser auf all diese Ausführungen Nordaus nicht eingeht, weiß sie sehr wohl warum. Nach dem Motto der 68er „Was nicht sein darf, ist nicht!“ stapft sie bar jeder Objektivität in den Spuren aller bekannten Diktatoren, die auch sie eigentlich zum Teufel jagen sollte, in dem sie wütet: „Nordau schießt die Produzenten dieser Literatur und Kunst wie tolle Hunde ab“. Finden Sie das auch? Ich ganz gewiss nicht! Hinzu kommt die ausartende Ausdrucksweise einer Lehrbeauftragten für Neuere Deutsche Literatur an der Universität Bonn, die mich im Erscheinungsjahr ihres Buches mehr als erstaunt hat.

Zurück zu Ibsen. Dass Nordau Ibsens christlich-dogmatischen Zwangsvorstellungen der Erbsünde, der Beichte und der Selbstopferung nicht nur kritisiert, sondern mit Ibsens eigener Person verbindet, ist absolut gerechtfertigt, denn auch Ibsens Kunst ist unzweifelhaft Kunst, auch und besonders nach meiner später folgenden Definition des Begriffes Kunst. Nordau hat nirgendwo bezweifelt oder in Frage gestellt, dass Ibsen ein Künstler ist!

Noch schlimmer ist der merkwürdige Sittenverfall im Denken Ibsens, welches er in seinen Werken ausdrückt. Diesen Verfall meint Nordau u.a., wenn er Ibsen als entartet bezeichnet. Auch meiner Meinung nach ist es entartet, wenn Ibsen nicht die alte Volksweisheit anerkennt, dass Ehebruch, auch wenn es nur geistiger, in der Vorstellung durchgeführter, gewesen wäre, der Ehefrau nicht genauso verwerflich ist, wie der des Ehemannes. Leider noch heute ein weitverbreiteter, entarteter Geisteszustand vieler Menschen. Schon Goethe schrieb: „Die Ehe ist der Anfang und der Gipfel aller Kultur“ (23).

Ibsen, um mit Nordau (S. 223, II) zu sprechen, nagelt mit der Grausamkeit eines mittelalterlichen Henkers die Männer an den Schandpfahl, die sich mit einer verheirateten Frau einlassen, hingegen die sich einlassenden Ehefrauen, haben den vollen Beifall und die Zuneigung Ibsens. Wer es nicht glaubt, der überzeuge sich selbst z.B. in Ibsens Werk „Hedda Gabler“. Und genau das nennt Nordau entartet, diese Denkweise Ibsens ist unter anderem das „Entartete“ an Ibsen.

Es wäre wirklich verdienstvoll, wenn Celine Kaiser einmal Ibsens Werke auf ihre Widersprüchlichkeiten hin und/oder die Werke sog. „Moderner Literaten“ auf ähnliche Entartungsmerkmale untersuchte und Kraft ihres Amtes veröffentlichte. Bedauerlicherweise hat sie zu dem Begriff „Entartung“ ein gestörtes Verhältnis, indem er für sie nichts anderes ist als das, wozu ihn die Nazis und Kommunisten umdefinierten, nämlich zu dem Begriff „nicht lebenswert“, also missbrauchten, um ihre Verbrechen auch an den zutiefst bedauernswerten, geistig behinderten Künstlern und anderen Menschen zu rechtfertigen.

Ich komme zurück zu Kaisers Behauptung, dass Nordau der gesamten, ich betone noch einmal, der gesamten Literatur und Kunst seiner Zeit den totalen Krieg, den Vernichtungskrieg erklärte und die Produzenten dieser Literatur und Kunst wie tolle Hunde abschoss. Wenn ich mir daraufhin die Liste der nicht entarteten Schriftsteller der Zeit Nordaus, also der Zeit zwischen 1800 und 1930, ansehe, die Nordau in keiner Weise stigmatisierte, dann zweifle ich bei einer so geringen Kenntnis über die große Zahl der damaligen Künstler, auch der Musiker und Maler daran, ob Kaiser zu Recht ihren Lehrauftrag bekam. Ich erlaube mir die Frage zu stellen, wer soll denn endlich mit dem Gefasel der Schriftsteller vom Schlage Ibsens aufräumen? Es wird doch allerhöchste Zeit, Sitte und Moral wieder zu ihren Rechten zu verhelfen! Und dazu gehört nicht nur der entschiedene Kampf gegen rechts und links, sondern auch gegen die zersetzende Wirkung solcher Schriftsteller, wie u.a. Ibsen einer war. Ihr Gedankengut wuchert doch noch heute in vielen Köpfen, auch vieler intellektueller Menschen.
Kaiser unterstellte Nordau in übler Weise „Krieg“ gegen alle, ich betone noch einmal, alle Künstler seiner Zeit, und verheimlichte ihren Lesern die Meinung Nordaus über solche hervorragende Schriftsteller, wie z.B. Dostojewski, Shakespeare etc.
Den Unterschied zu entarteten Schriftstellern schildert Nordau ausgezeichnet an Dostojewskies Werk „Raskolnikow“. (Nordau, Bd.II, S.239).
Und warum verschweigt Kaiser, dass Nordau Ibsens, ich meine, „Ibsens lichte Momente“, nicht nur hervorhebt, sondern mit hohem Sachverstand lobend darstellt, in dem er schreibt, dass Ibsen in vorzüglicher Weise den Abgang z.B. der Frau Elvsted in „Hedda Gabler“ oder der Frau Alving in „Gespenster“ parodiert. Wer nur die ersten 73 Seiten im 2. Band Nordaus „Entartung“ gelesen hat, kommt unweigerlich zu dem Ergebnis, dass es zutiefst beschämend ist, dass man nach den vielen Beispielen der tiefen Verwirrtheit Ibsens (S. 243, Bd. II) noch mehr Worte über den Geisteszustand dieses Dichters verlieren muss. Ein Künstler war er jedoch ganz bestimmt.
Mein hier vorliegendes Buch, das sich u.a. auch mit den Themen „Was ist Kunst, was ist entartete Kunst?“ befasst, soll zeigen, warum entartete Kunst auch Kunst ist. Doch das ist nicht genug, sondern ich will auch auf eine der Ursachen des furchtbaren Sitten- und Moralverfalls nicht nur der Deutschen, sondern sehr vieler Menschen in allen unseren zivilisierten Staaten der Erde hinweisen. Jeder soll erkennen, wie oft Künstler die Freiheit der Kunst schändlich missbrauchten und immer wieder missbrauchen.
Und da, um wieder mit Nordau zu sprechen, „die entarteten Schriftsteller von Narren und Fanatikern der Welt uns auch heute noch als große Sittenlehrer und Zukunftsdichter aufgeschwindelt werden, ist es dringend geboten, aus der Sicht der Psychiatrie auf diese Absurditäten aufmerksam zu machen, um Schaden von unserer europäischen Kultur und unserer Jugend abzuwenden.“

Natürlich tauchen in Ibsens Kunstwerken, wie schon erwähnt, hie und da einzelne dichterische, schöne Auftritte und Nebenfiguren auf, die jedoch an der Verrücktheit des ganzen dichterischen Werkes Ibsens (S. 251, Bd. II) nichts ändern. Und diese Verrücktheit gipfelt in Ibsens Drama „Brand“, das Nordau ab den Seiten 252, Bd. II, analysiert.
Ich muss es noch einmal betonen, Nordau belegt immer wieder seine allerdings vernichtende Kritik an Ibsen mit Gegenbeispielen, wie z.B. auf S. 259, Bd.II, wo er Immanuel Kant zu Wort kommen lässt. Was für ein großer Unterschied zwischen Ibsen und Kant besteht, ist einfach und großartig zugleich dargestellt.
Und ich muss wieder sagen, Nordau hat eben nicht alles kurz und klein geschlagen, was Ibsen und andere betrifft. In einigen wenigen Fällen wendet Ibsen, so Nordau wörtlich, „träumerisch verschwommene Schattenausdrücke mit künstlerischer Berechtigung“ an. Das sind die lichten Momente, die Nordau auf Seite 260, Bd. II, und auch ich gern manchen anderen Entarteten zubillige.
Zu den lichten Momenten zählt auch „Ibsens gewandte, hochbegabte Theater- und Bühnentechnik, mit deren Hilfe er weiß, Personen des Hintergrundes seiner Dramen und Lagen, die außerhalb des Hauptstromlaufs der Handlungen auftreten, mit großer dichterischer Kraft darzustellen. Die immerhin einzigen lebenswahren und angenehmen Gestalten seiner Werke, die ihm gelungen waren, sind Frauen, die sich bis zur Vernichtung ihrer Individualität für andere opferten“ (287, Bd. II).“ Ich beschrieb bereits den Begriff der positiven Entartung an den Beispielen „Fabian“ und dem „Hauptmann von Kapernaum“.
Nordau stellt Ibsen unter vielen anderen Dumas dem Jüngeren gegenüber, der 1824 bis 1895 lebte. Ganz im Gegensatz zu Ibsen schrieb dieser Romane, die auf Beobachtung der Sitten des Pariser Genusslebens, z.B. in „Der Kameliendame“, beruht und trotz der leichten Art der Darstellung den Anspruch auf moralische Tendenz, also auf eine sichtbare Absicht erheben. Mit seinen Dramen z.B. „Weiber der Gosse“ schuf Dumas der Jüngere das „moderne Gesellschaftsdrama“, das besonders Probleme des Liebeslebens, der Ehe, des außerehelichen Verkehrs vom gesellschaftlich-sozialen Standpunkt aus, in thesenhafter Zuspitzung und mit der Absicht, zur Besserung der Sitten und der Rechtsauffassung beizutragen. Dumas den Jüngeren können Sie also getrost einen Lehrer von Sitte und Moral nennen (112), wohingegen ich Ibsen eher als Lehrer von Unsitte und Unmoral bezeichne.
„Nur hysterische Frauen und männliche Masochisten oder Schwachköpfe glauben, dass der gesunde Menschenverstand und Optimismus die beiden Grundsätze sind, welche jede Dichtung zerstören!“ Auch hierin stimme ich Max Nordau (S.302, II) ausdrücklich zu. Doch Celine Kaiser will das nicht wahrhaben. Sie will es einfach nicht zur Kenntnis nehmen!

Am Ende dieses Kapitels über entartete Kunst fehlt eine völlig neue Kunstrichtung, nämlich die der „Körperwelten“, auf die ich noch kurz eingehen will.
Gunther von Hagen (113) erfand vor einigen Jahren die „Leichenplastifizierung“, d.i. eine Methode, alle Blutgefäße eines gerade verstorbenen Menschen leer zu saugen und sie nachfolgend mit einem flüssigen Kunststoff zu füllen, der nach einer gewissen Zeit erstarrt und die Leiche plastiziert, also völlig erstarren lässt. Diese so „präparierten“ Menschen dienten anfangs dazu, in der medizinischen Lehre an einigen Universitäten Studenten auszubilden, was vorher an Leichen in der Anatomie oder an Körpern und Körperteilen aus reinem Kunststoff erfolgte. Worin darin der Unterschied gegenüber der Hagenschen Methode für einen Medizinstudenten liegen soll, kann ich Ihnen nicht sagen.
Von Hagen ließ sich das Verfahren patentieren und gründete eine Firma, in der die Plastifizierung erfolgt. Ein Teil der so präparierten Leichen wurden anschließend geöffnet, um einzelne innere Organe, sowohl von außen als auch von innen sichtbar zu machen. 36 Millionen Besucher weltweit haben die Ausstellungen bis Mai 2013 gesehen. Die Veranstalter erhoffen sich, dass die Besucher nach dem Betrachten von Originalpräparaten einzelner, z.B. von Krebs zerstörten Organen, daraus lernen, „gesünder“ zu leben, d.h. sich einer gesunden Lebensweise bewusst zuzuwenden. (453).
So weit so gut. Doch dann fiel dem „klugen Mann“ ein, daraus ein weiteres, sehr einträgliches Geschäft zu machen. Er stellte eines Tages einen plastifizierten Menschen als Kunstwerk aus! Zum Beispiel benützte er einen nackten, toten Mann, also eine präparierte echte Leiche zu einer Nachbildung des berühmten Diskobol (Diskuswerfer) des Myron, dessen steinerne Originalstatue Sie im Thermenmuseum in Rom besichtigen können und der etwa 450 v.Chr. erschaffen wurde.
Heute soll Hagen immer noch mit seinen „Leichen-Kunstwerken“ von Stadt zu Stadt ziehen oder noch besser gesagt, von Kunstausstellung zu Kunstausstellung, um sie als Kunstwerke anzupreisen. Ob man sie als Privatperson kaufen kann, wage ich noch zu bezweifeln. Ich will nur hoffen, dass die staatlichen Polizeiorgane der Länder unserer Erde, in denen er auftritt, peinlich darauf achten, wo von Hagen seine Leichen aufkauft.
Dass auch diese Art von Kunst von Experten anerkannt ist, kann niemand abstreiten. In Kapitel 8 erfahren Sie, warum diese „Kunstart“ auch Kunst ist.
Den verantwortlichen Politikern werfe ich jedoch vor, schon seit Jahren ihre eigenen Gesetze zu brechen. Nach unserem Bestattungsrecht, ich betone Recht, ist eine Zurschaustellung von Leichen nicht statthaft. So heißt es z.B. im „Sächsischen Gesetz über das Bestattungswesen“ vom 08.07.1994 unter § 18,1: „Jede menschliche Leiche muss bestattet werden“. Nach § 19,1 desselben Gesetzes wird gefordert, dass die Bestattung bei Erdbestattung innerhalb von 5 Tagen und bei Feuerbestattung von 7 Ta-

gen nach Eintritt des Todes durchzuführen ist. Nach den §§ 13 und 15 sind öffentliche Leichenschauen zur Wahrung der Ehrfurcht vor dem toten Menschen unzulässig.
Bis ich zu weiteren Beispielen komme, fasse ich kurz zusammen: Natürlich kann man das Unnormale zum Normalen und das Böse zum Guten erklären. Man kann alles auf den Kopf stellen, für unten oben und für rechts links sagen. Es ist tatsächlich alles eine Frage der Definition. Doch wo soll es mit der Sprache, dem wichtigsten Kulturbestandteil eines jeden Volkes und der Menschheit überhaupt, hinführen, wenn wir zulassen, dass Mord und Totschlag gute Taten sind, zumindest in der Kunst? Es führt unumkehrbar zum Abartigen, zur Unmoral und Unsitte, also in den Abgrund des menschlichen Seins. Shakespeare formulierte das so: „That is the true beginning of our end“. Auf Deutsch: „Das ist das wahre Beginnen unseres Endes.” Und ich fordere Sie, meine Leserinnen und Leser, auf: Wehret den Anfängen!
Ein besonders markantes Beispiel für die Begriffe „Entartung und entartete Kunst“ war die Inszenierung der Oper „Parsifal“ von Richard Wagner 2012 in Bayreuth. Der Hauptregisseur der Dresdner Semperoper, Stefan Herheim, der dabei die Regie führte, offenbarte darin „seine Kunst“. Er war bestimmt davon überzeugt, dass er seinem Publikum auf anspruchsvolle Art und Weise Kunstgeschichte vermitteln wollte. Wirklich? Nein, ganz bestimmt nicht. Seine Inszenierung war einfach nur primitive Kunstgeschichtsfälschung und hatte mit dem „Bühnenweihfestspiel Parsifal“ natürlich nichts, aber auch gar nichts mehr zu tun. Es war sein Wille, „Parsifal“ zu entweihen und seine ungebildeteten Zuschauer im Sinne Adornos umzuerziehen. Natürlich gelang ihm das nur bei den ungebildeten Zuhörern, die etwas anderes nicht wissen konnten. Doch die Buhrufe der gebildeten, gingen im Konzert des frenetischen Beifalls der ungebildeten, verbildeten und umerzogenen leider unter.
2013 sagte Christian Thielemann in (449): „Wenn heute einer sagen würde, er findet moderne Musik atonalen Mist, dann schlachtet ihn doch sofort das Feuilleton.“
Ich bin mir natürlich auch bewusst, dass mich das Feuilleton sofort schlachten wird, wenn es von meiner Meinung über Herheim hört, natürlich ohne mein Buch gelesen zu haben. Allerdings nicht jedes Feuilleton, denn es gibt viele seriöse Journalisten, die zwar die Worte „entartete Inszenierung“ scheuen, weil sie fürchten müssen, ihren Arbeitsplatz zu verlieren, doch von der Sache her, lehnen sie die Urinier-, Fäkalien- und Nazimacken entarteter Regisseure ab.
Einer der mutigen Journalisten, Jan Fleischhauer, schrieb (481): „Gehen Sie in irgendein Schauspielhaus, in ein Museum oder ein Freiluftkonzert: Sie werden schnell feststellen, dass Ideen, die außerhalb der linken Vorstellungswelt siedeln, dort nichts verloren haben.“
Zurück zu „Jungsiegfried“ Herheim: Wagner aber auch Semper drehten sich in ihren Gräbern um, hätten sie das miterleben müssen. Selbstverständlich bedeutet Entartung,

um es immer wieder zu sagen, nicht Vergasung, wohl aber gesellschaftsschädlich, ja sogar gesellschaftsfeindlich. Und die Mehrheit der Gesellschaft lehnt solche kunstgeschichtlich verfälschten Inszenierungen ab, vorausgesetzt, sie kennt die Inhalte und kunstgeschichtlichen Hintergründe dieser Opern, was heute oft nicht der Fall ist. Damit Sie, liebe Leserinnen und Leser mein Entsetzen über diese Inszenierung verstehen können, will ich Ihnen diese Hintergründe, soweit sie nicht bekannt sein sollten, erst einmal nahebringen.
Zeit des Geschehens in dieser Oper ist nach Wagner das frühe Mittelalter. „Der Ort der Handlungen liegt auf dem Gebiete und in der Burg der Gralshüter „Montsalvat"; Gegend im Charakter der nördlichen Gebirge des gotischen Spaniens. Sodann: Klingsors Zauberschloss, am Abhang desselben Gebirges, dem arabischen Spanien zugewandt anzunehmen. Die Tracht der Gralsritter und Knappen ähnlich der des Templerordens: weiße Waffenröcke und Mäntel; statt des roten Kreuzes der Templer jedoch eine schwebende Taube auf Wappen und Mäntel gestickt (422)". Der Gral ist die Schale, in der einst das Blut Christi aufgefangen wurde, als ihn einer der römischen Soldaten mit einem Speer von seinem entsetzlichen Leiden am Kreuz erlöste. Dieser "heilige Speer" wird wie die „heilige Schale" in der Gralsburg aufbewahrt und dient Amfortas, dem König der Gralsritter, als Waffe. Die Taube bedeutet den Boten Christi und ist das Zeichen des Friedens zwischen Gott und den Menschen.
Das wichtigste Gebot der Gralsritter ist die Entsagung der sinnlichen Liebe. Klingsor, ein abtrünniger Gralsritter, nun ein Zauberer, der unbedingt wieder ein Gralsritter werden wollte, entmannte sich selbst, weil er das Gelübde der Entsagung sonst nicht hätte einhalten können. Trotz dieser Tat wurde er nicht wieder als Ritter aufgenommen. Nun sinnt er auf Rache, baut in der Nähe der Gralsburg einen Zaubergarten, vielleicht besser gesagt einen Lustgarten, in dem leichtgekleidete „Blumenmädchen" die Gralsritter verführen sollten, was ihnen auch gelang. Kundry, die einst Jesus auf seinem Kreuzweg verhöhnte, trat in ihrem „zweiten Leben" in Klingsors Dienste und verführt Amfortas und viele seiner Ritter und Knappen. Klingsor raubt ihm dabei seinen heiligen Speer und fügt ihm damit eine tiefe Wunde zu, die nicht heilen kann, solange ihn nicht ein „durch Mitleid wissender Tor" erlöst, indem dieser ihm seinen Speer zurückbringt.
Im ersten Bild des ersten Aufzugs einer nicht entarteten Inszenierung sieht man einen „Wald, schattig und ernst, doch nicht düster. Felsiger Boden. Eine Lichtung in der Mitte. Links aufsteigend wird der Weg zur Gralsburg angenommen. Der Mitte des Hintergrundes zu, senkt sich der Boden zu einem tiefer gelegenen Waldsee hinab. – Tagesanbruch. Nach längeren Gesängen wird Amfortas von seinen Knappen auf einer Bahre zum Waldsee getragen. Er singt dabei: „...... im heil´gen See wohl labt mich auch die Welle (423).

Und was machte Herheim daraus? Seine Handlung beginnt schon während des musikalischen Vorspiels in einem Saal der Villa Wahnfried. In ihm steht ein modernes Messingbett, in dem die sterbende Herzeleide, die Mutter Parsifals, liegt. Sie zieht ihr Kind Parsifal, das mit einem kindlichen Matrosenanzug bekleidet ist, zu sich aufs Bett, umarmt es und stirbt. Soweit das Vorspiel, das einen von Wagner sicher nicht vorgesehenen Rückblick auf die Entstehung der Oper darstellen sollte. Wäre dies wenigstens im Wagnerschen Sinne geschehen, dann könnte man es als eine positive Idee des „Künstlers Herheim“ verstehen.
Den eigentlichen Beginn der Oper, des Bühnenweihfestspiels, verlegt Herheim in den Garten hinter die Villa Wahnfried. In ihm steht wieder das leere Messingbett. Gurnemanz, der Gralshüter, erscheint singend mit riesigen schwarzen Flügeln, mit denen Herheim auch die meisten auftretenden Sängerinnen und Sänger und Statisten herausputzte. Neben dem Bett stand vor einem ebenfalls riesigen Kamin, in dem ein Feuer lodert, eine hereingefahrene, weiße, gusseiserne Badewanne, die wahrscheinlich den Waldsee andeuten sollte.
Vill (424) meint dagegen dazu: „Der See als „Symbol des Uterus“ zeigt an, dass Amfortas seine Heilung in einem neuen Kontakt mit dem Weiblichen sucht, das nun als Teil der Mutter Natur arglos Regeneration gewähren soll.“ Ist das nicht eine „tolle“ Interpretation?
Was immer Herheim oder Susanne Vill Richard Wagner andichten wollten, für mich gelten auch in diesem Fall sowohl für den Uterus, als auch für die Badewanne die Worte Johannes Rösers in „Christ der Gegenwart“ (425): „Die Infantilisierung der Gesellschaft wird zusehends zum Problem auch für den Staat.“ Also für die Gesellschaft.
Katharina Wagner, die Urenkelin Richard Wagners, die auch für diese Inszenierung der Oper Parsifal die volle Verantwortung trug, antwortete in einem Spiegelinterview (426) auf die Frage: „Haben Sie je in der Oper geweint?“ mit „Nein“. Wenn ich mit fast allem, was „Die Bayreuther Dame Katharina“ von sich gibt (422 u. 426) nicht übereinstimme, für ihr „Nein“ habe ich vollstes Verständnis. Bei Herheims Regieführung muss wohl jedem normaldenkenden Menschen jegliches Lachen und Weinen vergehen!
Vill sagte weiter in (424), diesmal allerdings treffend, völlig richtig und allgemeingültig: „Schuld und Ekel gehören nicht zu den Primärgefühlen des Menschen. Beide Gefühle entfalten sich erst im Laufe der Entwicklung durch die Erziehung.“ Und deshalb, so meine ich, versucht Herheim sein Publikum umzuerziehen, damit auch solche abendländischen Werte wie „Schuld- und Ekelgefühle“ aus den Köpfen der Menschen verschwinden und der Unzucht, Unmoral, Unsitte und letztendlich dem Verbrechen freier Lauf gewährt wird.

Doch lesen Sie weiter, es kommt noch schlimmer, nein viel schlimmer: Vill (424) vergleicht Klingsors Machtstreben mit Hitlers Traum von der Weltherrschaft, der sich ganz offensichtlich als Größenwahn erwies. Dabei vergaß sie, dass etwas weiter östlich ein noch viel schlimmerer Größenwahnsinniger, Joseph Stalin, sein blutiges Unwesen trieb und dessen Weltherrschaftstreben bereits die halbe Welt unter die Herrschaft der Kommunisten brachte, die danach weltweit über 80 Millionen Menschen ermordeten (118).
Doch bevor Herheim zu riesigen Hakenkreuzfahnen und der Hitlerjugenduniform Klingsors kam, ließ er Amfortas in Richtung „See" davontragen. Dafür stieg ein entkleidetes, älteres Kind in die Badewanne und begann sich darin zu waschen.
Nach einiger Zeit erschien Kundry, ebenfalls mit großen schwarzen Flügeln bestückt auf einer „Teufelsmähre" wild reitend, die ihr allerdings bereits auf die Bühne in Form eines großen, hölzernen Spielzeugpferdes vorausgeeilt war. Einer aufgebrachten Menge gleich, trampelten „Matrosen" und Ritter auf ihm herum, bis Kundry zu Wort kam.
Ich will Ihnen nun nicht Aufzug für Aufzug über den weiteren Schwachsinn dieser Inszenierung Herheims berichten, doch muss ich wenigstens zu dem „politisch korrekten" Teil „seines Bühnen**ent**weihungsfestspiels" kommen, das er meiner Meinung nach geradezu in abscheulicher Art und Weise inszenierte!
Der zweite Aufzug der Oper beginnt nach Wagners Anweisung in Klingsors Zauberschloss. Ich zitiere nach Voss (423): „Im inneren Verließe eines nach oben offenen Turmes; Steinstufen führen nach dem Zinnenrande der Turmmauer; Finsternis in der Tiefe, nach welcher es von dem Mauervorsprunge, den der Bühnenboden darstellt, hinabführt. Zauberwerkzeuge und nekromantische Vorrichtungen (d.s. Vorrichtungen, die im Altertum zur Toten- und Geisterbeschwörung dienten)".
Herheim verirrt sich hingegen ganz bewusst in die Zeit des Nationalsozialismus. Doch bevor ich darauf näher eingehe, hier die werktreue Inszenierung normaler Regisseure: Nach Voss (423) endet die Handlung des zweiten Aufzugs z.B. wie folgt: Klingsor eine Lanze (den heiligen Speer) schwingend singt: „Halt da! Dich bann´ ich mit der rechten Wehr: den Toren stell´ mir seines Meisters Speer!" Er schleudert auf Parsifal den Speer, welcher über dessen Haupte schweben bleibt; Parsifal erfasst ihn mit der Hand und schwingt ihn mit einer Gebärde höchster Entzückung, die Gestalt des Kreuzes bezeichnend. Parsifal singt dazu: „Mit diesem Zeichen bann´ ich deinen Zauber: wie die Wunde er schließe, die mit ihm du schlugest, - in Trauer und Trümmer stürze die trügende Pracht!" Danach versinkt das Schloss wie nach einem Erdbeben; der Garten verdorrt zur Einöde: die Mädchen liegen als verwelkte Blumen am Boden umher gestreut. – Kundry ist schreiend zusammengesunken. Zu ihr wendet sich noch einmal, von der Höhe einer Trümmermauer herab, der enteilende Parsifal.

Er singt: Du weißt – wo einzig du mich wiedersiehst!“ Er verschwindet. Der Vorhang schließt sich schnell.“
Bei Herheim agierte Kundry auch am Ende des zweiten Aufzugs noch sehr oft im Messingbett mal liegend, mal stehend. Als ihre Verführungskünste bei Parsifal nichts fruchteten und er sie zurückstieß, schrie sie gellend um Hilfe. Nun brach der ganze Wahnsinn der Herheimschen Entartung los: Parsifal wird plötzlich mit vier riesigen Hakenkreuzfahnen konfrontiert. SS-Horden marschieren auf, ein jugendlicher Klingsor in HJ-Uniform fährt aus einem Brunnen herauf und tut so, als schleudere er den heiligen Speer auf Parsifal. Darauf wird es stockdunkel auf der Bühne. Nach einer Weile erscheint Parsifal im kindlichen Matrosenanzug, den aufgefangenen Speer in seiner Hand. Er darf natürlich das Kreuz nicht schlagen, da Herheim es wohl genauso fürchtet wie der Teufel. Er singt nur: „Mit diesem Zeichen bann`ich deinen Zauber .....“. Danach bricht es so richtig los: Villa Wahnfried stürzt brennend in Trümmern zusammen, eine SS-Horde feuert aus Maschinenpistolen wie wild aus allen Rohren, was nur das Zeug hält. Entartung pur! Entsetzen packte mich. - Das sollte es natürlich. O armes Deutschland, wo bist du hingekommen! Was für ein Missbrauch der Freiheit der Kunst!
Zum Schluss meiner Betrachtungen will ich Ihnen, liebe Leserinnen und Leser, noch berichten, was am nahen Ende der Oper, am Char-Freitag, Gurnemanz singt: „Nun freut sich alle Kreatur auf des Erlösers holder Spur, will ihr Gebet ihm weihen. Ihn selbst am Kreuze kann sie nicht erschauen: da blickt sie zum erlösten Menschen auf; der fühlt sich frei von Sünden-Angst und Grauen, durch Gottes Liebesopfer rein und heil.“
Bei Batta (246) liest man dazu: „Diese Partiturseiten repräsentieren die höchste musikalische Leistung Wagners: Wärme und Innigkeit, pastellhafte Instrumentation. Frühlingsmusik, im Herbst eines großen Lebens komponiert.“
Damit will ich meine Ausführungen zu dieser Inszenierung beenden. Doch etwas sage ich Ihnen noch: Auch das war Kunst, was Herheim bot! Es war Herheims Kunstwerk. Vielleicht interessiert Sie, was der Christenverächter Nietzsche zu Wagners „Parsifal“ schrieb: Er bezeichnete diese Oper „als Verrat, weil Wagner sich vor dem Kreuz gebeugt hat“. In (246) liest man dann weiter: „Wagner schuf im Parsifal seine eigene Mythologie und ein kultisches Spiel über die vom Untergang bedrohte europäische Zivilisation.“ Und ich ergänze: Woran meiner Meinung nach die „Damen von Bayreuth“ fleißig arbeiten. - Und die frenetisch klatschende, mit größtem Erfolg von Herheim umerzogene und verbildete Masse, quietschte vor Freude darüber, dass sie ihm den Affen machen durfte! So etwas könnte man aber auch als perfekt gelungene Gehirnwäsche á la Orwell (51) bezeichnen.

Im Magazin Rondo 5/2012 finden Sie eine interessante Notiz unter der Überschrift „Pasticcio“: „Wagner – im Rio de la Plata versenkt?“ Aus dieser geht hervor, dass Katharina Wagner in Buenos Aires die Opern ihres Urgroßvaters „Ring der Nibelungen“ auf 7 Stunden (!) gekürzt und von ihr selbst inszeniert, produzieren wollte. Der Sender „Die Deutsche Welle“ hätte anfänglich gern eine Vorstellung dieses „Ringes“ im Internet übertragen und eine 90-minütige DVD-Dokumentation darüber herausgebracht. Auf Grund chaotischer Zustände hinter den Kulissen - wiederholter Austausch von Dirigenten, nicht unterschriebene Verträge - rückte der Sender und einer der Hauptsponsoren endgültig von diesem Vorhaben ab. Was das bedeutete, kann sich jeder selbst vorstellen. Nur weiter so, Katharina Wagner! Mich wundert nichts mehr, was heute aus Bayreuth kommt.
Mit dieser Meinung stehe ich keinesfalls allein da. Sogar die kürzlich verstorbene Urenkelin Iris Wagner, Tochter von Wieland Wagner, beklagte immer wieder die Bayreuther Machenschaften der heute Verantwortlichen in Bayreuth. Zuletzt erklärte sie in einem Interview mit der Zeitung „Fränkischer Tag“ (472): Ich bin beschämt. Ich schäme mich zutiefst für das ganze Unternehmen. Es brennt in Bayreuth an allen Ecken und Enden.“
Im Kulturspiegel August 2015 machte sich Tobias Becker über Katharina Wagners neueste Inszenierung der Oper ihres Urgroßvaters Richard, „Tristan und Isolde“ (Premiere 25. Juli 2015), ernste Gedanken. Er schrieb: „Aber wir ahnen, dass ein kräftiger Schluck Alkohol nicht schaden wird, wenn man sich von seiner Urenkelin Katharina Wagner verzaubern lassen will. Rein künstlerisch natürlich. Sie versucht sich in diesem Jahr an einer Neuinszenierung von „Tristan und Isolde“ bei den Bayreuther Festspielen. Die Lebenserfahrung lehrt, dass es nicht auf die Art des Alkohols ankommt, sondern auf die Menge. Nur wenn sie groß genug ist, gelingt es Menschen, sich noch den tristesten Tristan schönzutrinken.“ Das heißt in Klartext: Es brennt tatsächlich in Bayreuth an allen Ecken und Enden.
Hat man diesen tristen „Tristan“ selbst gesehen, bleibt einem normalen Wagnerianer die Spucke weg! Statt auf einem Segelschiff des frühen Mittelalters spielt der erste Akt in einem surrealen (modernen?) Treppenhaus, mit ins Leere führenden sich bewegenden Stiegen. Im zweiten Aufzug wird Isolde in einem Kerker sogar ermordet, aber nur auf Zeit. Im dritten Akt verendet Tristan im Wahn, derweil ihm diverse (!) Isolden aus gläsernen Tetraedern zuwinken. Natürlich lässt Katharina den berühmten Liebestod nicht stattfinden, obwohl dieser von ihrem Urgroßvater mehr als ganz bewusst im Mittelpunkt zu stehen gehabt hätte, da dieser seiner unglücklichen Liebe zu Mathilde Wesendonk damit ein Denkmal gesetzt hat!
„Peter Korfmacher erklärt alles wie folgt (505): „Beides führt zum Grundproblem dieser Inszenierung. Denn hier geht mit Katherina Wagner wieder das Bedürfnis

durch, es auf Teufel komm raus anders zu machen." Und ich ergänze: Der Teufel ist die Inkarnation, also die Verkörperung des Bösen, der dabei heraus gekommen ist. Das Böse in der Kunst ist es, welches unserer alten deutschen Kultur den Garaus machen will.

Am 8. August 2015 schaute und hörte ich mir im 3-SAT-Fernsehen diesen „Tristan" an. Verstört, nein zerstört, schaltete ich am Ende dieser Inszenierung meinen Fernseher aus, nachdem Dirigent Thielemann (bewusst oder unbewusst?) im Mao-Look wie Mephisto persönlich vor dem Bühnenvorhang erschien und vom enthemmten, umerzogenen Publikum frenetisch klatschend begrüßt wurde.

Dem angeblichen Verehrer Friedrichs des Großen rufe ich dessen berühmte Worte zu, nachdem ich mich ein wenig von dieser Inszenierung erholt habe: „Die Toleranz muss in einem Staate jedem Freiheit geben, zu glauben, was er will, aber sich nicht soweit erstrecken, dass sie die Frechheit und Ausgelassenheit junger, unbesonnener Leute autorisiert, die dem Hohn sprechen, was das Volk verehrt."

Und auf „Jung-Katharina" trifft wohl das berühmte Wort von Friedrich Schiller zu, das er in seinen Votivtafeln „Jetzige Generation" niederschrieb: „Nur das Alter ist jung, ach, und die Jugend ist alt!"

Und Thielemann sollte eigentlich wissen, dass „das Volk" weder „Tristan und Isolde" kennt, noch dass es fähig ist, zwischen Richard Wagner und seiner Urenkelin, besser Urteufelin Katharina, zu unterscheiden.

Ich muss Ihnen, liebe Leserinnen und Leser, eine der schlimmsten Szenen kurz beschreiben, damit Sie mein Entsetzen verstehen: Eine der Isolden sitzt im 3. Akt neben Tristan. Plötzlich wird ihr Gesicht von einer Flut von Blut überschwemmt, welches unter ihrem Haarschopf hervorquillt. - Passender kann dazu mein Übergang zu Kapitel 6.13 nicht mehr sein.

6.13 Das Böse in der Kunst und in den Kunstwerken

Goethe sagte am 3.März 1787 in Neapel: „Wenn es eine Freude ist, das Gute zu genießen, so ist es eine größere, das Bessere zu empfinden, und in der Kunst ist das Beste gut genug." Das Böse gehört nicht zu dem Guten, so dass er wohl gemeint haben muss, dass nur das Beste wirklich Kunst sei und dass das Böse nichts in der Kunst zu suchen hat.

Spricht man über das Böse, so sollte man sich zu allererst überlegen, was das Böse ist. Schon aus der Bibel erfahren wir, was Theologen unter dem Bösen verstanden und verstehen. Ich bin mir sicher, dass die meisten Menschen auf Erden sich dem anschließen können. In Markus 7,21-7,22 liest man: „Denn von innen, aus dem Herzen der Menschen kommen die bösen Gedanken, Unzucht, Diebstahl, Mord, Ehebruch, Habgier, Bosheit, Hinterlist, Ausschweifung, Neid, Verleumdung, Hochmut und Unvernunft.“ Hartlap ergänzt Markus in (501), indem er auf die berühmten Sieben Todsünden der Menschen: Völlerei, Gier, Neid, Faulheit, Zorn, Sexuelle Begierde und Hochmut hinweist. Natürlich lässt sich diese Liste von „Sünden“ fast endlos fortsetzen. Hartlap klagt weiter: „Es gibt so erschreckend viele Sünden. Und viele rechtfertigen den Zusatz Todsünden.“ Zu diesen rechnet er völlig zu Recht: Trunkenheit, Rauchen, Grausamkeit, Tyrannei, ethnischen Hass, Rassismus, religiöse Verfolgung, Gleichgültigkeit, und und und. Auch dem „Alten Testament“ der Bibel können wir z.B. aus den „Sprüchen Salomos“ hunderte weitere Todsünden entnehmen. In Kapitel 27 habe ich über fünfzig dieser und einige andere Sünden tabellarisch zusammengefasst.

In Kapitel 8 erkläre ich, wie das Böse die Tätigkeit „Kunst“ mancher Künstler beeinflusst und wie daraus ihre Kunstwerke entstehen. Die Verherrlichung von Unzucht, Mord, Bosheit und Ausschweifung kann man neben Gotteslästerung und Verhöhnung religiöser Symbole, beides grundböse Tätigkeiten, immer wieder in ihren Kunstwerken erkennen.

Auch alle Philosophen unserer Erde haben sich mit dem Begriff des Bösen beschäftigt. Fast ausnahmslos stellten und stellen sie die ihnen wohl naheliegende Frage, warum Gott das Böse zulässt und er es nicht systematisch unterbindet, wenn es nun schon einmal auf Erden ganz offensichtlich existiert und häufig sogar regiert. Selbstverständlich könnte er das Böse unterbinden, doch wenn er das täte, funktionierte seine Schöpfung nicht so, wie sie funktioniert. Das Problem, was die meisten Menschen mit dem Bösen haben, liegt darin, dass sie Gott unverständlicherweise für das Böse verantwortlich machen und nicht bedenken, dass nicht Gott, sondern sie selbst für das Böse die Verantwortung tragen.

Gottes Wille war es, aus welchen Gründen auch immer, dass der Mensch als freier Mensch geboren wird und dass er sich im Laufe seines Lebens für das Gute oder das Böse zu entscheiden, aber auch daraus zu lernen hat. Und das scheint sehr vielen Menschen, auch jungen Menschen entgangen zu sein. Bereits im Kindesalter können sie sich entscheiden, und sie können sicher sein, Gott wird sie nie daran hindern, wenn sie ihre Entscheidungen dann widerrufen, wenn sie beispielsweise das Gute oder das Böse eindrucksvoll am eigenen Leibe erfuhren. Auch der hartgesottene „böse“ Saulus durfte sich, ermahnt durch den auferstandenen Jesus Christus, zum „guten“ Paulus wandeln. Ich bin überzeugt, dass es an dieser Stelle nicht noch einmal notwendig ist, zu erklären, was man ganz allgemein unter dem Bösen versteht. Nur Besserwisser und Sophisten, also Menschen, die in geschickter und spitzfindiger Weise etwas zu beweisen versuchen, was sich grundsätzlich nicht beweisen lässt, führen darüber Diskussionen. Sie schrecken nicht einmal davor zurück, ihren Gesprächspartnern die Worte im Munde herumzudrehen, was bekanntlich auch eine böse Tat oder Eigenschaft ist.

Das Böse ist immer abartig, d.h. entartet und zwar im negativen Sinn. Das Böse in der Kunst ist die „Kunst der teuflischen Seele des Künstlers“, es ist ein fürchterlicher, allerdings fortwährender Sittenverfall im Denken und Handeln einzelner Künstler zu allen Zeiten in allen Jahrhunderten.

In der Literatur, der Malerei und natürlich in der Religion wird das Böse meist mit dem Satan, dem Teufel gleichgesetzt. Und oft traut man seinen Augen nicht, wenn man Schriftsteller wie z.B. Baudelaire oder Kafka liest, die sich an blutrünstigen, bluttriefenden Abscheulichkeiten in ihren literarischen Ergüssen gegenseitig übertreffen. Das gleiche gilt auch für einige Künstler der Bildenden Kunst. Sie fragen sich sicher ungeduldig: Wieso nur soll das alles Kunst sein?

Burker definierte das Böse als „obskur“ und „schreckenerregend“. Friedrich Schlegel schlug vor, das Böse in der Literatur als einen satanischen Entwurf einer Literaturart zu bezeichnen, in der es um „Vernichten, Verwirren und Verführen“ geht.

Das Böse als ein „furchtbares, grausames, wütendes und unmenschliches Prinzip“ hinzustellen, halte ich allerdings für mehr als übertrieben, weil dies einer Verallgemeinerung gleichkommt und den meisten Menschen bitteres Unrecht zufügt. Auch die idealistischen Theoretiker widersprechen dieser Aussage vehement. Das Böse ist keine Eigenschaft der Menschheit schlechthin, sondern immer nur die, einzelner böse gewordener Menschen. Von Geburt an ist keiner böse! Erst einzelne Psychopathen streuen das Böse unter die weitaus überwiegend guten Menschen, wie z.B. Karl Marx mit seiner teuflischen Philosophie, besser gesagt Ideologie des Materialismus, die weltweit zur Ermordung von mehr als 80 Millionen Menschen führte. Nur an ihren Früchten könnt ihr sie erkennen; nicht nur Hitler, sondern auch Karl Marx und seine Genossen erkennt man daran!

Die erste Reaktion eines normalen Menschen gegen auftretendes Böses, z.B. in der Natur, ist zu helfen. Tausendfache Beweise dafür liefern uns die Millionen von Nothelfern, wie die von Technischen Hilfswerken, Feuerwehren oder Ärzten, die sogar oft ihr eigenes Leben aufs Spiel setzen, um zu helfen.

Für das Auftreten des Bösen in der Kunst gibt es zu meinem größten Bedauern keine, vielleicht noch keine Nothelfer.

Das von mir in Merseburg aufgenommene und unten wiedergegebene Bild 11 zeigt mir recht anschaulich, was das Böse in der Bildenden Kunst und in deren Ergebnissen, also den Kunstwerken, bewirken kann. Sie wenden sich entsetzt ab, Sie können es nicht ertragen, eine so grauenhafte, teuflische Fratze zu betrachten. Sensible Naturen unter Ihnen können sogar davon träumen und sich danach verfolgt fühlen. Und da jeder Mensch ausnahmslos zur Gesellschaft gehört, ist diese Kunst deshalb gesellschaftsschädlich, weil sie der Psyche zumindest einzelner, sensibler Menschen schadet.

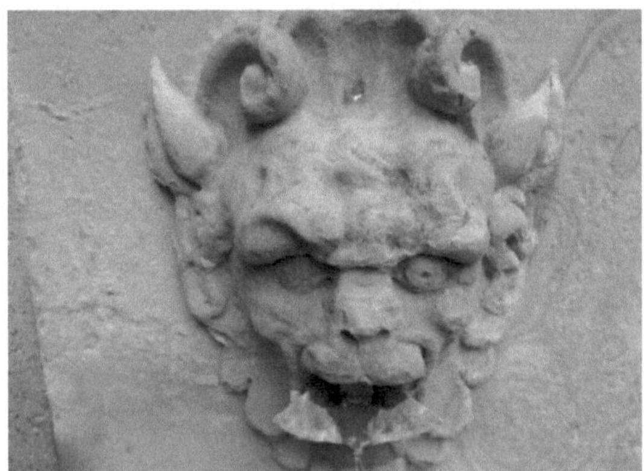

Abb.11: Das Böse oder der Satan

Es war ganz richtig, als ich schrieb, wir haben gegen das Böse in der Kunst keine Nothelfer. Die für Kultur Verantwortlichen unter den Politikern hätten eigentlich die Pflicht, wenigstens für unsere Jugend nothelfend gegen das Böse in der Kunst einzuschreiten. Doch spätestens dann, wenn Sie, meine Leserinnen und Leser, erkannt haben, dass wir gar keine verantwortlichen Politiker für Kultur haben, sondern, dass diese nur für die umsichgreifende Unkultur zuständig und verantwortlich sind, werden Sie anfangen zu resignieren und Ihnen und den Medien widerstandslos das Feld überlassen. Und das ist falsch! Damit machen Sie einen großen Fehler, ja sogar sich mitschuldig!

Schon in dem Buch der Bibel, die „Offenbarung des Johannes", kann man lesen: „Weh aber euch, Land und Meer. Denn der Teufel (das Böse) ist zu euch hinabgekommen."

Professor Peter-André Alt (412) veröffentlichte in seinem Buch „Die Ästhetik des Bösen" unzählige „Böse Stellen", die er in der Literatur der Vergangenheit und Gegenwart fand und ersparte mir eine umfangreiche Arbeit, die für meine Ausführungen von großer Bedeutung ist. Denn das Böse in der Kunst oder besser gesagt, böse Kunst, also eine böse, bösartige Absicht und Tätigkeit, muss letzten Endes auch unter meine Definition des Begriffes Kunst fallen. Und daraus ergibt sich zwangsläufig, dass teuflische Kunstwerke aus teuflischer, also böser Kunst entstehen.

Am Ende seines Vortrages im Schloss Ettersburg bei Weimar, fragte ich Peter-André Alt, warum er viele Male den Teufel als Verkörperung des Bösen nannte, aber Gott nicht ein einziges Mal im Zusammenhang mit dem Guten auf unserer Erde und in der

Kunst erwähnte. Er wich mir aus und meinte, er wolle sich nicht auf theologisches, religiöses Gebiet in Zusammenhang mit dem Bösen begeben. Ich vermute, weil er die Verse 12,9 und 12,12 der „Offenbarung des Johannes“ nicht wirklich kannte. Er unterlag vielleicht dem großen, weit verbreiteten Irrtum, dass Erzengel Luzifer, also der spätere Teufel oder Satan, von Gott in die Hölle gestürzt worden sei. Das wären gleich zwei falsche Meinungen, weil erstens dieser nicht in die Hölle, sondern auf die Erde gestürzt wurde und dadurch zweitens der Eindruck entsteht, die Erde sei von Gott bereits als Hölle konzipiert worden, was absolut falsch ist. Hätte er die Theologie und Religion bei seinen Betrachtungen nicht ausgeklammert, zumindest in seinem Vortrag, hätte er das Böse in der Kunst, also auch in der Literatur, leichter und sicher auch für weniger gebildete Menschen, aus meiner Sicht heraus verständlicher erklären können. Und die Frage, „wie das Böse in die Welt des Guten kommen konnte“, wäre auch nicht offen geblieben.

Zurück zu seiner „Ästhetik des Bösen“: Alt setzte in seinem Vortrag verständlicherweise voraus, dass man unter Ästhetik (146) die Wissenschaft vom Schönen, die Lehre von der Gesetzmäßigkeit und Harmonie in Natur und Kunst, aber auch das stilvoll, geschmackvoll und ansprechend Schöne versteht.

Der Philosoph Georg Wilhelm Friedrich Hegel verstand die Ästhetik als „Wissenschaft der schönen Kunst“, wobei er natürlich auch die Wissenschaft der schönen Kunstwerke meinte. Im Gegensatz dazu formulierte er: „Die Hässlichkeit war immer ein Zeichen von Unwahrheit“, wobei er wohl ausdrücken wollte, dass die Unwahrheit immer hässlich daherkommt, wenn auch oft verdeckt, vermummt oder gar völlig unsichtbar.

Einige meiner Leserinnen und Leser werden mit dieser Definition der Ästhetik zu Recht nicht verstehen, dass es eine „Ästhetik des Bösen“ geben soll.

Alt setzte für mich weniger verständlich voraus, dass der ursprünglichen Wortbedeutung nach, die Ästhetik nicht nur die Wissenschaft vom Schönen, sondern auch von dem ist, was durch bloße Anschauung gefällt oder missfällt (24).

Im Programheft des 1. Halbjahres 2012 für die Vorträge auf Schloss Ettersburg wirbt der Veranstalter damit, dass Alt in seinem lesenswerten Werk „Die Ästhetik des Bösen“, die Geheimnisse einer unmoralischen Literatur, die das Böse als ästhetisches Phänomen jenseits aller Werte sichtbar macht. Auf diese Weise, so der Autor des Textes im Programmheft, erzähle er eine andere Geschichte des Schönen, was für mich nicht verständlich ist, weil im Gegensatz zur Ästhetik, das Schöne per Definition nie böse ist und auch nie böse sein kann. Das Böse ist hingegen immer unschön!

Fasziniert hat mich besonders Alts Aussage, „dass das Böse auf dem schmutzigen Grund der Seele in unfassbarer Vielgestalt lauert“. Ich muss allerdings ergänzen: Auf die überwiegende Mehrheit der Menschen und damit auch der Künstler, trifft das so

nicht zu. Ich werde ihnen das später anhand des Guten, Wahren und Schönen in einigen wundervollen Bildern zeitgenössischer, also moderner Künstler beweisen.
Das Böse gehört zweifellos zu dem, was den meisten Menschen nicht gefällt. Und das nicht nur in der Natur und der Kunst, sondern auch in allen Bereichen unseres Lebens, wie z.B. in der Politik, der Kultur, den Medien, usw.
Da der weitaus größte Teil der Menschen zu den guten Menschen gehört, und das gilt selbstverständlich auch für die Künstler, finden wir unter den zeitgenössischen Werken sehr viele, traumhaft schöne und harmonische Kunstwerke. Gemessen an der unglaublich großen Zahl von Künstlern, gehört nur ein kleiner Prozentsatz von ihnen zu den bösen, also zu denen, die wenigstens vorübergehend vom Bösen besessen waren oder sind, also als vorübergehend entartet zu bezeichnen sind. Und Böses ist auch nicht in der Lage, sich mit Schönem zu umhüllen, da es von Grund aus hässlich und von jedem der guten Willens und einigermaßen intelligent ist, erkannt werden kann. Hängt man dem Teufel, also dem Bösen, keinen theologischen Mantel um, wie es die Atheisten tun, dann bezeichne ich ihn sogar als Religionsstifter der von Max Planck erwähnten Gottlosenbewegung (399). Mit dem Mantel der Religiosität umgeben, findet man ihn aber auch in allen Religionen, besonders auch in religiösen Sekten oder unter Buddhisten, die ihn eigentlich nicht kennen sollten.
Wenn ich schon bei Gott und dem Teufel bin, fällt mir eine sehr merkwürdige Geschichte ein. Viele Menschen glauben heute nicht mehr an Gott, aber sie wissen, dass es das Böse auf unserer Erde gibt. Und das wiederum sagt, sie wissen, dass es den Teufel, nämlich als Verkörperung des Bösen, gibt. Sie müssen daran nicht einmal mehr glauben. Sie wissen es! Höchst eigenartig, nicht wahr? Goethe sagte in seinem „Faust“ dazu: „Name ist Schall und Rauch“. Allerdings meinte er damit nicht den Teufel, obwohl sein Ausspruch auch für diesen recht gut zutrifft.
Der Teufel gehört für mich, so wie Gott, Gottes Sohn und der Heilige Geist zur christlichen Religion. Jeder der sich ein kleinwenig mit dieser beschäftigt hat, weiß, dass der Teufel der erfolglose Gegenspieler Christi ist. Im Mittelalter, so nach dem Vortrag von Alt, war der Teufel durch Hässlichkeit ausgezeichnet. Der moderne Teufel sei äußerlich nicht mehr erkennbar, sondern nur durch seine zerstörerischen Aktivitäten. Dem kann ich mich allerdings nicht unbedingt anschließen. Alt waren wohl die modernen Gräueltaten, die von durchaus sichtbaren Teufeln, wie z.B Stalin und Hitler begangen wurden, entfallen. Wenn ich daran denke, wie Hitler, kaum auf dem Rednerpult angekommen, mit wutverzerrtem Gesicht gegen die Juden und amerikanischen Plutokraten wetterte, dann konnte man sehr wohl das Böse in ihm erkennen. Das gleiche gilt sowohl für Stalin als auch für Ulbricht. Doch oft, ja sogar sehr oft, hat Alt allerdings Recht. Es gibt viele „Gentlemen“ unter den Bösen, denen man das

Böse nicht ansieht. Auch die bösen Absichten einiger Künstler erkennt man erst in ihren sichtbaren Werken, die ihnen vom Teufel eingegeben wurden.
Meine Beschäftigung mit dem Bösen, dem Hässlichen und Gemeinen in der Kunst, konfrontierte mich mit einigen sehr bösen Künstlern, die ich in allen Kunstarten antraf. Dabei waren mir auch Schriftsteller der Weltliteratur recht gut bekannt, wie z.B. Baudelaire (Die Blumen des Bösen), Huysman (Schilderung einer schwarzen Messe), Kafka (auf ihn komme ich etwas ausführlicher zurück), Friedrich Nietzsche (Rhetorische Tötung Gottes), de Sade (Justine), Jean Paul Sartre (Geschlossene Gesellschaft), Mary Shelley (Frankenstein), Bram Stoker (Dracula), Süskind (Das Parfum), Edgar Allen Poe (Die schwarze Katze), Wedeking (Lulu) und Oscar Wilde (Salome).
Bataille, Gottfried Benn (Ithaka), Genet, Georg Heym (Der Irre), Stanislaw Przybyszewski (Satans Kinder) und Stevenson (Dr. Jekyll und Mister Hyde) sind mir erst durch Peter-André Alt bekannt geworden.
Hinter all diesen Namen stehen, bewusst oder unbewusst Verfechter, Vergötterer, Verehrer und Verteidiger des Bösen. Natürlich schufen sie auch Kunstwerke, die man nicht zu den bösen zählen kann, doch mit ihren bösen Kunstwerken haben sie der Gesellschaft beachtlichen Schaden zugefügt, weil mancher Mensch, insbesondere junge Mensch, durch diese Lektüre des Bösen selbst böse wurde. Die Wirkung war für anfällige, nicht feste Charaktere vernichtend. Und wieder gilt: „An ihren Früchten, hier Wirkungen, sollt ihr sie erkennen.“
Künstler wie z.B. Otto Dix, die die Schrecken und das Grauen, also das Böse des Krieges darstellten, sind allerdings alles andere als selbst böse. Nein, ganz im Gegenteil; sie sind absolut gut, weil sie mit ihrer Kunst zur weltweiten Verurteilung und Ächtung der Kriege beitragen und damit auch das Böse auf unserer Erde bekämpften und bekämpfen.
Besonders erfreulich für mich und sicher auch für Sie, liebe Leserinnen und Leser, ist die Tatsache, dass die weit überwiegende Literatur, auch die moderne, nicht dem Bösen verfallen ist und uns beim Lesen wundervolle, schöne, erhabene und erhebende Stunden beschert. Das Gute hat sich zu allen Zeiten durchgesetzt und wird es auch weiterhin in Zukunft tun! Das Böse in der Kunst wird nur von entarteten Kunstliebhabern geliebt und verherrlicht.
Doch ehe ich weiter fortfahre, will ich erst einmal einiges aufzählen, was man als böse in der Kunst bezeichnen muss:
Fehlende Menschlichkeit und Liebe, Einsatz niederer Instinkte, böse Einflüsterungen, Verleumdungen, Neid, Niedertracht, Missgunst, böse Verlockungen und Verführungen, der sadistische und masochistische Anreiz der sexuellen Lust, böse Sehnsüchte und Begierden nach Macht, Gewalt und Verbrechen, Ungerechtigkeiten, Mangel an Recht und durchgreifender Rechtsordnung, Wort- und Vertragsbrüche.

Diese Merkmale lassen sich fast endlos fortsetzen. Einfallsreiche, selbst böse, perverse Künstler auf allen Gebieten der Kunst, werden nicht müde, immer weitere, immer bösere Widerwärtigkeiten in ihren Kunstwerken zu erfinden und darzustellen. Sie versuchen uns damit ins Unglück zu stürzen. Dazu gehören auch: Die Verherrlichung von Krieg, Terror, Unterdrückung, Gehirnwäsche, Folter, Vergewaltigung, Erpressung, Totschlag, Mord und jede andere Art von Gewalt. Auch die Schändung religiöser Sinnbilder und Blasphemie gehören dazu.
Böse ist nicht nur in der Kunst, aber auch in der Kunst, die psychologische Mittel nutzende Beeinflussung von einzelnen oder ganzen Gruppen in Hinblick auf die Bildung einer bestimmten Meinung oder Einstellung. Das nennt man Indoktrination (24), eine bekannte Wesensart der nationalsozialistischen, sozialistischen und kommunistischen Diktaturen, die sich natürlich auch in der Kunst zu Wort gemeldet hat. Auch der Antiamerikanismus der Nazis, z.B. in den Zeitungen „Der Stürmer" oder dem „Völkischen Beobachter" und der Kommunisten, z.B. in den Zeitungen „Neues Deutschland" oder der „Iswestija", sind Ausgeburten des Bösen in der Kunst, dem sich sogar heute noch ab und zu einige Journalisten genüsslich hingeben.
Natürlich sind das per Definition alles „böse Künstler", wohingegen geisteskranke Künstler meist nicht böse sind. Ihre Kunst ist keine böse Kunst. Man erkennt daran recht eindrucksvoll, dass zum Bösen, auch in der Kunst, ein böser Wille und eine böse Absicht vorhanden sein müssen.
In der griechischen Tragödie war unter vielen anderen Betrug, Inzest, also die Geschwisterliebe, die Liebe zwischen Vater und Tochter oder die zwischen Mutter und Sohn an der Tagesordnung. Auch der bestialische Gatten-, Vater- und Muttermord gehörten dazu. Die bösen Taten wurden in allen Einzelheiten dargestellt, was man seit Max Nordau unbedingt zu den Merkmalen der Entartung dieser Künstler rechnen sollte, nein muss. Man kann es nicht nachvollziehen und verstehen, dass sich dieses „ästhetisch Böse" in der „Moderne" wiederholt hat und ständig wiederholt, wenngleich auch die allermeisten modernen Künstler diesem Wahnsinn nicht verfallen sind.
Eines der großen bösen Beispiele ist Baudelaires Gedichtzyklus „Die Blumen des Bösen". Und wieder kann ich es nicht fassen, dass dieses Werk des Schreckens, von den Literaturexperten als das für die moderne Poesie im positiven Sinne einflussreichste Werk des 19. Jahrhunderts angesehen wird. Manche von ihnen versuchen diese entarteten Kunstwerke als die willen- und ziellosen Phantasien der Künstler zu entschuldigen. Besser täten sie daran, diese Werke als Produkte ihrer kranken Seelen oder Gehirne zu bezeichnen. Und das wissen wir schon seit langem, dass die Menschen für Krankheiten größtenteils nichts können. Diese Künstler sind zutiefst bedauernswert und deren Werke keinesfalls dafür geeignet, auf die Menschheit, insbeson-

dere auf die Jugend, losgelassen zu werden. Diese Kreaturen wollen in ihren Werken das Böse nicht etwa überwinden, nein, sie suchen es geradezu, weil sie geistig nicht in der Lage sind, dieses zu erkennen. Es sind Fälle für die Psychiatrie. Warum sie allerdings damit auch Kunstwerke, entartete Kunstwerke, schufen und heute noch schaffen, erfahren Sie später von mir.

Kafkas literarische, kurze Prosastücke sind oft von einem Stil des Schrecklichen, des Entsetzlichen und der Grausamkeit gekennzeichnet. So sind z.B. seine Werke „Auf der Galerie“, „Bericht für eine Akademie“, „Ein altes Blatt“, „Die Brücke“, „Ein Brudermord“ „Ein hoher Künstler“ und „Schakale und Araber“ grausam-sadistische Darstellungen von Handlungen, die man nicht nachzuvollziehen vermag. Und besonders abscheulich finde ich es, dass er ganz bewusst und hinterhältig Titel wählte, die seine Leserinnen und Leser nicht im Geringsten auf den abscheulichen Inhalt hinweisen.

Auch die Schilderungen der unterschiedlichsten Formen des Tötens verweist Kafka in die Reihen der entarteten Künstler. Er ist ein Mensch, dessen Gehirn von eisiger Kälte und absoluten Gewaltphantasien beherrscht wird. Kafkas Kunst ist eine knallharte Absage an das Schöne in der Kunst. Adornos 68er „Ästhetische Theorie“ lässt grüßen! Im krassen Widerspruch dazu scheint sein Ausspruch zu stehen: „Jeder der sich die Fähigkeit erhält Schönes zu erkennen – wird nie alt werden.“ Er hat sich die Fähigkeit, Schönes zu erkennen und dieses von Hässlichem zu unterscheiden, ganz gewiss nicht erhalten und ist deshalb sehr zeitig alt geworden, sehr alt. Ob er diese Fähigkeit jemals besaß, wage ich zu bezweifeln. Fakt ist, dass er damit die Freiheit der Kunst schändlich missbrauchte.

Kafka war auch unmusikalisch. Er schrieb selbst über sich: „Das Wesentliche meiner Unmusikalität ist, dass ich Musik nicht zusammenhängend genießen kann, nur hie und da entsteht eine Wirkung in mir und wie selten ist die eine musikalische“ (429).

Und wieder stellt man voller Entsetzen fest, dass die heutigen Literaturexperten die Schöpfer dieser „Ästhetik des Bösen“ immer noch zu den bedeutendsten Repräsentanten der Literatur des 19. und 20. Jahrhunderts zählen. Also auch hier war der Marsch durch die Institutionen mehr als erfolgreich. Deshalb wundert es mich z.B. nicht, dass auch heute noch ein sinnloses Gewaltverbrechen „ästhetisch gewürdigt wird“. Für mich ist das teuflisch und schon Emanuel Kant sagte sinngemäß, „das Teuflische ist eine Gesinnung, die das Böse will, weil sie das Böse ist“ (415). Ja, das ist tatsächlich so!

Peter von Matt formulierte das Böse in der heutigen Zeit sinngemäß so: „Als offen oder verdeckt auftretender Gegenspieler Gottes hat der Teufel heute schon lange seinen theologischen Mantel abgelegt und mutierte zum Intriganten. Die Hölle aber mitsamt ihren Bewohnern wird unsichtbar, weil sie als destruktives, also zersetzendes,

zerstörendes, bösartiges, zum Zerfall führendes Prinzip mit einer Vielzahl von Äußerungsmöglichkeiten schon lange ins Innere der Menschen umgezogen ist“ (415). Ich erlaube mir zu ergänzen: Nicht aller Menschen!
Hans-Ludwig Kröber, Gerichtspsychiater, sagte in der ZEIT ONLINE 2009 treffend: „Im Angesicht des Bösen sind wir fassungslos, empört, die Welt ist aus den Fugen – weil jemand (?) sie bewusst zerstört.“ Er fährt fort: „Das Böse ist umso augenfälliger, je eindeutiger es darauf abzielt, ganz bewusst das Schöne, das Heile, das Kindliche, die Zukunft zu zerstören.“ Er schloss sein Interview mit der ZEIT ONLINE damit ab, dass er sagte: „Das Böse lebt in der Tat. Und man muss kein böser Mensch sein, um böse Taten zu begehen“. Und ich ergänze auch diesen Ausspruch: Wenn er eine böse Tat begangen hat, dann ist er zu einem bösen Menschen geworden, was aber nicht ausschließt, dass er sich im Laufe seines weiteren Lebens zurückverwandelt und zum Guten sich bekehren lässt.
Im Laufe meines Buches versuche ich durch Wiederholungen und mit vielen Zitaten zu zeigen, dass wir nicht müde werden sollten, gegen das Böse, auch in der Kunst anzukämpfen. Und was das Böse ist, sollte heute schon jedes Kind wissen, da es im Fernsehen täglich mit diesem, wie von einem Trommelfeuer überzogen wird. Die Ursachen dafür, dass Menschen, also auch Künstler, gut oder böse sind, liegen in den meisten Fällen in ihrer Kindheit. Die Verantwortung dafür tragen in erster Linie ihre Eltern, in zweiter die Medien, die häufig genug, bewusst oder unbewusst, Sprachrohre des Bösen sind.
Abschließend will ich noch etwas Grundsätzliches zu der Kunstart „Literatur“ sagen: Im Normalfall lassen die meisten Schriftsteller ihre Kunstwerke damit enden, dass das Böse am Ende unterliegt und das Gute siegt. Entartete Schriftsteller lassen am Ende ihrer Werke das Böse triumphieren. Der Sieg des Bösen über das Gute ist eine ausgeprägte Form der Entartung. In der menschlichen Geschichte dauerte dieser Sieg meist nicht allzu lange. Das Reich des Bösen, z.B. Hitlers, dauerte gerade einmal 12 Jahre. Das der Kommunisten ca. 70 Jahre. Gemessen an der Zeit, seit der die Menschheit besteht, sind dies sehr kurze Zeiten.

6.14 Psychedelische Kunst

Karin Genaux und Hanswilhelm Beil schrieben in ihrem Beitrag „Über psychedelische Kunst“ (114):
Psychedelisch ist die Art und Weise, in der die Baupläne, die den menschlichen Organen zugrunde liegen, sich störend in innere und äußere Wahrnehmungsvorgänge einmischen“.

Die Psychedelische Kunst, Kunst unter Drogeneinfluss, ist von der neomarxistischen „Frankfurter Schule“, d.h. von der „Kritischen Theorie“ der Neomarxisten Horkheimer, Adorno, Marcuse und Habermas nicht wegzudenken. Auch wenn sie diese wohl nicht direkt lehrten, haben sie genau gewusst, wie sie mit Drogen und Rauschgift ihre Schülerinnen und Schüler aus allen Ländern Europas für ihre Ideen und ihre „Pseudowissenschaft“ gefügig machen konnten. Spätestens nach den ersten tödlichen Exzessen (Ausschreitungen, Ausschweifungen und Drogentoten) ihrer Studenten hätten sie als intelligente, geistig hochstehende Professoren an der Philosophischen Fakultät der Universität Frankfurt am Main erkennen müssen, wo ihre Lehren hinführen: Nämlich in Anarchie und Tod!

Da sie nicht aufhörten, ihre zerstörerischen Thesen zu lehren und im damals „Roten Hessen-Süd“ auch das Universitätsrektorat nicht eingriff, machten sie, ihre Dulder und Befürworter, sich der Verbrechen gegen die Menschlichkeit schuldig, denen letztlich u.a. auch ihre bedauernswürdige, junge Studentin Marcias Blässle (115) zum Opfer fiel. Ich werde Ihnen von ihr ausführlich berichten.

Ganz unbegreiflich ist für mich, dass man heute immer noch nicht erkannt hat, welche Auswirkungen die neomarxistische „Kritische Theorie“ hatte und hat.

Kosieck (116) erklärt dies in seinem Buch „Die Frankfurter Schule und ihre zersetzenden Auswirkungen“ damit, dass das deutsche Volk wie kaum ein anderes von einer sechsfachen Geisteskrankheit infiziert sei, nämlich vom Verlust an Realitäts-, Religions-, Geschichts-, National-, Rechts- und Sittlichkeitsbewusstsein. Dass fast alle unsere Medien ihm diese Tatsachen, die allerdings keinesfalls das ganze Deutsche Volk betreffen, als faschistisches Gedankengut auslegen, ist wohl selbstverständlich. Alles, was ihrem linken Gedankengut widerspricht, ist faschistoid und wird verteufelt.

Zurück zur Psychedelischen Kunst: Drogen und Rauschgift sind ihre Ursachen. Im Duden (49) findet man, dass sie auf einem, besonders durch Rauschmittel hervorrufbaren, euphorischen, tranceartigen (schlafähnlichen) Gemütszustand (Dämmerzustand) beruht. Unter Euphorie versteht man ja bekanntlich eine augenblickliche, heiter-zuversichtliche Gemütsstimmung, ein Hochgefühl oder eine Hochstimmung, die Künstler oft anregt, wunderschöne Kunstwerke zu schaffen. Wichtig für meine Betrachtungen ist aber auch, dass der Arzt unter Euphorie das subjektive Wohlbefinden Schwerkranker, natürlich auch Geisteskranker versteht, was wieder auf dem psychiatrischen Begriff „Entartung“ hinweist.

Im Gegensatz dazu gibt es die Dysphorie (24), das ist eine krankhafte Verstimmung allgemeiner Art. Dysphorische Menschen, also auch Künstler, sind bedrückt, freudlos, übellaunig, gereizt und leicht reizbar, wie man auch an ihrem Verhalten und ihren Kunstwerken erkennen kann.

Drogen, also Rauschmittel jeder Art, können ein inneres Glücks- oder Hochgefühl im Künstler erzeugen, das zu wundervollen Kunstwerken inspiriert. Und genauso können sie aber auch zu einem dysphorischen Gemützustand führen, was dann allerdings u.a. auch zu den bekannten, hässlichen, widerwärtigen, Kloaken- und Schrottkunstwerken anzuregen scheint.

Es ist mir ein großes Bedürfnis, Ihnen, liebe Leserinnen und Leser, den Besuch der „Sammlung Prinzhorn" in Heidelberg zu empfehlen. Zur Einführung läuft dort ein kurzer Film, der zeigt, wie der Psychiater und Kunsthistoriker Hans Prinzhorn mit geisteskranken Künstlern in einfühlsamer Art und Weise über ihre Kunstwerke spricht. Dabei handelt es sich nicht um Originalaufnahmen, sondern um eine schauspielerische Darstellung dieser Gespräche von angesehenen Schauspielern, die sich in phänomenalen, also in außergewöhnlichen, einzigartigen, erstaunlichen, ja unglaublichen künstlerischen Leistungen präsentieren. Dieser Film (117) zeigt beeindruckend, wie geisteskranke Künstler zutiefst zu bedauern sind und welch großartige Betreuung Geisteskranke erfuhren und heute noch erfahren, mit den entsetzlichen Ausnahmen in den Zeiten des Nationalsozialismus und Kommunismus.

Mehrmals kamen mir während der Vorführung die Worte „Herr erbarme dich!" in den Sinn. Hat man diesen Film gesehen, erkennt man in erdrückender Weise, zu welchen entsetzlichen Verbrechen die Nationalsozialisten und Kommunisten durch den Missbrauch des Wortes „Entartung" fähig wurden. Jeder, der Max Nordau gelesen hat, kommt unweigerlich zu der Erkenntnis, viele Nationalsozialisten und Kommunisten waren und sind selbst „Entartete" (118).

Doch zurück zu der psychedelischen Kunst. Kurz vor seinem Tod, 2003, schenkte der Arzt Hanswilhelm Beil aus Hamburg, seine „Sammlung psychedelischer Bilder" (119), die „Sammlung Beil", die ein historisches Dokument zur westdeutschen Jugendkultur in den 1970er Jahren (also nach den 68er Jahren) ist, der Sammlung Prinzhorn. Sie ist typisch für die Folgen der „Kritischen Theorie" der „Frankfurter Schule", die, wie z.B. die Philosophiestudentin Marcias Blässle in den Anfängen der 1970er Jahre in ihrer Arbeit „Neuanarchistische Theorie und Praxis am Beispiel dreier Kommunen" wie folgt beschrieb (115):

„Am Ende ödeten wir uns (in den Kommunen) an und konnten nichts mehr miteinander anfangen." So wörtlich ihre Ausführungen. Zwei Jahre nach dieser aufschlussreichen 27-seitigen, hoffnungslosen Arbeit, nahm sie sich im Alter von 27 Jahren ihr junges Leben, das ihr völlig aussichtslos erschien. Die Arbeit von Marcia Blässle, auszugsweise veröffentlicht in dem Buch „Rausch im Bild – Bilderrausch" (114) der „Sammlung Prinzhorn Heidelberg", ist ein zutiefst erschütterndes Dokument über die Folgen der 68er Bewegung, die ihre Höhepunkte im Leben der „Kommunen" erreichten. Sie finden darin die Beschreibung des wahren Kommunismus, wie ihn die Neomarxisten der Frankfurter Schule lehrten. Blässle reißt darin unbewusst oder sogar bewusst diesen Teufeln der „Kritischen Theorie“ die Maske von ihren Fratzen und warnt jeden vor dem Eintritt in eine Kommune, auch in eine sog. Künstlerkommune. Jeder der sich anmaßt, über die „Kommunen“ der damaligen 68er Zeit zu reden, zu schreiben oder zu diskutieren, sollte vorher wenigstens diese seelischen Offenbarungen gelesen haben.

Der Wiener „Aktionskünstler“ Otto Mühl (120) war vor der Gründung seiner Kommune „Der Friedrichshof“, der sog. AAO-Kommune, Hauptfigur des Wiener Aktionismus, der u.a. seine künstlerischen Neigungen in entarteter Weise durch „Sex auf der Bühne“ befriedigte. Dies nur zur Charakterisierung dieses Künstlers. Er führte in dieser Kommune das Gemeinschaftseigentum und in Verbindung mit Happenings die gemeinsame Sexualität ein. D.h. jeder mit jeder und jede mit jedem, also die konsequente Zerstörung jeglicher Zweierbeziehungen, also insbesondere der Ehe, deren Aufhebung letztlich dem Wohl unserer Gesellschaft schadet. Diese rein tierische Befriedigung ihrer Sexsucht, die keinerlei seelische Beziehungen zuließ, erinnert sehr an das Treiben der Bonobos im zentralafrikanischen Regenwald, die z.B. Streit durch Sex schlichten.

Ein Happening ist eine spontane oder improvisierte öffentliche Veranstaltung, oft unter Mitwirkung des Publikums, die als Kunstereignis mit überraschender oder schockierender Wirkung betrachtet werden kann und Körperkunst.

Bei vielen Mitgliedern ähnlicher Kommunen führte dieses völlig unnatürliche, entartete Verhalten oft zum Selbstmord, wie wir am Beispiel Marcias Blässle sahen. Der Künstler Mühl wollte mit seinem Projekt „Dritte Generation / Kinderproduktion“, es hieß tatsächlich so, einen völlig neuen Menschen heranziehen und zwar ganz im Sinne von Marx, Lenin und Stalin. Die Älteren unter meinen Leserinnen und Lesern können sich sicher auch noch an ein ähnliches Projekt der Nationalsozialisten erinnern, die ebenfalls einen völlig neuen Menschen für ihre Zwecke produzieren wollten. Auch sollte man nie vergessen, dass Friedrich Nietzsche schon in erdrückender, sehr drastischer Art und Weise den „Übermenschen“ proklamierte.

In seinem Buch „Bildnereien Geisteskranker“ (35) bespricht Prinzhorn „Kunstwerke“ früher „Moderner Künstler“, z.B. die von August Natterer. Auch erwähnt er u.a. Van Gogh, Theophile Bra, Munch, Kubin, Kandinsky und Beckmann. In der „Sammlung Beil“ findet man dagegen Kunstwerke von meist unbekannten Künstlern, die diese u.a. in Kommunen unter Drogeneinfluss schufen.

Während es von einigen der o.g. Künstler Selbstzeugnisse gibt, die auf „besondere Bewusstseinszustände“, nicht unbedingt Geisteskrankheiten, hinzudeuten scheinen, bekennen sich viele der Psychedelischen Künstler, wie z.B. Marcia Blässle, freimütig

zu ihrem Drogenkonsum. Da kaum einer dieser Künstler in den Medien Beachtung fand und findet, sind ihre Namen weitestgehend unbekannt.
Der Autor des vortrefflichen und äußerst interessanten Buches „Rausch im Bild – Bilderrausch“ (114) stellt einige von ihnen vor. Allein die Bildtafeln geben faszinierende Einblicke in die Kunstwerke der psychedelischen Künstler. Manche von ihnen kann man nicht von den „Bildnereien Geisteskranker“ unterscheiden, was nahelegt, dass der Geist des Menschen, also auch des Künstlers, durch Drogen stark, bis sehr stark in Mitleidenschaft gezogen wird.
Zu einem der bekanntesten psychedelischen Künstler gehört für mich Michael Jackson, der unter hohen Dosen Schmerzmittel seine ekstatische Musik schuf. In der Zeitschrift „Funkuhr“ las ich: „Ein Hauch von Tragik umwehte das Leben von Michael Jackson, der am 25. Juni 2009 an einer Überdosis des Narkosemittels Propofol starb.“ (121) Drogen, angefangen mit Alkohol und Kokain, führten nicht nur manchen bedeutenden Künstler in den Abgrund und anschließend in den Tod, sondern auch viele Jugendliche, die den Rattenfängern, sprich Drogenhändlern, auch heute noch oft auf den Leim gehen.
Im Kapitel 8 erfahren wir, warum all diese Werke, die Bildnereien Geisteskranker und die Werke psychedelischer, also unter Drogeneinfluss Stehender, Kunstwerke sind und warum das, was diese Menschen taten, auch wirklich Kunst war.

6.15 Straßenkunst

Fast jeder kennt sie, die Straßenkünstler der Städte. Sie bemalen den Belag von Fußwegen oder Straßen mit Gemälden, die meist, nein eigentlich immer, keine entarteten Kunstwerke sind. In vielen Fällen handelt es sich um religiöse Motive, die leider oft keine religiösen Gedanken offenbaren wollen. Parolen wie: „Gott ist ein Popstar“ oder „Jesus, ich liebe dich!“ lassen auch tiefen Ernst hinter dieser Kunst erkennen. Die Künstler wollen keineswegs religiöse Sinnbilder schänden, wie manche entartete es tun. Was es mit dieser Art von Kunst auf sich hat, finden sie in Kap.8.
Natürlich kann ich die Besitzer von Immobilien verstehen, wenn sie sagen, dass diese Künstler Vandalen sind und dass das, was sie tun, nicht Kunst, sondern Vandalismus sei. Wenn man bedenkt, dass die Farbe aus Spraydosen nicht abwaschbar ist und damit eine frisch verputzte Hauswand bemalt wurde, dann muss man auch die Betroffenen verstehen, wenn sie gegen diese Künstler wegen Sachbeschädigung vorgehen. Manche Bürgermeister stellen deshalb diesen Künstlern in vorbildhafter Weise Wände zur Verfügung, auf die sie ihre Kunstwerke sprayen dürfen.
Da die Straßenmalerei etwa seit 500 Jahren geübt wird, sollte man ihr schon eine gewisse Bedeutung beimessen. Damals war sie sogar erwünscht und manches „Stra-

ßenkunstwerk“ hatte seine kirchlichen Auftraggeber. Dabei denke ich an die vielen Mosaik-Kunstwerke auf den Straßen alter Städte.
Kriminell wird es allerdings, wenn neuerdings Graffiti-Kunstwerke auftauchen, die, von Islamisten gemalt, zum „Heiligen Krieg“ aufrufen. Auch „Hammer und Sichel“ und Hakenkreuze gehören dazu.
Das Thema „Straßenkunst“ ließe sich endlos fortsetzen. Kunst ist sie auf jeden Fall und Missbrauch der Freiheit der Kunst nur selten.

6.16 Kunstwerke aus Naturmaterialien, z.B. Früchten

Die bekanntesten Kunstwerke aus Naturmaterialien bestehen meist aus Blumen, Früchten und Getreide. Bekannt sind diese Werke z.B. von der Blumeninsel Madeira, wo sie von Mitgliedern ganzer Gemeinden geschaffen werden. Auch diese Menschen sind natürlich Künstler.
Ein ganz besonderes Kunstwerk ist der Früchteteppich in der „Alten Kirche“ von Sargenzell bei Fulda. Die Künstlerin Ria Noll präsentierte zum ersten Mal 1988 den Früchteteppich „Christus im Jahreskreis“. Jedes Jahr komponiert sie ein anderes Motiv, das sie auch auf der Grundlage bekannter, religiöser Gemälde gestaltet. Im Jahr 2010 legte sie ihrem Früchteteppich das Bild von Antonio Ciseri aus der Galleria d´Arte Moderna in Florenz zugrunde (123). Natürlich hat sie viele Helferinnen und Helfer, die unter ihrer Anleitung die wundervollen Kunstwerke schaffen. Sie, liebe Leserinnen und Leser, sollten nicht versäumen, sich einmal eines dieser vergänglichen Kunstwerke anzusehen.

6.17 Kunstwerke aus Plastilina

Im drastischen Gegensatz zu den Künstlern, die wunderschöne Kunstwerke aus Früchten schaffen oder ihre Werke auf Straßen malen, stehen die, der in Berlin lebenden und schaffenden, schwedischen Künstlerin Nathalie Djurberg. Sie erfindet Figuren aus Kinderknete. Warum nicht? Es gibt viele Künstler, die das schon vor ihr taten. Selbstverständlich ist das Kunst und auch, wenn sie es nur tut, um damit Filme des Schreckens zu drehen. Doch das reicht ihr nicht. Sie missbraucht die Freiheit der Kunst in flagranter Art und Weise. Kunstkritiker haben ihr Spitznamen gegeben, wie z.B. „Porno-Elfe“ und „Meisterin des Makabren“. Ihre Werke nannte man u.a. „Plastiliner Porno Chic“ und „Sodomie im Märchenland“. Und das Entsetzliche daran ist, dass sie z.B. auf der Berliner Biennale 2006, in der Kunsthalle Wien, im Mailänder Fondazione Prada und dem Pariser Centre Pompidou ausstellen durfte. Obwohl überall ihre Filme die Besucher, gelinde gesagt verstörten, darf sie u.a. ungestraft weiter-

hin darstellen, wie sich ein Mann seinen Penis und zuletzt seinen Kopf abschneidet und wie sich daraufhin ein Mädchen ihr Höschen auszieht, sich auf diesen abgeschnittenen Kopf setzt und sich mit dessen langer Nase befriedigt. Ich bin überzeugt, dass die allermeisten meiner Leserinnen und Leser erkennen, dass Djurberg hochgradig entartet, ja sogar geisteskrank ist und dringend in eine psychiatrische Heilanstalt eingewiesen werden sollte. Notfalls sogar mit Hilfe der Polizei. Djurberg trieb den Missbrauch der Freiheit der Kunst mit ihren Werken auf die Spitze.
Wer jemals im Prinzhornmuseum in Heidelberg (98) war, kann verstehen, dass sie dringend psychiatrische Hilfe braucht. Man sollte ihr helfen, aber sie auch daran hindern, ihr Unwesen öffentlich weiterhin zu treiben. Doch verantwortlich sind wieder die Kulturminister, die wahrscheinlich lustvoll und entartet grinsend, das alles für „schön und gut" heißen. Die Politik macht sich damit an dem Missbrauch der Freiheit der Kunst und der Entartung der Kunst dieser Künstler mitschuldig. Und nicht zuletzt können auch Kinder diese entarteten Werke ansehen, was die Kultur-Politiker natürlich nicht verhindern und damit die Schuldigen sind. Sie verstoßen in unverantwortlicher Art und Weise gegen ihre eigenen Gesetze (308, 382 und 383).
Sollten sie Lust haben, sich übergeben zu müssen, dann lesen Sie im „Kultur Spiegel" (396), über weitere ekelerregende Beispiele der geisteskranken Künstlerin.
Heute erzeugen Künstler oft aus Materialien Kunstwerke, an die vor sehr langer Zeit niemand auch nur gedacht hätte. Es fing damit an, dass Joachim Hiltmann das Bild „Elefantenkot" malte und damit, wie konnte es anders sein, Erfolg hatte (16).

7.0. Wer ist Künstler?

Ein Künstler ist derjenige Mensch, der Kunstwerke schafft. Doch kann das Schaffen von Kunstwerken keinesfalls eine Definition des Begriffes Kunst sein, sonst müsste ich, so wie viele anderer schon vor mir, auch sagen dürfen: „Kunst ist sich Selbstzweck", womit wir eben wieder nicht erfahren, was Kunst wirklich ist.
Außerdem ergibt sich aus dem oben Gesagten sofort die Frage: „Was ist ein Kunstwerk?" Womit man sich dann im Kreise herumdrehte.
Auf die Frage, ist ein Malwerk Leonardo da Vincis ein Kunstwerk, wird ausnahmslos jeder von Ihnen sagen: Selbstverständlich ist es ein Kunstwerk. Bei der Beantwortung der Frage, ist ein Malwerk eines Affen ein Kunstwerk, wird es Ihnen verständlicher Weise schon schwerer fallen, eine klare Antwort zu geben. Ich sage Ihnen, per Definition kann das Werk eines Affen, also eines beliebigen Tieres, kein Kunstwerk sein, weil die Begriffe Kunst und Kunstwerk ausschließlich auf menschliche Werke angewendet werden dürfen, obwohl man mit Werken von Affen, Pferden und anderen Tieren durchaus von Laien und nicht nur von Laien, gutes Geld dafür bekommen

kann. Vor allem dann, wenn diese vor dem Kauf nicht erfahren, dass das angebliche „Kunstwerk“ von einem Tier erschaffen wurde.
Legt man Ihnen je ein Bild von Rembrandt und von einem Affen vor, dann finden Sie ohne Mühe das des Affen heraus. Legt man Ihnen dagegen ein Bild eines entarteten, modernen Malers und eines Affens vor und sagt Ihnen nicht, wer welches gemalt hat, kommen Sie manchmal ins Grübeln. Vielleicht ordnen Sie sogar unbewusst das Werk des Affen dem Künstler zu. Wer ist also nun ein Künstler?

7.1 Wer ist kein Künstler?

Lassen Sie mich mit der Frage beginnen: „Wer ist kein Künstler?“, die Thomas Mann in seinem Werk „Tonio Kröger“ (124) auf seine Weise wunderbar beantwortete:
„Der ist noch lange kein Künstler, dessen letzte und tiefste Schwärmerei das Raffinierte, Exzentrische und Satanische ist, der die Sehnsucht nicht kennt nach dem Harmlosen, Einfachen und Lebendigen, auch ein wenig Freundschaft, Hingebung, Vertraulichkeit und menschliches Glück.“
An anderer Stelle wird er noch deutlicher: „Ein Künstler, der nicht sein ganzes Selbst preisgibt, ist ein unnützer Knecht.“
Thomas Mann hat mit diesen wundervollen Worten vielen Menschen sicher aus tiefster Seele gesprochen. Aber hat er wirklich Recht? Wir wissen doch heute, dass auch das Raffinierte, Exzentrische, Perverse, Entartete und Satanische als Kunst bezeichnet, in Museen ausgestellt und im Kunsthandel für teures Geld verkauft wird. Auch wenn ein Maler die Sehnsucht nach dem Harmlosen, Einfachen und Lebendigen nicht kennt und auch ein wenig Freundschaft, Hingebung, Vertraulichkeit und menschliches Glück verachtet, wird er von den „Kunstexperten“ als Künstler anerkannt. Und nun muss ich mich zu diesen „Experten“ bekennen: Jawohl, auch das sind Künstler im Sinne meiner Definition des Begriffes Kunst. Hier spielt die Toleranz gegenüber den Künstlern eine wesentliche Rolle. Ohne Toleranz keine Freiheit! Auch keine künstlerische Freiheit! Doch wie weit sollte, bzw. darf Toleranz gehen? Darf man den Missbrauch der Freiheit der Kunst tolerieren? Friedrich der Große (125) antwortete darauf wie folgt:

„Die Toleranz muss in einem Staate jedem Freiheit geben, zu glauben, was er will, aber sich nicht soweit erstrecken, dass sie die Frechheit und Ausgelassenheit junger, unbesonnener Leute autorisiert, die dem Hohn sprechen, was das Volk verehrt.“

Treffender kann man es wohl kaum sagen! Doch leider gilt die Meinung des „Volkes“ heute nichts mehr, wie man bei der „Affäre Sarazin“ sah. Eine der wenigen, mutigen

Journalistinnen, Tina Mendelssohn, wagte sich in „Kulturzeit" des TV-Senders 3-Sat, die Wahrheit über „Volkes Stimme" zu sagen.
Ergänzend zu Friedrich dem Großen sage ich: Nicht nur das, was dem Hohn spricht, was das Volk verehrt, sondern auch das, was der Gesellschaft schadet, um mit Max Nordau zu sprechen! Auf jeden Fall darf die Toleranz nicht so weit gehen, dass ein Künstler die Freiheit der Kunst auf das Schändlichste missbraucht.
Da zu Volkes Stimme auch die Stimme unserer Lehrer gehört, will ich noch die Meinung eines Oberstudiendirektors zur Kunst einiger „moderner" Bildhauer wiedergeben: „Das handwerkliche Unvermögen moderner Bildhauer und die freche Flucht in häufig klumpige oder gar blödsinnige Gestaltung ohne Form und Ästhetik wird sehr wohl allmählich durchschaut, und die Werke dieser Pseudokünstler können nicht ernstgenommen werden (417)". Natürlich verstand er unter „modernen Bildhauern" nur die, welche durch ihr Nichtkönnen derartige „unnormale" Kunstwerke schufen und die den Begriff „modern" dadurch missbrauchten. Ich erinnere nur an die durchaus modernen Kunstwerke hervorragender Bildhauer, die wirkliche Könner waren und sind. Ich erwähnte schon die „Spargelfrau von Schwetzingen", den „Rattenfänger von Hameln" und den „Brunnen von Kefelar". Natürlich wäre es besser gewesen, er hätte von einigen wenigen unvermögenden Bildhauern gesprochen. Trotzdem kann ich ihn sehr gut verstehen, dass ihm beim Anblick mancher „moderner" Kunstwerke der Kragen platzte. Dass es allerdings auch Künstler waren, die Kunstwerke schufen, erfahren sie in Kapitel 8.
Kommen wir jetzt noch einmal zu der Frage: „Sind Fälscher Künstler?" Welchen Wert haben Fälschungen? Wenn ein Gemälde, wie z.B. die berühmten „Sonnenblumen" von van Gogh nicht echt sein soll (126), dann erhebt sich besonders laut die Frage: „Was ist Kunst? Wer ist Künstler?"
Wenn die Japaner vierzig Millionen Euro für dieses Kunstwerk einst zahlten, dann wurde es doch vorher von „Kunstexperten" genaustens untersucht. Also: Die Kunstfertigkeit der Fälschung kann nicht Kunst sein. Deshalb ist ein Werk für mich kein Kunstwerk, solange dessen Künstler nicht bekannt ist, solange der Weg des Werkes nicht bekannt ist und solange der Verkäufer unbekannt ist. Natürlich kann auch ein völlig unbekanntes Werk ein Kunstwerk sein, wenn im Nachhinein der Künstler sich zu seinem Werk bekennt. Der Fälscher jedoch gibt nur die Kunst des echten Künstlers wieder, er ist quasi Vervielfältiger des echten Kunstwerkes, aber selber kein Künstler, jedoch ein Könner! Sie sehen, Kunst kommt nicht immer von Können, doch die überwiegende Zahl der Künstler sind auch große Könner.
Etwas anderes ist es, wenn ein Maler ein Bild malt, das von van Gogh sein könnte: Art und Weise, Stimmung, alles außer dem Motiv identisch mit van Gogh. Auch der Betrachter fühlt sich angesprochen. Dann ist der Maler ein Künstler und kein

Fälscher. Er hat sich nur die Malweise, die Malart, die Technik von van Gogh angeeignet und das ist erlaubt und keine Fälschung, denn sie wird ja an den Kunstakademien gelehrt!
Doch leider gibt es auch „Experten", die, wie wir gesehen haben, bewußt oder unbewußt z. B. aus geschäftlichen oder satirischen Gründen aus einem Gedicht, das gar kein Gedicht ist, ein angeblich lyrisches Kunstwerk machen. Eine Satire ist ja bekanntlich eine ironisch-witzige literarische oder künstlerische Darstellung menschlicher Schwächen, aber auch eine Literaturgattung, die durch Übertreibung, Ironie und Spott an Personen oder Zuständen Kritik üben möchte (146).
Fälschungen sind seit langem üblich, man braucht nur an die entsetzlichen, widerwärtigen Inszenierungen alter deutscher Opern denken. Doch mit welchem Recht? Viele 68er Regisseure verfälschen am laufendem Band und die Politiker applaudieren heftig, anstatt zu buhen und zu pfeifen. Wes Geistes Kinder sind diese nur? Ist so etwas noch mit dem Urheberrecht vereinbar? Ach so, das ist ja schon lange abgelaufen. Mit der Würde Verstorbener ist es ganz sicher nicht vereinbar.

7.2 Wer ist Künstler nach dem Gesetz?

7.2.1 Allgemeines

Wussten Sie, dass der Begriff „Künstler" gesetzlich geregelt ist? Das Gesetz ist Ausdruck des Gesetzgebers über ethische, soziale, und andere Beschränkungen des menschlichen Zusammenlebens. Aber es ist nur ein Stück Papier, das erst durch das folgende Handeln der Menschen zur Wirkung kommt. Liegt es im Keller als Entwurf und die Menschen kennen es (noch) nicht, verhält es sich ähnlich wie bei einem völlig unbekannten Kunstwerk, das im Keller liegt. Es bezieht sich immer auf das Nehmen und Geben des Gesetzgebers. Auch sind unterschiedliche Auslegungen möglich, weil der parteigebundene Gesetzgeber bewusst oder unbewusst Auslegungen zulassen möchte, und zwar, um vielleicht den ihm Nahestehenden weniger nehmen und mehr geben zu können, was natürlich zu Ungerechtigkeiten führen kann.

7.2.2 Wer ist Künstler nach dem Einkommensteuergesetz

Eine künstlerische Tätigkeit liegt nur vor, wenn der Künstler eine eigen-schöpferische Leistung vollbringt, in der seine individuelle Anschauungsweise und Gestaltungskraft zum Ausdruck kommt und die über eine hinreichende Beherrschung der Technik hinaus eine gewisse Gestaltungshöhe erreicht. Diesen Wortlaut können Sie im Einkommensteuergesetz (EStG) unter § 18 Abs.1 Nr.1 nachlesen. Auch unter den BFH-

Urteilen vom 26. Februar 1987 IV R 105/85, BFHE 149, 231 BStBl II 1987 usw. finden Sie dazu Interessantes (127).

In unserer Verfassung wurde die „Freiheit der Kunst“ verankert, ohne dass die Politiker, die dies veranlassten, wussten, was Kunst ist. Deshalb sieht wohl das Bundesverfassungsgericht das Wesentliche der künstlerischen Betätigung nur in der freien schöpferischen Gestaltung, in der Eindrücke, Erfahrungen und Erlebnisse des Künstlers durch das Medium einer bestimmten Formensprache zur unmittelbaren Anschauung gebracht werden. Dass Kunst auch durchaus gefährlich sein kann, hat man bisher nicht bedacht (128).

Anstatt dem mannigfaltigen, gesellschaftsschädlichen Unwesen auf dem Gebiet der Kunst ein Ende zu setzen, z.B. dem Aufruf zum Mord an einem Politiker, hat man, wegen einer fehlenden, wirklichen, stichhaltigen Definition, diesem Treiben, sprich diesen entsetzlichen Grenzverletzungen und -überschreitungen, hinsichtlich Sitte und Moral, Tür und Tor geöffnet. Allerdings genügte es schon, wenn die Gesetzgeber ihre eigenen Vorgaben ernst nähmen. Dann gäbe es nämlich viel weniger Künstler und Kunstwerke, denn die hinreichende Beherrschung der Technik muss man doch sehr oft anzweifeln und eine gewisse Gestaltungshöhe erreichen manche sogenannte „modernen Künstler“ auch nicht. Auch die Gesellschaftsschädlichkeit wurde in der Gesetzgebung so gut wie nicht berücksichtigt, wozu es allerdings einer klaren Definition bedurft hätte.

Ich denke nur an eine Kunstausstellung in Karlsruhe, in der vor vielen Jahren ein sehr großer Bilderrahmen - kein Bild darinnen - als Kunstwerk ausgestellt war. Der Gesetzgeber will nicht erkennen, dass diese Künstler nach herkömmlichem Sprachgebrauch Betrüger, Scharlatane, Gauner, usw. sind. Weil auch dieses „Betrügen“, diese Scharlatanerie und Gaunerei Kunst ist, fehlt in unserer Verfassung der Begriff „gesellschaftsschädliche Kunst“. Auch wenn dieser Rahmen, der in der o.g. Ausstellung hing, nicht direkt gesellschaftsschädlich war, sollten die Kulturpolitiker endlich nachdenken, damit „Betrügerei, Scharlatanerie und Gaunerei“ nicht gesellschaftsfähig werden. Und dass diese Künstler darüber hinaus auch knallharte Betrüger sind, sollten die Gerichte endlich einmal durch entsprechende Urteile kundtun.

7.3 Wer ist Künstler nach dem Brockhaus von 1931

„Künstler ist derjenige Mensch, der neben großer Erlebensfähigkeit und Freude am Schönen einen unbezwinglichen Drang und die Fähigkeit hat, seine Erlebnisse zu gestalten und auszudrücken. Er unterscheidet sich vom gewöhnlichen Menschen nicht durch die Art, sondern durch den Grad seiner Begabung und Leistung, so meist durch

eine außergewöhnlich lebhafte und zeugungsstarke Einbildungskraft, besonders auf dem Gebiet, auf dem sein Schaffen liegt." (z.B. der Malerei, Musik, usw.)
Natürlich sagen Sie, liebe Leserinnen und Leser, sogleich: „Schön wär´s." Begabung und Leistung, was immer das sein mag, ist heute eben nicht das Maß, das darüber entscheidet, wer Künstler ist. Auch Unbegabte werden heute oft als Künstler bezeichnet und hochstilisiert. Ich verweise auf den o.g. leeren Rahmen, der von einem cleveren Künstler stammte und von den „Kunstexperten" als Kunstwerk in die Ausstellung aufgenommen wurde.

7.4 Wer ist Künstler nach den Aussagen mancher Künstler

Um es gleich vorwegzunehmen, so viele Künstler es gibt, fast so viele Meinungen können Sie zu der Frage „Was ist Kunst"? erhalten. An dieser Stelle kann ich nur über einen winzigen Bruchteil dieser Meinungen und Antworten berichten.
Lassen Sie mich mit dem großen Humoristen Karl Valentin beginnen: „Kunst kommt von Können, nicht von Wollen, sonst müsste es ja Wunst heißen". Valentin, der unzweifelhaft ein großer Künstler war, hatte es natürlich nicht nötig, über den Begriff Kunst ernsthaft nachzudenken. Doch was wollte er mit seiner Definition sagen? Für mich steht fest, er wollte die Kunstexperten in humorvoller Weise auf das Fehlen einer Definition hinweisen, er wollte ihnen vor Augen führen, dass sie über Kunst und Kunstwerke reden, obwohl sie nicht einmal sagen können, was Kunst wirklich ist.
Wenn man in dem Buch von Mäckler „1080 Antworten auf die Frage was ist Kunst" (10) liest, was große Künstler über Kunst geschrieben oder gesagt haben, erkennt man, dass ihnen oft nicht bewusst war, dass sie Kunstwerke und nicht Kunst schufen.
Eine besondere Ausnahme muss ich erwähnen: Caspar David Friedrich schrieb sehr eindrucksvoll über seine wundervollen Kunstwerke (129):
„Jedes wahrhafte Kunstwerk muss einen bestimmten Sinn aussprechen, das Gemüt des Beschauers entweder zur Freude oder zur Trauer, zur Schwermut oder zum Frohsinn bewegen, aber nicht alle Empfindungen, wie mit einem Quirl durcheinander gerührt, in sich vereinigen wollen."
Heinz Ohff meinte „Kunst ist Utopie" (130). Der Duden (24) versteht unter Utopie einen Zukunftstraum oder einen unausführbaren Plan. Hat er das gemeint? In manchen Künstlern entstand Kunst sicher aus einem Zukunftstraum. Aber aus einem unausführbaren Plan kann schon deshalb keine Kunst entstehen, weil mit dem Wort „unausführbar" eben gerade gesagt wird, dass eine Tätigkeit, hier Kunst, nicht möglich ist. In diesem Sinne ist also Kunst keine Utopie.
Auch Paul Klee behauptete etwas, was ich nicht nachvollziehen kann. Er sagte (323):

„Kunst gibt nicht das Sichtbare wieder, sondern macht sichtbar.“ Also Kunst macht sichtbar. Und was macht Kunst sichtbar? Nach Klee nicht das Sichtbare, also das Unsichtbare! Und was meint er mit dem Unsichtbaren? Davon gibt es ja bekanntlich sehr viel. Er sagt es nicht. Dieser Ausspruch ist einfach nur dummes Zeug, weil er nicht sagte, was er gemeint hat. In Kapitel 8 erfahren Sie, was er gemeint haben könnte.
Lassen Sie mich auch in den folgenden Kapiteln mit Kurt Tucholsky auf viele weiteren Sätze der sog. Experten antworten: „Es ist alles richtig, auch das Gegenteil“. Er brandmarkte damit die Unwissenschaftlichkeit und Dummheit dieser Künstler und Experten. Dagegen komme ich mit meiner Definition, meinen Gedanken, denen des Philosophen Hegel (75) schon recht nahe. Dieser sagte nämlich: „Musik ist tönende Innerlichkeit.“ Doch was ist Innerlichkeit? Seele, Liebe oder Hass? Ja, sie sind tatsächlich oft Ursachen von Kunst, die dann zu den Kunstwerken führt, wie auch der Glaube an Gott und die Liebe zu Gott, aber auch die Verherrlichung des Teuflischen, des Satanischen.

8.0. Was ist Kunst und was sind Kunstwerke nun wirklich?

Schon die Überschrift über diesem Kapitel sagt noch einmal, dass man zwischen Kunst und Kunstwerk, also zwischen einer Tätigkeit und einem Objekt unterscheiden muss. Kunst ist also ein Vorgang, eine Tätigkeit, die immer mit Arbeit verbunden ist. Aber auch mit Leistung, also mit Arbeit pro Zeiteinheit. Da das Kunstwerk immer aus dieser Tätigkeit entstand und zwar in einer bestimmten Zeit, haben wir es auch immer mit einer mehr oder weniger großartigen Leistung zu tun. Der eine schmiert es in wenigen Minuten auf eine Leinwand, der andere benötigt Tage, ja oft auch Wochen, wenn ich z.B. an einen Roman denke.
Weil auch die Tätigkeit „Kunst“ nach dem Kausalitätsprinzip eine Ursache haben muss, fragte ich mich immer wieder: Was ging in dem Mensch vor, als er dieses oder jenes Werk schuf? Diese Frage sollte man für alle Werke, die von Menschen geschaffen wurden, stellen. Was ging also in einem Künstler vor, der dieses oder jenes Kunstwerk schuf? Allein diese Frage führte mich zu meiner Definition des Begriffes Kunst.
Jeder Künstler bringt oder besser gesagt will unzweifelhaft durch sein Kunstwerk irgendetwas zum Ausdruck bringen, z. B. das, was ihn bewegt, erregt, aufregt, erfreut, erzürnt, befriedigt, usw. Auch mit der Suche nach einem Motiv will uns der Künstler etwas ausdrücken. All dieses Ausdrücken, also diese Tätigkeiten, haben ihre Ursachen in seinem Denken, Empfinden, Wollen, Hoffen, Fühlen, in seinem unmittelbaren Erleben, in der Gesamtheit der seelischen Erscheinungsformen seines Geistes, was

letztendlich sein Ich, besser gesagt, sein Innenleben ausmacht. Wir wissen, dass ein solches Ausdrücken seines Innenlebens auf unterschiedlichste Art und Weise erfolgen kann und auch erfolgt. Ein Maler drückt es durch das Malen von Bildern, ein Komponist durch das Komponieren von Musikwerken, ein Schriftsteller durch seine Gedichte bzw. durch das Schreiben eines Romans aus.
Auf den Begriff „Innenleben“ komme ich ausführlich zurück. Er ist etwas ganz anderes als der Begriff „Seele“.
Ob wir eine unsterbliche Seele haben oder nicht, ist Glaubenssache eines jeden Menschen. Aurelius Augustinus (236), ein Heiliger und Kirchenlehrer in der Zeit zwischen 354 und 430 n.Ch. sprach mir allerdings aus dem Herzen, als er den Menschen zurief: „Niemals hätte Gott so Großes und Herrliches für uns getan, wenn mit dem Tode des Körpers auch das Leben der Seele aufhörte“.
Auch wenn Atheisten abstreiten, dass die Menschen eine Seele besitzen, müssen sie doch zugeben, dass jeder Mensch, also auch jeder Künstler, ein Innenleben führt. Kein vernünftig denkender Mensch kann und wird dieses bestreiten. Sie sehen, Seele und Innenleben unterscheiden sich erheblich voneinander.
Da die Tätigkeit Kunst eines Menschen also untrennbar mit seinem Innenleben verbunden ist, muss also folgerichtig, eine allumfassende, allgemein verständliche, zeitlose Definition lauten:

„Kunst ist das Offenbaren, Ausdrücken, Sichtbar-, Hörbar-, Lesbar- Fühlbarmachen und/oder Entblößen des Innenlebens des Menschen, der damit ein Kunstwerk schafft.“

und

„Das Kunstwerk ist das offenbarte, ausgedrückte, sichtbar-, hörbar-, lesbar-, fühlbargemachte und/oder entblößte, konservierte Innenleben des Künstlers“.

und

Ein Künstler ist der, welcher in seinem Werk sein Innenleben offenbarte, ausdrückte, sichtbar-, hörbar-, lesbar-, fühlbarmachte und/oder entblößte.

Ich betone also noch einmal: Kunst ist eine Tätigkeit. Kunst selbst kann man nicht schaffen, sondern nur Kunstwerke, weil Kunst selbst ein Schaffen ist.
Dass Kunst auch das Entblößen des Innenlebens eines Künstlers sein kann, wird jeder normal denkende Mensch spätestens dann erkennen, wenn er z.B. von der avantgardistischen Malweise einiger perverser Künstler liest, von denen ich berichten werde.

Diese entblößten nicht nur ihre Körper öffentlich und damit auch ihre Geschlechtsteile, was in Deutschland nach § 183, Abs.1 StGB immer noch strafbar ist, sondern auch ihr perverses Innenleben mehr als eindrucksvoll. Außerdem missbrauchten sie die Freiheit der Kunst in widerwärtiger Art und Weise.

Lassen Sie mich nun zu einigen Künstleraussagen kommen, die meine Definition berühren. Der Schauspieler Paul Wegener (131) schrieb im November 1945 in seinem Essay „Vom vielfach verkannten Schauspieler": „Es ist nicht das sogenannte Talent, das den wirklichen Künstler schafft, sondern die Fülle seines inneren Lebens und sein Charakter." Und ein paar Sätze weiter ergänzt er diesen Gedankengang, in dem er schreibt: „Jede Rolle entsteht in einem speziellen Sektor seines Innenlebens." Und Hegel schrieb, wie ich oben schon sagte: „Musik ist tönende Innerlichkeit". Sie sehen, so weit ab liege ich mit meiner, allerdings umfassenderen Definition nicht. Umfassender, da sie für alle Kunstarten gilt. Paul Wegener wäre sicher zu meiner Definition gelangt, wenn er nach einer allgemein gültigen Definition des Begriffes Kunst gesucht hätte. Das gleiche gilt auch für den Ausspruch Hegels, der diesen allerdings nur auf die Definition des Begriffes Musik bezog.
Musik entsteht zuerst im Innenleben des Komponisten, das er später beim Komponieren dadurch zum Ausdruck bringt, dass er es in Noten umsetzt und auf Papier schreibt. Diese Tätigkeit ist also seine Kunst.

Der Dirigent Lorin Maazel sagte in (336), „Musizieren ist für mich ein Ausdruck des Lebens, wie das Atmen, wie die Liebe...". Diese Worte gehen meiner Meinung nach an dem wirklichen Wesen des umstrittenen Begriffes vorbei. Ich glaube, Liebe ist viel mehr als nur Ausdruck des Lebens. Und Musizieren ist eine Tätigkeit und kein Ausdruck des Lebens. Natürlich meinte er sicher: Sein Musizieren ist das Ausdrücken seines Innenlebens.
Müller (10) sprach davon, dass die Kunst eine Darstellung, eine Mimesis ist, d.h. eine nachahmende Darstellung der Natur im Bereich der Kunst. Sie sei „eine Tätigkeit, durch welche ein Innerliches äußerlich wird". „Ein Innerliches", ist ein Teil des Innenlebens, denn der Künstler kommt zwar mit der Natur in Resonanz, drückt dabei aber nur diesen, nicht kreativen Teil seines Innenlebens aus.
Castagnary (10) formulierte seine Gedanken, indem er sagte: „Die Kunst ist vor allem ein Ausdruck des menschlichen Ichs, das durch die Außenwelt gereizt wird". Kunst darf nicht nur der Ausdruck des Ichs sein, das gereizt wird, sondern dieses Ich, welches ich einmal mit dem Innenleben gleichsetzen will, kann sich durchaus auch künstlerisch ausdrücken, wenn es durch die Außenwelt nicht gereizt wurde.

Mit Hauser (10) stimme ich nicht überein, der sagte, dass die Kunst fast immer Ausdruck, aber nie lediglich Ausdruck sei. Er sagte nicht einmal, was der Künstler zum Ausdruck bringt. Leider verrät er auch nicht, was Kunst noch anderes sein sollte, als das Ausdrücken des Innenlebens des Künstlers.
Auch Cavael (10) verwendet den Begriff „innerlich“ mit den Worten: „Kunst ist der unmittelbare Niederschlag einer innerlichen Bewegung“. Mit dem Wort „unmittelbar“ meinte er wahrscheinlich, dass Kunst, also das Ausdrücken des Innenlebens, das viel mehr als nur eine innerliche Bewegung ist, sofort dieser „Bewegung“ folgen muss.
Wenn einen Künstler etwas bewegt, bedarf es immer eines Anlasses, der das Innenleben damit in positive oder negative Resonanz versetzt. Ich denke nur an die Kindertotenlieder von Rückert, die Mahler vertonte. Beide drückten natürlich ihr Innenleben aus und legten es uns in tief beeindruckender Art und Weise zu Füßen.
Doch auch dann, wenn ein Künstler sich in einen bestimmten seelischen Zustand versetzt, kann er ein Kunstwerk schaffen.
Collischonn (10) meinte: „Die Kunst ist der sinnfällige Ausdruck des inneren Wesens, ...“. Unter Wesen versteht er in diesem Zusammenhang wahrscheinlich das „lebendige Sein“ des Menschen. Der Begriff Innenleben ist meiner Meinung nach verständlicher, denn im philosophischen Sprachgebrauch hat man unter dem Begriff „Wesen“ die Summe der begründeten Merkmale, die einem Ding zukommen und es zu diesem Ding machen, zu verstehen. Kant drückte das so aus: “Wesen ist das erste innere Prinzip alles dessen, was zur Möglichkeit eines Dinges gehört“ (34).
Sie sehen, man kann etwas auch kompliziert ausdrücken. Man erkennt immer wieder, dass auch „Experten“ Worte nicht immer sachgemäß und richtig einsetzen. Das trifft insbesondere auf Fremdworte und Bezeichnungen zu, die der Kunstbetrieb gern benützt. Außerdem stellen manche von ihnen Fakten auch unsystematisch dar und sind daher in ihrer häufig wertenden Beurteilung anzuzweifeln.
Wenn ein Künstler sein Kunstwerk betrachtet, schaut er gleichsam in einen Spiegel und erkennt unmissverständlich sich selbst darin wieder, also er sieht sein Innenleben vor sich aufleuchten. Wenn er aber dabei weder sich, noch sein Innenleben erkennt, dann betrachtet er kein Kunstwerk und dann war es auch keine Kunst, als er das Werk schuf. Ich gehe allerdings noch weiter, indem ich sage: Ein Künstler ist gezwungen, sich mit seinem Kunstwerk zu identifizieren, sonst droht ihm die Disqualifizierung.
Da es sehr viele Arten von Tätigkeiten gibt, muss man die Tätigkeit „Kunst“ auf bestimmte Tätigkeiten, die aus dem Innenleben des Künstlers hervorgehen, beschränken, sonst wäre z.B. Holzhacken auch Kunst. Weil Holzhacken im Normalfall nichts mit dem Innenleben des Hackers zu tun hat, ist für dieses Beispiel die Abgrenzung nicht schwer. Allerdings gibt es auch davon Ausnahmen.

Vor vielen Jahren sah ich einmal, wie meine alte Nachbarin sich mühte, einen großen Haufen Holz zu hacken. Am Abend, es war ein Freitag, hatte sie gerade einmal ein Viertel davon geschafft. Am Samstag darauf nahm ich die Axt, weil mir die alte Frau leidtat und hackte in zwei Stunden den ganzen Haufen zu ofengerechten Scheiten zusammen. Mein Innenleben hatte mich dazu angeregt, und die Freude der alten Frau darüber war mir der schönste Lohn. Wäre ich imstande gewesen, diesen ganzen Vorgang in einem modernen oder zeitgemäßen Schauspiel zu verewigen, wäre daraus sicher ein kleines Kunstwerk entstanden.
Da es unterschiedliche Ausdrucksformen des Innenlebens eines Künstlers oder besser gesagt eines jeden Menschens gibt, will ich diese Tatsache einmal darstellen. Ich sage, das Ausdrücken des Innenlebens ist der Oberbegriff von den Tätigkeiten Kunst, Weinen, Lachen, Brüllen, Toben eines Menschen“. Auch das „sich Kleiden“ eines Menschen, d.h. wie er sich kleidet, ist natürlich Ausdruck seines Innenlebens. Neulich saß ich in der Altmarktgalerie in Dresden und wartete auf meine Frau. Ich hatte eine gute Viertelstunde Zeit, die Kleidung der an mir vorbeieilenden jungen und alten Menschen zu bewundern: Über 95% trugen Jeans! Die einen trugen absichtlich zerfetzte und scheinbar dreckige, andere wieder typisch auf Westernlook getrimmte und wieder andere, besonders junge, hübsche Frauen, elegante, sehr modische Jeans. Nur sehr, sehr wenige Frauen trugen Kleider und noch weniger trugen elegante Kleider mit eleganten Schuhen. Genau das gleiche Bild bei den Männern. Nur zwei Herren im mittleren Alter kamen im eleganten, grauen Anzug mit Schlips und Kragen daher. Vor hundert Jahren sah das Bild natürlich ganz anders aus und das ist der beste Beweis, dass der Zeitgeist einen enormen Einfluss auf das Innenleben der Menschen ausübt. Doch in der Kunst ist das nicht immer so. Da gibt es wesentlich mehr Künstler, die ihr konservatives, d.h. keinesfalls veraltetes, harmonisches Innenleben z.B. in wundervollen Bildern zum Ausdruck bringen.

Nun will ich in einer einfachen Form darstellen, wie man sich das Ganze vorstellen kann:

Ausdrücken des Innenlebens

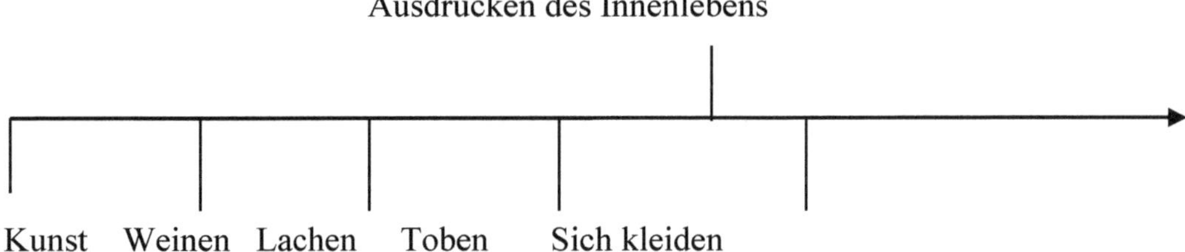

Kunst Weinen Lachen Toben Sich kleiden

Der Pfeil soll andeuten, dass es noch wesentlich mehr Arten des Ausdrückens des Innenlebens eines Menschens gibt.
Kunst ist allerdings nur die Tätigkeit, die direkt mit dem Innenleben eines Künstlers zu tun hat. Also das Malen, Komponieren, Bildhauern, Musizieren, Dichten, Dirigieren, Schauspielern, Inszenieren, Regieführen, usw.
Für viele Künstler ist Kunst aber auch die Fähigkeit etwas auszudrücken, was von vielen anderen nicht mehr als Kunst bezeichnet wird.
Alle künstlerisch veranlagten Menschen drücken irgendetwas aus, was allerdings auch sehr viel mit Technik zu tun haben kann, deren Vorhandensein man bei manchen Künstlern anzweifeln muss. Aber selbstverständlich gab und gibt es noch heute sehr viele fähige Künstler, d.h. die technisch außerordentlich begabt sind und deshalb großartige, bewunderungswerte, harmonische Kunstwerke schaffen. Dann gibt es aber auch Menschen, die aus irgendwelchen Gründen glauben, Kunstwerke „herstellen“ zu müssen, aber dazu absolut unfähig sind.
Wenn ich beispielsweise glaubte, dass ich unbedingt eine Sinfonie schreiben muss, dann könnte ich das einfach nicht, weil ich dazu absolut unfähig bin und außerdem auch nicht die musikalischen Grundlagen beherrsche. Ich könnte aber durchaus mit meinen Händen wie wild auf einem Klavier herumtrommeln, diesen Krach aufnehmen und von einem Musiker in Noten setzen lassen und das Ganze als Kunstwerk zu verkaufen versuchen. Kunst wäre das ganz gewiss nicht, sondern schlicht und einfach Betrug!
Die Erfindung irgendeines Schwachsinns auf dem großen, weiten Gebiet „Kunst“, ist noch keine Kunst. Bringt dieser „Erfinder“ jedoch seinen Schwachsinn auf Papier, auf eine Leinwand oder setzt er ihn in Noten, dann ist es heute Kunst und muss demzufolge auch meiner Definition standhalten. Und wie Sie sicher erkennen: Tatsächlich ist dieser Schwachsinn Kunst und was daraus entstand ein Kunstwerk, nämlich der Ausdruck seines mehr oder weniger entarteten, also aus der Art geschlagenen Innenlebens.
Sollte nun ein Mensch tatsächlich ein solches „Kunstwerk“ hergestellt haben, obwohl er dazu absolut unfähig war, dann hat er seine Unfähigkeit für alle sichtbar in seinem Werk ausgedrückt, denn seine Unfähigkeit, gepaart mit seinem Geltungsbedürfnis, seiner Ichsucht, gehört nun einmal auch zu seinem Innenleben. Derartige Unfähigkeiten können sich in Ideenarmut, Melodienarmut, Drang zur Hässlichkeit usw. bemerkbar machen. Picasso war z.B. in seiner barbarischen Periode nicht fähig, schöne Kunstwerke zu schaffen, weil in ihm das Schöne und Harmonische in seinem Innenleben aus irgendwelchen Gründen nicht mehr vorhanden war, er also nichts Schönes und Harmonisches auszudrücken hatte. Diese oft zeitbegrenzte Unfähigkeit kann sehr viele Gründe haben. Angefangen von plötzlich auftretendem Unwillen über ein leid-

volles Erlebnis, bis hin zu einsetzender, oft auch nur vorübergehender Geisteskrankheit.
Bemerken möchte ich noch, dass am ehesten der Dichter uns in verständlicher Weise sagen kann, was er ausdrücken, was er uns vermitteln will. Ich sagte ganz bewusst: kann. Es gibt jedoch viele Beispiele, die zeigen, dass es auch Dichter gibt, die sich oft unverständlich ausdrücken. Zwei Beispiele sollen ihnen dies vor Augen führen. Von meinem hochverehrten Lehrer für Kunsterziehung, Herbert Rößler (†) und dem bekannten Johannes Bobrowski (†), die beide, ich kannte sie persönlich, keinesfalls entartet waren.
Herbert Rößler schenkte mir 1978 ein Exemplar der bibliophilen (333) Ausgabe seiner Gedichte „Windsamen", die er im Albert Schneider Verlag, Bingen am Rhein, verlegte und mit eigenen Bildern schmückte, die stark an psychedelische Kunstwerke erinnern. „Psychedelisch ist, wie ich schon ausführte, die Art und Weise, in der die Baupläne, die den menschlichen Organen zugrunde liegen, sich störend in innere und äußere Wahrnehmungsvorgänge einmischen" (114). Und das trifft auch weitgehend auf einige Gedichte Rößlers zu, von denen ich „Spätsommer" auswählte:

Nebel löscht
Den Schwalbenflug.
Wie sich der Herbst
Ins Lachen stiehlt.

Der Sommertraum
welkt über Nacht,
und alle Lieder sterben.
Das Letzte Lied war Klage.

Rößler nahm sicher kein Rauschgift, woraus man erkennt, dass auch ohne materielle Reize, also nur durch seelische Empfindungen, solche „merkwürdigen" Gedichte im Innenleben eines Dichters entstehen können. Auf einem Flyer, der diesem Gedichtband beilag, wurde vom Verlag Schneider eine Beschreibung dieser Gedichte, die ein gewisser Dr. Th. verfasste, wiedergegeben, die dieser in den Mitteilungen des Philologenverbandes Rheinland-Pfalz veröffentlichte: „Viele seiner Gedichte gehen von Impressionen, d.h. von Empfindungen, Wahrnehmungen und Gefühlseindrücken aus, die jedoch sogleich ins Expressive, d.h. ins Ausdrucksstarke, Ausdrucksbetonte und Überreale gehoben werden. So bleiben die Gedichte zugänglich, verständlich, trotz einer Sprache, die nicht nur nennt, sondern stets bemüht ist, auszusagen, zu deuten ... Es spricht ein Dichter von dem, was ihn selbst als Nacht, Schweigen, Rätsel bedrängt."

Ich will es einfacher ausdrücken: Herbert Rößler offenbarte uns in seinen Gedichten (105) sein Innenleben, das er auch in seinen Bildern ausdrückte. Eines davon stelle ich als Beleg der Ähnlichkeit und zu Ihrem Verständnis, einem psychedelischen Bild gegenüber. Ich habe mich ernsthaft bemüht, Ihnen diese Erkenntnisse zu vermitteln, da nicht jeder von Ihnen zu diesen Kunstwerken Zugang hat.

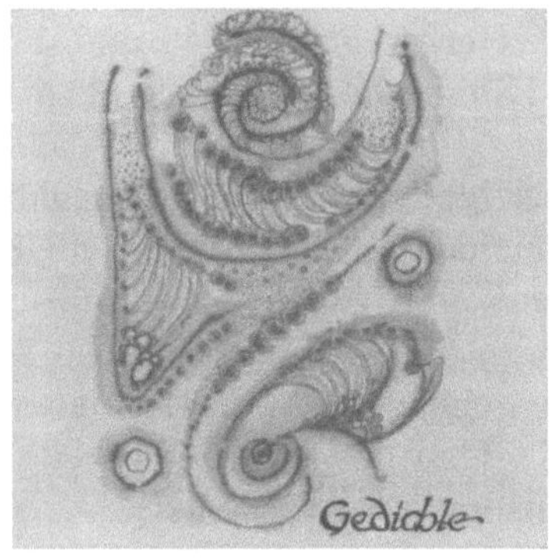

Abb. 12: Bild von Herbert Rößler

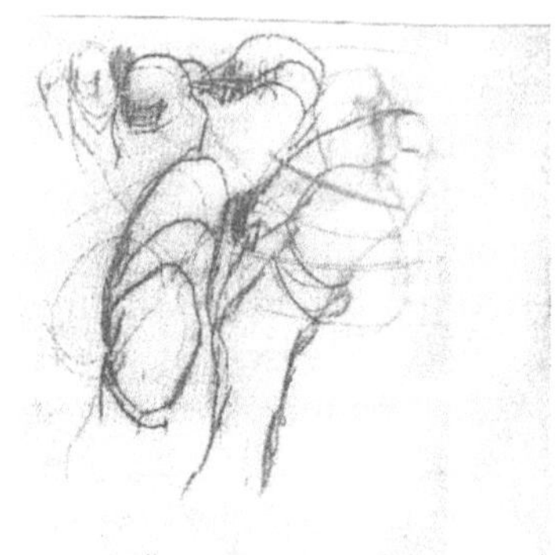

Abb.13: Psychedelisches Bild (114)

Johannes Bobrowski schrieb zahlreiche, wundervolle Gedichte, die keinesfalls einer Erklärung bedürfen. So auch „Kalewala“ (334):

Blaue Ente, oftmals tauchst du
mit deinem Schnabel in das Wasser,
oftmals kühlst du dich in den Fluten.
Geh und hole mir meine Tränen
aus der Tiefe der kleinen Flut.

Doch später erkennt man, dass seine Gedanken „sich in die Baupläne, die den menschlichen Organen zugrunde liegen, störend in innere und äußere Wahrnehmungsvorgänge einmischten.“ So schrieb er zwei Gedichte, „J.S. Bach“ und „Mozart“ (334), die über das Innenleben dieser beiden, gottbegnadeten Komponisten nichts, aber auch gar nichts aussagen. Doch über das langsam dahindämmernde Innenleben des Dichters umso mehr. In dem Gedicht „Sprache“ verstößt er sogar vehement gegen die Aufgabe der Sprache, nämlich sich deutlich und verständlich auszudrücken. Doch damit ist er keinesfalls allein auf der Bühne der Poesie.
Mit seinem Gedicht „Nowgorod 1943“ spricht er dagegen, geprägt von seinen furchtbaren Erlebnissen im 2. Weltkrieg, mehr oder weniger in klaren, verständlichen, ja

wunderbaren Worten über Gott, Liebe und Leid. Ähnlich wundervoll ist auch sein Gedicht „Steinkreuz“:

Dem, den du trägst, ist Erd´und Himmel klein.
Er reißt sie sterbend in sein Herz hinein.
Und ich erfahr´ im Anblick eines Steines,
wie tiefste Lieb und tiefstes Leid sind Eines.

Im krassen Gegensatz zu meiner Kunstdefinition steht die Meinung des bekannten, 1968 verstorbenen Kunstschriftstellers und Kritikers Will Grohmann. Volkmar Billig schrieb in seinem Artikel „Wie Geist Form wird“ (428), dass dieser sich wie folgt geäußert hat:
„Das subjektive Ich des Künstlers tritt im fertigen Bild kaum noch in Erscheinung. …….. Man schafft nicht, sondern lässt geschehen, durch sich hindurchgehen – avancierte moderne Kunst zeigt sich tendenziell also nicht nur gegenstandslos, sondern ebenso „ichleer“.
Hätte Grohmann nach einer Definition des Begriffes Kunst ernsthaft und intensiv gesucht, der nicht nur für die Malerei gültig ist, wäre er nie zu einer so falschen Aussage gelangt. Ich kenne kein einziges Kunstwerk in der Malerei, der Literatur, der Musik usw., das auch nur andeutungsweise „ichleer“ ist!
Grohmann schrieb selbst einmal (428), dass ihn die Rätsel in den Bildern Kandinskys, Klees, Kirchners u.a. von jeher fasziniert haben. Doch gelöst hat er sie trotz seiner vielen persönlichen Kontakte zu diesen Künstlern und jahrzehntelangem Studium ihrer Kunstwerke leider nicht. Und noch etwas: Er sprach immer wieder von der hohen Qualität der modernen Kunst, ohne zu erklären, was daran so hohe Qualität ist. Ich komme im Kapitel „Wert, Wertung, Bewertung und Beurteilung eines Kunstwerkes“ ausführlich darauf zurück.

Kommen wir zu den Gebrauchsgegenständen, die auch Kunstwerke sein können. Meißner Porzellan wurde z.B. in Sachsen bis hinein in das 20. Jahrhundert noch häufig im Alltag „gebraucht“, also benützt. Heute gibt es zwar noch immer Kunstliebhaber, die daraus trinken oder davon essen, doch meist ist es dem Besitzer so wertvoll, dass er es lieber nur in einer seiner Vitrinen bewundert.
Wenn man z.B. das Meißner Motiv „Roter Mingdrache“ betrachtet, dann steht man in tiefer Ehrfurcht vor einem Kunstwerk und seinem Schöpfer.
Auch heute gilt diese Feststellung oft noch genau so wie damals. Denken Sie nur an den Begriff Technisches Kunstwerk, der auch für manche Automobilkarosserien, so z.B. für das E-Coupe aus dem Jahr 2009 von Mercedes (132) zutrifft.

Das Gleiche gilt für das unten abgebildete Technische Kunstwerk „Blaues Wunder“, der Blasewitzer Brücke über die Elbe in Dresden, von C. Köpke und H. M. Krüger 1891-1893 erbaut, wobei dem Einfügen in die wunderschöne Flusslandschaft besondere Bedeutung zukommt.

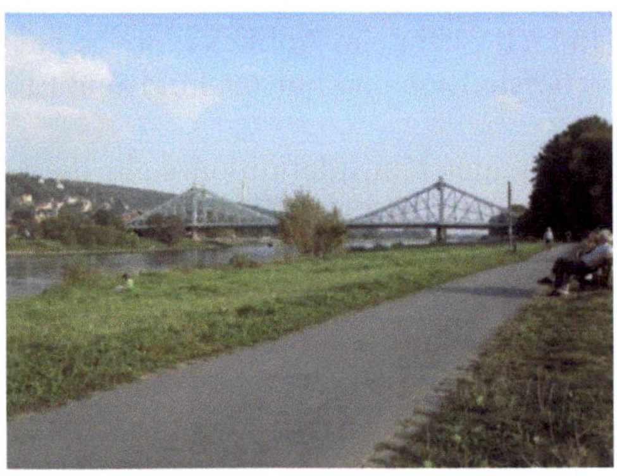

Abb. 14: Das „Blaue Wunder“ in Dresden

Wie ich schon ausführte, nicht nur Kunst ist Ausdruck des Innenlebens des Künstlers, sondern auch Ausdruck vieler anderer „Erscheinungen“, „Eigenschaften“ oder „Tätigkeiten“ der Menschen.
Lassen Sie mich mit dem Ausdrücken erlebter „Erscheinungen“ beginnen. So wurden z.B. die Sonnenuntergänge oder Landschaften im Mondschein schon tausendmal und öfter gemalt oder besungen. Immer gerieten die Maler und Komponisten mit diesen Erscheinungen in innere Resonanz und drückten danach ihre angeregten Innenleben aus.
Nehmen wir uns das Ausdrücken irgendeiner menschlichen Eigenschaft vor. Zu den bekanntesten gehört zweifelslos der Charakter. Ich widme dieser Eigenschaft das Kapitel 12. Sie erfahren darin, dass der Charakter des Menschen großen Einfluss auf sein Innenleben ausübt.
Dass jeder Mensch seine geistige oder körperliche Tätigkeit in irgendeiner Form ausdrücken kann, ist unbestritten. Doch übt sie sicher auf sein Innenleben ebenfalls Einfluss aus. Ein Förster z.B., der sich künstlerisch betätigt, wird vorwiegend herrliche Wald- und Tierszenen malen. Ein Seemann bevorzugt sicher das ruhige oder stürmische Meer, das ganz gewiss sein Innenleben nicht nur beeinflusste, sondern sogar geprägt hat.
Diese Meinung steht im krassen Widerspruch zu der Definition: „Kunst ist in erster Linie gestalteter Ausdruck von Seelischem in Unabhängigkeit von jedem Naturvor-

bild“ (10). Die Einschränkung „unabhängig von jedem Naturvorbild“ ist ganz bestimmt falsch. Hat denn dieser Autor noch nichts von William Turner, Caspar David Friedrich und die vielen anderen Maler gehört und gesehen, welche die herrlichsten Bilder, inspiriert von Naturvorbildern, malten? Kennt er die „Pastorale“ von Beethoven nicht?

Sieht man von dem Nebensatz „unabhängig von jedem Naturvorbild“ einmal ab, ist diese Definition gegenüber meiner wesentlich eingeschränkt, d.h. nicht allumfassend. Jedoch spricht der Autor auch völlig zu Recht den Zusammenhang an, der zwischen Kunst und der Seele des Künstlers besteht.

Natürlich muss man fragen: „Ist meine neue Definition wirklich allgemein gültig und allumfassend?“

Will man sie verstehen und diese Frage beantworten, dann muss man sich zuallererst mit den Begriffen Innenleben und Seele eines Menschen befassen, die letztendlich erschöpfende Auskunft über den Künstler geben. Das Innenleben eines Menschen ist das A und O dafür, ihn kennenzulernen und ihn beurteilen zu können. Verläuft es z.B. harmonisch, dann wird auch sein äußerer Eindruck, den er auf andere macht, harmonisch sein. Und ein Künstler wird harmonische Kunstwerke schaffen, wenn er ein harmonisches Innenleben führt. Dann ist seine Kunst harmonisch, auch wirkt das daraus entstandene Kunstwerk harmonisch. Dies gilt natürlich für alle Kunstarten, also für Malerei, Musik, Gedichte, Romane, Theater- oder Operninszenierungen usw. Die Bezeichnung harmonisch ist keinesfalls ein allgemeines, aber für viele Kunstliebhaber doch ein Werturteil, wenn sie selbst das Harmonische lieben.

Hans Guido Freiherr von Bühlow (133) bemerkte einmal sehr treffend: „In der Kunst gibt es keine Bagatelle. Die kleinste Kleinigkeit ist etwas Wesentliches“. Dem kann ich mich völlig anschließen, da vom Innenleben eines Menschen auch die kleinste Kleinigkeit etwas Wesentliches darstellt.

Ich muss noch einmal auf einen beliebigen Menschen zurückkommen, der sein Innenleben ausdrückt.

Ein primitiver, ungebildeter Mensch, der wegen irgendeiner Kleinigkeit „ausrastet“ und alles in seiner nächsten Umgebung kurz und klein schlägt, drückt damit ohne jeden Zweifel sein momentanes, entartetes, also nicht mehr normales Innenleben aus. Das Ergebnis ist ein Werk! Warum sollte man daran zweifeln? Ein Kunstwerk ist es jedoch nicht, es sei denn, sein Werk, nämlich das hinterlassene Trümmerfeld, wird von sog. „Kunstexperten“ konserviert und zum „Kunstwerk“ erklärt.

An dieser Stelle muss ich eine wahre Begebenheit erzählen, die sich in St. Moritz, also in der Schweiz, tatsächlich zugetragen hat: Der verstorbene Millionär Gunther Sachs, wahrlich kein primitiver, ungebildeter Mensch, früher aus der Boulevardpresse nicht wegzudenken („der Mann steht in moderner Kunst wie Spitzweg in der Roman-

tik“) (368), ließ in den 70iger Jahren des vorigen Jahrhunderts seine damalige Turmwohnung in St. Moritz, im Hause des heutigen Badrutts-Palace-Hotels, von verschiedenen Künstlern mit unterschiedlichsten Kunstwerken möblieren. Das erste war eine Tür aus schussfestem Panzerglas. „Sachs-Freund Armand hatte die Idee, der Tür mit Pistolen ein Muster einzuschießen. Sachs lud dazu einige weitere Freunde zum Schützenfest ein und so entstand ein Splittermuster wie berstendes Glas.
Das zweite Kunstwerk bestand aus einer „Riesenkomposition des Zertrümmerers und Zusammennaglers“ Armand Fernandez. Es bedeckte eine ganze Wand und bestand aus einer Sinfonie zertrümmerter Violinen, Bratschen, Celli, Teil für Teil so, wie sie beim Zerschlagen niederfielen, auf dunklem Leinwandgrund genagelt. Geborstene Ordnung signalisierte eindringlich die Botschaft vom Chaos nicht nur in der Musik. Der 68er Neomarxist Adorno hat sicher seine Freude daran gehabt!
Zuletzt will ich noch ein weiteres Beispiel seiner „Wohnungseinrichtung“ zum Besten geben: „Besucher versuchten mit ängstlichen Blicken, dem lehmgelb glänzenden Etwas auszuweichen, dass sich aus einem umgestürzten grünen Plastikeimer über den Flur ergießt. Pop-Meister Cesar aus Paris hat es für seinen Freund Gunter Sachs ausgegossen.“
Unzweifelhaft drückte Sachs sein merkwürdiges, von Ichsucht geplagtes Innenleben in diesen „Kunstwerken“ aus. Die Innenleben seiner Künstler-Freunde waren allerdings nicht anders.
Wie wir sahen, kann man sein Innenleben auch so ausdrücken, dass niemand auf die Idee käme, dieses Ausdrücken als Kunst zu bezeichnen.
Deshalb werden Kritiker meine Definition vielleicht als unzureichend bezeichnen, allerdings, ohne gebührend über diesen Sachverhalt nachgedacht zu haben. Ja, es besteht sogar die Gefahr, dass sie versuchen, meine Definition zu missbrauchen und gegen mich einzusetzen, indem sie behaupten, nach meiner Definition sei jede menschliche Tätigkeit Kunst.
Doch auf das Einfachste kommen sie leider nicht. Sie brauchen nämlich nur, wie ich ihnen an dieser Stelle darauf erwidere, sagen:

„Auch Kunst ist das Offenbaren, das Ausdrücken, das Sichtbarmachen, das Hörbarmachen, das Lesbarmachen, das Fühlbarmachen, das Entblößen des Innenlebens des Menschen, der damit ein Kunstwerk schafft.“

Und ebenso ist dann auch ein Kunstwerk das offenbarte, das sichtbar-, das hörbar-, das lesbar- und fühlbargemachte, entblößte, konservierte Innenleben des Künstlers“.

Und ebenso ist dann auch ein Künstler ein Mensch, welcher in seinem Werk sein Innenleben offenbarte, ausdrückte, sichtbar-, hörbar-, lesbar-, fühlbarmachte und/oder entblößte.

Natürlich gilt hierbei nicht (!) das Assoziative Gesetz der Mathematik: A=B und B=A, was in anderen Geisteswissenschaften sehr häufig und völlig zu Recht auch nicht gilt.
Mit anderen Worten ausgedrückt heißt das also: „Kunst ist immer das Ausdrücken des Innenlebens des Künstlers, jedoch ist das Ausdrücken des Innenlebens eines beliebigen Menschen nicht immer Kunst!" Doch selbstverständlich kann es auch Kunst sein, wenn er mit seinem Ausdrücken ein entsprechendes „Werk" schafft.
Das Wesentliche der winzigen Ergänzung „auch" liegt darin, dass man mit meiner grundsätzlichen, aber auch mit der von mir geringfügig ergänzten Definition den entarteten Künstlern die Masken von ihren Gesichtern reißen kann. Warum in aller Welt soll für einen Kunstliebhaber wie Gunther Sachs etwas anders gelten, als für einen einfachen, weniger gebildeten, aber normalen Menschen, der für dessen Kunstverständnis kein Verständnis hat?
Wenn also ein „Werk" von seinem Schöpfer oder einem Museumsdirektor oder einem Experten oder von einem oder mehreren Volksvertretern heute als Kunstwerk bezeichnet wird, war das, was der Schöpfer dieses Werkes tat, Kunst.
Damit wird mehr als deutlich, dass der Begriff Kunst nicht nur von der menschlichen Gesellschaft abhängig ist, sondern auch großen Einfluss auf diese selbst ausübt. Auch durch Missbrauch des Begriffes Kunst.
Nützt Kunst der Gesellschaft, dann sollte man sie als positive, gute Kunst, bezeichnen, schadet sie, dann als negative, schlechte Kunst. Genauso lassen die dazugehörigen positiven und negativen Innenleben auf mehr oder weniger gute oder schlechte Menschen schließen.
Benedetto Croce, (134) auf den ich unten ausführlich zurückkomme, postulierte: „Was landläufig als schlechte Kunst gilt, ist in Wahrheit nur ein gescheiterter Versuch, Kunst hervorzubringen." Dieser Versuch drückt jedoch auch das Innenleben des Künstlers aus, was aus meinen weiteren Betrachtungen hervorgehen wird.
Spricht man von guter oder schlechter Kunst, dann muss man erst einmal definieren, was gut und schlecht ist. Paul Ree erklärt diese Begriffe in seinem Buch „Der Ursprung der moralischen Empfindungen" ganz in Nordaus Sinne wie folgt (135): „Wir haben zwei Klassen von denkbaren, möglichen Handlungen, nämlich diejenigen egoistischen, in denen der Handelnde sein Wohl auf Kosten anderer Menschen erreicht und die unegoistischen Handlungen, d.h. solche, in denen der Handelnde, zuweilen

auf Kosten seines eigenen Wohles, das Wohl anderer um ihrer selbst willen fördert oder sich ihrer Schädigung um ihrer selbst willen enthält.“
Da Kunst ein Tun, ein Handeln ist, gelten diese Feststellungen auch für Kunst und die handelnden Künstler.
Ree fährt fort: „Jene egoistischen Handlungen, die auch selbstisch, hartherzig, mitleidlos oder, wenn ihnen Neid und Schadenfreude zugrunde liegt, teuflisch genannt werden, empfindet jeder von uns als moralisch schlecht und tadelnswert, die unegoistischen hingegen als moralisch gut und lobenswert, und zwar besteht die Unterscheidung zwischen Gut und Böse ausschließlich in diesen (folgenden) Gegensätzen: Nur egoistische Handlungen werden böse, nur unegoistische Handlungen gut genannt.“ In diesem Zusammenhang kann ich ihnen das hervorragende Buch „Die Kunst kein Egoist zu sein“ von Richard David Precht (372) empfehlen, das sich intensiv mit dieser Thematik befasst.
Kommen wir nun auf die Ansichten des Philosophen Benedetto Croce zurück, der zwischen 1866 und 1952 lebte. In seinen philosophischen Schriften, insbesondere im ersten Band „Ästhetik als Wissenschaft vom Ausdruck und allgemeiner Sprachwissenschaft“ (134) kommt er zu folgender Erkenntnis:
„Das Resultat eines Kunstwerkes ist eine Intuition, d.h. das unmittelbare, nicht diskursive, also von einer Vorstellung zur anderen mit logischer Notwendigkeit fortschreitende, nicht auf Reflexion, also auf das Nachdenken, das Überlegen, Betrachten, vergleichende Denken oder Vertiefen in einen Gedankengang beruhende Erkennen, Erfassen eines Sachverhaltes oder eines komplizierten Vorgangs.“ Verzeihen sie mir bitte dieses Satzmonstrum, aber es ist tatsächlich wörtlich zitiert. Um es zu verstehen, müssen sie sich Zeit lassen.
Einmal abgesehen davon, dass „Das Resultat eines Kunstwerkes“ keine Intuition sein kann, weil es selbst das Resultat einer Intuition ist, meint Croce, dass Kunst nichts anderes als Ausdruck intuitiver Erkenntnis ist. Daraus schließt er, dass eigentlich alles, was der Mensch hervorbringt, Kunst ist, sofern es nämlich Ausdruck seiner geistigen Tätigkeit ist. Er behauptet weiter: „Alle Kunst ist Ausdruck und aller Ausdruck Kunst“. Mit den folgenden noch weitergehenden Fragen offenbart er sich als Wegbereiter für Futurismus, Dadaismus und für das Diktum, also das, was auch Josef Beuys später sagte, dass nämlich jeder ein Künstler sei (148). Die Behauptung mancher Kunstexperten, viele Menschen hätten Beuys und Genossen nicht verstanden, ist für mich eine anmaßende Beleidigung all jener, die sich voller Ekel von „Künstlern“ abwenden, die das Ekelhafte darstellen.
Croce erklärt also jeden Rätsel-, Kreuzworträtsel- oder Sudokulöser, die ja geistige Tätigkeiten verrichten, zu Künstlern. Ich überlasse es Ihnen zu beurteilen, ob das sein kann.

Croce fragt: „Warum gehört ein einfaches Wort nicht der Kunst an, wenn ein Epigramm, also ein Sinn- oder Spottgedicht, ihr angehört? Warum gehört eine journalistische Zeitungsnotiz nicht der Kunst an, wenn eine Novelle ihr angehört? Warum gehört eine topographische Skizze nicht der Kunst an, wenn ein Landschaftsbild ihr angehört?“ Zuletzt versteigt er sich sogar zu folgenden Aussagen: „Der Mensch wird als Dichter geboren. Es gibt nichts Hässliches in der Kunst, soweit sie eben Kunst ist. Ein Bild, das etwas Schmerzliches oder Schändliches darstellt, kann mit demselben Recht schön genannt werden, wie ein Bild des Lustvollen und Guten.“
Ich bin mir fast sicher, dass die 68er Erfinder der „Kritischen Theorie“ und insbesondere Adorno, Croce gelesen und Letzterer in seiner „Ästhetischen Theorie“ verarbeitet haben. Wie abwegig derartige Betrachtungen sind, kann wohl jeder normale Mensch selbst erkennen. Dem Missbrauch waren damit allerdings Tür und Tor geöffnet. Ganze Generationen von Studenten wurden und werden noch immer damit verbildet und umerzogen, angeblich zum „Wohle“ unserer Gesellschaft.
Eigentlich müssten die Kulturminister der Länder eingreifen und auch die Meinungen Andersdenkender publizieren lassen. Ja, sie müssten von den Herren Professoren verlangen, dass sie den Studenten auch die Meinungen Andersdenkender offenlegen. Aber das meiden sie wie der Teufel das Weihwasser, weil sie wohl selbst aus 68er Kreisen kommen!
Zusammenfassend und abschließend könnte ich daraufhin auch sagen: „Jede Tätigkeit des Menschen ist Ausdruck seines Innenlebens, also auch Kunst!“ Doch soweit gehe ich keinesfalls, weil zum Innenleben auch Dinge gehören, die mit Kunst in meinem Sinne natürlich nichts zu tun haben! Belassen wir es also erst einmal bei meinen beiden Definitionen für Kunst und Kunstwerk.

Nachdem ich allerdings über diese Definitionen längere Zeit nachgedacht habe, kam ich zu zwei interessanten Ergänzungen, die durchaus ihre Berechtigung haben. Weil das Ausdrücken des Innenlebens bewusst oder unbewusst erfolgt, kann ich auch noch besser und umfassender definieren:

„Auch Kunst ist das bewusste oder unbewusste Offenbaren, Ausdrücken, Sichtbarmachen, Hörbarmachen, Lesbar machen, Fühlbarmachen, Entblößen des Innenlebens des Menschen, der damit ein Kunstwerk schafft.“

Und ebenso:

„Auch das Kunstwerk ist das bewusst oder unbewusst offenbarte, ausgedrückte, sichtbar, hörbar, lesbar und fühlbar gemachte, entblößte und konservierte Innenleben des Künstlers“.

Und ebenso

„Ein Künstler ist ein Mensch, welcher in seinem Werk auch bewusst oder unbewusst sein Innenleben offenbarte, ausdrückte, sichtbar, hörbar, lesbar, fühlbar machte und/oder entblößte.

Zum Schluss dieses Kapitels zeige ich Ihnen, wie berühmte Persönlichkeiten der Musikszene sich über „Musik“ geäußert haben und wie sie sich sehr wahrscheinlich geäußert hätten, wäre ihnen meine Definition bekannt gewesen. Ron Wilford, Direktor von Columbia Artists, meinte: „Andere dirigieren, wenn sie auf dem Podium stehen. Karajan vollführt Kunst.“ (496) Heute könnte er sagen: Karajan offenbart uns sein Innenleben!
Walter Legge, Ehemann von Elisabeth Schwarzkopf und Freund der Familie Karajan, drückte seine Ansicht über die „Geste beim Dirigieren“ wie folgt aus: „Die Geste ist lediglich der Ausdruck seines musikalischen Willens.“ (496) Und ich sage: Die Geste gehört zu dem Ausdrücken seines musikalischen Innenlebens.

9.0. Die Seelen, die Gefühle und die Innenleben der Menschen (Notwendige Begriffserklärungen)

Um ihnen zu zeigen wie schwierig die Begriffe „Innenleben“ und „Seele“ zu beschreiben und zu unterscheiden sind, will ich mit einem Ausspruch des berühmten Malers Max Liebermann beginnen. Er sagte: „Je ausdrucksvoller durch die Form oder durch die Farbe oder durch beides zusammen, der Maler sein inneres Gesicht auf die Leinewand zu bringen imstande war, desto größere, stärkere Phantasietätigkeit war zur Erzeugung seines Werkes nötig“ (265).
Liebermann vermied es, von seinem Innenleben zu sprechen und verwendete den Begriff „inneres Gesicht“, was vielleicht das Gleiche bedeuten sollte. Wahrscheinlich wollte er nicht, aus welchen Gründen auch immer, dass man seine Bilder mit seinem Innenleben oder gar mit seiner Seele in Verbindung bringt. Auch sprach er nicht von seiner Seele, die er auf seine Leinewand gebracht hat, obwohl man diesen Eindruck durchaus haben kann, wenn man seine wunderbaren Kunstwerke betrachtet. Sicher geben Sie mir Recht, wenn ich sage, dass Phantasietätigkeit ein Teil des Innenlebens jedes Menschen, also auch des Künstlers ist.

Edgar Hahnewald erklärt aus seiner Sicht die Worte Liebermanns in seinem Kapitel „Otto Altenkirch – der sächsische Landschaftsmaler“ in dem Buch „Sächsische Heimatbilder“ (381) noch einmal, indem er dazu schreibt:
„Malerische Phantasie ist die Kraft, die das seelische Erlebnis des Malers mit den Mitteln seiner Kunst sichtbar macht und in uns ein gleiches Erlebnis wachruft. Es ist die Übertragung der Seele des Künstlers in sein Werk. Er gibt uns, was ihn bewegte, und es bewegt uns. Sein Werk berührt unser Innerstes nicht, wenn der Maler nicht innerlich beteiligt war, als er es schuf.“
Obwohl Liebermann ausdrücklich vermied, zu sagen, dass er seine Seele in sein Kunstwerk übertrug, glaubte Hahnewald trotzdem, dass er dies tat. Nun kann man allerdings, wie Liebermann sicher ausdrücken wollte, seine Seele nicht in irgendetwas, auch nicht in sein Kunstwerk übertragen. Hahnewald verwendete in seinem Kommentar das Wort Seele so, wie ich den Begriff Innenleben verwende. Wir sehen später, dass man zwischen Innenleben und Seele unterscheiden muss, um den Sinn dieser Worte nicht zu entstellen.
Wenn uns das Werk eines Künstlers bewegt, dann treten wir mit seinem Innenleben in Resonanz. Wenn Hahnewald aber sagt: „Sein Kunstwerk berührt unser Innerstes nicht, wenn der Maler nicht innerlich beteiligt war, als er es schuf“, dann hat er nicht recht, weil Kunst immer der Ausdruck des Innersten, also des Innenlebens des Künstlers ist, d.h. ein Kunstwerk kann einfach nicht entstehen, wenn der Künstler nicht innerlich beteiligt ist. Auch wenn Künstler entartete Kunstwerke schaffen, drücken sie ihr Innenleben damit aus, was uns entweder positiv oder negativ bewegt und zwar je nachdem, wie wir veranlagt sind.
Peter Behrens (322) schrieb dazu über den Stil in der Kunst: „Der Stil einer Zeit bedeutet nicht besondere Formen in irgendeiner besonderen Kunst; jede Form ist nur eines der vielen Symbole des inneren Lebens, jede Kunst hat nur Teil am Stil. Der Stil aber ist das Symbol des Gesamtempfindens, der ganzen Lebensauffassung einer Zeit und zeigt sich nur im Universum aller Künste.“
Er spricht von Symbolen des inneren Lebens, ohne zu erkennen, dass er damit das Innenleben des Künstlers meinte, es jedoch so nicht ausdrückte.
Damit Ihnen dies alles noch etwas besser verständlich wird, wende ich mich nach dieser Einleitung etwas ausführlicher den Begriffen Seele und Innenleben zu.

9.1. Die Seele des Menschen

Beginnen wir mit dem Begriff Seele: „Die Seele ist nach dem ‚Bedeutungs-Wörterbuch‘ des Dudens (62) substanz- und körperloser und damit zeitloser Teil des Menschen, der in religiöser Vorstellung von sehr vielen Menschen als unsterblich

angesehen wird und nach dem Tode zeitlos, d.h. auch ewig weiterlebt. Also die Gesamtheit des gesamten Bereiches dessen, was das Fühlen, Empfinden und Denken eines Menschen ausmacht."
Jeder Mensch und damit jeder Künstler, d.h. jeder, der ein Kunstwerk schuf, hat eine Seele, nach Goethe ein etwas „Himmelhochjauchzendes, zu Tode Betrübtes" in sich. Wenn er dies in Malerei, Musik oder Bildhauerei ausdrückt, schafft er Kunstwerke. Dieses Schaffen ist Ausdruck seines Innenlebens, ist also Kunst!
Seele und Innenleben wurden uns von Gott gegeben, heute sagt man einprogrammiert. Wenn es Gott gibt, gibt es auch den Teufel! Für mich steht fest, es gibt beide. Dem Atheisten sage ich: Ersetze das Wort Gott durch „Das Gute" und das Wort Teufel durch „Das Böse", dann weißt du, was ich meine. Sowohl das Gute, als auch das Böse, also Gott und der Teufel beeinflussen unser Innenleben, jedoch nicht unsere Seele. Und weil jeder weiß, dass es das Böse auf dieser Welt gibt, beten die gläubigen Menschen: „Und führe uns nicht in Versuchung!" Weil Gott uns das Leben und damit natürlich auch das Innenleben gab, versucht der Teufel das Innenleben der Menschen für sich zu gewinnen, wie es z.B. im Buch Hiob des Alten Testaments drastisch dargestellt und von Goethe in seinem Faust zu einem der berühmtesten literarischen Kunstwerke verarbeitet wurde.
Damit wird Kunst indirekt zu einem Werk Gottes oder zu einem Werk des Teufels. Der Künstler gibt es nur von sich. Er ist frei geboren, er kann sich entscheiden, wem er Gehör verleiht, zu wem er sich wendet und wen er verherrlicht. Leider hat der Teufel genügend Anhänger auf unserer Erde, z. B. den Theologen und Psychoanalytiker Eugen Drewermann, der behauptete „Jesus glaubte nicht an die Hölle und den Teufel. Er sah diese Welt erfüllt von lauter armen Teufeln" (136). Ich fragte mich fassungslos, kennt dieser Mann, der Theologie studierte, nicht das Neue Testament der Bibel und den Wortwechsel, den Jesus Christus mit dem Teufel führte und der ausführlich im 4. Kapitel des Evangelisten Matthäus nachzulesen ist? Auch im Markus-, Lukas- und Johannesevangelium finden sie genügend Gegenbeweise für diese fragwürdige Behauptung Drewermanns. Wer glaubt, sich sicher zu sein, dass es weder Teufel noch Hölle gibt, der sollte sich erst einmal fragen, woher denn das Böse auf unserer Welt kommt.
So wie Jean Effel den Teufel unkrautsäend, hinter dem weizensäenden Herrgott einherlaufend, zeichnete (137), so hat der Teufel das Böse in viele Menschen einprogrammiert, d.h. er hat sie auf seine Seite gezogen. Wie sonst kann man sich die vielen bösen Kunstwerke erklären, auf die ich noch zu sprechen komme.
Der Philosoph Sloterdijk (138) gab in einer seiner Reden auf Schloss Elmau der Hoffnung Ausdruck, dass es eines Tages den Wissenschaftlern gelingen möge, das

„Gen des Bösen“ zu entdecken und aus den Menschen zu eliminieren, also zu entfernen.
Dass man bereits heute menschliche Gene zum Wohle vieler unheilbar Kranker manipulieren kann, man nennt so etwas Anthropotechnik, ist Ihnen sicher bekannt.
Sloterdijks Hoffnung hatte natürlich die „Bösen“, also die „Teufel“, zu einem riesigen Protest- und Wutgeheul veranlasst und ihn in die Nähe der faschistischen Rassenpolitik gebracht (335). Es ist völlig verständlich, dass die „Bösen“ natürlich ihre böse Nachkommenschaft nicht auf der Erde eliminiert, also entfernt haben wollen!
Zurück zu dem Begriff „Seele“. Ich erlaube mir zu sagen, wir wissen nicht, ob wir wirklich in obengenanntem Sinne eine Seele besitzen und was mit ihr, falls tatsächlich vorhanden, nach unserem Tod geschieht. Wir können es glauben oder nicht! Allerdings füge ich hinzu: Entweder ist es nach unserem Tod wie ein traumloser Schlaf, den wir alle nachts oft „erlebten“ und noch „erleben“, von dem wir aber am Morgen nichts mehr wissen oder es ist kein traumloser Schlaf. Die Wahrscheinlichkeit liegt für das eine wie für das andere bei 50%, weil wir weder das eine noch das andere kennen, wissen oder beweisen können. D.h. die Wahrscheinlichkeit, dass der Mensch eine unsterbliche Seele besitzt, beträgt aus heutiger Sicht auch für den Atheisten 50%. Um Ihnen, verehrte Leserinen und Leser klar zu machen, wie hoch eine Wahrscheinlichkeit von 50% ist, frage ich Sie: „Stiegen Sie in ein Flugzeug ein, das mit 50%-iger Wahrscheinlichkeit abstürzen wird?“
Ein gläubiger Mensch glaubt an die ihn erhaltende, unsterbliche, materielose Seele. Und da Energie und Materie, letztere ist nur eine Erscheinungsform der Energie, untrennbar mit Zeit verbunden sind, lebt die materielose Seele zeitlos, bis in alle Ewigkeit.
Ich will noch einige Ergänzungen hinzufügen, die ich dem Großen Brockhaus (24) entnahm. „Danach ist die Seele in der weitesten und ursprünglichsten Bedeutung gleichbedeutend mit Lebenskraft und dem Träger des Lebens.“
Die Vorgänge des menschlichen Innenlebens, das Denken, Fühlen, Wollen, usw., sofern man ihr Sonderdasein überhaupt hervorhob, hielt man ebenfalls für Äußerungen der Lebenskraft. Diese Auffassung bestand weitestgehend bis zum Beginn der Neuzeit, in der das Wort Seele nunmehr im engeren Sinne zur Bezeichnung der Vorgänge des menschlichen Innenlebens verwendet wird. Danach ist die Seele die allgemeine Uranlage, die zum Erleben der eigentümlichen seelischen Vorgänge und Tätigkeiten, der Bewusstseinserscheinungen befähigt.
Man spricht nicht zu Unrecht vom Seelenleben der Menschen, was man allerdings meiner Meinung nach nicht ohne weiteres mit seinem Innenleben gleichsetzen kann,

weil das Innenleben sterblich ist. Es stirbt mit dem Menschen! Für mich ist das ein gravierender, schwerwiegender Unterschied!
Auch hier will ich noch zwei Beispiele anführen: Die zarte, empfindsame, große Seele, aber auch die Volksseele.
Von besonderer Bedeutung scheint mir die enge Verknüpfung von Leib und Seele zu sein. Viele Menschen haben schon die ursächliche Beeinflussung des Leibes durch die Seele schmerzhaft erfahren!
Abschließend sage ich, wenn ein Mensch, also auch ein Künstler verdurstet, verhungert, erstickt, also gestorben ist, dann ist auch sein Innenleben und damit natürlich die Fähigkeit „Kunst" des Künstlers gestorben, seine Kunstwerke dagegen nicht.
Häufig hört man, dass es seelenlose Menschen gibt. Das hieße, es gibt auch seelenlose Künstler und seelenlose Kunst. Doch die Seele ist gemäß ihrer Definition unsterblich. Also meinen die Erfinder des Begriffes „seelenlose Menschen" etwas anderes, als sie sagen. Ich vermute, sie setzen den Begriff „seelenlos" mit dem Bösen gleich, weil der Ausdruck „seelenlose Menschen" oft auf böse Menschen angewendet wird. Wir kennen dafür auch den Begriff herzlos.
Zum Schluß dieses Kapitels muss ich noch den Atheisten, Bolschewisten und Massenmörder Joseph Stalin zu Wort kommen lassen. (321) Ausgerechnet er sprach von der menschlichen Seele. Oder fing er auch schon an, wie die Nazis, die Begriffe umzudefinieren? Für ihn waren nämlich die Schriftsteller, die ja zweifelsohne zu den Künstlern zählen, „Ingenieure der menschlichen Seele". Sie sollten die als dekadent und formalistisch begriffene „Bürgerliche Kunst" überwinden und mit ideologischen, parteilichen und volksverbundenen Werken am Aufbau des Sozialismus mitwirken. Wo dies hinführte, ist heute jedem bekannt.
Nun will ich dieses weite Feld verlassen und zum Innenleben des Menschen zurückkehren, das ja nach meiner Definition des Begriffes Kunst von allergrößter Bedeutung ist. Doch erst noch zu dem Begriff „Gefühl", der ebenfalls für das Innenleben des Menschen eine gewichtige Rolle spielt.

9.2. Die Gefühle eines Menschen

Goethe formulierte so: „Gefühl ist alles, Name ist Schall und Rauch" (23), also vergänglich. Gefühle entstehen durch äußere, aber auch durch innere Einflüsse, Eindrücke oder Anlässe.
Precht (356), den ich schon wiederholt zu Wort kommen ließ, vertrat sogar die Meinung, Gefühle haben heute einen Stellenwert, den sie in der Weltgeschichte noch

nie hatten. Wenn ich an die Kunst der vergangenen Epochen denke, insbesondere an die Romantik, zweifele ich allerdings seinen Ausspruch an.
Wenn man von allen äußeren Einflüssen völlig isoliert wird, dann hat man immer noch ein Innenleben, (z.B. in einer Stasizelle) das von Beginn der Isolierung an von keinen weiteren äußeren Gefühlen erreicht wird. Natürlich existiert das Innenleben unabhängig von äußeren Einflüssen. Es wird aber davon beeinflusst, gestört, beruhigt, beunruhigt oder angeregt. Und durch alle diese uns bekannten Einflussfaktoren entstehen im Menschen die „Stimmungen“, wie man z.B. anhand von mehreren Aquarellen eines Künstlers, die dieser an unterschiedlichen Tagen malte, leicht erkennen kann. Natürlich beruhen diese Stimmungen auf Gefühlen, die durch das Einwirken von Umwelteinflüssen in uns erzeugt werden.
Was aber sind Gefühle? Nach dem Bedeutungs-Wörterbuch des Dudens (62) sind sie Wahrnehmungen durch die Sinne, Empfindungen und seelische Regungen.
Hier will ich nur einige Beispiele für die manigfaltigsten Gefühle wiedergeben, um darzulegen, was den Künstler zu seiner Kunst veranlaßt bzw. veranlassen kann:
Ekel-, Gleichgewichts-, Hitze-, Hunger-, Schwindel-, Völle- und Zeitgefühle. Gefühle der Freude, Gefühle des Erlebens. Gefühle, die man zeigen kann: Angst-, Anstands-, Ehr-, Fein-, Fingerspitzen-, Gemeinschafts-, Gerechtigkeits-, Glücks-, Hass-, Heimat-, Hoch-, Minderwertigkeits-, Mit-, National-, Natur-, Pflicht-, Rache-, Scham-, Schuld-, Sprach-, Stil-, Takt-, Verantwortungs-, Wir-, Zart-, Zugehörigkeits- und Zusammengehörigkeitsgefühl. Und nicht zuletzt die Ahnung, d.h. die gefühlsmäßige Erwartung, das Wissen, die innere Stimme, der sechste Sinn, die Vermutung, die Besorgnis, die Befürchtung und die Todesahnung. Und weiter: Der undeutliche Eindruck, das Gespür, der Instinkt, der Riecher. Man spricht nicht zu Unrecht vom Gefühlsleben der Menschen, was unzweifelhaft mit ihren Innenleben engstens zusammenhängt.
Auch Bedürfnisse können nach Einsetzen von Gefühlen wachgerufen werden. So führt das Gefühl „Hunger“ zu dem Bedürfnis „essen“. Die Gefühle der Unzufriedenheit, des Hasses, der Minderwertigkeit, der Geltungssucht usw. können zu Provokationen führen, die in erschreckender Art und Weise das Innenleben eines Künstlers, aber auch eines einfachen Menschen, zu Tage treten lassen. Denken Sie nur an die rechts- und linksradikalen, aber auch an die radikalislamischen Terroristen. Letztere schaden bedauerlicherweise enorm ihrer wunderbaren Religion, dem Islam, der nur in wenigen Suren einiger Koranausgaben Gewalt gegen andere Religionen, insbesondere gegen die ihrer Meinung nach „Ungläubigen“, also die Juden und Christen, predigt.
Nach dem Großen Brockhaus (24) ist Gefühl „das physio-psychische Grundphänomen des individuellen oder subjektiven Erleben einer Erregung

(Spannung) oder Beruhigung (Entspannung) jeweils mehr oder minder deutlich von Lust oder Unlust begleitet. Das Gefühl hängt eng mit der Tätigkeit des vegetativen Nervensystems zusammen, die physiologischen Begleiterscheinungen sind hierbei z.B. Änderung der Puls- und Atemfrequenz oder des Volumens einzelner Organbereiche. Die Funktion der Gefühle besteht vor allem in der Enthemmung bzw. Aktivierung eines Individiums, besonders zum Appetenzverhalten (Begehren, Verlangen, Bedürfnisbe-friedigung, Drang, Trieb, Handlungsbereitschaft, Stimmung) oder zur Aversion, dem Widerwillen oder der Abneigung."
Auch diese Erklärungen sind zur Beurteilung meiner Kunstdefinition von allergrößter Bedeutung.
Gefühle beeinflussen also das Innenleben des Menschen. Gefühle werden durch die Sinnesorgane, die man mit Sensoren vergleichen, wenn nicht sogar gleichsetzen kann, für das Innenleben wahrnehmbar.
Das Innenleben wird durch äußere Einflüsse aktiviert, angeregt, usw. Sensoren können sogar Gefühle messen, also sie miteinander vergleichen. Gefühl ist aber nicht gleich Innenleben und Seele natürlich auch nicht, weil das Innenleben, das sich im Gehirn abspielt, mit dem Körper stirbt. Die nichtmaterielle Seele tut dies nicht, da sie während des Sterbens den Körper verläßt. Da Zeit fest mit Materie verbunden ist, wie ich bereits ausführte, d. h. abhängig von den Frequenzen der Atom- und Molekülschwingungen der Materie ist, entweicht die Seele in einen zeitlosen Raum, der ewig bestand, besteht und bestehen wird. Hier muss ich gestehen, dass ich mir, entgegen meinem physikalischen Sachverstand, auch einen zeitlosen Raum vorstellen kann, denn was soll denn sonst die zeitlose, materiefreie Ewigkeit bedeuten? Nach Einstein ist Raum immer mit Zeit verbunden, deshalb heißt es nach ihm zu Recht „Raumzeit". In der Theologie sollte man bei der zeitlosen, materiefreien Ewigkeit bleiben. So wie die theoretischen Physiker die physikalischen Gesetze, die während des Urknalls (94) und schon zuvor galten, noch nicht erkannt haben, genauso wenig haben sie die physikalischen Gesetze erkannt, nach denen unser materie- und zeitbehaftetes Universum eines Tages vergehen wird! Von den angeblich vielen Universa, die neben unserem entstanden sein sollen, ja sogar noch entstehen und entstünden, will ich ganz schweigen! Die Astrophysiker vermuten zwar viel, doch konnten sie ihre Vermutungen bisher nicht beweisen. Das kann für einen gläubigen Menschen nur Gott allein!
Auch Zuneigung und Liebe sind Gefühle. Man fühlt heiß, kalt, zart, hart oder weich. Liebe empfindet man. Kann man sie auch fühlen? Ja natürlich, wie jeder weiß. Man kann auch sein Innenleben, zu dem Liebe gehört, durchaus fühlen, bzw. erfühlen.
Das Innenleben kann also Gefühle erzeugen und empfangen.

Flagellantisten empfinden im Schmerz Lust, wie uns die Domina lehrt. Gefühle und Innenleben sind engstens miteinander verknüpft. Die überwiegende Mehrheit der Gefühle rühren von außen her, daher sind etwa 90 % aller Gefühle primäre Gefühle.
Wenn der Zuhörer eines Musikstückes, das klagend, trauervoll und wehmütig erklingt, selbst in tiefe, seelische Trauer oder Verzweiflung gestürzt wird, dann erfolgt in ihm ein besonders intensives Gefühl durch Resonanz mit dem Innenleben des Komponisten und Musikers. Das Erzeugen von Musik ist Kunst, die Noten das Kunstwerk, d.h. also das schöpferische Notenschreiben, das Komponieren, ist die Kunst, weil während dieser Tätigkeit der Schaffende sein Innenleben zum Ausdruck bringt. Die Beethoven-Sonate Nr. 31, op.110 ist laut dem bekannten und anerkannten Kritiker Joachim Kaiser (140), die schönste und beste, während für andere die Appassionata, die Mondscheinsonate oder der „Sturm" die schönsten sind.
Anton Schindler (390) berichtete 1840, dass einige Kritiker im Inn- und Ausland verkündet hätten: „Nun haben die Extravaganzen dieses Genies das Nonplusultra erreicht, und Beethoven sei ganz reif für das Irrenhaus." Im weiteren Verlauf seiner Beethovenbiographie unterstellt er dann sogar diese Kritik Carl Maria von Weber, was unhaltbar ist. So widerlegt denn auch Georg Kaiser den Herrn Schindler im Jahr 1910 in seiner Dissertation „Beiträge zu einer Charakteristik Carl Maria von Webers als Musikschriftsteller" (391).
Man muss sich fragen, wie kommen Kritiker zu solchen fundamentalen Irrtümern? Ich schließe daraus, dass die erweckten Gefühle beim Hören dieser Werke, also die Resonanzen im Zuhörer sehr unterschiedlich waren. Wenn in den Kritikern Sekundärkunst entstand, dann sicher solche, wie die bei manchen Zuhörern, die der Musik Schönbergs oder Hindemiths lauschen. Dass er diese negative Kritik Weber, einem Freund Beethovens, unterstellte, ist für mich allerdings völlig unverständlich.
Dem Musikwissenschaftler ist solche Kritik nicht fremd. Bereits Beethovens VII. und IX. Sinfonie und seine späten Kammermusikwerke galten jahrzehntelang als missratene Wahnprodukte – nicht nur bei Laien (344). Gefühl ist eben alles, Name Schall und Rauch. Wie recht hatte doch Goethe!
Sehr viele Menschen lieben Musik, doch können sie keine Noten lesen, d.h. was der Künstler niederschrieb, hören und verstehen sie beim Anblick der Noten nicht.
Sie brauchen einen Musiker, der ihnen die Noten „vorliest", indem er sie auf einem Musikinstrument vorspielt. Jetzt hören sie, wenn sie mit der Kunst des Komponisten und Interpreten in Resonanz geraten, was diese ausdrücken wollten. Und plötzlich erkennen Sie das Innenleben des „Schreibers" und des „Vorlesers", also das von beiden.

9.3. Das Innenleben des Menschen

Zu Beginn der Überlegungen über das Innenleben eines Menschen will ich erst einmal über den Begriff „Leben“ etwas schreiben: „Leben“ ist ein sehr vieldeutiger Begriff, der zahlreiche Interpretationen zulässt.
Im Zusammenhang mit der Tätigkeit „Kunst“ können nur die kulturhaft-geistige und die psychologische Deutung eine Rolle spielen.
Bei Wilhelm Dilthey (341) werden die kulturhaft-geistigen Deutungen, „die Mannigfaltigkeit der Inner-Erlebnisse, vielleicht besser gesagt, der inneren Erlebnissse und äußeren Erfahrungen, die Lebensbezüge zwischen dem Ich und der Welt vom bewussten Menschen je nach Rang und Wert geordnet und zu einem sinnvollen, leider auch oft zu einem sinnlosen Lebenszusammenhang, zu einer Lebensanschauung verarbeitet“.
Im Gegensatz zur „Weltanschauung“, die sehr viel auch mit Philosophie und Religion, aber auch mit Politik, zu tun hat, ist sie nicht so umfassend, dafür aber praktischer geartet und stärker auf die Wirklichkeit gerichtet (24).
Nach Eucken (340) ist die Lebensanschauung auch die Gesamtheit derjenigen Erfahrungen, Wertungen, Interessen und Einstellungen eines Menschen oder einer Menschengruppe, die sich auf das praktische Handeln in einer mehr oder weniger ausgedehnten, wirklichen Umwelt beziehen.
Dass der Begriff „Lebensanschauung“ untrennbar mit dem Innenleben verbunden ist, muss ich nicht näher ausführen. Doch führt uns dies zu der ungeheuer großen Vielfältigkeit des Innenlebens eines jeden Menschen, also auch zu der eines Künstlers. Die Weltanschauungen haben dagegen eher etwas mit Gruppen von Menschen, also auch der von Künstlern zu tun. So besitzen gläubige Menschen eine religiös geprägte Weltanschauung, die fest mit Gott verknüpft ist. Dabei verehrten und verehren die verschiedensten Menschen die verschiedensten Götter. Andere wieder, z.B. die Neomarxisten, huldigen immer noch Karl Marx, obwohl diese Weltanschauung zu Diktaturen führte und damit ganze Völker in den wirtschaftlichen Abgrund, also ins Verderben gestürzt hat. Dieser und der nationalsozialistischen Weltanschauung (Ideologie) fielen mehr als 80 Millionen Menschen zum Opfer, die einfach ermordet wurden oder in dem entsetzlichen zweiten Weltkrieg ihr Leben für machtbesessene Politiker lassen mussten. Wohlgemerkt, Nazis und Kommunisten begannen den 2. Weltkrieg damit, dass sie beide in Polen einmarschierten, nachdem sie kurz vorher die Aufteilung Polens beschlossen hatten.
Die Weltanschauungen vieler Künstler führten ebenfalls zu Gruppenbildungen. Ich denke z.B. an die Impressionisten und Expressionisten, welche die Kunst- und Künst-

lerwelt regelrecht neu gestalteten. Auch um Picasso und Dali gruppierten sich viele Künstler.
Natürlich beeinflussen die Weltanschauungen, also die Ideologien und Religionen die Innenleben der Menschen und damit auch der Künstler, womit ich bei der psychologischen Deutung des Lebens angekommen bin. Laut dem Großen Brockhaus (24) erscheint das Leben unter diesem Gesichtspunkt als Erlebnis. Es ist nicht nur ein biologischer Vorgang, sondern hat auch eine Innenseite in Form der Bewusstheit. Seine niederste Bewusstseinsstufe bilden die durch äußere Reize oder innere Organe hervorgerufenen Gemein-, Organ- oder Vitalempfindungen. Sie erzeugen zwar eine einheitliche, aber doch wechselnde Grundstimmung, das Lebensgefühl.
Mit dem eben Ausgeführten lassen sich sehr viele Ungereimtheiten in den verschiedenen Kunstwerken sehr einfach verstehen, z. B. die bekannten Perioden Picassos, aber auch die künstlerische Verehrung und Verherrlichung Hitlers und Stalins und natürlich auch die Werke der Anarchisten unter den Künstlern.
Manche Künstler streiten ab, dass ihre Werke Ausdruck ihres Innenlebens sind. Sie wollen sich nicht mit ihren Werken identifizieren. Wie sollten sie auch, wenn sie Terror, Mord, Verbrechen und Schwachsinn verherrlichen? Aber ihre Werke sind eben doch der Ausdruck ihrer entarteten Innenleben.
Thomas Mann schrieb einmal (124): „Ein Künstler muss sein ganzes Selbst preisgeben, sonst ist er kein Künstler“ und fügte hinzu: „Aber wie kann ich mich selbst preisgeben, ohne zugleich die Welt preiszugeben, die meine Vorstellung ist“. Damit enthüllte Thomas Mann sein ganzes Innenleben als die Welt seiner Vorstellung.
Spreche ich vom Innenleben eines Menschen, also auch eines Künstlers, dann ist es notwendig, von den „Welten“ zu sprechen, in denen er sich gerade bewegt. Dabei unterscheide ich zwischen der Außenwelt und der Innenwelt, in denen die Künstler abwechselnd leben. Das Leben in der Außenwelt wird von anderen Menschen oft wahrgenommen. Das Leben in der Innenwelt dagegen sehr selten. Deshalb sprach und spreche ich vom Innenleben eines Künstlers, wenn ich über Kunst und den Missbrauch der Freiheit der Kunst schreibe. Mit einer solchen Betrachtungsweise lassen sich z.B. die scheinbar unerklärlichen, negativen, aber auch positiven Berichte über W.A. Mozart (211) oder J. Wolfgang von Goethe (434) recht einfach erklären.
Axel Brüggemann (314) schrieb am 03.10.2004 im Internet „Nachrichten Welt am Sonntag – Welt Online“ auf Seite 1: Der Dirigent Nikolaus Harnoncourt habe ein neues Mozartbild entdeckt. Harnoncourt wörtlich: „Diese Musik ist ein Wunder und für mich schlichtweg unerklärbar. Was mich und die Mitglieder meines Orchesters erschreckt hat, dass ein Kind rein philosophisch gar nicht so weit sein kann, um Einsichten zu vermitteln, die Mozarts Musik geben. Woher hat er die zärtlichen Liebesszenen aus „Bastien und Bastienne“? Solche Musik schreibt man nicht, wenn man am

Schlüsselloch des elterlichen Schlafzimmers gelauscht hat". Diese Frage lässt sich für einen gläubigen Menschen recht einfach beantworten: Von Gott! Und solange es keine anderslautende, wissenschaftlich bewiesene Antwort gibt, wird das Innenleben für mich von Gott mehr oder weniger stark beeinflusst, ja sogar vorgegeben. Allerdings beeinflusst auch das Böse, der Teufel, manchmal das Innenleben der Menschen, also auch der Künstler.

Doch nicht nur die Sprache Gottes beherrschte Mozart, bewusst oder unbewusst. Er übersetzte sie für die meisten Menschen verständlich und eindringlich. Ja, auch seine Schaffenskraft hat er von Gott erhalten. So bestand beispielsweise die Partitur seiner Oper „La finta semplice" (Die verstellte Einfalt), die er mit 12 Jahren (!) schrieb, aus 558 Seiten! Und zählt man all seine musikalischen „Themen" zusammen, so kommt man auf 785 Stück, die er in seinem kurzen Leben aus seinem wunderbaren Innenleben schöpfte! Zuletzt soll nicht unerwähnt bleiben, dass ungefähr 125 Verleger seine musikalischen Werke herausbrachten (476). Die Schmierfinken, die ihm Faulheit und zu große Lebenslust vorwarfen und vorwerfen, sollten erst einmal das von Köchel herausgegebene Verzeichnis über sein gewaltiges Lebenswerk lesen und einmal in ihrer eigenen Jugend nachschauen, bevor sie den „ersten Stein" auf Mozart werfen.

Lassen Sie mich nun zu Herbert von Karajan (324) kommen, einem der ganz großen Dirigenten: Karajan wurde von Gott auf die Erde gesandt, um die „Guten Menschen" für ihren Kampf gegen das Böse, den Teufel zu belohnen! Wenn der gläubige Herbert von Karajan fortissimo dirigierte, dann erweckte er in mir den Eindruck, als kämpfte er gemeinsam mit dem Komponisten siegreich gegen das Böse, also den Teufel!

Damit Sie sehen, dass ich mit meiner Meinung, meiner Verehrung nicht allein stehe, lasse ich einige berühmte Künstler zu Wort kommen (324): José Carreras sagte: „Das Phantastische an dem Dirigenten Karajan ist, dass man das Gefühl hat, da unten steht dein Vater und dirigiert nur für dich." Mirella Freni formulierte treffend: „Bei Karajan zu singen ist so, als schliefe man in einem komfortablen Bett". Christa Ludwig nannte ihn kurz und bündig, „Den lieben Gott. Sänger trug Karajan auf Händen, er bereitete einen Klangteppich, auf den man die Stimme nur legen musste". Für Jess Thomas war Karajans Leitung ebenfalls eine „reine Freude". Dietrich Fischer-Dieskau bewunderte Karajans Probensystem als ein „höchst praktikables und stimmenschonendes System". Selbstverständlich ließen sich diese Meinungen noch sehr lange fortsetzen, die seine oft gehässigen Neider mit ihrer negativen Kritik verblassen lassen.

Das, was Max Planck über Helmholtz sagte, sage ich über Karajan: „Ich hätte ihm ohne Rückhalt alles, was mir am Herzen lag, anvertrauen können." (399)

Karajan war der Künstler, dessen Kunst in mir die wundervollste, wunderbarste Sekundärkunst erzeugte, die je in mir entstand. Sein Dirigat, das in ihm tief verinnerlicht

war, stimmte so mit den Innenleben der Komponisten überein, als dirigierten diese selbst. Für mich war Karajan schon immer der Göttliche, der göttliche Dirigent.
Das, was 1806 der bedeutende Musikschriftsteller Christian Friedrich Daniel Schubart über das Musizieren des Mannheimer Orchesters und seines Dirigenten Christian Cannabich schrieb, möchte ich auch auf Karajan angewendet wissen. Dessen Forte ist nämlich für mich auch ein Donner, sein Crescendo, also das Anschwellende, Stärkerwerdende eines Tones oder eines ganzen Entwicklungsabschnittes eines Musikstückes, auch ein Katarakt, d.i. eine Stromschnelle oder ein Wasserfall, sein Diminuendo, also das Nachlassende und Leiserwerdende, auch ein in der Ferne hinplätschernder Kristallfluss, sein Piano auch ein Frühlingshauch, die Blasinstrumente hoben und trugen, füllten und beseelten den Sturm der Geigen. Sie finden diese Beschreibungen in Schubarts „Ideen zu einer Ästhetik der Tonkunst." (143)
Dvořak (144) sagte einmal über sich selbst: „Meine Lehrmeister waren Gott, die Bäume, die Vögel und ich selbst."
Und was antwortete Karajan auf die Frage: Was sagt der Musiker Karajan z.B. zur Neunten Sinfonie von Dvořak „Aus der Neuen Welt"? Er sagte: Hören Sie selbst und begann sie zu dirigieren (145). Größeres kann ein Dirigent nicht über Dvořaks Neunte sagen. So wie für mich generell das Werk des Künstlers seine beste Biographie ist, so sind auch die dirigierten Werke die besten Biographien der Dirigenten.
Wenn man Karajan gehört und gesehen hat, weiß man, was in dem Komponisten beim Komponieren und in Karajan beim Dirigieren vorging. Karajan legt das Innenleben jedes Komponisten offen. Aber auch sein eigenes. Er reißt seine Musiker in den Wirbel seiner eigenen Resonanz. Unweigerlich kommen die Innenleben aller beteiligten Künstler an das Licht der Sonne. Karajan breitet sie vor uns aus. Karajan brennt lichterloh, wie ein Feuersturm rast die Musik auf uns zu und überwältigt jeden, der sein Fortissimo hört. Denken Sie nur an den Sturm in Beethovens „Pastorale". Karajan entzündet in jedem seiner Musiker eine brennende, lodernde Flamme, bis sie alle selbst lodern, dass man Angst bekommt, sie könnten darin verbrennen. Sie werden selbst zu Flammen. Jede Faser an Karajan ist Musik, Kunst in der reinsten Form. Seine Resonanz mit dem Komponisten ist, wenn er Fortissimo dirigiert, so groß und gewaltig, dass man glaubt, gleich explodiert er. Dann wieder beim Adagio, einem langsamen, ruhigen, zarten Musikstück, verschmilzt sein edles Innenleben mit dem des Komponisten. Als er einmal Mozarts Requiem dirigierte, so Alfred Altenburger von den Wiener Philharmonikern (145), „war er so innerlich ergriffen, dass er zu weinen begann".
„Die Tränen sind der Menschheit bestes Gut!" sagte Goethe. Wie wahr ist dieser Ausspruch: Als Karajan von Elisabeth Schwarzkopf als einer der ersten vom Tod ihres

Mannes und seines Freundes Walter Legge erfuhr, brach er in Tränen aus, was wohl kaum besser zu seinem Charakter passte (498).
Karajan dirigierte nicht nur, nein, er musizierte aus all seiner seelischen und körperlichen Kraft heraus, ja mit Karajan ist Musik Mensch gewordene Musik und damit Mensch gewordene Kunst. Auch durch Karajan spricht Gott immer und immer wieder zu uns!
Oft hört man, Karajan habe ein einmaliges Charisma. (145) Die meisten Menschen kennen nur dafür den deutschen Begriff „besondere Ausstrahlungskraft“. Ja, Karajan hatte und hat auch durch seine Filme eine ganz besondere Ausstrahlungskraft. Doch für mich ist die zweite Übersetzung, die im Fremdwörterduden steht, noch viel bedeutender. Es ist mir ein besonderes Anliegen, dies hier zu sagen: „Karajan hatte eine „Gnadengabe, die durch den Geist Gottes bewirkte Gabe und Befähigung des Christen in seiner Gemeinde“ (146), und ich füge hinzu, in seiner Musikgemeinde und in der gesamten Gemeinde „Menschheit“.
Karajan hat sich unumwunden zu Gott und Jesus Christus bekannt, Karajan war Christ durch und durch!
Als Zeichen seiner tiefen Religiosität werte ich seinen Wunsch, im Alter von 77 Jahren in St. Peter, also im Petersdom zu Rom, die Krönungsmesse von Wolfgang Amadeus Mozart anlässlich eines am 29. Juni 1985 vom Papst selbst gefeierten Hochamtes, aufführen zu dürfen. Zuletzt erhielt er für Mozart, für sich und für seine Musik, gemeinsam mit seiner Familie, den päpstlichen Segen. Und den hat er wahrlich mehr als verdient!
Einer der Karajanbiographen, Peter Uehling, (324) versteigt sich dagegen in die ungeheuerliche und tief beleidigende Behauptung, dieser Wunsch sei „der Gipfel frömmelnd verkleideter Profit- und Geltungssucht. Vor dem Bild des Hochamtes ist die Musik (damit) gleichgültig geworden.“ Man liest wirklich selten solche alberne, profilierungsneurotische 68er Thesen, die nur bei gleichgesinnten Revoluzzern und Atheisten auf Beifall stoßen. Ich frage: Wo passt diese wundervolle Messe besser hin als in den Petersdom? Uehling reißt sich mit solch unqualifizierter, psychologischer Kritik selbst seine Maske vom Gesicht und entlarvt sich als kleiner, lächerlicher, hässlicher Teufel, der erbärmlich und armselig versucht, den Ruhm Herbert von Karajans zu zerstören. Ein altes deutsches Sprichwort lautet: „Es sind die schlecht´sten Früchte nicht, woran die Wespen nagen.“ Abschließend kann man von Uehling sagen: Er hat Karajan nie begriffen, er hat nichts, aber auch gar nichts über Karajan zu sagen und erhebt sich trotzdem zu einer Kritik, die wahrlich einer Schändung des tiefreligiösen Innenlebens Karajans gleichkommt!

„Karajan war ein Ästhet, ein Wahrnehmender, der in besonderer Weise auf kultivierte Gepflegtheit, Schönheit und Künstlerisches anspricht, was sich auch in seinem Lebensstil niederschlug" (145).
Karajans Innenleben hatte das nötige Sendungsbewusstsein: ein unvorstellbar großes. Auch seine eigenen Filminszenierungen sind großartige Kunstwerke: Beethovens 6. Sinfonie: Sonnenaufgang, Dämmerung, Sonnenuntergang. Seine Adagios sind Gebete, tiefe Gottesverehrung, sind Anbetungen Gottes. Karajan strebte immer die absolute Vollkommenheit an und erreichte sie auch immer und immer wieder (145). Oft waren seine Inszenierungen fast dämonisch. Doch nein - sie waren göttlich. Er selbst sagte zuletzt: „Er wolle kein Denkmal in Marmor oder Granit, sondern er wolle seine Musik so hinterlassen, dass die Leute etwas davon hätten. Und damit war er, was seine Kunst betraf, absolut kompromisslos. Er wollte Herr seines eigenen Schicksals sein. Im krassen Gegensatz dazu steht die Meinung des oben schon erwähnten Musikwissenschaftlers und Musikkritikers Peter Uehling (324), der sich anmaßte zu behaupten, „Karajan hätte sich nie gefragt, für wen - außer für sich selbst - er das eigentlich macht, dass es eine Arbeit ist, die sich in keiner Weise am Publikum orientiert, weder auf dessen Bedürfnisse eingeht, noch es mit dem Gegenteil konfrontiert. Karajans Arbeit geht am Publikum im Grunde vorbei." Nicht nur, dass Uehling Karajan der Ichsucht bezichtigt, nein, er widerspricht sich einige Seiten weiter selbst in seinem Buch (324), indem er sagt: „Ein Bekenntnis zu Musik, die nicht vom Publikum abgesegnet war, wollte Karajan fast nie ablegen, nicht einmal mit seinen Aufnahmen der Wiener Schule. Wenn er es jedoch einmal tat, dann entstanden Aufnahmen, denen man das Engagement nicht nur des überragenden Könners, sondern auch des mitfühlenden Menschen in berührender und nie auftrumpfender Weise anhört." Und noch ein paar Seiten weiter bestätigt er die große Verbundenheit Karajans mit seinen Zuhörern: „Wir sind eine einzige große Gemeinde geworden, verbunden durch die Musik. Dieses Bewusstsein ist die beglückendste Bestätigung unserer Arbeit", wobei er auch noch sein Orchester mit einbezieht. So wie Nietzsche widerspricht sich Uehling innerhalb weniger Gedankengänge. Der Psychiater Max Nordau zählt eine derartige Verwirrtheit aus medizinischer Sicht zu den Merkmalen der Entartung. Uehling ist deshalb nicht verrückt, er sollte sich aber erst einmal mit der „Psychologie der Kunst" beschäftigen und sich die Worte von Oscar Wildes zu Herzen nehmen: „Gesegnet seien jene, die nichts zu sagen haben und den Mund halten."
Hätte sich Uehling erst einmal gefragt: „Was ist Kunst?" und darauf eine Antwort gefunden, wäre er bestimmt auf andere Gedanken gekommen. Auch fiel mir an seinem Buch auf, dass er niemals sagt: Das und das ist meiner Meinung nach so und so, sondern dass er den Eindruck von sich erweckt, seine Meinung sei der Weisheit letzter Schluss, die alle zu vertreten haben. Noch schlimmer kommt es, wenn Uehling

behauptet: „Der Eindruck (wohl besser gesagt, sein Eindruck), dass Karajan mit der Kunst (besser gesagt mit seiner Kunst) nichts sagen möchte“. Das ist für mich der Beweis, dass er mit Karajans Kunst nicht im Geringsten in Resonanz zu treten vermochte. Ganz im Gegenteil ist Karajan meines Erachtens bewusst oder unbewusst, nachgerade versessen darauf gewesen, mehr als jeder andere Künstler mit seiner Kunst uns sein ganzes Innenleben zu offenbaren, d.h. uns unendlich viel zu sagen. Selbstverständlich tritt nicht jeder mit ihm in Resonanz und das ist sehr, sehr schade!
Alfred Altenburger von der Wiener Philharmonie sagte sogar: „Karajan war von Gott beauftragt und begnadet.“ Dem ist nichts hinzuzufügen, diesen Worten kann man sich getrost anschließen. Wer, wie Karajan, auf Gott vertraut, hat nicht auf Sand gebaut!
Und sein größtes Bekenntnis, das ich gehört habe war: „Für mich ist es eine enorme Befriedigung, dass unsere Arbeit nicht nur auf einen kleinen Kreis beschränkt ist, und so können wir der ganzen Welt die Schönheit von Beethovens Musik weitergeben“ (145). Und wahrlich, sein Publikum dankte ihm dafür mit stürmischen Ovationen, so auch im Neujahrskonzert 1987, wo es wie üblich begann, plötzlich vor heller Begeisterung, zu seiner Musik, im Takte seiner Musik, während seines Dirigierens zu klatschen.
Werner Resel von der Wiener Philharmonie sagte nach Karajans Tod: „Es gibt viele große Dirigenten, die gestorben sind, leiblich gestorben sind und wirklich tot sind, Karajan nicht. Er lebt nach wie vor, er ist unter uns, er ist da, das ist sensationell. Karajan hat seine Passion mit leidenschaftlicher Hingabe gelebt“ (145), und ich füge hinzu, in uns lebt diese fort!
Karajan antwortete in einem Gespräch mit Friedrich Müller 1983 (209) auf die Frage „Warum dirigieren Sie so einmalig?“: „Weil ich mich ausdrücken will.“ Er sagte nicht, was er ausdrücken will. Für mich ist das allerdings klar: Sein wundervolles, tief gläubiges Innenleben.
Interessant sein Bekenntnis: „Ich habe mich immer als Kind gefühlt, ich bin ein Kind geblieben.“ Doch hat dieses Bekenntnis nichts mit dem Begriff „Kinderkunst“ zu tun, sondern mit der Reinheit seiner Seele, mit der Reinheit der Seele eines Kindes, seines Innenlebens und damit seiner Kunst. Die Antwort auf eine weitere Frage von Friedrich Müller offenbart nun noch deutlicher sein Innenleben: Die Frage „Sind Sie religiös?“ beantwortete Karajan spontan aus tiefster Überzeugung mit „ja“ und fügte hinzu: „Wer heute lebt, muss religiös sein!“ Und ich füge hinzu: „Gottlosigkeit ist eine Krankheit, von der viele heute lebende Menschen, oft die aus gottlosen Diktaturen kommenden, befallen sind. Doch werden auch viele davon im Laufe ihres Lebens, vielleicht sogar durch einen Selbstheilungsprozess, von ihrem Leiden befreit. Ich kenne sogar einige davon, die wieder zu Gott fanden.

Jean Paul (332) schrieb schon vor sehr langer Zeit: „Wo einer Zeit Gott untergeht, da tritt bald darauf auch die Welt in das Dunkel“.
Ich bin nicht nur von Jean Pauls, sondern auch von Herbert von Karajans Worten tief beeindruckt, so wie auch von seinen Musikinterpretationen. Als ich 1966 die 5. Sinfonie von Ludwig van Beethoven von ihm dirigiert hörte und sah, kam mir der Gedanke: Beethoven ist das Schwert Karajans, das er im Kampf gegen das Böse auf der Erde, den Satan, musikgewaltig führt. Wer je von der Schlacht von Harmageddon gehört hat, in der „Das Gute“ „Das Böse“ endgültig und für alle Zeiten besiegen wird (147), weiß, was ich fühlte und was ich meine. Für mich ist Karajan der Heilige Sankt Georg, der den Drachen, das Böse im Menschen tötete und noch immer tötet. In der „Offenbarung des Johannes“, im Neuen Testament der Bibel, finden Sie die Geschichte von Harmageddon.
Goethe, so sagte Karajan einmal, „habe die Meinung vertreten, der ich mich voll anschließe: Wenn mir mein Inneres so viel zu geben hat und mein Körper verweigert mir seinen Dienst, dann hat die Natur die Pflicht, mir einen anderen Körper herzustellen!“ (145)
Wenn ich an dieser Stelle ein „Hohes Lied“ auf Karajan anstimmte, dann entsprang dies aus der ganz besonders tiefen Zuneigung zu seinen Interpretationen der Komponisten, dessen Werke er dirigierte.
Das soll jedoch keinesfalls heißen, dass ich nur Karajan verehre. Nein, es gibt eine fast nicht enden wollende Liste berühmter Dirigenten, für die vieles, was ich für Karajan empfinde, auch gilt. Furtwängler, Erich und Carlos Kleiber, Bernstein und viele andere. Erlauben Sie mir, auch aus dieser Liste, den „Mozartdirigenten“ Sir Neville Marriner mit seiner „Academy of St. Martin in the Fields“ zu erwähnen. Mozartdirigent deshalb, weil ich glaube, dass er mit Mozart in ganz besonders hohe Resonanz tritt, wenn er das Dirigentenpult betritt. Das gleiche gilt auch für Herbert Kegel, der unter vielen anderen die meisten Messen Mozarts in so einer wundervollen Art und Weise dirigierte, dass man auch sein Dirigat als göttlich bezeichnen muss. Welcher Mut und welcher tiefe Glaube an Gott gehörten in der atheistischen DDR zu diesem Bekenntnis! Hören Sie sich einmal das „Agnus Dei“ der berühmten Waisenhausmesse, KV 139/47a an, die Mozart im Alter von 12 (!) Jahren schrieb und am 7. Dezember 1768 eigenhändig in Anwesenheit der Kaiserin Maria Theresia und ihrer Kinder dirigierte. Unvorstellbar ergreifend! Ein Wunder, nein ein Werk Gottes! All denen, die glauben, dass der Tod ein traumloser Schlaf ist, rufe ich zu: Hört euch dieses „Agnus Dei“ an, dann wisst ihr, dass euer Tod kein traumloser Schlaf sein wird!
Und wenn man bedenkt, dass aus der mathematischen Theorie der modernen Quantenphysik das „Verschränkungsprinzip“ hervorging und dieses von dem Quantenphysiker Professor Anton Zeilinger anhand von verschränkten Photonen, also Lichtquan-

ten, experimentell nachgewiesen wurde, steht man fassungslos vor dem Werk Gottes (497).
Leider kann ich nicht auf alle dieser gottbegnadeten Komponisten eingehen. Doch einen muss ich an dieser Stelle doch noch nennen: Joseph Haydn. Hören Sie sich einmal das Largo cantabile aus seinem Klavierkonzert Nr. 3 an. Auch durch dieses Largo spricht Gott zu uns. Es ist wundervoll, Balsam auf eine wunde Seele!
Lassen Sie mich noch einmal zu Carlos Kleiber zurückkommen: Wer ihn dirigieren sah, und wer ihn sich auf der Wiedergabe einer DVD anhörte und ansah, der weiß, dass er zu den ganz großen Dirigenten unserer Zeit gehörte. Er brannte lichterloh, sein Dirigat glich an bestimmten Stellen der Partitur dem Ausbruch eines großen Vulkans. Doch wenn er Adagio dirigiert, dann spricht auch durch ihn Gott zu mir.
Fast all die Dirigenten, die mich so begeisterten, sind schon lange tot, doch auch unter den lebenden Dirigenten gibt es ganz hervorragende Künstler, die ihre Innenleben durch ihre Dirigate zum Ausdruck bringen. Bewusst oder unbewusst. Zu diesen großen, heute lebenden Dirigenten gehört für mich zweifellos Christian Thielemann. Am 28. Mai 2011 und am 26. Januar 2012 konnte ich ihn im Fernsehen ZDF.doku im Gespräch mit Joachim Kaiser in der Sendung „Beethoven entdecken“ erleben. U.a. dirigierte er das Adagio aus der 9. Sinfonie Beethovens. Dabei wurde ganz bewusst sein Gesicht sehr lange gezeigt. Und das war vom Regisseur dieses Beitrages ganz bewusst und einfach großartig inszeniert. Man erkennt, was in Thielemann dabei vorgeht, wie er sich tief bewegt diese wundervolle Musik „zu Herzen nimmt“, so wie es sich Beethoven wünschte, als er schrieb: „Von Herzen, möge es zu Herzen gehen.“ Beethoven meinte natürlich, dass seine Musik aus seinem Innenleben heraus entsteht und dass diese in den Innenleben der Zuhörer Resonanzen erzeugen möge. Dieser Satz gilt für mich für alle Werke Beethovens, auch wenn manche Zuhörer dies nicht so empfinden. Thielemanns Minenspiel gab wieder, was unaussprechlich war. Es war Ausdruck tiefer Resonanz mit der Kunst Beethovens.
Ein genau so großer Dirigent ist Gustav Kuhn, der die Tiroler Festspiele in Erl leitet und sich außerdem größte Verdienste erwarb und noch immer erwirbt, indem er die klassischen Opern werktreu selbst inszeniert oder nach seinen Vorgaben inszenieren lässt. Auch er kämpft unermüdlich gegen den Missbrauch der Freiheit der Kunst.
Joachim Kaiser kritisierte zu Recht diejenigen Musikwissenschaftler, die behaupten, man tue allen Beethoven-Sinfonien keinen Gefallen, wenn man sie zu häufig spielt. Ja, man könnte seine 5. Sinfonie im Grunde genommen nicht mehr hören, so wie man auch Mozarts „Kleine Nachtmusik“ nicht mehr hören könnte. Kaiser erwiderte diesen Kritikern: „Für den Liebhaber klassischer Musik haben diese Werke unendlich viele Phrasen, d.h. musikalische Gedanken. Es dauert lebenslang, um sie alle zu erkennen. Wir entdecken immer wieder neue.“ Wie wahr und großartig ist diese Meinung!

Welchen Einfluss das Innenleben eines Dirigenten auf seine Kunst hat, will ich anhand der zeitlichen, unterschiedlichen Längen der Neunten Sinfonie von Beethoven zeigen.
Anlässlich des „Mauerfalls" dirigierte Leonard Bernstein (387) im Gegensatz zu den Zeiten von Herbert von Karajan (in Klammern), die einzelnen Sätze wie folgt:

Allegro ma non troppo, un poco maestoso	19:07	(15:14)
Molto vivace	13:46	(11:07)
Adagio molto e cabtabile	20:39	(18:24)
Presto – Allegro assai	29:10	(25:04)

In tiefer Trauer um seine von Nationalsozialisten und Kommunisten ermordeten jüdischen Glaubensbrüder dirigierte er, nach meinem Empfinden, unverkennbar verzweifelt.
Christian Thielemann (387) dirigierte dagegen ebenso wie Karajan schneller und pflanzte auch hoffnungsvolle Momente hinein, die sicher ganz in Beethovens Sinne letztlich zum 4. Satz überleiteten, den Satz an die Freude und Hoffnung, am Tag des Mauerfalls an die Freiheit und die Hoffnung auf ein besseres Leben in der DDR.
In der o.g. Sendung stellte Joachim Kaiser auch die Frage, warum Beethoven plötzlich im letzten Satz seiner Neunten zusätzlich zu seiner Musik die Sprache als Ausdrucksmittel verwendete. Er sagte, dass Beethoven das, was er ausdrücken wollte, mit seiner Musik nicht ausdrücken konnte. Das steht für mich im Widerspruch zum 3. Satz, in dem er in einmalig schöner, zu Herzen gehender Weise, für jedermann verständlich sich ausdrückte. Ich glaube hingegen, Beethoven wollte, dass ihn alle Menschen verstehen, also auch die, die mit seiner Musik nicht ohne weiteres in Resonanz zu treten vermögen. Es lag ihm am Herzen, dass durch seine Musik „alle Menschen Brüder werden"! Was für ein wunderbarer, christlicher Gedanke!
Kommen wir noch einmal zur menschlichen Seele. Kann man fühlen, dass man eine Seele hat? Wenn ja, dann fühlt man etwas immaterielles! Das Leben des Menschen beginnt mit der Befruchtung, d.h. mit der Vereinigung zweier lebender Zellen. Damit beginnt das Innenleben, d.h. Gott schuf die Fähigkeit zum Führen unseres Innenlebens, so wie er primär die Seele und die Gefühle geschaffen hat. Dass auch das Böse auf dieser Welt, also der Teufel, der leider viel zu selten und warnend erwähnt wird, fleißig das Innenleben mancher Menschen beeinflusst, steht für mich ganz außer Frage. Denken Sie nur an die Diktatoren wie Hitler, Stalin, Mao, Pol Pot und die vielen anderen, die Millionen und Abermillionen Menschen ermorden ließen. Man kann es nicht oft genug sagen!

Lassen Sie mich in diesem Zusammenhang einige Worte aus dem Neuen Testament der Bibel, MK 7,21 - 7,23, zitieren: „Denn von innen, aus den Herzen der Menschen, kommen die bösen Gedanken, Unzucht, Diebstahl, Mord, Ehebruch, Verleumdung, Hochmut und Unvernunft. All dieses Böse kommt von innen und macht den Menschen unrein.“ Pabst Benedikt XVI (1) drückte das mit seinen Worten so aus: „Reinheit und Unreinheit ereignen sich in den Herzen der Menschen und hängen vom Zustand ihrer Herzen ab.“ Der Zustand der Herzen ist natürlich nichts anderes als das Innenleben der Menschen und damit auch der Künstler. Wir sehen, sowohl der Autor, der in der Bibel diesen Satz schrieb, als auch Papst Benedikt XVI verwendeten für den Begriff Innenleben das Wort Herz, was sich Ihnen, liebe Leserinnen und Leser, nun tatsächlich als das Gleiche darstellt.
Die bösen Gedanken, die Unzucht, der Diebstahl, der Mord, der Ehebruch, die Verleumdung, der Hochmut und die Unvernunft sind wesentliche Merkmale der Entartung einiger Menschen. Sie alle führen auch immer wieder und viel zu oft zum Missbrauch der Freiheit der Kunst, indem die betreffenden Künstler sie bewusst oder unbewusst, als Ausdruck ihrer Innenleben in ihren Kunstwerken darstellen. In diesem Zusammenhang sollten Sie im Neuen Testament der Bibel auch „Den Brief an die Römer“, insbesondere 1,27-1,32 lesen, den der Apostel Paulus uns hinterließ.

Lassen Sie mich nun zu einem Künstler namens Piero Manzoni kommen (9), dessen Innenleben und damit seine Kunst, stark vom Bösen beeinflußt wurde, wobei ich auch Dreistigkeit und Arroganz Phänomene des Bösen nenne. Manzoni ist ein Meister im Missbrauch der Freiheit der Kunst, indem er sein Publikum zum Narren hielt. Eigentlich gehört dieser Künstler zu Kapitel 13, wo ich viele ähnliche Künstler vorstellen werde.
Sein schon früher einmal von mir erwähntes Kunstwerk „Merda d´artista“, was übersetzt „Kot des Künstlers“ heißt, ist nicht das Produkt des Ausdruckes seiner Seele und Gefühle, sondern der Ausdruck seines Innenlebens.
Das Innenleben eines Menschen ist etwas zeitlich Veränderbares, die Seele nicht. Gefühle können sich zeitlich ändern. Doch was haben Gefühle mit dem Innenleben zu tun? Gefühle entstehen, wie wir sahen, auch aus dem Innenleben heraus. Gefühle kann man beschreiben, z.B. durch Musik ausdrücken, jedoch nicht dadurch, dass man seinen Kot in eine Dose absetzt, sie verschließt, sie als Kunstwerk bezeichnet und im Museum ausstellen läßt. Die meisten Menschen, natürlich so auch ich, vermeiden Worte der Kloaken- und Fäkaliensprache! Ich bitte Sie deshalb um Vergebung, wenn ich Sie an dieser Stelle wiedergebe, nur um Sie zu informieren, allerdings auch, um Sie zu schockieren, um Ihnen zu zeigen, wie tief manche entarteten Künstler gesunken sind. Und dass Manzoni entartet ist, steht für mich außer Frage.

Gebraucht einer die Kloakensprache während seines künstlerischen Schaffens, so drückt er damit nicht seine Gefühle, sondern eben sein abscheuliches, Abscheu erregendes, ekelhaftes Innenleben aus. Wenn ich das schreibe, fälle ich allerdings noch lange nicht ein Urteil über den Wert dieses Menschen, sondern ich stelle erst einmal nur fest. Ein individuelles Werturteil bildeten sich die, die sich die „Dose" ins Museum stellten und jene, welche sie sich im Museum anschauen. Dabei gibt es viele, die diese widerwärtige Provokation für toll und avangardistisch und genial halten und viele, die sich angewidert abwenden. Ein Kunstwerk ist seine „Dose" jedoch auf jeden Fall, da der Künstler damit sein Innenleben recht eindeutig und drastisch zum Ausdruck brachte, als er es schuf.

Allerdings müssen sich die Liebhaber solcher Kunstwerke gefallen lassen, dass ich und sicher auch viele andere der Meinung sind, dass ihre Innenleben, wenigstens manchmal, nämlich wenn sie davon schwärmen, genau so widerwärtig ist, wie das des Künstlers.

In der TV-Sendung „Streit im Schloß" (9) sagte Professor Karl Ruhrberg (†): „Ausgestellt hätte ich diese „Dose", aber ich hätte sie nicht als Kunst bezeichnet, ich hätte gar nicht daran gedacht, sie als Kunst zu verstehen." Er entschuldigte diesen Missbrauch der Freiheit der Kunst, diese ungeheuere Missachtung der Museumsbesucher quasi damit, dass der Künstler die Dose als Persiflage auf einen verkitschten Kunstbegriff, als Provokation verstanden hätte. Nun, er sollte eigentlich von Beuys wissen, dass Provokation gleich Produktion ist, womit dieser die Produktion von Kunstwerken meinte. Ausführliches findet man in einer TV-Sendung über Beuys aus dem Jahr 1970 (148).

Abgesehen davon, dass niemand weiß, was man unter einem verkitschten Kunstbegriff verstehen soll, ist eine Persiflage selbstverständlich auch ein Kunstwerk! Und der sie schuf, ein Künstler der besonderen Art. Laut Duden (146) ist sie eine feine, geistreiche Verspottung durch eine übertreibende oder ironiesierende Darstellung bzw. Nachahmung. Das Kunstwerk „Dose" ist aber weder fein noch geistreich, es ist der primitive Ausdruck eines fäkalienbehafteten Innenlebens. Professor Ruhrberg hätte erst einmal im Fremdwörterduden nachlesen sollen, ehe er eine solche unzutreffende Entschuldigung für diesen Missbrauch der Freiheit der Kunst von sich gab.

In der weiter oben genannten TV-Sendung (9) von 1996 sagte Kishon, wenn Picasso die Frauen geheiratet hätte, die er in abscheulicher Hässlichkeit und völlig entstellt gemalt hat, dann wäre er vielleicht glaubwürdig. Zur Ehrenrettung Picassos muss ich allerdings sagen, Kishon meinte natürlich nicht dessen frühe Werke, in denen dieser wunderschöne, edle Gestalten, auch Frauen malte. So finden Sie in (29) z.B. „Die Erstkommunion 1896" und „Picassos Mutter 1896".

Wenn ich vom Innenleben der Menschen, also auch der Künstler in diesem Kapitel spreche, dann ist die Frage, ob Gott ein Innenleben hat, durchaus berechtigt. Gott schuf in der Natur einzigartige Kunstwerke. Also muss er ein Innenleben haben, das er uns in seinen Kunstwerken offenbarte.
Als eines von unendlich vielen Beispielen für sein Innenleben, stellt die unten gezeigte Fotographie eines Alpensees, des Hintersees bei Ramsau, dar: Die teilweise wolkenverhüllten Berge, der sich davor ausstreckende Waldstreifen, der ruhige Wasserspiegel des Sees und das zarte Gras im Vordergrund könnte ein menschlicher Künstler nicht besser malen. Es ist eines der unzähligen Kunstwerke Gottes!
Als ich diese Aufnahme machen wollte, suchte ich nicht lange. Mein Innenleben geriet in kürzester Zeit mit diesem Kunstwerk in Resonanz und so begann ich die richtige Bildeinstellung zu suchen, was ich als Sekundärkunst bezeichne. Das Foto selbst wurde zu einem wunderschönen Sekundärkunstwerk.

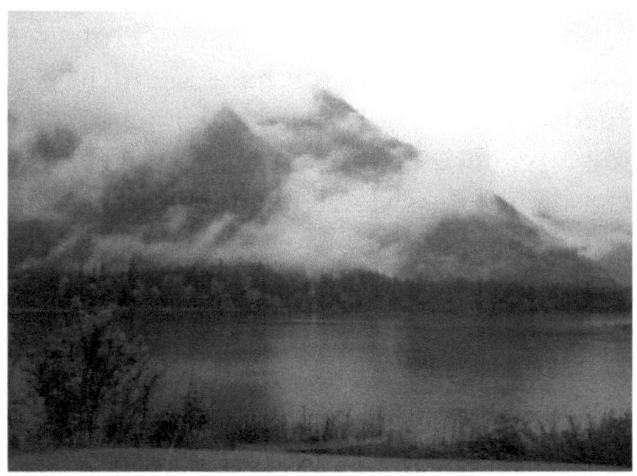

Abb. 15: Hintersee bei Ramsau, Oberbayern 2010

Das oben wiedergegebene Foto gehört zur Kunstart des Pictorialismus. Der erste Fotoapparat, die „camera obscura“ ohne Linse, wurde von Leonardo da Vinci um 1500 erfunden und 1568 von Barbaro zu einer camera obscura mit bikonvexer Linse weiterentwickelt. Die Bilder, die man damit machen konnte, waren von großer objektiver und mechanischer Genauigkeit, die vielen Künstlern damals zu technisch erschienen. Erst die Maler des Pictorialismus („Pictor“ aus dem Lateinischen: der Maler, „Pictura“: die Malerei) befreiten die Photographie von diesen Fehlern, indem sie nach der für die Malerei typischen Subjektivität, nach weichen Konturen und nach künstlerischer Unschärfe strebten, die Gott in seinen Kunstwerken schon lange vor ihnen schuf.

Fast unglaublich viele Kunstwerke schuf Gott auch mit seinen Dendriten. Ich gebe Ihnen in Abb.16 ein beeindruckendes Beispiel dafür:

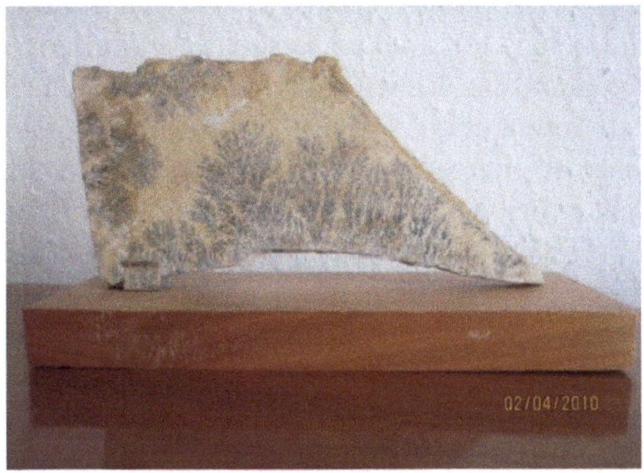

Abb. 16: Dendriten in einer Solnhofer Platte

Dendriten sind keine versteinerten Pflanzen, wie fälschlich oft geglaubt wird, sondern verästelte, moos-, strauch- oder baumförmige Kristallbildungen in Gesteinen, wie z.B. in den berühmten Solnhofer Plattenkalken. Sie erinnerten mich sehr an die Aquarelle meines Vaters, der diese Platte selbst gefunden hatte.

Oscar Wilde, den Max Nordau schon 1873 als entartet bezeichnete, verstieg sich in diesem Zusammenhang während einer seiner negativen Lebensphasen zu der Aussage (323): „Nicht die Kunst ahmt die Natur nach, sondern die Natur ist eine Nachbildung der Kunst.“

Jeder normal denkende Mensch weiß jedoch, dass viele Künstler die Natur nachahmten und auch heute noch nachahmen, zumindest sich als Vorbild nehmen. Dass die Natur eine Nachbildung der Kunst sein soll, ist völlig unverständlich.

Hätte er gesagt: Nicht die Natur ist eine Nachbildung der Kunst, sondern die Natur ist eine Nachbildung der Kunst Gottes, hätte er etwas Folgerichtiges und Bedeutendes von sich gegeben.

Um bei unserem Schöpfer zu bleiben: Glauben Sie oder wissen Sie, dass Gott existiert? Wenn Sie nur glauben oder nicht glauben, was Ihr gutes Recht ist, dann erlaube ich mir, Ihnen zu sagen: Ich weiß, dass Gott existiert! Doch woher weiß ich das? Nun, das ist ganz einfach: Alle Gesetze, die wir kennen, haben nach dem Sinn unserer Sprache zu urteilen, einen Gesetzgeber. Jeder von uns weiß: Kein Gesetz ist so bedeutungsvoll wie die Naturgesetze. Also müssen auch diese, nach den Gesetzen des folgerichtigen Denkens, der Logik, und solange Worte noch einen Sinn haben, von einem Gesetzgeber erlassen worden sein. Und noch wichtiger ist, dass die Naturgesetze nicht nur so einfach nebenbei von Gott erlassen wurden, nein, Gott hat sie bereits vor dem Erschaffen unseres Universums erlassen, wie ich schon erwähnte. Sie dürfen lachen oder nur schmunzeln: Gott ließ es tatsächlich knallen! Und nach eben diesen Naturgesetzen schuf er auch das Leben, also auch uns Menschen, die Künstler und Nichtkünstler mit ihren Innenleben. Dass der Teufel ihm ab und zu ins Handwerk gepfuscht hat und immer wieder einmal ins Handwerk pfuscht, weiß wohl jeder aus eigener Erfahrung. Später bringe ich viele Beispiele von Kunstwerken, die aus der Kunst entstanden sind, die vom Bösen, vom Teufel manchen bedauernswerten Künstlern eingegeben wurden, und die manchmal nicht ganz zutreffend als entartet bezeichnet werden. Doch zum Missbrauch der Freiheit der Kunst gehören sie auf alle Fälle.

Häufig wird die Moderne Kunst mit dem Zeitgeist „entschuldigt“. Darauf lasse ich Goethe im Faust (23) antworten: „Was ihr den Geist der Zeiten heißt, das ist im Grund der Herren Geist, in dem die Zeiten sich bespiegeln!“ Hätte Goethe 1968 gelebt, er hätte formuliert: „Was ihr den Geist der Zeiten heißt, das ist im Grund der 68er-Herren Geist, in dem die Zeiten sich bespiegeln!“ Noch deutlicher lässt sich wohl eine Erwiderung auf die Entschuldigung mit dem Zeitgeist nicht ausdrücken.

Ein Musterbeispiel für diesen 68er-Geist war auch die Inszenierung „Faust I“ im Dresdner Schauspielhaus Ende November 2014, mit der sich der schwedische Regisseur Linus Tunström kein Denkmal, sondern ein Schandmal setzte: Ort der Handlung: Ein modernes Krankenhaus. Nicht Faust, nein vier Fäuste! Dafür kein Wagner, kein Bruder Valentin, keine Marthe! Der Prolog im Himmel kein Prolog, sondern mittendrin! Die Szene in Auerbachs Keller wird mit einem kurzen Witz erledigt, der Osterspaziergang nur mit der ersten Zeile angedeutet! Und natürlich ein weiblicher Teufel, sicher wegen der Quote! Gretchen vergiftet unwissentlich nicht ihre Mutter, sondern ihre Tochter! Wurde ihr die Unschuld tatsächlich zum zweiten Mal geraubt? Das wäre wahrlich etwas ganz abscheulich Neues! Bedenkt man dagegen, dass Goethes „Faust“ schon immer das deutsche Urgestein alter, deutscher Kultur war, dann ist diese, vom Intendanten genehmigte, vielleicht sogar gewollte Inszenierung, eine einzige Kulturbarbarei alter 68er Kulturrevoluzzer. Und beachten Sie bitte: Ein Barbar ist bekanntlich ein roher, ungesitteter und ungebildeter Mensch, ein Wüstling und Rohling.

Die kulturzerstörerische Absicht dieser Inszenierung, die mit Goethes Faust I nichts zu tun hatte, ist unverkennbar eine einzige, widerliche große Lüge! Und Bistra Klunker, politisch völlig korrekt, berichtete dazu stolz in ihrem Kommentar in den DNN (491): „Dafür gab es gebührend Beifall.“ Die Umerziehung hat erstaunlichen Erfolg!

Von einem ähnlich missbrauchten „Faust I“ lesen Sie später noch ausführlicher. Bei diesem handelt es sich um ein aus Erotik und Musical zusammengeflicktes Spektakel.
Kishon (8) lehnte allerdings „Kunst als Spiegel des Zeitgeistes“ ab, doch leider nicht zu recht. Der Zeitgeist beeinflusst das Innenleben einiger dafür anfälliger Künstler aus vielen Gründen und damit natürlich ihre Künste. Ich denke nur an den nationalsozialistischen und kommunistischen Zeitgeist, der sich sehr wohl auch in einer oft entarteten Kunst wiederspiegelte.
Doch auch an dieser Stelle muss ich darauf hinweisen, dass man moderne Kunst nicht zu entschuldigen braucht. Schon deshalb nicht, weil viele moderne Künstler sowohl im negativen, als auch im positiven Sinne nicht zu entschuldigende Kunstwerke schufen. Dabei möchte ich die Worte „nicht zu entschuldigen“ im positiven Fall so verstanden wissen, dass diese Kunstwerke keiner Entschuldigung, sondern höchster Lobpreisung bedürfen, weil sie einfach großartig im positiven Sinne sind.
Im negativen Fall ist z.B. das gezeigte Kunstwerk von Lenk (36) für mich nicht entschuldbar, da es ein Musterbeispiel für den Missbrauch der Freiheit der Kunst ist. Sollte Lenk gemeint haben, mit diesem Werk einen Scherz gemacht zu haben, dann hat sich sein perverses Innenleben mächtig geirrt. Schon Friedrich Rückert (150) sagte:

„Mit Nied´rem scherze nicht, er könnt´ sich überheben
und nicht mit Höherem, er wird dir´s nicht vergeben.
Der Scherz ist ein Versuch Ungleichheit gleichzustellen,
d´rum scherzen ungestraft nur unter sich Gesellen.“

Und noch etwas zum Zeitgeist: Der Leitspruch der Wiener Sezession lautete: „Der Zeit ihre Kunst, der Kunst ihre Freiheit“. (151)
Selbverständlich muss der Kunst ihre Freiheit gewährt werden! Und der Zeit ihre Kunst? Ich erlaube mir die Worte einiger neunmalkluger Experten dazu zu erwähnen: „Jeder Zeit die Kunst, die sie verdient!“ Doch das ist wieder ein unüberlegtes Geschwätz, denn zu unserer Zeit leben sehr viele Menschen, die von den heutigen entarteten Kunstwerken, also z.B. der Fäkalien- und Urinkunst, nichts wissen wollen. Zu behaupten, diese Menschen hätten solche Kunstwerke auch verdient, ist eine arrogante Anmaßung.
Die Innenleben sind sehr und ihr Ausdrücken, also die Künste, nicht weniger verschieden. Viele Schauspieler weinen tatsächlich, wenn es der Text erfordert. Sie geraten in große innere Resonanz und zeigen damit, was sie für hervorragende Künstler sind. Sie brauchen kein Glyzerin, um Tränen zu produzieren, denn Goethe sagte

schon, die „Tränen sind der Menschheit bestes Gut". Und ich ergänze, weil sie uns von seelischem Schmerz erlösen.
Eine Pianistin oder ein Pianist müssen beide anhand der Noten das Innenleben des Komponisten studieren, den sie interpretieren wollen, in dieses eindringen und es unweigerlich mit dem eigenen verknüpfen, sonst sind sie selbst keine Künstler. D.h. aber, dass Kunst auch das Ausdrücken der Verknüpfung, der Vereinigung des Innenlebens des reproduzierenden, mit dem des produzierenden Künstlers ist, dessen Kunstwerk sie darstellen wollen. Die reproduzierenden Künstler müssen mit dem, den sie reproduzieren wollen in Resonanz kommen, wobei dann in ihnen Sekundärkunst entsteht. Gret Palucca, die berühmte Dresdner Balletttänzerin und Ballettpädagogin, machte sich zum Leitsatz: „Wer überzeugen will, muss selber brennen." (152) Dieser Ausspruch gehört zu dem Besten und Bedeutendsten, was je eine Künstlerin gesagt hat. Denn er ist wahr - Palucca brannte selbst lichterloh. Doch nicht nur Palucca, schon vor ihrer Zeit brannte der berühmte Dirigent Arturo Toscanini, wenn in den Proben sein Temperament zum Vorschein kam. Bei Batta (246) liest man darüber: „Toscaninis Dirigierbewegungen im Konzert waren schlicht und konzentriert. Bei den Proben aber tobte er: Er sang, schrie und schimpfte – er brannte in der Glut des Meisterwerkes."
Lassen Sie mich nun zu einer Erscheinung kommen, die Sie schon in Konzerten beobachten konnten. Die Solistin, der Solist oder der Dirigent spielten, sangen oder dirigierten ohne Noten. Sie hatten das Kunstwerk, was sie wiedergaben, völlig in sich aufgenommen, ihr Innenleben war mit dem des Komponisten zu einer Einheit verschmolzen. Wenn ein Solist nicht dauernd auf die Noten schauen muss, dann kommt er viel intensiver mit dem Komponisten in Resonanz, als ein Solist, der die Noten braucht, um wenigstens ab und zu hineinzuschauen. Das gleiche gilt natürlich auch für den Dirigenten. Das Ergebnis kennt jeder: Alfred Brendel, Anne Sophie Mutter, Herbert von Karajan und die vielen anderen berühmten Solisten und Dirigenten unserer Welt. Jeder Musikliebhaber, der ein und dasselbe klassische Musikstück von zwei verschiedenen Dirigenten dirigiert oder von zwei verschiedenen Solisten gespielt gehört hat, weiß, wie unterschiedlich die Interpretationen sein können. Und das wäre ohne unterschiedliche Innenleben der Reproduzierenden nicht denkbar! Die Ursachen liegen darin, dass das Innenleben eines jeden Künstlers an bestimmten Stellen des musikalischen Spektrums in besonders starke Resonanz mit dem des Komponisten tritt.
Man kann auch sagen, dass die Interpreten sehr flexible Innenleben besitzen müssen, um sich in die unterschiedlichsten Innenleben der Komponisten hineinversetzen zu können. Diese Eigenschaft gehört zu den Innenleben der reproduzierenden, also der wiedergebenden Künstler einfach dazu.

Hierher gehört auch eine wahre Begebenheit, die Wolfgang Wagner in seinem Buch „Lebensakte“ (251) erzählte:
„Herbert von Karajan und Maximilian Kojetinsky saßen im Orchestergraben und spielten vierhändig bei einer „Ring“- Probe. Hans Knappertsbusch stand am Pult. Eine an sich schon etwas außergewöhnliche Situation, da er nur sehr ungern probierte. Die Probe war beendet, und der Maestro stieg herab auf das dritte Podest unseres stufenartig nach unten führenden Orchesterraums. Karajan, eine Hand am Klavier, stand da, den wesentlich Größeren von unten nach oben anblickend in der Erwartung, dieser werde zu den beiden Herren am Klavier irgend etwas sagen. Knappertsbusch klopfte seinem „Ring“- Dirigenten-Kollegen anerkennend auf die Schulter mit den Worten: „Wenn irgendwo eine Stelle als Repetitor (Akademiker, der mit Studierenden den für die Prüfung nötigen Wissensstoff wiederholt und sie so auf die Prüfung vorbereitet) vakant (frei) ist, werde ich Sie empfehlen“. Ein Mitarbeiter bemerkte gegenüber Knappertsbusch, Herr von Karajan dirigiere auswendig! Das reizte diesen zu der knurrigen Erwiderung: „Ich - kann Noten lesen!“
Wagt ein Komponist die ungeheuere Dreistigkeit, das Quietschen von Straßenbahnschienen, das Geräusch einer mechanischen Schreibmaschine oder gar das, für viele Menschen scheußliche Geräusch des Kritzelns auf einer Schiefertafel als Kunst wiederzugeben, gilt er fast als „Geisteskranker“. Doch diese Wiedergabe ist der Ausdruck seines Innenlebens, eben seine Kunst. Das sollte man nie vergessen.
Hingegen ein Sonnenuntergang, eine Landschaft, ein Baum usw. sind ebenfalls in meinem Sinn nur dann Kunstwerke, wenn man Gott nicht nur als Schöpfer, sondern auch als Künstler, als den größten Künstler aller Zeiten, empfindet. Die Natur in ihrer Gesamtheit besteht aus Kunstwerken Gottes. Gibt man sie wieder, weil man von ihnen ergriffen ist und mit ihnen in Resonanz gerät, drückt man sein eigenes Innenleben aus und schafft damit Kunstwerke.
Man kann diese Gedankengänge noch weiter fortführen. Jedes Kunstwerk könnte man so verstehen, dass sein Erschaffen entweder durch Gott oder den Teufel veranlasst wurde.
Lassen Sie mich die Frage stellen, ist das nachfolgende Gedicht (153) durch Gott oder den Teufel veranlasst?

In einer warmen Frühlingsnacht
erblickt´ ich einen Tulpenbaum,
ihn anzuschau´n, o welche Pracht,
ich traute meinen Augen kaum.

Ich konnte nicht vorübergeh´n,
ich stand, ich staunte, sah,
so blütenreich, so wunderschön,
ich wusste nicht, wie mir geschah.

Er war so schön, so mondbeschienen,
er stand in Windesstille da,
die Blätter mir aus Silber schienen,
sie war´n so zart, zum Brechen nah.

Ich sah inmitten seiner Blüten
ein dunkeltraurig Augenpaar,
o könnt´ ich diese Augen hüten,
die ich im Traume weinen sah!

Die Antwort dürfte Ihnen nicht schwerfallen. Doch trotz allem bezeichnen die Nichtromantiker ein solches Gedicht als Kitsch oder als pubertäre Gefühlsduselei. Ich finde dagegen das Gedicht anmutig. „In Musik- und Dichtkunst" (24) nennt man anmutig ein Werk, das auf wuchtigen Bau, starke Gegensätze, grelle Dissonanzen verzichtet und von dem eine einfache, erfreuende Wirkung ausgeht."

Dem Begriff „Kitsch" fehlt, bzw. fehlte bisher ebenfalls eine allumfassende Definition. Ich komme in Kapitel 17 darauf zurück. Vorab nur soviel: Wären die Werke Mozarts, Beethovens, Bachs usw. nicht fundamental etabliert, die sog. Neuzeitkünstler, selbsternannten Neuzeitkunstexperten und Kunstkritiker würden sie vielleicht als Kitsch abtun. Denn sie versuchen mit allen Mitteln z.B. die Opern dieser Komponisten durch entstellende Inszenierungen zu verunglimpfen und zu entwerten, wie ich bereits öfter ausführte.

Ich erinnere mich auch noch gut an die Oper „Die Zauberflöte" im Jahr 2000 in Wien: Tamino trat in weißen Hochwasserhosen, weißer Fleischerjacke, mit offenem Kragen als Prinz auf. So sah doch nie ein Prinz aus. Das ist reine Geschichtsfälschung. Die Zuschauer bekommen mit solchen Lügen eingeredet, Prinz Tamino trug Freizeitkleidung, von der damals nicht einmal der Name existierte! Niemand, auch ich nicht, hätte etwas dagegen, wenn diese „Kunstwerksverunstalter" eigene „Kunstwerke" schaffen und sie dann auch selbst vertonen und inszenierten. Doch dazu sind sie schlicht und einfach nicht fähig. Pascal Morche schreibt 2011 im Crescendo (101): „Früher war alles besser. Alberich schlurfte nicht mit Aldi-Tüten über die Bühne; Scarpia war vom Regisseur nicht als Nazi „angelegt" und die Königin der Nacht trug keine Sonnenbrille." Wer in der oben beschriebenen Zauberflöte nicht die lächerliche, böse Absicht und den Missbrauch der Freiheit der Kunst erkennt, der kann mir nicht nur leidtun.

Zu den bösen Absichten zähle ich auch die Inszenierung des „Parsifal" 2012 in Bayreuth von dem Regisseur Herheim, wohl einem echten 68er.

Ich will das an dieser Stelle noch in Form einiger Fragen vertiefen: Warum zeigte er nicht, dass Parsifal mit dem heiligen Speer das Zeichen des Kreuzes schlug, bevor das Reich Klingsors, das Reich des Bösen, unterging? Warum zeigte er nicht, dass Parsifal an Kundry, der „Teufelin", die heilige Taufe vollzog und sie dadurch von ihrem Fluch erlöste? Warum zeigte er, wohl als Rückblende gemeint, auf offener Bühne, wie Herzeleide Parsifal gebar, und das blutbeschmierte Baby anschließend „beschnitten" wurde und die blutbefleckte weiße Schürze einer Hebamme, welche die als Rotkreuzschwester verkleideten Kundry darstellen sollte? All das findet man in Wagners Texten und Regieanweisungen selbstverständlich nicht! Die Damen von Bayreuth sollten ein Museum für entartete Inszenierungen bauen lassen. Ist es verboten die Frage zu stellen, ob das alles nicht übler Missbrauch der Freiheit der Kunst ist?

Danny De Vito, Schauspieler und Regisseur, soll einmal gesagt haben: „Man wird Regisseur, weil die Position „Gott" schon besetzt ist". Für Herheim gilt: Man wird Regisseur, weil die Position „Teufel" noch nicht besetzt ist!

Wenn man bedenkt, dass ungefähr bis 1951 Inszenierungen im Sinne Richard Wagners, bis 1973 im Sinne Wieland Wagners (sog. Stilbühnen) große Erfolge auf allen Bühnen Europas feierten, dann kommt man bei der Inszenierung Herheims schon ins Grübeln. Wieland Wagner reduzierte dagegen radikal alles Äußerlich-Naturalistische. Er entrümpelte im positiven Sinne die Opern seines Großvaters und konzentrierte sich auf den Symbolgehalt und die Psychologie der Stücke, worüber allerdings Elisabeth Schwarzkopf und Herbert von Karajan bereits 1951 ganz anders dachten. Ich berichtete schon darüber.

Und was tat Herheim? Er rümpelte alles wieder hinein, doch fraget nur nicht wie! Er vergewaltigte das Textbuch Richard Wagners, das eine eigene, besondere Art darstellt und als selbstständiges „Wesen", als poetisch-literarische Gattung eine eigene Bedeutung besitzt" (421). Richard Wagner selbst sprach sogar von Dichtungen, die seine Textbücher seien, womit er sie eindeutig als Kunstwerke, also als das Offenbarte seines Innenlebens bezeichnete. Voss (421) schrieb dazu: „Parsifal spielt oder musiziert man nicht, man zelebriert ihn (begeht ihn feierlich) wie eine Messe, einen Gottesdienst!" Und was machte Herheim daraus? Einen Teufelsdienst!

Was bedeutet für mich seine Inszenierung des Bühnenweihfestspiels „Parsifal" 2012 in Bayreuth? Erstens den Ausdruck seines Innenlebens. Zweitens die Missachtung des Willens Richard Wagners. Drittens die Verfälschung einer weltberühmten Oper. Viertens den Versuch, seine Zuschauer, die er wohl für unwissend und ungebildet hält, im

Sinne von Adornos Ästhetischer Theorie (5) umzuerziehen. Und fünftens versucht er meiner Meinung nach die Zerstörung unserer konservativen, also werteerhaltenden Abendländischen Theater- und Opernkultur.
Sollten Sie, liebe Leserinnen und Leser, Interesse an weiteren, entarteten Details an Herheims Parsifalinszenierung haben, dann lesen Sie bei Susanne Vill in (424) nach. Da finden Sie noch beispielsweise die Totenfeier für Titurel, dem Vater Amfortas, im Plenarsaal des Deutschen Bundestages inklusiv Bundesadler, Klingsors Zaubergarten als Lazarett im 2. Weltkrieg, die Blumenmädchen als Rotkreuz-Krankenschwestern verkleidet oder Kundry zum „Blauen Engel“ verfälscht und entwürdigt und am Ende noch den alten, ehrwürdigen Gralshüter Gurnemanz als armen Wehrmachtssoldaten der Hitlerzeit. Die Vermischung des Nazireiches mit unserer freiheitlich-demokratischen Bundesrepublik hat schon Methode und folgt einer ungeheuer bösen Absicht!
Joachim Herz beschreibt in seinen Büchern (392) viele weitere Beispiele ähnlich abschreckender, hässlicher Inszenierungen großer Opern. Er geißelte darin die entartete „Inszenierungskunst“ in der Opernwelt. Eichler schilderte in (3) den Missbrauch der Freiheit der „Bildenden Kunst“.
Das Innenleben der Menschen und damit auch der Künstler, wird also vom Außenleben mehr oder weniger stark beeinflusst. Natürlich auch vom vielzitierten Zeitgeist. Mode, Geschichte, Vergangenheit, Zukunft (Zukunftsängste), Krieg (Otto Dix) oder Bordelle (Toulouse - Lautrec), beeinflussten und werden auch weiterhin die Kunst, also die Innenleben der Künstler, beeinflussen.
Dass Religionen starken Einfluss auf das Innenleben von Künstlern ausüben, kann kaum jemand in Frage stellen. Man muss nur an die wunderbare Kirchenmusik Mozarts, Bachs, Händels oder Beethovens denken. Pascal Morche schrieb im Crescendo (361): „Ja, Musik und Religion, das ist ein seltsam verwandtes Geschwisterpaar. Musik und Religion waren und sind einander immer zu Diensten. Diente die Musik der Religion, so entstanden unzählige Werke, für die es sich in dieser Welt zu leben lohnt.“ Und er fährt wortgewaltig fort: „Solche Werke im achtwöchigen Weihnachtsschlussverkauf zu verramschen, anstatt mit ihnen (wohldosiert!) ganzjährig zu leben, ist ein Verbrechen an der Musik und an der christlichen Religion. Dieses Verbrechen wird aber weiterhin alljährlich begangen und entzieht sich bedauerlicherweise auch jedweder Strafverfolgung.“
Wer meine vorangegangenen Kapitel aufmerksam gelesen hat, wird Morches Ansichten sicher verstehen, auch wenn er sie nicht in so harter Art und Weise billigen kann. Persönliche Erlebnisse wie z. B. Träume, Visionen oder Abenteuer in der Natur beeinflussen das Innenleben der Künstler mehr oder weniger genauso stark, wie sie das Innenleben eines jeden Menschen beeinflussen.

An dieser Stelle gebe ich eine Vision wieder, die einen mir gut bekannten Menschen vor Jahren zu einer kleinen Geschichte inspirierte:

Ein doppelter Traum

„Wir standen am Rande einer tiefen Schlucht, die sich durch das einsame Hochland zog. Auf ihrem Grunde schäumte und brauste ein wilder Fluss über Geröll und mächtige Felsbrocken, als würde er von tausend kleinen Teufeln gepeitscht. Wie sollten wir weiterkommen? Weder ein Fußweg oder eine Treppe führten auf unserer Seite hinab, noch drüben hinauf. Nebel und Dunst verhüllten uns den Ein- und Ausgang der Schlucht. Ich setzte mich in das hohe, weiche Gras und zog meine kleine Fee zu mir herab. Sie war müde von der weiten Wanderung durch das öde und trostlose Hochland, auf dem nur selten ein Baum oder ein Busch unseren suchenden Augen Ruhe gewährten. Als die Sonne hinter uns in der Einöde versank, schlief sie schon ruhig und fest an mich geschmiegt in meinen Armen. Ihre aufgelösten, dunklen Haare fielen in tausend und abertausend Locken über meine Hände und deckten sie zu.
Auch ich schien zu schlafen, denn plötzlich erhob sich zu unserer Linken eine alte Burg auf hohen, riesigen Felsen. Ihre Mauern schienen mit den Felswänden vereint aus dem reißenden Fluss emporzuwachsen.
Über die Schlucht, an den Füßen meiner geliebten Fee haftend, zog sich ein rötlicher Nebelstreif. Nach und nach bildete er sich zu einer steinernen Brücke, die sich hoch über die weite Schlucht wölbte. Ein breites Geländer gab mir das Gefühl der Sicherheit. Hand in Hand schritten wir auf der Brücke dem anderen Ufer entgegen. - Doch was war das? Meine kleine Fee riss sich plötzlich los und tollte wie ein unvernünftiges kleines Kind mir vorweg und siehe, die Brücke begann zusammenzuschrumpfen. Der Mitte zu ward sie immer enger und enger. Ich lief, ich rannte, um sie zu halten, doch vergeblich, ich holte sie nicht ein. Das Geländer wurde immer kleiner, immer niedriger. Als ich ihr so nahe gekommen war, dass ich sie hätte fassen können, verließen mich plötzlich meine Kräfte. Sie tanzte auf dem Geländer, das weder hoch noch breit war, wie ein Vögelchen in schwindelnder Höhe. Sie sang und jauchzte, als sähe sie nicht die Tiefe des Abgrundes, die spitzen Steine und die schäumende Gischt des rasenden Flusses.
Ich rief ihr zu, ich flehte, ich bat, doch meine Stimme ging in dem dumpfen Getöse unter, das von unten immer stärker werdend heraufschwoll. - Oder wollte sie mein Bitten nicht hören?
Ich hielt mich verzweifelt an dem winzigen Geländer fest, denn die Brücke begann bei dem Springen und Tanzen meiner Fee zu schwanken.
Da! Sie rutschte mutwillig unter dem Geländer hindurch, hing einen Augenblick unschlüssig und ehe ich einen Gedanken fassen konnte, ließ sie das Geländer los und

stürzte lautlos in die grauenvolle Tiefe. Mein Herz verkrampfte sich, ich konnte nicht schreien, nicht rufen. Ich sah sie fallen, tiefer, immer tiefer, dem steinigen, harten Flussbett entgegen. Ein schwarzer Schleier legte sich auf meine Augen, glühend heiße Angst packte mich, verzweifelt riss ich ihn von meinem Gesicht, um das Furchtbare als Wirklichkeit in mich aufnehmen zu können.
Doch etwas Merkwürdiges geschah. Als ihr Körper auf dem Grund aufzuschlagen schien, verwandelte sich der reißende Fluss in einen dunklen, tiefen, ruhigen See. Keine Wellen entstanden, kein Spritzen, kein Rauschen konnte ich vernehmen, als ihr Körper hineinglitt. Nur große, helle Blasen stiegen lautlos dort empor, wo meine Geliebte von dem See verschlungen wurde.
Die Brücke war wieder breit, doch viel niedriger als vorher und so glaubte ich inmitten der hellen, aufsteigenden Blasen ihren dunklen Lockenschopf zu sehen. Ich beugte mich über das Geländer. Plötzlich schlangen sich ihre zarten, weißen Arme um meinen Nacken, ihre Lippen berührten meine Augenlider, küssten meine tränenschweren Augen und weinend erwachte ich, von ihren dunklen Locken eingehüllt, in ihren Armen.
Sie zitterte, hatte sie mich doch im Traume rufen hören - und lange währte es, bis wir beide wieder ruhig und festumschlungen in die Einöde des Hochlandes zurückkehrten. Ach, nur ein doppelter Traum."

Es besteht kein Zweifel, dass das Innenleben, das der Künstler hier ausdrückte, von tiefer Sehnsucht nach Liebe und Zärtlichkeit geprägt war. Aber auch die Angst, seine Geliebte zu verlieren, ließ ihn so träumen.
In dem Buch „Träume offenbaren dein Schicksal" (154) finden sie viel Interessantes zu solchen Traumwiedergaben.
Letztendlich kann man nicht immer unterscheiden, ob das Werk ein Kunstwerk, also das Ergebnis von Kunst, des Ausdrückens des Innenlebens ist oder nur angewandtes, handwerkliches Können. Deshalb ist, wie schon erwähnt, für eine Kunstbeurteilung oder -kritik die Person des Künstlers wichtig.
Ich sagte oft zu mir: „Um die Kunst eines Menschen wirklich zu erkennen, musst du die Liebe, den Hass oder seine Gleichgültigkeit erkennen, aus denen heraus er sein Kunstwerk schuf. Und das geht nur, wenn du das Innenleben des Künstlers kennst, bzw. kennengelernt hast".
Es sei auch hier einmal die Frage erlaubt: Gibt es Künstler, die kein Innenleben haben? Ich meine nein! Jeder Mensch hat ein Innenleben. Und viele drücken ihr Innenleben in irgendeiner Form aus. Zum Beispiel durch Liebe zu ihren Partnern oder durch Hass auf die alten Ordnungen, wie es die 68er Künstler taten und noch immer tun.

Kann ein Künstler Kunstwerke schaffen, die keinem Innenleben entspringen? Nein, dann wären seine Werke keine Kunstwerke, dann wären sie Machwerke, mit denen er „nur“ Geld verdienen wollte. Davon gibt es viele und daher ist manches, was beim Schaffen von Werken entsteht kein Kunstwerk, auch wenn man seinen Computer per Zufall Werke schaffen lässt, denn er hat kein Innenleben im menschlichen Sinne.
Und dennoch wird es von cleveren, geschäftstüchtigen Kunsthändlern (besser Kunstwerkhändlern) als „Kunst“ verkauft. Und es gibt viele Menschen, die es auch noch teuer, sehr teuer bezahlen und, was das Schlimmste ist, auch noch von der Steuer absetzen dürfen. Eine Beleidigung für die Künstler, die Kunstwerke schaffen, also ihr Innenleben offenlegen und ihre Werke, wenn überhaupt, dann nicht überteuert verkaufen. Ich will Ihnen nun einmal zeigen, wie einfach es ist, solche Machwerke zu schaffen: Nehmen Sie eine große Holz- oder Kunststofftafel, ein großes Blech oder eine große Leinewand, streichen Sie diese Tafeln dick mit unterschiedlichsten Ölfarben kreuz und quer ein und legen es im Herbst unter einen Apfelbaum. Blätter und Äpfel fallen im Laufe einer gewissen Zeit darauf und bleiben haften, sobald die Farbe nach einiger Zeit getrocknet ist. Fertig ist ein Kunstwerk! Haben sie Glück, stellt es irgendein avantgardistischer Museumsdirektor in sein Museum für „Modern Art“ aus und irgendeiner der Besucher kauft es ihnen nach der Ausstellung für viel Geld ab.
Ebenso einfach ist es, ein riesiges Blatt Zeichenkarton o.ä. dick mit Aquarellfarben zu beschmieren, besser zu beschichten und es danach einem Landregen für mehr oder weniger kurze Zeit auszusetzen. Geraten Sie an den richtigen Kunstmafioso, können Sie Tausende von Dollars oder Euros verdienen, denn er wird das „Werk“ wohlfeil an seine Kunstliebhaber weiterverkaufen. Mit großem Gewinn, versteht sich! Für mich ist das allerdings Missbrauch der Freiheit der Kunst und eine strafbare Handlung, weil es den Straftatbestand „Betrug“ erfüllt.
Mit dem gleichen Thema befasste sich 2015 das 3Sat-Fernsehen mit der Serie „Kunst und Verbrechen“. Sie sehen, auch andere, seriöse Autoren verurteilen den Missbrauch der Freiheit der Kunst!
Als Physiker empfehle ich Ihnen, immer noch als Scherz, über einem großen Blatt Papier ein Foucaultsches Pendel aufzuhängen, an dessen unterem Ende ein mit Farbe gefüllter Spritzbeutel befestigt wird und das dann auf Grund eines kurzen Anstoßes in Schwingungen gerät. Durch die Erdrotation entstehen nach und nach nebeneinander liegende Linien und daraus ein tolles, avantgardistisches „Gemälde“. Und das Beste an allem, Sie können sich daneben setzen und entweder nichts tun oder wenigstens das Pendel ab und zu außer Takt bringen, um so ihre eigene, künstlerische, persönliche Note hinzuzufügen. Ich bin überzeugt, Sie haben den Hohn erkannt, den ich über solche üblen „Künstler“ ausschüttete.

Glauben Sie mir, ich könnte Ihnen noch hundert weitere Beispiele nennen und damit die sog. „Moderne Kunst“ ad absurdum führen, d. h. nach (146), die Unsinnigkeit solcher und anderer Vorgänge beweisen. Die o.g. Beispiele, z.B. die Pendel-Kunst, war das Ausdrücken meines Innenlebens. In diesem Falle allerdings das eines Spötters.
Wir sehen, ein Künstler muss die Fähigkeit haben, sein Innenleben ausdrücken zu können und den Vorsatz, es auch zu wollen. Viele Künstler, die natürlich auch ein Innenleben besitzen, können oder wollen es nicht ausdrücken, also nicht an die Öffentlichkeit gelangen lassen. Dadurch entgeht der Menschheit oft sehr viel Kunst und damit schöne und hässliche, abstoßende und anziehende Kunstwerke.
Manch Ausgedrücktes, also manches Kunstwerk kommt erst nach dem Tod eines Künstlers an die Öffentlichkeit und diese erkennt dann, was für ein großer Künstler da gelebt hat.
Viele Künstler waren zu ihren Lebzeiten nicht als solche anerkannt. Ihre Kunst war in den Augen der Öffentlichkeit keine Kunst, deshalb gerieten sie in Vergessenheit. Das Musterbeispiel ist Johann Sebastian Bach. Erst Mendelssohn Bartholdy holte ihn aus der „Vergessenheit“ zurück in die Welt. Man könnte von einem Bachsyndrom sprechen. Der Zeitgeist spielte dabei eine wesentliche Rolle. Als Bach von der Weltbühne verschwand, war es der Zeitgeist und als er wiederkehrte, war es auch der neue oder besser gesagt ein anderer, in meinen Augen besserer Zeitgeist.
Das gleiche widerfuhr Jules Massenet, dessen wundervolle Opern (z.B. „Manon“ und „Werther“) zu seinen Lebzeiten zu großer Beliebtheit gelangten. Nach seinem Tode stempelte man sie, also der Zeitgeist, fadenscheinig als unzeitgemäß sentimental ab. Zu unserem Glück fanden sich in den letzten Jahren Opernhäuser, in denen sie wieder aufgeführt werden und zwar in alter, konventioneller Art und Weise (155).
Wir sahen, jeder Mensch und damit auch jeder Künstler, d.h. jeder der ein Kunstwerk schuf, hat ein Innenleben, eine Seele, ein, wie Goethe (23) so treffend sagte, ein etwas himmelhoch Jauchzendes, zu Tode Betrübtes in sich. Wenn er dies dann in Malerei, Musik oder Lyrik ausdrückte, schuf er Kunstwerke. Dieses Schaffen ist Ausdruck seines, von Gott oder dem Teufel eingepflanzten Innenlebens, ist seine Kunst!
Das Innenleben ist aber auch eine Funktion der Zeit, d.h. es variiert von Zeit zu Zeit sehr stark. So wie das Meer, das einmal ruhig, das andere Mal stürmisch, von Wellen gepeitscht wird.
Zum Innenleben eines Menschen und ganz besonders eines Künstlers gehört auch die Leidenschaft, zu der jede heftige, durch Dauer und Gewöhnung gesteigerte Begierde gehört (24). Im Unterschied zum bloßen „Hang“ und der „Neigung“, die ihre gemäßigten Vorstufen bilden, sucht die Leidenschaft das ganze Fühlen und Wollen des Menschen an sich zu reißen. Diese Eigenschaft gibt ihr ein eigentümliches Gepräge.

Sie wirkt ebenso unwillkürlich und blind wie ein Trieb und wächst sich häufig zu einer krankhaft entarteten, unbezwinglichen Sucht aus. Beispiele hierfür sind Sammelwut, Quälsucht, Geiz, Sucht nach Rauschgiften usw. Ihre Verwandtschaft mit dem Affekt beruht auf ihrer Stärke oder Intensität. Der Affekt (24) verläuft schnell, die Leidenschaft ist fest eingewurzelt. Sie gehört vorwiegend dem Trieb- und Willenleben an, während der Affekt eine Abart der Gemütsbewegung darstellt. Die Leidenschaftlichkeit als Anlage zu Affekten bestimmt das Wesen des cholerischen Temperaments. Es gibt physische und geistige, niedere und höhere Leidenschaften. Goethe, Hegel und Nietzsche haben die Bedeutung der Leidenschaft für die großen Leistungen in Geschichte, Kultur, Kunst und Leben anerkannt und dies vielfach gewürdigt. Kunst ohne Leidenschaften ist für mich undenkbar.

9.4 Die Entartung des Menschen nach Max Nordau

Joachim Gauck zitierte in seinem vortrefflichen Buch „Winter im Sommer – Frühling im Herbst“ (156) den tschechischen Politiker Vaclav Havel: „Die Macht der Mächtigen lebt von der Ohnmacht der Ohnmächtigen.“ Ich erlaube mir, diesen weisen und wahren Ausspruch ein klein wenig abzuwandeln und sage: „Die Macht der entarteten Künstler lebt von der Ohnmacht der nicht entarteten.“ Daran, diese Ohnmacht zu überwinden, sollten sich alle geistig normalen, nicht entarteten Menschen, insbesondere die Kulturminister aller Staaten dieser Erde, beteiligen, um damit dem Missbrauch der Freiheit der Kunst tatkräftig entgegenzuwirken.
Es genügt nicht, nur zu sagen, dieser Unfug interessiert mich nicht. Alle sollten wissen, dass damit die vielgepriesene Freiheit der Kunst missbraucht wird! Erheben Sie lautstark und wortgewaltig Ihre Stimme dafür, dass die negativ entarteten Kunstwerke nur noch in neuzuschaffenden Museen für „DEGENERATE ART“ zu „bewundern“ sind, wo dann die Künstler ihr lasterhaftes und von Begierden geplagtes Innenleben, ihre Ichsucht, ihre Erotomanie, also ihr krankhaft übersteigertes sexuelles Verlangen, für erwachsene Besucher zur Schau stellen dürfen. Sie sehen, ich bin konservativ. Ich will allerdings trotzdem, dass die entarteten Kunstwerke erhalten und bewahrt werden, auch als Warnung gegen die Zerstörungssucht mancher 68er Künstler. Allerdings will ich auch unsere Kinder und Jugendlichen vor dem sittlichen und moralischen Dreck und Unrat mancher entarteter Kunstwerke bewahren. Musterbeispiele entarteter Kunstwerke finden Sie z. B. in Kapitel 6.16, in dem ich Ihnen von der zutiefst bedauernswerten, entarteten Künstlerin Djurberg berichtete. Ihre Kunst drückt ihr krankes Innenleben in gellendem Lärm und Schreien aus.
Einer meiner Freunde berichtete mir über den bedauernswerten Künstler Anselm Kiefer, der anlässlich des 10-jährigen Bestehens des Guggenheim-Museums in Bilbao

das Auftragswerk „Niemandsrose - ein düsteres Weltbild“ schuf. Er machte sich die Mühe und entzifferte den Text, den Kiefer über sein Kunstwerk kritzelte: „Orkane, von jeh Partikelgestöber, das andere, du wusstest ja, wir lassen im Buche, war Meinung, flickte an der letzten Membran und die Welt, ein Tausendkristall, schloss sich an. Was hab getan die Nacht, besamt, als könnt es noch andere geben, mächtiger als diese … !“
Auch in Friedrichshafen am Bodensee findet man ähnliches Gekritzel, worüber er mir wie folgt berichtete: „Wenn Kunst so etwas wie Denken mit den Händen sein soll, wird auch dieser (nicht genannte) Künstler wohl sein Denkvermögen zumindest stark eingeschränkt, wenn nicht gar völlig verloren haben. Entsprechend sind die Ergebnisse – die Kunstwerke. Deutsche Hohl– oder Wirrkopfkunst wird heutzutage hofiert von Leuten, die wohl nicht (mehr) wissen, was sie tun, deren Denken weit abseits zu finden ist – wenn überhaupt. Jedenfalls ist das meine – unmaßgebliche Meinung“.
Nun sind diese Kunstwerke zwar nicht direkt gesellschaftsschädlich, aber auf jeden Fall indirekt, da sie in den Museumsbesuchern für viele den Eindruck erwecken, dass diese Kunstwerke seien. Leider sind sie es tatsächlich, nämlich die Werke entarteter Künstler.
Gefährlich wird die Tätigkeit Kunst dagegen bei dem Künstler Sebastian Horsley, einem radikalen Dandy (ein sich übertrieben modisch kleidender Mann), der in einem ZDF-Kulturbeitrag 2012 (440) über Drogen, Bordelle und Nutten vorgestellt wurde. Im Mittelpunkt seines dümmlichen Geschwafels standen Penis und Revolver, Geschlechtsverkehr und Schießerei im Bordell. Das Unglaublichste, was ich in diesem „Kulturbeitrag“ erlebte, war eine echte, realistische Kreuzigung. Horsley schilderte und zeigte in einem Filmbeitrag, wie er sich von einem Philippiner an ein Kreuz nageln ließ. Dazu hörte man wörtlich: „Ich wurde an den Armen gefesselt und von einem fremden Phillipo ans Kreuz geschlagen, der nur 2 Worte Englisch kannte. Das erste war „nein“ das zweite „Problem“. Er hämmerte die Nägel durch meine Handflächen. Beim Aufrichten des Kreuzes wurde ich bewusstlos. Natürlich ging alles schief. Das Kreuz brach zusammen und ich fiel herunter. Meiner Meinung nach muss sich wahre Kunst beweisen, indem sie dem Gelächter standhält und sich selbst der Zerstörung aussetzt. Bei der Kreuzigung passierte beides. Das war aufregend. - Ich war ganz allein und hatte den Bus nach Hause verpasst. Mein Fehler war gewesen, es als Kunst anzukündigen. Eine Zeitung titelte: Kunstfreak kreuzigt sich selbst. Besser wäre gewesen: Freak kreuzigt sich selbst. Wenn du dich selbst als Künstler ausgibst, hast du schon verloren.“
Auch in diesem Beitrag Horsleys kommt die große Tragik der Entarteten zutage. Wenn man aus reiner Geltungssucht die geschilderten, grauenvollen Schmerzen

erträgt, nur um „aufzufallen um jeden Preis“, dann ist man im negativen Sinne entartet. Hinzu kommt noch, dass man mit der eigenen „Kreuzigung“ den Eindruck von Blasphemie erweckt, was in meinen Augen besonders schlimm ist. Kurzum, Kunst ist es tatsächlich, nämlich radikale, entartete Kunst. Horsley drückt in dieser Tätigkeit sein Innenleben aus und zwar recht drastisch, d.h. mehr als deutlich. Er missbrauchte die Freiheit der Kunst in besonders abscheulicher Art und Weise.
Um Ihnen im Gegensatz dazu zu zeigen, dass vermeintlich entartete Kunst durchaus auch gute Kunst sein kann, empfehle ich Ihnen das Bild „Guernica“ von Picasso zu betrachten. Es gibt die „Entartung des Krieges“ wieder. Insofern offenbarte uns Picasso sein zorniges Innenleben, dessen Stimme er gegen den spanischen Bürgerkrieg, gegen die faschistischen Garden erhob. Er schrieb dazu: „Auf dem Wandgemälde, an dem ich arbeite und das ich Guernica nennen werde, bringe ich deutlich meinen Abscheu vor der militärischen Kaste zum Ausdruck, die Spanien in einen Ocean von Leid und Tod versenkt hat.“ Ich nenne das positiv entartet.
Allerdings kritisiere ich trotzdem diesen Ausspruch: Hier hätte er auf das Leid und den Tod aufmerksam machen müssen, das Faschismus und Kommunismus über die Menschheit brachten. So sollten Sie, liebe Leserinnen und Leser, das Kunstwerk „Guernica“ im Nachhinein als Mahnmal gegen jede Form von Diktatur verstehen, aus der immer Gewalt, Leid und Tod hervorgehen. Auch und gerade in der Neuzeit gehen ja aus der marxistischen Diktatur des Proletariats und des radikalen Islamismus Gewalt, Leid und Tod hervor. Dass man dies unter dem Mantel der Demokratie duldet, wie z.B. die Neomarxistin Wagenknecht ihr Unwesen treiben lässt, ist für mich nicht nachvollziehbar. Nur gut, daß sie wenigstens erkannt hat, daß Hitler ein Nazi war. Ist das nicht eine bewunderungswürdige, geistige Leistung dieser Politikerin? Zu erkennen, dass die marxistische Ideologie zum Mord an über 80 Millionen Andersdenkender führte, ist sie leider wohl nicht in der Lage.
Wie immer wird in solchen Fragen mit zweierlei Maß gemessen. Wenn man zu entarteten Kunstwerken sagt: So ein Schwachsinn, so ein Müll, idiotisch usw. wird man kaum angegriffen oder verfolgt. Wer solche Kunstwerke als entartet bezeichnet, über den fallen die linken Medien wie wildgewordene, blutrünstige Hyänen her. Stimmt da etwas in den Köpfen dieser „Macher“ nicht mehr? Nein, alles ist stimmig: So wie viele Landraubtiere ihre Reviere, ihre Beute, ihr Aas verteidigen, so verteidigen die Kunstmafioso die Werke ihres entarteten Klientel, an denen sie sich bereicherten und weiterhin bereichern.
Wir sahen schon in Kapitel 6.12, dass der Begriff „Entartung“ weit verbreitet ist und dass sich nur die Künstler und selbsternannten Kunstexperten vehement gegen den Ausdruck „Entartete Kunst“ wenden, die selbst negativ entartet sind.

Zu Unrecht, denn es gibt auch, wie wir sahen, entartete Kunst im positiven Sinn. In diesem Zusammenhang ist der Begriff „Entartung“ nicht nur vom Künstler allein abhängig, sondern auch vom Betrachter eines malerischen oder Hörer eines musikalischen Kunstwerkes. Ein Kunstwerk, das für den Kunstliebhaber A entartet ist, muss nicht zwangsläufig auch von dem Liebhaber B so empfunden werden. Es gibt tatsächlich eine Skala der Entartung, auf der wir den Grad der Entartung auftragen können. So wie es nur ganz leichte, kaum erkennbare Geisteskrankheiten gibt, gibt es auch ganz leicht entartete Künstler und Kunstwerke. Ja, es gibt sogar Künstler, die im positiven Sinne wundervolle, schöne, entartete Bilder malen. Diese weichen natürlich in ihrer Art und Weise von der herkömmlichen, abendländischen, alten „Kunst“ ab. Kein Betrachter kann dann aber ohne einen persönlichen Kommentar der Künstlerin oder des Künstlers erraten, was sie oder er darstellen wollten. Gleitet ein Künstler auf der Skala ins Negative ab, z.B. wenn er nur einige bunte Striche und Kreise auf die Leinewand schmiert, dann ist seine Kunst negativ entartet, jedoch noch in der Nähe des Nullpunktes dieser Skala, also sicher nicht gesellschaftsschädigend oder gar gefährlich. In den DNN vom 7./8. Juni 2014 (482) zeigte Hanns Schimansky sein Kunstwerk „Die Linie als existenzielles Ereignis“, in dem er in „kryptischer Art und bloßer Leere eine große Faszination auszuüben versuchte“. Seine „existenzielle Linie, die mal kreuzt, sich biegt, einknickt, Haken schlägt, tanzt, stoisch ruht, parallel läuft, sich quer über das Blatt bewegt oder sich mit anderen vereinigt“, ist meiner Meinung nach Ausdruck seines abartigen Innenlebens.

Die Verherrlichung von Mord und Totschlag, von Gewalt in all ihren Formen und Arten ist dagegen allgemeingefährlich, auch schon deshalb, weil sie Nachahmer auf den Plan rufen kann. Um vor allem unsere Jugend zu schützen, sollte die Devise lauten: Null Toleranz für Mord und Totschlag, für alle Formen der Gewalt, auch in der Kunst! Wenn man bedenkt, dass z.B. Kriminelle und Diktatoren durchaus entartet sind, sollte die Frage erlaubt sein, ob es nicht auch entartete Künstlerinnen und Künstler gab und gibt, die diese Diktatoren verherrlicht haben und noch immer verherrlichen.

Nun lassen Sie mich auf die zu recht geschmähte, negativ entartete Kunst kommen und Ihnen darüber Wissenswertes berichten.

Der Begriff „Entartung“ wird heute von Laien oft und gern nur in Hinblick auf „Moderne Kunst“ verwendet und zwar so, wie er von den Nazis in missbrauchender Art und Weise Verwendung fand. Und das völlig zu Unrecht, weil man damit zum Ausdruck bringen will, dass moderne Kunst keine Kunst, sondern entartete Kunst, sei. Freilich gilt für manche und nur für manche, moderne Künstler das, was Goethe (23) mit seinem Gedicht „Prometheus“ ausgedrückt hat und aus dem ich hier zitiere:

„Ich kenne nichts Ärmeres
unter der Sonn´, als euch Götter!
Ihr nähret kümmerlich
von Opfersteuern
und Gebetshauch
eurer Majestät
und darbtet, wären
nicht Kinder und Bettler
hoffnungsvolle Thoren!“

Dem normalen Zuschauer und Zuhörer der TV-Sendung „Streit im Schloß“ (9) in der die berühmte „Dose“ Manzonis mit der Aufschrift „Merda d´artista“ angeführt wurde, fällt es schwer zu verstehen, warum die Kunstsachverständigen solche psychopathischen Auswüchse wie diese „Dose“ nicht verurteilen. Im Gegenteil, sie lassen sofort die „Nationalsozialismuskeule“ über die Köpfe derer niederprasseln, die solche „Kunst“ als entartet bezeichnen, so wie Prof. Karl Ruhrberg in der o.g. Sendung versuchte, sie über den Juden Ephraim Kishon niederprasseln zu lassen. Dabei wissen sie nicht einmal, wie ich schon erwähnte, dass der Begriff „Entartete Kunst“ nicht von den Nazis stammt, sondern bereits 1893 von dem bekannten jüdischen Kunstwissenschaftler, Kunsthistoriker und Psychiater Max Nordau in seinem Buch „Entartung“ eingeführt wurde. Doch nicht Nordau, das soll hier noch erwähnt werden, erfand den Begriff „Entartung“, sondern seine Lehrer Morel und Lombroso, die sich als Ärzte mit geistesgestörten Menschen befassten. Wir sahen schon, dass dieser Begriff in Politik, Wissenschaft und Dichtung seit langem weit verbreitet ist. So schrieb z.B. auch der Jude Heinrich Heine, der von 1797 bis 1856 lebte, ein Gedicht, welches er „Entartung“ nannte und aus dem hervorgeht, was er unter entartet verstand: Die Fehler der Menschen, ihre Lügen, ihre vorgetäuschte Keuschheit, ihre falsche heuchlerische Bescheidenheit, ihre Ruhmsucht, ihre Übertreibungen, ihre Untreue und das Verschwinden der Wahrheit von der Erde. Also den Niedergang der Sitten und der Moral, den auch schon Max Nordau wortgewaltig beklagte! Ich muss das Gedicht zitieren (157), damit Sie mir glauben können:

Entartung

Hat die Natur sich auch verschlechtert,
Und nimmt sie Menschenfehler an?
Mich dünkt, die Pflanzen und die Tiere,
Sie lügen jetzt wie jedermann.

Ich glaub´ nicht an der Lilie Keuschheit,
Es buhlt mit ihr der bunte Geck,
Der Schmetterling, er küßt und flattert
Am End´ mit ihrer Unschuld weg.

Von der Bescheidenheit der Veilchen
Halt´ ich nicht viel. Die kleine Blum´,
Mit den koketten Düften lockt sie,
Und heimlich dürstet sie nach Ruhm.

Ich zweifle auch, ob sie empfindet,
Die Nachtigall, das, was sie singt;
Sie übertreibt und schluchzt und trillert
Nur aus Routine, wie mich dünkt.

Die Wahrheit schwindet von der Erde,
Auch mit der Treu´ ist es vorbei.
Die Hunde wedeln noch und stinken
Wie sonst, doch sind sie nicht mehr treu.

Heinrich Heine wollte mit diesem Gedicht zum Ausdruck bringen, dass er die Entartung der Menschen schon seit langem zutiefst bedauerte und verurteilte. Er geißelte die „Menschenfehler" als Entartung: Das Lügen und Betrügen, wie z.B. das Vortäuschen von Keuschheit und Bescheidenheit. Aber auch die Sucht nach Ruhm, das Übertreiben von Gefühlen aus Routine, den Verlust von Wahrheit und Treue, all das, also die Entartung der Menschen, beklagt er in diesem Gedicht. Wer immer noch behauptet, Heine hätte aus dem „Wörterbuch des Unmenschen" zitiert, dem ist nicht mehr zu helfen; es muß endlich Schluß sein mit dem Schwingen der „Nazikeule", was keinesfalls heißen soll, dass nicht mit aller Entschiedenheit und Kompromisslosigkeit gegen Rechts- aber auch Linksradikalismus vorgegangen werden sollte.
Auch Thomas Mann verwendete wie selbstverständlich den Begriff Entartung anstelle der Adjektive „unnormal" oder „aus der Art geschlagen" in einem seiner Romane. Kein normaler Mensch käme auf den Gedanken, ihn deshalb als Nazi zu verteufeln.
Auch Richard Wagner verwendete den Begriff im ersten Aufzug seiner Oper „Tristan und Isolde": „Entartet Geschlecht, unwert der Ahnen." Und nicht nur viele politische Größen Deutschlands umjubeln diese Oper in Bayreuth und anderen Opernhäusern

Deutschlands und auf der ganzen Welt. Keiner hat sich bis heute daran gestoßen! Ist das nicht mehr als eigenartig?
Nordau wandte den Begriff „Entartung" jedoch als Erster auch in Zusammenhang mit geistesgestörten Künstlern, wie z. B. Malern, Schriftstellern und Komponisten an, wobei ich ganz besonderen Wert darauf lege, dass nur eine sehr kleine Zahl von Künstlern geistesgestört ist bzw. war, wenngleich diese eine ungeheuer magische Kraft auf viele andere, normale Künstler und Kunstliebhaber ausübten, wie wir bereits 1922 in dem Buch „Die Bildnereien Geisteskranker" von dem Psychiater Prinzhorn (35) erfahren. Es ist nun einmal so: Genie und Wahnsinn liegen auch bei vielen Künstlern dicht beieinander.
Walter Winkler veröffentlichte schon 1949 sein Buch „Psychologie der modernen Kunst" (40), auf das ich noch ausführlich eingehen werde.
Doch zuerst will ich hier wiedergeben, was der Psychiater Max Nordau schon 1893 in seinem Buch „Entartung" unter „Entartung eines Menschen" verstand: „Der Entartung liegen Merkmale zu Grunde, die denen der Phobien und Manien gleichzusetzen sind."
Unter einer Phobie hat man nach dem Duden (49) die „krankhafte Angst" zu verstehen, wie z.B. die Angst vor Spinnen, Schlangen und Bergen, die Höhenangst und die Angst vor großen Wasserflächen. Die Manie zeichnet sich durch Besessenheit, Sucht und krankhafte Leidenschaft aus. Doch auch die Phase des manisch-depressiven Irrsinns mit abnorm gesteigertem Gemütszustand, sowie die Enthemmung und Triebsteigerung, fallen unter diesen Begriff. Zur Entartung zählt Nordau auch die übergroße Erregbarkeit und die krankhafte Hirntätigkeit, also die Hirnschwäche, die eine Schwäche der Wahrnehmung, des Willens, des Gedächtnisses und des Urteils darstellt, aber auch die ständige Unaufmerksamkeit und Unstetigkeit.
Damit ich nicht falsch verstanden werde, muss ich Nordau wörtlich zitieren: Er schrieb in seiner Widmung an Cesare Lombroso, einen seiner Lehrmeister:
„Die Entarteten sind nicht immer Verbrecher, Prostituierte, Anarchisten und erklärte Wahnsinnige. Sie sind manchmal Schriftsteller und Künstler. Aber diese weisen dieselben geistigen – und meist auch leiblichen – Züge auf, wie diejenigen Mitglieder der nämlichen anthropologischen Familie, die ihre ungesunden Triebe mit dem Messer des Meuchelmörders oder der Patrone des Dynamitgesellen statt mit der Feder oder dem Pinsel befriedigen. Einige dieser Entarteten des Schrifttums, der Musik und Malerei sind in den letzten Jahren außerordentlich in Schwang gekommen und werden von zahlreichen Verehrern als Schöpfer einer neuen Kunst, als Herolde der kommenden Jahrhunderte gepriesen." Und weiter führt er aus:
„Das ist keine gleichgültige Erscheinung. Bücher und Kunstwerke üben eine mächtige Suggestion auf die Massen aus. Aus ihnen schöpft ein Zeitalter sein Ideal

von Sittlichkeit und Schönheit. Wenn sie nun unsinnig und gesellschaftsfeindlich sind, so wirken sie verwirrend und verderbend auf die Anschauung eines ganzen Geschlechts. Dieses, namentlich die eindrucksfähige, sich für alles Seltsame und scheinbar Neue leicht begeisternde Jugend, muss deshalb gewarnt und über die wirkliche Natur der blind bewunderten Schöpfungen aufgeklärt werden. Die landläufige Kritik tut dies nicht. Eine ausschließlich literarisch ästhetische Bildung ist ja auch die denkbar schlechtestete Vorbereitung zu einer richtigen Erkenntnis des pathologischen Charakters der Werke von Entarteten. Der phrasendreschende Schöngeist trägt mehr oder wenig zierlich, hochtrabend oder geistreichelnd die subjektiven Eindrücke vor, die er von den kritischen Werken empfängt, ist aber außer Stande zu beurtheilen, ob diese Werke die Ausgeburten eines zerrüttenten Gehirns sind und welcher Art die Geistesstörung ist, die sich in ihnen ausdrückt."
In diesem Zusammenhang erinnere ich auch an die „Kritische Theorie" der 68er, auf die meiner Meinung nach die o.g. Ausführungen Nordaus zutreffen, da aus ihr u.a. der Marsch durch die Instutionen und die mordbesessene „Rote Armeefraktion" hervorgingen. Auch Adornos „Ästhetische Theorie" sollten Kunstexperten einmal unter diesen Gesichtspunkten untersuchen.
Nordau kommt letztendlich zu dem Schluss, „dass diese sog. Moderichtungen in Kunst und Literatur ihren Ursprung in der Entartung ihrer Urheber haben und dass ihre Bewunderer für Kundgebungen des stärker oder schwächer ausgesprochenen moralischen Irrsinns, des Schwachsinns und der Verrücktheit schwärmen".
Wenn man Nordaus Buch „Entartung" oberflächlich liest, kann man sehr schnell, wie z.B. die Nationalsozialisten oder Celine Kaiser, völlig falsche Schlussfolgerungen daraus ziehen.
Für die vielen, die noch nie etwas von Max Nordau gehört haben, will ich kurz auf seinen Lebenslauf (158) eingehen: Max Nordau wurde als Simon Maximilian Südfeld 1849 in Pest, also in Ungarn, geboren. Sein Vater war der Rabbiner Gabriel ben Asser Südfeld, der seinen Sohn in alter Tradition jüdisch erzog. Südfeld war schon in seiner Jugend ein strenger Naturalist und Evolutionist, der in Ungarn bereits während seines Medizinstudiums als Journalist arbeitete. 1874 änderte er seinen Namen in Max Nordau und beendete 1875 erfolgreich sein Medizinstudium und legte seinen Facharzt für Psychiatrie ab, was insbesondere sein fast tausendseitiges zweibändiges Werk „Entartung" erklärt. Zu seinen bekanntesten Veröffentlichungen gehören die Werke: „Die konventionellen Lügen der Kulturmenschheit", „Entartung" (eine zeitbezogene Kulturkritik), „Sinn der Geschichte", „Paradoxe", „Erinnerungen", „Seelenanalysen" und nicht zu vergessen, „Der Zionismus". Außerdem verfasste er zahlreiche Romane, Novellen und Dramen. Ab 1880 lebte er in Paris, 1914 bis 1919 im Exil in Madrid. 1923 starb er in Paris, wonach 1926 seine sterblichen Überreste

nach Tel Aviv überführt wurden. Viele Werke Nordaus können Sie antiquarisch erwerben. Außerdem findet man sie in allen führenden, großen Bibliotheken. Doch Vorsicht, sie sind oft nicht „politisch korrekt", also konservativ!
Gerhart Hauptmann, der Nordau vielleicht auch kannte, äußerte sich in seinem Roman „Der Narr Christo Emanuel Quint" (159) ähnlich: „Die Sucht, sich von den Mitmenschen zu unterscheiden, äußerlich aufzufallen, sieht nämlich der Psychiater als krankhaft an."
Lassen Sie mich noch bei Nordau verweilen, dessen Buch „Entartung" wirklich lesenswert ist. Über Richard Wagner, den er in dessen späteren Lebensjahren aus medizinischer Sicht als entartet bezeichnete, sagte er (ich muss mich hier wiederholen), dass sich ihm eine große bühnendichterische Begabung nicht absprechen lässt, nämlich die der malerischen Einbildungskraft. Sie ist bei ihm bis zur Genialität gesteigert. Der Dramatiker Wagner ist ein Historienmaler allerersten Ranges. Nietzsche nannte ihn sogar einen Freskenmaler und das ist er in einem Maße wie kein anderer Bühnendichter des ganzen Weltschrifttums. Jede Handlung verkörpert sich ihm in einer Folge großartiger Bilder, die, wenn sie so gestellt sind, wie Wagner sie mit dem inneren Auge gesehen hat, den Zuschauer überwältigen und hinreißen müssen. Nordau zitiert eine schier endlose Liste von Szenen aus Wagners Opern, denen nichts nahe kommt, was die Kunst bisher geschaffen hat. Wenn Nietzsche diese Fähigkeit als komödienhaft bezeichnet, ist das mehr als ungerecht. Wagner ist kein Komödiant, sondern ein geborener Maler. Leonardo da Vinci hatte dieselbe Begabung! Wagners Bilder, die von seinen Dekorationsmalern, Maschinisten und Darstellern verkörpert wurden, haben unzweifelhaft einen sehr großen Anteil an der Wirkung seiner Stücke."
Und ich füge hinzu: Umso verwerflicher ist es, dass diese großen künstlerischen Leistungen von einigen heutigen Regisseuren völlig entstellt, also entartet aufgeführt werden. Sie sollen lieber zeitgenössische Kunstwerke in Absprache mit den zeitgenössischen Autoren aufführen und die alten Meister in Ruhe lassen und nicht verunstalten, schänden und damit zerstören! Sie sollen endlich aufhören, die Freiheit der Kunst zu missbrauchen!
Wie schon erwähnt, bezeichnete Max Nordau den „Musiktheoretiker" Richard Wagner in seinen späteren Lebensjahren als entartet. Erstaunlicherweise erwähnte er Wagners Schrift „Das Judentum in der Musik" von 1869 nicht. Jeder von meinen Leserinnen und Lesern hat schon oft gehört, dass Wagner ein Antisemit war. Und weil ich während meiner Studien über Kunst immer wieder auf diese Behauptung stieß, las ich diese 20-seitige Broschüre (442). Unzweifelhaft bin ich aus heutiger Sicht selten derartigem Unfug begegnet und kam zu dem Schluss: Ja, Richard Wagner war Antisemit.

Doch selten habe ich in der reichlich vorhandenen „Verurteilungsliteratur“ gelesen, dass Wagner nicht der einzige Antisemit in Europa war. Doch wer kennt heute noch die Namen seiner antisemitischen, deutschen Zeitgenossen W. Marr, O. Glagau, E. Dühring, Liebermann von Sonnenberg, Boeckel, Zimmermann, den christlichen Hofprediger Stoecker und die vielen anderen? Auch in Ungarn, Rußland, Rumänien und Frankreich trieben zu Wagners Zeiten ebenso viele Antisemiten ihr Unwesen. Und man sollte auch nicht Martin Luthers Buch „Von den Juden und ihren Lügen“ vergessen, welches er 1543 in Jena schrieb und welches einen großen Einfluss auf den damaligen Antisemitismus hatte. Leider habe ich noch nichts gehört oder gelesen, wie Nordau auf diese „Hetzschrift“ reagiert hat. In seinem Buch „Entartung“ nimmt er dazu mit keinem Wort Stellung, obwohl darin viele Aussprüche Luthers über die Juden hochgradig antisemitisch und entartet sind.
Natürlich entbehrte das, was Wagner über jüdische Komponisten, wie z.B. Meyerbeer, Rubinstein und Mendelsson Bartholdy schrieb, musikalisch gesehen jeder Grundlage.
Wer jemals die 1. Sinfonie Felix Mendelsson Bartholdys gehört hat, wird mir Recht geben, dass er wunderbare, großartige Musik geschrieben hat. Auch stand er dem Christentum nicht feindlich gegenüber. Er komponierte beispielsweise zum Text des Psalms 100, op.69 Nr.2 eine Musik, in der er „dem Vater und dem Sohne und dem Heiligen Geist“ seine Ehre erwies. Ein weiterer Beweis dafür, dass Juden wundervolle Musik komponierten und sich dabei tief in die deutsche Seele vertieften, war u.a. Hermann Levi, der Goethes „Wanderers Nachtlied“ traumhaft schön vertonte.
Es wäre nun sehr einfach und „politisch korrekt“, in die Verteufelung Wagners einzustimmen. Doch das ist absolut unwissenschaftlich und ich reihte mich mit solchen Ausführungen nur in die Reihe einiger unbedarfter Kunstdummschwätzer (323) ein. Das werde ich also nicht tun! Ich bin leider sogar davon überzeugt, dass ich diesen „Leuten“ gegenüber nicht einmal fragen darf: „Was ging in Wagners Innerstem, seinem Innenleben vor, dass er derart unqualifiziertes, antisemitisches Geschwafel auch noch schriftlich von sich gab? Wäre es nicht Aufgabe von Historikern, Musikhistorikern und Psychologen zu untersuchen, ob nicht auch einige jüdische, einflussreiche Kritiker Wagners, Mitschuld an dessen Antisemitismus trugen? Wagner wollte, dass sich ein Jude dadurch „erlöst“, dass er sich taufen lässt, also zum Christentum wechselt. Er war von dem Begriff „Erlösung“ besessen. Der Jude sollte aufhören Jude zu sein, dann wäre er erlöst! Wagner hat, was die Juden betraf, bewusst oder unbewusst versucht, die ihm nahestehenden jüdischen Freunde und Bekannten zu bekehren. Er versuchte zu missionieren und zwar in einer Art, die er für richtig hielt. Von Judenvernichtung finden Sie kein Wort in diesem antisemitischen, literarischen Werk. Und immer wieder muss man darauf hinweisen, dass im Umfeld Wagners und keinesfalls

nur in diesem, viele Antisemiten ihr Unwesen trieben, wie ich eingangs erwähnte. Ein Musterbeispiel ist einer von Wagners Musikassistenten, Julius Kniese, der sich durch einen rüden Antisemitismus (423) auszeichnete. So findet man in den Briefen an seine Frau Olga antisemitische Hetztiraden und vulgäre Ausfälle gegen Wagners jüdischen (!) Freund und Bayreuther Festspieldirigenten Hermann Levi, der damals als Chefdirigent in München großes Ansehen genoss. Jeder, der heute Wagner als Antisemiten beschimpft, sollte erst einmal vor seiner eigenen Tür kehren. Auch vor den Türen mancher unserer Zeitgenossen, die z. B. katholisieren, d.h. jemanden für die katholische Kirche zu gewinnen versuchen oder wieder andere, die sich für einen Antikatholizismus stark machen. Allen gut bekannt sind die „Zeugen Jehovas“, die heute noch von Haus zu Haus gehen, um Atheisten, Katholiken oder evangelische Christen gewaltlos zu ihrem Glauben zu bekehren. Und man sollte erst recht nicht vergessen, dass die Anfänge aller christlichen Missionen in Südafrika bereits 1737 begannen (499). Und genau das hat Wagner immer wieder versucht, nämlich seine vielen jüdischen Freunde (!) zum Christentum zu bekehren. Kein Mensch käme auf den Gedanken, dass all diese missionierenden Menschen einen Andersgläubigen umbringen wollen. Auch Richard Wagner wollte das nicht, der kein politischer Antisemit, sondern eher ein religiös-kultureller war. Dass grundsätzlich eine derartige antijüdische Einstellung zu verurteilen ist, muss ich wohl nicht erst betonen.
Wie wenig die Weiber von Bayreuth über diesen Sachverhalt nachgedacht haben zeigt, dass sie zuließen, im Festspielhaus 2013 die Ausstellung „Verstummte Stimmen“ zu zeigen, in der vom Schicksal jüdischer Musiker in Bayreuth zwischen den Jahren 1876 und 1945 berichtet wird. Allein die Tatsache, dass vor 1933 kein jüdischer Musiker in Deutschland wegen seiner Religion umgebracht wurde und man mit dieser Ausstellung ganz bewusst Richard Wagner unterstellte, die Verbrechen der Nazis vorbereitet zu haben, zeigt die merkwürdige Denkweise der verantwortlichen Bayreuther Weiber.
Am 19.08.2014 wurde in der Sendung des 3-SAT „Die Wagners und Bayreuth“ auch Friedelind Wagner, die Tochter Siegfried Wagners, kurz erwähnt. Diese strafte all diejenigen Lügen, die ihren Großvater als Nazi beschimpfen. Doch, wie könnte es heute auch anders sein, man ließ sie nicht aussprechen!
Wortgewaltig und glaubhaft verlas sie nach der Machtübernahme Hitlers aus den USA, wohin sie nach 1933 emigrierte, im dortigen Rundfunk, ihren tief beeindruckenden Appell, ihren Mahnruf zu Gunsten ihres Großvaters, den sie selbst noch kannte. Ich gebe an dieser Stelle meine Mitschrift aus ihrem persönlichen Aufruf aus den USA ungekürzt (!) wieder:
„Ich habe Deutschland nicht leichtsinnig verlassen und bin erst fortgegangen, als die mörderischen Absichten des augenblicklichen deutschen Regimes klar zu Tage lagen.

Und selbst dennoch habe ich mich gefragt, wie würde mein Großvater, wie würde Richard Wagner, gehandelt haben an meiner Stelle? Wäre er geblieben? Hätte er sich den Nazis zur Verfügung gestellt? Hätte er ihre Untaten gedeckt mit seinem Namen, der auch der meine ist? Kein Zweifel ist möglich! Richard Wagner, der Freiheit und die Gerechtigkeit mehr geliebt hat als selbst die Musik, hätte in Hitlers Deutschland nicht atmen können. Niemals hätte er gemeinsame Sache gemacht mit den Zerstörern aller Freiheit und Gerechtigkeit in Deutschland und Europa, niemals. Seine Musik, sein Werk und seine Gestalt, die der Menschheit gehören, sind deutsch in einem Sinne, von dem sich das Hitlerdeutschtum nichts träumen lässt. Alberich „Hitler" aber hat sich Richard Wagner zum Leib- und Staatskomponisten gewählt. Mein Großvater ist tot, man kann dem Missbrauch nicht wehren, aber ich, seine Enkelin spreche in seinem Geiste und Sinn. Wenn ich Ihnen sage, Sentas reine Liebe hat den irrenden Holländer erlöst, Lohengrins lichte Figur und das christliche Duldergut Parsifals kommen aus Landschaften, in die kein Nazi je seinen Militärstiefel setzt, aber dem ruhm- und grenzenlosen Missbrauch der Macht folgt am Ende die Götterdämmerung."

Und sie kam, die Götterdämmerung! Wie Recht hatte sie, die Einzige, die ihren Großvater nicht verraten, beschimpft oder verurteilt hat.

Die Weiber von Bayreuth sollten diesen Aufruf in der Ausstellung jedem vorlegen. Doch was nicht sein darf, ist eben nicht!

Sicher wissen Sie auch nicht, dass der Jude Jonathan Livny erst vor einigen Jahren sogar in Israel eine „Richard Wagner Gesellschaft" gegründet hat, weil sehr viele Israeli große Verehrer der Kunst Richard Wagners sind. Auch das wurde im 3-SAT verschwiegen! Auch die Aussage im 3-SAT, dass nur Richard Wagner ein eigenes Festspielhaus von einem Mäzen zur Verfügung gestellt wurde, ist falsch. Gustav Kuhn erhielt 2013 in Erl auch ein neues Festspielhaus, wie ich bereits erwähnte, in dem allerdings entartete Regisseure bis heute nichts zu suchen haben.

Natürlich muss man die Aussage Max Nordaus zur Kenntnis nehmen, dass Wagner aus medizinischer Sicht in seinen späteren Jahren tatsächlich entartet war. Eine massive Bestätigung dieses Sachverhaltes findet man auch in der Biographie Cosima Wagners von Oliver Hilmes (423). Sie kommen aus dem Staunen nicht heraus, sollten Sie dieses Buch lesen. Oft stehen einem die Haare zu Berge, was sich Richard Wagner alles geleistet hat. Ohne meine Definition des Begriffes Kunst, kann man sich ein solches Verhalten nicht erklären. Wagner führte ein Innenleben, das seinesgleichen suchte. Charakterlich ein äußerst fragwürdiger Künstler, der gemessen an seiner einzigartigen, wundervollen Kunst, seiner Musik und Dichtung, wohl nur von einem Psychiater zu beschreiben, zu erklären und zu beurteilen ist. Da jedoch der Begriff „Antisemitismus" einer nichtentschärften, blindgegangenen Sechszentnerbombe aus

dem Zweiten Weltkrieg ähnelt, traut sich bedauerlicherweise keiner der Experten an dieses hochexplosive Thema.
Es sprengte im wahrsten Sinne des Wortes den Rahmen dieses Buches, ginge ich auf all diese Widersprüche ein.
Zum Thema Richard Wagner gehört an dieser Stelle auch noch die Ansicht von Professor Jürgen Paul, wiedergegeben in (457): „Schopenhauer und Nietzsche waren die geistigen Väter des hochgespannten Genie- und Künstlerkults, wie er besonders in Deutschland um und nach 1900 vom kulturellen Publikum wie von den Künstlern selbst betrieben wurde. Nietzsche hat den Künstler zum Demiurgen (zum Weltenschöpfer) erhoben, zum Idealbild des wirklich freien Menschen, der sich selbst bestimmt, der – nur aus sich selbst heraus und nur sich selbst verantwortlich – Werte schafft, die für alle verbindlich sind: der Künstler als Inkarnation (Verkörperung) des uralten Sehnsuchtsbildes des sich selbsterschaffenden Menschen. Der Künstler hat die Rolle des Priesters erhalten."
In Bezug auf Wagner schreibt er weiter: „Richard Wagner war einer der ersten, der diese unumschränkte Allkompetenz, diese äußerste Steigerung des Geniebegriffes, konsequent für sich beanspruchte und sich schließlich nicht mehr nur als Künstler, sondern als so etwas wie einen Religionsstifter empfand."
Dem kann ich mich voll und ganz anschließen, es erklärt einige Charakterzüge, die Max Nordau sicher auch als entartet empfand. Doch der „Großen Kunst" Richard Wagners tut all das keinen Abbruch!
Bevor ich weitergehe, muss ich zum allgemeinen Verständnis auch noch den Begriff „Psychopathie" erklären. Bekanntlich wurde dieses Wort aus dem Griechischen übernommen, in dem psycho die Seele und pathos das Leiden ausdrückt. Im alten Großen Brockhaus findet man folgende Beschreibung:
„Die Psychopathie ist eine geistige Störung. Der Ausdruck wird für Abweichungen vom normalen Seelenleben gebraucht, die nicht so groß sind, dass sie als Geisteskrankheiten im engeren Sinne bezeichnet werden könnten. Die Abgrenzung gegenüber der Norm und gegenüber der Geisteskrankheit im engeren Sinne ist nicht scharf, sie ist im wesentlichen eine Frage der Definition und damit umstritten. Psychopathie kommt gewöhnlich auf dem Boden einer vererbten Veranlagung vor. Da einige Formen der Psychopathie, z.B. diejenigen mit besonders ausgeprägter Willensbildung oder solche, bei denen alles Erleben und Handeln mit besonders intensiven Gefühlswerten ausgestattet ist, Steigerungen von Lebenskräften in sich schließen, fällt oft Psychopathen eine gewisse Führungsrolle in der Öffentlichkeit zu. Die meisten wirken allerdings schädlich durch ihr asoziales Verhalten. Wir finden sie als Hochstapler, verbummelte Genies, Landstreicher oder auch als politische Hetzer und Phantasten, die in Revolutionszeiten oft schnell an die Oberfläche steigen, einen

unheilvollen Einfluss ausüben, um dann in ruhigen Zeiten sehr schnell wieder zu verschwinden."
Ausführlicheres findet man z. B. in dem „Handbuch der Geisteskrankheiten, Herausgeber: O. Bumke, darin von Lange-Eichbaum: „Genie - Irrsinn und Ruhm" (160).
Viele fragen sich, hat „Moderne Kunst" etwas mit Degeneration zu tun? Sie stellen sich die Frage, weil z.B. Wagner und Picasso erst in späteren Jahren mehr oder weniger zu entarten begannen.
Abgesehen davon, dass wir inzwischen wissen, dass zwischen moderner Kunst und moderner Kunst himmelweite Unterschiede bestehen, muss ich erst einmal wieder den Brockhaus (24) zu Wort kommen lassen:
1. „Degeneration ist in der Biologie die anormale Ausbildung oder Rückbildung sowohl an Teilen eines Organismus, d.h. von Zellen, Geweben oder Organen, wie an Individuen, Familien, u.s.w.
2. Von einer Degeneration in diesem Sinne ist die regressive Metamorphose zu unterscheiden, d.h. die normale Rückbildung im Laufe der stammesgeschichtlichen Entwicklung.
3. In der Krankheitslehre, der Pathologie, versteht man unter Degeneration eine Entartung oder Minderwertigkeit der Gewebe oder Zellen in Hinsicht auf ihre Leistungen für den Gesamtorganismus," also auch für das menschliche Gehirn.

Um nun zu veranschaulichen, was Nordau gemeint hat, vergleichen wir einmal das Kunstwerk „Künstlerkot" (9) mit dem Kunstwerk „Salome", in dem Salome mit dem abgeschlagenen, blutenden Kopf des Jochanaan (d.i. Johannes der Täufer) dargestellt wird. Haben die Künstler nun ihre Gefühle zum Ausdruck gebracht oder ihre Innenleben? Natürlich ihre Innenleben! Werden diese verletzt, dann sind Gefühle das Ergebnis. Gefühle wirken primär (von außen) oder sekundär (von innen). Die Reaktionen auf primäre Gefühle sind bekannt: Zurückschrecken, Loslassen, Abwehren, Provozieren usw. Weinen ist hingegen Ausdruck (Reaktion) auf ein sekundäres Gefühl. Menschen können aber auch auf primäre Gefühle hin weinen: Auf Schläge, Verletzungen, usw.
Das Innenleben kann also Gefühle erzeugen und empfangen. Flagellantisten empfinden im Schmerz Lust. Die peitschende Domina ist dafür ein allen bekanntes, beredtes Beispiel. Gefühle und Innenleben sind engstens miteinander verknüpft. Die überwiegende Mehrheit der Gefühle rühren von außen her, daher haben wir etwa 90 % primäre Gefühle.
Liebe, Hass, Wut usw. sind Ausdrücke des Innenlebens vieler Künstler, doch nur dann, wenn daraus ein Kunstwerk entsteht. Denken Sie nur an Beethovens „Wut über den verlorenen Groschen" (161) oder sein Lied „Ich liebe dich, so wie du mich"

(162). Es lohnt sich, diese wunderbare Musik noch einmal anzuhören, um zu erkennen, was nichtentartete Kunst wirklich ist.
Ausdruck des Innenlebens muss, wie schon geschrieben, nicht Kunst sein, aber Kunst ist immer Ausdruck des Innenlebens! Hier gilt also nicht das bekannte mathematische, kommutative Gesetz: A mal B = B mal A (163). Das Gleiche finden wir in der Frage wieder: Ist entartet gleich geisteskrank? Natürlich nicht. Doch eine Geisteskrankheit ist immer eine Erscheinungsform von Entartung. Also auch hier gilt A mal B ist nicht gleich B mal A.
Nicht nur im Sprachgebrauch der Psychiatrie finden wir Worte wie: Verrückt, unnormal, abartig, ausarten, wahnsinnig, geistesgestört, größenwahnsinnig, töricht, unvernünftig, unsinnig, krankhafte Verwirrtheit in Denken und Handeln, Gestörtheit der geistig-seelischen Funktionen, Delirium, Idiotie, Irresein, Paranoia, Schizophrenie, Schwachsinn, Stumpfsinn, Verblödung. Nein, diese Worte finden auch häufig bei der Beurteilung von Künstlern durch Laien Anwendung. Die meisten, die diese Worte gebrauchen, wollen wohl damit ausdrücken, dass diese Künstler keine Künstler, sondern Scharlatane, Schwindler und Betrüger oder eben Geisteskranke sind. Doch diese Meinungen können sie mit meiner Definition nunmehr keinesfalls weiterhin aufrechterhalten.
In der Psychatrie bezeichnet man diese Begriffe oder besser gesagt diese Eigenschaften, als nicht normal, also als „aus der Art geschlagen" oder entartet. Sie sind Ausdruck des Innenlebens von beinahe geisteskranken Menschen, die man zutiefst bedauern und bemitleiden, aber auch mit besonderer Sorgfalt auf ihre Harmlosigkeit oder Gefährlichkeit hin, im Auge behalten sollte. Selten kommt es sogar auch zu Amokläufen, die verhinderbar wären, wenn man den o.g. Eigenschaften mehr Beachtung schenkte.
An Hand des Filmes „Bonage", den japanische Künstler drehten, in der mit aller Wucht die „Bestie Mensch" dargestellt wurde, will ich erklären, was ich unter Gefährlichkeit meine. Die Themen Fesselung, Folter und Vergewaltigung stehen im grassen Widerspruch zu der alten Geisha-Kultur, in der nur zum Teil auch die Prostitution enthalten war, die jedoch in Japan nie zu Folter und Vergewaltigung führte. Geishas waren in Tanz, Gesang, Musik und gesellschaftlichen Formen sorgfältig ausgebildete Mädchen, die bei offiziellen Banketten und Privatfestlichkeiten zur Unterhaltung und Bedienung angestellt wurden. Der Kommentar zu diesem Film in der Zeitschrift „Funkuhr" lautete am 30.07.2010 (164): „Künstler Ito fesselt schöne Frauen. Eine Spirale von Sex und Gewalt, Lust und Qual."
Die New York Times schrieb darüber: „Ein unsittliches Meisterwerk", und ich ergänze: „Ein entartetes Kunstwerk" eines entarteten Künstlers, aber auch entarteter

Darsteller. Wenn man diesen Film gesehen hat, kommen einem schon die Worte Max Nordaus in den Sinn, dass nämlich Produzent, Darsteller, Regisseur ein gesellschaftsschädliches Leben führen. In einer psychiatrischen Klinik wären solche „entarteten“ Künstler vielleicht gut aufgehoben. Hinzu kommt bei diesem Film noch, dass er zeigt, wie allumfassend meine Kunstdefintion ist. Kunst ist hier Ausdruck brutaler, widerwärtiger Innenleben. Pervers, abartig, paranoid. Alle diese Ausdrücke treffen zu. Er ist das geballte Werk des Teufels und seiner gefallenen Engel, die mit unglaublicher Härte in diesem Film zuschlugen!

Dass man das Thema „Erotik“ ganz anders darstellen kann, davon zeugt der indische Film „Kamasutra“ (165). Wer verständlicherweise Pornographie erwartet hatte, wurde enttäuscht. Es war ein Film, „bunt und sinnenfreudig, aber weit entfernt von Hollywoodkitsch“, schrieb die Zeitschrift Funkuhr. Und weiter schrieb sie: „Dieser Film ist ein mitreißendes Märchen, ein die Schaulust vorzüglich befriedigendes Theaterstück, ein wunderschönes Kunstwerk. Die Regisseurin Mira Nair benutzte das vielzitierte Liebesbrevier in ausgezeichneteter Art und Weise als Leitfaden für eine zeitlose Lovestory, von hohem sittlichen und moralischen Wert.“

„Geisteskrank“ ist der allgemeine Begriff, der auf einem Krankheitsprozess beruhende Geisteszustand eines Menschen, der auch schon manchen Künstler erfaßte (34). Es ist ganz gewiß eine geistige Störung und damit des Innenlebens eines Menschen, der sich bewusst oder unbewusst durch Bilder zu erkennen gibt, wie man sie im Prinzhornmuseum in der Voßstraße Heidelbergs besichtigen kann.

Da entartete Kunst auch Kunst ist, unterscheiden sich beide Begriffe genauso, wie das Innenleben normaler Künstler von entarteten. Der entartete Künstler führt auch ein entartetes Innenleben, auch wenn er es nicht zugeben oder wahrhaben wird. Viele machen allerdings daraus keinen Hehl, im Gegenteil, sie brüsten sich sogar damit, was sie für tolle Kerle wären.

Ich frage mit dem Arzt und Kunsthistoriker Prinzhorn: Können Psychiater aus den Bildern geisteskranker Menschen Rückschlüsse auf deren Krankheit ziehen? Wenn ja, warum kann man dann nicht auch aus den Bildern aller Künstler auf deren Geisteszustand schließen? Und – völlig wertfrei – Krankheiten verhindern doch nicht Kunst. Millionen Menschen sind völlig unverschuldet krank, sollen diese sich darüber schämen? Nein! Diese Ansicht ist doch nur ein Überbleibsel aus der Zeit, wo Entartung von den Nationalsozialisten und Kommunisten mit wertlosem, zu vernichtendem Leben, also mit „zur Tötung freigegebenem Leben“ gleichgesetzt wurde. Ab ins KZ, ab in den Gulag!

Dafür, dass viele Menschen sich nach wie vor sträuben, den Begriff „Entartung“ auf manche Künstler der „Moderne“ anzuwenden, habe ich erst einmal volles Verständnis. Um Nordau zu verstehen, muss man Nordaus Buch „Entartung“ wirklich gelesen

haben. Da ich das meinen Leserinnen und Lesern nicht abverlangen, wohl aber sehr empfehlen kann, finden Sie in meinem hier vorliegenden Buch meine Kenntnisse und meine Meinung über diesen Begriff, wobei ich mich nicht gegen diesen Begriff sträube, sondern gegen das nationalsozialistische Gedankengut, dass nicht konsequent genug aus allen Köpfen bis heute verbannt wurde. Welches Recht hatten die Nazis, Begriffe, die früher klipp und klar definiert waren, einfach umzudefinieren? Und das trifft doch auf alle von den Nazis neudefinierten Begriffe wie z. B. „Totaler Krieg“, „Vernichtungsfeldzug“ oder „Endsieg“ und insbesondere auf den Begriff „Entartung“ zu.
Auch der Begriff „Euthanasie“ gehört dazu, was so viel wie „schöner, leichter Tod“ bedeutet, der heute wieder in europäischen Ländern, wie den Niederlanden, Belgien, Luxemburg, Frankreich in unseliger Weise Furore macht, also Beifall erntet. Und sogar der „Hitlergruß“ gehörte zu diesen missbrauchten und entstellten Worten und Gesten der Nazis und Kommunisten. So wollte Rudolf Friedrichs, der kommunistische Oberbürgermeister Dresdens, den berühmten 1905 von Richard Guhr geschaffenen, „Goldenen Rathausmann“ auf dem Rathausturm Dresdens, der dem Feuersturm angloamerikanischer Bomberverbände 1945 widerstand, herunternehmen lassen, weil seine Dresden segnende rechte Hand dem „Führergruß“ ähnelte (166).
Was den Missbrauch von Begriffen betrifft, waren nicht nur die Nazis große Könner, nein auch die atheistischen Kommunisten: Diese missbrauchten den christlichen Bruderkuss der russisch-orthodoxen Kirche und wendeten ihn bei jeder Gelegenheit in widerlicher Art und Weise an.
Natürlich ist es ein schwieriges Unterfangen, und das wäre sicher eine historische Aufgabe der Sprachwissenschaftler, endlich die Sprache und Rhetorik der Nationalsozialisten und Kommunisten aus den Köpfen und Schriften der Deutschen, nein aller Menschen, zu tilgen. Dann wäre auch die berühmte „Nationalsozialismus-Keule“ endlich aus dem Sprachgebrauch ideologisch verbrämter Neomarxisten getilgt.
Dieser grauenvolle Missbrauch täuscht jedoch nicht darüber hinweg, dass die von den Nazis ermordeteten Entarteten zu einem kleinen Teil geisteskrank oder körperlich schwerstbehindert waren, was allerdings ihre Ermordung in nichts aber auch gar nichts rechtfertigte. Sie bleibt ein unverzeihliches Verbrechen der Mörder.
Geisteskranke bedürfen der besonderen Fürsorge und Pflege, nicht der Tötung, um sie von ihren Leiden zu „erlösen“, aber auch nicht der Verherrlichung ihrer Kunst und Kunstwerke als „Krone der Modernen Kunst“!
Wir sollten uns immer wieder klarmachen, dass moderne Kunst nicht zur Vernichtung unserer Abendländlichen Kultur führen darf. Und ganz besonders sollten wir darauf achten, dass gewisse Psychopathen diese Kunstwerke nicht in wahnsinniger Manie verherrlichen, um mit ihnen Unsummen zu verdienen. Meist nehmen sie in der sog.

„Kunstszene“ führende Stellungen ein und versuchen immer wieder den normalen Menschen einzureden, das sei die „Wahre Kunst“, die es zu verherrlichen gelte. Dabei ist sie nur die „Ware Kunst“!
Wir sollten diesen Scharlatanen ihre Masken von ihren Gesichtern reißen und sie an den Pranger stellen, um endlich den vielen, vielen modernen, normalen Künstlern die Geltung zu verschaffen, die ihnen gebührt!
Wenn wohlhabende Bürger eines Landes die geforderten, unsinnig hohen Preise zahlen und sie nicht von der Steuer absetzen dürfen, soll es recht sein und Recht bleiben. Jeder kann mit seinem Geld machen, was er will. Allerdings sollten die Behörden darauf achten, dass die Verkäufer ihre Gewinne auch tatsächlich versteuern!
Entartet bedeutet also nur, wie wir sahen, aus der Art, aus der Normalität geschlagen, und nichts anderes, auch nicht unbedingt Wertminderndes. Wert ist und bleibt immer subjektiv, auch wenn der Preis eines entarteten Kunstwerkes ab und zu von skrupellosen Händlern ins Irreale gesteigert wird. Doch fänden diese keine Käufer, die das Entartete lieben, weil sie selbst entartet oder einfach nur Spekulanten sind, dann verschwänden diese Kunstwerke nach und nach in Museen, wie z.B. im Prinzhornmuseum in Heidelberg (98), in dem z.B. ein Bild von Heitzen gezeigt wird, der es sogar selbst auf sein Bild schrieb: „Allegorie meiner Krankheit“. Allegorie ist die rational fassbare Darstellung eines abstrakten Begriffs in einem Bild, oft mit Hilfe der Personifikation (146).
Dali und Picasso sind Musterbeispiele dafür, wie sich das Innenleben bewusst und/oder unbewusst entwickelt hat und langsam entartete. Es liegt für mich die Vermutung nahe, dass periodische Veränderungen im Gehirn dieser Künstler und vieler anderer die Ursache für den Wandel ihres Innenlebens waren. Finstere Depressionen wechselten oft zu lichten Momenten, u. a. auch die Sehnsucht nach dem ewigen Orgasmus oder dem Tod.
Kommen wir zu einer anderen Form der Entartung: Die Verarbeitung von Müll und Schrott wird heute als Kunst von vielen, aber sicher nicht von allen Menschen akzeptiert. Betrachtet man allerdings unvoreingenommen das auf der nächsten Seite gezeigte Foto des Kunstwerkes eines Künstlers (167), der am Grimselpass in der Zentralschweiz dieses ausstellte, so erkennt man, dass dieser „Schrottkünstler“ keinesfalls entartet ist und durchaus sein Innenleben in diesem Werk zum Ausdruck brachte und auch einen guten Zweck damit verfolgte. Der alte Stahlhelm lässt auf die Mahnung schließen, die uns allen am Herzen liegt: Nie wieder Krieg!

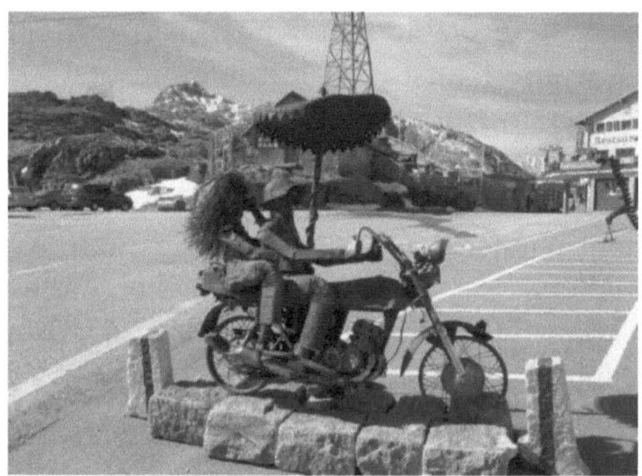

Abb. 17: Das Kunstwerk „Nie wieder Krieg“ auf dem Grimselpass in der Schweiz

Im Internet, z.B. bei Wikipedia, findet man das von mir fotografierte Kunstwerk von einer anderen Seite her aufgenommen. Doch auch hier wird der Name des Künstlers leider nicht genannt. Ich schrieb sogar an das Restaurant des Grimselpasses, um seinen Namen zu erfahren, doch auch von da erhielt ich keine Antwort! Sollte er sich bei mir melden, dann werde ich ihn in der nächsten Auflage meines Buches gern nennen. In der Zeitschrift „Bunte“ (168) beschrieb man, wie Müll zu Kunstwerken wird: „Mitten im Raum steht ein abmontiertes, altes Pissoir und an der Wand lehnt ein Fahrrad von Andreas Slominski, voll beladen mit Plastiktüten und Unrat. Das war u.a. bis zum 19.11.2000 in der Kunstausstellung „Dinge der Kunst des 20. Jahrhunderts“ im Haus der Kunst in München (169) zu sehen.“ Sie erkennen, die entarteten 68er Kulturrevoluzzer eroberten sogar München, die Hauptstadt der konservativen Bayern.
Apropos konservativ. Im FOCUS 36/2011 (373) liest man voller Erstaunen, dass die 68er es tatsächlich geschafft haben, den Deutschen einzureden, dass konservativ „nicht so gut“ bzw. sogar schlecht sei. 33% aller Deutschen seien der Meinung, dass das Prädikat konservativ gegen eine Partei spräche. Nur noch 26% sagten, dass es für eine Partei spricht. Von den unter Dreißigjährigen meinen sogar bereits 43%, dass konservativ schlecht und nur noch 13%, dass es gut sei. Wie kommt das? Konservativ bedeutet (146): Am Hergebrachten festhaltend, auf Überliefertem beharrend, besonders im politischen Leben. Aber es bedeutet auch: althergebracht, bisher üblich und erhaltend, im Sinne der Schonung und Erhaltung eines verletzten Organs. Unter Konservatismus versteht man auch, auf weitgehende Erhaltung der bestehenden Ordnung gerichtete politische Bewegung. Da haben wir es: Die bestehende Ordnung in Deutschland wird seit 1968 offen und unverhohlen von den Neomarxisten bekämpft. Und dazu war es notwendig, den Begriff konservativ umzudefinieren, ihn anschließend zu diffamieren und zu verteufeln!

Das Gleiche geschieht auf dem Gebiet der Kunst, was letztendlich dazu führen soll, dass nur entartete Kunst wahre Kunst ist. Liest man im FOCUS (373) ein paar Seiten weiter, erfährt man von der in Berlin lebenden US-amerikanischen Journalistin Heather De Lisle, dass Deutschland eine Tea-Party-Bewegung braucht. Gemeint ist eine politische Bewegung, die auf die Erhaltung der bestehenden Ordnung gerichtet ist. Also Deutschland braucht wieder den Konservatismus, d.h. das Gegenteil von einem Zustand der Gesetzlosigkeit, von Chaos in rechtlicher, politischer, wirtschaftlicher und gesellschaftlicher Hinsicht! Auch in der Kunst! Wir brauchen keine Chaoten, keine „linken Gurkentruppen", wie sie in Berlin–Mitte zu finden sind. Und nicht nur da, auch Europa braucht dringend konservative Kräfte in Politik, Kultur und damit auch in der Kunst. In diesem Zusammenhang muss auch die Tradition genannt werden, die ja unter anderem auch der Weitergabe konservativer Werte an spätere Generationen dient. Man denke nur an die phänomenalen Bergmannsumzüge, die jedes Jahr im Dezember im Erzgebirge stattfinden.

Künstler wie Marcel Duchamp, Joseph Beuys, Robert Rauschenberg, Andy Warhol, Jeff Koons und viele andere mehr haben reale Dinge in den Mittelpunkt ihrer künstlerischen Arbeiten gestellt, sogar Pissoirs und Müll. Dazu der Kommentar der Zeitschrift „Bunte" (168): „Sie haben damit eine spezielle Kunstform des 20. Jahrhunderts geschaffen". Ja, sie haben eine ganz besondere, spezielle Kunstart geschaffen, nämlich die „Schrottkunst-Art"! Der Kommentar in der „Bunten" erwähnt leider nicht, dass sich tausende Künstler des 20. und 21. Jahrhunderts diesem entarteten Mülltrend nicht angeschlossen haben und wunderbare Kunstwerke schufen und noch heute schaffen, wie man sie, wie ich schon erwähnte, im FINE ARTS COLLECTIONS - Katalog (28) abgebildet finden kann. Schauen Sie einmal hinein!

Hans Jürgen Syberberg, ein anerkannter Theater- und Filmfachmann, schreibt in seinem lesenswerten Buch „Vom Unglück und Glück der Kunst in Deutschland nach dem letzten Krieg" (170) von der Umweltverschmutzung der Seele und meint damit „das Sich–Wälzen im Abgrund und mutwillig und frech im Dreck." Das auffälligste Kriterium in der heutigen Kunst sei die Bevorzugung des Kleinen, Niedrigen, der Verkrüppelung, des Kranken, des Schmutzes vor dem Glanz, des Unten, als Strategie von unten mit dem Lob der Feigheit, des Verrats, der Verbrechen, der Huren, des Hasses, der Hässlichkeit, der Lüge und Verbrechen, von Unnatürlichkeit, Vulgarität usw. Das Gemeine in der Kunst hätte gesiegt. Dazu ist zu sagen, dass das, was er als das Gemeine in der Kunst bezeichnet hat, von Max Nordau als das Entartete in der Kunst bezeichnet wurde. Ich bin allerdings davon überzeugt, dass das auffälligste Merkmal in der heutigen Kunst keinesfalls das Entartete ist.

Auch Kishon schloss sich Syberbergs Worten an, indem er über diese Dreckskunst meinte: „Ich habe den Kampf gegen diese Leute verloren" (9). Natürlich meinte er die

Kunstmafia und deren entartete Künstler, die mit solchen Kunstwerken Millionen verdienen und damit den Missbrauch der Freiheit der Kunst aktiv unterstützen.
So sehr diese Merkmale von Entartung auf einige moderne Künstler zutreffen, so sehr fügen sie den unzähligen, modernen, heutigen Künstlern bitteres Unrecht zu, die diesem Trend eindeutig und mit größter Entschiedenheit entgegentreten und nicht in dieser verkommenen, also entarteten Art und Weise künstlerisch tätig sind. Sie schaffen Kunstwerke höchster Qualität im Sinne der konservativen „Alten Kunst". Sie setzen mit ihren Kunstwerken die alten Traditionen unserer alten Meister, wie Caspar David Friedrich, William Turner usw. fort. Nur die linksorientierten „Medien", nicht die vielen unabhängigen wie z.B. der „FOCUS" und der „Spiegel", verweigern sich im Großen und Ganzen diesen wundervollen Kunstwerken, weil sie unsere Abendländische Kultur verkörpern.
Um es noch einmal zu sagen, das Gemeine, Niedrige, Dreckige bevorzugen nur „nicht normale Künstler" und d.h. hier ganz gewiss nicht geisteskranke Menschen, sondern nur Psychopathen. Also Menschen an der Grenze zu einer Geisteskrankheit. Oft spricht man von diesen auch von Profilierungsneurotikern.
Auch wenn diese Art von Kunst von vielen, aus ihrer Sicht durchaus berechtigt, als dreist, frech, unverschämt usw. bezeichnet wird: Meine Definition umfasst auch diese Kunstart, weil es eben auch dreiste, freche und unverschämte Künstler gibt, wie z. B. Lenk (38), der sein pornographisches, dreistes, freches und unverschämtes Innenleben in seiner Kunst zum Ausdruck brachte.
Viele sagen, dass sei verrückte, irre, wahnsinnige, geistesgestörte, größenwahnsinnige Kunst. Oder sie sagen, diese Kunstwerke seien ganz besonders töricht, unvernünftig oder unsinnig. Wieder andere bezeichnen die Moderne einfach als Wahnsinn, krankhafte Verwirrtheit in Denken und Handeln, Gestörtheit der geistig-seelischen Funktionen der Künstler. Und zuletzt soll der Psychiater zu Wort kommen, der von dem Delirium, der Idiotie, dem Irresein, der Paranoia, der Schizophrenie, dem Schwachsinn, dem Stumpfsinn und der Verblödung spricht. Ja, das alles finden wir tatsächlich in den Köpfen einiger Menschen, aber auch einiger Künstler, die diesen Merkmalen entsprechende Kunstwerke geschaffen haben und noch immer schaffen.
Mit der Forderung: Legt diesen Künstlern das Handwerk, kommt man nicht weiter. Wenn ein Mensch eine Fassade beschmiert, ein kostbares Bild in einer Gemäldegalerie beschädigt, zersticht o.ä., dann begeht er eine Straftat, die von den Staatsanwälten verfolgt wird. Wenn aber ein Mensch eine Oper inszeniert, die er nach herkömmlichem Sprachgebrauch verunstaltet und somit beschädigt, wie beispielsweise 1992/93 in Hannover, in der Inszenierung der Oper „Rheingold" (171) von Richard Wagner, in der Alberich im Taucheranzug mit Taucherbrille, Schnorchel und Schwimmflossen auftreten musste und die Rheintöchter (scheinbar?) „oben ohne" in Strapsen und Mi-

nislips sangen, obwohl sie nicht einmal die Figuren dazu hatten (oder gerade deshalb?), dann ist er in gewissen Kreisen avantgardistisch.
Und wozu musste Mozarts armer Papageno, der Vogelfänger der Königin der Nacht, alles schon herhalten? Die Regisseure überbieten sich in ihren schwachsinnigen Inszenierungen. Erst Ostern 2013 in Baden-Baden musste er als moderner Wanderbursche mit einer großen blauen Tiefkühlbox auftreten. Die drei Damen töteten die Schlange sogar mit je einem Pistolenschuss!
Auch der Regisseur Joachim Herz, der zur Wiedereröffnung der Semperoper in Dresden am 13.02.1985 die Wolfsschlucht im „Freischütz" von Carl Maria von Weber (172) mit zerstörten Kriegswaffen des 2. Weltkrieges füllte, darf sich selbstverständlich Künstler nennen, da er, passend oder unpassend, darin sein Innenleben ausdrückte. Es bleibt jedoch eine Verfälschung des Weberschen Kunstwerkes und damit eine Desinformation der auf dem Gebiet der Kunst etwas weniger Bewanderten.
Ähnliches geschah am 14. Juni 2006 am Landestheater Detmold, wo die Kostümbildnerin Claudia Schinke den Jägerchor, inszeniert von Jochen Biganzolis in SA- und/oder SS-ähnlichen Uniformen auftreten ließ.
Diese Regisseure, welche die Freiheit der Kunst missbrauchten, werden nicht bestraft, sondern als Künstler (eigentlich als Musikgeschichtsfälscher) gefeiert, nämlich von den Mittelmäßigen und 68ern, im Fall Dresden von den SED-Kulturbarbaren. Sie zerstörten Dresden nach 1945 zum zweiten Male (50). Nur die Genossen des Lumpenproletariats (375), um mit Karl Marx zu sprechen, die Naiven, die Ungehobelten, die sittlich und moralisch Verkommenen, sprechen sich heute gegen konservative Werte aus. Konservativ heißt doch nur werterhaltend. Was haben diese Leute nur gegen die konservativen Werte unserer Gesellschaft? Im Grunde genommen sind sie doch selbst konservativ. Sie wollen nichts anderes, als ihre eigenen konservativen „Werte" des Marxismus erhalten, indem sie die bürgerlichen Werte zu zerstören trachten.
Ich bin zwar kein Vertreter der marxistischen Theorien, doch was Karl Marx, Friedrich Engels, Rosa Luxemburg u.a. mit dem Begriff „Lumpenproletariat" ausgedrückt haben, ist allerdings beachtlich, weil es den Begriff der Entartung des Menschen und damit ihrer entarteten Innenleben recht anschaulich beschreibt. Marx (375) definierte den Begriff Lumpenproletariat als „Auswurf, Abfall, Abhub aller Klassen. Zu diesen zählte er zu Recht Vagabunden, Gauner, Tagediebe, Taschendiebe, Taschenspieler, Bordellhalter und Zuhälter.
Für mich völlig unverständlich, zählte er allerdings auch entlassene Soldaten, entlassene Zuchthäusler, entlaufene Galeerensklaven, Gaukler, Spieler, Lastträger, Literaten, Orgeldreher, Lumpensammler, Scherenschleifer, Kesselflicker und Bettler dazu.

Grund genug, an seinem Verstand zu zweifeln, weil letztere in den allermeisten Fällen ehrliche, anständige Leute waren.
Engels (375) führte den Begriff „Adliges Lumpenproletariat“ ein, welches vom Schuldenmachen, zweifelhaftem Spiel, Zudringlichkeit, Betteln und politischer Spionage (Gestapo und Stasi) lebte. Diese Eigenschaften findet man auch bei manchen „wohlhabenden Künstlern“ wieder, die zum Innenleben derselben gehören.
Nach Rosa Luxemburg (375) zählten Menschen wie Verbrecher und Prostituierte, aber auch die besondere Schicht von sozialem Abfall zum Lumpenproletariat. Sie sprach zu Recht von Verlumpung u.a. in Zusammenhang mit Preiswucher, Lebensmittelfälschung, Prellerei, Beamtenunterschlagung, Diebstahl, Einbruch und Raub.
Sie prägte den für Kommunisten erstaunlichen Satz: „Wenn die konventionellen Schranken und Stützen für Moral und Recht fortfielen, falle die bürgerliche Gesellschaft unmittelbar und hemmungslos einfacher Verlumpung anheim.“
Jetzt wissen wir, was unserer Gesellschaft blüht, wenn es den 68er Neomarxisten gelingen sollte, Moral und Recht abzuschaffen. Der Missbrauch der Freiheit der Kunst führte ins Uferlose.
1912 bezeichnete der Hygieniker und Sozialdemokrat Alfred Grotjahn die Menschen, die Marx als Lumpenproletarier bezeichnet hatte, als Bodensatz der Bevölkerung, als Vagabunden, Arbeitsscheue, Hausierbettler, Prostituierte, Zuhälter, Trunkenbolde und sonstige Verwahrloste, an deren Spitze Verbrechernaturen stünden (375).
Dies gilt auch für viele entartete Künstler, die z.B. unter der sog. „Urin- oder Uriniermacke“ leiden, also die, welche die Grenze zur Geisteskrankheit hin überschritten zu haben scheinen. Es gibt viele Beispiele dafür. So sorgte der „Künstler“ Marcel Walldorf Anfang des Jahres 2011 für einen handfesten Eklat in der Hochschule für Bildende Kunst in Dresden, wo er die Skulptur „Petra“ ausstellte, die eine kauernde oder am Boden hockende, uniformierte Polizistin darstellte, die mit völlig entblößtem Unterleib ihre Notdurft verrichtete. (174) Natürlich mit einer eingebauten Pumpe, die dafür sorgte, dass ständig „Urin“ aus ihrer Leibesöffnung floss.
Anstatt dem Künstler und der Ausstellungsleitung eine Ordnungsstrafe wegen Beleidigung, öffentlichem Ärgernis, Verletzung der Menschenwürde und nicht zuletzt des Entblößerparagraphen 318 STGB aufzubrummen, erhielt er einen, von dieser Hochschule ausgelobten Preis der „Leinemann-Stiftung“ in Höhe von tausend Euro. Auch die Staatsanwälte sind auf diesen Ohren taub. Das ist rüder Missbrauch der Freiheit der Kunst.
Neu ist die Uriniermacke, diese perverse Eigenart oder psychopathische Schrulle von Walldorf allerdings nicht. 2007 präsentierte er sein am indischen Kamasutra orientiertes Reiterstandbild, in dem sich gleich fünf Frauen ständig in die Hosen pinkelten (174).

Man muss schon eine recht eigenartige Weltanschauung und erst recht ein mehr als eigenartiges Innenleben führen, wenn ein Leser der „Dresdner Neusten Nachrichten" (303) den Dresdner Kunstfreunden und Politikern beschränkte Horizonte und Armutszeugnisse testiert, weil sie gegen dieses moderne Kunstwerk, ich betone Kunstwerk, protestierten. Natürlich ist das ein Kunstwerk, ein entartetes Kunstwerk eines entarteten Künstlers und somit war ihr Protest durchaus berechtigt. Sie drückten aber auch nicht nur ihre eigene Stimme aus, sondern auch die derjenigen des Volkes, die zum überwiegenden Teil mit entarteten Kunstwerken nicht in positive Resonanz geraten, sondern im Gegenteil in negative, was bedeutet, dass sie sich von Ekel und Abscheu angewidert fühlen.

Natürlich ist das Barock, der Kunststil des 17. und 18. Jahrhunderts, nicht die letzte Antwort auf die Fragen dieser Welt, aber subversive, also umstürzlerische, zerstörende, entartete Kunst schon ganz und gar nicht. Und wenn die Dresdner Kunstfreunde subversive Kunst radikal ablehnen und in Wort und Schrift bekämpfen, dann dürfen sie stolz auf sich sein, weil diese eine meist im verborgenen betriebene, auf den Umsturz der bestehenden staatlichen Ordnung zielende Kunst, also antikonservative Kunst ist. Und wenn uns, im Gegensatz dazu ein selbsternannter „Dresdner Kunstexperte" und DNN-Leser empfiehlt, sich an ausländischer, moderner Kunst zu orientieren, gebe ich Ihnen hier davon ein markantes Beispiel, das zeigt, wie ungebildet oder verbildet dieser Geselle ist:

Den Vogel hinsichtlich „Perversion" schoss nämlich, wie schon beschrieben, der spanische Regisseur Calixto Bieito ab. Ein nicht zu übertreffendes, abscheuliches Beispiel entarteter Kunst: In der Inszenierung der Mozartoper „Die Entführung aus dem Serail" offenbarte uns der eindeutig entartete Künstler an der Komischen Oper Berlin sein entartetes Innenleben. Joachim Herz bemerkt über diesen Künstler (392): „Calixto Bieito hat zugegebenermaßen die „Entführung aus dem Serail" nicht gekannt, als er der Komischen Oper diese Aufgabe zugesagt hat, und er steht damit durchaus nicht allein." Damit wissen Sie, liebe Leserinnen und Leser, wer den folgenden Skandal zu verantworten hat: Die Direktion der Komischen Oper Berlin! Und was geschah nun?

Auf der Bühne stand u.a. eine Sängerin, die wahrscheinlich kein Höschen anhatte (175), über dem Kopf eines liegenden Sängers und urinierte ihm ins Gesicht, wahrscheinlich sogar in seinen offenen Mund! Das ist für mich schon kein öffentliches Ärgernis mehr, dass ist im höchsten Grad pervers und müsste zum Schutz der Zuschauer, vor allem der zuschauenden Kinder und Jugendlichen, verboten werden, so wie man auch den „Entblößer" nach § 183 des Strafgesetzbuches festnimmt und aus dem „Verkehr zieht". Natürlich stimmen mir die nicht zu, die zu dieser Kulturschande Beifall klatschten und damit infolge der in ihnen entstandenen Sekundärkunst ihre

entarteten Innenleben zum Ausdruck brachten. Aber eins ist sicher, auch das war unmissverständlicher Missbrauch der Freiheit der Kunst.
Joachim Kronsbein beschreibt im „Spiegel“ (176) den „Regie-Berserker, den sich wild gebärdenden Mann, Bieito, als brutal-sexualisierten, notorischen Schmutzfink, der Mozarts Entführung in Berlin mit vollem Einsatz sämtlicher Körperflüssigkeiten hingewuchtet hat.“ Dieser von Jesuiten erzogene und später vom Teufel in Besitz genommene Atheist wagte sogar das Libretto umzufummeln und beweist nicht nur damit, wie verkommen manche in unserer Welt sind, sondern auch wie verkommen er selbst ist. Es ist schier unerträglich, wie man sich verallgemeinert zeitgemäßes Sexualleben vorzustellen hat, einschließlich des lustvollen Umgangs mit Fremd-Harn. Bieito präsentiert sich selbst als Inkarnation, also der Verkörperung der Perversion.
Zum Schluss sei noch gesagt, am Ende wird alles in einem blutigen Massaker mit Maschinenpistolen niedergemäht, was sich im Puff noch bewegt! Kronsbein meint in seinem Kommentar, für mich allerdings völlig unverständlich: „Künstlerisch kommt das „Blut-, Schweiß- und Sperma-Drama des Calixato Bieito zu einem befriedigenden Ende“. Ich bezeichnete es dagegen als das Ende aller Kunst, aller Kultur schlechthin.
„Bild“ nannte das Ganze: „Ekel-Theater“. Und Max Nordau hätte dieses sicher als Krone der Entartung bezeichnet! Und wenn man liest, dass es auch viele gibt, die Bravo riefen und am Ende den Herrn Bieito feierten, dann erkennt man, dass sich die Ästhetische Theorie Adornos in den Köpfen des 40-jährigen Spaniers Bieito und diesen Zuschauern zu der Realität entwickelt hat, zu der selbst der Neomarxist Adorno nicht gewagt hat sich zu bekennen. Heute gehören manche Zuschauer und Zuhörer immer noch zu den 68er Bravo-Rufern, die der Abendländischen Kultur endgültig den Garaus machen wollen. Das ist reinste, gelungene Umerziehung!
Wenn Elke Heidenreich in anderem Zusammenhang zu ähnlichen Entartungen schreibt (434): „Nacktheit, Blut, Sperma, Nazistiefel waren jetzt genug auf deutschen Bühnen zu erleiden“, dann erhebt sie ihre Stimme nur recht zögerlich. Mir kommt ihre „Empörung“ so vor, als hätte sie mit Ritter Blaubarts Stimme lispelnd ausgerufen „Himmeldonnerwetter!“ Wirklich niedliche Worte für derartigen Abschaum der Menschheit! Wo bleibt Heidenreichs Verantwortung für unsere Kultur? Müsste sie sich nicht wortgewaltig gegen solche ekelhafte Unkultur erheben?
2015 geht sie mit ihrer Kritik erfreulicherweise weiter und schreibt (504) wortgewaltig und sinngemäß: Die Regisseure treiben auf der Bühne Altbekanntes in immer absurdere Szenarien: Tannhäuser in der Biogasanlage, La Traviata unter Wasser, das ist genauso idiotisch wie Lohengrin mit Ritterrüstung und ausgestopftem Schwan. Dem schließe ich mich voll und ganz an und weise ergänzend darauf hin, dass absurd u.a. widersinnig, dem gesunden Menschenverstand widersprechend, also dem kranken Menschenverstand entsprechend, d.h. entartet, abwegig, sinnlos ist. Unter dem Wort

idiotisch findet man u.a. „hochgradig schwachsinnig, verblödet“ (146). So lange Worte noch einen Sinn haben, heißt das nichts anderes als „entartet“, also aus der Art geschlagen, wobei dieser Begriff auf den geistigen Gesundheitszustand der Regisseure hindeutet.
Die soeben beschriebenen Leistungen der Regisseure, Sänger und Sängerinnen sind trotz alledem künstlerische Leistungen, die ihren abscheulichen Innenleben freien Lauf ließen und damit zeigten, dass sie zu einer solchen Perversion, also Entartung, fähig sind. Doch viel schlimmer ist die Tatsache, dass es den Entarteten der 68er Kulturrevolution gelungen ist, viele einflussreiche Institutionen zu besetzen, so wie die zuständigen, verantwortlichen Theaterdirektoren einmal mehr beweisen. Diese sind aus der Art geschlagen, also entartet, die man wirklich in eine psychiatrische Heilanstalt einweisen sollte, damit sie nicht weiteren Schaden in den Köpfen unserer Menschen, vor allem aber unserer Jugendlichen, anrichten können. Schon Sigmund Freud schrieb: „Der Verlust von Scham ist das erste Zeichen von Schwachsinn.“ Wer also in Opern- und Schauspielhäusern mit Penis und Sperma öffentlich konfrontiert wird und dabei nichts Schamvolles empfindet, sondern auch noch applaudiert, hat seine Scham verloren, bei ihm sind tatsächlich erste Zeichen von Schwachsinn zu erkennen! Diese öffentliche Zurschaustellung von Penis und Sperma sind ungeheuerlicher Missbrauch der Freiheit der Kunst.
Bieitos satanische Kunst machte natürlich Schule und so gelang es dem perversen Regisseur Hermann Nitsch sein ähnlich grauenvolles, schamloses Theaterstück „Orgien Mysterien“ am Leipziger Centraltheater zu inszenieren. Steffen Georgie schrieb dazu u.a. in den DNN am 24. Juni 2013:
„Dazu sitzt Nitsch auf der Bühne, so wie er auch am kommenden Abend präsent ist. Alle Stationen des Blutspektakels begleitend. Das Zerreißen der Tierkörper (Schweine und ein Stier, samt ein paar Stören im Nebengang) zwischen Choreographie und Impuls, das Wühlen in Innereien, das mit Blut Besudeln und Tränken, das in Spasmen (Krämpfen) und Delirien Zucken ……. Die nackten, rotgetränkten Frauen und Männer, das ausgestellte (menschliche) Äußere, das mit dem herausgerissenen (tierischen) Inneren überhäuft wird.“ Das alles ist für mich und alle normalen Kunstliebhaber übelster Missbrauch der Freiheit der Kunst und Entartung in Höchstform!
Was ging in dem Intendanten Sebastian Hartmann vor, als er dieses entartete Theaterstück auf seiner Bühne aufführen ließ? In der Ästhetischen Theorie“ des neomarxistischen, 68er Professors Theodor W. Adorno, finden sie die Erklärung (326): „Kunst muss grausam sein, muss Chaos in die Ordnung bringen, um zu zeigen, wie chaotisch die Ordnung in Wahrheit ist. Kunst muss wehtun, die Unwahrheit des gesellschaftlichen Zustandes gegen alle Widerstände und Friedensangebote ans Licht zerren. Der Gradmesser für den Wert eines Kunstwerkes ist die Wut, die ihm entgegenschlägt.“

Auf diese und viele andere seiner perversen Thesen gehe ich in Kapitel 10.0 ausführlich ein.
Derartige Künstler und Intendanten gehörten wirklich in eine Psychiatrische Klinik, damit man sie von ihren perversen Leiden zu heilen versucht.
In dem Magazin „Rondo“ (197) werden Stimmen laut, wie die von Robert Fraunholzer und Herbert Rosendorfer, die beide, gelinde ausgedrückt, die negative Meinung des Publikums über diese Regisseure zum Ausdruck bringen. In seinem Artikel „Wozu noch Oper?!“ gibt Fraunholzer das Folgende treffend zum Besten: „Schon die Namen bestimmter Regisseure haben für viele treue Opernbesucher eine so abschreckende Wirkung, als handele es sich um Träger der Pest oder anderer tödlicher Krankheiten.“
Nun, ich kann nur sagen, es handelt sich nicht nur um Träger dieser Krankheiten, nein, sie verkörpern diese Krankheiten selbst.
„Bieito oder Peter Konwitschny gelten auch nach Jahren anerkannter Meisterschaft noch immer als pures Kassengift“, fährt Frauenholzer fort. Doch ich frage ihn, wer spricht denn von anerkannter Meisterschaft bei diesen Regie-Berserkern? Das Publikum, das sich von diesen Ausgeburten von Regisseuren vergiftet vorkommt? Nein, sondern nur eine bestimmte Spezies von sog. Experten, die ich unter die 68er Kulturrevoluzzer einreihe. Sie tun unsere Abendländische Kultur hämisch und dumm als „Oma-Kultur“ ab und versuchen, sie dadurch zu zerstören.
Wie ich immer wieder sage: Selbstverständlich stehe ich mit dieser Meinung nicht allein da und so will ich noch einige bemerkenswerte und treffende Sätze aus dem Artikel „Eule und Tannhäuser“ des Bayreuth-Exegeten Herbert Rosendorfer an dieser Stelle wiedergeben (338). (Ein Exeget ist eigentlich ein Bibelausleger.) In diesem Artikel sagte er dem Regisseur Sebastian Baumgarten seine und die Meinung des Publikums über dessen Tannhäuser-Regie recht eindrucksvoll und offen. Doch nicht die Weiber von Windsor, die das Gute verkörperten, sondern die Weiber von Bayreuth haben diesen Allround-Wagnerschänder Baumgartner ausgerechnet für die 100sten Bayreuther Festspiele eingeladen. Und sie setzten dem Ganzen noch eins drauf, indem sie den Bühnenbild-Verbildner Joep van Lieshout (276) den Affen machten, der eine Maschine auf die Bühne stellte, in der aus Exkrementen, also aus Kot und Harn, Biogas und Alkohol produziert wurden.
Für mich einfach unglaublich, aber wahr! Richard und Wolfgang Wagner haben sich bestimmt in ihren Gräbern herumgedreht!
Rosendorf führte aus: „Baumgarten verlegte seine „freien“ Untaten also auf das Szenische: Venus ist schwanger (Baumgartens blödsinniger Schwangerschaftsbauch), was den Tannhäuser recht unsympathisch macht, weil er nach (unehelicher) Schwängerung die künftige Kindsmutter sitzen lässt.“ Einige Zeilen weiter: „Geschmacklo-

ser Weise erscheint zu der Arie „Mein Heil ruht in Maria“ eine Videoprojektion einer barbusigen Maria, die mit den Zehen wackelt.“ Und noch ein paar Zeilen weiter: „Die Musikdramen Richard Wagners sind von ihrem Herkommen nach, Fest und Märchen. Der Schönheit finst're Feinde wollen das zerstören. Ich hoffe (sind schon Anzeichen vorhanden?), dass dies auf die Untäter des Theaters eines Tages zurückprasselt.“ Und zuletzt schreibt er mehr als zutreffend:
„ .... denn es fällt auch auf den Sänger zurück, wenn er dem Regisseur den Affen (den dummen, albernen Jungen) macht.“
Pascal Morche ergänzte das 2011 (339), indem er schrieb: „Außerdem kamen Orchester-Intendanten nicht vom TV-Sender SAT1, bevor sie die Berliner Philharmoniker leiteten; Regisseure konnten Partituren lesen, Dirigenten machten nicht Karriere, weil sie sich clever in den Medien mit Surfbrett vermarkten ließen – sondern sie hatten Symphonien und Opern in der Provinz gründlich als Korrepetitoren kennengelernt. ..... Ach, was waren das für selig tönende und klingende Zeiten, nicht derart von PR, Event und vor allem von Optik dominiert wie heute.“ Und dann zitiert er Michael Klonovsky: „Früher hat die Salome grandios gesungen und man fürchtete den Moment, wenn sie sich in der Tanzszene auszog. Heute ist es umgekehrt.“
Auch Laurenz Lüttenken (469) schreibt zum Wagnerjahr 2013: „Und dort, wo man vielleicht Besonderes hätte erwarten können, in Bayreuth, gefiel man sich in der kanonisierten (heiliggesprochenen) Fortschreibung einer ungebremsten szenischen Destabilisierungswut, die selbst nicht mehr ist als der Konformismus (d.i. die Geisteshaltung, die stets um Anpassung der persönlichen Einstellung an die bestehenden Verhältnisse bemüht ist) des Neokonformen (neokonform: in den Ansichten neuerdings übereinstimmend) und die deswegen von ihren Protagonisten (Vorkämpfern) – in merkwürdiger Entsprechung zur Tagespolitik – als alternativlos deklariert wurde.“
Heute gibt es viele Dirigenten, die hervorragend dirigieren, doch sich leider viel zu selten weigern, entartete Operninszenierungen zu dirigieren.
Für mich könnten Barenboim und viele andere auch sich weigern, der Entartung, also dem Missbrauch der Freiheit der Kunst, auf den Bühnen freien Lauf zu geben.
Zu den ganz großen Dirigenten gehört Gustav Kuhn, der den entarteten Regisseuren den Kampf angesagt hat. Schon 1985 gab er in aller Öffentlichkeit dem damaligen Chef der Bonner Oper Jean-Claude Riber eine schallende Ohrfeige (431) und rechnete danach im „Spiegel“ mit dem ganzen „Opernkäse“ ab.
Zum Glück für die Kunst sagt er heute: „Die Watschen war wohl überlegt“. Nachdem er daraufhin von den 68er Kulturrevoluzzern aus den Konzertsälen und Feuilletons Deutschlands vertrieben worden war, dirigierte Kuhn in der Metro in New York, in der Pariser Oper, im London Covent Garden und, wenn die Religion in Erl Pause hat, seit 14 Jahren im Passionsspielhaus auch Richard Wagners und Verdis wundervolle

Opern. Er inszeniert selbst, weil er, wie er sagt, das landläufige Inszenierungswesen ablehnt. An einem besonders plastischen, ekelerregenden Beispiel belegt er dies mit folgenden Worten: „Der eine Regisseur hat Probleme mit seiner Mutter gehabt und lässt deshalb in der Zauberflöte den armen Sarastro ständig onanieren." Im Gegensatz zu derartigen, entarteten Inszenierungen stellte sich Kuhn, der auch in Psychologie und Psychopathologie promoviert hatte, nur zwei Regeln auf: Werktreue und die Qualität der Musik. Als Gegenpol zu Bayreuth baute er in Erl, Tirol, finanziert von Hans Peter Haselsteiner, dem bekannten Strabag-Chef und Kunstmäzen, ein supermodernes, wunderschönes „Neues Festspielhaus", welches am 26. Dezember 2012 eröffnet wurde. Es ist das zweite Opernhaus der Welt, das für einen einzigen Mann gebaut wurde. Das erste war das für Richard Wagner in Bayreuth errichtete und von König Ludwig II finanzierte. Und Gustav Kuhn wird dafür sorgen, dass in Erl, im Gegensatz zu Bayreuth, für entartete Inszenierungen kein Platz sein wird.
Einer der berühmtesten Vertreter der werktreuen Inszenierungen war Arturo Toscanini, der von 1867 bis 1957 lebte. Bei Batta (246) liest man: „Toscaninis menschliches und künstlerisches Verhalten kennzeichnen ihn als höchste Autorität einer werktreuen Interpretation."
Zurück zu den Regisseuren, die nicht unter die Ausnahmen fallen: Die Zuhörer und Zuschauer sollten sich fragen, ob sie noch länger diesen die Affen und damit sich selbst zu Narren machen lasssen wollen, um mit Dali zu sprechen.
Zu den Tätern dieses Theaters und zu der Schönheit finst`ren Feinden gehören zweifellos auch die „Bayreuther Damen", die sogar im Lohengrin die Schändung religiöser Sinnbilder zuließen. Hindemith und Schlingensief lassen grüßen. Doch damit nicht genug! Die Verantwortlichen, die in unverantwortlicher Weise in solche widerlichen Spektakel Steuergelder stecken, müssten in Zukunft diese Gelder aus eigener Tasche zurückzahlen. Doch das wird genauso wenig passieren, wie der vom Bund der Steuerzahler geforderte Erlass eines Strafgesetzes für Steuerverschwendung.
Einige Leserzuschriften aus Heidelberg (376) lassen an Deutlichkeit zu ähnlichen Themen nichts zu wünschen übrig: „Es dürfte nicht erlaubt sein, dass diese Macher von Regisseuren, Intendanten und Bühnenbildnern den Theaterbesucher geistig vergewaltigen. Es macht keinen Sinn, einfach in der Theaterreihe zu sitzen und nur der Musik zu lauschen und dabei die Augen zu schließen, weil einem das Theaterbild einen Gräuel bereitet."
Ein weiterer Leser stellt recht eindrucksvoll fest, „dass aus einem leeren Kopf nur ganz selten etwas herauskommt." Weiter schreibt er: „Ich will die Atmosphäre, die Kostüme und das Bühnenbild aus der Zeit, in der die Oper oder Operette handelt. Ich will nicht nur den Klang, sondern auch die optischen Reize genießen. So wie es ursprünglich vom Komponisten gedacht war. Nicht von einem sogenannten Macher, der

selbst nicht in der Lage ist, Eigenes und Gutes zu produzieren, der nur versucht seine Unfähigkeit unter dem Begriff Kunst zu verkaufen und Ideen von Könnern für seine Zwecke missbraucht." Dem ist wohl nichts mehr hinzuzufügen. Meinen uneingeschränkten Beifall haben diese beiden „verärgerten Heidelberger Theaterbesucher" (376).

Mozart bewusst zu diffamieren, wie es Bieieto tat, kommt für mich einer ganz bewussten Gotteslästerung gleich, denn durch Mozarts Musik spricht auch heute noch Gott zu uns! Sie werden mir spätestens dann beipflichten, wenn Sie sein „Laudate dominum omnes gentis" (KV 339), sein „Ave verum corpus" oder seine Waisenhausmesse gehört haben (KV 618). Mozarts Musik empfinde ich oft wie Gebete zu Gott, wie Balsam auf eine wunde Seele. Und wenn diese in den Himmel eingehen wird, erklingt sicher das Andante aus seinem Klavierkonzert No. 21. Hören Sie es sich schon einmal an!

Auch Richard Wagner war überzeugter Christ. Er bekundete das mit den Worten: „Ich glaube an Gott, Mozart und Beethoven." Mancher mag ihm das negativ auslegen, doch für mich wollte er nur sagen, dass, um mit Lapides Worten zu sprechen, die Musik Mozarts und Beethovens die Himmelssprache ist, durch die Gott zu uns spricht (20).

Und noch einmal zu Calixto Bieito, der kein Unbekannter ist. Schon 2002 inszenierte er in der Staatsoper Hannover einen frivolen „Don Giovanni" und entehrte damit nicht nur Mozarts weltberühmte Oper, nein er entwürdigte und verhöhnte das Publikum dadurch, dass er „Don Giovanni z.B. Bier saufen ließ wie ein Droschkenkutscher und Donna Anna musste es in einem heftig wackelnden Citroen treiben" (215). Das war schon damals Entartung pur. Obwohl Anzeige zum Schutz der Jugend in der Öffentlichkeit erstattet wurde, zeigte die Staatsanwältin Jutta Rosendahl, wen wundert es, kein Interesse am Schutz der Opfer und betrieb damals bereits Täterschutz mit der Äußerung: „Die Kunst sei ein grundgesetzlich geschütztes Gut". Die Opfer, unsere Jugendlichen, waren ihr nicht schützenswert (s. Zeitschrift Bunte: „In der Oper ist der Teufel los" (215). In diesem Artikel werden noch andere entartete Regisseure zu Recht an den Pranger gestellt und gebrandmarkt.

Kommen wir zu einem weiteren, entarteten Künstler, dem verstorbenen Christoph Schlingensief, der sich wie mancher andere u.a. der Schändung religiöser Symbole schuldig machte.

Eines seiner Leitmotive lautete: „Angst macht menschlich und Menschen machen Angst." Dieses Motiv kommt neben vielen anderen verkommenen, paranoiden Darstellungen in seinem sog. „Fluxus-Oratorium" „Eine Kirche der Angst vor dem Fremden in mir" vor (177). Die TV-Regie Peter Schönhofers stand dem Werk des Autors in nichts nach.

Das Wort „Fluxus“ finden Sie noch nicht im Fremdwörterbuch aus dem Jahre 1990, aber auch nicht in der „Deutschen Rechtschreibung“ von 2010 des Duden-Verlages. Es wird in „Kunstkreisen“ als der internationale Versuch definiert, in Aktionen und Mischung aller Künste, die Grenze zwischen Künstlern und Publikum aufzuheben. Aus diesem Versuch entstand das „Happening“, auf Deutsch das Geschehnis. Beim Happening besteht das Kunstwerk nicht in einem Bild, sondern in einer Aktion, an der sich das Publikum beteiligt. Zu diesen beiden Begriffen gehört auch das „Environment“, auf Deutsch die „Umgebung“, worunter man die Gestaltung eines Raumes mit den verschiedensten Mitteln und Materialien, also ein statistisches Happening zu verstehen hat (433).

Am 02.12.2012 brachte Arte-TV einen interessanten und äußerst aufschlussreichen Beitrag über das Thema „50 Jahre Fluxus: Kunst und Leben – Lebenskunst“. Wie ich bereits schrieb, hatten die 68er natürlich auch Väter und Großväter, Mütter und Großmütter. Diese bildeten die Vorhut der neomarxistischen 68er Kulturrevoluzzer und waren u.a. die Initiatoren der Fluxuxbewegung, der an Entartung nichts, aber auch gar nichts fehlte, auch heute noch.

Schaut man sich diesen Film an, kommt man sehr schnell zu dem Ergebnis, dass es knapp 20 Jahre nach Ende des 2. Weltkrieges der Jugend in Westeuropa so gut ging, wie dem Esel, der auf dem Eis zu tanzen begann, als es ihm zu gut ging. Völlig unbegreiflich ist, dass eine Jugend eine derartige „Vernichtungs-Kunst“ hervorbrachte, obwohl die psychischen und physischen Wunden von den furchtbaren Zerstörungen des zweiten Weltkrieges noch lange nicht geheilt waren. Wie konnte das geschehen? Durch den Wiederaufbau hatte jeder arbeitswillige Jugendliche Arbeit, verdiente gut und konnte sich Dinge leisten, von denen Jugendliche vor dem Krieg nicht einmal träumten. Wer und was steckte hinter dieser Kunst?

Anfang 1960 begannen Künstler aus den USA, Japan und Europa mit einem Angriff auf die althergebrachte Kunst und erklärte „Fluxus“ zur Antikunst, natürlich nicht wissend, was Kunst eigentlich ist. Der Arte-Beitrag begann damit, dass ein Künstler vor einem Klavier saß, beide Unterarme auf die Tasten legte und nach einiger Zeit wie wild damit, auf diesen herumschlug. Danach traten Künstler vor einen Konzertflügel und forderten das Publikum auf, diesen mit allen möglichen Werkzeugen zu zerstören. Der Flügel, ein Symbol der Deutschen Kultur, wurde auch tatsächlich mit aller Gewalt zerstört.

Wer diese Arte-Sendung sah und hörte, kam sicher zu dem Schluss, dass Fluxus das Synonym, also das bedeutungsgleiche Wort, für Entartung ist. Doch selbstverständlich ist Fluxus auch eine Kunstart, wie Sie in Kapitel 8 erfahren haben. Zur Fluxusbewegung gehört unter vielen anderen sinnlosen Tätigkeiten einiger Künstler, auch das Musizieren mit Bonbonpapieren, Papierrascheln oder das Zerplatzen lassen auf-

geblasener Papiertüten. Das Malen mit zu Pinseln erniedrigten Köpfen, was aus meiner Sicht besonders sinnvoll war, sagt man ja auch „alberner Pinsel“, erzeugt wohl bei den meisten meiner Leserinnen und Leser bei vernünftigem Gebrauch ihrer Köpfe, nur ungläubiges Kopfschütteln. Ein Psychiater kommt sicher bei so viel Schwachsinn zu der Diagnose: „Harmlose Geisteskrankheit“, die aber aus meiner Sicht doch auch mehr oder weniger gesellschaftsschädlich ist, weil sie das normale Kunstverständnis, insbesondere unserer Jugend, völlig zu zerstören versucht.
Im Schlingensiefschen Fluxus-Oratorium handelt es sich um ein, die Katholische Kirche verunglimpfendes Oratorium eines 68er Neomarxisten, das Schlingensief selbst als „Protokoll einer Selbstbefragung“ deklarierte. Ich habe es als Film gesehen und war entsetzt. Es treten Ministranten in Uniformen bolschewistischer Komsomolzen mit weißen Hemden und roten Knotenhalstüchern auf. Er verhöhnt, schändet und besudelt alle erdenklichen christlichen Symbole und Werte, was klar und deutlich einen Fall für den Staatsanwalt wäre, weil es unter das Anti-Diskriminierungsgesetz fällt. Doch da dieser für den Missbrauch der Freiheit der Kunst taub zu sein scheint, geschah und geschieht nichts. Schlingensief produzierte das Inferno der Hölle auf seiner verruchten Bühne, die er auch noch zu einer Kirche umfunktioniert hatte. Sogar ein verwesender Tierkadaver wird in allen seinen Phasen des Verfalls in abscheulicher, ekelerregender Art und Weise dargestellt. Er soll wohl den Eindruck einer verwesenden Katholischen Kirche erwecken. Einfach entsetzlich und grauenvoll. Wenn man diesen Film gesehen hat, weiß man, warum Schlingensief Angst vor dem Tode hatte. Für dieses Teufelswerk wird er sich nun ganz gewiss vor Gott zu verantworten haben!
In seinem letzten Interview, das er Katrin Bauerfeind 2008 im Berliner Maxim-Georgi-Theater gab (178), erfährt man viel über sein satanisches Innenleben. Es war ein langes intensives Gespräch über Therapie, Nachdenken über sein Leben und Werk und seine Angst vor dem Tod.
Über Adorno wusste er zu berichten, dass der „Kaktus auf dem Klavier das Kreuz in dessen Leben war“. Gefürchtet haben sie es beide wie der Teufel das Weihwasser!
In seiner entsetzlichen Dummheit sagte er im Angesicht seines nahenden Todes, er habe keine Schuldgefühle und fragt voller Blödheit (im psychiatrischen Sinne gemeint!), „was habe ich denn Böses getan?“, um gleich darauf zu ergänzen: „Mit den katholischen Symbolen habe ich nichts zu tun, sie stehen mir bis hier ..., zeigt an seinen Hals “ (178).
Er war wahrhaftig ein Diktator, ein kranker, verwirrter Geist, der ständig auch Ausdrücke der Kloakensprache benützte (Scheiß, Kacke, Mist, Kotzen usw.). Er litt unter einer übergroßen Egomanie, d.h. einer krankhaften Selbstbezogenheit.

Dann plötzlich verfiel er in weinerlicher Manie in eine furchtbare Angst vor dem Tod: „Ich weiß ja gar nicht, was mich erwartet! Alles was ich aufgeben muss, das tut so weh, das zerreißt mich, das Gehenmüssen, diese Ungewissheit, dieses komische Gefühl. Wo man mal landet und so ist alles Scheiße. Wenn Gott ein Künstler ist, hat er dort einige Versäumnisse. Nur Oma und Opa können mir helfen (weil beide schon tot sind).“ Und immer noch hofft er darauf, dass seine Krebszellen durch die Therapie schrumpfen, sich verkapseln werden. Jeder andere Mensch erweckte tiefstes Mitleid in mir, doch bei Schlingensief fielen mir wahrhaftig nur die Worte aus Goethes Faust ein: „Nichts Abgeschmackteres find´ ich im Leben, als einen Teufel der verzweifelt.“
Fast jeder kennt das Requiem von Wolfgang Amadeus Mozart. Jeder? Wohl kaum. Er kennt die Musik des Requiems, aber sicher kennen nur die wenigsten den Text, dem die Musik zu Grunde liegt, mit dem Mozart in wundervolle Resonanz trat! In Zusammenhang mit Schlingensiefs „Fluxus-Oratorium“ „Eine Kirche der Angst vor dem Fremden in mir“ will ich einige Zeilen daraus zitieren (179), um die Angst Schlingensiefs vor seinem Tod zu erklären:

Welch ein Graus wird sein und Zagen,
Wenn der Richter kommt, mit Fragen
Streng zu prüfen alle Klagen!

Schaudernd stehen Tod und Leben
Sich die Kreatur erheben,
Rechenschaft dem Herrn zu geben.

Und ein Buch wird aufgeschlagen,
Treu darin ist eingetragen
Jede Schuld aus Erdentagen.

Sitzt der Richter dann zu richten,
Wird sich das Verborgne lichten;
Nichts kann vor der Strafe flüchten.

Seufzend steh ich schuldbefangen,
Schamrot glühen meine Wangen,
Lasse mein Bitten Gnad erlangen.

Schuldgebeugt zu dir ich schreie,
Tief zerknirscht in Herzenstreue,
Sel´ges Ende mir verleihe.

Um Schlingensiefs Innenleben noch deutlicher zu machen, diente die Kulturzeit-Sendung (180) im 3-SAT-Fernsehen am 23.08.2010, in der auch drei Künstler zu Wort kamen. Doch vorher noch einmal zu Schlingensief:
Sein Lungenkrebs sei ein Dreckskerl, ein Terrorist. 1986 erklärte er, dass er Angst hätte, dass man in einem Vakuum aufwächst. Ich verarsche keine Leute, ich, ich, ich .... Gott wird es gefallen, wenn man ihm ab und zu Paroli bietet. (also ihm Widerstand entgegensetzt, sich ihm widersetzt und seinem Wesen dagegenhält.) Vielleicht ist der Mann da oben eingeschlafen, und, und, und ....“
Ich zitiere nun einige erstaunliche Kommentare zu diesem Künstler: So sagte die Literaturnobelpreisträgerin Elfriede Jelinek: „Es ist so, als wäre man selbst gestorben. Viele Menschen aus Theater- und Opernwelt, aber auch Politiker trauern um einen der größten Künstler, die je gelebt haben.“ Pascal Morche schrieb dazu in der Zeitschrift „crescendo“ (101): „Das heißt also, Schlingensiefs Werk und Wirkung ist gleichbedeutend für die Menschheit, wie jenes von Leonardo da Vinci und Michelangelo, von Shakespeare oder Goethe, von Bach oder Mozart.“ Mich hat diese Anteilnahme allerdings nicht gewundert. Auch der Ex-Kellner und Gelegenheitszuhälter, der 1976 verurteilte Frauenmörder Johann „Jack“ Unterweger war sich der „Anteilnahme und Unterstützung“ (481) von Elfriede Jelinek, die der Linksschickeria Österreichs angehörte, sicher.
Ich sage dazu mit Nachdruck: Vorsicht mit Autoritätsbeweisen. Denken Sie nur an den Nobelpreisträger und Massenmörder Hemingway (89)!
Lebte der Psychiater Max Nordau noch, dann stellte er auch bei Jelinek Entartung in höchstem Maße fest. Sie entwürdigte mit ihrem Lob für Schlingensief unsere wirklich großen Künstler in einer mehr als verabscheuungswürdigen Art und Weise und gibt mit ihrer Anteilnahme und Unterstützung für Unterweger ihrer widerwärtigen 68er Gesinnung freien Lauf. Und wieder einmal sehen Sie: Auch der Nobelpreis schützte sie nicht vor Torheit.
Und immer wieder konnte man in den Kommentaren hören: „Schlingensief, dieser große Künstler!“ Simone Meier aus Zürich: „Ich habe nur noch geweint, sehr lange ..... Die Welt ist eine Scheibe. Durch seinen Tod sind wir an ihren Rand angelangt“. Tomas Zierhofer-Kin, Wien: „Schlingensief hat eines der größten, revolutionärsten Theatervermächtnisse hinterlassen. Bürgerliche Formen sind tote Formen. Schlingensief wollte alles umdrehen in dem Wahnsinn, in dem wir leben.“ Dann wieder Meier: „Er war in seinen Werken immer das Zentrum (Ichsucht!), dass er gestorben ist, ist verheerend traurig. Bei manchem Unfug und Aufruhr wollte er trotzdem von möglichst vielen Menschen geliebt werden.“
Mathias Lilienthal, Berlin, erzählt von sich und Schlingensief: „Wir gingen alle zum Wolfgangsee, stürzten uns hinein, um die Ära Kohl zu beenden.“ Er gründete im Jahr

1998 zur Bundestagswahl die Partei „Chance 2000“ (471) und wollte allen Ernstes selbst zum Bundeskanzler von Deutschland aufsteigen! Zierhofer: „Schlingensief hat die Medien als Plattform genutzt und damit viel, viel mehr Leute erreicht als andere. Die Wolfgangsee-Aktion und die Parteigründung wucherten in Realität und Lebensbereiche hinein. Schlingensief erreichte und bewegte viel, viel mehr Menschen als andere: In welcher Hinsicht und welcher Richtung bleibt in Frage zu stellen.“
Meier: „Schlingensief mischte jedes Mal bei seinen Besuchen in der Schweiz Zürich regelrecht auf. Das war eine erotische Sache. Während einer Veranstaltung rief er die Züricher auf: „Tötet Christof Blocher!“
1997 rief er auf der Kunstmesse „Documenta“ in Kassel sogar dazu auf, den amtierenden, deutschen Bundeskanzler Helmut Kohl zu töten (367). Als Schlingensief vom Teufel geholt worden war, bekam er auch noch einen Bambi! Merkwürdig, ja würdig, es sich zu merken, wessen Geistes Kinder die Verantwortlichen sind.
Eine von vielen seiner Inszenierungen war Hamlet 2001 in Zürich. Chaoten prügelten brutal auf am Boden Liegende ein. Man sah grauenvolle Gewaltszenen, die kaum brutaler dargestellt werden konnten.
Zierhofer weiter: „Schlingensief glaubte wohl überall draufzuhauen und glaubte, dass er trotzdem geliebt werde! (Von wem?) Er trug viele Momente des Scheiterns und der Selbstaufopferung in sich“.
Meier: „Das war absolut sein „Christus-Komplex“, d.h. seine stark affektbesetzte Vorstellung löste nach Verdrängung aus dem Bewusstsein vielfach Zwangshandlungen, Zwangsvorstellungen oder einfache Fehlleistungen aus.“
Schlingensief wurde in noch nie dagewesener Art und Weise von den Medien hochstilisiert, ein unglaublicher Personenkult getrieben, wie wir ihn von allen großen Diktatoren her kennen und Schlingensief war ein Kultur-Diktator ersten Ranges, dem in unglaublicher Art und Weise viele Menschen verfallen waren.
Schlingensiefs erster Film schockierte. Er konstruierte, provozierte, zeigt eine angeblich kaputte, obszöne Gesellschaft unbewältigter Konflikte und merkte nicht, dass er sich selbst darstellte. Sein Innenleben war bereits damals obszön und kaputt. Sein Vater, der zur Premiere geladen war, soll dabei über seinen „kranken“ Sohn geweint haben! Schlingensief war ein Enfant terrible, d.h. jemand der seine Umgebung durch unangebrachte Offenheit in Verlegenheit bringt oder sie durch sein Verhalten schockiert (146).
Die Wiedervereinigung Deutschlands bezeichnete er, der hartgesottene 68er Neomarxist, als Kettensägenmassaker, in dem der Westen über den Osten hergefallen sei und ihn nun ausbluten ließe. Wie verlogen diese Aussagen sind, davon kann sich in Ostdeutschland jeder selbst überzeugen. Statt Ruinen, auf allen alten, verfallenen Häu-

sern neue Dächer, an den Wänden neuer Putz. Auferstanden aus Ruinen dank der Billionenhilfen der westdeutschen Steuerzahler und überall neue Straßen.
Wenn er sich selbst und seine „Terrorkunst" inszenierte, dann immer in bester Absicht, so die Kommentatoren. Ich könnte über solche Kommentare nur wie „ein HB-Männchen durch die Decke gehen". Und weiter: Die von ihm gegründete Partei hätte nur ein Ziel gehabt: Auf der ganzen Linie zu scheitern. Wenn das keine Entartung ist, weiß ich nicht, was Entartung sein soll.
2004 holte ihn Wolfgang Wagner nach Bayreuth, um ihn Parsifal inszenieren zu lassen. Ausgerechnet einen Schlingensief für Parsifal, der von der Gralsidee Lichtjahre entfernt und als Schänder religiöser Symbole mehr als bekannt war.
So sah man u.a. „fette Weiber", die ihre riesigen nackten Brüste offen zur Schau trugen. Er verließ schließlich Bayreuth im Streit. Wolfgang Wagner platzte wohl sehr bald der Kragen über so viel Wahn- und Aberwitz, über den sich sein Großvater Richard Wagner sicher „im Grabe herumgedreht" hat. Es sei aber trotzdem die Frage erlaubt, hätte der Fachmann Wolfgang Wagner das nicht vorher wissen müssen? In seinem hochinteressanten Buch „Lebensakte" (251) hatte er nämlich bereits 1994 unmissverständlich geschrieben: „Die Bayreuther Festspiele sind kein Wallfahrtsort und kein Tempel irgendeines kultischen Götzendienstes, aber anderseits auch keine „Spielwiese" für gewisse Egoismen und kein Selbstbedienungsladen auf dem Jahrmarkt der Eitelkeiten". Und 10 Jahre später engagierte er Schlingensief, den größten „Jahrmarktschreier der Eitelkeiten", eine Ausgeburt der Entartung, als Regisseur in Bayreuth. Für mich steht fest: Schlingensief wollte seinen entarteten Ehrgeiz ganz offensichtlich befriedigen, sich selbst durch die Festspiele und auf deren Kosten verwirklichen und glaubte letztendlich, sich damit profilieren zu können. Schon René Kollo interpretierte Richard Wagners Worte „Kinder, schafft Neues!" nicht als Generalvollmacht für jeden Schwachsinn irgendeines entarteten Regisseurs.
Er sei ein Anarchist, soll Schlingensief in einem Interview zum Besten gegeben haben, der nicht erwachsen werden wollte und jemand, der jede staatliche Organisation und Ordnung ablehnt, ein Anhänger der Herrschaftslosigkeit, Gesetzlosigkeit, des Chaos in rechtlicher, politischer, wirtschaftlicher, religiöser und gesellschaftlicher Hinsicht. Man darf ruhig sagen: Ein Anarchist, fähig zu Mord und Totschlag! Und diesen Künstler verehrte Jelinek als einen der größten Künstler, die je gelebt haben! Hätte sie gesagt, einer der größten entarteten Künstler, dann hätte sie Recht gehabt. Eine Literaturnobelpreisträgerin sollte wissen, dass ein Anarchist einen Zustand der Herrschaftslosigkeit, der Gesetzlosigkeit und des Chaos in rechtlicher, politischer, wirtschaftlicher und gesellschaftlicher Hinsicht anstrebt. Und für Jelinek sei erklärt: Chaos bedeutet totale Verwirrung, Auflösung aller Ordnungen, völliges Durcheinander. Und dieses alles, für mich unfassbar und unbegreiflich, verehrte sie. Und nicht zu

vergessen: Ihr neomarxistischer Lehrmeister Adorno lehrte all das in seiner Ästhetischen Theorie.
Und zuletzt sagte Schlingensief in einem Interview, welches ich wieder selbst hörte: „Auf meinem Grabstein soll stehen: „Auf Wiedersehen, das ist die größte Drohung, die ich mir vorstellen kann.“ (180) Damit hatte er wahrlich Recht! Doch auch ein Schlingensief kehrte bis heute nicht zurück. Dafür sei ihm wenigstens posthum (nach seinem Tod) Dank!
Sein Tod hinterlässt einen bleibenden Eindruck, meinten viele seiner Kolleginnen und Kollegen, wobei dieser für mich und viele andere Menschen, der eines gefährlichen Geisteskranken ist.
Um Ihnen, verehrte Leserinnen und Leser verständlich zu machen, warum ich entsetzt war, als ich damals hörte, dass ein Schlingensief das Bühnenweihfestspiel „Parsifal“ in Bayreuth inszenieren wird, will ich Ihnen einige „Highlights“ (Höhepunkte) aus dem wunderbaren, einzigartigen Buch von Batta (246) über Parsifal erzählen: Der Oper liegt u.a. das „Parzival-Epos“ des Wolfram von Eschenbach, der etwa zwischen den Jahren 1170 und 1220 lebte, zugrunde. Richard Wagner komponierte nicht nur, sondern verfasste die berühmte Gralssage neu. Der Gral ist eine Schale, gefüllt mit dem Blut Christi, woraus jeder erkennen kann, dass Parsifal eine auf der Christlichen Lehre basierende Oper ist. Die Gralssymbolik lässt sich im 19. Jahrhundert in der Protestantisch-Lutherischen Liturgie finden. Sie ist Ihnen vielleicht als das berühmte „Dresdner Amen“ bekannt, das auch Mendelssohn-Bartholdy im 1. Satz seiner 5. Symphonie, der Reformationssymphonie, verwandte. Parsifal besiegt waffenlos die dunklen Mächte, also das Böse, über das auch Wolfgang Wagner (251) bedeutungsvoll und sinngemäß schrieb: „Das Böse entsteht durch den Mangel an Gutem“. Und dieser Satz galt, gilt und wird auch immer gelten, bis, ja bis vielleicht Sloterdijks Idee der Eliminierung des Bösen aus dem Arsenal der menschlichen Gene gelungen sein wird. Und in der Wagner-Oper siegen Erlöser und Erlösung durch Parsifal, wobei wir wissen, dass ein Erlöser, ganz allgemein gesagt, einen gestörten, unheilvollen oder aufgezwungenen Zustand beendet. Parsifal und damit natürlich Richard Wagner selbst, versucht, seine Erkenntnis, nämlich Achtung dem anderen gegenüber und Mitleiden mit dem anderen, zum allgemeinen Gut der Menschheit zu machen. Welch´ erhabene Einstellung! Indem Parsifal am Ende die „Erlösertat“ vollbringt, besiegt er damit auch die für unbesiegbar gehaltenen Gewaltsymbole, Festungen und Stacheldraht. Diese prophetische Aussage sah den Sieg über das Böse schlechthin voraus. Also auch die Siege über das „Hakenkreuz“ und über „Hammer und Sichel“, die Symbole für 100-millionenfachen Mord und Totschlag!
Nach diesen Ausführungen muss ich Ihnen aber auch leider berichten, was Wagners Zeitgenossen über das Kunstwerk Parsifal von sich gaben: Der Anti-Christ Friedrich

Nietzsche beschimpfte Wagner, er hätte sich vor dem Kreuz gebeugt. Andere meinten, Wagner hätte das heilige Sakrament entehrt und verspottet. Die 68er Gemeinde, wie könnte es anders sein, deutete die Gralsgemeinschaft als Nazi-Elite und ließ auf Wagner die „Nazi-Keule" niederprasseln. Wieder andere bezichtigten die Gralsgemeinschaft als Bruderschaft homosexueller Männer und den erlösten Erlöser Parsifal als Deutschen Christus oder gar als Hermaphrodit, also zum Zwitter gewordenen Sohn der griechischen Gottheiten Hermes und Aphrodite (246). Alle diese Kritiker beweisen, dass sie nichts, aber auch gar nichts verstanden und begriffen haben, was Richard Wagner mit seinem Parsifal zum Ausdruck bringen wollte und zum Ausdruck gebracht hat, nämlich sein bewunderungswertes „künstlerisches" Innenleben! Doch Richard Wagner beklagte auch die vom Untergang bedrohte europäische Zivilisation, und ich füge hinzu, die vom Untergang bedrohte Abendländische Kultur.

In die Kategorie von entarteten Inszenierungen gehört auch die Inszenierung der Wagneroper „Lohengrin" aus dem Jahre 1998 in der Hamburger Staatsoper. Hier trieb Regisseur Peter Konwitschny sein Unwesen, indem er einen der Handlungsorte dieser Oper unsinnigerweise in eine Schulklasse verlegte, in der sich Träume und Nöte von Kindern in der Pubertät abspielten (181). Dabei muss man sich vergegenwärtigen, dass die Pubertät eines Kindes die Zeit seiner eintretenden Geschlechtsreife ist. Die dieser Aufführung zugrunde liegende Konzeption ist absolut unpassend und typisch für einen Entarteten im Nordauschen Sinn. Für mich drängt sich die Frage auf, ob Konwitschny ein pädophiler Künstler ist, bei dem das Lebensalter seiner Sexualobjekte zur besonderen sexuellen Reizquelle wurde. Denken Sie nur an die Gesetzesvorlage, welche die Grünen vor vielen Jahren in den Bundestag einbrachten, in der Straffreiheit für Pädophile gefordert wurde. Und nicht zu vergessen, viele dieser Politiker kamen aus der 68er Bewegung.

Ich überlasse es Ihnen, liebe Leserinnen und Leser, sich ein Werturteil über das Innenleben all dieser Künstler zu bilden!

Die Strafbarkeit nach § 183a des Strafgesetzbuches (182) eines solchen öffentlichen Ärgernisses sollten die Verantwortlichen ernster nehmen. Das hat mit Freiheit der Kunst nichts mehr zu tun. Es ist übelster Missbrauch der Freiheit der Kunst.

Hinzu kommt nun noch die Frage, hat Konwitschny, so wie alle anderen Entarteten, nicht sein Fach studiert? Wurden ihm nicht von honorigen Professoren die Künste der Regieführung und der Inszenierung beigebracht? Was wäre nur aus mir geworden, wenn ich hergegangen wäre und alles, was mir meine ehrwürdigen Physikprofessoren beigebracht haben, einfach über Bord geworfen und eine Physik „erfunden" hätte, die das Gegenteil aller bisherigen Konventionen gewesen wäre? Auch die „atonalen" Komponisten oder der Maler Baselitz stellen alles Herkömmliche und Schöne auf den

Kopf. Haben diese nicht auch Kompositionslehre und Maltechniken studiert! Man sollte erwägen, ihnen ihre Diplome abzuerkennen.
Ähnlich schlimm kam es 1999 mit der Inszenierung des sexualperversen sog. Schwulen-Theaterstückes „Corpus Christi“ (184) am Theater in Heilbronn, Baden-Württemberg. Der Regisseur Harald Siebler und der homosexuelle, amerikanische Autor und Katholik Terence McNally präsentierten darin ihre entarteten Innenleben. Sieber uraufführte das Kunstwerk in Europa. Er setzte mit dem Ausdrücken seines perversen Innenlebens noch eins drauf und missachtete sogar das Anliegen McNallys, der Christus, entgegen vieler Pressestimmen, in seinem Textbuch Josua nicht als schwul beschrieb. „Nur“ die Jünger stellte er als widerliche, saufende Schwule ausführlich dar. Das soll allerdings nicht heißen, dass Schwule widerlich sind, nein, ganz und gar nicht, nur McNally stellte sie widerlich dar. Doch die Medien verurteilten diese Entwürdigung, diese abscheuliche Diskriminierung der Homosexuellen mit keinem Wort!
Dass McNally Jesus Christus einen anderen Namen gab, nämlich Josua, kann ich nicht erklären, fand es aber auch nirgends und von niemandem erklärt. Die meisten, die über das Stück schrieben, predigten oder zürnten, wissen sicher nicht, dass Josua der Sohn Nuns, des Dieners Moses, also des „Knechtes Gottes“ war, der mit Jesus nichts aber auch gar nichts zu tun hatte. Im Alten Testament der Bibel, im „Buch des Josua“ erfahren Sie, dass Josua nach dem Tode Moses dessen Nachfolge antrat und ein erfolgreicher Heerführer war. Er war auch Thoraschüler und Thoralehrer. Josua ist hebräisch und heißt: „Dessen Hilfe Jahve ist“. Das biblische Buch Josua enthält im allgemeinen Reste derselben Quellschriften, wie der „Pentateuch“, d.h. die fünf Bücher Moses. Es gibt auch ein samaritanisches Josua-Buch, in dem die Ereignisse vom Tode Moses an bis zur Zeit des römischen Kaisers Alexander Severus geschildert werden.
McNally fürchtete sich vielleicht davor, Christus direkt mit den atheistischen, „saufenden, fickenden Jüngern“ aus dem Lumpenproletariat in Verbindung zu bringen. Wie mag es wohl in der Seele und dem Innenleben Terence McNallys ausgesehen haben? Gott erbarme dich, denn er wusste nicht, was er tat!
Die linke, nicht die unabhängige Presse, bezeichnete alle Gläubigen aus Christentum und Islam als fundamentalistisch und rechtsgerichtet, nach dem Verständnis der 68er und Ultralinken, also als nationalsozialistisch, weil sie gegen das Schwulentheaterstück, nicht gegen die Schwulen, protestierten!
Doch bevor ich zu dieser Entstellung, dieser Entwürdigung der Evangelien der Bibel, zu diesem Missbrauch der Freiheit der Kunst, im Einzelnen komme, will ich Ihnen das sog. Schwulenmanifest von Michael Swift vorlegen, das er am 15.02.1987 veröffentlichte und welches Sie in einem bedeutenden, seit seinem Erscheinen in den USA

weit verbreiteten Magazin der amerikanischen Schwulenbewegung, „Gay Community News“ (183), aber auch im Internet, im Originaltext nachlesen können. Wenn jedoch eine Bewegung entartet, wird sie sehr gefährlich für unsere, nein für alle normalen Gesellschaften. Damit Sie auch die Protestierenden gegen die sog. „Homo-Ehe“, wenigstens in Bezug auf die radikalen Schwulen, verstehen können, gebe ich an dieser Stelle dieses Manifest wieder, in dem die Verfasser auch ihren niedrigen Bildungsstand durch die fast unzählbare Verwendung des Hilfswortes „werden“ offenbaren:
„Wir werden Eure Söhne sodomisieren, (also auf Deutsch: Eure Söhne zum Geschlechtsverkehr mit Tieren zwingen) die Wahrzeichen Eurer kümmerlichen Männlichkeit, Eurer seichten Träume und vulgären Lügen, (d.h. Eure Söhne sind diese Wahrzeichen, weil sie heterosexuell gezeugt wurden). Wir werden sie verführen in Euren Schulen, in Euren Wohnheimen, in Euren Turnhallen, in Euren Umkleideräumen, in Euren Jugendgruppen, in Euren Kinotoiletten, in Euren Militärunterständen, in Euren Fernfahrerherbergen, in Euren Männerklubs, in Euren Kongresshäusern, wo immer Männer mit Männern zusammen sind. Eure Söhne werden unsere Speichellecker werden und uns zu willen sein. Sie werden umgegossen in unser Bild. Sie werden nach uns schmachten und uns anbeten.
Frauen, Ihr ruft nach Freiheit. Ihr sagt, Männer befriedigten Euch nicht mehr; machten Euch unglücklich. Wir Kenner des männlichen Gesichts, der männlichen Natur, werden dann Eure Männer von Euch nehmen. Wir werden sie ergötzen; wir werden sie unterweisen; wir werden sie in die Arme schließen, wenn sie weinen. Frauen, Ihr sagt, Ihr wünscht mit Euresgleichen zu leben statt mit Männern. So geht und seid beieinander. Wir werden Euren Männern nie gekannte Freuden geben, denn vor allem sind wir auch Männer und nur ein Mann weiß einen anderen Mann zu vergnügen; nur ein Mann kann die Tiefe und das Empfinden, den Geist und Körper eines anderen Mannes verstehen.
Alle Gesetze, die homosexuelle Betätigung verwehren, werden aufgehoben werden. (Bereits vollzogen.) Stattdessen werden Gesetze verabschiedet werden, die Liebe zwischen Männern erzeugen.
Alle Homosexuellen müssen als Brüder zusammenstehen; wir müssen künstlerisch, philosophisch, sozial, politisch und finanziell vereinigt werden. Wir werden nur triumphieren, wenn wir dem lasterhaften heterosexuellen Feind gemeinsam die Stirn bieten.
Wenn Ihr es wagt, uns Warme Brüder, Schwule, Homos zu rufen, werden wir Eure feigen Herzen erdolchen und an Euren kümmerlichen Leichen vorbeimarschieren.
Wir werden Gedichte der Liebe zwischen Männern schreiben, wir werden Stücke inszenieren, in denen Männer öffentlich einander liebkosen; wir werden Filme über die Liebe zwischen heroischen Männern drehen, welche die billigen, oberflächlichen,

sentimentalen, faden, kindischen, heterosexuellen Dusseleien ersetzen, die derzeit Eure Kinoleinwände beherrschen. Wir werden Statuen prächtiger junger Männer, kühner Athleten, schaffen, die in Euren Parks, Anlagen und Plätzen aufgestellt werden. Die Museen der Welt werden nur mit den Gemälden reizender, nackter Jünglinge gefüllt werden.
Unsere Schriftsteller und Künstler werden Liebe zwischen Männern salonfähig und obligatorisch (also zur Pflicht machen) machen, und es wird uns gelingen, weil wir geschickt sind in der Einführung von Sitten. Wir werden heterosexuelle Verbindungen eliminieren durch die Waffe der Ironie und der Lächerlichmachung, die wir zu führen wissen.
Wir werden einflussreiche Homosexuelle, die sich als heterosexuell tarnen, demaskieren. Ihr werdet schockiert und erschreckt sein, wenn Ihr seht, dass Eure Präsidenten und ihre Söhne, Eure Industriellen, Eure Senatoren, Eure Bürgermeister, Eure Generäle, Eure Athleten, Eure Filmschauspieler, Eure Fernsehleute, Eure Behördendirektoren, Eure Priester nicht die verlässlichen, vertrauten, bürgerlichen heterosexuellen Figuren sind, für die Ihr sie gehalten hattet. Wir sind überall, wir haben Eure Reihen unterwandert. (So wie es auch die 68er mit allergrößtem Erfolg taten und noch immer tun.) Nehmt Euch in Acht, wenn Ihr über Homosexuelle redet, denn wir sind immer unter Euch. Vielleicht sitzen wir Euch am Schreibtisch gegenüber, vielleicht liegen wir mit Euch im selben Bett.
Es wird keine Kompromisse geben. Wir sind keine mittelprächtigen Schwächlinge. Als Hochintelligente sind wir die natürlichen Aristokraten der menschlichen Gattung, und stahlharte Aristokraten geben sich mit weniger niemals zufrieden. Wer gegen uns ist, wird verbannt.
Wie Mishima (Yukio Mishima, ein schwuler, nationalistischer japanischer Autor, der 1970 Harakiri - Selbstmord durch Bauchaufschlitzen - beging.) werden wir riesige Privatarmeen aufstellen, um Euch zu besiegen. Wir werden die Welt erobern, weil Krieger, die durch homosexuelle Liebe und Ehre beseelt und verbunden sind, wie die alten griechischen Söldner unbesiegbar sind.
Die Familie – Nährböden von Lügen, Betrügereien, Mittelmaß, Heuchelei und Gewalt – wird abgeschafft werden. Die Familie, die nur die Phantasie dämpft und den freien Willen beugt, muss ausgelöscht werden. Makellose Knaben werden im Genlabor erzeugt und aufgezogen werden. Sie werden zusammengeschlossen in Kommunen, dirigiert und instruiert von homosexuellen Gelehrten.
Alle Kirchen, die uns verdammen, werden geschlossen. Unsere alleinigen Götter sind anmutige, junge Männer. Wir hängen dem Kult der Schönheit, Moral und Ästhetik an (nachdem sie diese Begriffe umdefiniert haben). Alles was hässlich, vulgär und banal ist, wird vernichtet werden (nachdem sie auch diese Begriffe umdefiniert haben). Da

uns die mittelmäßigen, heterosexuellen Bräuche fern liegen, sind wir frei, unser Leben nach dem Diktat der reinen Phantasie zu führen. Uns ist Zuviel nicht genug.
Die erlesene Gesellschaft, die hervorgeht, wird von einer Elite schwuler Dichter regiert werden. Eines der Grunderfordernisse für eine Machtstellung in der neuen Gesellschaft der Homoerotik wird sein, dass man der griechischen Leidenschaft frönt. Ein jeder, der mit heterosexuellen Gelüsten versucht ist, wird automatisch von einflussreicher Stellung ferngehalten werden. Alle männlichen Wesen, die darauf bestehen, blödsinnig heterosexuell zu sein, werden vor homosexuelle Gerichtshöfe gestellt werden und von der Bildfläche verschwinden. (d. h. liquidiert, ab ins KZ oder in den Gulag)
Wir werden die Geschichte neu schreiben, eine Geschichte, die gefüllt und verfälscht war mit Euren heterosexuellen Lügen und Verdrehungen. Wir werden die Homosexualität der großen Führer und Denker portraitieren, die die Welt gestaltet haben. Wir werden beweisen, dass Homosexualität und Intelligenz und Phantasie unanfechtbar verknüpft sind, und dass Homosexualität eine Voraussetzung für wahren Adel, wahre Schönheit in einem Manne ist.
Wir werden siegreich sein, weil wir geschürt sind von der wilden Verbitterung der Unterdrückten, die gezwungen wurden, zu allen Zeiten scheinbar Nebenrollen in Euren stumpfsinnigen heterosexuellen Stücken zu spielen. Auch wir sind fähig, Kanonen abzufeuern und die Barrikaden der letzten Revolution zu bemannen.
Zittere, Heteroschwein, wenn wir vor Dir erscheinen ohne unsere Masken!“

Wenn man, wie ich es tat, vor diesem Hintergrund das Textbuch zu „Corpus Christi“ (184) gelesen hat, erkennt man sehr schnell, was auf die normalen, heterosexuellen Frauen und Männer eines Tages zukäme, wenn diese „Bewegung“ nicht weltweit gestoppt wird. Und ich bin mir sicher, dass die überwiegende Mehrheit aller Homosexuellen mit diesen Thesen nichts, aber auch gar nichts zu tun haben und haben will. Ich glaube, dass fast alle meiner Meinung sind und das o.g. Manifest nicht nur ablehnen, sondern auch verurteilen.
Doch in mancher Diskussion im Fernsehen kommt der aggressive Charakter einiger Schwuler und Lesben deutlich zum Ausdruck. Und gelogen wird natürlich auch dabei. Die einen meinen, dass nur 1-2% der Menschen homosexuell veranlagt sind, die anderen sprechen von 10%. Doch spätestens dann, wenn diese Zahl bei 50% einmal liegen sollte, wachen auch die dümmsten, europäischen Politiker auf. Oder ist die Homo-Ehe als Funktion einer Bremse gegen die weltweite Bevölkerungsexplosion gedacht?
Erich Kästners lustige Verse (185) zu diesem Thema sprechen vielen Menschen aus der Seele, weil sie natürlich nicht gegen Schwule aber sehr wohl gegen eine „Macht-

übernahme“ durch die Homosexuellen sind. In einer wahren Demokratie, in der wir schon lange nicht mehr leben, hätten am 27.07.2014 in der ARD-ALPHA-Dokumentation von 1999 über Erich Kästner auch seine beiden hochaktuellen, unten wiedergegebenen, allerdings politisch nicht korrekten Verse gehört:

„Von mir aus schlaft Euch selber bei
und schlaft mit Drossel, Fink und Star
und Brehms gesamter Vogelschar
mir ist es einerlei.

Nur schreit nicht dauernd wie am Spieß
was Ihr für tolle Kerle wärt.
Bloß weil Ihr hintenrum verkehrt
seid Ihr noch nicht Genies.“

Nun lassen Sie mich zu dem Kunstwerk „Corpus Christi“ zurückkommen, wie es am Theater Heilbronn inszeniert wurde. Es war Missbrauch der Freiheit der Kunst in unglaublicher Art und Weise. Die Süddeutsche Zeitung überschrieb am 23. Mai 2000 einen Artikel darüber, mit den Worten „Jesus liebte auch die Männer“ (186). Bedauerlicherweise hat der Schreiber Jürgen Berger das Textbuch nicht gelesen. Ich konnte damals die Aufführung nicht sehen und muss also Berger unterstellen, dass er auf der Heilbronner Bühne einen homosexuellen Christus, inszeniert von Harald Siebler, erlebt hat. Hätte er das Textbuch gelesen, dann wüsste er, dass der Katholik Terence McNally Christus, den er Josua nennt, nicht als Schwulen dargestellt hat, sondern „nur“ dessen Jünger als Schwule. Auf Seite 7 des Textbuches (184) lässt er Josua zu Judas sagen: „Du weißt, ich habe dich geliebt“, worauf Judas antwortet: „Nicht so, wie ich wollte“. Auf Seite 35 fragt Judas Josua: „Magst Du Mädchen?“ worauf Josua eindeutig antwortet: „Ja, ich mag Mädchen.“ Auf Seite 37 lässt McNally Josua und Patricia in einem geparkten Auto schmusen und Josua sagen: „Ich liebe dich, Patricia.“ Und dann sollte McNally Jesus als Homosexuellen dargestellt haben?
Auf Seite 46 findet man einen großartigen Dialog zwischen Josua und Jimmy, der ahnen lässt, was McNally aus seinem Kunstwerk hätte machen können. Auf Seite 61 betet Josua das „Vaterunser“ vollständig innig und ohne jede Verunglimpfung und fragt auf Seite 62 seine Jünger: „Warum benehmt ihr euch so widerlich?“ Und auf Seite 81 lässt er Josua ausrufen: „Vater vergib ihnen, denn sie wissen nicht was sie tun!“ Am Ende der Aufführung spricht der Darsteller des Johannes fast drohend zum Publikum: „Halten Sie sich bereit, denn der Menschensohn wird kommen, wenn Sie ihn am wenigsten erwarten.“ Soweit das Positive des Stückes.

Doch leider lässt McNally Jesus Christus mit Jüngern aus den übelsten Kreisen des Lumpenproletariats (375) auftreten, die in einer unglaublich primitiven Fäkalien- und Pornosprache agieren. Damit Sie sich, liebe Leserinnen und Leser, ein Bild davon machen können, muss ich ihnen diese entarteten Sprachentgleisungen aufzählen, weil Sie diese mir sonst nicht glaubten:
„Blöde Kuh; Blödmann; verrecke; vollsülzen; Fresse polieren; leck mich; pinkeln; pissen; verpiss dich; Kopf ins Klo halten; Pinkelbecken; scheißcool; Scheißstück; verfluchte Scheiße; dämliches Stück Scheiße; Stricher; Schwulenstrich; diesen Schwulen einen blasen lassen; kein Lutscher, bloß ein Gelutschter; Schwuchtel; ficken; durchficken; ihm auf den Schwanz starren; er hat einen großen Schwanz; ihn blasen lassen; Titten; die Seele aus dem Leib ficken; seine Eier abschneiden; verpestete, dreckige Nutte.“ - Ist das nicht grauenvoll? Soll man dazu schweigen? Nein, nein und nochmals nein! Beschützt eure Kinder und Enkel vor diesem Abschaum der Menschheit, vor diesem Missbrauch der Freiheit der Kunst!!
Und letztlich die entsetzlichen, blasphemischen Worte: „gottverdammtnochmal; scheiß auf deinen Vater, scheiß auf Gott.“
Alle diese Worte finden Sie immer und immer wieder in diesem „Kunstwerk“, die auf die abgrundtief bösartigen, entarteten Innenleben von Autor, Intendant und Regisseur schließen lassen. Doch auch die Politiker boten diesem Missbrauch der Freiheit der Kunst keinen Einhalt.
Dass für den katholischen Theologen Reinhold Zwick von der Katholischen Fachhochschule Freiburg die Worte „Scheiß auf Gott“ keine Blasphemie, also keine Beleidigung Gottes ist (187), hat mich zutiefst enttäuscht. Entweder ist er ein hartgesottener 68er, der sich auf seinem Marsch durch die Institutionen in die Katholische Fachhochschule eingeschlichen und sie unterwandert hat oder er ist so ungebildet und weiß nicht einmal, dass Blasphemie nicht nur Gotteslästerung oder Gottesbeleidigung, sondern auch die verletzende Äußerung über etwas Heiliges bedeutet. Auch die Verhöhnung von Heiligem ist Blasphemie!
Doch nicht nur die für jedermann blasphemischen Worte waren es, dass sich eine riesige Protestwelle erhob, sondern die Verhöhnung der „Jünger Jesu“ als saufende, fickende, versoffene schwule Bande von Lumpenproletariern, die auf der Bühne ihr Unwesen trieben. Einen großen Anteil zu diesem grauenvollen Werk trug der Regisseur Siebler bei. So findet man im Original-Textbuch die Regieanweisung von McNally: „Das Bühnenbild (für das Heilige Abendmahl) sollte so aussehen, wie das Bild von da Vinci“, was jedermann in öffentlichen Kunstausstellungen und Büchern über da Vinci bewundern kann. Im Textbuch (184) findet man ein Bild des Heiligen Abendmahls nach Siebler, das eine ungeheuerliche Blasphemie darstellt und Bände über das Innenleben von Siebler spricht. Die Jünger Christi hängen völlig betrunken

über der Tafel des Heiligen Abendmahls. In ihren Händen die Bierflaschen, aus denen sie sich total betranken.
Pfarrer Winfried Pietreck (189) kritisierte das Kunstwerk mit Recht: „Auch die Kunst hat die Menschenwürde zu respektieren. Sonst erhebt sich der Theaterhimmel über den Himmel Gottes". Und ich ergänze: Ausgerechnet die, die immer von Menschenwürde sprechen, wagen es, ihr Innenleben darin zu offenbaren, indem sie die Würde des Menschen und Gottessohnes Jesus Christus in den Dreck ziehen! Kulturminister Klaus von Trotha sagte seine in diesem Zusammenhang vorgetragene, unglaubliche Meinung dazu: „Die Freiheit der Kunst gehört zu den unverrückbaren Grundsätzen unserer Verfassung". Warum haben gegen diese Auslegung unserer Verfassung nicht wenigstens die katholischen Kardinäle Deutschlands Verfassungsklage eingereicht, um diese falsche Interpretation ein für alle Mal vom Bundesverfassungsgericht hinwegfegen zu lassen?
Die Freiheit der Kunst wurde in unserer Verfassung festgeschrieben, „der Missbrauch der Freiheit der Kunst" unbegreiflicherweise nicht! Die Väter des Grundgesetzes wären heute fassungslos!
Der Mainzer Rechtshistoriker Andreas Roth vertritt im Gegensatz zu derartig irrigen Meinungen solcher Kulturpolitiker die Ansicht (418), dass wir heute gegenüber Gotteslästerungen zu abgestumpft sind. Weiter sagte er: „Bei manchen Scheußlichkeiten frage ich mich, ob die noch von der Kunstfreiheit gedeckt sind." Und weiter schreibt er: „Blasphemie (Gotteslästerung, Gottesbeschimpfung, verletzende Äußerungen über etwas Heiliges) ist – anders als es die derzeitige Debatte suggeriert – immer noch strafbar." Eine Verschärfung des § 166 StGB hält er allerdings nicht für sinnvoll, weil der, welcher einen Skandal nicht durch sein Kunstwerk erreicht, hofft, ihn durch ein Strafverfahren auszulösen und dadurch „berühmt" zu werden. Leider sagt er nicht, welche die „richtigen Mittel" gegen derartige Entartungen sind. Muss es denn erst so weit kommen, dass man auf der Bühne im Einvernehmen mit dem Schauspieler und für ein besonders hohes Honorar auch life und ungestraft den Schauspieler „Jesus" am Kreuz sterben lassen darf, damit seine Familie seine Schulden bezahlen kann? Wann fallen die Grenzen endgültig, wenn doch bereits im Herbst 2001 französische Richter einem behinderten Jungen eine Entschädigung dafür zusprachen, dass er nicht im Mutterleib ermordet worden war (190)?
Erstaunlich sind die Pressestimmen, die vor ca. 15 Jahren über das Stück Corpus Christi erschienen. Ich habe mindestens 20 davon gelesen und festgestellt, dass viele Autoren die Aufführung nicht besucht, das Textbuch nicht gelesen und das ganze Stück nicht verstanden haben.
Die meisten der linken Pressestimmen verurteilten sogar noch die Proteste vieler christlicher und muslimischer (!) Menschen, die die Aufführung auf niederster Ebene

mies und fies fanden und den Bruch der letzten Tabus verurteilten (189). Andere Stimmen wandten sich lautstark gegen diese „enttabuisierte Moderne“, die ich mit den Worten Max Nordaus als entartet bezeichne.
Wieder andere sprachen von dem pathologischen Seelenschlamm der Erfüllungsgehilfen des Satans, die das Mieseste, Verwerflichste und Erbärmlichste darstellten, das je auf Gottes Erdboden gelebt hat (190). Auch Äußerungen wie: „Ein Abgrund der Hölle ist dieses stinkenste und profanste, aller bisher dagewesenen Theaterstücke, das an Schmutz, Gemeinheit und übelster Niederträchtigkeit, an Sündhaftigkeit nicht zu übertreffen ist“ (190), waren nicht zu überhören. Im Gegensatz zu Reinhold Zwick empörte sich Prälat Paul Dietrich, Regionalbischof von Heilbronn: „Bei all dem Ficken, Saufen und Pinkeln auf der Bühne wurde mir ganz anders im Parkett. Ist denn nichts mehr heilig?“ (191)
Natürlich fehlten auch die Linken bei „Grün und Rot“ nicht, die unverhohlen das Aufführen des Theaterstückes vertraten: „Die Gemeinderatsfraktion der Grünen in Ulm stellte den Antrag, das umstrittene Gastspiel des Heilbronner Theaters mit dem Stück Corpus Christi nicht abzusagen. Sie seien entsetzt über die Absage des Intendanten Amsgard Haag, der Corpus Christi als entartete Kunst bezeichnet hatte“ (192). Jetzt wissen wir, was diese Grünen unter „Freiheit der Kunst“ und „Freiheit der Religion“ verstanden.
Die Ulmer SPD-Fraktion und die Grünen forderten gar die fristlose Entlassung Haags. (193). Haag durfte sich erstaunlicher Weise dazu wie folgt äußern (195): „Wir müssen als Intendanten auch die Freiheit haben, nein zu sagen. Wir können nicht sagen, nur weil es entartete Kunst ist, können wir es nicht zulassen. Genauso wenig können wir aber sagen, nur weil es entartete Kunst ist, müssen wir es zulassen.“
Am 21.02.2013 wurde ein weiteres Stück von himmelschreiender Blasphemie und Entartung im Berliner Dom aufgeführt. Jesus Christus hätte die Verantwortlichen der evangelischen Kirche Berlins aus ihrem Tempel gepeitscht, weil diese darin dem Satan frönten und zuließen, dass ein entarteter Dirigent und Regisseur die Johannespassion von Johann Sebastian Bach in abscheulicher Art und Weise inszenierte, verfälschte und verschandelte. Die Berliner Morgenpost schrieb u.a. am 23.02.2013: „Nackte Körper wühlen, wirbeln, suhlen und stampfen im Dreck. Sand und Schweiß spritzen ins Publikum. ….. Kampfsport, Zirkusartistik, Hip-Hop, Breakdance und klassisches Ballett zusammen.“
Das ganze widerwärtige „Theater“ endete schließlich damit, dass Jesus Christus nicht das Kreuz schultern musste, sondern Pontius Pilatus. Für jeden normalen Menschen, der das Johannesevangelium aus der Bibel kennt, war es eine entsetzliche, völlig unverständliche, teuflische Provokation. Der entartete Regisseur und Dirigent Christoph Hagel verkündete zynisch: „Es sei auch eine Inszenierung für Ungläubige“. Allein

mit dieser Behauptung beleidigt er jeden gläubigen Menschen, denn es war eine Inszenierung nur für Ungläubige. Und wenn diese nur eine winzige Portion von Verstand und Würde in sich gehabt hätten, hätten sie voller Abscheu den Dom verlassen. Wen kann es allerdings wundern, dass so eine blasphemische Johannespassion im protestantischen Berliner Dom aufgeführt wurde, wenn der Ratsvorsitzende der Evangelischen Kirche in Deutschland (EKD), Nikolaus Schneider, stolz verkündete (393): „Ich bin ein alter 68er, und ich schäme mich nicht“! Ich antworte ihm mit den Worten Jesus Christus: „Hebe dich hinweg, Satan!“

Joschka Fischer, ebenfalls ein ehemaliger 68er, hatte sich im Deutschen Bundestag für seine Untaten öffentlich entschuldigt. Und Schneider ?

Zum Abschluss will ich einen ähnlich gearteten Fall aus Frankfurt erwähnen, wo die Verantwortlichen aus Ehrfurcht vor der jüdischen Religion das entartete Theaterstück „Der Müll, die Stadt und der Tod“ von Rainer Werner Faßbinder nicht aufführten. Mit vollem Recht begründeten sie es damit, dass die Belastung für unsere jüdischen Mitbürger zu groß gewesen wäre! (196) Später schaffte es Fassbinder doch noch, seinen in der Schweiz, nach seinem Theaterstück gedrehten Film in New York uraufzuführen.

Was sagte einer der größten deutschen Dichter und Denker, Friedrich Schiller? „Der Menschheit Würde (auch der jüdischen, islamischen und christlichen!) ist in Eure Hand gegeben, sie sinkt mit Euch, mit Euch wird sie sich heben!“ Mit Fassbinder, Hagel, McNally und Genossen sank sie tief, ja sehr tief.

Zuletzt möchte ich dazu noch einmal Friedrich den Großen zitieren (125), der eine Meinung vertrat, der alle normalen Menschen zustimmen: „Die Toleranz muss in einem Staate jedem Freiheit geben, zu glauben, was er will, aber sich nicht soweit erstrecken, dass sie die Frechheit und Ausgelassenheit junger, unbesonnener Leute autorisiert, die dem Hohn sprechen, was das Volk verehrt.“ Ich muss ergänzen, junger und alter, unbesonnener Leute! Und das möchte ich auch unseren Kulturministern immer wieder ans Herz legen und sie auffordern, endlich etwas für die Rettung unserer Abendländischen Kultur zu tun. Beispielsweise sollten sie sich dafür einsetzen, dass alle deutschen Theater und Opernhäuser gesetzlich verpflichtet werden, in der Vorankündigung ihrer Programme, in der Werbung und in den Aushängen ihrer Häuser, wenigstens ihrer geplanten klassischen Theaterstücke und Opern, die Inszenierungsart, also werktreue oder moderne neuzeitgemäße Regie, anzugeben und auszuweisen.

Für Opern von Richard Wagner müsste es dann beispielsweise heißen: „Lohengrin, Musik von Richard Wagner, Inszenierung von Hans Neuenfels“. Ich komme auf Neuenfels noch ausführlich zurück, weil dieser z.B. in der Oper „Lohengrin“ die Chormitglieder in widerlichen, abscheulichen Rattenkostümen auftreten ließ. Stellen Sie sich vor, den berühmten Hochzeitsmarsch ließ er von einem Rattenrudel anführen, die dann noch singen mussten: „Treulich geführt ….“ Noch schlimmer kann der Missbrauch der Freiheit der Kunst wohl kaum sein!

2010 produzierte Johannes Grebert einen Film über Richard Wagners Erstwerk „Rienzi“, in dem Philipp Stölzl die Regie führte. Ich hatte den Eindruck, dass die an dieser Produktion beteiligten nichts anderes im Kopf hatten, als Wagner zum Wegbereiter des Nationalsozialismus zu küren. „Wehe, wenn sie losgelassen!“ Diese Worte aus der Glocke von Friedrich Schiller kamen mir in den Sinn, als ich mir die Frage stellte, was wäre geworden, wenn es die 68er geschafft hätten, die absolute Mehrheit im Bundestag zu erlangen. Und dann fiel mir noch der „Zauberlehrling“ von Johann Wolfgang von Goethe ein: „Herr, die Not ist groß! Die ich rief, die Geister werd´ ich nun nicht los.“

Und diese Geister geisterten tatsächlich in Berlin herum: Sie heißen Grebert, Stölzl und Genossen! Abgesehen davon, dass viele, sehr viele Darsteller in Uniformen steckten, die jeder Zuschauer als Uniformen der Faschisten erkennen musste, wurde Rienzi, der römische Tribun, aber auch Wagners Oper „Rienzi“ in ungeheuerlicher, verwerflicher Art und Weise missbraucht. Die Handlung spielte unmissverständlich im Dritten Reich, wo natürlich die größenwahnsinnigen Hitler-Bauten von Berlin nicht fehlen durften. Der im Arte-TV im Februar 2014 gezeigte Film wurde durch Kommentare von Professor Dr. Dr. hc. Udo Bermbach ab und zu unterbrochen. U.a. hörte man: Stölzl machte (in diesem Film) wirklich einen schweren Fehler. Weiter meinte er: Das Anliegen Hitlers sei eine Parallele zu dem Anliegen des Römers Rienzis gewesen. Aus meiner Sicht ist das nicht zutreffend, also ein weiterer Fehler. Natürlich wollte Hitler, wie er betonte, die kommunistische, bolschewistische Gefahr von Deutschland abwenden und wie wir heute wissen (118) zu Recht; doch kann man das wirklich mit Wagners Rienzi und seiner Zeit vergleichen? Hier handelt es sich um völlig unterschiedliche Ideologien. Hitler wollte Krieg, Rienzi nicht. Ihm wurde, wie Dr. Dieter David Scholz in seinem Kommentar zu diesem Film richtig ausführte, der Krieg aufgezwungen. Was für ein Unterschied! Scholz bescheinigte Wagner auch zu Recht eine demokratische Gesinnung, die ihm allerdings beinahe zum Verhängnis geworden wäre. Und eine solche Gesinnung Hitler zu unterstellen, ist für mich reine Geschichtsfälschung. Hitler schaffte, kaum demokratisch gewählt, als Erstes das demokratische Wahlrecht ab, was von den Bolschewisten schon 16 Jahre früher geschehen war. Und was danach in der Sowjetunion und Deutschland geschah, ist hinreichend bekannt und wäre von Richard Wagner ganz bestimmt zutiefst verurteilt worden, auch die Judenvergasung. Dass Zauberlehrling Stölzl behauptete, Wagner hätte das Gleiche gewollt, wie später Hitler, ist eine ungeheuerliche Unterstellung, Verleumdung und ebenfalls grauenvolle Geschichtsfälschung. Rienzi wollte etwas ganz anderes (246). Scholz stellte zu Recht fest, dass Wagner immer den charismatischen Helden dargestellt hat, der tragisch zu Grunde geht. Hitler ging nicht tragisch zu Grunde, sondern erbärmlich unter den Trümmern seines größenwahnsinnigen Reiches. Scholz weiter: „Wagner zeigt immer wieder, wie aus einem guten, ein schlechter Mensch wird. Am Ende aber fallen sie alle. Die Revolution frisst ihre Kinder!" Abschließend stellt er richtig fest: „Das Dritte Reich ist ein Trauma, aber es bringt nichts, alles unter diesem Aspekt zu sehen."

Sollten Grebert und Stölzl versucht haben, mit ihrem Film den Kampf gegen rechts zu führen, dann haben sie das verwerfliche Gegenteil erreicht. Ihre politische Einstellung zeigt, dass beide auf ihren linken Augen blind sind, denn der kommunistische Bolschewismus war noch viel verwerflicher als der Faschismus (118) und der war schon schlimm genug! Wenn man bedenkt, dass der historische Hintergrund Rienzis uns nach Rom ins 14. Jahrhundert führt, erkennt man sofort die bösen Absichten der Filmmacher. Richard Wagners Vorstellungen vom „Guten Staat", sein Gedanke von der Freiheit der Bürger, der Gleichheit aller vor dem Gesetz, waren seine wichtigsten moralisch-politischen Motive!

Ich schlage vor: Laßt uns abstimmen bei Inszenierungen unserer alten Meister. Dann sehen wir, ob die Mehrheit der Zuhörer und Zuschauer solche Verschandelungen will. Wenn sich allerdings ein Mehrheit dafür aussprechen sollte, dann müssen die Kulturpolitiker, wie oben vorgeschlagen, die Minderheit davor schützen, indem alte, seriöse und klassische Inszenierungen vorher bekannt gegeben werden, damit sich die „normalen" Zuschauer und Zuhöher durch Fernbleiben von den „modernen", entarteten Inszenierungen, sich und ihre Kinder vor „Dreck" und „Unrat" schützen können. Wahrscheinlich scheuen die undemokratischen Macher die Abstimmung wie der Teufel das Weihwasser und das Kreuz, deshalb müsste eine gesetzliche Regelung erfolgen.

1998 rief ich im Nationaltheater Mannheim an und fragte, ob eine ihrer geplanten Aufführungen eine klassische oder moderne Inszenierung sei? Antwort: Das können wir nicht sagen (wollen, dürfen wir nicht sagen?) das könnte ich der Tagespresse entnehmen. Doch schauen Sie einmal selbst in der Tagespresse nach. Was finden Sie da? Oft eine primitive Lobhudelei für die schlimmsten Entgleisungen im Sinne des Mainstreams, d. h. der vorherrschenden Inszenierungsrichtungen. Für mich genügte ein Szenenfoto von Proben in der Tageszeitung vor der ersten Aufführung, um zu entscheiden, ob ich mir die Inszenierung ansehe. Doch das führte sehr bald zum Konkurs der Theater und Opernhäuser, weil die konservativen Besucher ausblieben. In letzter Zeit häufen sich allerdings die Fälle, dass die Rezensenten die Wahrheit nach der Premiere verkünden. Doch für den Abonnenten und Premierenbesucher ist dies zu spät!

Da heute Perversionen in gewissen Kreisen „in“ sind, leugnen viele Künstler, die diesen Kreisen angehören, ihr perverses Innenleben nicht einmal. Dem Betrachter oder Zuhörer eines solchen Werkes überlasse ich es gern, sich ein Urteil zu bilden.
Die normalen Besucher einer entarteten Opernaufführung wenden sich voller Abscheu ab, die „Nicht-Normalen“ wälzen und suhlen sich, wie die Wildschweine im Schlamm der Inszenierung, wobei man nicht vergessen sollte, dass die armen Schweine sich damit nur der Parasiten erwehren, von denen wir uns leider nicht auf diese Art und Weise befreien können.
Entartete Inszenierungen von Opern und Theaterstücken sind die Kunst, also der Ausdruck des Innenlebens mancher heutiger Regisseure und darstellender Künstler. Deren Innenleben ist ein ganz anderes als das der alten Meister der Inszenierungen. D. h., sie haben die Kunst, die Kunstwerke der damaligen Meister einfach nicht verstanden oder aber sie wollen einfach aus ideologischen Gründen, u. a. der 68er, nicht verstehen. Sie sind nach Karl Marx Lumpenproletarier (375) der „Kunstszene“, nämlich Ungebildete, Ungehobelte und Unfähige, die ihr destruktives, also zersetzendes, zerstörendes, bösartiges, zum Zerfall führendes Innenleben zur Schau stellen.
Neulich hörte ich am Nebentisch in einem Restaurant: „Die „Modernen Künstler“ gehören ins Irrenhaus, die Kunstkritiker, die diese Werke über den „Grünen Klee“ loben und die Verkäufer derselben, ins Gefängnis, da sie die Käufer betrügen, belügen, berauben.“ Ich kann diese Meinung sehr wohl verstehen. Natürlich meinte man nur die entarteten Künstler und nicht die, welche wundervolle, edle moderne Kunstwerke schaffen. Trotzdem kann ich diese Meinung nicht billigen. Gott schuf jeden von uns als freien Menschen. Noch nie wurde ein Käufer gezwungen oder genötigt, ein Kunstwerk zu kaufen. Und wenn der Käufer mit dem Innenleben des Künstlers in Resonanz tritt, dann ist er sogar gut bedient.
An dieser Stelle will ich noch von drei weiteren Beispielen mehr oder weniger entarteter Opernaufführungen berichten, in denen die Freiheit der Kunst missbraucht wurde:
Rhein-Neckar-Zeitung vom 10.04.01 (377): In diesem Zeitungsbericht geht es um die Aufführung von Mozarts „Don Giovanni“ im Nationaltheater Mannheim, wo die Inszenierung von Mattthias Schönfeldt „gnadenlos ausgebuht“ wurde. Matthias Roth schreibt nach einigen einleitenden Sätzen: „Giovannis Verführungskünste halten sich nicht lange mit erotischem Geplänkel auf.“ Einige Zeilen weiter erfahren wir, dass der „Warmduscher“ Ottavio, in einer Saunakabine nackt hantierend, in die Szene eingeführt wird, wenn der Vorhang aufgeht. Giovanni ist der „King of the road“ und der Hengst im Bett, den sich die Frauen wünschen.“ Die ganze Inszenierung war für mich eine Beleidigung aller anständigen Frauen und Männer! Und über Frauen kann

man ja, trotz Antidiskriminierungsgesetz, auch heute noch auf den Bühnen ungestraft sexuell herfallen. Nicht nur in Indien!
Aber auch die musikalische Leitung war oft grauenvoll: „Die Streicher geigten ohne Vibrato, die Blechbläser bliesen auf Barockinstrumenten. Naturhörner und Barockposaunen produzierten einen wahrhaft höllischen Klang“, so Roth. Eine typische, destruktive 68er-Inszenierung!

Aus dem Cuvilliés-Theater in München wurde am 05.12.2009 Mozarts Oper „Idomeneo“ (245) im 3-sat-Fernsehen gesendet: Die Inszenierung hatte Dieter Dorn, Bühne und Kostüme Jürgen Rose zu verantworten. Sie war wieder einmal schlicht und einfach Geschichtsfälschung. Die Zuschauer wurden um die geschichtliche Wahrheit der Zeit, in der die Oper nach Mozart, Varesco und Danchet (Text und Libretto) spielen sollte, regelrecht vergewaltigt und betrogen. Wer den Inhalt und die Personen dieser Oper kannte, wer die entsetzlichen, seelischen Qualen zu erfühlen im Stande war, dic Idomeneo, König von Kreta, Idamante, dessen Sohn, Ilia, die Tochter des Priamus und Elettra, die Tochter des Agamemnon, durchzustehen hatten, war über die Verleumdung Mozarts, der diese Qualen in seiner Musik herzzerreißend wiedergab, empört. Doch leider haben die begeistert klatschenden Zuschauer diese Seelenqualen nicht empfunden. Vielleicht haben sie aber auch nur mit geschlossenen Augen der wundervollen Musik gelauscht. Dann allerdings war der Applaus gerechtfertigt. Noch ist es nicht so weit, dass man auch die Musik zu entstellen wagt.
Und nun komme ich zu einigen der entarteten Szenen: An der Hinterwand der Bühne befanden sich moderne Heizkörper und technische Installationen. Eine unsinnige Fantasiemaschine ließ an Blödheit nichts zu wünschen übrig.
Die Kostüme und Requisiten entsprachen nicht der damaligen Zeit: Moderne Stühle. Moderne Schuhe mit Stöckelabsätzen. Schrott und Müll sollten wohl Trümmer darstellen. Es war dümmlich, albern und lächerlich. Die Verantwortlichen waren Fälscher der Geschichte. Ich war so wütend, dass ich den Vorschlag mache, die Verantwortlichen zwei, drei Wochen hungern zu lassen und ihnen dann ihr Essen zwischen verwesenden Ratten zu servieren, damit sie einmal am eigenen Leib zu spüren bekommen, wie es mir bei diesem Spektakel erging.
Diejenigen, insbesondere manche unserer Jugend, die nicht gewusst haben, wer Idomeneo war, müssen glauben, Mozart sei geisteskrank gewesen.
Viele glauben allerdings, diese Art der Entartung sei ungefährlich. Doch das ist sie nicht. Sie zerstört unsere alte Kultur, wozu Mozart, der göttliche Mozart, missbraucht, vergewaltigt und geschändet wird. Hebt euch hinweg, ihr schwachsinnigen Regisseure, euch, die ihr wissentlich die Theater- und Musikgeschichte verfälscht, um euch zu profilieren und unsere Jugend zu verdummen.

Die Oper Christoph Willibald Glucks „Telemaco ossia L´isola di Circe“ (363), 2011 im TV-Sender 3-sat:
Die Inszenierung dieser auch musikalisch wundervollen Oper stand den o. g. paranoiden Inszenierungen in nichts nach. Wer Gluck kennt, seine wunderbare Musik liebt und schätzt, der wurde von der entarteten Inszenierung des entarteten Regisseurs Tobias Kratzer in einen Abgrund des Entsetzens gestürzt, der an Entartung kaum zu übertreffen war: Der Bühnen- und Kostümbildner Rainer Sellmeier stellte mit seinen „Kunstwerken“ sein entartetes Innenleben so, wie auch Kratzer, in fürchterlicher Art und Weise zur Schau. Für die Leser, die von dieser, der 107 Opern Glucks noch nichts gehört haben, will ich nur soviel sagen: Gluck komponierte seine Oper zu dem immer wiederkehrenden Text „Liebe und Leid“ des Textbuchschreibers Marco Coltellini aus dem Leben Odysseus, der Kirke und Telemachos, dem Sohn Odysseus und der Penelope, also aus der griechischen Mythologie. Kratzer erblödete sich, die Geschichte zu verfälschen und versuchte dem Zuhörer und Zuschauer einzureden, dass die Handlung in den 20er Jahren des vorigen Jahrhunderts spielt. Doch die Verantwortung für eine solche Kulturbarbarei tragen einzig und allein die Verantwortlichen der Theater- und Opernhäuser, die sicher von niemandem gezwungen werden, solche entarteten Kunstwerke darzubieten: So spielt während der Ouvertüre in einem Schlafzimmer ein Knabe mit einem Spielzeugflugzeug. Ein Doppelbett mit eisernem Bettgestell demonstriert die Entartung des Regisseurs. Die Götter kleidete er im Stil der Mafiosos der damaligen Verbrecherstadt Chicago. Das männliche Orakel trat in einer alten Hose mit Hosenträgern im Unterhemd auf und trug zur Verhöhnung der Zuschauer ein Tiroler Hütchen mit Halstuch!
Nach einiger Zeit verwandelte sich ein Fenster des Schlafzimmers in das Bild eines chaotischen Waldes. Über dem Zimmer drehten sich die Flügel großer, italienischer Ventilatoren. Neben dem Waldbild waren zwei Heizkörper in Form von Radiatoren zu sehen. Und so ging es weiter. Ersparen Sie mir die Schilderung all dieser schwachsinnigen Bühnenbilder. Stellen Sie sich vor, ein Filmregisseur inszeniert die Eroberung des Nordpols in der glühenden Hitze der Sahara und lässt in eisiger Kälte die Schauspieler in der glühenden Sonne der Wüste fast umkommen. Das kann tatsächlich nur ein krankhaftes Gehirn, ein krankhaftes Innenleben sein, aus dem solche Inszenierungen hervorgehen. Und dann plötzlich und unverhofft kniet der an Händen gefesselte Odysseus vor dem Bettgestell des Schlafzimmers. Circe verwüstet Bett und Zimmer. Odysseus Genossen werden in der Kleidung von Lumpenproletariern (Karl Marx) dargestellt. Ein Schauspieler steigt aufs Bett und übergießt es aus einem Kanister mit einer Flüssigkeit. Man erwartet eine riesige Benzinexplosion, doch nichts geschieht. Zum Schluss hat sich das Waldbild in das Bild einer an den Rändern beleuchteten Startbahn verwandelt, an deren Ende ein kleines Flugzeug abhebt und eine riesi-

ge, rotglühende Sonne auf- oder untergeht, was das in Seestechen Odysseus und seiner Getreuen wohl andeuten sollte.
Die Oper wurde im Rokokotheater des Schlosses Schwetzingen aufgeführt. Die Inszenierung passte dazu, wie die Faust aufs Auge. Einfach entsetzlich. Und das Publikum klatschte und klatschte, dass ich mich fragte, sind denn alle schon von diesem krankmachenden Virus der Entartung befallen? Haben die Menschen noch nie etwas von dem durch Wort, Ton und Handlung gebildeten Gesamtkunstwerk dieser antiken Tragödie, deren vortrefflicher Text von Marco Coltellini stammt, gehört? Wie konnte die adrette Dirigentin Anu Tali sich zu so einer Inszenierung missbrauchen lassen? Hatte sie denn das, vielleicht aus finanziellen Gründen, wirklich nötig?
Zum Schluss komme ich zu der Erkenntnis, dass diese Art und Weise der Verhunzung eines alten, ehrwürdigen Kunstwerkes nur möglich wurde, weil man die wundervolle Musik Glucks missbrauchte, so wie die Nazis das Wort Entartung. Mit Speck fing man die dummen Mäuse! Mit Speck fing man schon immer und fängt auch weiterhin die dummen Mäuse.

Lassen Sie mich nun zu einem weiteren Missbrauch der Freiheit der Kunst kommen: Das Kunstwerk „Brennender Gasherd" von Andreas Gursky, wurde im Oktober 2008 in Krefeld in einem Museum ausgestellt. Je dreister, je schwachsinniger, je entarteter, desto besser, sagten sich sicher die Verantwortlichen. Wer es nicht kennt: Das „Kunstwerk" bestand tatsächlich aus nichts anderem als aus einem Gasherd, in dem kleine Gasflammen zu sehen waren, so wie jedermann sie sehen kann, wenn er seinen in der Küche stehenden Gasherd anstellt. Sie sehen: Die meisten Gasherdbesitzer wissen nicht, was für „wertvolle Kunstwerke" sie in ihren Küchen stehen haben!
Das ganze Gegenteil von Entartung war die Inszenierung der Oper „Hoffmanns Erzählung" des Nationaltheaters München. Zu sehen im Arte-TV am 29.12.2011 war sie nicht nur von der Regie her, sondern auch von den Bühnenbildern und Kostümen einfach großartig. Sie glichen Gemälden aus einer Gemäldegalerie der alten Meister, sie selbst waren wundervolle Kunstwerke. Dem Dirigenten Constantinos Carydis, dem Regisseur Richard Jones, dem Bühnenbildner Giles Cadle und der Kostümbildnerin Buki Shiff tausend Dank für den Mut, eine werktreue Aufführung herausgebracht zu haben.
Doch es wäre ungerecht anzunehmen, dass sie die einzigen sind, die wieder „werktreue" Inszenierungen bringen. Wir erinnern uns: Kunst wird durch Resonanz in dem Betrachter oder Zuhörer zu Sekundärkunst. Diese Regisseure und Bühnenbildner, die ich hoch verehre, traten in große Resonanz mit dem Komponisten und Librettisten der Zeit, in der die Bühnenkunstwerke entstanden.

Kommen wir zur Lyrik. Lyrik ist Dichtung in Prosa und Versform, lyrisch ist der persönlichen Stimmung und dem Erleben unmittelbaren Ausdruck gebend, gefühl- und stimmungsvoll, liedartig (146).

Lyrik heißt Dichtung und damit ist sie von den Werkzeugen der Künstler völlig unabhängig. D.h. auch vulgäre und obszöne Gedichte, wie z.B. die „Maschine“ im „Jahrbuch für das Neue Gedicht, Gedichte und Gesellschaft 2008“ der Brentano-Gesellschaft, Frankfurt am Main, (12) sind Kunstwerke, obwohl der Künstler die Fäkalien- und Kloakensprache als Werkzeug einsetzte. So dichtete Adolf Einstein 1987:

Ich trinke.
Ich esse.
Ich pisse.
Ich scheiße.

Ich bin durstig.
Ich bin hungrig.
Ich habe Blasendruck.
Mein Anus wünscht zu kacken.

Ich laboriere daran.
Meine Bedürfnisse stillen.
Mechanisch marschiere ich.
Ich bin Mensch – Maschine.

Man kann diese Werkzeuge ablehnen oder nicht. Die „Fäkaliensprache“ wird leider von einigen Künstlern benützt und Gedichte in dieser Sprache sind von manchen Künstlerkreisen, wie von der Brentanogesellschaft in Frankfurt am Main, durchaus und zu Recht als Kunstwerke anerkannt. Ästhetisch im Sinne von schön, harmonisch oder wohlklingend, sind diese Werkzeuge allerdings nicht und Brentano wäre damit nicht einverstanden gewesen, dass sein Name damit in Verbindung gebracht wurde.

Das Wort Fäkalie, lat. Faex, Genitiv faecis, bedeutet im engeren Sinne Bodensatz. Unter Fäkalien versteht man in der Medizin die durch den Darm ausgeschiedenen, tierischen und menschlichen Exkremente. Zu dieser Sprache gehören z. B. die ekelhaften Worte „pissen, scheißen und kacken“. Auch für sie gilt: Aus der Art geschlagen, also entartet.

Ein Musterbeispiel an Entartung lieferte Salvador Dali unter vielen anderen Entartungen mit einer Beschreibung seiner nackten Schwester Anna Maria. Es war mir nicht möglich, dieses Gedicht hier wiederzugeben. Alles, aber auch alles sträubte sich in

mir. Es ist auf Seite 310 des Buches „Salvador Dali“ von Ian Gibson, das Sie in deutscher Sprache in der Deutschen Verlags-Anstalt Stuttgart beziehen oder in einer Bibliothek nachlesen können (14).
Für den Ästheten Kishon und für viele andere gehört allerdings das Arbeiten mit dieser Sprache fälschlicherweise nicht zur Kunst. Natürlich kann ich sie verstehen, doch per Definition ist es eben auch Kunst, nämlich der Ausdruck ihres fäkalienbehafteten, widerwärtigen Innenlebens. Im wahrsten Sinne des Wortes, lässt sich natürlich über Geschmack, auch wenn er fad und faul ist, bekanntlich streiten!
Goethe, der Unumstrittene, sagte in seinen Maximen und Reflexionen dazu: „Wer die Menschen betrügen will, muss vor allen Dingen das Absurde plausibel machen“.(23)
Ich ergänze: Das Entartete plausibel machen.

Nun will ich Ihnen über ein unglaubliches Beispiel von entarteter Musik berichten. (199) Es ist das Halberstädter Cage-Projekt „ORGAN2/ASLSP“. Der Komponist war der amerikanische Avantgardemusiker John Cage, ein sogenannter Experimentalkünstler, auch Ausnahme-Komponist genannt, der 1992 verstarb oder anders gesagt, abberufen wurde. Das „Kunstwerk“ besteht aus Tönen, besser gesagt aus fürchterlichen Dissonanzen, die alle sieben Jahre zu hören sein sollen. Dörthe Hein schrieb in den DNN am 05.09.13 allerdings, dass der „Klang“ etwa einmal jährlich erfolgt.
Seit dem 5. September 2001 läuft das „Meisterstück“ in der unsanierten Burchardi-Kirche zu Halberstadt, die auch schon als Schweinestall diente (!). Es soll wohl ca. 639 Jahre so weiter laufen, „as slow as possible“, also so langsam wie möglich. Wenn man bedenkt, dass Künstler Cage das Stück nicht einmal selbst komponiert hat, sondern von einem Zufallsgenerator auf seinem Computer erstellen ließ, und dass er dann das Ganze auch noch als Kunst „verkaufte“, wo Kunst ausschließlich eine menschliche Tätigkeit ist, dann kann man sich nur noch an den Kopf greifen. Dennoch ist auch das Kunst, nämlich der Ausdruck der Innenleben derjenigen, die das „Projekt“ gemeinsam mit Cage inszenierten.
Ersparen Sie mir einen weiteren Kommentar. Die Verantwortlichen, die so eine Verhöhnung der Gläubigen in einer Kirche zuließen und zulassen, handeln in meinen Augen unverantwortlich. Sollen die Gläubigen dem Künstler John Cage noch immer die Affen machen? Und wie lange noch? Wer ist hier eigentlich entartet? In meinen Augen ist die ganze Inszenierung ein Missbrauch der Freiheit der Kunst, eine Entweihung einer christlichen Kirche, genauso, wie der Missbrauch dieser Kirche zum Schweinestall.
Kommen wir zu Werner Gilles (200), einem Schüler des Expressionisten L. Feininger: Er bezeichnete unser altes Barock als das kitschige, perverse Barock. Er drehte den Spieß herum und ich glaube, er fand dafür auch noch Applaus von den

Avantgardisten. Er und seine Bewunderer waren, aus welchen Gründen auch immer, nicht in der Lage, mit den wunderbaren Werken des Barock in Resonanz zu treten. Außerdem kann man bei diesen Menschen nicht von Toleranz sprechen, die sie jedoch immer von anderen einfordern. Der Laie bezeichnet solche Menschen als Kunstbanausen, als unkultivierte Menschen. Doch nicht nur Gilles war nicht in der Lage, mit der Barockmusik in Resonanz zu kommen. In der Zeitschrift Cresendo (361) bezeichnete ein Autor weihnachtliche Barockmusik als „Barockgedudel". Auch dieser Journalist ist nicht in der Lage, mit ihr in Resonanz zu treten. Ich kann ihn nur bedauern, weil ihm viel, sehr viel Schönes entgeht.
In die Kategorie Gesellschaftsschädlichkeit gehört auch das Kinderbuch „Der kleine Nick" von Rene Goscinny und Jean-Jacques Sempe (201), übersetzt von Hans Georg Lenzen. Das Buch, das nach der linksorientierten, ehemaligen „Frankfurter Rundschau" zum Kanon der modernen Kinderbuchklassiker gehört, trägt nicht gerade zu einer sinnvollen Kunsterziehung unserer Kinder bei. Immer wieder verwenden die Autoren unflätige und vulgäre Ausdrücke, die zum Lumpenproletariat (375) erziehen sollen. Hier einige Beispiele:

„--- mit der Faust auf die Nase."
„--- eins mit dem Holzbeil auf sein Käppi geknallt"
„---Ich knall dir gleich eine."
„--- hat ihm eine rein gehauen"
„--- eins mit dem Stiel über den Kopf gegeben"
„--- den andern die Schulmappe auf die Birne zu hauen"

Man hält es nicht für möglich, diese Ausdrücke kommen nicht nur einmal, nein immer und immer wieder, in primitiver Art und Weise, in diesem Buch vor. Doch nicht nur diese Unflätigkeiten zeichnen das Buch aus. Die Autoren leiden an der sog. „Wortwiederholungssucht". So findet man z. B. auf Seite 27 und nicht nur dort, sechs Mal das Wort „gesagt", was die Kinder zu einer primitiven Sprache erzieht.
Jeder Künstler hat mit seiner Kunst sein Innenleben vor uns ausgebreitet. Jeder! Was für gewaltige Unterschiede in Charakter, Bildung, Lebenslust, Lebenshass usw. ergeben sich aus dem Innenleben all dieser Menschen, das sie in ihrer Kunst zum Ausdruck bringen. Was für erbärmliche Charaktere hat man beim Betrachten, beim Anhören, Lesen und Betrachten mancher entarteter Kunstwerke schon kennengelernt.
Sicher haben Sie auch schon einmal z. B. in Toiletten obszöne Schmierereien gesehen. Ist das Kunst? Nun, es ist Ausdruck des Innenlebens des Schmierers. Fotografieren Sie es einmal, übertragen Sie es zuhause auf eine Leinwand oder einen weißen Karton und stellen Sie es unter einem exotischen Künstlernamen als Kunstwerk aus.

Vielleicht klappt es und vielleicht können Sie es teuer verkaufen. Doch dann begehen Sie Kunstraub!
Doch ein Entblößter ist ganz gewiss kein Künstler, obwohl er sein krankhaftes Innenleben entblößt, also zum Ausdruck bringt. Wo ist der Unterschied zum Künstler? So wie ein Schläger kein Künstler ist, kann der Entblößer kein Künstler sein. Das kann uns jeder Psychiater erklären! Doch wenn sich ein Mensch entblößte und dann seinen Körper in eine „Möbelinstallation" einbaute, ja dann wäre er sicher ein avantgardistischer Künstler. Nichtentblößte, in Möbelinstallationen eingebaute Künstler, verkaufen schon heute sich und die Möbelstücke als Kunstwerke. Als Beispiel nenne ich das Werk des Hamburger Christoph Ziegler, (202) der sich mit seinen Ideen ein Stipendium im „Internationalen Atelierprogramm der ACC Galerie Weimar und der Stadt Weimar" erwarb. Aber immer wieder: Auch das ist Kunst! Und: Missbrauch der Freiheit der Kunst.

Wenn jeder, einmal abgesehen von dem Entblößer oder Schläger, auf Papier, Leinwand, in Stein, Metall, als Musik usw. sein Innenleben ausdrückte, dann gäbe es so viele Künstler, wie es Menschen gibt. Beuys vertrat ja diese Meinung schon 1970 (366) mit seiner These: „Jeder ist ein Künstler!"
Sollte es also doch auf die Mittel ankommen, deren sich der „Künstler" bedient? Auch die Wahl der Mittel hängt letztlich von seinem Innenleben ab und allein durch diese Wahl offenbart er uns wenigstens einen Teil seines Innenlebens. Manche entartete Künstler verwenden z.B. Kot und Urin als Farben, d. h. dass ihr Innenleben von Urin und Kot überzogen ist.
Bekannt wurde auch ein Künstler (9), der anlässlich einer Ausstellung in einer großen Galerie von Los Angeles, USA, sich splitternackt ein blaugefärbtes Klistier verpasste und die blaue Farbe danach vor seinem Publikum auf einem großen Bogen weißes Papier wieder ausschied. Manche Zuschauer, so berichtete Kishon, äußerten sich anerkennend: „Oh, das ist ja eine interessante neue Art zu malen." Kishon empörte sich allerdings zu recht gewaltig und entsetzte sich dann darüber, dass niemand es wagte, dieses Spektakel zu verurteilen.
Kunst ist eine Tätigkeit! Auch diese Fäkalienkunst ist von ihrer Zeit und Umgebung beeinflusst. Und außerdem ist das Ergebnis dieser Kunst von manchem Kunstsachverständigen als Kunstwerk anerkannt. Unglaublich aber wahr, wenn man bedenkt, dass sie meine Definition für den Begriff Kunst noch nicht kannten. Jetzt wissen sie wenigstens, warum auch das Kunst ist.
Ich erinnere daran, wie die 68er im Bundestag die Regierung in militanter Art und Weise beschimpften und wie sogar einer von ihnen vor aller Augen vor dem Redner-

pult des ehrwürdigen Hauses seinen Darm entleerte. Mit derartig entarteten Auswüchsen protestierte dieser Abartige gegen die alte, herkömmliche europäische Kultur.
Am 17.01.2001 (FAZ) entschuldigte sich der 68er Joschka Fischer im Bundestag für seine Taten, obwohl er nicht der Darmentleerer war, mit den Worten: „Ich habe damals Unrecht getan. Ich war kein Demokrat, sondern Revolutionär. Ich war militant, ich habe mit Steinen geworfen, (also mit kriegerischen Mitteln für seine Überzeugung gekämpft). Ich rede nicht von Jugendsünden. Ich habe mich aus Überzeugung zum Demokraten gewandelt." Ich glaube heute Herrn Fischer und wäre sehr froh, wenn es die anderen 68er wie z. B. der frühere Ratsvorsitzende der EKD, Schneider, auch täten und sich nicht noch damit rühmten, alte 68er zu sein (393).
Und genauso erklärt sich auch die sittlich verkommene Kunst aus dem Innenleben sittlich verkommener Künstler.
Leider gibt es viele junge Künstler, die sich der entarteten Kunst verschrieben haben. So präsentierte sich Valie Export in dem Beitrag „Der eigene Körper als Waffe" in einer TV-Sendung des Senders ZDF Kultur (439) in Jeans, aus der sie im Schritt ein großes Loch ausgeschnitten hatte, so dass ihre Scham deutlich zu sehen war. Marina Abramoric saß in dem gleichen Beitrag mit einer großen Maschinenpistole auf einem Stuhl. Auch bei ihrer Hose war der Schritt offen, aus der sie ihre Schamlippen herauspresste. Günther Brus, den Sie schon von seinem Fäkalienhappening her kennen, fehlte natürlich auch nicht. Er hing bereits 1981 blutbesudelt mit den Zähnen an einem Brett. Viele bezeichnen diese Kunst als abartig, ich nenne sie entartet. Doch auch sie sind Künstler, weil sie mit ihrer Kunst ihr abartiges Innenleben zur Schau stellen.
Je verrückter, je hässlicher, je dreckiger, je irrer, desto besser! Entsetzliche Entartung!
Die Diskriminierung von „schönen" Kunstwerken führt dazu, dass mancher heute lebende Künstler in sehr bescheidenen Verhältnissen leben muss (398), weil Leute wie Unsfeld (203) diejenigen Käufer verunsichern, die sich gern ein schönes Bild kaufen. Doch ich sage dazu: Es gibt Millionen wunderschöne Bilder, gemalt von Künstlern, deren Innenleben vor Ihnen bestehen werden.

Dr. Unseld, Verlagsleiter der Frankfurter Verlagsanstalt, behauptete nämlich am 10.01.08 im Lipsiusbau der Kunsthalle Dresden, dass die Menschen, die moderne Kunst ablehnen, noch nicht im Jahr 2007 angekommen sind. Er meinte unter moderner Kunst nicht solche wunderschönen Bilder wie die, welche in dem bereits erwähnten Katalog (28) zu sehen sind. Ich verstand ihn so, dass er mit moderner Kunst die heutige entartete Kunst gemeint hat. Ich bin mir sicher, dass er aus Überzeugung das politisch nicht korrekte Wort „entartet" vermied, obwohl er genau wusste, dass dieses Wort bereits vor über hundert Jahren in der Kunstgeschichte seinen festen Platz hat.

Außerdem sollte er sich fragen lassen, warum sehr viele Menschen die entartete Art der modernen Kunst ablehnen. Sind diese wirklich alle noch nicht im Jahr 2007 angekommen? Ich glaube, viele Menschen empfinden seine Bemerkung als anmaßend und arrogant. Unter manch anderen Gründen ist es nämlich die sich beim Betrachter oder Hörer nicht einstellenwollende Resonanz ihres Innenlebens mit dieser Art von moderner Kunst. Sollte Unsfelds Schöngeisterei jedoch von einigen meiner Leserinnen und Lesern Recht bekommen, dann bin ich und sicher manch anderer auch, für diese gern noch nicht im Jahr 2007 angekommen.

Zum Schluss dieses Kapitels, will ich noch einmal zu dem bekannten Künstler Georg Baselitz (204) etwas schreiben. Wie Sie sicher schon gehört oder gesehen haben, stehen viele Motive seiner Bilder auf dem Kopf. Sie dürfen ihn selbst fragen, was das soll? Ich kann es Ihnen leider nicht sagen. Sicher hat er das irgendeinem Journalisten erklärt, warum er u. a. so gemalt hat. Ein Bekannter meiner Frau hatte ihn erlebt, als er ausdrücklich einmal sagte, es sei ihm völlig egal, wenn jemand seine Bilder um 180 Grad verdreht, also richtig herum aufhänge. Das glaube ich ihm auf der Stelle, wie man so schön sagt. Ich selbst erlebte, wie er ein Selbstportrait zeichnete, das auf dem Kopf stand. Wohlgemerkt auch während des Zeichnens! Das ist für mich eine beachtliche, maltechnische Leistung, da dies wohl nur wenige Künstler können. Es beweist allerdings, dass nicht nur seine Bilder in Galerien und Museen für einen normalen Menschen verkehrt herum hängen, sondern auch seine Gedanken und sein ganzes Innenleben auf dem Kopf stehen, wenn er so malt. Insofern könnte man ihn zu den entarteten Künstlern zählen. Doch ich kann das nicht. Denken Sie an die Rosette von Reims, die ein Studienfreund von mir mit einer völlig unpassenden Unterschrift versah. Da ich ihn recht gut kannte, weiß ich, dass er ganz gewiss nicht entartet war oder ist. Er war zwar etwas schrullig, etwas merkwürdig, aber entartet, nein, auf gar keinen Fall. Und deshalb kann ich Baselitz verstehen, er wollte eine Art zu malen schaffen, die vor ihm noch keiner kannte. Auffallen um jeden Preis. Ja, das ist es. Auch das ist Ausdruck seines Innenlebens. Allerdings vermute ich, dass er oft ganz normal malte und anschließend das Bild nur verkehrt herum aufhängte, um sich mit dieser Idee als etwas Besonderes hervorzuheben. Dann wäre er allerdings nur ein Spaßvogel oder ein Schalk.

Und bedenken Sie immer, wenn Sie ein Bild betrachten: „Die Kunst schert sich nicht um Moral!“ Und die moderne Hirnforschung kennt die Bezirke des Gehirns, die krank sind!

Doch wenn ich die Vergangenheit von Baselitz etwas näher betrachte, kommt mir schon der Gedanke, dass auch er seine entarteten Perioden hatte. 1964 wurde er durch den „Fall Baselitz“ in Westberlin bekannt (428). Die jungen Galeristen Werner und Katz stellten seit 1963 Gemälde mit „Fleischmassen und Gliedmaßen“ aus. Als dann

das Bild „Die große Nacht im Eimer“ erschien, kam es zum erhofften Skandal. In einem dunklen Raum stand ein deformierter Mann, der mit der linken Hand sein übergroßes Glied hielt. Arps Kunstdefinition „Kunst ist magischer Stuhlgang“ passt für diesen „Baselitz“ recht gut, weil er damit sein entartetes Innenleben drastisch zur Schau stellte. Wendehals Grohman verteidigte ihn durch eines seiner Gutachten und stellte abschließend fest: „Nicht die Kunst ist verdorben, sondern ihre Betrachter“ (428). Hätte er je nachgedacht, was Kunst ist, hätte er wohl diese einseitige, dümmliche Aussage nicht gemacht. Dass allerdings auch die begeisterten Betrachter verdorben, also entartet waren, steht für mich außer Frage.
Aus der Süddeutschen Zeitung entnahm ich neulich (437), dass er sich gerade einmal wieder in einer recht merkwürdigen Phase befindet. In dem Beitrag „Das Streiflicht“ las ich, wie er das Gemälde Raffaels, „Die Sixtinische Madonna“, „nach Strich und Faden zerreißt“. Es sei sein meistgehasstes Bild!
Belustigt las ich weiter, dass er inzwischen komplett schwarze Bilder malt, womöglich auch das Motiv: Schwarzer Hund bei Nacht. Ich fand diese Idee in jeder Beziehung köstlich und malte sofort ein Porträt von ihm: Weißer Esel im Schnee!
Da ich schon ausführlich über Nordau schrieb, will ich auf die Bedenken vieler Kunstinteressierter eingehen. Der Begriff „Entartung“ ist seit der Zeit des Nationalsozialismus problembehaftet. Michael Jackson ist dafür ein eindrucksvolles Beispiel. Dieser Ausdruck ist tatsächlich, angewendet auf viele nicht ganz normalen Künstler, zu hart. Ich hatte ja schon früher auf eine Skala der Entartung hingewiesen, auf der man den Grad der Entartung auftragen kann.
Diese Skala reicht auf der einen Seite von der positiven bis hin zu der anderen, negativen Seite der Entartung. Dabei versuchte ich bereits den Begriff „Positive Entartung“ zu beschreiben, als eine, die einem einzelnen Individuum, aber auch der ganzen Gesellschaft, nützlich ist. Daraus ergibt sich von selbst, dass die negative Entartung gesellschaftsschädlichen Charakter aufweist. Wer Nordau verteufelt, wie Celine Kaiser es tat, ist nicht nur ungerecht. Er sollte untersuchen, ob Nordau nicht nur die Entarteten angriff, die ganz links, also auf der negativen Seite der Skala der Entartung standen. Damit will ich sagen, dass er durchaus auch weniger hart, gegen weniger stark entartete Künstler ins Feld zog. Ja, dadurch, dass er auch immer wieder die positiven Seiten dieser entarteten Musiker, Dichter und Maler aufzeigte, kann man keinesfalls behaupten, dass er grundlos oder gar aus Hass kritisierte. Ich bin überzeugt, dass er das Unsittliche, das Unmoralische in den Kunstwerken der Entarteten hasste, nicht ihre Produzenten, und dass er die Absicht hatte, dieses nicht nur zu bekämpfen, sondern aus dem „Tempel der Kunst“ zu vertreiben, was ihm wirklich zu vollen Ehren gereicht. Auch das Hässliche, das Primitive, Perverse, also krankhaft Böse war es, wogegen er in den Kampf zog und zwar mit schwerem Geschütz. Denn zusammenge-

fasst bekämpfte er das Böse in der Welt, also den Teufel im Menschen, so wie der heilige St. Georg, der Drachentöter, es tat.
Den Begriff „entartet" sollte man nach Nordau auch für „sittlich und moralisch verkommen" benützen, da diese Eigenschaften alles andere als normal sind.
Zu dem Begriff „Entartung" gehören auch die Grenzüberschreitungen von Naturwissenschaftlern und Künstlern. Ich will nicht vergessen zu ergänzen, auch die Politiker überschreiten häufig, viel zu häufig, ihre Grenzen! Ich denke dabei an die Gehälter der Politiker im Europäischen Parlament, die über das Doppelte von Bundeskanzlerin Merkel liegen sollen. Auch das ist reine Entartung, da sie durch nichts gerechtfertigt sind.
Wohin führen Grenzüberschreitungen? In den allermeisten Fällen zu Unmoral, zum Sittenverfall, d.h. zu unmoralischem, unsittlichem Verhalten der Menschen, zu Niedergang, zu Mord und Totschlag, ja sogar zur Vernichtung von über einer Million Juden unter dem Nationalsozialismus und etwa 80 Millionen Andersdenkender, auch Juden, die von Kommunisten in aller Welt ermordet wurden (118).
Die Worte „im positiven Sinne Grenzen überschreiten", muss ich allerdings erklären. Medizinische Selbstversuche ehren zwar die Ärzte, die diese Versuche an sich selbst durchführen, doch sind sie wirklich nötig? Der Arzt Prinzhorn (114) ließ sich Meskalin spritzen, um die Drogenabhängigen besser verstehen zu können. Geändert hat er bedauerlicher Weise damit nichts. Er konnte nur die Berichte Drogensüchtiger bestätigen, die er wohl vor seinem Versuch etwas angezweifelt hatte. Bei manchen Ärzten liegt vielleicht ein gewisses Geltungsbedürfnis vor. Und von den tödlich verlaufenden Selbstversuchen erfährt der Laie in den allermeisten Fällen nichts, was mir diese Grenzüberschreitungen recht fragwürdig machen.
Mit völligem Recht muss man fragen: „Warum soll es in der Kunst anders sein?" Dass es in der Kunst genauso ist, steht außer Frage, dass es in der Kunst anders sein soll, sagen nur Traumtänzer, die allerdings damit nichts Böses wollen. Und all das ist menschlich und damit verständlich. Ob man es billigen kann, sollte jeder für sich selbst entscheiden.
Dass es allerdings notwendig sei, auch in der Kunst Grenzen zu überschreiten, insbesondere die sittlich-moralischen, bezweifle ich nicht nur, sondern ich bin auch fest davon überzeugt, dass es nicht notwendig ist. Es führt zum Missbrauch der Freiheit der Kunst.
Bei der Entwicklung eines neuen Sprengstoffes kann es zur Explosion kommen und zum Tod des Entwicklers, wenn er gewisse Grenzen überschreitet. Deshalb sind hier für jedermann Grenzüberschreitungen nur nach sorgfältiger Prüfung ihrer Folgen sinnvoll.

Warum sollte diese sinnvolle Prüfung nicht auch auf dem Gebiet der Kunst stattfinden und natürlich auch hier in erster Linie vom Künstler selbst. Doch ein absolut unabhängiger Sachverständigenrat wäre auf beiden Gebieten, sowohl in der Technik, als auch in der Kunst, mehr als sinnvoll.
Goethe traf den Nagel auf den Kopf, als er zu Eckermann (206) sprach: „Ich hasse jeden gewaltsamen Umsturz (also jede negative Grenzüberschreitung in meinem Sinne), weil dabei ebenso viel Gutes vernichtet als auch gewonnen wird."
Professor Konrad Paul Liessmann vertritt in seinem lesenswerten Buch „Lob der Grenze" (436) zu den Grenzüberschreitungen in der Kunst einige beachtenswerte Ansichten, die ich an dieser Stelle wiedergebe:
„Am schönsten allerdings funktioniert das Spiel von Grenzziehung und Grenzüberschreitung in der Kunst. In keinem gesellschaftlichen Segment wurden im letzten Jahrhundert derart viele Grenzen eingerissen wie im Bereich der Kunst. - Die Avantgarde (zu der auch die 68er gehörten) verstand sich explizit als Unternehmen der Grenzüberschreitung und dies in einem fast militärischen (also gefährlichen) Sinn: Die Bastionen der bürgerlichen Hochkultur sollten erstürmt, die ästhetischen Produktivkräfte befreit und die Grenzen zwischen Kunst und Leben, zwischen Kunst und Alltag, zwischen Kunst und Design, zwischen Kunst und Nichtkunst eingerissen werden."
Da die Politiker es geschafft haben, die „Freiheit der Kunst" in unsere Verfassung aufzunehmen, ohne zu wissen, was Kunst ist, bringt uns das, um mit Liessmann fortzufahren, „immer wieder in die Verlegenheit, definieren zu müssen, was Kunst ist, also eine Grenze der Kunst ziehen zu müssen, denn die Verfassung kann nicht etwas garantieren, was nicht definiert werden kann; umgekehrt besteht aber der Anspruch der avantgardistischen Kunst gerade darin, den Kunstbegriff zu verändern, beziehungsweise zu unterlaufen, ohne dass man allerdings aufhören möchte, Kunst zu machen (436)."
Wir sahen, dass mit meiner Definition der Begriff Kunst allumfassend definiert ist und nicht mehr verändert oder unterlaufen werden kann. Etwas weiter lesen wir bei Liessmann: „Der Avantgardist, der den Anspruch hat, die Grenzen der Kunst zu überschreiten, überschreitet sie im Namen der Kunst." Er will nicht, dass aus Kunst Nichtkunst wird (oder vielleicht doch?), sondern dass aus Nichtkunst Kunst wird.
Andererseits funktioniert das lustvolle Spiel der vermeintlichen Grenzüberschreitung dann am besten, wenn die ebenfalls vermeintliche Grenze möglichst streng gezogen ist. Gegen einen toleranten Kunstbegriff, der vom signierten Pissoir bis zur öffentlichen Masturbation ohnehin alles als Kunst gelten lassen will, ist es nicht besonders mutig, mit Grenzüberschreitung zu drohen. Grenzüberschreitungen sind nur dort möglich, wo es noch akzeptierte Grenzen gibt, wo es eine klare Vorstellung davon

gibt, was Kunst ist. Jede Kritik an solch einer Vorstellung erweitert in der Tat den Kunstbegiff, aber das heißt nur, dass der grenzüberschreitende Künstler nun die Grenze selbst neu zieht (436).“ Wobei man fragen darf: Mit welchem Recht?
Dass er das darf, ist einzig und allein die Schuld der Kulturminister, die man in dieser Hinsicht besser Unkulturminister nennen sollte. Liessman fährt fort: „Die seit der Romantik propagierte Willkür des Künstlers, dass er allein es ist, der bestimmt, was als Kunst zu gelten hat, zeigt so deutlich, dass jede Grenzüberschreitung, will sie gelingen, eine neue Grenzziehung ist.“ Zum Schluss kommt er zu dem einfachen Ergebnis, „man kann aber Grenzen nur überschreiten, wenn es Grenzen gibt.“ Doch die gibt es auf dem Gebiet der Kunst nicht. Den Missbrauch der Freiheit der Kunst haben die Kulturminister zu verantworten, weil sie keine Grenzen ziehen!
Daraus folgt, dass es deren Aufgabe wäre, sich zu überlegen, wo und wann Grenzen zu ziehen sind. Da diese jedoch dafür blind oder einfach dazu nicht in der Lage sind, dürfen manche Künstler, besser gesagt Erotomane, die schlimmsten perversesten, abartigsten, also entartete Kunstwerke veröffentlichen, ohne befürchten zu müssen, in einer Psychiatrischen Klinik zu landen. Und das nenne ich mit Nachdruck immer wieder „Missbrauch der Freiheit der Kunst“.
Ich schließe dieses Kapitel mit einer Betrachtung über die „künstlerische Freiheit“, die oft missbraucht wird. Es genügt voll und ganz, wenn ich nur Fragen stelle:

Darf künstlerische Freiheit soweit gehen, dass der Künstler mit seinem Kunstwerk eine Anleitung zum Morden gibt?
Darf künstlerische Freiheit soweit gehen, dass der Künstler mit seinem Kunstwerk das Morden darstellt?
Darf künstlerische Freiheit soweit gehen, dass der Künstler mit seinem Kunstwerk Anleitung zu Terror und Gewalt gibt?
Darf künstlerische Freiheit soweit gehen, dass der Künstler mit seinem Kunstwerk Perversionen darstellt, die auch Kinder und Jugendliche betrachten können?
Darf künstlerische Freiheit soweit gehen, dass der Künstler mit seinem Kunstwerk Krieg, Antisemitismus, Kommunismus und Faschismus verherrlicht?
Darf künstlerische Freiheit soweit gehen, dass der Künstler mit seinem Kunstwerk religiöse Sinnbilder schändet?
Darf künstlerische Freiheit soweit gehen, dass der Künstler mit seinem Kunstwerk Persönlichkeiten in den Dreck zieht?
Diese Liste von Fragen, diese Versäumnisse der Väter des Grundgesetzes, ließen sich fast beliebig fortsetzen. Jeder normale, nichtentartete Mensch wird antworten: Nein, das darf die künstlerische Freiheit nicht. Und wenn der Künstler so etwas tut, gehören

seine Kunstwerke in ein „Museum für entartete Kunst“ und er sollte einer psychiatrischen Behandlung unterzogen werden.
Sie sehen, es ließen sich durchaus Grenzen ziehen. Doch aus welchen Gründen auch immer, die Politiker wollen es einfach nicht.
Auch ich bekenne mich zu der Meinung der normalen Menschen. Doch trotz allem, Kunst ist diese Art der missbrauchenden Tätigkeit dennoch, eben entartete Kunst.

9.5 Resonanz und Sekundärkunst

Im Laufe dieses Kapitels komme ich auf die Resonanz zu sprechen, die in einem Betrachter oder Hörer eines Kunstwerkes mehr oder wenig stark oder überhaupt nicht auftritt.
Dabei darf man nicht etwa glauben, dass Kunstwerke, die nicht gefallen oder sogar missfallen, keine Resonanz im Hörer oder Betrachter hervorrufen können. Natürlich gibt es auch Menschen, die von Kunstwerken generell „kaltgelassen“ werden, d.h. in denen grundsätzlich keine Resonanz auftritt. Tritt Resonanz beim Betrachten eines „entarteten“ Kunstwerkes auf, dann kann es durchaus passieren, dass diese mit einem Wutausbruch einhergeht, weil der Betrachter z.B. seine religiösen Gefühle verletzt, sein Schönheitsempfinden mit Füßen getreten sieht oder daran denken muss, dass er es aus seinen Steuergeldern mitfinanziert hat.
Doch das sind mehr oder weniger Ausnahmen. Es ist jedoch kein Geheimnis, dass mancher zu einem Kunstwerk sagt: „Das ist für mich kein Kunstwerk!“ Die Ursache dafür ist, er vermag mit dem vorliegenden Werk weder in positive, noch in negative Resonanz zu treten, was nichts anderes heißt, es gefällt ihm nicht. Hätte er meine Definition gekannt, dann wäre er sicher zu der Meinung gekommen, ja das ist tatsächlich ein aus der Tätigkeit Kunst entstandenes Werk, nämlich das bewusst oder unbewusst offenbarte, ausgedrückte, sichtbar-, hörbar-, lesbar-, fühlbargemachte und/oder entblößte, konservierte Innenleben des Künstlers.
Unter Resonanz versteht der Physiker das durch Schallwellen oder elektromagnetische Wellen gleicher Schwingungszahl angeregte Mitschwingen eines anderen Körpers. Auch den Widerhall, den Anklang, das Verständnis und die Wirkung bezeichnet man als Resonanz. Tritt ein Zuhörer beispielsweise mit der Musik Richard Wagners nicht in Resonanz, dann äußert er sich, wie Heinz Ehrhardt am Beispiel Lohengrin belustigt zeigte (467):

„Nach Schluß der langen Oper hörte
ich neulich folgende Kritik:
Was mich an dieser Oper störte,
das war der Schwan und die Musik!“

Kunstwerke, wie z.B. eine Messe Mozarts oder Sinfonie Beethovens, können im Gegensatz dazu, so gewaltige Resonanzen im Zuhörer erzeugen, dass er in Tränen ausbricht und laut zu schluchzen anfängt. Denken Sie nur an mein Erlebnis, dass ich tief beeindruckt während einer Aufführung der Neunten Symphonie Ludwig van Beethovens in Dresden hatte und das mich selbst an den Rand von Tränen brachte. Doch nicht nur ich, auch Leonard Bernstein, der große jüdische Dirigent, konnte seine Tränen kaum verbergen, als er beim Fest des Mauerfalls 1989 in Berlin die Neunte Sinfonie Beethovens dirigierte. Er ließ die Berliner Philharmonie während des Adagios besonders langsam und verhalten spielen. Ich hatte den Eindruck, dass er mit dieser Interpretation des berühmten Adagios den vielen, von den Nationalsozialisten und Kommunisten ermordeten jüdischen Glaubensbrüdern gedachte und es den Hinterbliebenen der Opfer in Gedanken widmete. Tiefe Trauer umhüllte sein Dirigat und ganz offensichtlich kämpfte er dabei tief bewegt gegen seine Tränen an. Er musste sich wahrlich nicht schämen für diese große Kunst, während er uns dabei sein ganzes Innenleben offenbarte.
Nicht jeder unserer berühmten Männer waren zu so einer Resonanz fähig. Der große Philosoph Emanuel Kant beurteilte die Gesamtheit der Musik recht negativ, weil er wohl selten mit ihr in Resonanz trat. Für ihn galt sicher der schöne Spruch von Wilhelm Busch, der vielen Menschen aus dem Herzen gesprochen ist, wenn diese an manche „moderne Musik" denken (365). In dem Kapitel „Der Maulwurf" seines Buches „Dideldum" schrieb er:

„Musik wird oft nicht schön gefunden,
weil sie stets mit Geräusch verbunden."

Kant (383) sah an der Spitze aller Künste die Dichtung, den untersten Platz dagegen hatte er der Musik zugewiesen. Er schrieb: „Der Musik hängt ein gewisser Mangel an feiner weltmännischer Art (Urbanität) an, dass sie vornehmlich nach Beschaffenheit ihrer Instrumente, ihren Einfluss weiter als man ihn verlangt (auf die Nachbarschaft), ausbreitet und so sich gleichsam aufdrängt, mithin der Freiheit anderer, außer der musikalischen Gesellschaft, aber Abbruch tut."
Sicher trifft das für einige Menschen zu, doch liegt das daran, dass diese mit der einen oder anderen Musik nicht in Resonanz treten können. Kant hat damit bewiesen, dass er wahrscheinlich das Wesen der klassischen Musik nicht erfasst hat und sich schon gar nicht mit der wichtigen allgemeinen Frage „Was ist Kunst" befasste.
Victor Hugo hat sich dagegen schon mehr Gedanken über die Kunstart „Musik" gemacht. Er schrieb: „Die Musik drückt das aus, was nicht gesagt werden kann und worüber zu schweigen unmöglich ist."

Auch der Philosoph Arthur Schopenhauer (76) kam der Sache schon näher. Er sagte, sicher mit verschmitzter Miene: „Ich halte die Musik für den Kern der Welt, zu welchem die Harmonie sich verhält, wie zum Braten die Sauce."
Der für Musikliebhaber bekannte rumänische Dirigent Sergiu Celibidache, nach dem Zweiten Weltkrieg Chef der Berliner Philharmoniker, sah in der Kunstrichtung „Musik" die größten Geheimnisse des Seins. Ich füge hinzu „des menschlichen Seins". Und dieses Sein wird intensiv durch das Innenleben der Menschen mitbestimmt.
Doch etwas kann man das „Geheimnis Musik" lüften. Nämlich dann, wenn man den wundervollen Klängen der klassischen Musik, durch die Gott zu uns spricht, andachtsvoll lauscht.
Ein interessantes Beispiel für Resonanz durch Kunstwerke gab mir der Lithographenmeister und Kunstwerksammler Karl-Heinz Bayers aus München (419): „Ich kaufe nur Werke, in denen ich einen Bezug zu meiner inneren Situation entdecken kann. Meine Sammlung dokumentiert nicht bestimmte Entwicklungsphasen der Kunst, sondern den Wechsel meiner seelischen Stimmungen." Besser hätte er sein Innenleben nicht vor uns ausbreiten können. Nur wenigen Sammlern ist eine solche wertvolle Auswahl gelungen. Wertvoll in zweifacher Hinsicht, wobei allerdings der materielle Wert bei ihm keine Rolle spielte. Er sagte: „Für mich ist die Kunst eine bessere Welt", was für ihn sicher zutrifft. Dem Reinen ist ja bekanntlich alles rein. Für mich kann manchmal allerdings Kunst nicht nur eine bessere Welt sein, sondern auch eine schlechtere und manchmal auch die reinste Hölle oder der Ausdruck des teuflischen Innenlebens eines Künstlers.
Was seine tiefe Verbundenheit mit seinen gesammelten Kunstwerken bezeugt, offenbarte Bayers uns, indem er auch sagte: „Sie helfen mir die Widrigkeiten des Lebens leichter zu ertragen. Ohne Kunst würde ich wahrscheinlich schnell in tiefe Depressionen fallen." Sie sehen, manche Menschen brauchen auch Kunstwerke zum Leben, so wie die Luft zum Atmen.
Und noch einmal verriet er uns, wie tief er mit seinen Kunstwerken in Resonanz zu treten in der Lage ist: „Wenn ich ein Bild anschaue, das ich vor vielen Jahren gekauft habe, dann kann ich sofort meine seelische Situation in der damaligen Zeit nachempfinden, nicht vage, sondern in allen Nuancen des Gefühls." Ich bewundere ihn und mancher wird ihn vielleicht sogar beneiden.
Doch in einem irrte sich der gläubige Christ, als er meinte: „Im Himmel gibt es wahrscheinlich keine Kunst. Aber ein Paradies ohne Bilder? Nein danke, da nützt auch das ganze Manna nichts." Dieser Irrtum basiert wohl darauf, dass er Kunstwerk mit Kunst verwechselte. Alle großen und kleinen Künstler, die Gott zu sich nahm, schaffen im Paradies ständig großartige Kunstwerke, von denen viele Menschen heute noch nicht einmal träumen können. Doch es gibt deutliche Anzeichen dafür, dass

jeder eines Tages im Paradies mit unvorstellbaren Kunstwerken Bekanntschaft machen wird. Eine ältere Bekannte berichtete mir, nachdem sie aus einem Koma erwacht war, dass sie im „Jenseits“ traumhaft schöne Musik vernommen hätte, die sie auf Erden noch nie in dieser wundervollen Weise gehört hat.
Doch lassen Sie mich nun zu weiteren, den fast unendlich vielen, wundervollen, irdischen „modernen“ Kunstwerken kommen, die junge, ältere und alte, begabte Künstler schufen und heute noch immer schaffen. Beispielhaft sind die Kunstkataloge, von denen ich Ihnen schon berichtete und die Sie sich fast in jedem Geschäft, das Bilder und Bilderrahmen anbietet, ansehen können. Hier sei noch einmal (stellvertretend für viele andere) genannt: „THE FINE ARTS COLLECTIONS 2008 von International Graphics (28), von dem ich einige Beispiele später noch zeigen und rein wissenschaftlich interpretieren und bewerten will.
In diesem Katalog gibt es die Rubrik „Kunst ferner Länder“, in dem Sie einmalig schöne Beispiele von Kunstwerken finden, die von den Künstlern in voller Resonanz mit Menschen, Pflanzen und Tieren ferner Länder geschaffen wurden.
Schöne oder hässliche Kunstwerke entstehen u.a. auch in den Augen, den Ohren, im Gehirn, dem Innenleben des Betrachters oder des Hörers. Für den einen ist ein Kunstwerk schön, für den anderen hässlich. Je nachdem welche Art von Resonanz es in ihm verursacht. Auch tote Gegenstände, wie z.B. Gemälde, können zum Leben erweckt werden, wenn sie im Betrachter Resonanz und damit Sekundärkunst entstehen lassen. Im Gegensatz zu den im Internet unter Sekundärkunst veröffentlichten Fotos, definierte ich diesen Begriff und gab ihm einen Sinn, um das Ergebnis einer Resonanz im Betrachter oder Hörer von Kunstwerken aufzuzeigen.
Der schon als Komiker im 19. Jahrhundert bekannte J.N. Nestroy, den ich bereits mit einem unsinnigen Ausspruch zu Wort kommen ließ, versuchte einmal etwas Vernünftiges über Kunst von sich zu geben, indem er schrieb: „Kunst beginnt im Herzen jedes Einzelnen“. Leider irrte er sich wieder. Wenn das nämlich so wäre, wie er meinte, hätte Beuys Recht gehabt, als er sagte: „Jeder ist Künstler“. Doch nicht Kunst, sondern Sekundärkunst beginnt und entwickelt sich im Innenleben jedes Einzelnen, welcher Kunstwerke betrachtet oder hört. Nestroy verwechselte sowohl Kunst mit Sekundärkunst, als auch Herz mit Innenleben. Sie erkennen, dass die Begriffe Resonanz und Sekundärkunst sehr wichtige Merkmale des Begriffes Kunst, also des Innenlebens des Künstlers sind.
Caspar David Friedrich schrieb (207) dagegen: „Wenn ein Bild auf den Beschauer seelenvoll wirkt, also in ihm positive Resonanz eintritt (überfällt einem Ekel, Abscheu und Entsetzen, dann spreche ich von negativer Resonanz), wenn es sein Gemüt in eine schöne Stimmung versetzt, so hat es die erste Forderung an ein Kunstwerk erfüllt, wäre es übrigens auch noch so schlecht in Zeichnung, Farbe, Art und Weise

der Malerei usw. Wenn ein Bild den gefühlvollen Beschauer ohne Rührung, kalten Herzens lässt, und wäre es übrigens auch noch so musterhaft in Form und Farbe, so kann es keinen Anspruch auf den Namen eines wahrhaftigen Kunstwerkes machen, wohl aber auf den einer schönen Künstelei. Aber ein vollendetes Kunstwerk vereinigt beides in sich“ (207).

Bei aller Hochachtung, die ich für Caspar David Friedrich habe, in seinen Aussagen ist etwas falsch und das ist die Tatsache, dass in einem, einen Betrachter abstoßenden ekelhaften Bild, ganz bestimmt der Ausdruck des ekelhaften Innenlebens des Malers zu sehen ist, also dass auch dieses ein Kunstwerk darstellt. Wer das Gesamtwerk Friedrichs kennt, weiß natürlich, woher diese falsche Aussage kommt. Sie beruht auf Friedrichs Innenleben, in dem nichts Hässliches, Abstoßendes oder Ekelhaftes vorkommt. Für mich gehört Friedrichs Kunst zur Inkarnation, also zur Verkörperung des Schönen auf dem Gebiet der Malerei.

Lassen Sie mich nun zu dem Künstler „Biograph“ kommen. In der Zeitschrift „Mut“ (208) fand ich folgenden Satz, über den „Biographen“, dem ich mich voll anschließen kann: „Es genügt die Lektüre eines beliebigen Buches, um die wundersame Anstrengung zu spüren, wie sich der eigene Geist (also jener, der Leserin oder des Lesers) der Gedanken des Autors bemächtigt, (also in Resonanz mit ihm tritt) und sie sich im Wortsinn zu eigen macht. Das Buch, das ein Biograph am Ende seiner Mühe in Händen hält, ist so immer auch ein Spiegelbild seiner selbst.“ Das heißt doch, der Biograph ist durchaus ein Künstler, da sein Innenleben in Resonanz mit dem tritt, dessen Biographie er schreibt. Ein Musterbeispiel lieferte Hildesheimer mit seiner Mozartbiographie (211). So schreibt dieser, „dass der englische Organist, Komponist und Mitbegründer der Londoner Philharmonic Society, Vincent Novello, sich weigerte, Berichte anzuhören, die das Idealbild des von ihm verehrten Mozart und der ihm Nahestehenden herabsetzten. Die Zerstörung seiner romantischen Sicht durch solche, die er nicht als befugt erachtete, hatte er als Zumutung empfunden.“ Und ich ergänze: Völlig zu Recht.

Novello, ein äußerst gebildeter und taktvoller Mensch trat mit Mozarts Musik so tief in Resonanz, dass er die oft berichteten, scheinbar negativen, menschlichen Seiten Mozarts nicht wahrnehmen wollte, was jeder nachempfinden und verstehen kann, in dem die Kunstwerke Mozarts wenigstens einmal Sekundärkunst erzeugt haben. Ich glaube, dass die überwiegende Mehrheit der Mozartverehrer diese negativen „Berichte“ genauso für überflüssig halten, wie einen Kropf, um mit den Worten unseres und von mir verehrten, bayrischen Altbundespräsidenten Herzog in Bezug auf unsere Rechtschreibereform zu sprechen. Dass sich Hildesheimer seitenweise über den damaligen, auch in der Familie Mozart üblichen, niederen Sprachgebrauch ausließ, zeichnet ihn zwar als Kenner der vier Bände „Mozartbriefe“ aus, jedoch lässt er nicht nur an Taktgefühl gegenüber den weltweit verbreiteten Mozartverehrern vermissen. Er vermeidet nicht, seinen Leserinnen und Lesern damit weh zu tun. Zumindest seinen jungen. Welcher Zweck soll hier wohl die Mittel heiligen? Auch das lässt auf sein Innenleben schließen! Wenn er seine berühmt gewordenen Worte, die ich später wiedergeben werde, ehrlich gemeint hat, grenzen seine Ausführungen über Mozarts angeblich „dunklen“ Seiten für mich schon manchmal an Blasphemie, also an Gotteslästerung, weil auch durch Mozart Gott zu uns spricht.

Damit Sie mich verstehen, muss ich über Dinge berichten, die Hildesheimer auf vielen Seiten seiner Mozartbiographie ausbreitete. Er fühlte sich befugt, zu behaupten, dass man den Menschen Mozart wie folgt beschreiben könnte: „Gewaltsame Gelockertheit, verstörter, verstörender Gast, unstet und zerstreut, eine Tafelrunde hätte er zum Verstummen gebracht, ihn hätten penetrante Merkmale einer Selbstvernachlässigung umgeben, wusch sich nicht die Hände, noch nicht einmal mehr in der Frühe, schmutzige Fingernägel, unangenehme Tischmanieren, spuckte beim Sprechen, unerträglich, ein kultiviert-differenzierendes Zu-Tisch-Sein war Mozarts Sache nicht, ein hastiger Verschlinger, mit vollem Munde Tischgespräche geführt, Mozarts innere Größe hat sich nicht in äußerer Würde offenbart.“

Hildesheimer legte uns keine beweiskräftigen Dokumente und Aussagen von Zeitgenossen oder Angehörigen vor, die derartige böswillige und vor allem überflüssige Unterstellungen gerechtfertigt hätten. Nehmen wir aber einmal an, der Mensch Mozart wäre tatsächlich so gewesen, wie ihn sich sein Möchtegern-Biograph Hildesheimer zu sehen wünschte, dann erlaube ich mir die Frage, was bezweckte er damit, dies seitenweise auszuwalzen? Was bewegte ihn, dem wahrhaft gottbegnadeten Mozart derartige Eigenschaften zu unterstellen? Für mich ergibt sich vom Innenleben des Künstlers „Mozartbiograph Hildesheimer“ ein negatives Bild. Er suhlt sich nachgerade wollüstig im Dreck, und schadet damit seinem und dem Ansehen Mozarts. Hildesheimer bedaure ich zutiefst, weil er nicht zu Mozart gefunden hat. Vieles was dieser komponierte, waren Dankgebete an Gott, die nicht inniger, andächtiger, reiner und schöner hätten sein können. Ich denke dabei immer wieder an seine „Waisenhausmesse“, die er bereits mit 12 Jahren komponierte.

Wenn ein Mensch ein Bild betrachtet und von ihm ergriffen wird, wenn er es intensiv betrachtet, dann erweckt das Bild, das Kunstwerk in ihm Resonanz mit seinem eigenen Innenleben, was ich als Sekundärkunst bezeichnet hatte, weil nämlich in ihm fast das gleiche vor sich geht, wie im Künstler selbst vorging. Dabei denke ich u.a. an Herbert von Karajan, der einmal sagte: „Als ich Schostakowitsch´s Zehnte Sinfonie zum ersten Mal dirigierte, hatte ich das Gefühl, ich hätte sie selbst komponiert!“ (209)

Ein weiteres berühmtes Beispiel gab uns Leo Tolstoi in seinem Roman „Kreutzer Sonate“ (210): „Die Musik versetzte mich plötzlich, unmittelbar in jenen seelischen Zustand, in dem sich der Urheber der Musik befunden hatte.“
Friedensreich Hundertwasser sagte über sich selbst: „Meine Bilder sind die Ernte meiner Träume!
Wenn Nordau die „Traumfaselei“ mancher Künstler kritisierte, dann meinte er nicht Kunstwerke, die einfach nur Träume der Künstler wiedergaben, sondern die, welche Träume erfanden und in sie tatsächlich dumme, alberne Gedanken einfügten. Kunst ist diese Art von Schaffen allerdings genauso, wie es Kunst ist, wenn man nur seinen Originaltraum verarbeitet.
Nun gibt es aber auch Werke, wie z.B. Schumanns berühmte „Träumerei“, die Schumann nicht nach einem Traum komponierte, den er im nächtlichen Schlaf hatte, sondern den er am helllichten Tag gedankenversunken träumte.
Wir haben gesehen, wenn ein Künstler seinem Innenleben Ausdruck verleiht, dann ist das Kunst und was dabei entsteht ein Kunstwerk. Das gilt für alle Kunst, z.B. auch für Folklore und Volksmusik. Auch für die Wiedergabe mancher Lieder durch Heino! Und ich frage Sie: Wie viele Zuhörer erlebten freudig erregt Resonanz mit diesen, für sie wundervollen Melodien? Wer erlaubt sich darüber den Stab zu brechen? Doch nur lächerliche Ignoranten, die Heinos diesbezügliche Kunst einfach als Kitsch abtun. Natürlich mögen manche Menschen diese Musik nicht, sie treten mit ihr nicht in Resonanz, Kunst ist sie aber auf jeden Fall, drückte doch Heino darin eine Phase seines Innenlebens aus.
Die Seele ist der Boden, auf dem das Innenleben wurzelt, wächst und gedeiht. Es kann sich durch äußere Einflüsse verändern wie eine Pflanze. Ja es kann sogar entwurzeln, kränkeln und verwelken, wenn der Künstler auf Abwege gerät.
Wie wir wissen, starb Mozart vor Vollendung seines einmaligen Kunstwerkes „Requiem“. Seine Frau Constanze ließ es von Mozarts Schüler Franz Xaver Süßmayer, der damals selbst schon Komponist und ab 1792 Kapellmeister am Nationaltheater und ab 1794 an der Hofoper in Wien war, vollenden. Süßmayers Innenleben stand in wundervoller Resonanz mit Mozarts Innenleben. Insofern gebührt ihm großer Dank. Er schuf, während er es vollendete, Kunst in edelster Form. Ohne ihn gäbe es kein vollendetes Kunstwerk „Mozartrequiem“. Und ich glaube, durch beide, durch Mozart und durch Süßmayer sprach und spricht Gott zu uns. Auch heute noch! Nur wenige haben erkannt, dass dies allein bereits ein Beweis für die Existenz Gottes ist. Und die Kenner klassischer Musik wissen, dass auch durch sehr viele andere Komponisten klassischer Musik, wie z.B. durch Schubert mit seiner E-Dur Messe Gott zu uns spricht.

Mozart war im Gegensatz zu Verdi, der ja auch ein Requiem und viele religiöse Musikwerke schrieb, zutiefst, also streng religiös. Er kam in seinen vielen, katholischen Messen mit Gott zu voller Resonanz. Ohne seinen tiefen Glauben wäre das nicht möglich gewesen.
Verdi hingegen schien, wie ich einmal las, nur zu Gott gefunden zu haben, als er sein Requiem komponierte. Doch wirklich weiß es wohl niemand. Wenn Peter Heyworth vom „agnostischen Verdi" sprach, wie Jefferson (495) ausführte, hatte das natürlich seine Bewandtnis. Verdi hat wohl, wie so manch anderer, die rationale Erkenntnis des Göttlichen und Übersinnlichen geleugnet.
Es gibt nämlich auch heute noch viele Menschen, die diese Erkenntnis verbergen oder gar leugnen. Altbundespräsident Weizsäcker vertrat z.B. die für einen überzeugten Christen ungewöhnliche Meinung: „Das geht niemanden etwas an, ob, was und an wen ich glaube! (359) Ungewöhnlich, weil er als Politiker und Mitglied einer christlichen Partei und Kirche, nach meiner Ansicht Vorbild, insbesondere für unsere Jugend, sein sollte. Damit hätte er auch ein Zeichen gegen die „Gottlosenbewegung" gesetzt, die bereits Max Planck beklagte (399).
Alle Versuche, Negatives an Mozart zu entdecken, enden im Lächerlichen, denn nur sein Werk zählt und gilt! Dass er ein Genießer und Kraftmensch war, kann man ihm ganz gewiss nicht zum Vorwurf machen. Wer ist es nicht? Oder wer möchte es nicht auch gern sein? Jeder der über Mozart „herfällt", macht sich selbst lächerlich, macht sich zum ungebildeten Narren, zum Kunstbanausen.
Ob uns ein Kunstwerk gefällt, ob wir es wunderbar, herrlich oder göttlich finden, hängt von uns selbst ab. Wenn wir in Resonanz mit dem Kunstwerk kommen, dann erwächst also Kunst, nämlich die Sekundärkunst in uns.
In der Zeitschrift „Klassik Akzente" (364) schrieb 2011 Dagmar Leischow in ihrem Artikel „Mozarts wahrer Charakter" über die französische Pianistin Helene Grimaud und deren Gefühle für Mozart: „Die Leidenschaft, die Zärtlichkeit, der Schmerz, das Drama – das alles ist echt." Und ich ergänze diese tiefsinnigen Worte: Alle diese Begriffe sind Merkmale seines Innenlebens. Grimaud nimmt diese Gewissheit aus Mozarts Briefen, indem sie, im Gegensatz zu Hildesheimer, sagt: „Wer sie liest, erkennt rasch den wahren Charakter dieses Mannes." Und ich ergänze wieder: Wer sie nicht gelesen hat, kann sich ganz sicher nicht so in sein Innenleben hineinversetzen, welches uns bei der Interpretation seiner Musik immer wieder von Künstlern in wundervoller Weise präsentiert wird.
Auch Anne-Sophie Mutter (365) drückt das, was ich mit meiner Definition gesagt habe, in wundervoller Art und Weise aus: „Jede kleine Verrückung, jede Perle, die heraussticht oder gedanklich nicht richtig positioniert ist, zerstört bei Mozart etwas

ungemein Fragiles und Perfektes." Und ich ergänze: Sie beschädigt oder zerstört das Bild seines wahren Innenlebens.
Beuys sagte 1970 (148): „Jeder Mensch ist ein Künstler". Er hat natürlich nicht Recht, auch wenn man meinen Vorstellungen von dem Begriff Sekundärkunst folgt. Denn nicht jeder Mensch ist fähig Kunstwerke zu schaffen und auch nicht in der Lage, mit der Kunst anderer in Resonanz zu treten. Nur durch Resonanz mit dem auserwählten Künstler entwickelt sich in unserem Inneren die Fähigkeit, Sekundärkunst in uns und nur in uns entstehen zu lassen. Das heißt, dass sie dann auch nur ausschließlich für uns selbst geschaffen wurde. Damit erhält der Satz „Die Kunst ist sich Selbstzweck" eine neue Bedeutung, einen anderen Sinn und ist nicht mehr so abwegig, wie er ohne darüber nachzudenken, uns erscheinen müsste.
Aber ohne Resonanz ist Sekundärkunst nicht möglich, d.h. nur ein Mensch von extravertierter, also geselliger, dabei aber Stimmungsschwankungen unterworfener Wesensart und von weltoffenem, freien unbefangenem Sinn, ein anpassungsfähiger, warme Menschenfreundlichkeit ausstrahlender, mitlebender, mitfühlender, mitleidender, verständiger und auch versöhnlicher, verbindlicher, freundlicher, umgänglicher und konzilianter, also zyklothymer Mensch, kann zyklothyme Kunst in sich als Sekundärkunst erblühen lassen.
Und nur ein Mensch, der eine latent bleibende, also nicht zum Durchbruch kommende Veranlagung zur Schizophrenie besitzt, d.h. der schizothyme Mensch wird schizothyme Kunst in sich als Sekundärkunst empfinden (40).
Beuys hat es so allerdings wohl nicht gemeint, was er sagte, da er ja nur „mit den Knien gedacht hat" (148).
Resonanz ist besonders wichtig für darstellende Künstler, die Interpreten, aber auch für die produzierenden Künstler. Z.B. kann der Produzierende, mit der ländlichen Natur in Resonanz treten, wie z.B. Beethoven in seiner Sechsten Symphonie, der Pastorale, der „Ländlichen oder Hirtensinfonie". Beethoven schrieb über seine Pastorale, was interessante Hinweise auf sein Innenleben zulässt (212): „Man überlässt es dem Zuhörer, die Situationen auszufinden. Sinfonia characteristica oder eine Erinnerung an das Landleben. Jede Malerei, nachdem sie in der Instrumentalmusik zu weit getrieben, verliert. Sinfonia pastorella. Wer auch nur je eine Idee vom Landleben erhalten hat, kann sich ohne viele Überschriften selbst denken, was der Autor will. Auch ohne Beschreibung wird man das Ganze, welches mehr Empfinden als Tongemälde, erkennen."
Ich folgere aus Beethovens Worten, ein Kunstwerk sollte auch ohne viele „Über- und Unterschriften" für den Betrachter oder Hörer verständlich sein, d.h. man sollte erkennen, was der Künstler sagen wollte. Leider ist diese Einstellung bei manchen „Modernen" in Vergessenheit geraden. Gott sei Dank nur bei einer Minderheit, wenn

sie sich an die wundervollen o.g. Kataloge (28) heutiger Malerinnen und Maler erinnern.
Helen Grimaud vertrat in der Zeitschrift Cresendo (364) die Meinung, „man müsse sich von seinem eigenen künstlerischen Ego weitestgehend loslösen, sonst sei eine Mozartinterpretation von vornherein zum Scheitern verurteilt. Wirklich jeder Ton sollte ganz spontan aus dem Augenblick heraus entstehen - ohne Pathos oder Sentimentalität."
Goethes Veilchen (23), von Mozart vertont, ist ein weiteres Beispiel dafür, dass Mozart auch mit Goethes Kunst in Resonanz trat.
Doch auch das Veilchen auf sächsisch von Lene Voigt ist Kunst (213). Schade, dass noch kein Komponist versucht hat, dieses kleine, nette, aber auch tiefsinnige und lehrreiche Kunstwerk zu vertonen. Es könnte nicht nur köstlich werden, weil es tieftraurig endet. Oder ist es Kitsch? Ich meine: Ganz gewiss nicht! Das Veilchen, welches hoch auf einen verschneiten Berg kletterte, erfror jämmerlich.

„Ach gäb´s doch wenichstens hier Bunsch!"
Das war sei lätzter heeßer Wunsch.
Un richtch, gaum gliehte ´s Morchenrod,
Da war das dumme Veilchen dod.

Doch nun zu Schikaneder, der das Libretto zur Zauberflöte schrieb, also den damals zeitgemäßen, primären Inhalt. Mozart versetzte, versenkte sich in Schikaneders Gedankenwelt, erweiterte sie durch seine Musik, seine Vertonung. D.h. Mozart musste die Ideen und Gedanken Schikaneders, die für sich allein sehr wahrscheinlich nicht diese weit verbreitete Berühmtheit erlangt hätten, aufnehmen, mit seinem Innenleben verbinden und dieses „Neue Innenleben" durch seine Musik ausdrücken. Wer das nicht empfindet, wer das nicht spürt, ist der Musik Mozarts sehr weit entfernt. Goethe (23) drückte das wie folgt aus:

„Wenn ihr´s nicht fühlt,
ihr werdet´s nicht erjagen,
wenn es nicht aus der Seele dringt,
und mit urkräftigem Behagen
die Herzen aller Hörer zwingt.
Sitzt ihr nur immer! Leimt zusammen,
braut ein Ragout von andrem Schmaus,
und blast die kümmerlichen Flammen
aus eurem Aschenhäufchen raus!

Bewundrung von Kindern und Affen,
wenn euch danach der Gaumen steht;
doch werdet ihr nie Herz zu Herzen schaffen,
wenn es euch nicht von Herzen geht.“

Hört und schaut man sich jedoch die Aufführung der Zauberflöte an, die z.B. 2007 in Zürich (214) stattfand, dann glaubt man an den Untergang der Abendländischen Kultur! Ich frage mich, wozu wir noch Kulturminister haben, wenn sie diese Unkultur, die in ähnlicher Art und Weise auch auf deutschen Bühnen zu sehen ist, nicht auf das schärfste kritisieren und diesen Verschandlungskünstlern nicht jede Art von Förderung entziehen, denn es sind unsere Steuergelder! Doch sie fühlen sich als Minister für Unkultur sicher wohler, denn sonst hätten sie schon längst dem Missbrauch der Freiheit der Kunst den Kampf angesagt. Doch auch die Franzosen ließen 2014 auf den Internationalen Musikfestspielen in Aix-en-Provence, die „Königin der Nacht“ als Hexe verkleidet, ihr Unwesen treiben. Und die Kulturrevoluzzer des Arte-TV lobten diesen Missbrauch der Freiheit der Kunst des Regisseurs Simon McBurney auch noch als eine faszinierende Inszenierung, die die universelle Dimension des Librettos zur Geltung brächte (484). Diese Worte sind für mich nichts anderes als ein weiterer Versuch der Umerziehung des abendländischen Kulturvolkes zur Unkultur.
Schon der Kommunist Bertholt Brecht, der den linken „politisch korrekten“ Medien wohl kaum suspekt sein dürfte, sagte einmal zutreffend (362): „Man muss die Literatur (zu der natürlich auch Schauspiel- und Operntexte gehören) nicht von der Literatur aus beurteilen (also von deren Aussage), sondern von der Welt aus, zum Beispiel von dem Stück Welt aus, das sie behandelt!“

Das heißt, der Regisseur muss ein Theaterstück oder eine Oper so inszenieren, dass sich Zuschauer und Zuhörer in dieses „Stück Welt“ hineinversetzen können. Alles andere ist schlicht und einfach üble Fälschung, reine Profilierungsneurose und Missbrauch der Freiheit der Kunst!

Um meinen Worten Nachdruck zu verleihen, will ich einige Einzelheiten über diese Züricher Inszenierung zum Besten geben:

Papageno in Lumpen: Einverstanden! Die Aufschrift auf seinem Lumpenshirt: „I like birds“ (ich liebe Vögel) ist falsch, da er seine Vögel zum Schlachten der Königin der Nacht verkauft - künstlerische Freiheit? Nein, Ausdruck des dümmlichen Innenlebens des Regisseurs. - Tamino wird von der Schlange (Drache) verfolgt, vor der drei Knaben tänzeln. Wir erkennen sehr leicht die Profilierungsneurose, die den Regisseur disqualifiziert. Das Bühnenbild völlig technisch und futuristisch. Umgeworfene Holzkisten mit Deckel. Wände beschmiert. Monastatos unmöglich gekleidet, komödienhaft, entstellend: Schikaneder und Mozart wären entsetzt und das Publikum

klatschte, anstatt diese Mozart verhunzenden Regisseure zum Tempel hinaus zu jagen. Man muss wütend werden, bei soviel unsinniger, infantiler Inszenierung. Die wundervolle Musik wurde in Dreck und einer Mistumgebung aufgeführt. Ich kann diese Regisseure nur als geschmacklose Fälscherbande bezeichnen. Was hätte Hildesheimer, der Schickaneder als Schmierenschauspieler beschimpfte, wohl zu dieser Art von Regisseuren gesagt?
Und weiter: Ein Knabe in Turnschuhen als Indianer. Unglaublich, was sich das Publikum gefallen lässt. Mit den Kulissen ging es entartet weiter: Der Weisheitstempel aus schiefen Wänden gebastelt, war mit Zahlen und mathematischen Formeln beschmiert. Ein Priester trug einen Rock, auf dem die mathematische Gleichung „$D = b^2 4 ac$“ stand, die wahrscheinlich Weisheit demonstrieren sollte. Wenn ungebildete und entartete Regisseure sich über „Mathematik und Weisheit“ auslassen, kommen solche Albernheiten zustande. Und die Tiere, die sich im Tempel aufhielten, trugen menschliche Kleidung, natürlich die Hosen mit Hosenträgern. In Zusammenhang mit Mozarts Zauberflöte demonstrierte man nur die reine entartete Kunst des Regisseurs.
In der Zeitschrift „Bunte“ Nr. 11 vom 06.03.2002 (215) findet man eine Menge weiterer skandalöser Operninszenierungen aus den Jahren 2001 und 2002:

"Don Giovanni" in Hannover: „Frivole Liebe in einem Auto“. Die Dummheit dieses Regisseurs erinnerte mich an den Witz vom Alten Fritz und den Bahnwärter! Sie kennen ihn nicht? Ich auch nicht, denn damals gab es noch keine Eisenbahn!

„Falstaff“ in Basel, wo 2002 die Chefdirigentin Julia Jones ihr Dirigat kurz vor der Vorstellung völlig zu Recht hinwarf.

„Fidelio“ in Berlin, wo „Star“-Regisseur Christof Nel ausgepfiffen wurde.

Das „Rheingold“ in München, wo Nike Wagner für die Aquarien ausgebuht wurde, die sie als Patin für diese Aufführung statt der Rheinfluten duldete. Regisseur Herbert Wernicke erntete für sein „Nibelungenwerk“ nur Kopfschütteln und Empörung. Der damalige Kommentar in der Zeitschrift „Bunte“: „Wenn schon die „Wagners“ mit Wagner-Opern derart umspringen, könnte auch Skandalregisseur Christoph Schlingensief die Bayreuther Festspiele übernehmen.“ Und er tat es sogar später kurzzeitig, wie ich Ihnen berichtete.
Eine weitere Aufführung der „Zauberflöte“ 2009 in der Oper Erfurt, beginnt damit, dass Tamino über das Handy ruft „Zu Hilfe, zu Hilfe.....“. So etwas sollte nicht mehr gefördert werden. Auch wenn diese Szene von einigen Kunstbanausen als recht hübsch empfunden wurde. Lasst sie doch ihre eigenen Kunstwerke schaffen! Ein Be-

kannter von mir, studierter Medienwissenschaftler, fand das auch noch „prima“, weil zeitgemäß. Wie entsetzlich tief sind diese Menschen gesunken.
Wenn ein Künstler nicht in der Lage ist, das Innenleben des Künstlers, dessen Kunstwerk er reproduzieren will, zu erspüren und mit seinem eigenen in Resonanz treten zu lassen, dann entsteht kein neues Kunstwerk. Daran kann er selbst ermessen, ob er ein großer Künstler oder ein Stümper ist, und ob er lieber einen anderen Künstler interpretieren sollte, mit dessen Innenleben er in Resonanz zu treten vermag bzw. ob er es beim Versuch belassen sollte.
Wenn ein Musikliebhaber Ludwig van Beethoven nicht mag, heißt es oft, der versteht nichts von Kunst. Das ist natürlich falsch! Sein Innenleben ist nicht auf das von Beethoven abgestimmt, wie es zwei Resonanzkreise sein müssen, um Resonanz zu erzeugen.
Wie ich schon sagte, unterscheide ich zwischen positver und negativer Resonanz. Hinzu kommt noch, dass es Menschen gibt, denen das eine oder andere Kunstwerk völlig kalt lässt, sie gehen daran vorbei und empfinden nichts. Auch das ist völlig normal. Ich spreche dann wieder davon: „Der Kunstliebhaber gerät mit einem solchen Kunstwerk nicht in Resonanz“. Manchmal habe ich allerdings schon gehört, dass er, wenn er beim Betrachten oder Hören eines Kunstwerkes in seinem Inneren positive Gefühle verspürt, „in Resonanz“ damit gerät. Man setzt den Begriff „posive Resonanz“ einfach mit „Resonanz“ gleich und sagt nicht, ob er Harmonie oder Disharmonie empfindet. Unter Harmonie versteht man ja die wohltuende Empfindung, innere (seelische) und äußere Übereinstmmung, also den Einklang. Unter Disharmonie dagegen den Missklang, die Uneinigkeit, die Unstimmigkeit, also das „Nichtübereinstimmen“.
Zu einem Resonanzempfinden zur klassischen Musik kann man entweder schon im Kindesalter oder erst später gelangen.
Wächst ein Kind in einer Familie auf, die besonders klassische Musik liebt, wird es in den meisten Fällen diese auch lieben, es sei denn, es hat zu seinen Eltern ein zum Widerspruch neigendes Verhältnis, was unterschiedliche Ursachen haben kann. Ein Mensch, der bisher nichts von klassischer Musik hören wollte, kann plötzlich die Klassik lieben, weil er einen Menschen kennen und lieben lernte, der die klassische Musik liebt und sie durch ihn verstehen und selbst lieben lernte. Die Welt der wundervollen klassischen Musik erschließt sich dann auch ihm. Es ist alles eine Frage der Resonanz und der Resonanzbereitschaft.
Der reproduzierende Künstler, z.B. das Orchestermitglied, muss mit dem Innenleben des Komponisten und des Dirigenten in Resonanz treten. Das ist ganz besonders schwer. Wenn Sie einem Sinfonieorchester zuhören und zusehen, dann erkennen Sie,

mit was für einer ungeheuren Ernsthaftigkeit, Hingabe, Begeisterung, Freude, Ergriffenheit und oft sogar mit Inbrunst und Andacht diese Künstler dem Dirigenten folgen. Christa Ludwig, Sängerin und Verehrerin von Herbert von Karajan, möchte Mozart allerdings nicht von diesem dirigiert hören und zu seinen Beethoveninterpretationen sagte sie auch nur: „Na ja, ... dagegen Wagner, ja .... (216). Auch das ist eine Frage der Resonanz! Die Sängerin Christa Ludwig erlangte für das aus meiner Sicht phantastische Dirigat Karajans keine positive Resonanz, was darauf hindeutet, dass sie die Werke von Mozart und Beethoven ganz anders dirigiert haben wollte, also nicht mit dem Dirigieren von Karajan zur Resonanz gelangte. Ganz anders als ich und viele andere Kunstliebhaber. Für viele ist Karajan dagegen der Beethovendirigent schlechthin und deshalb können viele auch nicht mit Christa Ludwigs Aussage übereinstimmen.

Vincenzo Bellinis Motto (67) war, wie ich schon erwähnte: „Mit Gesang die Zuhörer zum Weinen bringen." Er konzentrierte sich ganz auf die emotionale Wirkung seiner Musik. Er wollte, dass die Hörer seiner Lieder in Resonanz mit seiner Kunst treten.

Wenn Joachim Kaiser einmal über Beethoven sagte: (140) "Da klaute sogar Beethoven die himmlische Largomelodie aus Joseph Haydens Symphonie Nr. 88 in G-dur, die wir in seinen Klaviersonaten op.10 Nr.1 und op. 110 wiederfinden", dann hätte er unbedingt das auch von Chopin sagen müssen, der z.B. Mozarts „Reich mir die Hand, mein Leben" wohl angeblich „klaute".

Matthias Kornemann (224) schreibt zu diesem Thema wesentlich Sinnvolleres: Er sagte zu dem Beginn der Beethovensonate Nr.1 f-Moll op 2 Nr.1, „dass Mozarts kleine g-Moll Symphonie oder seine c-Moll Sonate sehr ähnlich beginnen. Aber das sagt nichts. Von einer bestimmten Neutralität an, kann man kaum mehr davon sprechen, jemand habe einen Einfall entlehnt".

Chopin drückte mit dem o.g. Thema grandios sein Innenleben aus, das in voller Resonanz mit Mozart stand. Es erklingt derart phänomenal, also außergewöhnlich, einzigartig, erstaunlich und unglaublich schön, dass man danach völlig außer Atem ist, wenn man seiner Kunst begeistert folgte, d.h. selbst mit ihr in Resonanz geriet.

Nachdem, was ich über Kunst schrieb, ist das sog. „Klauen von Melodien" keineswegs Diebstahl im kriminellen Sinne oder niederen Beweggründen. Es kommt auf die Ausführung der „geklauten Melodie" an. Wenn man davon ausgeht, dass sie im Komponisten Resonanz erzeugte, sein Innenleben zur Resonanz anregte, dann hat, wie im Falle Beethovens, die o.g. Melodie ihn zweifellos zum Ausdrücken seines Innenlebens bewegt. Er hat die Melodie so empfunden, als wäre sie auch Ausdruck seines Innenlebens und schuf dadurch mit seiner diesbezüglichen, bedeutenden Klaviersonate ebenfalls Kunst, indem er seine und unsere Seelen, sein und unser Innenleben miteinander in Resonanz versetzte. Das gleiche gilt auch für die berühmte

Melodie aus seiner Neunten Sinfonie „Freude, schöner Götterfunken“ die Sie auch in Mozarts „Misericordias Domini“ KV 222/ 205a (222), sowohl in Dur, als auch in Moll finden können. Was Beethoven gegenüber Mozart auszeichnete, ist die Einführung des Chors in seine Neunte Sinfonie, den er Schillers „Ode an die Freude“ singen lässt. Und ich ergänze noch, darin kommt unbewußt oder bewusst Beethovens Religiösität zum Ausdruck, indem er Schillers Gedanken in „alle Menschen werden Brüder“ nachvollzieht. Ein wahrhaft christliches Gedankengut, eine echte christliche These.

Auch die Komponisten der „Mozartband“ sind keine Kriminellen, weil sie (218) Werke von Mozart verjazzten. Man muss sie gehört haben, um sich ein Urteil zu bilden. Ihre Verjazzung ist eindeutig Ausdruck ihrer Innenleben. Sie brennen, weil sie im positiven Sinne überzeugen wollen. Sie möchten mit ihrer Musik, die Musik Mozarts insbesondere der Jugend näher bringen, so wie Jack Loussier (219) oder die Swinglesingers (220) die Kunst des Johann Sebastian Bach derjenigen Jugend näher bringen wollten, die bisher noch keinen Zugang zu dieser Musik fand. Ob es ihnen gelingen wird, bleibt allerdings dahingestellt. Der Pianist Lang Lang hat es wahrscheinlich leichter, der Jugend klassische Musik näher zu bringen.

Betrachten wir einmal, was auf einen Chorleiter für eine schwierige Aufgabe zukommt, wenn er beginnt, ein Chorwerk einzustudieren. Da Chöre Kunstwerke darbieten und interpretieren, müssen die Sänger zuallererst mit dem Innenleben des Komponisten in Resonanz treten. Der Chorleiter wird nur dann Erfolg haben, wenn er es schafft, dass alle Mitglieder des Chores erkennen, was für ein Innenleben der Komponist führte. Das ist eine komplexe Aufgabe, da der Chor aus einzelnen, reproduzierenden, d.h. wiedergebenden Künstlern besteht. Wenn die Resonanz im gesamten Chor mit dem Innenleben des Komponisten und Dirigenten in Einklang steht, dann wirkt die Kunst des Chores so wundervoll, wie ein wogendes Getreidefeld, das sich im Wind oder Sturm hin und her bewegt. Es gibt sehr viele Musterbeispiele dafür. Ich will nur drei, stellvertretend für viele andere, nennen: Den Dresdner Kreuzchor, den Leipziger Thomanerchor und den Leipziger Rundfunkchor unter Leitung von Herbert Kegel (†).

Lassen Sie mich nun auch noch ein paar Worte zur „aleatorischen Musik“ sagen. Das Wort aleatorisch heißt übersetzt: gewürfelt, also aus Zufall entstanden. Liebhaber der Dirigenten Sir Neville Mariner und Erik Smith können sich die Entstehung eines solchen Werkes auf einer CD (221) anhören. Mozart zeigte für diese Art des Komponierens aus verschiedenen Gründen ein gewisses Interesse und komponierte deshalb nach dieser Methode „Das musikalische Würfelspiel“ KV 516f.

Man beginnt damit, dass man würfelt und die entsprechende Zahl in einer Spalte mit der Überschrift „Takt 1“ aufsucht. Die elf Takte in dieser Spalte haben die gleiche

Harmonie. Und so fort durch alle 16 Takte (221). Natürlich hätte damit Mozart nur einen winzigen Bruchteil seiner Werke schaffen können. Wer behaupten wollte, Mozart hätte außer dem „Musikalischen Würfelspiel“ auf diese Weise komponiert, wäre ein ausgesprochener Dummkopf, welcher das allergeringste Verständnis entbehrte und setzte bei diesem blinde Augen und taube Ohren voraus, um mit Wolfgang Wagner zu sprechen (251).
Wenn ein Computer per Zufallsgenerator ein Werk schafft, dann ist es ebenfalls ein aleatorisches Werk, aber kein Kunstwerk nach herkömmlichen Definitionen, auch nach meiner erst einmal nicht. Doch wenn dieses aleatorische Werk in einem Betrachter oder Zuhörer dessen Innenleben zur Resonanz bringt, dann kann es zu Kunst, zu Sekundärkunst werden. Durch Resonanz wird ihm sein eigenes Innenleben erst bewusst. Wir sehen, man sollte immer den Künstler kennen und die Entstehungsgeschichte seines Kunstwerkes, um über seine Kunst zu diskutieren oder gar zu urteilen!
Um Ihnen zu zeigen, dass Tausende, meist völlig unbekannte Künstler wundervolle Bilder malen, zeige ich Ihnen in Abb. 47 das Gemälde „Ostsee“ von Gabriele Kubanski, die ich persönlich kenne, und die mir sagte, dass sie aus reiner Freude male. Es käme aus ihrem Innersten heraus. Das Dramatische, der Unterschied zwischen „hell-dunkel“ hätte sie bei diesem Bild besonders fasziniert. Nun, es ist damit offenbar, dass auch sie damit ihr Innenleben ausgedrückt hat, es uns offenbarte, ja sichtbar machte.

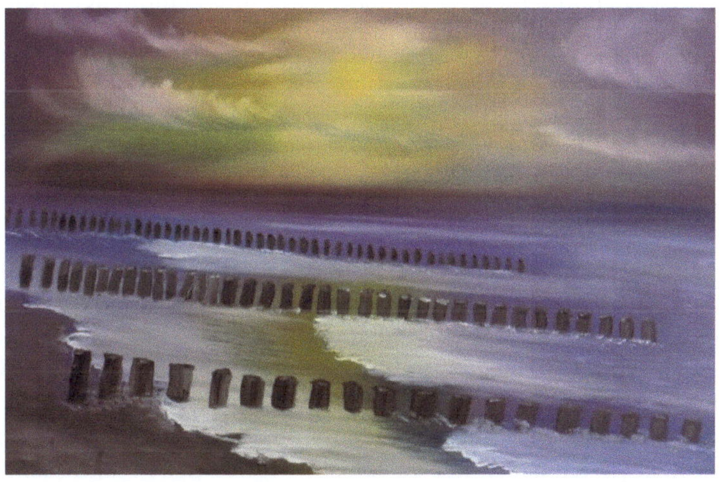

Abb. 47: „Ostsee“ von Gabriele Kubanski

Und man sollte auch nicht den Zuhörer oder Betrachter außer Acht lassen, die im „Kunstbetrieb“ oder der „Kunstszene“ eine bedeutende Rolle spielen.
Wenn ich die eine oder die andere Komposition von Strawinsky höre, dann gewinne ich den Eindruck, er ist ein Picasso oder ein Dali der Musik. Kishon schrieb in seinem Buch „Picasso ist kein Scharlatan“ (16), dass die Avantgardisten einer Büffelherde gleich, mit ohrenbetäubendem Gebrüll die Menge begeisterten und dieses selbst nicht für möglich gehalten hätten.
Auch Strawinsky hat anfangs sicher nicht geglaubt, dass er ernst genommen und ihm eines Tages zugejubelt wird. Und ich sage, es ist langsam an der Zeit, dass ein „Neuer Max Nordau“ aufsteht und der Menge von übersättigten Zuschauern und Zuhörern die Augen und Ohren öffnet, die ihm die entarteten Künstler verschlossen haben. Doch halt, was ist los mit den Menschen, dass sie mit derartiger Musik in Resonanz treten? Was soll daran schlecht sein?
Prof. Jürgen Paul, em. Professor für Mittlere und Neuere Kunst- und Musikwissenschaft der TU Dresden (223), machte schon 1995 in seiner Antrittsvorlesung zu dieser Frage einige interessante Bemerkungen: „Der Interpret ist es, der das Produkt eines Künstlers zum Kunstwerk vollendet.“ Also, indem dieser mit dem Kunstwerk in positive oder negative Resonanz tritt, dadurch in ihm Sekundärkunst entsteht, die er wiedergibt und zwar unabhängig vom Künstler und seiner eigenen Person. Doch das muss keinesfalls immer so sein. Da der Interpret sehr oft eigene, z.B. finanzielle Interessen hat, spricht er gern und oft genug in den höchsten Tönen des Lobes, wie wir es z.B. von Will Grohmann kennen. Grohmann hatte in erstaunlicher Weise ungeheuren Einfluss in der Kunstszene und nutzte diesen, seine Freunde zu fördern. Man nennt ihn noch heute „Das Phänomen Grohmann“. Sehr viele „Moderne“, die seine Freunde waren, verdanken ihm ihre öffentlichen Erfolge (428), wie ich noch ausführen werde.
Professor Paul fährt fort: „Er (der Interpret) ist es, der ihm (dem Kunstwerk) Inhalt und Relevanz, (also Wichtigkeit) zuweist.“
Aber wehe, wenn er das eine oder das andere „Machwerk“, von denen es ganz offensichtlich einige gibt, als entartet bezeichnet.
Paul weiter: „Er bedient sich dabei der genormten Bezüge eines von der Kunstwissenschaft aufgestellten Lehrgebäudes, das schon lange nicht mehr deduktiv (d.h. das Besondere, den Einzelfall aus dem Allgemeinen ableitend) vom Werk ausgeht, sondern induktiv (d.h. vom Einzelnen zum Allgemeinen hinführend) von der Theorie das Werk bestimmt.“
An anderer Stelle sagt Paul: „Eine wirkliche Kunstkritik aus der Distanz findet nicht mehr statt. Der heutige Kunstkritiker ist selbst Mitglied der geschlossenen, kulturellen Gruppe, (der sog. Kunstmafia!) die die Kunstszene trägt, und in deren engen (mafiosen) Querverbindungen zwischen Galeristen, Sammlern, Kunstvereinsleitern, Muse-

umsleuten und Kunstkritikern eine feste Arbeitsteilung und ein ständiger Rollentausch stattfindet. In Streitfragen, wenn Sachverständige hinzugezogen werden, treten sie als geschlossene Interessengruppe auf. Die Öffentlichkeit weiß recht wenig oder nimmt kaum zur Kenntnis, was sich auch hinter der hehren Fassade des Kunstbegriffs abspielt.“ Und ich ergänze: Natürlich soll sie dies auch nicht erfahren!
Ein paar Sätze weiter lesen wir, dass „die Öffentlichkeit auch nichts über die handfesten, kommerziellen, (raubtierkapitalistischen) Interessen weiß, die (auch) hinter vielen Kunstereignissen stehen. Die Abschirmung durch das Kulturbewusstsein mit dem ethischen Anspruch seines Kunstbegriffs ist perfekt.“
Soweit Professor Paul, der mir in sehr vieler Hinsicht aus dem Herzen sprach. Das eine oder das andere kannten Sie aus meinen vorhergehenden Zeilen, in denen ich auf ähnliche Machenschaften hinwies.
Alles in allem war seine vorzügliche Antrittsvorlesung (223) eine hervorragende, mutige und wortgewaltige Analyse der heutigen Kunstszene, was ihm sicher keine begeisterten Beifallsstürme der Gebrandmarkten eingebracht hat und weiterhin einbringen wird.
Zu einer ähnlichen Thematik auf dem Gebiet der Finanzwirtschaft, die sehr wohl auch mit Kunstwerken zu tun hat, denn sie spekuliert u.a. damit, nimmt der Philosoph Richard David Precht in der Zeitschrift „Stern“ (356) wie folgt Stellung: „Die Finanzwirtschaft hat unglaubliches Kapital, (soll wohl heißen unglaublich viel Kapital) sie manipuliert Regierungen (soll sicher heißen deren Politiker). Aber sie hat keine Hierarchie, keine Armee, keinen „Master mind“ (d.h. keinen führenden Geist), keine gemeinsame Strategie. Sie ist nur eine Ansammlung von Konstrukten, also von gedanklichen Hilfskonstruktionen für die Beschreibung von Dingen, Sachverhalten oder Erscheinungen, die nicht konkret beobachtbar sind, sondern nur aus anderen beobachtbaren Daten erschlossen werden können.“
Ich erlaube mir einige Teile dieser völlig richtigen Aussagen etwas abzuwandeln und sie auf das Gebiet der Kunst direkt zu übertragen: „Die Herren der Kunstmafia haben unglaublich viel Kapital und sie manipulieren die Kulturpolitiker. Aber sie haben keine Hierarchie, keine Armee, keinen führenden Geist, keine gemeinsame Strategie.“
Ich fahre mit Prechts Aussage leicht verändert und ergänzend fort: „Man kann die Kunstmafia ächten, indem man sie, nämlich die Kunsthändler, die Kunstspekulanten, an den Pranger stellt. Ächtung ist eine große Wirkungsmacht!“
Der „Erlkönig“, der weltberühmte Dirigent Gustav Kuhn im Passionsspielort Erl, Südtirol, gab bereits 1985, wie ich schon erwähnte, in aller Öffentlichkeit dem damaligen Chef der Bonner Oper, Jean-Claude Riber, eine Ohrfeige und beendete damit sein Mitwirken im „System“, d. h. im System der Kunstmafia.

Zurückkehrend zu den Begriffen Resonanz und Sekundärkunst will ich noch zusammenfassend sagen: Bei der Entstehung von Sekundärkunst geht der Ausdruck des Innenlebens des Zuhörers, des Zuschauers, des Betrachters von Kunstwerken, nach innen, also nicht nach außen.

9.6 Die Beeinflussungen des Innenlebens

Kommen wir nun zu den vielen weiteren, äußeren Beeinflussungen des Innenlebens der Menschen und damit auch wieder zu denen der Künstler und Kunstliebhaber. Das Innenleben wird u.a. beeinflusst:
Durch politische und gesellschaftliche Prozesse. Durch persönliche oder epochale Konflikte, seelische Erschütterungen, Aufträge, auch politische Aufträge oder anderweitige Kundenaufträge. Aber auch durch Fanatismus, Hass, Liebe, Perversion, Gewalt, Wut, usw. Natürlich auch durch den Glauben, die Religion, durch Natur, Kultur und Unkultur.
Lassen Sie mich mit der Beeinflussung Beethovens durch die Natur beginnen, während er das Adagio Cantabile der Sonate Nr. 8 in c-moll, op.13, der sog. Pathetique, komponierte. Dieses hat unzweifelhaft für einen unvoreingenommenen Hörer etwas Überwältigendes. Was wäre aus dieser wunderbaren Sonate geworden, wenn Beethoven in ihr nicht sein, durch die Natur beinflusstes Innenleben uns zu Füßen gelegt hätte? Zu behaupten, wie es Matthias Kornemann (224) tat, dass dieser Satz zu den abgedroschensten Sätzen Beethovens gehöre, ist mir allerdings völlig unverständlich. Auch halte ich es für unhaltbar zu behaupten, dass es den heutigen Pianisten große Mühe bereite, die alte Frische und Innigkeit Beethovens wiederzuerwecken. Ich denke dabei z.B. an den großen Rudolf Buchbinder. Jeder Pianist, der mit dem Innenleben Beethovens in tiefe, innige Resonanz trat, und von diesen gibt es sehr, sehr viele, hat dieses wundervolle Adagio stets in der alten Frische und Innigkeit wiedergegeben. Natürlich kenne auch ich Pianisten, die mit diesem Satz nicht in Resonanz zu treten vermochten und deshalb Beethovens Innenleben nicht erfühlen und wiedergeben konnten. Das sind diejenigen, die von Beethoven lieber die Finger lassen sollten! Man spricht nicht zu Unrecht, der und der, aber nicht jeder Pianist ist ein hervoragender Beethoveninterpret.
Christian Thielemann, der sich mit den Wiener Philharmonikern ins Zentrum der Beethoven-Deutung begeben hat, sagte (387): „Ich will in meinem Beethovenzyklus mit den Wiener Philharmonikern zeigen, dass es auch mit einem Schuss Romantik geht, nämlich mit Vibrato“, d.h. mit Schwingen und leichtem Zittern oder Beben des Tones im Gesang und bei Streich- und Blasinstrumenten.

Einige andere der o.g. Einflüsse gehören in das Gebiet der Psychologie und Psychiatrie. In das Gebiet des unnormalen gestörten und/oder entarteten Innenlebens, was nichts mit den unterschiedlichen Werten eines Kunstwerkes oder dem Wert eines Künstlers zu tun hat, wie ich in Kapitel 17 ausführe.
Wenn ein Schauspieler so in Resonanz mit dem Dichter tritt, dass er wirklich weint, dann sind seine Tränen Teil seiner schauspielerischen Kunst und das macht ihn zu einem großartigen, reproduzierenden Künstler. Leider gibt es auch Kunstbanausen, die nach so einer Reaktion den Künstler als Heulsuse verunglimpfen. Man muss die Künstler kennen, sonst bleiben ihre Kunstwerke Spielbälle derjenigen, die Millionen damit verdienen, obwohl sie sie nicht verdienen. Jagt diese aus den Kunsttempeln, wie Jesus die Händler und Schacherer aus dem Tempel von Jerusalem gejagt hat. Jagt sie weg von den Opfertischen der Kunsthändler und Wucherer, an denen ihr den „Göttern" opfern sollt, indem ihr den Verkauf dieser Art von entarteten Kunstwerken boykottiert!
Natürlich ist auch der Glaube ein Teil des Innenlebens. Wie wären sonst die vielen, wundervollen, religiösen Kunstwerke entstanden. Z.B. „Der Drachentöter" von Bernt Notke (225), „St. Georg mit dem Drachen kämpfend", Reitergruppe in der Nikolaikirche von Stockholm oder Marees, „Der deutsche Maler in Rom". (65)
Auch Hans Acker (226) schuf um 1440 einen Glasfensterzyklus „St. Georg". Er schmückt noch heute den Innenraum des Ulmer Münsters.
Der „Laubwald mit dem heiligen Georg" stammt von Albrecht Altdorfer (227) der es 1510 schuf. Es ist in der Alten Pinakothek zu München zu bewundern.
Man sollte wissen, dass der Drache, wie schon beschrieben, im christlichen Sinne das Böse, also den Teufel verkörpert, der aus dem Himmel auf die Erde geworfen wurde, weil er da oben unter den Engeln eine Revolte gegen Gott angezettelt hatte (147).
Es war der sehnlichste Wunsch gläubiger Künstler, dass endlich das Böse vernichtet wird, nämlich der Teufel auf der Erde und im Menschen. Besonders bemerkenswert und erfreulich ist die Tatsache, dass hunderte Kunstwerke in aller Welt geschaffen wurden, die sich mit diesem Thema befassten.
Einen zeitgenössischen Künstler, der u.a. supermoderne, wunderbare und sehr schöne religiöse Kunstwerke schuf und schafft, ist der Maler Eberhard Münch (228), der Kirchen, Andachtsräume, Klosterräume und Glasfenster gestaltete und gestaltet. Ich gebe unten ein Bildzitat wieder, das den Namen trägt: „Ich bin das Licht der Welt". Vielleicht gerät nicht jeder mit diesem wundervollen Kunstwerk in Resonanz. Doch nachdem ich ernsthaft, methodisch und geordnet gesuchte hatte, kam ich zu einer Erkenntnis, die ich Ihnen mit diesem Bild als Beleg vermitteln möchte, nämlich zu der Erkenntnis, dass Münch ein deutscher Chagall ist. Sie werden mich verstehen, wenn Sie einmal das Chagall - Museum in Nizza besuchen.

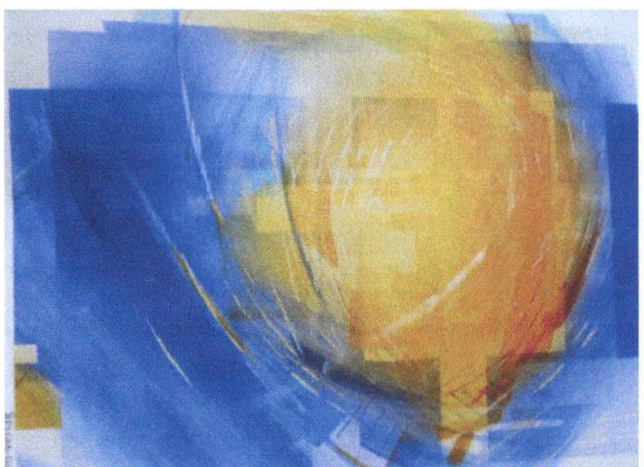

Abb. 18: „Ich bin das Licht der Welt“ von Eberhard Münch

Auch die Entstehung eines Requiems ist religiöse Kunst, wie wir z. B. an Mozart und Verdi sahen. Der Text als Grundlage der Musik beeinflusste das Innenleben, das letztlich durch Resonanz zum Ausdruck kam.
Eine interessante Frage ist: Sind Philosophen, deren Texte große Bedeutung für die Menschheit und deren Kultur erlangten, Künstler? Bei Nietzsche bin ich mir sicher, sein Zarathustra (95) und andere seiner Werke drücken drastisch sein künstlerisches Innenleben aus.
Über Karl Marx sage ich: Seine Ideen kamen aus seinem Innenleben, das, abgesehen von seinem Schmarotzertum, das Friedrich Engels förderte, vielleicht teilweise ein gutes Innenleben war. Wollte er das Gute? Ich sage erst einmal über Marx abgewandelt mit Goethe: „Er war ein Teil von jener Kraft, die wohl das Gute für die Armen wollte, aber nur das Böse für alle schuf“. Doch beschäftigt man sich näher mit Marx, kommt man zu einer anderen Meinung: So schrieb er: „In der Politik darf man sich, um ein bestimmtes Ziel zu erreichen, mit dem Teufel selbst verbünden – nur muss man die Gewissheit haben, dass man den Teufel betrügt und nicht umgekehrt.“
Es ist deshalb nicht verwunderlich, wenn er mit seiner entarteten These: „Gewaltsame Errichtung der Diktatur des Proletariats“ etwas erreichte, was er tatsächlich auch gewollt hatte, nämlich die weltweite Ermordung von über 80 Millionen unschuldiger Menschen, die seiner Ideologie nicht folgen wollten (118). Hier sieht man wieder einmal, wo es hinführen kann, wenn Definitionen fehlen. Marx verstand wohl unter „gewaltsam“ nur Mord und Totschlag an seinen Gegnern.
Doch stimmt das wirklich? Sollte er, ein deutscher Philosoph, die deutsche Sprache so wenig beherrscht haben, dass er die Folgen seiner Thesen in dem von ihm erfundenen „Lumpenproletariat“ (173) nicht abschätzen hätte können?

Die gewaltsame Beseitigung des unmenschlichen Raubtierkapitalismus (229), nicht des Kapitalismus schlechthin, wäre ganz bestimmt eine gute Tat gewesen, wenn dies zu dem geführt hätte, was er sich erhofft hatte, nämlich zur Verhinderung der Verelendung des Proletariats. Ob er sich wohl in seinem Grab herumdrehte, wenn er sähe, dass gerade in seinem Sozialismus die Verelendung des Proletariats stattfand und im Kapitalismus des Adam Smith und der mit ihm verbundenen sozialen Marktwirtschaft Ludwig Erhards das Gegenteil eintrat. Im Raubtierkapitalismus des 18. Jahrhunderts wäre die Verelendung sicher fortgeschritten, hätten nicht u. a. die Thesen von Smith (230) das Gegenteil bewirkt. Doch Krethi und Plethi kennen diese leider nicht. (Die Namen Krethi und Plethi stehen für ungebildete Menschen und stammen aus der Geschichte der Kreter und Philister, die in der Söldnertruppe des biblischen Königs David Dienst taten. Sie haben also nichts mit Blödheit zu tun.)
Ganz im Gegensatz zu der These von Karl Marx, die Verelendung des Proletariats fände im Kapitalismus statt, von der er sich, wie schon gesagt, später distanzierte (335), hat der o. g. Begründer der Nationalökonomie, Adam Smith, eine politische Ökonomie geschaffen, die Wohlstand für alle bis auf den heutigen Tag in den Ländern schuf, die sich an seine Theorien und Thesen gehalten haben.
Wieso schreibe ich das alles? Was hat das alles mit Kunst zu tun? Nun, diese Fragen sind durchaus berechtigt. Mit Kunst im eigentlichen Sinn haben sie nämlich nichts zu tun, doch sehr wohl mit dem Missbrauch der Freiheit der Kunst. Ich habe es bisher nicht für möglich gehalten, dass ein „geschäftstüchtiger“ Jungunternehmer mit dem Begriff „Kunst“ in Berlin begann, gute Geschäfte zu machen. Er erfand die sog. „Kunst-Protestbewegung“, die auf ihre Fahnen den Kampf gegen den Kapitalismus geschrieben hat. Er sagt ganz offen, dass diese Bewegung unter dem Schutzmantel „Kunst“ zu ihrem revolutionären Ziel, der Abschaffung des Kapitalismus, kommen wird.
Finanziert von normalen kapitalistischen Firmen, die diese Bewegung völlig widersinnig als „Werbeflächen“ für ihre Produkte benützen, marschieren junge verblendete Menschen, mit geballten Fäusten roh und brutal auf offener Straße, gegen den Kapitalismus. Wie unendlich dumm diese Bewegung ist, zeigt folgende Tatsache: Sie wissen nicht oder wollen nicht wissen, dass sie ihren Wohlstand dem Kapitalismus, in Deutschland der Sozialen Marktwirtschaft, zu verdanken haben. Fast ausnahmslos alle Anhänger dieser Kunst-Protestbewegung, angefangen von Neomarxisten, also Kommunisten, über Sozialwissenschaftler bis hin zu den heutigen modernen Philosophen, verwechseln alle den Begriff Kapitalismus mit dem des Raubtierkapitalismus, den Altbundeskanzler Helmut Schmidt, wohl wissend, wovon er redete, wortgewaltig prägte.

Keiner der Protestierenden hat das Buch „Wohlstand der Nationen“ von Adam Smith gelesen. Als Werk der Literatur ist dieses Buch (230) sogar ein großartiges Kunstwerk in meinem Sinne.
Leider beginnen die heutigen europäischen Politiker, die allein die Schuld am weltweiten Aufkommen des Raubtierkapitalismus in Unternehmen und Banken haben, sich immer mehr von der National-Ökonomie zu entfernen, indem sie, wie Smith forderte, z. B. nicht mit dem entarteten Schuldenmachen aufhören.
Zurück zum Thema meines Buches: Ein weiteres Beispiel der positiven Beeinflussung des Innenlebens eines Künstlers finden wir in dem tiefen Glauben Mozarts an Gott, der in vielen seiner Werke offenbar wird. Ein Brief an seinen Vater vom 04.04.1787 (211) beweist es: „– diesen Augenblick höre ich eine Nachricht, die mich sehr niederschlägt – umso mehr als ich aus Ihrem letzten (Brief) vermuten konnte, dass Sie sich gottlob recht wohl befinden; – Nun höre (ich) aber, dass Sie wirklich krank seien! Wie sehnlichst ich einer tröstenden Nachricht von Ihnen selbst entgegensehe, brauche ich Ihnen wohl nicht zu sagen; und ich hoffe es auch gewiss – obwohl ich es mir zur Gewohnheit gemacht habe, mir immer in allen Dingen das Schlimmste vorzustellen: Der wahre Endzweck unseres Lebens ist, so habe ich mich seit ein paar Jahren mit diesem wahren, besten Freunde des Menschen so bekannt gemacht, dass sein Bild nicht allein nichts Schreckendes mehr für mich hat, sondern recht viel Beruhigendes und Tröstendes! Und ich danke meinem Gott, dass er mir das Glück gegönnt hat, mir die Gelegenheit, Sie verstehen mich, zu verschaffen, ihn als den Schlüssel zu unserer wahren Glückseligkeit kennenzulernen. – Ich lege mich nie zu Bette, ohne zu bedenken, dass ich vielleicht, so jung wie ich bin, den anderen Tag nicht mehr sein werde – und es wird doch kein Mensch von allen, die mich kennen, sagen können, dass ich im Umgang mürrisch oder traurig wäre – und für diese Glückseligkeit danke ich alle Tage meinem Schöpfer und wünsche sie von Herzen jedem meiner Mitmenschen.“
Der Brief endet nach einigen weiteren Berichten an seinen Vater: „Doch hoffe ich bald einen trostreichen Brief von Ihnen zu erhalten, und in dieser angenehmen Hoffnung küsse ich Ihnen samt meinem Weibe und dem Carl tausendmal die Hände und bin ewig Ihr gehorsamer Sohn W. A. Mozart.“
Dieser Brief offenbart uns sein Innenleben, aus dem heraus auch seine wundervolle Kirchenmusik entstand.
An dieser Stelle will ich ihnen auch die Meinung der französischen Sopranistin Patricia Petibon wiedergeben, die sich in einem Interview mit dem ARTE MAGAZIN im Juli 2012 zu ihrer Leidenschaft „Mozart“ bekannte: “Mozart lässt mich an etwas Höheres glauben. Er ist ein Maler der Seele, er dringt in die Seele hinein, ins Herz, geht bis an den Rand des Abgrundes. Mit der Stimme und dem Orchester erzeugt er Far-

ben, die ganz und gar das menschliche Dasein erfassen." Mit dieser Meinung stimmt sie sicher u. a. mit den Künstlerinnen Hurrel und Ibragimova überein, von denen ich Ihnen später erzählen werde.

Wollte man allerdings alles, was Ausdruck des Innenlebens eines Menschen ist, auch Kunst nennen, dann wäre meine Definition, wie schon gesagt, tatsächlich grenzenlos, d. h. nicht nur auf Kunst anwendbar. Also braucht man Einschränkungen! Und welche? In der Runde von Kunstsachverständigen ist es sicher nicht möglich, solche Einschränkungen zu finden, da diese mit sehr unterschiedlichen Zungen sprechen. Also müssten dies Sprachwissenschaftler tun, wie z. B. Professor Theodor Ickler (231).

Kommen wir zum Rockkonzert. Geraten die Zuschauer derart mit dieser Musik in Resonanz, dass sie, wie geschehen, alles kurz und klein schlagen, dann ist das die Innenlebenresonanz der Chaoten. Ich kann diese Resonanz zwar verstehen, aber keinesfalls billigen.

Manche Künstler lassen ihr Innenleben nicht nach außen dringen. Erst nach ihrem Tod kommen die Kunstwerke ans Licht der Welt. Vielleicht scheuten und scheuen sich auch manche Künstler, ihr Innenleben auszudrücken, doch ganz gewiss nicht alle.

In der DDR und im Dritten Reich gehörte die politische Kunst der Systemgegner zu der für diese Künstler gefährlichen Kunst, weil die Politik das Innenleben im positiven und negativen Sinne beeinflusste. Viele Künstler drückten ihr regimekritisches Innenleben nicht aus, weil sie nicht im KZ oder im Gulag enden wollten. Im Nazideutschland genauso, wie in der sozialistischen DDR. Umgekehrt gab es aber auch Künstler, wie z. B. Prokofjew, der in der Sowjetunion eine „Kantate zur Verherrlichung Stalins" komponierte. Auch Bertold Brecht verfasste in der DDR das Gedicht „Lob des Kommunismus" (343). Seine diesbezügliche Engstirnigkeit gipfelt darin zu behaupten (5), die Handlungen Shakespeare'scher Stücke beruhten auf der Idee von Klassenkämpfen, was recht eindeutig auf seine eigene, verworrene kommunistische Gesinnung hindeutet.

Diese Liste könnte man beliebig fortführen. Sie zeigt die allzu bereitwillige Anpassung mancher Künstler an die jeweilige politische Lage um persönlicher Vorteile willen. Das zeugt nicht gerade von großer Charakterstärke, sondern eher davon, wes' Geistes Kind sie wirklich waren oder sind.

Der Ausdruck „Sich etwas von der Seele reden" ist allen bekannt. Wenn man das, was man sich von der Seele reden will in Form von Schrift, Bildern oder Noten zu Papier bringt, dann kann das Kunst sein. Dieses Etwas beeinflusste das Innenleben, das u. a. vom Guten oder Bösem im Menschen, also von Gott oder dem Teufel bestimmt wird.

In der Zeitschrift „Bunte“ (232) wurde über die Fünfte Sinfonie Tschaikowskys geschrieben: „Seine Fünfte ist eine „Seelenbeichte“, er fühlte, dass er viel Schmerzliches preisgab, was ihn beeinflusst hatte und ihm etwas peinlich sei. Er war aber ein ehrlicher Künstler, der sich zu seinem Kunstwerk und was es ausdrücken sollte, bekannte.“ Doch Kunst heißt keinesfalls nur Seelenbeichte.
Gemessen an der Zahl aller Menschen, sind Künstler selten. Deshalb sind sie etwas Besonderes. Nicht jeder von uns lässt sich zu der Tätigkeit Kunst anregen.
Die Charaktereigenschaft „Auffallen um jeden Preis“ ist Ausdruck eines psychopathischen Innenlebens. Dazu gehören z. B. die „Hitlerbauten“ von Albert Speer, die dieser nach Skizzen von Hitler entwerfen musste und die Bauten des Sozialismus, wie z. B. die Stalinallee in Berlin oder die Lomonossow-Universität in Moskau, die auf Befehl der kommunistischen Machthaber entstand.
Bei vielen Künstlern kommt es wie eine Beichte aus ihrem Inneren, aber auch wie eine Krankheit, die sich z. B. in Geschwüren erkennbar macht.
So z. B. das Innenleben von Lenk. Es ist ein Musterbeispiel eines frivolen, perversen Innenlebens, was nicht heißen soll, daß Lenk nur Perversionen von sich gab.
Ausdruck des Innenlebens ist nicht nur Ausdruck der Gefühle. Es ist viel, viel mehr. Innenleben ist mit Gefühlen eng verknüpft, auch beeinflussen sie das Innenleben.
Fumigo Shiraga (233), eine der großen Pianistinnen, spielte am 15.11.1999 in der alten Aula der Universität Heidelberg. Ich saß in der ersten Reihe. Ihr Antlitz bewegte sich im ständigen Wechsel mit der Musik zweier Klavierkonzerte Frederic Chopins. Als sie dessen Kunst interpretierte und reproduzierte, drückte sie in eindrucksvoller Weise ihr eigenes Innenleben aus. Und es war auch eine Offenbarung ihrer Seele, so klar, so rein, so wunderbar. Sie breitete unbewusst oder auch bewusst ihr Innenleben vor ihrem dankbaren Publikum aus, das sie selbst verehrte. Ihre Kunst war bei diesem Musizieren völlig von der Kunst Chopins erfüllt.
Das Gleiche erlebte ich während des Musikfestivals 2010 in Nantes. Unter vielen anderen Künstlern spielte die große französische Flötistin Juliette Hurel (234) von Chopin die Variationen für Flöte und Klavier über das Schlussduett aus Rossinis Märchenoper „La Cenerentola“ (Aschenbrödel der Gebrüder Grimm).
Deutlicher konnte Hurel ihr wundervolles Innenleben durch ihre Reproduktion Chopins vor ihrem Publikum nicht ausbreiten. Wer sie erlebte, der spürte die völlige Übereinstimmung mit Chopins Musik. Sie geriet in eine solche Resonanz mit ihm, dass ich noch heute hell begeistert bin. Und ich glaube, dass es für sie der schönste Dank wäre, könnte sie das, was ich hier schreibe, einmal lesen. Sie spielte mit einer Hingabe, die einmalig war. Ihr Antlitz spiegelte das himmlische Paradies wieder, welches sie während ihres Spielens bewusst oder unbewusst nicht nur sah, sondern

auch empfand und weitergab. Auch sie offenbarte nicht nur ihr Innenleben, sondern auch ihre reine, klare Seele.
Jan Assmann schrieb in seinem Aufsatz „Schikaneder, Mozart und die Zauberflöte“: „Die Flöte ist das seelenhafteste aller Instrumente. Sie verdrängt nicht, sie ersetzt die Begriffssprache durch die Gefühlssprache der Musik (478).“ Hat man Juliette Hurel gehört und gesehen, dann weiß man, dass der Flöte erst durch das Innenleben des Musikers die Fähigkeit zum Sprechen der Gefühlssprache ermöglicht wird. Daraus ergibt sich, Hurel hat ein seelenhaftes Innenleben, welches nicht schöner und eindrucksvoller sein kann.
Und noch etwas glaube ich, erlebt zu haben: Es flossen drei Innenleben zusammen. Rossinis und Chopins wurden von Juliette Hurels zärtlich umschlungen. Doch das Allerschönste war für mich, dass ihr Minenspiel zusammen mit der Musik eines der wundervollsten Kunstwerke schuf. Erst der Ausdruck ihres Gesichtes, ihre Mimik, ließ die Seelenverwandtschaft, die Seelengemeinschaft mit Chopin, aber auch mit Rossini, erkennen. Der Liebreiz, der auf ihrem Gesicht lag, spiegelte die große Nähe ihres Innenlebens zu denen der Komponisten wieder. Für mich war das Liebe in der edelsten Form. Auch strömte ihr aus dem Publikum große Sympathie und Zuneigung entgegen. Ich bin davon überzeugt, dass sich niemand ihrem Charme, ihrer Ausstrahlung entzogen hat. –
Ich möchte an dieser Stelle nicht versäumen zu erwähnen, dass Rossinis Märchenoper „La Cenerentola“ von Joan Front märchenhaft schön inszeniert wurde.
Das Gleiche, was ich über Juliette Hurel schrieb, gilt auch für eine junge, liebenswerte, russische Geigerin: Gott schickte allen Menschen, die guten Willens sind, einen Engel, namens Alina Ibragimova, um ihnen das Violinkonzert Nr. 4 von Wolfgang Amadé Mozart vorspielen zu lassen. Dieser Engel begab sich am 6. April 2011 in die „Bremer Glocke“ und spielte gemeinsam unter Leitung von Paavo Järvi mit der Deutschen Kammerphilharmonie Bremen dieses Konzert. Es war im wahrsten Sinne des Wortes ein „Engelkonzert“ was nicht hätte schöner und wundervoller sein können. Es gehört zu dem Schönsten, was ich je gehört und gesehen habe.
„Engel Alina“ interpretierte dieses Violinkonzert in einer Art und Weise, die nicht mehr zu übertreffen sein wird. Auch ihr Mienenspiel war dabei so einzigartig, dass ich es mir schon unzählige Male ansah. O'Kelly hätte gesagt: „Es zu beschreiben, ist ebenso unmöglich, wie Sonnenstrahlen zu malen“ (394). Es spiegelte die große, innige Resonanz mit Mozarts göttlicher Kunst wieder. Ihre Interpretation war ein ästhetischer Hochgenuss in jeder Hinsicht.
Auch die Gesichter der Orchestermitglieder der „Bremer Glocke“ gaben eindrucksvoll wieder, was sie bei ihrer Interpretation dieser Musik empfanden. Sie traten so, wie auch Alina, mit Mozarts Kunst in eine schier unglaublich tiefe Resonanz und so

war die Gesamtaufnahme so vollkommen, dass sie nicht vollkommener hätte sein können. Dem Herrgott und seinen Engeln Amadé und Alina tausend Dank! Auch dem Kameraführenden gebührt großer Dank, denn er machte die Aufführung zu einem unvergesslichen und unsterblichen, lebenden Kunstwerk. Hildesheimer (211) schrieb treffend: „Verehrung kennzeichnet vornehmlich die Skala der Emotionen des Verehrers und wenn sie sich artikuliert, so drückt sie nichts anderes aus als sich selbst. Nur eben bleibt der Anlass als konstanter Orgelpunkt: Mozart."

Unter Orgelpunkt versteht man in der Musikwissenschaft einen lang ausgehaltenen Basston, über den sich die Stimmen melodisch und harmonisch frei entfalten.

Und als ganz besonders großer Verehrer des „Engels Alina" ergänze ich: Nur eben bleibt der Anlass als konstanter Orgelpunkt: Wolfgang Amadé Mozart und Alina Ibragimova, denen beiden der Beinamen der Göttliche bzw. die Göttliche gebühren.

Das Konzert, so wie ich es geschildert habe, war einer der ganz großen Momente, in denen sich Gott uns offenbarte, indem er zu uns sprach, uns sehr, sehr nahe kam und wir ihm sehr, sehr nahe waren.

Sollten Sie, liebe Leserinnen und Leser, das Orchester der Deutschen Kammerphilharmonie in der „Bremer Glocke" noch nicht gehört haben, dann sollten Sie unbedingt sich entweder Aufnahmen anhören oder besser noch, sie einmal in Bremen aufsuchen. 2013 spielte Igor Levit mit dem Orchester der Deutschen Kammerphilharmonie in der „Bremer Glocke" Schostakowitsch und Haydn. Arte-TV gab dieses Konzert am 17.05.2015 wieder. Abgesehen davon, dass das Orchester wieder phänomenal, also außergewöhnlich, einzigartig, erstaunlich und unglaublich schön Igor Levit begleitete, erlebte man einen Pianisten der jüngeren Generation von faszinierendem Elan. In der FAZ bezeichnete ihn Eleonore Büning schon vor Jahren als einen der großen Pianisten des Jahrhunderts. Und ich ergänze: Levit ist einer der ganz großen Pianisten!

Zu den vielen Engeln, die Gott zu uns auf die Erde schickte, um durch sie zu uns zu sprechen, gehört auch die russische, sehr junge Sopranistin Julia Jezheneva, die 2013 im Adventskonzert in der Frauenkirche zu Dresden u. a. mit Mozart brillierte. Mit ihrer bestechenden, faszinierenden Kunstfertigkeit und Stimme, gab sie sich virtuos und bravourös im Kreise berühmter Kolleginnen und Kollegen.

Die portugiesische Pianistin Maria Joao Pires, die ebenfalls zu diesen Engeln gehört, habe ich im Arte-Fernsehen erlebt. Sie übernahm am 04.03.13 den Solopart in Mozarts Klavierkonzert Nr. 9 und am 27.07.2014 spielte sie im Klavierkonzert Nr. 2 von Ludwig van Beethoven. Und sie spielte nicht nur traumhaft schön, sondern sie offenbarte ihrem Publikum auch ihr temperamentvolles und gottbegnadetes Innenleben. Ihr Gesicht drückte bei ihrem Spiel höchste Glückseligkeit aus. Doch auch die Dirigenten Dumay und Chailly und die Mitglieder ihrer Orchester breiteten vor ihren Zuhörern

ihre wundervollen Innenleben aus. Für mich tat sich während dieses traumhaft schönen Spiels der Himmel auf. Im Anschluss an das Klavierkonzert von Mozart sprach sie u. a. den Satz: „Man sollte den uns nachfolgenden Musikern die Chance geben, sich selbst zu entdecken.“ Sie bestätigte damit indirekt die Richtigkeit meiner Kunstdefinition. Die Musiker sollen mit dem Innenleben der Komponisten klassischer Musik in Resonanz treten und danach mit ihrer Reproduktion ihr eigenes Innenleben ausdrücken.
Und noch ein ganz besonderes Kunstwerk muss ich Ihnen vorstellen: den „Dresdner Engel“ von Judith Wenzlik (385):

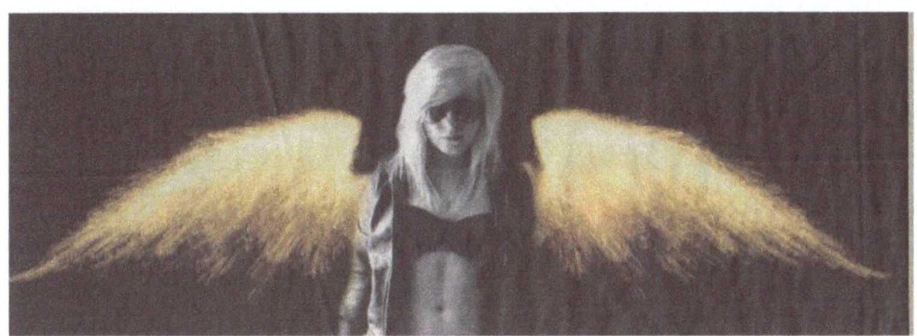

Abb. 19: Dresdner Engel

Noch bevor ich mein Buch beenden konnte, veröffentlichten die Dresdner Neuesten Nachrichten den „Dresdner Engel“ der Juniorfotografin Judith Wenzlik.
Mit ihrem künstlerisch einmaligen, großartigen Selbstporträt reiht sie sich ein, in die ganz großen Fotografen unserer Welt, zu denen z. B. David Hamilton gehört.
Lassen Sie mich meine Meinung begründen: Engel wurden schon millionenmal zu Kunstwerken verarbeitet. Jeder Künstler, der sich damit befasste, hatte einen Grund, dies zu tun. Jeder, ausnahmslos jeder! Es gab Künstler, die aus tiefer Religiosität zu diesem Thema kamen. Es gab aber auch Künstler, die damit Blasphemie trieben.
Zu Letzteren gehört Wenzlik ganz gewiss nicht! Sie hatte mit ihren sechzehn Jahren ganz bewusst dieses äußerst anspruchsvolle, ernste Thema gewählt.
Jedes Kunstwerk entsteht aus der Tätigkeit Kunst. Jedes Kunstwerk erzeugt im Betrachter oder Hörer positive oder negative Resonanzen und erzeugt nach meinen Erfahrungen dadurch in ihnen die von mir erwähnte Sekundärkunst.
Das bedeutet, dass das Kunstwerk „Engel“ in den Mitgliedern der Jury der Gesellschaft für Photographie, Dresden, eine derart hohe, positive Resonanz erzeugte, dass Wenzlik den Jugend-Extrapreis dieser Gesellschaft zugesprochen bekam und das völlig zu Recht!

Die Darstellung des Körpers und der Kleidung des Engels als ernster, junger Teenager, zeigt den tiefen Ernst, mit dem Wenzlik ihr Kunstwerk schuf. Sie widerlegt damit auch das oft überlaute Negativurteil gegenüber unserer heutigen Jugend, bei der nicht selten bewusst oder unbewusst eine tief brennende Sehnsucht nach religiöser Befriedigung anzutreffen ist. Sie müssen nur an die vielen Kirchentage denken, die meine Meinung mehr als bestätigen.
Wenn Schutzengel auch heute noch vor dem einen oder anderen Menschen in höchster Gefahr erscheinen, sei es auch nur vor deren inneren Augen, dann treten sie oft in zeitgemäßer Kleidung auf, um die Gefahren zu bannen und ihre Leben zu retten. „Du noch nicht!“, haben schon viele gesagt.
Und nun zu den Flügeln „ihres Engels“. Ich kenne hunderte Flügel von Engeln, die von großen, berühmten Malern gemalt wurden. Nicht ein einziges Paar kommt denen gleich, die sie schuf. Ich empfand sie so wundervoll, so wie die Musik der Ouvertüre zu Richard Wagners Oper „Lohengrin“. Hören Sie sich diese einmal an und Sie wissen, was ich empfand. O’Kelly (394) ließ ich bereits zu Wort kommen. Er sagte: „Sonnenstrahlen zu malen, ist unmöglich.“ Doch Judith Wenzlik ist das Unmöglicherscheinende gelungen.
Ihr „Dresdner Engel“ ist eines der ganz großen Kunstwerke, in denen sich Gott uns offenbarte, in dem er durch sie zu uns sprach: „Fürchtet Euch nicht, denn ich bin bei Euch!“
Das Motiv „Engel“ ist so alt, wie es Maler gibt. Der 1848 geborene Victor Michailowitsch Wasnetzow entwickelte im Laufe seines künstlerischen Lebens in seinen Engelbildern die Psychologie der Flügel, wie andere Maler die der Hände. Rainer Maria Rilke schrieb dazu: „Von der dunkelsten Trauer über den toten Christus bis zu der englischen Seligkeit, welche die Kunde seiner Auferstehung über die Himmel trägt, vermögen sie alles auszudrücken, bald kaum wehend, bald stürmisch bewegt, sanft und zärtlich wie Abendwolken und dann wieder erstarrt in ehernem Schrecken.“
Auch Elvira Amrhein malte vor einigen Jahren vier Engel, von denen ich Ihnen zwei zeigen will, weil sie an Schönheit, Innigkeit und Unschuld ihresgleichen suchen. Abb. 20 ist ihr Schutzengel, der sie auf all ihren Wegen begleitet und ihr hilft, uns ihr ganzes edles Innenleben zu Füßen zu legen. Der Engel in Abb. 21, ich nenne ihn den „Engel der Liebe“, offenbarte mir, dass Liebe oft unerwidert bleibt und wie sehr Liebe wehtun kann. Sie nannte das Bild „In Wahrheit ist es Liebe“. Nach längerem, ernsthaftem Bemühen und Suchen im Gesicht ihres Engels, gebe ich Ihnen meine daraus folgende Erkenntnis, bzw. Meinung als Beleg wieder: Sie hätte noch besser sagen sollen: „In Wahrheit ist es enttäuschte Liebe.“

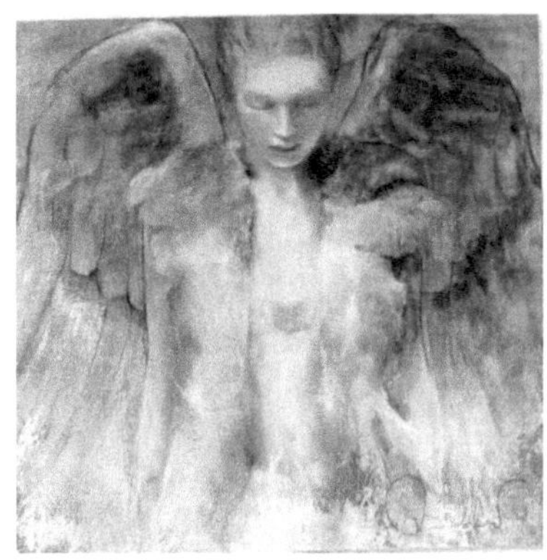

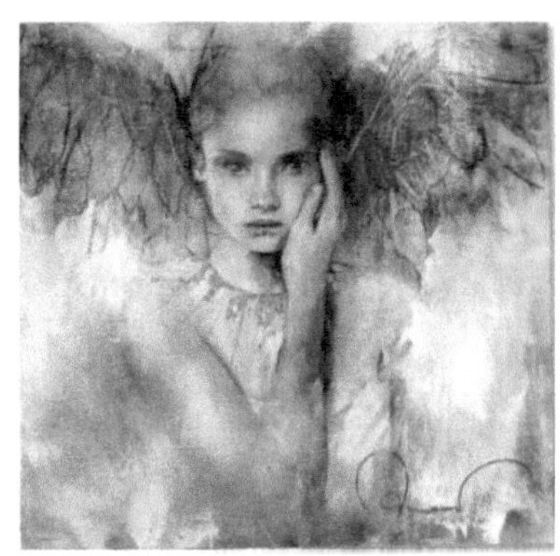

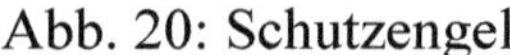

Abb. 20: Schutzengel

Abb. 21 : Engel der Liebe

In dem Katalog „THE FINE ARTS COLLECTIONS“ (28) liest man über ihre wundervollen Kunstwerke: “Die durch und durch spirituelle Kunst von Elvira Amrhein fasziniert und wühlt bis ins Innerste auf. Das Göttliche wird für einen Moment lebendig und verleiht den Kreaturen der Künstlerin die Macht, den Betrachter zum Eingeweihten werden zu lassen. Im Rauschen eines Flügelschlags zeichnen sich, aus Gold und Marmor gleich, Gesichter und Körper ab – melancholisch, sinnlich und zweifellos ergreifend. Wie Erscheinungen überfluten sie das Gemälde mit Mystik, die Einzug hält in die Seele des Betrachters. Ihre alterslosen Sagenfiguren sind beseelt von einem Schimmer des göttlichen Odems.“ Dieser Kritiker, dessen Innerstes mit dem Innenleben von Elvira Amrhein und ihren wundervollen Engel-Kunstwerken in volle Resonanz trat, wurde dadurch ganz offensichtlich selbst zu einem großen literarischen Künstler.

Lassen Sie mich noch von einem weiteren zauberhaften Engel erzählen, der den meisten von Ihnen als Audrey Hepburn bekannt ist. In dem Film „Ariane – Liebe am Nachmittag“, einem einzigartigen Kunstwerk des sechsfachen „Oscar-Preisträgers“ und Regisseurs Billy Wilders, führt Engel Ariane den Playboy Flannagan, der unzählige Affären mit verheirateten Frauen hat, von seinem „Weg des Bösen“ zurück auf den der seelischen Liebe, die er noch nie erlebt hat. Auch wenn dieser Film unter der Kategorie Komödie eingestuft wurde, ist er weit mehr, als nur eine Komödie. Im Arte-Magazin (464) lesen wir: „Der Pariser Privatdetektiv Claude Chavasse (Maurice Chevalier) findet im Auftrag eines eifersüchtigen britischen Ehemannes (John McGiver) heraus, dass dessen attraktive Gattin (Lise Bourdin) ihn mit dem berüchtigten amerikanischen Playboy Frank Flannagan (Gary Cooper) betrügt. Der Gehörnte kündigt an, den Nebenbuhler zu erschießen, doch Chavasses reizende Tochter Ariane (Audrey Hepburn) wird Zeuge dieser Drohung. Ariane hat große Angst um Flannagen, denn die junge Musikerin studiert nicht nur Cello, sondern mit großer Leidenschaft auch heimlich die Ermittlungsakten ihres Vaters. Das Dossier Flannagan findet sie besonders prickelnd und so setzt Ariane Himmel und Hölle in Bewegung, um diesen aufregenden Mann zu retten. Flannagan staunt nicht schlecht, als plötzlich eine koboldartige junge Dame in seine Hotelsuite platzt, um ihn vor dem schießwütigen Gatten seiner Geliebten zu warnen. Noch überraschter ist der Playboy darüber, dass die rätselhafte junge Frau praktisch alle Details seines Privatlebens genau kennt. Um dem abgebrühten Frauenhelden zu imponieren, gibt Ariane vor, dass auch sie nicht an die wahre Liebe glaubt und jede Menge Affären hat. Das wirkt: Zum ersten Mal verliebt Flannagan sich wirklich und platzt bald vor Eifersucht. So beauftragt er seinerseits Chavasse damit, eine gewisse junge Dame, deren Namen er nicht einmal kennt, zu überprüfen …"

Klar, dass der Engel Ariane ihren göttlichen Auftrag erfüllt und dabei noch ihr eigenes menschliches Glück findet. Dieses Kunstwerk drückt einmal mehr die große Sehnsucht nach wahrer Liebe aus, die vielen jungen, aber auch älteren Menschen mehr als gut bekannt ist.

Zurück zu dem Innenleben eines Menschen, welches auch in diesem Film eine große Rolle spielte. Wenn man von einer Beeinflussung des Innenlebens spricht, erhebt sich die Frage: Kann es Fortschritt in ihm geben? Ich glaube, dass es ihn nicht geben kann, da das Innenleben eines jeden Menschen ein Urzustand ist. In ihm kann beides, Gutes und Böses, vorhanden sein. Natürlich überwiegt das eine oder das andere und bemächtigt sich dann des Innenlebens und dominiert darin. Im Duden heißt es: „Fortschritt ist das Erreichen einer höheren Stufe der Entwicklung, also Aufstieg, Aufwärtsentwicklung, Erfolg, Fortgang, Progress, Revolution, Verbesserung und Weiterentwicklung."

Das Innenleben kann sich nicht weiterentwickeln, es ist vorhanden. Es wird zwar mehr oder wenig vom Guten oder Bösen beeinflusst, doch glaube ich nicht, dass es fortschreiten kann. Es gibt auch keinen Fortschritt in der Liebe. Entweder man liebt oder man befriedigt nur seinen tierischen Fortpflanzungstrieb.

Analog zu dem Begriff Fortschritt bedeutet allerdings Rückschritt in der „Kunst" z. B. die Verwahrlosung des Innenlebens des Künstlers und damit auch seiner Kunst.

Der Duden beschreibt den Begriff Rückschritt wie folgt: „Auf Abwege geraten oder kommen, in der Gosse enden, herunterkommen, verkommen, verlottern, verlumpen, verrohen, verschlampen, verwildern." (62)

Mit diesen Verben kommt man unweigerlich zu den Folgen der „Frankfurter Schule", ihrer „Kritischen und Ästhetischen Theorie" (116).

Im Kapitel 6.13 beschrieb ich die psychedelische Kunst und man erkennt, wie recht einfach zu schlussfolgern ist, dass Drogen und Rauschgift die Innenleben der Men-

schen und damit auch der Künstler nicht nur beeinflussen, sondern nachgerade zerstören, ja, bis in den Tod treiben können.
Die Kunstwerke, die unter geringfügigem Drogeneinfluss entstehen, sind oft traumhaft schöne Gemälde oder Skulpturen, die manchmal an afrikanische Kunstwerke erinnern und in der „Sammlung Prinzhorn“ ausgestellt sind. In Fachkreisen heißt dies „Oneiroides Erleben“, was aus dem Griechischen Oneiros, der Traum, kommt. Wird die Drogenmenge, die ein Mensch zu sich nimmt, gesteigert, so verfällt dieser schließlich in Dysphorie, die dann, wie Prinzhorn im Eigenversuch (114) feststellte, bis zu einem Zustand führt, aus dem sich der drängende Wunsch, andere und sich selbst zu vernichten, herausbildet.

10.0 Die Ästhetische Theorie des Theodor Wiesengrund Adorno

Ästhetische Theorien gab es schon lange, bevor Adorno geboren war. Dass die Verfasser dieser Theorien voraussetzten, dass der Leser weiß, was man unter Theorie und Ästhetik zu verstehen hat, führt dazu, dass ein Laie völlig überfordert ist, wenn er versuchen sollte, sich in solche Theorien einzulesen.
Professor Theodor Wiesengrund Adorno (†) lehrte vor 1933 an der Universität Frankfurt a. M. u. a. Soziologie. Nach eigenen Aussagen Neomarxist, ist es doppelt verständlich, dass er mit seinen Genossen Horxheimer, Habermas und Marcuse 1932 rechtzeitig über die Schweiz in die USA auswanderte, wo er sich durch seine antifaschistischen Werke einen gewissen Bekanntheitsgrad erwarb.
Nach 1945 kamen alle zurück nach Deutschland. Obwohl damals nur noch wenige Deutsche an der nationalsozialistischen Ideologie festhielten, hatten es sich die Genossen zur Aufgabe gemacht, den Faschismus in Deutschland zu bekämpfen. Auf die Idee, dass als Folge der Ideologie ihrer Lehrmeister Marx, Engels, Lenin und Stalin wesentlich mehr Menschen ermordet wurden, als die Faschisten weltweit ermordet haben, kamen sie nicht, was für ihre Charaktere bezeichnend war. Sie waren wie alle Linken, auf ihren linken Augen blind. Liest man die in Fachkreisen bekannte „Kritische Theorie“, so erkennt man sehr bald, dass ihr berechtigter Todfeind der Faschismus und völlig unberechtigt, die ganze, ihnen verhasste bürgerliche Gesellschaft war.
Dieser Hass führte auf dem kunstphilosophischen Gebiet der Lehrtätigkeit Adornos unter anderem zu der „dickichthaft verschlungenen“, d. h. verworrenen „Ästhetischen Theorie“ (5), die allerdings erst nach seinem Tod veröffentlicht wurde.
Lange habe ich gezögert, zu dieser „Theorie“ etwas ausführlicher Stellung zu nehmen, da sie sich so gut wie ausnahmslos mit Kunst, Künstlern und Kunstwerken beschäftigt, ohne auch nur zu versuchen, den Begriff Kunst erst einmal umfassend zu definieren.

Mir war Adorno aus den 68er-Jahren bekannt, wo ich die, auch von ihm mit ins Leben gerufene 68er-Kulturrevolution hautnah in Frankfurt a. M. zu spüren bekam. Aus diesem Grund wollte ich nicht nur über diese verheerende Theorie gehört haben, sondern ich wollte selbst sehen, ob all das Unglaubliche, was darüber von anderen geschrieben wurde, auch tatsächlich stimmt. Ich wollte wissen, woher die vielen modernen Künstler, also auch Regisseure, die sicher aus seinem Umfeld stammten und stammen, ihre zerstörerische Ideologie hatten.
Ich erkannte sehr schnell, dass diese Theorie im Grunde genommen gar keine Theorie ist. Unter Theorie hat man nämlich das Folgende zu verstehen (146):
Eine Theorie ist ein System wissenschaftlich begründeter Aussagen zur Erklärung bestimmter Tatsachen oder Erscheinungen und der ihnen zugrunde liegenden Gesetzmäßigkeiten.
Sie ist auch die Lehre von den allgemeinen Begriffen, Gesetzen, Prinzipien eines bestimmten Bereiches. Außerdem ist sie eine rein begriffliche, abstrakte, nicht praxisorientierte oder praxisbezogene Betrachtungsweise oder die Erfassung von irgendetwas. Zuletzt bezeichnet man sie auch als eine wirklichkeitsfremde Vorstellung oder bloße Vermutung.
Von all diesen Bedingungen treffen auf die Adorno'sche Theorie nur die Worte „wirklichkeitsfremde Vorstellungen" zu, was auch die Bemerkungen der Herausgeber dieser „Theorie", „dickichthaft verschlungen", erklärt.
In (24) findet man noch die Aussage, „dass eine Theorie im engeren Sinne eine wissenschaftliche Erkenntnis allgemeinerer und zugleich zusammengesetzterer Art, die auf gesicherter Erfahrung und Beobachtung ruht, mit Hilfe einwandfreier Methoden abgeleitet, in strengen Begriffen niedergelegt und durch Verifikationen erhärtet ist". Dies bedeutet, dass Adorno alle seine „wirklichkeitsfremden Vorstellungen" im Verlauf seiner Abhandlungen als wahr oder durch Tatsachen oder bündige Schlüsse hätte beweisen müssen. Nichts von alledem, aber auch gar nichts findet man nach intensivem Studium seiner „Theorie", ganz zu schweigen von einer Definition des Begriffes Kunst. Für sein diesbezügliches Werk hätte er also besser den Titel „Meine wirklichkeitsfremden Vorstellungen über Kunst" wählen sollen.
Will man etwas tiefer in diese Materie eindringen, muss man sich auch mit dem Begriff „Hypothese" beschäftigen, die eine zunächst unbewiesene Annahme von einer Gesetzlichkeit oder Tatsache ist, mit dem Ziel, sie durch Beweise, also durch Überprüfen in ihrer Richtigkeit zu bestätigen.
Ihr Ziel kann auch sein, sie selbst durch erfahrungsgemäße Beobachtung oder durch Experimente (z. B. naturwissenschaftliche Versuche) zu widerlegen. Und zwar als Hilfsmittel für wissenschaftliche Erkenntnisse. Man versteht sie deshalb auch als Vorentwurf für eine Theorie.

Außerdem versteht man unter dem Begriff Hypothese eine Unterstellung, eine unbewiesene Voraussetzung oder den „Vordersatz“ eines nur angenommenen, auf eine unbewiesene Vermutung beruhenden, fraglichen, zweifelhaften Urteils, z. B. wenn A gilt, gilt auch B.
Allein aufgrund dieser erklärenden Einleitung werden Sie erkennen, auf was ich mich eingelassen hatte. Wie ich schon erwähnte, liest man im editorischen Nachwort zu Adornos Buch „Ästhetische Theorie“ (5), dass sie „dickichthaft verschlungen“, d. h. für einen Laien und nicht nur für einen Laien fast völlig unverständlich ist.
Studenten gehen normalerweise als Laien in die Universität hinein, um sie nach fünf oder mehr Jahren als „Fachleute“ wieder zu verlassen. Professor Adorno hat also seinen Studenten jahrzehntelang versucht, seine dickichthaft verschlungene Theorie, ich nenne sie auch verworren, die obendrein gar keine ist, beizubringen.
Dass aus diesen zu bedauernden Studierenden auch manche Künstler hervorgingen, die anschließend, auf die Menschheit losgelassen, versuchten, Adornos entsetzliche Thesen zu verbreiten, kann diejenigen kaum noch verwundern, die das Original der „Ästhetischen Theorie“ selbst gelesen haben.
Als ich meiner Frau eröffnete, ich werde nun auch noch dieses Buch, das über 530 Seiten dick ist, lesen, erwiderte sie: „Willst du dir das wirklich antun?“ Ich sagte ja und habe es mir angetan, was sicher der richtige Ausdruck dafür war.

Wie ich schon oft schrieb, hat die Sprache einzig und allein der Verständigung zu dienen. Alles andere ist Missbrauch der Sprache, worin auch Faschisten und Kommunisten Meister waren.
Lassen Sie mich mit der rein sprachwissenschaftlichen Frage beginnen: Kann eine Theorie ästhetisch sein? Ich sage nein, da eine Theorie, zumindest eine naturwissenschaftliche, nicht einmal richtig sein „kann“, weil sie per Definition richtig ist. Sonst wäre sie keine Theorie, sondern eine Hypothese.
Schon damit fängt es an. Adorno, ein Meister der soziologischen Sprachverwirrung, ließ keinen Zweifel daran, seine Studenten verwirren zu wollen. Auf 530 Seiten kommt der Begriff „Kunst“ hunderte Male vor, ohne dass erklärt wird, was Kunst nun eigentlich ist. Ganz davon zu schweigen, was er selbst allgemeinverständlich und allumfassend unter Kunst versteht. Für ihn ist die Frage „was ist Kunst“ eine Aporie, d. h., sie ist nicht zu beantworten. Wörtlich schreibt er: „Die Aporie der Kunst heute ist nicht durch willentliche Bindung an Autorität zu kurieren.“ Wieder begegnet uns seine unsägliche Sprachverwirrung. Unter Aporie verstehen die Sprachwissenschaftler des Dudenverlags Ratlosigkeit oder Verlegenheit. Nun gut, er hat vielleicht gemeint, diese Frage macht ihn ratlos oder versetzt ihn, den angeblichen Experten, in Verlegenheit.

Auch verstehen die Wissenschaftler des Dudenverlages unter Aporie die Unmöglichkeit, eine philosophische Frage zu lösen, in einer bestimmten Situation die richtige Entscheidung zu treffen oder eine passende Lösung zu finden.
Wie Adorno diese „Unmöglichkeit" kurieren, also von einer Krankheit heilen will, sagt er nicht. Nur dass man sie nicht durch willentliche Bindung an Autorität kurieren, also heilen kann!
Zuletzt wird „Aporie" auch als Ausweglosigkeit übersetzt. Adorno schrieb also, man kann die Ausweglosigkeit der Kunst nicht durch willentliche Bindung an Autorität kurieren, sprich heilen. Natürlich kann man eine Ausweglosigkeit nicht heilen. Er meinte wohl, dass kein Weg aus dieser Ausweglosigkeit führt.
Zu dieser Erkenntnis kam ich vor vielen Jahren auch und habe mich damit nicht abgefunden. Im Gegensatz zu ihm, fand ich eine Antwort auf die Frage „was ist Kunst". Er hingegen fing an, über Kunst zu schreiben, besser gesagt zu fantasieren, ohne sich auch nur im Entferntesten Gedanken zu machen, was Kunst eigentlich ist. Er kam nicht einmal zu der Erkenntnis, dass man unter Kunst eine Tätigkeit versteht, die man weder kurieren noch heilen kann, sondern nur ausübt. Darauf fußt u. a. seine ganze, völlig unverständliche „Theorie", die, wenn überhaupt, allerhöchstens aus vielen, fast unverständlichen Hypothesen besteht.
Hinzu kommt, um die Verwirrung perfekt zu machen, dass er die Begriffe Künstler, Kunst und Kunstwerk ständig durcheinander wirft. Natürlich werden Kunst und Kunstwerk auch noch ständig personifiziert, sodass man am Ende nicht mehr weiß, ob er nun den Künstler, die Kunst oder das Kunstwerk gemeint hat. Dadurch, dass er den Begriff Kunst nicht definierte, ist fast alles, was er in seiner „Theorie" schrieb, absolut unverständlich und ich bin mir so gut wie sicher, ihm war es selbst auch völlig unverständlich.
Etwas versuchte er allerdings ständig, nämlich alles, was ein normaler Mensch bisher unter Kunst zu verstehen glaubte, ad absurdum zu führen, d. h. ihm die Unsinnigkeit oder Nichthaltbarkeit seiner Vorstellung von Kunst oder seiner Meinung über Kunst, zu beweisen, natürlich ohne jede Begründung seiner Versuche. Dass er damit all diejenigen vor den Kopf stößt und völlig verwirrt, die sich noch nie über den Begriff „Kunst" Gedanken gemacht haben, ist mehr als verständlich. Und wenn ein Kunstliebhaber, wie ich, etwas tiefer in die Materie Kunst eingedrungen ist und dann noch feststellen muss, dass Adorno z. B. Baudelaire unterstellte, die Parole „L'art pour l'art" („Die Kunst für die Kunst") ausgegeben zu haben, obwohl er hätte wissen müssen, dass diese Formel Victor Cousin 1836 geprägt hat (24 und 60), dann hört bei mir das Verständnis für seine „Ästhetische Theorie" völlig auf.
Ich will Ihnen, liebe Leserinnen und Leser, dazu drei Originalsätze aus seiner „Theorie" zitieren, damit Sie mich verstehen können:

„Instrumentalisierung von Kunst sabotiert ihren Einspruch gegen Instrumentalisierung; einzig wo Kunst ihre Immanenz achtet, überführt sie die praktische Vernunft ihrer Unvernunft. Gegen das tatsächlich hoffnungslos veraltete Prinzip l'art pour l'art wendet sie sich nicht durch Zession an die ihr auswendigen Zwecke, sondern indem sie ablässt von der Illusion eines reinen Reichs der Schönheit, das rasch als Kitsch sich decouvriert. In bestimmter Negation rezipiert sie die membra disiecta der Empirie, in der sie ihre Stätte hat, und versammelt sie durch ihre Transformation zu dem Wesen, welches das Unwesen ist; so interpretierte Baudelaire die Parole l'art pour l'art, als er sie ausgab." Haben Sie ihn verstanden? Nein? Vielleicht meinte Adorno damit das Folgende:
Gegen das tatsächlich hoffnungslos veraltete Prinzip „Die Kunst für die Kunst" wendet sich die Kunst nicht durch Übertragung an die ihr auswendigen Zwecke, sondern indem sie von dem Wunschdenken eines reinen Reichs der Schönheit ablässt, welches sich rasch als Kitsch herausstellt. Bei bestimmter Verneinung oder Ablehnung übernimmt die Kunst die Körper, die Glieder oder die Teile des Ganzen dem Erfahrungswissen, in der die Kunst ihre Stätte hat, und versammelt sie durch ihre Umwandlung zu dem Wesen, welches das Unwesen ist; so legte Baudelaire die Parole „die Kunst für die Kunst" aus, als er sie ausgab.
Was Adorno damit wirklich zum Ausdruck bringen wollte, ist mir trotz aller Bemühungen nicht klar geworden.
Jedenfalls konnten Sie sehen, er ist ein Meister im Gebrauch von Fremdwörtern, und zwar in derart großer Anzahl, dass ich es als lächerliche Profilierungsneurose empfand.
Doch damit nicht genug. Er erfand in seiner „Theorie" auch eigene deutsche Worte, die ich nirgends fand, auch im Duden nicht. Als nur einige wenige Beispiele sollen die Worte „Besonderung, veropern, abborgen, Entkunstung, erdröhnen, aufreden und entschlagen" dienen (5a).
Besonders angetan hat ihm der Wahrheitsgehalt von Kunst. Was er darunter verstand, sagte er nicht und so ist dies mir bis heute ebenfalls nicht klar geworden.
Kann eine Tätigkeit einen Wahrheitsgehalt besitzen? Sollten literarische Kunstwerke Behauptungen enthalten, dann könnte man diese auf ihren Wahrheitsgehalt hin untersuchen. Für Kunstwerke eines malenden Künstlers ist dies im Allgemeinen nicht möglich, es sei denn, wie manchmal zu sehen ist, er schreibt auf sein Mal-Werk irgendeine Behauptung, die zu beweisen oder zu widerlegen wäre. Natürlich betätigte sich auch Beuys auf diese „künstlerische" Art und Weise, wie man bei Kishon (407) lesen kann. Trotzdem ist nicht zu verstehen, was er damit zum Ausdruck bringen wollte. Auch Cy Twombly malte 1975 das Bild „Venus", indem er einfach auf ein

Blatt Papier schrieb „Aphrodite – Venus“ (407). Auch das ist nicht zu verstehen, obwohl in einer Talkshow (9) vergeblich versucht wurde, es zu erklären.
In rein konzertanten Kompositionen ist es für mich nicht möglich, darin nach einem Wahrheitsgehalt zu suchen. In verfälschten Opern ist dies jedoch mehr als einfach. Sie sind nämlich voll von lauter bewussten Unwahrheiten, also Lügen. Pauschal kann man einem Kunstwerk keinen Wahrheitsgehalt zuordnen. Auch wenn des Künstlers Innenleben uns durch sein Kunstwerk eine gute oder böse Absicht offenbart, kann man wohl kaum von einem Wahrheitsgehalt sprechen.
Obwohl Adorno selbst nicht einmal sagen konnte, was Kunst ist, glaubte er allen Ernstes, berechtigt zu sein, über den Wahrheitsgehalt der Kunst zu reden. Was er damit meinte, konnte ich aus seiner Ästhetischen Theorie ebenfalls nicht entnehmen.
Lassen Sie mich nun etwas näher auf seine verworrenen Thesen eingehen. Gleich im ersten Satz seiner „Theorie“ verkündet er selbstbewusst: „Zur Selbstverständlichkeit wurde, dass nichts, was Kunst betrifft, mehr selbstverständlich ist, weder in ihr noch in ihrem Verhältnis zum Ganzen, nicht einmal ihr Existenzrecht.“ Ich lese daraus, dass nichts mehr selbstverständlich ist, was zur Selbstverständlichkeit wurde. Dieses ist ein Widerspruch in sich, was der Psychiater Max Nordau recht deutlich zu den Merkmalen der Entartung zählte.
Weiter gibt er auf Seite 12 vor, zu wissen, dass „Kunst sich im Verhältnis zu dem bestimmt, was sie nicht ist“. Aha! Was sie nicht ist, weiß er! Doch auch das verrät er uns nicht. Und auf der gleichen Seite geht es „erklärend“ weiter: „Sie ist nur im Verhältnis zu ihrem Anderen, ist der Prozess damit.“ Im Druckfehlerverzeichnis, das es nicht einmal gab, konnte ich natürlich auch keine Berichtigung finden. Wer einmal im Prinzhornmuseum in Heidelberg war, weiß, mit wem er es mit Adorno zu hat.
„Wird Kunst strikt ästhetisch wahrgenommen, so wird sie ästhetisch nicht recht wahrgenommen.“ (S.17) „Wer Kunstwerke konkretistisch (veranschaulicht, verdeutlicht) genießt, ist ein Banause; Worte wie Ohrenschmaus überführen ihn.“ (S.26/27) Es sei die Frage erlaubt, kann man veranschaulicht oder verdeutlicht ein Kunstwerk genießen? Ich kann ein Kunstwerk nur genießen, wenn ich mit ihm in Resonanz trete. Konkretistisch genießen? Das hätte er wirklich erst einmal erklären oder vormachen sollen!
Auf Seite 32 schreibt er von der „Entkunstung von Kunst“, was völliger Unsinn ist, da er nicht einmal sagt, was er unter Kunst, geschweige denn unter Entkunstung versteht.
Auf Seite 42 meint er: „Für das Gewalttätige am Neuen hat sich der Name des Experimentellen eingebürgert.“ Jeder von uns weiß, dass unzählige neue Kunstwerke aus dem Experimentellen entstanden sind, ohne auch nur im Entferntestem gewalttätig zu sein.

Auf Seite 55 lesen wir: „Das Neue ist die Sehnsucht nach dem Neuen, kaum es selbst, daran krankt alles Neue.“ Und so geht es die ganzen folgenden 480 Seiten weiter. Ein Satz fast so unverständlich und absurd wie der andere.
Auf Seite 113 offenbart er uns, dass er tatsächlich nicht weiß, was Kunst ist: „Deshalb bedarf Kunst der Philosophie, die sie interpretiert, um zu sagen, was sie nicht sagen kann, während es doch nur von Kunst gesagt werden kann, indem sie es nicht sagt.“ Selbstverständlich darf man mithilfe der Philosophie Kunstwerke interpretieren; aber ganz gewiss nicht, um zu sagen, was sie nicht sagen können, während es doch nur von Künstlern gesagt werden könnte. Doch wohl kaum, indem diese es nicht sagen. Haben sie jemals so einen Unfug gelesen?
Auf Seite 161 versteigt er sich darin, von „glücklichen Kunstwerken“ zu schreiben, was mich stark an die „Glücklichen Kühe“ in unserer modernen Milchwerbung erinnerte.
Auf Seite 515 scheint ihm sein eigenes Werk in den Kopf gestiegen zu sein, indem er sich anmaßt zu schreiben: „Es gibt exakte kunstwissenschaftliche Beschreibungen, sogar Analysen – etwa gewisse thematische von Musik –, die alles Wesentliche schuldig bleiben.“ Adorno bleibt uns natürlich schuldig zu sagen, von welchen Beschreibungen und Analysen er an dieser Stelle spricht.
Sie denken sicher, ich reiße Adornos „hehre“ Worte und Gedanken böswillig aus dem Zusammenhang. Doch ich sage Ihnen, das tue ich ganz bestimmt nicht. In seinem Werk kann man nichts aus dem Zusammenhang reißen, da es darin nichts Zusammenhängendes gibt!
Zum Schluss dieses Kapitels zitiere ich noch einmal Lütteken aus (469): „Ja, Richard Strauss galt Adorno und allen, die ihm folgten, nicht einmal als wirklicher Komponist.“ So – jetzt wissen Sie es endlich. Richard Strauss, einer der weltweit anerkanntesten, genialsten Komponisten, war gar kein wirklicher Komponist! Wenn Sie noch nicht wussten, was die 68er-Neomarxisten wollten, jetzt wissen Sie es.
Und zuletzt will ich Sie auch noch einmal daran erinnern, was Michael Hauskeller in seinem klar verständlichen Buch „Was ist Kunst“ (326) an zerstörerischem Gedankengut Adornos uns vorlegte. Ich führte es Ihnen bereits in meinem Buch mehrmals vor. Doch lesen Sie seine „Ästhetische Theorie“ selbst, Sie kommen aus dem Staunen nicht heraus und erkennen schnell, wes' Geistes Kind der 68er-Neomarxist und Kulturrevoluzzer Adorno war.
Wenn man bedenkt, dass Adorno und seine Komplizen jahrzehntelang diesen haarsträubenden Unsinn in die Köpfe seiner kritiklosen Studenten eingehämmert haben, dann muss man am Verstand der damals für Kultur zuständigen Politiker zweifeln.
Zum Schluss dieses Kapitels beschreibe ich noch fünf Kunstwerke entarteter Künstler (398), um nochmals die Verwerflichkeit dieser zu demonstrieren:

- Zhu yu: „Man eater“. Es zeigt den Verzehr eines Leichnams eines angeblich echten, gestohlenen Babys.

- Xiao yu: Collage: „Kopf eines menschlichen Fötus mit dem Körper einer Möwe vernäht.“

- Andres Serrano: Skulptur aus: „Kruzifix in Urin eingelegt“

- Wolfgang Flatz: Er ließ sich als lebender Klöppel in eine Art Leutewerk einspannen. Sein Kopf krachte gegen das Metall, mit dem Gesicht zuerst.

- Pulheim-Stommeln: Dieser zeigte eine echte Synagoge als Gaskammer an der stand: „Nur mit Gasmaske zu betreten.“

Diese Werke sind u. a. Folgen der Ästhetischen Theorie (5) des Neomarxisten Theodor W. Adorno (†), der lehrte: „Künstlerisch zu erreichen sind die Menschen überhaupt nur noch durch den Schock. Gegen die Stumpfheit der Gegenwart hilft allein der stechende Schmerz, erst im jähen Entsetzen wird das Ich zurückgeworfen auf sein wahres Sein.“
Wahrlich, diese Kunstwerke sind entsetzliche Schocks, die mir mehr als stechende Schmerzen und grauenvolles Entsetzen bereiteten. Sie sind die Produkte des Missbrauchs der Freiheit der Kunst durch die teuflischen Innenleben dieser schamlosen Künstler.
Dass Wieland Wagner u. a. Adorno für seine Inszenierungen zu Rate zog, habe ich erst durch das Buch „Winifred Wagner oder Hitlers Bayreuth“ (508) erfahren. So gab es z. B. im „Parsifal“ keinen Tempel, keine Aue, keinen Wald und keine Taube, die Wieland ganz bewusst gestrichen hatte. Die Gralstaube ist bekanntlich das Zeichen des Friedens zwischen Gott und den Menschen! Als der Dirigent Knappertsbusch diese einforderte, ließ sie Wieland so hoch hängen, dass zwar der Dirigent (aus dem Orchestergraben), aber nicht das Publikum sie sehen konnte. Der Enkel revoltierte also gegen seinen Großvater Richard Wagner und dessen Gesamtwerk aus Musik und Dichtung! Die Saat des 68er Adorno begann schon damals in den Köpfen der „Jungens“ aufzugehen: Sprengt die Obernhäuser in die Luft (Boulez) und holt Wagner vom Podest (Cheréau)!

11.0 Moderne Musik

„Musik meint ja immer nur sich selbst, weil sie nur durch sich selbst zu erklären ist“ (429). Jelinek hat sich mit diesem Ausspruch einmal mehr geirrt. Musik kann erstens nicht meinen, was eine Literaturnobelpreisträgerin, die der Sprache verpflichtet ist, eigentlich wissen müsste, und zweitens ist Musik keinesfalls „nur" durch sich selbst zu erklären. Musik lässt sich am besten mit dem Innenleben des Komponisten in Verbindung bringen und dadurch erklären, da sie das bewusste oder unbewusste Hörbarmachen des Innenlebens des Komponisten ist. Und das gilt für moderne Musik genauso wie für klassische Musik.

Nietzsche, der sich oft irrte und sich immer wieder selbst widersprach und korrigierte, vertrat zur Musik eine Meinung, die mir allerdings recht gut gefiel, aber zu ergänzen ist. Er schrieb: „Ihre uralte Verbindung der Musik mit der Poesie hat so viel Symbolik in die rhythmische Bewegung, in Stärke und Schwäche des Tones gelegt, dass wir jetzt wähnen, sie spräche direkt zum Inneren und käme aus dem Inneren" (429).

Ich wähne nicht nur, sondern für mich steht fest, sie kommt aus dem Inneren und spricht direkt zu unserem Inneren! Auch wenn manche moderne Musik damit Schmerzen bereitet.

Lassen Sie mich mit einer kleinen, schönen Geschichte beginnen, die ich leicht abgewandelt aus (460) entnahm: Ein Klavierschüler, immer fleißig und gewissenhaft, übte mit einem Musikstück von Béla Bartók, von dem er wusste, dass dieser oft „unschöne", also wenig gefallende Musik komponiert hatte, was allerdings Geschmackssache ist. Als er bei einem reinen Dur-Akkord angekommen war, unterbrach er abrupt seine Übung, stutzte und sagte überrascht, das war bestimmt falsch, das klingt so schön.

Nach Martin Luther „sind die Menschen mit der Musik näher bei Gott, als mit allen Predigten, aber sie sollen die gesungenen Worte auch verstehen können. Die Musik dringt in die Herzen ein, sie schafft Ruhe und fröhliches Gemüt. Allerdings könne sie auch Unruhe und Angriffslust erzeugen, das Teuflische anlocken, wenn sie die Seelen und Körper nur anpeitsche und in eine ständige Spannung versetze" (351). Letzteres trifft für viele Musikfreunde zu, die mit Bartok in negative Resonanz kommen. Und zu dem oben Gesagten muss ich feststellen, dass heute leider einige Sänger Arien und Lieder so gut wie unverständlich singen und damit ihrer eigentlichen Bestimmung nicht besonders nahe kommen. Ich erinnere: Die Sprache hat der Verständigung zu dienen! Alles andere ist Missbrauch der Sprache.

Für die moderne Musik gilt natürlich das Gleiche, was für alle anderen Kunstformen gilt. Es gab zu allen Zeiten moderne Musik, die Ausdruck des Innenlebens der Komponisten war. Auch wenn diese das manchmal leugneten.

Und es wird auch in Zukunft moderne Musik geben, von der wir uns heute noch nichts träumen lassen.

Für Siegfried Borris (344) spiegelt die moderne Musik die zerrissenen, trostlosen, harten Zeiten wider. Zeitgenossen sprechen gar von „Irrwegen des Geistes" und meinten vielleicht die Musik Schönbergs, der mit seiner Atonalität so manchen Musikwissenschaftler auf den Plan rief oder zur Verzweiflung brachte. Stimmt man mit Borris überein, so findet man sich bei Luther wieder. Irrwege des Geistes gibt nur der Teufel vor. Für Atheisten übersetzt muss es heißen: Irrwege des Geistes gibt nur das Böse im Menschen vor.

Friedrich Hitzer (351) schreibt, dass die Musik, also auch die moderne Musik, als Klangrede durchaus physische und psychische heftige Erregungen und außergewöhnliche seelische Angespanntheit erzeugen kann, deren sich die meisten „Verbraucher" des Musikmarktes nicht mehr bewusst sind. Der passive Konsument unserer Tage neigt dazu, wahllos Rhythmen, Töne und Tempi in sich „hineinzuziehen", was einen Menschen in seinem Wesen nicht nur bereichern, sondern auch stören und fast zerstören kann. Was das „Zerstören" betrifft, so erinnere ich nur an die Tatsache, dass man mithilfe einer Sirene Leben nicht nur fast zerstören, sondern sogar töten kann.

Ob ein Hörer durch Musik gestört wird, hängt davon ab, ob sein Innenleben mit ihr in positive oder negative Resonanz gerät. Wenn man bedenkt, dass ursprünglich der Klang aller Instrumente eine Nachahmung der menschlichen Stimme war, und vor dem Erlernen eines Instrumentes, so Hitzer weiter, die befreite Stimme steht, über die sich das Innenleben des Menschen sanft oder hart, laut oder leise, langsam oder schnell entladen kann, dann erkennt man leicht, welche Bedeutung die Stimme in der Musik hat.

Lassen Sie mich nun zu der „modernen Musik" im Speziellen, d. h. zu atonaler und antitonaler, kommen. Ich muss dazu eine Stelle aus Hindemiths „Tonsatzlehre" vorwegnehmen: „Der Unterschied zwischen atonaler und antitonaler Musik konnte niemals festgestellt werden, da unter „Atonalität" von vornherein sich niemand etwas vorstellen konnte. Aber auch allein von Atonalität wurde niemals genau angegeben, was man sich dabei zu denken habe. Heute wissen wir freilich, dass es keine Atonalität geben kann, dass höchstens der harmonischen Unordnung dieser Titel zukommt". Na also! Das war die Aussage eines Modernen über einen Modernen und dabei heißt es doch eigentlich: Eine Krähe hackt der anderen nicht die Augen aus.

Im Gegensatz dazu sagte Elke Heidenreich im Gespräch mit Christian Thielemann (449): „Richard Strauß hat atonale Musik Bockmist genannt, war dann aber doch auch damit auf dem Weg in die Moderne." Darauf antwortete Thielemann: „Ja, aber er hat irgendwann einfach gesagt: Ich mag das nicht! Und das gefällt mir so an ihm, diese Ehrlichkeit. Wenn heute einer sagen würde, er findet moderne Musik atonalen Mist, dann schlachtet ihn doch sofort das Feuilleton (lacht sehr)." Ich bin mir sicher, dass Thielemann Hindemiths Tonsatzlehre und dessen Ausführungen über Atonalität und Antitonalität kennt. Vielleicht gibt er Hindemith sogar recht, dass höchstens der harmonischen Unordnung dieser Titel zukommt. Und sein Lachen, mit dem er seine Ehrlichkeit, sein Innenleben, zum Ausdruck brachte, das gefällt mir an ihm.

Besonders abwegig wäre allerdings, moderne Musik generell als entartete Musik zu bezeichnen, obwohl es natürlich auch entartete Musik gibt. Insbesondere auch dann, wenn ihre Komponisten sie mit entarteten Texten schmücken oder z. B. mit den Ellenbogen und Unterarmen auf die Klaviertasten einschlagen.

Das Recht auf Ablehnung der modernen Musik steht jedoch jedermann frei. Kommt der Hörer in Resonanz mit dieser Musik, dann wird er sie sogar als schön empfinden oder wenn es sich um negative Resonanz handelt, als entsetzliches Gejaule. Manche Kritiker empfanden früher, heute völlig unverständlich, sogar die Musik Richard Wagners als Gejaule.

Wenn einige die moderne Musik, wie oben schon erwähnt, als Irrwege des Geistes empfinden, so kann man auch dies verstehen, wenn man manche Meinungen und Ansichten mancher Komponisten kennengelernt hat.

Heute gehören Brahms, Bruckner, Liszt, Mahler, Pfitzner, Reger, Richard Strauß, Richard Wagner und Hugo Wolf nicht mehr zur modernen Musik, sondern zu den Hoch- und Spätromantikern.

Zu den bekanntesten modernen Komponisten gehört Arnold Schönberg, dessen „Pierrot lunaire“ aus dem Jahr 1912 von Siegfried Borris (344) als „wahrhafte Fieberdämonien skurrilster Klänge und beängstigender Phantome“ bezeichnet wurde. Schönberg forderte als einer der Väter der 68er das Zerbrechen aller Konventionen und Gesetzmäßigkeiten in radikaler Schärfe. Auch forderte er „im Namen der Wahrheit“ – was für eine Anmaßung – die Preisgabe aller Idole der Schönheit, also der positiven Ästhetik. Den Wahrheitseiferern sei die Schönheit und gar die Anmut seit jeher ein überlebtes, lästiges Phantom gewesen (344). Im Gegensatz dazu benützte Schönberg in seiner Jugendzeit noch traditionelle Satztechnik und eindrucksvolle Harmonik, wobei ich an seine „Gurrelieder“ denke, die mich sehr überraschten, als ich sie zum ersten Mal hörte. In diese Periode seines noch normalen Innenlebens gehören auch seine Kompositionen „Die verklärte Nacht“ und „Pelleas und Melisande“.

1911 schrieb er: „Kunst kommt nicht von Können, sondern von müssen!“ Nun gut, für sein späteres Innenleben traf das sicher zu. Weiter schreibt er: „Das Sichausdrückenkönnen ist wesentlich verschieden vom Können des Kunsthandwerkes“, womit er zweifellos recht hatte. Das wirkliche Können, wie man es von den alten Meistern her kennt, ist leider selten geworden und das hat Borris sicher mit seiner o. g. Beschreibung von „Pierrot lunaire“ ausdrücken wollen. Auch die sechs französischen Komponisten der „La groupe des six“ stellten Anfang des 20. Jahrhunderts Leitsätze auf, in denen die ausdrückliche Absage an Schönbergs Musik steht.

Wenn man bedenkt, dass Schönberg zum Professor berufen wurde, kann man sich ausmalen, was er der damaligen Jugend angetan hat.

Borris schreibt weiter: „Im Pierrot bringt keine freundliche Vision Schimmer oder Entspannung der Klänge. Im Hintergrund dieser unheildrohenden Welt stehen das starre Nichts und unser tragisch-unentrinnbares Geworfensein in nackte Existenz. Der eiskalte Brand und das plötzliche Umschlagen, eine Vergletscherung des überhitzten Gefühls, wie sie die ganze expressionistische Phase der modernen Musik immer wieder aufweist. Bei Schönberg löst das Parodistische und Groteske oft Schaudern, aber nie Beglückung aus. Auch das Lachen erstarrt zur Maske. Es ist Galgenhumor, aber ohne Morgensterns Güte. Pierrot hat von Klavier und Klarinette begleitet, wirklich etwas vom Grauen der Moder-Atmosphäre." Und ich füge hinzu: vom Grauen der Atmosphäre eines bedauernswerten Entarteten. Doch wir sollten Schönberg eher bemitleiden als verurteilen, weil sein Schaffen unzweifelhaft Kunst war, eben das Ausdrücken seines bemitleidenswerten Innenlebens.

Pratella (344) verfasste bereits 1911 ein „Futuristisches Manifest" über eine Musik der Zukunft. Darin heißt es:

„In die Musik müssen alle neuen Regungen der Natur, die vom Menschen stets aufs Neue gezähmt wird, hineingetragen werden; man muss den Massen, dem großen Liede der Industrie, den Eisenbahnzügen, den Unterseebooten, den Kreuzern, den Automobilen und den Luftschiffen eine musikalische Seele geben. Den innersten Motiven der musikalischen Dichtung muss man die Herrschaft der Maschine, das siegreiche Gebiet der Elektrizität hinzufügen." Voller Erstaunen stellte ich fest, dass genau das die nationalsozialistischen und DDR-sozialistischen Komponisten mit großer Leidenschaft ausführten.

Nicht nur Honegger bemühte in seinen Kompositionen eine Expresszuglokomotive und ein Rugbyspiel, viele andere Arten von Maschinenmusik verfolgten denselben Zweck.

Schönbergs sogenanntes „Manifest des deutschen Expressionismus", das er in einem Aphorismus verfasste, offenbart sein skurriles, also auf lächerliche oder befremdende Weise, eigenwilliges Innenleben. Er führt darin aus:

„Kunst ist der Notschrei jener, die an sich das Schicksal der Menschheit erleben. Die nicht sich mit ihm abfinden, sondern sich mit ihm auseinandersetzen. Die nicht stumpf den Motor „Dunkle Mächte" bedienen, sondern sich ins laufende Rad stürzen, um die Konstruktion zu begreifen. Die nicht die Augen abwenden, um sich vor Emotionen (seelischen Erregungen) zu behüten, sondern sie aufreißen, um anzugehen, was angegangen werden muss. Die aber oft die Augen schließen, um wahrzunehmen, was die Sinne nicht vermitteln, um innen zu schauen, was nur scheinbar außen vorgeht. Und innen, in ihnen, ist die Bewegung der Welt, nach außen dringt nur der Widerhall: das Kunstwerk."

Fragt man sich Satz für Satz, was er damit sagen wollte, stößt man auf Unverständnis. Kunst kann zwar durchaus ein Notschrei sein. Aber wieso ist Kunst der Notschrei nur jener, die an sich das Schicksal der Menschheit erleben? Was heißt in diesem Zusammenhang „an sich“? Und noch fragwürdiger, was heißt „das Schicksal der Menschheit erleben“? Kann man denn ein Schicksal erleben? Ein Schicksal kann man nur erleiden, ertragen, doch nicht erleben! Und das Schicksal der Menschheit? Also der gesamten Menschheit? Wahrlich hochgegriffen, zu hoch gegriffen, von einem Menschen der selbst von sich sagte, dass er sich oft irrte. Wenn man das Schicksal anderer erleben kann, dann nur von einer bestimmten kleinen Menschengruppe, z. B. als Soldat das Sterben seiner Kameraden im Granaten- und Bombenhagel und danach auch das eigene. Aber niemals kann ein Mensch das Schicksal der gesamten Menschheit erleben, er kann es beim besten Willen nicht einmal erfassen, geschweige denn verstehen. Das Schicksal der Menschheit bestimmt einzig und allein Gott. Aber Gott gab uns die Freiheit, es mehr oder weniger zu beeinflussen, sowohl im guten, als auch im bösen Sinne. Wenn sie fortfahren, die Sätze seines Manifestes zu analysieren, um sie wirklich zu verstehen, werden Sie kaum zu einem verständlichen Ergebnis gelangen.

In seiner „Harmonielehre“ hätte er, so Professor Schönberg weiter, seinen Kompositionsschülern eine schlechte Ästhetik genommen. Was er darunter versteht, sagte er nicht. Er verschweigt, dass Ästhetik auch die Wissenschaft vom Schönen, die Lehre von der Gesetzmäßigkeit und Harmonie in Natur und Kunst ist. Eine schlechte Ästhetik ist in diesem Zusammenhang so etwas wie ein schwarzer Schimmel oder weißer Rappe. Ich empfinde solche Aussagen als Wichtigtuerei, ja sogar als Schöngeisterei. Schon zu Beginn demonstriert er, dass er mit der Sprache echte Probleme hatte. So behauptete er von seiner Harmonielehre, ich zitiere wörtlich: „Dieses Buch habe ich von meinen Schülern gelernt.“ Natürlich kann er nur gemeint haben, den Inhalt meines Buches habe ich von meinen Schülern gelernt. Ein Buch kann man nur schreiben und nicht von jemandem lernen!

Im weiteren Verlauf gibt er unumwunden zu, dass er sich oft geirrt und das, was er gesagt hat, später widerrufen oder verbessern hätte müssen. Des Weiteren fügt er hinzu, es sei die erste Aufgabe des Lehrers, die Schüler recht durcheinander zu schütteln. Und so ein „Gelehrter“ war Professor und wurde von den Verantwortlichen auf die Studenten losgelassen. Für mich eine echte Kulturschande!

Borris (344) schreibt sehr zutreffend, Schönbergs radikale Absage an den Schönheitsglauben im Zeitalter der Romantik, ist der entscheidende Angelpunkt für die Erkenntnis des Wesens und der Probleme der modernen Musik.

Adorno schrieb sogar in seiner „Ästhetischen Theorie“, „dass nach zuverlässigem Bericht, der spätere Schönberg geäußert haben soll, die Harmonie stünde zurzeit nicht

zur Diskussion“. Für mich ist diese Aussage eine üble Anmaßung und Ausdruck seines von der Diktatur der Kunst besessenen Geistes.
Selbstverständlich darf „Schönberg“ Schönheit in der Kunst ablehnen und nur Hässliches schaffen und gelten lassen. Wenn Schönberg allerdings seine Ansichten als die allein gültig zu habenden hinstellt und behauptet, nur die Mediokren, er meint wohl die Mittelmäßigen, wollen die Schönheit besitzen, dann sollte man dieser Lehre mit allem Nachdruck etwas entgegensetzen. Es ist schon unverfroren, zu behaupten, „dem Künstler ist die Schönheit nebensächlich“. Welche Künstler meint er eigentlich damit? Doch wohl nur dieVäter der 68er.
Borris, dessen Buch „Einführung in die moderne Musik“ ich nur jedem konservativen, an moderner Musik Interessierten, empfehlen kann, charakterisiert diese Musik, indem er sagt: „Dem Laien erscheint der Klanggehalt meist fremd und problematisch. Sowohl die Maßlosigkeit mancher Hypertrophien und die Maskenhaftigkeit und Starre jener exzessiven als auch der fatal anmutenden Spannung in eine fast mathematisch abstrakte Konstruktivität, besonders der Schönberg-Schule, sind bis heute noch problematisch.“
Hypertrophien sind überspannte, überzogene Gedankengänge im Künstler. Exzessiv heißt, das Maß überschreitende Orphik. Das wiederum ist eine religiös-philosophische Geheimlehre der Antike, die Erbsünde und Seelenwanderung lehrte. Unter Konstruktivität versteht man die nicht gegenständliche Kompositionsweise mit Überbewertung des formalen Satzbaues.
Auch der italienische Pianist und Komponist Ferruccio Busoni (1866-1924) veröffentlichte den „Entwurf einer neuen Ästhetik der Tonkunst“ (348). Darin kommen bereits Gedanken zum Ausdruck, die stark von Ichsucht geplagt sind. Busoni stellte die Behauptung auf, „die Aufgabe des Schaffenden besteht darin, Gesetze aufzustellen und nicht, Gesetzen zu folgen. Wer gegebenen Gesetzen folgt, hört auf, ein Schaffender zu sein“. Natürlich war Busoni kein Anarchist und bezog seine Aussagen nur auf das Komponieren. Die „modernen“ Komponisten griffen erfreut seine Thesen auf und wurden, was die Musik betraf, Gesetzlose. Ja, sie wurden noch mehr als Gesetzlose. Indem sie alte Gesetze über den Haufen warfen, also nicht mehr befolgten und dafür neue Gesetze aufstellten, nach denen alle Komponisten sich zu richten hätten, bewiesen sie ihre Ichsucht und ihren diktatorischen Charakter. Hätten sie ausdrücklich jedem Künstler seine künstlerische Freiheit gelassen, wäre in ihrem Verhalten nichts Abwegiges zu sehen, zumindest solange sie nicht dem Missbrauch der Freiheit der Kunst Vorschub leisteten. Doch in einflussreiche Lehrstellen hätte man sie nicht berufen sollen. So gesehen ist es nicht verwunderlich, dass die „Neuzeit“ keinen Bach, Händel, Haydn, Mozart, Beethoven u. a. hervorgebracht hat, sondern bis auf

wenige Ausnahmen nur die künstlerischen Unfähigkeiten der 68er-Kulturrevoluzzer der Frankfurter Schule, maßgeblich beeinflusst von Adorno.
Ein großes Glück für die Liebhaber „alter Musik“ ist die Tatsache, dass diese alte Musik immer noch in allen Konzertsälen und Opernhäusern der Welt aufgeführt wird. Nicht auszudenken, wenn Leute wie die 68er die heutige Musikszene beherrschten und per Erlass, wie in allen Diktaturen üblich, nur noch moderne Musik aufgeführt würde. Ich erinnere in diesem Zusammenhang an Jonathan Meese, den ich bereits u. a. zur Diktatur der Kunst Stellung nehmen ließ.
Wir sehen schon, die „modernen“ Komponisten sind aus demselben Holz geschlagen, wie die „modernen“ bildenden Künstler, die Maler, Bildhauer usw. Besonders deutlich wird dies auch, wenn ich mich nun Strawinsky zuwende. In seinen Memoiren schreibt er unter vielem anderen: „Ich halte die Musik für wesentlich unfähig, irgendetwas auszudrücken, welcher Art es auch sei, ein Gefühl, eine Haltung, einen Gemütszustand oder eine natürliche Erscheinung. Ausdruck war niemals eine immanente, d. h. den Bereich des menschlichen Bewusstseins überschreitende Eigenschaft der Musik. Wenn Musik irgendetwas auszudrücken scheint, ist es höchstens eine Illusion, ein hinzugeführtes Element, mit dem eine veraltete Konvention sie bereichert.“
Was ging in Strawinsky vor, dass er eine solche Meinung vertrat? Es ist merkwürdig, dass ein Komponist, sei er auch noch so modern, derartig abwegige Ansichten vertritt. Wenn Kunst, also auch Musik, unfähig wäre, etwas auszudrücken, insbesondere das Innenleben des Komponisten, dann gäbe es keine Kunst und Kunstwerke, dann wären auch die Kompositionen Strawinskys keine Kunstwerke. Diese Meinung Strawinskys bleibt für mich ein ungelöstes Rätsel. Ganz besonders rätselhaft erscheint mir seine Meinung, wenn ich bedenke, was er dagegen über das klassische Ballett schrieb:
„Ich bewundere das klassische Ballett, die Schönheit seiner Ordnung und die aristokratische Strenge seiner Form. Seine Haltung entspricht genau der Auffassung, die ich von der Kunst habe.“ „Es ist alles richtig, auch das Gegenteil“, sagte schon Kurt Tucholsky.
Nun ist das Ausdrücken von Meinungen allerdings keine Kunst, auch nicht, wenn man sie in irgendeiner besonderen Form zum Ausdruck bringt. Doch gehören sie auf jeden Fall zum Innenleben eines Künstlers, das auch Strawinskys Kunst erst ermöglichte. Vielleicht erkennt man den Zusammenhang zwischen seinen Kompositionen und Meinungen, wenn man seine hochinteressante Musik hört, die mich oft beeindruckte, aber wohl nicht jedermanns Geschmack ist. Muss sie auch nicht. Auch das heißt wiederum nur, dass nicht jeder mit ihr in positive Resonanz gerät.
Wenn Strawinsky aber anfängt, von den reproduzierenden Künstlern nur „das exakte Spiel der Noten zu verlangen“, hört der Spaß für mich auf. Auch bei Strawinsky offenbart sich mit dieser Meinung eine nicht zu überhörende Ichsucht, die auf eine ge-

wisse Entartung hinzuweisen scheint. Wenn ich mir auch eine schöne werktreue Operninszenierung wünsche, verlange ich aber dennoch eine musikalische Freiheit der reproduzierenden Musiker, die ihr Innenleben in der Wiedergabe der Noten zur Geltung bringen sollten. Strawinskys Forderung stellt das genaue Gegenteil der Ansichten moderner Regisseure dar, die Bühnenbilder und Kostüme völlig anders gestalten, als der Komponist in seinem Werk als Regieanweisung vorgibt. Noch lieber wäre es diesen „Bilderstürmern", wenn sie auch die Musik entstellen dürften. Doch das hat noch kein ernsthafter Dirigent zugelassen. Diese Wirrköpfe leben dank der verantwortlichen 68er-Theaterdirektoren in unserer Gesellschaft und wir müssen mit ihnen leben und auf manche der wundervollen Opern verzichten. Doch eines sollten Sie, liebe Leserinnen und Leser, nicht mehr zulassen, dass diese Regisseure als die größten Geister deutscher Kultur hochstilisiert werden, indem sie nicht mehr jubeln, sondern gellend pfeifen, wenn entartete Inszenierungen ihnen nicht gefallen.

Wenn man sich manche musiktheoretischen Aussagen der oben besprochenen Komponisten ansieht, kommt man zu der Erkenntnis, dass sie alle, um mit Max Nordau zu sprechen, einen großen, gemeinsamen Feind haben: den Musiktheoretiker in sich.

Lassen Sie mich zu einem weiteren Wirrkopf der Moderne kommen: Paul Hindemith. Als Schänder religiöser Sinnbilder werde ich ihn noch ausführlich vorstellen.

Auch wenn Hindemith-Fans so manche seiner radikalen Exzesse und seine grotesken Beispiele dümmlicher, geistiger Ergüsse als übertriebene Nüchternheit zu entschuldigen versuchen, bin ich der Meinung, in einer Informationsgesellschaft sollte auch jeder erfahren, wem diese Musikexperten huldigen. Ein Prachtexemplar solcher Kompositionen ist jene, die den Namen trägt: „Neues vom Tage" (344). Die darin vorkommende Arie der „Laura in der Badewanne" dichtete Marcellus Schiffer. Hindemith muss sie so gut gefallen haben, dass er sie vertonte. Hier der Text, dem wohl nichts hinzuzufügen ist:

Nicht genug zu loben sind die Vorzüge
der Warmwasserversorgung.
Heißes Wasser tags, nachts.
Kein Gasgeruch, keine Explosion, keine Lebensgefahr.
Fort, fort, mit den alten Gasbadeöfen.

So scheint Hindemith die „Erneuerung der Gesellschaft" vorgeschwebt zu haben. Die Arie in der Badewanne erinnerte mich in seiner geistigen Aussagekraft stark an das vom Schrottplatz geholte, völlig verdreckte, Kunstwerk „Badewanne" von Joseph Beuys.

Kommen wir nun zu den wirklichen Revoluzzern in der modernen Musikszene: Weill und Eisler, die von dem Dichter Brecht tatkräftig unterstützt wurden. Diese Künstler fuhren u. a. schwere und grobe Geschütze gegen jegliche Bürgerlichkeit auf, was natürlich nicht heißen soll, dass dahinter mitunter auch manchmal berechtigte Kritik an dieser Bürgerlichkeit steckte. Über die Art und Weise dieser Kritik lässt sich allerdings zu Recht streiten. Karl Marx hätte sie sicher als lumpenproletarisch gebrandmarkt.

Um die Bedeutung des Innenlebens und damit der Kunst eines Künstlers noch einmal deutlich zu machen, will ich auf Brecht und Weill etwas näher eingehen, indem ich aus einem Arte-TV-Beitrag berichte (362): Die Sendung beginnt gleich mit Brechts fundamentaler Aussage: „Zum Teufel mit der Moral!" oder „Ein Jahr vögeln oder ein Jahr denken, für einen starken Gedanken würde ich jedes Weib opfern, beinahe jedes." Ist das nicht ekelhafte Entartung?

Von Zeitgenossen wurde sein Charakter mit dem Prädikat der Durchtriebenheit eines Galgenvogels (362) geehrt. Seine Gesinnung gipfelt in den Worten „Bevor nicht der letzte Zuschauer an den Gedärmen des letzten Schauspielers aufgehängt ist, gibt es keine Kunst." An anderer Stelle will er uns weismachen, „die Schauspieler wären für ihn immer geliebte Leute gewesen". Paradoxerweise fordert er von seinem Publikum, es solle selbstständig denken. Was wäre aus ihm geworden, hätte es seinen Rat befolgt! Im „guten Menschen von Sezuan" fordert er, der Scheuklappendramatiker Brecht, erst einmal völlig zu Recht Mitleid und Barmherzigkeit. Doch hat er, sehr wohl in Kenntnis der ungeheuren Verbrechen der Kommunisten gegen die Menschlichkeit, gegen deren Feinde dies nie gefordert. Auch hat er niemals für die vielen Opfer im Gulag Mitleid und Barmherzigkeit gefordert. Seine maßlose und überhebliche linke Einseitigkeit, die durch nichts gerechtfertigt war, hat mich an Brecht und Weill immer schon gestört und stört mich jedes Mal wieder, wenn ich seine Texte und Weills Kompositionen zu hören bekomme. Am 5.April 2014 hörte ich im 3sat-Fernsehen in der Sendung „Geister, die sich scheiden" u. a. einen Song von Kurt Weill, der mit den Worten „Wach auf du verrotteter Christ" begann. Ich erlaube mir die Frage an die Verantwortlichen des Fernsehens zu stellen: „Was bezweckte Weill mit diesem Text und was bezweckten die Macher des 3sat-Fernsehens mit diesem Antichristentum?" Ich habe im Laufe meines Lebens einige Juden persönlich kennen und schätzen gelernt. Sie achteten meine christliche Religion, so wie ich ihre jüdische achtete und noch immer achte. Muss ich erwähnen, dass von Menschen beider Religionen Verbrechen begangen wurden und noch immer wieder begangen werden? Deshalb darf man doch nicht die Religionen bekämpfen, sondern nur die Auswüchse einiger Kirchenfürsten!

Seit 1953 scheint es in Brecht gedämmert zu haben, dass die von ihm vertretene Ideologie wohl doch nicht ganz die richtige ist. Er verurteilte 1953 den Einmarsch sowjetischer Panzer in die DDR, den sozialistischen Staat DDR stellte er aber noch nicht infrage. Doch später ging ihm dann ein weiteres Licht auf, nachdem der ostdeutsche Schriftstellerverband verkündet hatte: „Das Volk hat das Vertrauen der DDR-Regierung verscherzt und könne es nur durch Verdoppelung ihrer Arbeitsleistung zurückgewinnen." Darauf fragte Brecht: „Wäre es nicht einfacher, die Regierung löste das Volk auf und wählte ein anderes?" Seitdem wurde Brecht von der DDR-Geheimpolizei Stasi überwacht. War wohl nichts mit der Freiheit Andersdenkender?
Eines von vielen seiner Themen ist „die Ausbeutung des Menschen durch den Menschen". Dabei übersah er, wie alle linken Ideologen, dass es dem Arbeiter, so wie jedem anderen Menschen, der in einem Arbeitsverhältnis stand und steht, ohne Arbeitgeber die Situation für die „Ausgebeuteten" noch viel schlimmer gewesen wäre. Einer seiner Lieblingspolitiker, Walter Ulbricht, der ihn mit „lieber Freund" anredete und auszeichnete, sagte einmal treffend: „Die Ausbeutung des Menschen durch den Menschen wurde bei uns abgeschafft. Bei uns ist es genau umgekehrt!" Brecht und Weill waren intelligent genug, das zu verstehen. Doch zogen sie daraus keine Konsequenzen. Besonders bezeichnend ist, dass Gewalt gegen Andersdenkende seine politischen Stücke durchziehen. Zu seiner erstklassigen, antifaschistischen Antikriegskunst ist zu sagen, dass er als linker Scheuklappendramatiker den Überfall Stalins auf Polen, kurz nach Hitlers Einmarsch, nie gebrandmarkt hat. Auch hat er nie dazu Stellung genommen, dass damals die Sowjets ihre Kriegsbeute „Ostpolen" nach 1945 nicht zurückgaben. Das wären Themen gewesen, wenn Brecht es mit seiner Humanität ernst gemeint hätte.
Alles was Brecht und Weill gegen den Faschismus geschrieben haben, hatte absolute Berechtigung. Doch vergaß er, so wie die heutige Linke und ihre Medien, dass Faschisten, Sozialisten und Kommunisten sich gegenseitig im Morden Andersdenkender in nichts nachstanden.
Brechts Satz „Ändere die Welt, sie braucht es!", gilt heute wieder mehr denn je, politisch genauso wie kulturell. Man muss sowohl die „Raubtierkapitalisten" als auch die linke Soldateska in ihre Schranken weisen. Verstaatlichungen sind genauso absurd, wie das Gewinneeinstreichen der Banken und die Sozialisierung ihrer Verluste.
Brechts ideologisches Gerede: „Da sitzen wenige ganz oben und sehr viele unten", ist Ausdruck bedauernswerter Unintelligenz. Jeder weiß, dass dies fast ein Naturgesetz ist. Es war, ist und wird immer so bleiben, in allen Gesellschaftsordnungen der Erde zu allen Zeiten, dass nur wenige oben sitzen. Sogar im Tierreich ist es meist so.
Brecht trägt mit den Inhalten seiner Stücke nicht gerade zur Bildung der Arbeiterklasse bei. Wenn der eindeutig politisch links stehende Brecht in seinen Stücken die hohe

Arbeitslosigkeit der damaligen Zeit geißelt, ist das mehr als berechtigt. 6 Millionen Arbeitslose 1920 waren natürlich eine Katastrophe für viele Menschen. Doch 5,3 Millionen Arbeitslose unter der Herrschaft des Sozialisten Schröder waren auch nicht viel besser. Nur ging es vielen Arbeitslosen bei Weitem nicht so schlecht, wie denen von 1920, weil der christlich-demokratische Wirtschaftsminister Ludwig Erhard die Soziale Marktwirtschaft eingeführt hatte, die das berühmte erste soziale Netz aufspannte, in das die Arbeitslosen unter Schröder fielen. Keiner der heutigen Künstler hat je darüber ein Werk geschaffen und heute denkt keiner daran, die Leistung der Christdemokraten, die Verringerung der Arbeitslosen auf unter 3 Millionen in einem Kunstwerk zu würdigen. Das ist die Einseitigkeit vieler links orientierter Künstler: „Was nicht sein darf, ist nicht!"
In einem Konzertbuch (346) der sozialistischen DDR führt Johannes Paul Thilman aus, „dass die neue Musik tatsächlich nur noch den Verfallsprozess der kapitalistischen Gesellschaftsordnung widerspiegele, dem Hindemith mit seiner Oper „Matthis der Maler" einen Ausweg aus dieser verfahrenen Situation aufzeigen wollte". Wie er und seine Genossen sich einen solchen Ausweg vorstellten, zeige ich Ihnen an folgendem Beispiel:
In der Oper Mahagonny präsentieren Brecht und Weill ihre schlimmsten Entgleisungen, die schon eher vom Untergang der abendländischen Kultur im Sozialismus zeugen:

„Erstens, vergesst nicht, kommt das Fressen,
Zweitens kommt der Liebesakt,
Drittens das Boxen nicht vergessen,
Viertens Saufen, laut Kontrakt,
Vor allem aber achtet scharf,
Dass man hier alles dürfen darf."

Mich erinnert das an die Aussage der Kommunistin Rosa Luxemburgs: „Freiheit ist immer Freiheit des Andersdenkenden." Das klingt doch gut, nicht wahr? Ja, doch was steckte hinter diesem schönen Spruch dieser Revoluzzerin? Liest man ihre Schriften (378), erfährt man, dass sich diese Freiheit natürlich nur auf Andersdenkende in ihrer Partei bezog. Später, im Sozialismus des Lenin, Stalin und Ulbricht wurden alle Andersdenkenden einfach in Arbeitslager, Zuchthäuser und psychiatrische Anstalten eingeliefert oder sogar einfach umgebracht (118). So sieht die Wahrheit aus und die meisten ehemaligen DDR-Insassen, um wieder mit unserem Bundespräsidenten Gauck zu sprechen, wissen aus eigener Erfahrung, was ich damit sagen will, nämlich, dass nur die Genossen unter sich ab und zu einmal die Wahrheit sagen durften.

Hansjürgen Schaefer (346) verstieg sich sogar zu der Aussage, „in diesen Jahren wäre die Morschheit der spätbürgerlichen Kultur, (also) ihres Kunstbetriebes, bloßgelegt worden“. Heute weiß jeder, dass die sozialistische Kultur samt ihres Wirtschafts- und Politiksystems aufgrund ihrer Morschheit zusammenbrach. Weiter führte er aus: „Eisler, Dessau und Gerster erkannten, dass in den Händen der Arbeiterklasse die Zukunft der künstlerischen Entwicklung liegt. Mit Massenliedern, Chören, Kantaten, usw. nahmen sie teil am Kampf des Proletariats. Ihre Musik griff aktiv in die Wirklichkeit ein, um diese zu verändern.“ Sie, liebe Leserinnen und Leser, wissen, was dabei im Osten unseres Landes herauskam.
Über die Komponisten Werner Egk, Carl Orff, u. a., welche in der damaligen Bundesrepublik Deutschland lebten, sprach er mehr oder weniger verächtlich: Perfektionistisches Chaos, das groteske Spiegelbild einer dem Untergang verfallenden Gesellschaftsordnung, so charakterisierte er deren damals noch moderne Musik.
Wesentlich sachlicher schreibt Borris dagegen (344): „Weill, Eisler, Dessau und Kreneck traten sehr bedeutsam mit ihren Zeitstücken unter Verwendung von Jazz-Elementen in Erscheinung.“
Der Jazz, so Borris weiter, „ließ sich für alles Aggressive, Zersetzende gut gebrauchen“. Da haben wir wieder die Absichten dieser modernen, sozialistischen Komponisten: Aggression gegen das Bürgerliche, also auch gegen die alte Musik und Zersetzung aller Konventionen. Damit legten sie ihre revoluzzerhaften Innenleben bloß und dies sollte jeden Menschen nachdenklich stimmen. Auch das ist Missbrauch der Freiheit der Kunst.
Strawinsky schrieb 1936 in seinen Erinnerungen: „Der Jazz flößte mir großes Interesse ein.“ Aus diesem Interesse heraus komponierte er sogar sein bekanntes Werk für elf Instrumente: Bläser, Streicher, Schlagzeug und ungarische Zimbal.
Typisch für die Charaktere dieser sozialistischen Komponisten war, dass sie sich nicht zur Wehr setzten, als man anfing, den Jazz als die dekadente Musik einer untergehenden Gesellschaftsordnung zu geißeln. Als ihr Herr und Gebieter, Joseph Stalin, den „Sozialistischen Realismus“ kreierte und den Jazz verurteilte, haben sie aufgrund ihres natürlichen Selbsterhaltungstriebes ihre Einstellung zum Jazz folgsam geändert. Das ist zwar verständlich, jedoch nicht gerade heroisch, weil sie damals die freie Entscheidungsmöglichkeit hatten, die Sphäre dieses Diktators zu verlassen. Ganz im Gegenteil, sie verfassten Lobgesänge auf Stalin, Lenin und den Sozialismus und entlarvten sich als Ideologen, die ihre Augen vor den Verbrechen der Sozialisten und Kommunisten in aller Welt verschlossen. So sahen ihre Innenleben aus, aus denen heraus sie ihre Kunstwerke schufen.
Brecht sagte in seinen letzten Lebensjahren: „Wer kämpft, kann verlieren, wer nicht kämpft, hat schon verloren.“ Ganz offensichtlich meinte er das politisch.

Auch Schostakowitsch bekannte sich 1935 zum stalinistischen Sozialismus und trat sogar 1960 der kommunistischen Partei KPdSU bei. 1935 sagte er: „Musik kann nicht umhin, eine politische Basis zu haben. Es gibt keine Musik ohne Ideologie. Die alten Komponisten, ob sie es wussten oder nicht, stützten politische Theorien."
Er verstand also unter dem Begriff Ideologie „Die weltanschauliche Konzeption, in der Ideen der Erreichung politischer und wirtschaftlicher Ziele dienen." Versucht man das, was er zum Ausdruck brachte zu verstehen, dann könnte man sagen: Musik ohne politische und wirtschaftliche Ziele kann es nicht geben. Dass die meisten Künstler auch Geld verdienen müssen, um zu leben, ist aber eine Binsenweisheit. Politische Ziele verfolgten und verfolgen allerdings nur einige, keinesfalls alle Künstler.
Am 29. Januar 1959 versuchte er mit der Uraufführung seiner musikalischen Komödie „Moskau, Tscherjomuschki" in Moskau, in das wirtschaftliche System der Sowjetunion einzugreifen, indem er die Wohnungsnot und das Unvermögen der Kommunisten, diese zu beseitigen, auf das Schärfste geißelte. Herausgekommen ist bedauerlicherweise nur das „Schmierentheater Sozialismus", was er kritisierte. Auch wenn diese Komödie ein Produkt der Chruschtschow'schen Tauwetterperiode war, hat Schostakowitsch nicht das Happy End des Sozialismus „komponiert", aber auch nicht seinen Untergang. Hätte er es denn nicht ahnen oder sogar sehen können? Ich meine schon.
Brecht sagte kurz vor seinem Tod zu einem Journalisten: „Schreiben Sie, dass ich unbequem war und nach meinem Tode zu bleiben gedenke. Es gibt auch dann noch gewisse Möglichkeiten."
Lassen Sie mich nun auf Hindemith zurückkommen. Borris (344) beschreibt seine „Suite 1922" als widerborstig und gewollt ordinär. In seiner (Hindemiths) Tonsatzlehre verkündete er umgekehrt dazu: „Die Melodik ist das Element, in welchem sich die persönliche Eigenart eines Komponisten am ehesten und sinnfälligsten kundtut." Ersparen Sie mir den Rückschluss auf Hindemiths Innenleben. Doch sollte man nie vergessen, dass dieses eine Funktion der Zeit ist.
Unzweifelhaft ist nämlich auch seine bekannteste Symphonie „Matthis der Maler", die er aus Teilen seiner gleichnamigen Oper zusammenstellte, einem Kunstwerk der Moderne. Er wählte als Thema: Die geistigen Inhalte des berühmten „Isenheimer Altars", dessen Bildtafeln er zum Vorbild nahm: Engelkonzert, Grablegung, Auferstehung und die Versuchung des heiligen Antonius, vier äußerst anspruchsvolle Themen. Damit Sie erkennen können, welcher anspruchsvollen Thematik Hindemith sich zuwendete, zeige ich Ihnen die „Auferstehung" aus dem Isenheimer Altar, eines der Kunstwerke des Künstlers Matthias Grünewald.

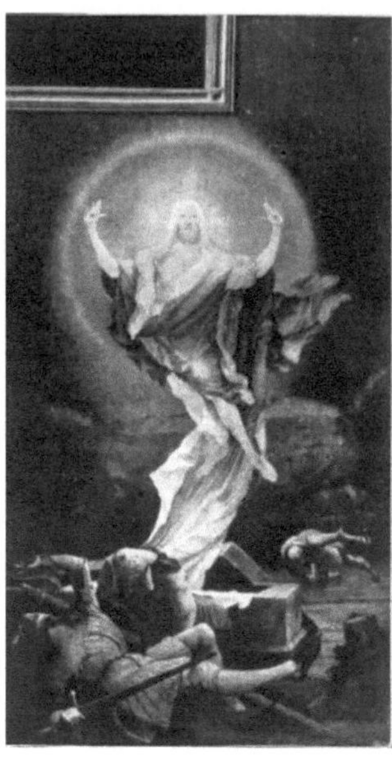

Abb. 22: Matthias Grünewald – Teil des Isenheimer Altars „Auferstehung“

Ob man bei völliger Unkenntnis der Entstehungsgeschichte dieser Symphonie beim Hören des Engelkonzerts allerdings wirklich, wie Thilman (346) sagte, Engelscharen im löblichen Wettstreit und Eifer auf Wolkenbergen übereinandersitzend musizieren hört, bezweifle ich stark. Natürlich hat Hindemith diese Thematik als Vorspiel zu seiner gleichnamigen Oper gewählt, sodass sie auch Thilman bekannt war. Mit diesem Wissen ist es denkbar, dass er in seinem Inneren „verzückt singende Engel“ hörte. Allerdings muss man schon ein entsprechendes „Innenleben“ führen, um in dieser modernen Musik ein Engelkonzert zu hören. Ich habe ein solch grandioses Erlebnis beim Hören dieser Symphonie leider nicht gehabt. Für mich war sie Ausdruck seines unharmonischen, für mich bedauernswerten Innenlebens. Ich stelle mir unter Engelmusik z. B. Mozarts „Ave verum corpus“, KV 618, und sein „Laudate Dominum Omnes gentis“ aus der „Vesperae solemnis de confessore“, KV 339, vor. Doch hören Sie sich Hindemiths und Mozarts „Engelkonzerte“ einmal selbst an, um sich ein Urteil zu bilden und um zu erkennen, was man alles als Sekundärkunst in seinem Inneren erleben oder besser gesagt erhören kann. In diesem Zusammenhang fällt mir „Die Offenbarung des Johannes“ wieder ein, in der, wie ich schon ausführte, der Herrgott den Erzengel Luzifer mitsamt seinen abgeworbenen Engeln nach dessen Revolution aus dem Himmel auf die Erde warf. Möglich wäre es also, dass Hindemith ein Konzert dieser „Engel“ in sich vernommen hat, als er seine Komposition schuf.

Kommen wir nun zu der Verständlichkeit der Musik, und zwar zu jeder Art von Musik, gleich ob alt oder neu. Allein die Tatsache, dass es Menschen gibt, die heute noch sagen: „Mozart mag ich nicht“, zeigt, dass für diese die Musiksprache Mozarts nicht verständlich ist. Ich erkläre das damit, dass sie nicht fähig sind, mit seiner Musik in positive Resonanz zu treten. Das Gleiche gilt natürlich auch für moderne Musik. Eigentlich ist es nicht notwendig zu wissen, was der jeweilige Komponist mit seiner Musik ausdrücken wollte, weil sie in vielen Menschen unterschiedlichste Sekundärkunst erzeugt. So empfindet beim Musikhören oft jeder etwas anderes. Und das ist aus vielen Gründen gut so. Will man jedoch wirklich wissen, was der Komponist uns mit seiner Musik sagen wollte, muss man ihn schon selbst fragen.
Borris beschreibt in seinem Buch (344), „wie aufschlussreich und ergreifend in dem Ernst ihrer Selbstkritiken die autobiografischen Skizzen des russischen Komponisten Majaskowskys vom Jahr 1936 sind.“

Wenn man also das Glück hat, solche Aussagen eines Komponisten zu lesen, kann man versuchen, damit in Übereinstimmung zu kommen. Gelingt dies nicht und empfindet man etwas anderes, als der Komponist empfand, als er diese Musik schrieb, erkennt man, wie wichtig der Begriff Sekundärkunst ist, die ja bekanntlich in einem solchen Fall im Inneren des Hörers entsteht.
Ganz anders verhält es sich bei Liedern, Opern, Messen, Passionen u. a. Hier liegt der Text vor und der Komponist drückt musikalisch das aus, was er beim Lesen dieser Texte empfand, also seine Sekundärkunst. Sein Innenleben nimmt den Sinn des Textes auf und wandelt ihn in seine Kunst, also in seine Musik um. Der Zuhörer kann mit dieser Erkenntnis beide „Künste“ miteinander vergleichen und dann das Ergebnis dieses Vergleiches mit seiner Sekundärkunst in Einklang zu bringen versuchen. Voraussetzung ist natürlich, dass er den Text entweder auswendig kennt oder ihn beim Hören mitliest. Dadurch erhält er wesentliche Einblicke in das Innenleben des Komponisten, weil ganze, aus Worten bestehende Sätze oder Zeilen in Töne, Klänge usw. regelrecht in Sprache übersetzt erscheinen. Man könnte meinen, dass aufbauend auf diesem Sachverhalt ein Übersetzungscomputer für Musik ermöglicht werden könnte. Ich bin überzeugt, dass dies niemals gelingen wird, weil sprachlich gleiche Sätze immer wieder anders komponiert wurden. Ich denke dabei insbesondere an die vielen wundervollen Messen Mozarts, die er zu Ehren Gottes schrieb. Eine katholische Messe besteht ja bekanntlich aus dem Kyrie, Gloria, Credo, Sanctus, Benedictus und dem Agnus Dei. Ich möchte Ihnen drei kurze Beispiele vorlegen:

Kyrie
Herr erbarme dich unser.
Christus, erbarme dich unser.
Herr, erbarme dich unser.

Sanctus
Heilig, heilig, heilig
Herr, Gott Zebaoth.
Voll sind Himmel und Erde
Deines Ruhms.
Hosanna in der Höhe.

Agnus Dei
Lamm Gottes,
das du trägst die Sünden der Welt,
erbarme dich unser.
Lamm Gottes,
das du trägst die Sünden der Welt,
gib uns Frieden.

Wenn Sie bedenken, dass Mozart immer mit dem gleichen Text und völlig unterschiedlicher Musik siebzehn Messen komponiert hat, erkennen Sie, was er zu diesen einfachen Texten alles mit seiner Musik zu sagen und ausgedrückt hatte. Hören Sie selbst und Sie kommen aus dem ehrfürchtigen Staunen nicht heraus. Besonders zu erwähnen ist seine wundervolle, also voller Wunder steckende Waisenhausmesse, die er mit 12 Jahren schrieb.

Die meisten modernen Komponisten verehren die Klassiker der Musik, fordern aber gleichzeitig, dass man sich der modernen Musik vorurteilsfrei nähern soll. Was sie unter „frei von Vorurteilen" verstehen, sagen sie allerdings nicht. Wenn ich heute geboren würde und mein ganzes Leben lang nur moderne Musik zu hören bekäme, könnte ich natürlich kein Vorurteil zu ihr haben, da ich nichts anderes kennenlernte. Da ich aber nicht heute geboren wurde, sondern schon wesentlich früher und Eltern hatte, welche die klassische Musik liebten und zu der modernen sich nicht hingezogen fühlten, komme ich nicht umhin, beide Arten von Musik miteinander zu vergleichen. Und damit spielt meine Vergangenheit und mein von ihr beeinflusstes Innenleben eine genauso große Rolle wie das des Komponisten.

Sich von seinen Vorlieben einfach zu lösen, um vorurteilsfrei zu werden, ist kaum möglich, wenn einem die alte Musik geprägt hat. Sie ist oft eingemeißelt wie in Granit und widersteht allen Versuchungen mancher modernen Musik, wie der Fels in der Brandung des Meeres. Damit kommt man auch zum Verständnis für die Menschen, die z. B. Orff, Egk, Wagner und Hindemith mehr lieben als Beethoven, Mozart und Bach.

Einer der ganz Großen der „Modernen Musik“ ist zweifellos Prokofjew, welcher lange Zeit in den USA und Frankreich lebte (353).

Seine Kompositionen stießen damals in beiden Ländern auf völliges Unverständnis. So schrieben die amerikanischen Kritiker, „Prokofjew hätte keine Melodien, seine Harmonie sei schlecht, sein Kontrapunkt sei nicht gut und es gäbe bei ihm nicht die geringste Musik.“ Unter Kontrapunkt versteht das Fremdwörterbuch des Dudens einen, auf der Bewegung mehrerer selbstständiger Stimmen beruhenden Tonsatz.

Die französische Kritik ist nahezu identisch: „Seinen Kompositionen fehle es völlig an Melodien, ihre Harmonien seien schrecklich, ihre Kontrapunkte seien völlig unverständlich und in ihnen gäbe es nicht die geringste Musik.“

Diese Kritiken stammen alle aus Jahren am Anfang des 20. Jahrhunderts. Auch heute gefällt Prokofjews Musik nicht allen Musikliebhabern, was daran liegt, dass sie so, wie die o.g. Kritiker mit seiner Kunst nicht in Resonanz kommen, da sie ein völlig anderes Innenleben führen.

Als er im Januar 1927 vorübergehend in der Sowjetunion, in Moskau, weilte, komponierte er seine Oper „Der stählerne Schritt“, deren Handlung in einem Bahnhof und in einer Fabrik, inmitten von Maschinen sich abspielte. Er verfiel der „Maschinenmusik“, die wir bereits bei vielen anderen europäischen Komponisten kennenlernten. Pratella (344) schrieb ja schon 1911 in seinem „Futuristischen Manifest“ von der Herrschaft der Maschine in der Kunst.

Wie sich Prokofjews Kunst, in seinem Innenleben wandelte, ersieht man aus seiner Oper „Der feurige Engel“, in dem er sich zum Christentum mit den wunderbaren Worten bekannte: „Das Reich Gottes ist in uns.“

Obwohl er nachweislich das sowjetische, politische System, also den Kommunismus, ablehnte, kehrte er 1936 mit seiner Familie in die stalinistische Sowjetunion zurück, was er bitter bereuen musste. 1948 wird er in seiner Heimat dekadenter und formalistischer Tendenzen bezichtigt und zahlreiche seiner Werke wurden verboten. Im gleichen Jahr verschwand seine Frau Lina für 6 Jahre in kommunistischen KZs, im berüchtigten Gulag. Hier sieht man wieder einmal die große geistige Verwandtschaft der Kommunisten mit den Nationalsozialisten. Am 5. März 1953 stirbt er mit 62 Jahren an einem Herzinfarkt.

In Deutschland wurde er einem breiten Publikum insbesondere durch seine Märchenoper „Peter und der Wolf“ bekannt. Abschließend ist zu sagen, dass Prokofjews Mu-

sik nichts, aber auch gar nichts mit entarteter Musik zu tun hat, wie die Kommunisten in der Sowjetunion ihm indirekt unterstellten.
Noch einmal zurück zu dem Begriff Resonanz. Selbstverständlich gibt es viele Musikliebhaber, die sowohl Schönberg als auch Mozart mögen. Doch wenn in einem Konzert alles durcheinander dargeboten wird, ist dies für mich unerträglich und ich meide solche Konzerte. Das wenigste, was ich fordere, ist, dass man moderne und klassische Musik durch eine Pause voneinander trennt, da sie, wie Feuer und Wasser, für mich nicht mischbar sind.
Ganz besonders trifft das für ein Konzert zu, in dem das Orchester Werke von Bela Bartók und Wolfgang Amadeus Mozart spielt. Daran ändert sich auch nichts, wenn zum Beispiel Yehudin Menuhin die Geige spielt. Eigentlich sollte ich sagen: Zelebriert, also betont langsam und genussvoll ausführt.
Zusammenfassend sage ich, dass es auf dem Gebiet der konzertanten Musik keine Entartung geben kann. Alle Merkmale des Begriffs Entartung können in einer Musik von niemandem nachgewiesen oder diagnostiziert werden. Natürlich gehört dazu nicht die „Geräuschkulisse", die z. B. entsteht, wenn mit den Ellenbogen und Unterarmen von entarteten Künstlern auf die Klaviertasten eingeschlagen wird.
Nur die Nationalsozialisten glaubten allerdings, dass es auch „entartete Musik" gäbe. Sie beschimpften, ohne nur im Geringsten darüber nachgedacht zu haben, Komponisten, wie Schönberg, Bartok, Alban Berg u. a. als undeutsch, zersetzend und schädlich. Hätten sie Musik, die mit Texten unterlegt waren, wie manche Opern, Lieder oder Kantaten als entartet bezeichnet, so wäre die eine oder die andere textgebundene Musik durchaus als zersetzend und schädlich, also entartet, sichtbar geworden.

12.0 Die Psychologie der modernen Kunst

Ich habe viel über entartete Kunst gelesen und u. a. auch das fast tausendseitige Buch „Entartung" des jüdischen Psychiaters und Kunstwissenschaftlers Max Nordau intensiv studiert. Weil ich mich bisher mit der Psychologie der Kunst, sowohl der klassischen als auch der modernen Kunst, nicht intensiv befasst habe, will ich Ihnen, liebe Leserinnen und Leser, dazu einige interessante und lesenswerte Dinge darstellen.
Doch in diesem Zusammenhang zuerst eine nette Geschichte, die der bekannte sächsische Komiker Eberhard Cohrs seinen Zuschauern präsentierte. Als er wieder einmal mit seinem Bekannten, Feuerstein, auf der Bühne plauderte, benützte er das Wort Heedelbären. Da Feuerstein es nicht verstand, meinte Cohrs: „Na ja, man kann auch Heidelbeeren dazu sagen."
Und genauso ist es mit der Psychologie. Psychologische Lehrbücher ohne Latein- und Griechischkenntnisse sind für den Laien unverständlich. Deshalb werde ich den latei-

nischen und griechischen Fachausdrücken die entsprechenden deutschen Bezeichnungen hinzufügen.
Im Folgenden halte ich mich an Lehrbücher der „Psychologie“ und insbesondere an Lehrbücher der „Psychologie der modernen Kunst“, wie z. B. das von Walter Winkler (40). Wir werden sehen, dass der Begriff Entartung darin kaum vorkommt und dass man diesen Begriff auf viele, ja sehr viele moderne Kunstwerke nicht anwenden kann, weil sie nicht den Entartungskriterien entsprechen. Selbstverständlich komme ich darauf zurück, wenn diese Kriterien zutreffen.
Winkler setzt für den Begriff „moderne Kunst“ den Begriff „moderner Antinaturalismus“ und meint damit die moderne Art der Formzertrümmerung oder die Zerschlagung des Naturorganismus in der Malerei. Er führt aus, dass dies der Vergewaltigung der Natur gleichkommt. Max Nordau benützte für das Wort Vergewaltigung den Begriff „Entartung“ und sagte: „Die Antinaturalisten glauben, mit ihrer Kunst in chaotische Tiefen einzudringen oder hinabzustoßen, natürlich von der Erde weg, hinauf in ungeahnte Höhen.“ Ich ergänze: Was der normale Mensch einfach als Größenwahn bezeichnet. Zu dieser Art von Künstlern gehören auch diejenigen, die die „Lyrik ohne Inhalt“ erfanden, aber nicht die Dadaisten, die, ohne auch nur eine Aussage machen zu wollen, sich selbst und ihre Kunst verulkten. Zu diesen Künstlern könnte man den „Lyriker“ des Gedichtes Fragezeichen rechnen, wenn dieser nicht die Urteilsunfähigkeit mancher „Kunstexperten“ vorführen gewollt hätte.
Und damit sind wir schon mittendrin in der Psychologie des modernen Antinaturalismus.
Unter Lyrik haben wir die Dichtungsgattung zu verstehen, in der auf die eigene Person bezogenes, also subjektives Erleben, Erfühlen von Stimmungen, usw. oder das sich Vertiefen in Gedankengänge, Nachdenken, Überlegen, Betrachten, auch in vergleichendes und prüfendendes Denken (Reflexionen) mit den Formmitteln von Reim, Rhythmus, Metrik, Takt, Vers, Strophe u. a. ausgedrückt werden.
„Lyrik ohne Inhalt“ könnte man in Anlehnung an den Antinaturalismus als Antilyrik bezeichnen, was immer das sein soll. Auf jeden Fall hat sie nichts mit Lyrik zu tun und verdient deshalb, wenn man sich das oben Gesagte noch einmal vor Augen führt, die Bezeichnung „Lyrik ohne Inhalt“ nicht, denn Lyrik hat immer einen Inhalt. Hier finden wir das wieder, was schon die Nationalsozialisten und Kommunisten zur Genüge taten: Umdefinieren und missbrauchen von Begriffen, um ihre zerstörerischen, kulturvernichtenden Ideologien durchzusetzen.
Ein normal denkender Mensch bezeichnet die Dichter der „Lyrik ohne Inhalt“ als Schwachköpfe, wobei er sicher an eine Art von Geisteskrankheit denkt. Das ist zwar verständlich, doch wenn wir daran denken, dass auch Werke der „Lyrik ohne Inhalt“ Ausdruck des Innenlebens der Dichter und Schriftsteller sind, die sie verfassten, dann

müssen wir zur Kenntnis nehmen, ja es ist auch Kunst, was sie da produzieren und die niedergeschriebenen Werke der „Lyrik ohne Inhalt“ sind auch Kunstwerke.
Wenn wir im Fremdwörterbuch (146) dann noch lesen, dass man unter lyrisch ein Kunstwerk mit stimmungsvollem, gefühlsbetontem, weichem Grundton von zartem Schmelz zu verstehen hat, dann erkennen wir, dass die Antinaturalisten alles, aber auch alles auf den Kopf zu stellen versuchten und immer noch versuchen.
Selbstverständlich sind einige dieser Künstler entartet, nämlich dann, wenn sie, wie ich in Kapitel 6.12 schon ausführte, gesellschaftsschädlich und -feindlich, sittenlos und ohne jede Moral sind. Wenn sie bewusst widersinnige, dem gesunden Menschenverstand widersprechende, sinnwidrige, abwegige, ja sinnlose, also absurde und mit dem Verstand, also der Ratio, nicht fassbare, dem folgerichtigen, also dem logischen Denken, nicht zugängliche, vernunftwidrige Kunstwerke schaffen. Und ganz besonders noch einmal hervorzuheben ist das antikonservative Bestreben dieser entarteten Künstler, alles Bestehende zu bekämpfen und zu zerstören, ohne auch nur mit einem einzigen Wort zu sagen, wie sie es besser machen wollen und warum sie dies tun. Wohlgemerkt, besser nicht schlechter! Letzteres betrifft hauptsächlich jene Künstler der Literatur, Dichtung und Musik, die die Freiheit der Kunst missbrauchten und missbrauchen.
Zu diesen Künstlern gehören u. a. Hindemith und Schönberg, die auf musikalischem Gebiet der Romantik und der Stilrichtung, die den zufälligen Ausschnitt aus der Wirklichkeit darstellt und bei der Farbe und Komposition von subjektivem Reiz des optischen Eindrucks unter der Einwirkung des Lichts bestimmt ist, also dem Impressionismus, ganz offen, wie sie selbst sagten, „den Kampf ansagten“.
Die „Futuristen“ forderten den völligen Bruch mit der Überlieferung in der Malerei und ihren Traditionswerten, ja sie sagten ganz offen und unverhohlen, dass sie mit ihrer Kunst eine dogmatisch verfechtende, verbohrte, blind eifrige und rücksichtslose, also fanatische Kampfansage an jegliche Tradition machen. Man sollte bedenken, dass Kampf immer eine gewaltige Anstrengung bedeutet, und in dem Wort „gewaltig“ der Begriff „Gewalt“ enthalten ist. Und Gewalt sollte jeder normale Mensch ablehnen.
Mit entarteter Kunst hat diese gegenstandslose Malerei, die von Dinglichem gelöste, rein begrifflich, theoretisch ohne unmittelbaren Bezug zur Realität geschaffene, also abstrakte Kunst, an sich nichts zu tun.
In der Psychologie der Kunst spielen nun folgende, für das Verständnis wichtige Begriffe eine große Rolle. Als Erstes will ich die Bewusstseinsspaltung, den Verlust des inneren Zusammenhangs der geistigen Persönlichkeit, das Spaltungsirresein, die innere Widersprüchlichkeit, Zwiespältigkeit, Unsinnigkeit und das Widersinnige, dem gesunden Menschverstand Widersprechende, Sinnwidrige, Abwegige, Sinnlose, also

absurde Verhalten benennen. Man fasst alle diese echt krankhaften Eigenschaften eines Menschen unter dem Wort „Schizophrenie“ zusammen.
Die antinaturalistische Kunst strotzt oft von Torheiten und Wahnideen, die allmählich in reine Schizophrenie übergehen. Diese ist u. a. auch ein sich aus inneren Ursachen aufbauendes, dauerndes System von Wahnvorstellungen.
Die zu dieser Geistesgestörtheit führende, schleichende Entwicklung des menschlichen Gehirns endet letztlich in festen Wahnvorstellungen, z. B. im Eifersuchts-, Propheten- oder Verfolgungswahn. Betrachtet man mit diesem Wissen manche heutigen antinaturalistischen Theater- oder Operninszenierungen, dann erkennt man sehr schnell, mit wem man es bei einigen Regisseuren zu tun hat.
Entwickelt dagegen ein Mensch, also auch ein Künstler, eine verborgen vorhandene, nicht hervortretende, nicht offenkundige, nicht zum Durchbruch gekommene Veranlagung zur Schizophrenie, dann nennt man ihn schizothym.
Im Gegensatz dazu nennt man die Wesensart eines für äußere Einflüsse leicht empfänglichen, also extra- oder extrovertierten, geselligen, dabei aber Stimmungsschwankungen unterworfenen Menschen, zyklothym.
Winkler unterteilt nun die modernen Antinaturalisten in zyklothyme und schizothyme Künstler, wohl wissend und betonend, dass es Mischtypen darunter gibt, d. h., dass periodisch einmal die eine und das andere Mal die andere Wesensart auftritt, was man dann die Perioden eines Künstlers nennt. Am bekanntesten sind die Blaue, die Rosa und die Barbarische Periode des Malers Picasso.
Periodisch heißt korrekt ausgedrückt „in regelmäßigen Zeitabständen“ oder in bestimmten Zeitabständen, aber auch regelmäßig. Im physikalischen Sinne versteht man unter periodischen Bewegungen die, bei denen ein Massepunkt nach einer gewissen Zeit, der sog. Periode, den anfänglichen Zustand oder Ort wieder einnimmt. Für die Tätigkeit Kunst eines Menschen ist die Regelmäßigkeit seiner Perioden nicht zwingend notwendig. Die bestimmten Zeitabstände können durchaus beliebige, auch wechselnde Funktionen der Zeit selbst sein. Ich will damit zum Ausdruck bringen, dass der Künstler heute so und morgen ganz anders tätig sein kann. Also z. B. heute als Dichter, morgen als Bildhauer und übermorgen sogar als Maler auftritt, wie uns zum Beispiel Günter Grass demonstrierte.
Kommt man zur „Radikalen Malerei“, stellt man fest: Die bis zum Äußersten gehende, rücksichtslose, unerbittliche und unnachgiebige radikale Malerei, die vom Dinglichen gelöst ist und sich nur rein begrifflich, theoretisch, ohne unmittelbaren Bezug zur Realität befindet, d. h. die „abstrakte Malerei“, nennt man die durch nichts beeinträchtigte, ungestörte, uneingeschränkte Malerei, also die „absolute Malerei“. Auch diese Art von Kunst kann durchaus periodisch im Innenleben eines Künstlers auftreten.

Etwas vereinfacht kann man sagen: Die bis zum Äußersten gehende, rücksichtslose, unerbittliche und unnachgiebige Malerei, nennt man radikale, abstrakte oder absolute Malerei. Sie ist vom Dinglichen gelöst und befindet sich nur rein begrifflich, theoretisch, ohne unmittelbaren Bezug zur Realität. Außerdem ist sie durch nichts beeinträchtigt, ungestört und uneingeschränkt.

Noch einfacher ausgedrückt sage ich, nachdem ich in allen Nachschlagewerken gesucht habe: Die abstrakte, gegenstandslose und die absolute Malerei ist ein und dasselbe. Selbstverständlich gibt es in ihrer Aussagekraft, Härte, Rücksichtslosigkeit, Unerbittlichkeit und Unnachgiebigkeit gewaltige Unterschiede.

Und man sollte auch nicht vergessen, dass das Wort „radikal“ folgende Bedeutungen hat: an die Wurzel gehend; vollständig, gründlich und ohne Rücksichtnahme; hart, rücksichtslos und einen Radikalismus vertretend.

Viele solcher radikalen Kunstwerke sind u. a. auch durch Wahnvorstellungen, also katathym entstanden, was uns unweigerlich zu den seelisch zerrissenen, d. h. schizoiden Künstlern führt. Ich betone noch einmal, dass es sich dabei keinesfalls um entartete Künstler handeln muss, wie uns Prinzhorn (37) lehrte.

Diese seelischen, also psychischen Störungen äußern sich in einer krankhaften Ichbezogenheit und Teilnahmslosigkeit, die letztlich zum Verlust jedes Umweltkontaktes und zur Flucht in die eigene Fantasiewelt führt. Nordau nannte das Ichsucht.

Zu diesen Künstlern gehören insbesondere die, welche mit Lineal und Zirkel auf dem Reißbrett Gemälde schufen und schaffen. Und natürlich sind diese sog. Konstruktivisten auch Künstler, denn sie drücken mit ihrer Kunst die rationalistischen Tendenzen ihrer Innenleben aus. Sie sind ohne gefühlsweiche, sentimentale Gefühlsregungen oder Affektentladungen tätig, d. h. ohne heftige Erregung, in einem Zustand ohne einer außergewöhnlichen seelischen Angespanntheit oder Leidenschaft.

Im Grunde genommen ist dieses „Unsinn gegen Sinn“ Ausdruck äußerster materialistischer Weltauffassung.

Zwei der bekanntesten Vertreter der konstruktivistischen Komponisten sind Paul Hindemith und Arno Schönberg. Dem jungen Hindemith weise ich in seiner Oper „Sancta Susanna“ außerdem noch Religionsschändung, also Blasphemie nach (246).

Häufig wird behauptet, dass die Futuristen ganz bewusst das Zerhacken der Formen und die Flächenauflösung betrieben. Ich glaube jedoch, dass in manchem Stadium der seelisch zerrissenen Phase oder schizoiden Periode, in der sich Künstler befanden, diese Art des Schaffens völlig unbewusst erfolgte. Daraus darf man schließen, dass sie die Freiheit der Kunst nicht missbrauchen wollten.

Die Bevorzugung der Zusammenballung an sich unsinniger, allgemeiner, menschlicher Erfahrungen zu vollkommen unzusammenhängenden Tatbeständen, was man Groteskkopplung nennt, ist ein weiteres schizoides Merkmal dieser Künstler. Bei

ihnen ist das folgerichtige, also logische Denken bewusst oder unbewusst ausgeschaltet und bedeutungslos.
Die Künstler, die diese Richtung der modernen Literatur und Kunst, also der antinaturalistischen, die das Unbewusste, Unwirkliche und Traumhafte künstlerisch, also das Innenleben ausdrückend, darstellen wollen, nennt man Surrealisten. Normalerweise ist der Surrealist in vollem Besitz seiner Geisteskräfte, der in voller Absicht seine Bewunderer, wie Dali sagte, zum Narren hält.
Will er das nicht, sollte er sich einer psychiatrischen Untersuchung und notfalls einer Behandlung unterziehen. Es könnte nämlich sein, dass er unter einer Psychose leidet, die bei ihrem Fortschreiten zur Bewusstseinsspaltung, dem Verlust des inneren Zusammenhangs der geistigen Persönlichkeit, zum Spaltungsirresein, zur inneren Widersprüchlichkeit, Zwiespältigkeit, Unsinnigkeit, und zu absurdem Verhalten, also zur Schizophrenie führen kann. Alles Symptome, die jeder schon einmal bei dem einen oder anderen Künstler kennenlernte.
Winkler (40) führt dazu aus: „Die vom modernen Antinaturalismus bewusst herbeigeführte Vernichtung der ursächlichen, also kausalen Zusammenhänge führt zwangsläufig zu einer Nichtgliederung, also zu einer Asyntaxis mit affektbedingter oder wunschbedingter, durch Wahnvorstellungen entstandenen, also katathymen, statt logischen Verknüpfung. Dasselbe ereignet sich bei der Schizophrenie unter Einwirkung des Prozesses, der eine pathologische Denkstörung zur Folge hat."
Winkler kommt dann zur Auslegung, Erklärung, Deutung, also zur Interpretation surrealistischer Bilder und behauptet: „Vielfach werden die Werke der Surrealisten erst durch eine sorgfältige, fein strukturierte, schwierige, komplizierte, also subtile Symbolanalyse vollkommen verständlich."
Ich bezweifele allerdings, dass die modernen Antinaturalisten im Ausdrücken des Unbewussten, Verdrängen, in Worten, Handlungen oder Traumbildern, also in Symbolen sich ausdrücken wollten und wollen. Künstler wie Dali machten sich heute wahrscheinlich über derartige Erklärungsversuche lustig; ganz sicher aber die Vertreter, welche die absolute Sinnlosigkeit und einen konsequenten Irrationalismus in der Kunst proklamieren, also die Dadaisten, die ja bekanntlich sich und ihre Werke verulkten und verulken. Ähnlich verhält es sich mit der „Lyrik ohne Inhalt", einem Gedicht, das ich Ihnen noch vorstellen muss:

Verliebte Vögel, dressierte Löwen, schwebende Kühe,
fliegende Pferde, leuchtende Käfer, nackte Schlangen,
frierende Fische, tote Möwen, müde Tiger, hustende Seehunde,
heulende Katzen, schwarze Meisen, trauernde Nachtigallen,
könnte Euch das gefallen?

Wer in diesem Gedicht eine geistige Aussage sucht, sucht vergebens. Wer dennoch glaubt, eine gefunden zu haben, irrt sich oder ist selbst irre. Es ist nichts anderes als eine scharfe Kontrastwirkung, wobei man noch zweifeln sollte, ob sie gewollt war. Sie wurde von mir in (31) veröffentlicht. Ich war natürlich fassungslos, dass Kunstexperten nicht gemerkt hatten, dass sie von mir bewusst zum Narren gehalten wurden. Ich stelle diesem „gewollten Schwachsinn“ einmal ein Gedicht von Christoph Martin Wieland (379) gegenüber, damit der Unterschied deutlich wird:

„Wer jetzt im Dunklen tappt, wird dann im Lichtmeer schwimmen,
Und jeder Misston rein zum Klang der Sphären stimmen.
Die ganze Schöpfung wird von ew'gem Dank erschallen,
Und, Du Unendlicher, wirst Alles sein in Allem.“

Kommen wir zu Wassily Kandinsky, der den meisten von Ihnen, zumindest dem Namen nach, bekannt ist. Er wollte und musste seine innere Welt zum Ausdruck bringen, auch wenn er nicht unbedingt die Absicht gehabt haben sollte, das eigene Gefühlsleben in seinen Kunstwerken widerzuspiegeln. Doch ganz offenbar drückte er sein ganzes Innenleben, das nicht nur aus Gefühlen bestand, aus. Oft erkennt man auch seine Fluchtabsicht aus dem Diesseits ins Jenseits.

Nach Winkler sucht der moderne Antinaturalist ganz bewusst das Primitive, Infantile, Urwüchsige, Unverfälschte und Barbarische humorlos, herb und todernst.

Allerdings unterlief Winkler mit dieser Aussage ein Fehler, weil er auch das Unverfälschte hinzurechnete. Gerade das Unverfälschte, das Natürliche, wurde ja bis aufs Messer bekämpft. Was Winkler sicher nicht meinte: das unverfälschte, entartete Innenleben dieser Künstler.

Winkler schreibt dann weiter: „Diese Künstler wendeten sich nicht nach vorn, sondern zurück, bis hin zu den Primitiven.“ Das hieße jedoch, zurück ist das Moderne, was natürlich, wie die ganze antinaturalistische Kunst, ein Widerspruch in sich ist. Max Nordau bezeichnete das Zurückgehen bis hin zu den Primitiven als entartet, wobei er die Primitiven selbst nicht als entartet ansah. Auch das Kennzeichen der Gesellschaftsschädlichkeit findet man in dieser Kunst nicht und es wurde von Nordau in diesem Zusammenhang auch nicht genannt.

Ich will noch einmal ausführlich auf die beiden Typen von Künstlern zurückkommen, damit Sie einmal selbst beurteilen können, wie dicht sich die einen an der Grenze zur Schizophrenie bewegen und wie unrecht man den anderen damit tut, wenn man unter den modernen Künstlern nur die Antinaturalisten versteht.

Da haben wir zuerst den Schizothymiker, der sich durch folgende wissenschaftlich definierten Charaktereigenschaften auszeichnet:

Innenlebigkeit, sich Abschließen von der Umwelt, Autismus. Sein der Außenwelt Abgeneigtsein, das Ungesellige, das Alleinsein betonende, die Ablehnung des menschlichen Verkehrs, Ängstlichkeit, Scheu, Schüchternheit, ironische Kälte, mürrische, verbohrte Stumpfheit, schneidende brutale, aktive Menschenfeindlichkeit, ständige seelische Konflikte.
Er glaubt, dass er das Abbild einer angeblich verzerrten Wirklichkeit darstellt und merkt selbst nicht, dass er sein Zerrbild, das er von der Wirklichkeit hat, ausdrückt, also sein entsprechendes Innenleben.
Im krassen Gegensatz dazu steht der Zyklothymiker, der von extravertierter, geselliger, dabei aber Stimmungsschwankungen unterworfener Wesensart ist. Hinzu kommt, dass er von weltoffenem, freiem, unbefangenem Sinn, anpassungsfähiger, warmer Menschenfreundlichkeit, mitlebend, mitfühlend, mitleidend, verständig und auch versöhnlich, verbindlich, freundlich, umgänglich, also konziliant ist. Er käme zum Beispiel nie auf die Idee zu sagen: Die anderen sind schuld.
Kommen wir zu den Auslegungen und Erklärungsversuchen, also zu den Interpretationen der modernen antinaturalistischen Kunstwerke. Die Interpreten, die mehr oder weniger stark mit den zu interpretierenden Kunstwerken in Resonanz treten, offenbaren uns ihre in ihnen entstehende Sekundärkunst in eindrucksvoller Art und Weise und damit ihr Innenleben. Wenn Winkler z. B. schreibt, Kokoschka war ein extrem schizothymer Künstler, dann meinte er damit, dass dieser kurz vor dem Ausbruch einer Schizophrenie stand. So jedenfalls erweckte dieser den Eindruck eines fast Geisteskranken.
Klee, der, wie wir schon sahen, ebenfalls ein schizothymer Künstler war, vermischte Wirkliches und Unwirkliches, Mögliches und Unmögliches, Diesseits und Jenseits. Man kann nach dieser Erkenntnis auch ohne Erklärung seiner Bilder auf sein Innenleben schließen.
Zu den schizothymen Künstlern gehört auch der Komponist Georg Antheils, der in seinen Klavierkompositionen auch seine Faust und seinen Unterarm einsetzte. Wenn das so weiter geht, komponiert der nächste, etwas stärker schizothyme Komponist, nur noch für Fäuste, Ellenbögen und Unterarme.
Nun, das wäre ja in Ordnung, wenn nicht die verantwortlichen Politiker und Experten diese fast schizophrenen Künstler in unverantwortlicher Weise, in hohe Lehrämter einsetzten und sie damit auf unsere Kinder, Jugendlichen und geistig weniger stabilen Erwachsenen losließen. Natürlich ist das volle Absicht, um unserer abendländischen Kultur möglichst bald den Garaus zu machen.
In diese Kategorie gehörte auch Joseph Beuys, der zum Professor für Bildhauerei an der Kunstakademie Düsseldorf ernannt wurde und einige seiner Werke es bis in die Sammlung Karl Ströher im Hessischen Landesmuseum Darmstadt schafften.

Dieses bewusst „auf andere loslassen“, erfüllt einen Tatbestand der Entartung. Dagegen einzuschreiten wäre eigentlich die Aufgabe unserer, von Steuergeldern hochbezahlten Kulturminister. Die Künstler sind meist selbst nicht einmal entartet, weil sie ohne gesellschaftsfeindliche Absichten ihre seelisch zerrissenen, also schizoiden Kunstwerke schufen und schaffen, wohingegen nach dem erfolgreichen „Marsch durch die Institutionen“ der 68er, sich der Verdacht ergibt, dass derartige Absichten bei der Ämtervergebung eine große Rolle spielten und noch heute spielen: Zerstörung unserer alten Kultur und unserer alten Traditionen.
Zurück zu Schönberg. Dieser Komponist war in seinen späteren Jahren absolut unfähig, so zu komponieren, wie Beethoven, Mozart oder Bach, was natürlich zu seiner schizoiden, schizothymen Zwölftonmusik führen musste. Ihm waren die „hochhängenden, süßen, köstlichen Trauben“ wohl zu sauer. Doch seine wunderschönen Gurrelieder, die er in seiner Jugend schuf, beweisen, dass er später mit voller Absicht diese Zwölftonmusik erfand.

Wenn eine seelische Störung, also eine Psychose, zu einem schweren Persönlichkeitsdefekt geführt hat, kann man, so Winkler, keine künstlerisch wertvolle Leistung mehr erwarten. Allerdings widerlegt er sich gewissermaßen selbst, wenn er an anderer Stelle Prinzhorn zitiert und von zwei Kunstwerken des Geisteskranken Franz Pohl (37) spricht, dessen „Würgeengel“ und „Seltsame Landschaften“ sich durch erstaunlich hohes, künstlerisches Niveau auszeichneten. Im Gegensatz zu den wirklich Geisteskranken kommt er dann zu dem Schluss: „Künstler des „modernen Antinaturalismus“ sind keine schizophrenen Geisteskranken, sondern Schizothymiker ohne seelische Störungen, also Unpsychotische reinsten Wassers, bzw. Schizoide. Auf der nächsten Seite sehen Sie als Beleg meiner Aussage das Bild „Würgeengel“ von Franz Pohl, der in einer Psychiatrischen Klinik lebte.

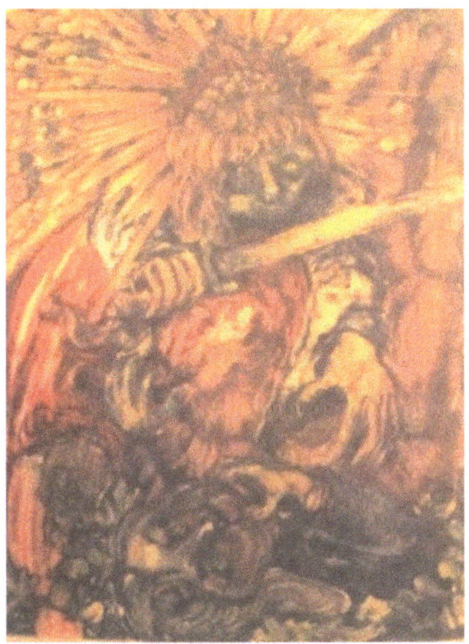

Abb. 23: Franz Pohl „Würgeengel“

Im Laufe der von Winkler (40) wiedergegebenen Biografien vieler moderner antinaturalistischer Künstler, wie z. B. van Gogh, Gaugin, Rousseau, kommt er zu dem Schluss, diese Künstler sind reine Schizoide. Sie arbeiteten so, wie es ihrem „innersten Wesen“ entsprach, also, um mit meinen Worten zu sprechen, wie es ihrem Innenleben entsprach.

Bei Paul Cézanne hat nach Winkler eine psychische Störung vorgelegen, die sich in krankhafter Ichbezogenheit und affektiver Teilnahmslosigkeit, in einem Verlust des Umweltkontaktes und einer Flucht in die eigene Fantasiewelt, äußerte, d. h., Cézanne war Autist.

Wassily Kandinsky war ein Mensch, der beim Betrachten eines Bildes in seinem Inneren Musik hörte und umgekehrt, beim Hören von Musik sich Bildwerke vorstellte, er war also Synästhetiker und besaß zudem noch die Fähigkeit, sich Objekte oder Situationen so anschaulich vorzustellen, als ob sie realen Wahrnehmungscharakter hätten. Er war also auch eidetisch veranlagt.

Sie haben sicher schon einmal gehört, dass sehr viele naturalistisch veranlagte Kunstliebhaber sagten, es sei höchste Zeit, dass der Psychiater hinsichtlich der Beurteilung der modernen, antinaturalistischen Kunst zu Worte kommt. Woher kommt es, dass diese Menschen sich in der überwiegenden Mehrzahl befinden, auch wenn man von ihnen sehr wenig zu hören bekommt. In diesem Zusammenhang will ich noch einmal Professor Paul zitieren: „Der Interpret ist es, der das Produkt eines Künstlers zum

Kunstwerk vollendet." Und in unserem Fall interpretiert der Betrachter in seiner Gedankenwelt, d. h. in seinem Innenleben, das Kunstwerk und lässt dabei in sich Sekundärkunst entstehen, die durchaus auch eine negative, ablehnende Empfindung auslösen kann.
Doch viel wichtiger ist noch die Erkenntnis, dass diese Kunstwerke von einem extrem schizothym geprägten Charakter sind und deshalb den überwiegend zyklothym veranlagten Menschen der Zugang zu dieser Kunstrichtung außerordentlich erschwert ist. Ich führe diese Tatsache darauf zurück, dass man selbst möglichst schizothym veranlagt sein muss, um mit diesen Werken in Resonanz zu geraten und um beim Betrachten in sich schizothyme Sekundärkunst zu empfinden.
Ganz im Gegensatz dazu sind die fast für jedermann zugänglichen, zyklothymen, viel unkomplizierteren, geschlosseneren und harmonischeren Kunstwerke von sehr viel mehr Menschen begreifbar und werden daher auch von den meisten wesentlich mehr geschätzt.
Winkler stellte in seinem Buch in wunderbarer Weise fest: „Die Kunstwerke des ausgesprochenen Schizothymikers geben in bestimmten, extremen Ausprägungen dem Beschauer dagegen fortgesetzt Rätsel auf, so, wie die schizothyme Persönlichkeit auch voller Widersprüche und Spannungen ist."
Max Nordau zählt dieses „Vollerwiderspruchsein" zu den Entartungskriterien, wobei ich ergänzen muss, nur wenn ein oder mehrere weitere dieser Kriterien erfüllt sind.
Zusammenfassend kann man sagen, dass schizothyme Kunstwerke deshalb keine größere zustimmende Anhängerschaft finden, weil die Mehrheit der Menschen zyklothym veranlagt ist und sich von schizothymen Kunstwerken abgestoßen fühlt.
In den Reihen der schizothymen Kunstliebhaber findet man dagegen viele Anhänger dieser entarteten Kunstrichtung, die dann auch die Ausstellungen voller Begeisterung besuchen.
Nach intensivem Studium des Buches „Psychologie der modernen Kunst", könnte man Winkler so verstehen, dass selbstverständlich der moderne Antinaturalist nicht entartet ist, „vorausgesetzt, dass er selbst sein Werk ernsthaft verstanden wissen will und es nicht spielerisch-snobistisch hinwirft, wie der Dadaist, dem die Kunst als solche nichts mehr gilt und der alles und sogar sich selbst in seinem Werk verulkt." Ich füge hinzu, trotzdem sind gerade diese Eigenschaften der Dadaisten Ausdruck ihrer Innenleben und damit Kunst.
Dem von mir hochgeschätzten Experten Winkler kann ich mich allerdings nicht anschließen, wenn er schreibt, dass schon 1949 der Schizothyme mehr als der Zyklothyme dem Wesen unserer Zeit entsprochen haben soll. Auch heute ist dies keinesfalls so. Man muss nur einmal dem „Volk aufs Maul" schauen, um zu erkennen, dass die große Mehrheit des Volkes aus völlig normalen Menschen besteht, auch wenn es

darunter Entartete gibt, die für pornografische, perverse Operninszenierungen stürmischen und rasenden, also frenetischen, von Wahnvorstellungen besessenen Beifall nach „entarteten“ Theaterinszenierungen bekunden. Bei wundervollen und werktreuen Inszenierungen fällt dagegen der Beifall „nur“ stürmisch aus.
Da Winkler 1949 die heutige moderne antinaturalistische Kunst nicht kannte, will ich einmal versuchen, Ihnen zu zeigen, wie sich diese seit 1949 entwickelte.
Stellen Sie sich einmal vor, Sie haben ein Glas Wasser und gießen etwas Säure hinein, z. B. chemisch reine Salzsäure (HCL). Solange die Konzentration 1/10-molar nicht übersteigt, können Sie diese verdünnte Säure, die unserer Magensäure gleicht, ohne Schaden zum Ansäuern ihres Salates verwenden und zu sich nehmen. Mein Bruder, ein promovierter Chemiker, gab meiner Mutter kurz nach 1945 1/10-molare reine Salzsäure als Essigersatz, da es Essig damals, kurz nach dem Zweiten Weltkrieg, noch nicht wieder gab. Reichern Sie nun ständig die 1/10-molare Säure mit konzentrierter, vielleicht dazu noch mit verunreinigter technischer, an, dann erhalten Sie nach einer gewissen Zeit und guter Durchmischung eine gefährliche Säure, die verschüttet oder gar verspeist, eine zerstörerische Wirkung entfaltet.
Genauso ist es mit der heutigen, modernen entarteten Kunst, allerdings nicht zu verwechseln mit der heutigen zeitgenössischen Kunst, besser ausgedrückt, mit heutigen modernen Kunstwerken.
Die entarteten Künstler, die heute auch „moderne Kunstwerke“ produzieren, haben entsprechend der hochkonzentrierten Säure, immer mehr an irrationalen, absurden Ideen in das Glas „Moderner Antinaturalismus“ eingebracht, bis die vorher verdünnte, ungefährliche Säure, sprich der ungefährliche Antinaturalismus, zu einer zerstörerischen Konzentration, zu geistigem Terror und zur Vernichtung unserer abendländischen, aber auch morgenländischen Kultur beiträgt. An dieser Stelle muss ich einfügen, dass ich unter Vernichtung unserer abend- und morgenländischen Kultur nicht eine materielle Vernichtung verstehe, sondern das Ausradieren dieser Kultur in den Köpfen vieler Menschen, insbesondere Jugendlicher. Von den Nazis und Kommunisten kennen wir das als „Gehirnwäsche“.
Die Anhäufung von absurden, irrationalen Kunstwerken muss man unweigerlich als entartet bezeichnen und deren Schöpfer radikal in ihre Schranken weisen, indem man sie in aller Öffentlichkeit anprangert, so wie Max Nordau Ende des 19. Jahrhunderts es schon wortgewaltig tat.
So wie bei der langsamen Erhöhung der Konzentration der Salzsäure, so nimmt auch bei der Intensivierung und Verstärkung von Absurditäten und Irrationalitäten in der modernen Kunst die zersetzende, zerstörerische Wirkung zu, bis sie unerträglich wird, d. h. die Seelen oder besser gesagt, die Innenleben der Kunstliebhaber beleidigt und verletzt; was wiederum ein Kennzeichen der Entartung dieser Kunstrichtung ist.

Und auch hier steht der „Moderne Naturalismus“ im krassen Gegensatz zum „Modernen Antinaturalismus“.
Zurück zu den Dadaisten. Solange es beim Verulken bleibt, habe ich keinen Grund dieses zu verurteilen. Doch wenn es nicht dabei bleibt und immer mehr „Säure“ dem reinen, klaren Wasser zugemischt wird, entsteht für unsere und andere alte Kulturen, und nicht zuletzt für unsere Kinder, Jugendlichen und schließlich auch für labile Erwachsene, eine ernst zu nehmende Gefahr. Denn sie führt in einen Abgrund, den gläubige Menschen als Hölle zu bezeichnen pflegen. Mit dieser Meinung stimme ich ganz gewiss auch mit islamischen, jüdischen und buddhistischen Kunstexperten überein.
Der Konzentrationseffekt führt also in manchem Menschen zur Zerstörung der Romantik, des Impressionismus, wie wir es überall in der Kunst finden können. Dieser „Konzentrationseffekt“ führt uns nun ergänzend zu dem „Verdünnungseffekt“: Stellen Sie sich vor, Sie haben ein Glas vorzüglichen, köstlichen Weines, z. B. wie Goethe ihn gern in Auerbachs Keller trank. Doch wie wir wissen, mischte Goethe immer etwas Wasser hinzu, was ihm wohl besonders gut schmeckte und sicher auch besonders gut bekam. Eines Tages machten sich am Nebentisch einige Studenten darüber lustig, was Goethe natürlich ärgerte. Als er nach einiger Zeit nach Hause ging, blieb er am Tisch der Studenten kurz stehen und belehrte sie mit folgendem netten, zyklothymen Gedicht, das ich aus meinem Gedächtnis zitiere:

Wasser allein macht stumm,
das beweisen im Teiche die Fische.
Wein allein macht dumm,
das beweisen die Herren am Tische.
Und da ich nicht stumm noch dumm will sein,
misch’ ich das Wasser mit dem Wein.

Gießt man nun langsam immer mehr Wasser in den Wein, führt der Verdünnungseffekt zu schlechter Qualität der dadurch entstandenen Schorle. Und das gleiche gilt natürlich auch für manche modernen, antinaturalistischen Kunstwerke. Sie werden immer flacher, inhaltsloser, leerer und landen vielleicht sogar und letztendlich im Ausguss, also in der Gosse, wo sie eigentlich auch hingehören.

13.0 Der Charakter eines Menschen

Sicher geben Sie mir recht, dass die menschlichen Eigenschaften, wie z. B. „ängstlich, draufgängerisch, feingeistig oder raubeinig Charaktereigenschaften sind. Geheime Kräfte im Hintergrund unseres Gehirns beeinflussen in hohem Maße diese Eigenschaften. Und diese „geheimen Kräfte" nennt man Hormone. Sie arbeiten als körpereigene Informationsübermittler. Ein Teil des Zwischenhirns sendet über die Hirnanhangdrüse im Zwischenhirn bei Bedarf Hormonsignale an verschiedene hormonproduzierende Drüsenzellen, die über den ganzen Körper verteilt sind. Die ausgeschütteten Hormone geben genetische Informationen weiter, setzen Stoffwechselprozesse in Gang oder regen die Produktion weiterer Stoffe an (500). Man kann also getrost sagen, auch die Charaktereigenschaften sind in unserem Gehirn vorprogrammiert.
Dass der Charakter eines Menschen Bestandteil, vielleicht wesentlicher Bestandteil seines Innenlebens ist, steht wohl außer jedem Zweifel. Im Großen Brockhaus von 1929 liest man über den Begriff „Charakter":
„Das Wort Charakter kommt aus dem Griechischen und bedeutet „eingegrabenes Zeichen (Stigma), Kennzeichen, Gepräge".
Im Allgemeinen ist der Charakter das Merkmal, an dem eine Person oder Sache erkannt wird, also auch der Künstler. Psychologisch und pädagogisch ist der Charakter das bestimmte Gepräge eines Menschen, das was ihm eigentümlich, charakteristisch ist, nämlich seine Individualität. Er lässt die Willensrichtung eines Menschen erkennen, der Grundzug seines Wollens und Handelns ist. Er besitzt ein Ethos, d. h. eine moralische Gesamthaltung. Das Ethos ist gleichzusetzen mit den sittlichen Lebensgrundsätzen eines Menschen, ja einer ganzen Gesellschaft, die die Grundlage des Wollens und Handelns derselben bilden. Man kann das Ethos auch als Gesamtheit ethisch-moralischer Normen und Ideale sehen, also als Grundlage subjektiver Motive und innerer Maßstäbe. Diese philosophischen Betrachtungen führen zur Ethik, der Lehre vom sittlichen Wollen und Handeln des Menschen in verschiedenen Lebenssituationen. Die Ethik stellt allgemeingültige Normen und Maximen auf, d. s. Hauptgrundsätze, Lebensregeln, Leitsätze, subjektive Vorsätze für das eigene, sittliche Handeln, der Lebensführung, die sich aus der Verantwortung gegenüber anderen herleiten. Ein positiver Charakter, also ein ethischer, betrifft die von Verantwortung und Verpflichtung anderen gegenüber getragene Lebensführung und Lebenshaltung. Natürlich kann man ihn auch sittlich nennen, doch hätte ich dagegen Bedenken, weil ich weiß, dass die Sitten sich im Laufe der Jahrhunderte, manchmal sogar der Jahrzehnte, geändert haben und sich noch immer ändern. Deshalb wäre es an der Zeit, dass die „Sittenhüter" die Normen und Maximen weltweit, zumindest aber europaweit, festlegten. Heute gehen die Anschauungen darüber noch sehr weit auseinander, wie wir z.

B. bei der „modernen Inszenierungskunst“ des spanischen Regisseurs Bieito sahen und immer noch sehen können.
In diesem Zusammenhang und an dieser Stelle muss ich dem Philosophen Richard David Precht (235) meine Hochachtung aussprechen. Auf dem Focus-Forum der Frankfurter Buchmesse hatte er 2010 ein unabhängiges Wertegremium gefordert, das die Bundesregierung in moralischen Fragen beraten sollte. Precht macht sich mit vollem Recht Sorgen, um so bewährte Tugenden wie Anstand, Gerechtigkeitssinn und Mitgefühl. Ich könnte noch viele weitere Tugenden hinzufügen, die nicht nur vielen Politikern, sondern sehr vielen anderen Menschen, auch Künstlern, abhanden gekommen sind. Insofern wäre es mehr als sinnvoll, eine solche Institution zu gründen, der er vorstehen sollte. Für die 68er ein entsetzlicher und schrecklicher Gedanke, weil sich einige von diesen, z. B. die Mitglieder ihrer damaligen „Roten Armeefraktion“, nie Gedanken über Gut und Böse gemacht haben.
Mit Wilhelm Busch lassen sich diese beiden Begriffe, Gut und Böse, sehr einfach definieren: „Das Gute – dieser Satz steht fest – ist stets das Böse, was man lässt“.
So ähnlich argumentiert auch Precht in seinem Buch „Die Kunst kein Egoist zu sein“, die wahrlich viel mit Gut und Böse zu tun hat.
Precht war allerdings auch völlig zu Recht der Meinung, dass in den politischen, sozialen und wirtschaftlichen Verhältnissen, die letztendlich unter Adenauer und Erhard zu unserem enormen Wohlstand führten, einiges zu entrümpeln sei. Am 24.11.11 gab er in der Zeitschrift „Stern“ ein mehr als beachtenswertes Interview, in dem er seine Ansichten offenlegte:
„In unserer Gesellschaft herrscht eine große Orientierungslosigkeit.“ Dieser Aussage schließe ich mich an, insbesondere aus der Sicht, dass es einige Künstler gibt, die nicht mehr wissen, was sie produzieren. Allerdings muss ich aus meiner Sicht diesen Ausspruch Prechts etwas einschränken, weil die überwiegende Mehrheit aller Menschen gute Menschen und deshalb auch nicht orientierungslos sind.
Precht sagte weiter: Mit seinen vielen Büchern, seinen Vorträgen, Interviews habe er eine gesellschaftliche Rolle übernommen, die in Deutschland unbesetzt war. Man solle sich stärker in gesellschaftliche Fragen, also auch in Fragen der Kunst, einmischen, sonst überließe man die Diskurshoheit weiterhin anderen. Auch hier stimme ich voll zu, da aufgrund des Marsches durch die Institutionen ein viel zu großer Teil dieser Hoheit bereits verloren ging. Auch ich habe, wie Precht, das unbedingte Bedürfnis, Menschen für etwas zu interessieren und zu begeistern. Wir wollen das Meinungsklima mitbestimmen, weil es sowohl auf dem umfassenden Gebiet der Moral, aber auch auf dem schmäleren Gebiet der Kunst sehr wichtig ist. In einem bin ich allerdings mit Precht nicht einer Meinung: Das Bildungsniveau der Bevölkerung sei heute höher, als es je war. Da Moral für mich zur Bildung gehört, muss ich leider

ergänzen: Das moralische Niveau der Bevölkerung ist heute keineswegs höher, als es je war. Deshalb setzt er sich doch für die Erhöhung desselben vehement ein. Und noch etwas fehlt an dieser Stelle: Bildung steht für mich an zweiter Stelle, Erziehung an erster. Ohne Erziehung ist jede Form von Bildung vergebliche Liebesmüh.
Einen sittlich hochstehenden Charakter hat ein Mensch, der nach festen, bestimmten „wertvollen“ Grundsätzen handelt, denen er selbst treu ist. Das Dudenlexikon erwähnt auch die Begriffe Liebe, Neid, Hass, Heimtücke, Lüge, Herrschsucht, Unterwürfigkeit, Lieblosigkeit und ich ergänze die Niedertracht. Von diesen Begriffen gehört nur die Liebe zu den positiven Charaktereigenschaften.
Man spricht von angeborenen und erworbenen, aber auch anerzogenen Charakteren. Letztere sind ungeheuer vielen äußeren und inneren Einflüssen ausgesetzt gewesen.
Der namhafte Bühnen- und Kostümbildner der Uraufführung der Oper „Der Rosenkavalier“, Alfred Roller, erzählte eine nette Geschichte, die den Charakter und damit auch das Innenleben von Richard Strauss offenbarte (246). Als Roller nämlich Strauss fragte, ob er den von Hofmannsthal vorgeschlagenen Titel „Der Rosenkavalier“ verwenden könnte, antwortete dieser impulsiv: Mir gefällt „Der Rosenkavalier“ gar nicht, mir gefällt der Ochs! Aber was will man machen. Hofmannsthal liebt das Zarte, Ätherische, meine Frau befiehlt: „Der Rosenkavalier“! Also „Der Rosenkavalier“! Der Teufel hol ihn!
Richard Strauss sagte über seinen Ochs (502): „Ochs muss eine ländliche Don-Juan-Schönheit von etwa 35 Jahren sein, immerhin Edelmann (wenn auch etwas verbauert), der sich im Salon der Marschallin soweit anständig benehmen kann, dass sie ihn nicht nach 5 Minuten von ihren Bedienten hinausschmeißen lässt. Besonders die 1. Szene des Ochs im Schlafzimmer muss mit äußerster Delikatesse und Diskretion gespielt werden, soll sie nicht ebenso widerlich sein, wie die Liebschaft einer alten Gemahlin mit einem Fähnrich. Also Wiener Komödie – nicht Berliner Posse!“
Obwohl die meisten Regisseure ihn auch schon damals als ein scheußliches, ordinäres Ungeheuer mit gräulicher Maske und Proletariermanieren auf die Bühne gestellt hatten, missbrauchten sie die Freiheit der Kunst keineswegs, sondern offenbarten in ihrer Inszenierung nur ihr eigenes Innenleben.
Doch das „Motiv der Silberrose“ zeigt, dass auch Strauss wundervolle zarte und ätherische Musik komponieren konnte. Unter seiner harten Schale kam ein zärtlicher Kern zum Vorschein.
Prof. Dr. Schwabe, ehemaliger Rektor der Technischen Universität Dresden, schrieb anfangs der 50er-Jahre des vorigen Jahrhunderts in einer Dresdner Tageszeitung zum Neujahrsfest auf der Titelseite (237) u. a.: „Wissenschaftliche Größe ist Charaktersache.“ Ich erlaube mir, diesen wunderbaren Satz auf die Kunst anzuwenden: „Künstlerische Größe ist Charaktersache“.

Früher stellte ich manchem Künstler die Frage: Will jeder Künstler mit seinem Kunstwerk etwas ausdrücken? Beantwortet haben sie einige mit ja, andere mit nein. Es ist tatsächlich Charaktersache, sich wissentlich zu offenbaren, sich zu seiner Kunst und seinen Kunstwerken zu bekennen.
Einen guten, aufrichtigen und zuverlässigen Charakter kann man nur mit dem Begriff der menschlichen Größe verbinden, wobei wir natürlich nur die positive Größe im Auge haben sollten! Dass es auch negative Größen gab und gibt, beweisen uns nicht nur die Politiker jeden Tag aufs Neue.
Um zu zeigen, wie tief ein Künstler fallen und wie unendlich bedauernswert er sein kann, will ich an dieser Stelle aus dem Buch „Viel Gunst für schlechte Kunst" (3) zitieren, was den bedauernswerten und sehr bekannten Künstler, Professor Beuys, in einem Interview mit dem „Magazin Kunst" charakterisiert:
Frage: „Warum streuten sie in das Klavier Bonbons und schütteten sie dann noch Salzsäure hinterher? Beuys: „Ich füllte ein Klavier mit geometrischen Körpern, Bonbons, trockenen Eichenblättern, Majoran, einer Ansichtskarte des Aachener Doms und Waschpulver. Sehr locker, sodass es noch bespielbar war, der Klang jedoch durch die Füllung beeinflusst wurde. Die Säure hat nichts damit zu tun. Ich hatte sie vorher für eine kurze Begleitmusik mit ultraviolettem Licht gebraucht … Das Klavier war glücklich, noch einmal im Leben eine Sache wie „Aachen" erlebt zu haben. Es hat sich nachher noch einmal ausdrücklich bei mir bedankt." – Herr erbarme Dich seiner Seele, denn er wusste nicht, was er tat und sprach, waren meine Gedanken, als ich das las. Die Frage ist natürlich erlaubt, was hat das mit seinem Charakter zu tun? Nun, seine Krankheit hatte einen intensiven Einfluss auf das, woran man schlechthin den Künstler Beuys erkennt, nämlich auch an seinen verwendeten Materialien Fett und Filz, aber Künstler war er durch und durch, darin gibt es überhaupt keinen Zweifel! Jedoch für die akademische Lehre war er völlig ungeeignet. Die Schuldigen dafür sind leicht auszumachen. Hier wurde der Bock ganz absichtlich zum Gärtner gemacht.
Sein letztes Kunstwerk, die Installation „Das Kapital", hatte er 1980 für die Biennale in Venedig geschaffen. Zwei Jahre vor seinem Tod „installierte" er dieses Kunstwerk in den eigens dafür eröffneten Hallen für Neue Kunst im schweizerischen Schaffhausen. Dieses „Raumwerk" bestand aus einem Flügel, Waschzubern, Filmprojektoren und mehr als 50 Kreidetafeln. Es war so groß, dass dafür sogar die Decke des neu eingerichteten Museum durchbrochen werden musste.
2015 kaufte der Berliner Unternehmer Erich Marx dieses Machwerk für einen „nicht kleinen zweistelligen Millionenbetrag" (493). Sollte er ihn von seiner Steuer abgesetzt haben, dann wäre es ein Skandal ohnegleichen gewesen. Kulturstaatsministerin

Monika Grüters und die Berliner Museumsgrößen überschütteten den 94-jährigen Käufer mit Lobeshymnen, sodass dieser Verdacht fast naheliegt (493).

Doch es genügt nicht, wenn sie sich nur abwenden, wenn sie für einen Moment empört sind, wenn sie diese Art von Kunst ablehnen. Nein, das genügt wahrhaftig nicht. Sie müssen lautstark protestieren, ihren Protest hinaus in die Welt tragen und der entarteten Kunst, so wie es Kishon und andere taten, den Kampf ansagen! Und zwar unter dem Motto: „Gegen den Missbrauch der Freiheit der Kunst".

Wichtig ist die Tatsache, dass das Innenleben auch von der Intelligenzstufe eines Künstlers abhängt, auf der dieser steht. Unter „intelligent" findet man im Duden die Worte „verständig, klug, begabt", wobei ich diese als Dreieinigkeit verstehe.

Kunst, also das Schaffen von Kunstwerken trotz Unvermögen und ungenügender Ausbildung, führt dazu, dass ein Künstler auch als Penner, der Müll zusammenträgt und diesen als Kunstwerk ausgibt, durchaus als großer Künstler von Gesinnungsgenossen, aber auch nach meiner Definition, als Künstler anerkannt werden kann. Ich meine allerdings in Bezug auf unsere Kinder und Jugendlichen, dass diese Kunstart gesellschaftsschädlich, also entartet und wider jede Vernunft ist.

Ob der nationalsozialistische Architekt Albert Speer (238) ein Künstler war und Kunstwerke schuf, ist heute sehr umstritten. Wenn man bedenkt, dass Speer von Hitler Skizzen erhielt, nach denen er u. a. seine aberwitzigen Bauten für Berlin entwarf, kann man an einem Künstler Speer zweifeln. Nach meiner Definition sollte man aber die Entwürfe zu diesen Bauten als Kunstwerke bezeichnen, weil sie Ausdruck des Innenlebens eines größenwahnsinnigen und damit entarteten Hitlers sind.

Das Gleiche gilt auch für die Großbauten der Kommunisten, deren Musterbeispiele unter anderem die Lomonossow-Universität in Moskau und die „Stalinallee" in Ostberlin sind.

Wenn ich schon bei der „Kunst" der Nationalsozialisten und Kommunisten angekommen bin, dann muss ich dazu sagen: Es war zum großen Teil ideologisch veranlasste Kunst. So schrieb Professor Dr. Will Grohmann, (3) vor 1933 begeistert im positiven Sinne über Klee, Kandinsky und Baumeister. Nach 1933 lobte er Wilhelm Westeckers nationalsozialistische „Kultur im Dienst der Nation", in der er seine früher gelobten Künstler als entartet dargestellt hat. Als vollendeter Wendehals schrieb er nach 1945 im kommunistischen Ostdeutschland wieder im Stile der vordreiunddreißiger Jahre. In der „Neuen Zeitung" wetterte er z. B. 1962 gegen die Verunglimpfung der Entarteten in der Galerie Ben Wargin in Berlin, die er genau vor 25 Jahren selbst mit Hohn überschüttet hatte. Um dem Ganzen noch ein i-Tüpfelchen draufzusetzen, stiftete der Berliner Kunstverein ihm zu Ehren den „Will-Grohmann-Preis".

Auch das ist eine Art von Entartung, weil man, ach wie so oft, mit zweierlei Maß gemessen hat und immer wieder misst.
Allein aus diesen Sätzen geht hervor, dass Eichler, der Grohmanns Verhalten anprangerte, kein Neonazi war, was die „Linken“ ihm immer wieder und gern unterstellen. Ich hatte für Grohmann ein gewisses Verständnis, weil sich sehr viele Menschen genauso verhalten haben. Doch dass er sich nach 1945 ohne Zwang den Kommunisten andiente, kann ich weder verstehen noch billigen. Ende 2012 wurde zu Ehren seines 125sten Geburtstages in Dresden die Ausstellung „Im Netzwerk der Moderne“ gezeigt. Konstanze Rudert brachte den zweibändigen Ausstellungskatalog heraus, der zweifellos zu den besten seiner Art gehört. Jeder, der sich für das „Phänomen“ Grohmann interessiert, also für den Menschen Grohmann mit außergewöhnlichen Fähigkeiten in jeder Richtung, kann sich darin über seine Ambivalenz (Zwiespältigkeit und innere Zerrissenheit) bestens informieren. Aus seinem tabellarischen Lebenslauf und zwei Artikeln von Martin Schieder und Andreas Hüneke geht hervor, wie er sich in der Zeit zwischen 1933 und 1945 verhielt, nämlich ambivalent. Politisch gelernt hat er aus dieser Zeit anfänglich nichts. Er stellte sich dem am 10.05.1945 vom sowjetischen Stadtkommandanten zum Oberbürgermeister ernannten Dresdner, Rudolf Friedrichs, als Leiter der Kulturabteilung im kommunistischen Magistrat der Stadt Dresden zur Verfügung. Bereits am 04.07.1945 wird er von der sozialistischen Landesverwaltung Sachsen im Kabinett Friedrichs zum Ministerialdirektor ernannt. Am 02.12.1945 ernennt ihn das Präsidium der Landesverwaltung Sachsen zum „Rektor mit Professorentitel“ an der Hochschule für Werkkunst in Dresden. Mehr als erstaunlich ist, dass dies alles geschah, obwohl in der Sowjetischen Besatzungszone (SBZ) gegen ihn Beschwerden und Prüfungsverfahren zu seinen Tätigkeiten während der Zeit des Nationalsozialismus liefen.
Am 01.04.1947 wurde Grohmann trotzdem zum Professor für Kunstgeschichte mit vollem Lehramt an der o. g. Hochschule berufen und 17 Tage später, am 17.04.1947, stieg er sogar zu deren Rektor auf. Wie sein Leben danach erfolgreich weiter verlief, können Sie in dem o. g. Ausstellungskatalog nachlesen.
Dass man darin nicht erfährt, ob er SED-Mitglied geworden war und wie diese o. g. Verfahren endeten, ist für mich recht eigenartig. Hier fehlt eine klare Aussage, um den „Charakter“ Grohmanns noch besser beurteilen zu können. In die SED soll er allerdings nicht eingetreten sein.
Dass er letztendlich nach Berlin-Lankwitz (West) und später nach München-Gauding zog, rundet für mich sein Bild vom perfekten Wendehals ab. Was sagte doch Paul Klee so schön? „Der Künstler weiß alles, aber er weiß es erst nachher.“ In diesem Sinne war Grohmann also ein echter Künstler.

Warum Konstanze Rudert in ihrem Katalog Max Nordau, den Psychiater und Kunstwissenschaftler, nicht ein einziges Mal erwähnte, bleibt mir allerdings ein Rätsel, da Grohmann sicher nicht nur von dessen Existenz wusste. Seine Meinung zu dem jüdischen Kunsthistoriker und Psychiater Max Nordau wäre mehr als interessant gewesen. Rudert hätte zumindest erwähnen müssen, dass der Begriff „entartete Kunst“ schon 1893 von Nordau definiert und nicht von den Nazis erfunden wurde. Die Nazis haben ihn nur schamlos missbraucht.
Doch was wollte ich mit dem Wort Charakter zum Ausdruck bringen? Ein Künstler kann durchaus einen verwerflichen Charakter haben, so wie jeder Mensch ihn haben kann, trotzdem kann er Kunstwerke schaffen.
Sind nun Grohmann und die Verantwortlichen dieses Kunstvereins charakterlos? Nein, ganz gewiss nicht. Wir sagen doch nur zu einem Menschen, der einen schlechten Charakter hat, er sei charakterlos und das ist etwas ganz anderes, weil alle Menschen, ob gut oder schlecht, ob Martin Luther oder Adolf Hitler, selbstverständlich einen Charakter haben, also nicht charakterlos sind. Grohmann und die Verantwortlichen dieses Kunstvereins lassen keine festen politischen Meinungen erkennen. Und noch etwas, charakterlos im üblichen Sinne ist nicht gleichzusetzen mit wertlos, sondern hier, im o. g. Fall, mit unverantwortlich meinungslos!
Ein zweites, ganz anders gelagertes Beispiel bot Zubin Mehta, der ohne jeden Zwang 2007 die Aufführung der Oper „Rheingold“ von Richard Wagner in Valencia dirigierte. Die Programmzeitschrift „Funkuhr“ (239) schrieb dazu am 31.10.2009: „Wagners Welt hypermodern, ein Mix aus Kino und Internetästhetik im Opernhaus ‚Palau de les Arts Reina Sofia‘ (Reina Sofia ist der Name der spanischen Königin) in Valencia. Die Theatergruppe ‚La Fura dels Baus‘ machte die Story um Wotan und Zwerg Alberich zum Happening aus Musik, Akrobatik und Technik.“
Finanzielle Gründe können es bei Mehta nicht gewesen sein, als er sich bereit erklärte, diese und noch mehrere andere Opern Richard Wagners mit derart „eigenartigen“, keinesfalls entarteten Inszenierungen zu dirigieren. Also muss er sich aus freien Stücken dazu bereit erklärt haben. Seine hervorragende Interpretation der Musik Richard Wagners lässt nur den Schluss zu, dass er in völliger Resonanz mit der Musik, aber auch mit dieser Art von Inszenierung, stand. Das zeugt von Charakterstärke, denn viele Menschen, die Wagner kennen, lehnen eine „solche Inszenierung“ schlicht und einfach ab. Mehta muss sich aber die Feststellung gefallen lassen, dass sein Innenleben mit dem des Regisseurs sehr gut übereinstimmt. Andernfalls wäre er charakterlos. Was Mehta allerdings nicht bedachte, war, dass manche junge Spanier, die „Wagner“ noch nie gehört und gesehen haben, diese Inszenierung als werktreu in Erinnerung behalten werden, weil sie nicht wissen konnten, dass sie mit Wagners Regieanweisungen nichts, aber auch gar nichts, zu tun hatten! Es ist also eine Art Fälschung der

Opern Wagners, weil Wagner eine derartige Inszenierung nicht gewollt hat. Ich betone, nur eine Art von Fälschung, also von Andersartigkeit. Schade, dass Mehta nicht eigene Opern schreibt, komponiert oder schreiben oder komponieren lässt, in denen er dann sein ganzes Innenleben zum Ausdruck bringen könnte. Besonderen Wert lege ich auf die Feststellung, dass der Ausdruck „eigenartige Inszenierungen“ keinesfalls ein Werturteil sein soll, sondern ein rein individuelles, subjektives, was sich jeder bilden darf. Bei der Beurteilung meiner Meinung sollte man berücksichtigen, dass Richard Wagner die Texte und Regieanweisungen zu seinen Opern selbst schrieb und sie als zum Gesamtkunstwerk gehörend bezeichnete.
Wenn man z. B. Gedichte von Baudelaire oder Huysman liest, erkennt man, dass diese Charaktere haben, die sich u. a. in ihren Vorlieben für das Ekelhafte und Sittenlose widerspiegeln. Sogar eine der flammendsten Gegnerinnen Max Nordaus, Celine Kaiser, gibt unumwunden auf Seite 170 ihres Buches „Rhetorik der Entartung“ (43), zu, dass diese beiden tatsächlich diesen Vorlieben frönten. Und nun muss ich dazu sagen, dass diese „Vorliebe für das Ekelhafte und Sittenlose“ Nordau zurecht auch zu dem Begriff „Entartung“ zählte. Und noch einmal, man kann es nicht oft genug sagen, Nordau hat auf keiner Seite seines Buches die Meinung vertreten, dass diese entarteten Künstler getötet, sprich vergast, werden sollten. Zu dieser entsetzlichen „Umdefinition“ waren nur Nationalsozialisten und Kommunisten fähig. Doch wenn Künstler dazu schreiten, wie van Gogh, sich ein Ohr abzuschneiden, dann empfiehlt Nordau aus reiner Menschenliebe, sie in eine psychiatrische Klinik einzuweisen, um Schlimmeres zu vermeiden. Spätestens dann, wenn Künstler dazu übergehen, wie in einem amerikanischen Horrorfilm geschehen sein soll, Menschen nicht nur scheinbar zu töten, sondern in voller Realität, wird auch Celine Kaiser (43) zustimmen, dass die Justiz einzuschreiten hat. Und dass Mörder, ja sogar Massenmörder, auch Künstler sein können und den Nobelpreis für Literatur nicht aberkannt bekamen, haben wir am „Fall Hemingway“ gesehen.

14.0 Rückschlüsse aus dem Kunstwerk auf ein positives oder negatives Innenleben des Künstlers

In der Zeitschrift „Rondo“ (488) berichtete der bekannte Kritiker Robert Frauenholzer, dass „nach dem vorzeitigen Rückzug von Riccardo Muti von der Oper Rom, in Italien 2014 ein wahrer Exodus von Opern-Chefdirigenten eingesetzt hat“.
In der Zeitschrift Crescendo 6/2014 erfährt man von Axel Brüggemann die Gründe dafür. Nämlich, dass Regisseure und Dirigenten in den letzten Jahren immer mehr Parallel-Existenzen führen, was im Klartext heißt: Sie haben den Missbrauch der Freiheit der Kunst durch die Regisseure satt. Er schreibt weiter: „Sie glauben nicht,

auf wie viel Widerstand man stößt, um diese beiden Teile zusammenzubekommen. Es ist wirklich unglaublich, wie Regisseure in letzter Zeit diesen Dialog verweigern." In dreister Art und Weise bestehen sie auf ihre entarteten Inszenierungen, entblößen ihre negativen Innenleben und missbrauchen dadurch die Freiheit der Kunst!

Manche von Ihnen werden sich fragen, warum ich die vielen Beispiele von ästhetischen, unästhetischen und entarteten Kunstwerken brachte. Nun, das ist recht einfach zu erklären: Ich wollte und will damit auch weiterhin Beweise für „Das Gute" und „Das Böse" in der Welt der Kunst vorlegen, damit in den Liebhabern zweifelhafter Kunstwerke ein Umdenken einsetzt, sie zwischen Gut und Böse, also zwischen Entartung und Nichtentartung, unterscheiden lernen und sich nicht länger von der „Kunstmafia" zum Narren halten lassen. Außerdem will ich damit zeigen, was jeder unter dem „Missbrauch der Freiheit der Kunst" verstehen sollte.

Doch wollte ich auch darstellen, wie viele wunderbare moderne, also zeitgenössische Kunstwerke es gibt, die man sich in Museen, aber auch ab und zu im Fernsehen anschauen kann. Ich denke dabei an Sendungen über klassische Kunstwerke auf den Gebieten Musik und Malerei. Auch Vorträge von ernsten Kunstexperten, die es nicht nötig haben, sich durch alberne Schöngeistereien zu profilieren, gibt es mehr als man denkt.

Lassen Sie mich mit dem weiten Gebiet der Leidenschaft, der man auch in der erotischen Kunst begegnet, fortfahren:

Am 21.02.2008 führten Dr. Gesine Bauer, u. a. Autorin des vortrefflichen, wirklich lesenswerten Buches „Meisterwerke der Erotischen Kunst" (87), eine Kunst, die nichts mit perverser, pornografischer Kunst zu tun hat, Dr. Andreas Henning und Christiane Kohl von der Süddeutschen Zeitung, im Gobbelinsaal des Dresdner Zwingers ein vortreffliches, hochinteressantes Gespräch. Es handelte von Leidenschaften und Depressionen in der Bildenden Kunst und Literatur. Es regte mich u. a. zu folgenden Überlegungen an:

Was hat Leidenschaft mit Depressionen oder besser gesagt, was haben Depressionen mit Leidenschaft zu tun? Wir wissen, dass Depressionen psychische Leiden schaffen. Lassen Sie mich auch hier erst einmal definieren: Im Volksmund ist Eifersucht eine Leidenschaft, die nach Schleiermacher (240) mit Eifer sucht, was Leiden schafft.

Drückt ein Künstler seine Depressionen durch seine Kunst aus, dann schafft er Kunstwerke. Wir wissen auch, wenn die Leidenschaften eines empfindsamen Künstlers in seinem „Publikum" keine Resonanzen erzeugen, dass sie dann bei ihm zu Depressionen führen können.

Auch das wissen wir: Es gibt das leidenschaftliche und auch das nicht leidenschaftliche Innenleben, welches, ausgedrückt Kunst ist.

In dem o. g. Gespräch wurde das bekannte Zitat bemüht: „Kunst kommt von Können!“ Ich sage dazu: Früher, d. h. vor sehr vielen Jahren schon, doch heute oft nicht mehr. Eher kommt die Kunst mancher Künstler von ihrem „Nichtkönnen“, absoluten Unvermögen, absoluten Unfähigkeiten, von Hohn, Spott, Betrug, Dummheit, Niedertracht, Lärm um Nichts, Arroganz, Frechheit, Dreistigkeit und Unverfrorenheit, ja sogar von großer Unverschämtheit. Auch von Geltungssucht, Blutrünstigkeit, Perversität, Laienhaftigkeit usw. usw. Doch aller Kritik zum Trotz, auch die Kunstwerke, welche aus diesen Beweggründen, diesen Leidenschaften geschaffen wurden, sind Kunstwerke. Sie werden von vielen Kunstliebhabern auch als Kunstwerke anerkannt, was schon daraus hervorgeht, dass Spekulanten solche manchmal für Millionen Dollar kaufen. Und ich will ironisch hinzufügen: Jawohl, heute kommt Kunst wieder von Können. Diese Künstler sind Meister ihres Könnens, nämlich der Spekulationen mit Kunstwerken, wobei sie damit ihre Innenleben offenbaren. Ob dieses gut oder schlecht ist, sei dahingestellt und jedem zur Beurteilung selbst überlassen.

Zurück zur Erotik: Die lettische Sopranistin Elina Garanca sagte in einem Interview mit der Zeitschrift Crescendo (101) treffend: „Für die einen ist Erotik Sado-Maso, für die anderen eine schöne Blumenwiese.“ Weil der Begriff Sado-Maso in der Kunst, also im Ausdrücken des Innenlebens, eine sehr große Rolle spielt, will ich auf dessen Herkunft kurz eingehen. Wie ich schon früher erwähnte, leitet sich Maso von den Masochisten ab. Diese Menschen empfinden eine sexuelle Befriedigung, bevorzugt oder nur dann, wenn sie sich selbst Leiden zufügen oder von anderen misshandelt werden. Der Name bezieht sich auf den österreichischen Schriftsteller Leopold Ritter von Sacher-Masoch (86). Sado leitet sich hingegen von den Sadisten ab. Im engeren Sinne versteht man darunter die Eigenschaft, sexuelle Lust zu empfinden, wenn z. B. eine Domina, also eine sadistische Handlungen vornehmende Prostituierte, ihren Kunden Schmerzen zufügt. Im weiteren Sinne ist er Ausdruck der Freude darüber, Menschen zu quälen. Dieser Begriff geht auf den Schriftsteller Marquis de Sade zurück (86), der 1814 in einer französischen Irrenanstalt starb. Er vertrat u. a. die Meinung: „Wenn schon Gewalt, dann sollte diese wenigstens ein Maximum an Lust bereiten.“ Seine Texte wucherten in fantasieenthemmter Gewaltpornografie nach allen Regeln libertärer Frivolität, inklusive Folter und Mord. Seine Bewunderer, u. a. Albert Camus, nannten ihn den „Göttlichen Marquis“, den „freisten Geist“ seiner Zeit. Sigmund Freud will als Erster eine geheime Nähe de Sades zum deutschen Vernunftphilosophen Immanuel Kant entdeckt haben.

Die Neomarxisten Horkheimer und Adorno glaubten 1944 in ihrer „Dialektik der Aufklärung“ darauf hinweisen zu müssen, dass die kantische Philosophie ähnlichen Systemzwang aufweise, wie die „Turnerpyramiden der Sade'schen Orgien“ (492). Ich habe nicht den Versuch unternommen, derartigen Unterstellungen nachzugehen. Wer

die Integrität, also die Makellosigkeit Kants kennt, dem bleibt bei solchen Behauptungen die Sprache weg. Kant in die Nähe von de Sade zu bringen, konnte wohl nur einem Freud, Horkheimer und Adorno einfallen.
Es gehört nicht viel dazu, die beiden sadistischen Kunstrichtungen der entarteten Kunst zuzurechnen, weil sie für die meisten Menschen völlig unnormal, ja krankhaft sind. Max Nordau nannte Sacher-Masoch und de Sade völlig zu Recht schlicht und einfach Entartete.
Abgeschwächt sind dagegen die Leidenschaft und die Passion, die beide heftige, durch Dauer und Gewöhnung gesteigerte Begierden, sowohl im negativen, wie auch im positiven Sinne sind. Im Unterschied zum bloßen „Hang" und der „Neigung", die ihre gemäßigten Vorstufen bilden, sucht die Leidenschaft das ganze Fühlen und Wollen des Menschen an sich zu reißen (24). Schopenhauer sprach in seinen philosophischen Schriften von der absoluten Dominanz des Willens, ja sogar von dem Sklavendienst des Willens, dem wir uns in der Betrachtung eines Kunstwerkes entziehen könnten.
Diese Eigenschaft gibt ihr das eigentümliche Gepräge. Sie wirkt ebenso unwillkürlich und blind wie ein Trieb und wächst sich häufig zu einer krankhaften, unbezwingbaren Sucht aus. Hierher gehört auch die Sammelwut und Quälsucht, der Geiz, die Sucht nach Rauschgiften, die Ichsucht usw.
Ihre Verwandtschaft mit dem Affekt beruht in ihrer Stärke (Intensität). Der Affekt (24) verläuft schnell, die Leidenschaft ist fest eingewurzelt. Die Leidenschaft gehört vorwiegend dem Trieb- und Willenleben an, während der Affekt eine Abart der Gemütsbewegung darstellt.
Die Leidenschaftlichkeit als Anlage zu Affekten bestimmt das Wesen des cholerischen Temperaments. Es gibt physische und geistige, niedere und höhere Leidenschaften. Goethe, Hegel und Nietzsche haben die Bedeutung der Leidenschaft für die großen Leistungen in Geschichte, Kultur, Kunst und Leben ausdrücklich in ihren Werken anerkannt. Insbesondere in der Kunst spielen all diese Dinge eine wesentliche Rolle.
Der Brockhaus führt weiter aus: „Die führenden Moralphilosophen haben dagegen die Leidenschaft, in der Erkenntnis ihrer Gefahren, meistens bekämpft und die Herrschaft der Vernunft über Triebe und Affekte gefordert. Beispiele geben uns die Stoiker, das Christentum, Spinoza und Kant. Kant bestimmt die Leidenschaft als eine Neigung, die die Herrschaft über sich selbst ausschließt".
In der Zeitschrift „Bunte" (197) Nr. 15 / 2002 wurde die Parsifal-Inszenierung der Salzburger Osterfestspiele durch Peter Stein beschrieben, der wohl an Entartung nichts fehlte. Die Kunstkennerin Gabriele Henkel fand diese Inszenierung schrecklich

und verschwand nach der Vorstellung eilig und kommentarlos. Schade, sie hätte doch besser lautstark protestieren sollen.
Ohne das Publikum, das doch wusste, was es bei den neuen Inszenierungen erwartete, gäbe es keine solchen entsetzlichen Bilderstürmer und Kulturrevoluzzer in Europa. Bücherverbrennungen in Deutschland war Nazisache, sollte man meinen. Zerstörung abend- und morgenländischer Kultur scheint heute Sache der entarteten Regisseure zu sein. Doch auch ein Dirigent, wie Claudio Abbado (†) trägt die volle Verantwortung für solche abartigen Inszenierungen, wenn er diese dirigiert. Sie könnten sich ohne weiteres solche schrecklichen, entarteten Inszenierungen verbitten. Sie könnten sagen: „Sucht euch doch andere, entartete Dirigenten, die euch die Affen machen!"
Bisher glaubte ich, dass sich kein Regisseur wagt, auch Johann Wolfgang von Goethe auf seine „moderne, entartete" Art und Weise zu interpretieren. Doch das war ein gewaltiger Irrtum, der mir, der sich seit Jahren auch mit den verheerenden Wirkungen des „Marsches durch die Institutionen" der 68er beschäftigt hat, nicht hätte passieren dürfen.
So ging ich mit meiner Frau am 30. 04. 2010 in der Hoffnung auf ein wunderbares Kunstwerk, wieder einmal ins Theater, in Goethes Faust, der Tragödie erster Teil, der im Südthüringschen Staatstheater zu Meiningen aufgeführt wurde. Doch was musste ich erleben: Ein erotikales Musiktheater! Ein aus Erotik und Musical zusammengeflicktes Spektakel (244).
Nichts gegen Musik, doch bedarf Goethes Faust wirklich nicht dieser Musik! Goethe sagte selbst einmal sinngemäß, „dass es ganz umöglich sei, eine gültige Musik für seinen Faust zu schreiben. Nur Mozart hätte den Faust komponieren müssen, denn er hat im Don Juan den Charakter meines Doktor Faust vorweggenommen."
Und was aber wurde an Musik geboten? Ein fürchterlicher Lärm, der häufig die Worte der Schauspieler übertönte, sodass viele wertvolle Aussagen Goethes darin einfach untergingen.
Max Nordau schreibt dazu: „Das Ausdrücken von Begriffen ist nicht Aufgabe der Musik; das besorgt die Sprache (insbesondere zweifelsfrei auch im Faust die Sprache Goethes) so vollständig, wie man es nur irgend wünschen kann. Wenn das Wort mit Gesang oder orchestral begleitet wird, so geschieht dies nicht zum Zwecke seiner Verdeutlichung, sondern seiner Verstärkung durch das Hinzutreten der Emotionen. Die Musik ist eine Art Resonanzboden, in welchem das Wort etwas wie einen Widerhall aus der Unendlichkeit erwecken soll."
Nichts von Nordaus tiefsinniger Ausführung war in dieser „Musik" zu spüren. Wie könnte es auch in der heutigen Zeit anders sein, d. h. in der Zeit der Söhne und Enkel der 68er, die viel zu oft noch immer das Sagen haben.

Goethes einzigartiger Text wurde von den Herren Ansgar Haag und Hanns Nadolny neu gefasst. Also mussten wir uns mit „Haags und Nadolnys Faust“ begnügen oder besser gesagt vergnügen. Doch es wurde auch kein Vergnügen. Nein, es wurde ein entsetzlicher Albtraum. Der Bühnenbildner Bernd Dieter Müller hatte die Dekorationen quasi aus Schrott zusammengeschweißt. Als sein besonderes Markenzeichen stellte er die Mutter Gottes Maria, also die Mutter Jesu, in der berühmten Gretchenszene „Ach neige, du Schmerzensreiche, dein Antlitz gnädig meiner Not“ in Form einer kleinen, kitschigen Porzellanfigur auf den Fußboden in Gretchens Zimmer auf, anstatt die Szene, so wie Goethe es wollte, in einem Zwinger spielen zu lassen, in dem in einer Mauerhöhle das Andachtsbild der „Mater dolorosa“ hing. „Mater dolorosa“ heißt übersetzt die „schmerzensreiche Mutter“, sie ist der Beinahme der Gottesmutter im Schmerz um die Leiden des Sohnes Gottes.
Doch was bedeutete schon Goethes Meinung dem von Ichsucht geplagten Regisseur Haag und woher sollte der Bühnenbildner Müller wissen, was ein Zwinger ist? Und wenn er schon nicht wusste und nicht fähig war, als Bühnenbild ein Andachtsbild der „Mater dolorosa“ in einer Mauerhöhle eines Zwingers nachzubilden, so hätte er wenigstens eine solche mit dem Bild der „Schmerzensreichen“ als Projektion auf eine Leinwand werfen lassen können.
Denn wohin musste sich nun die Mutter Gottes neigen, um Gretchens seelische Not zu lindern? Auf die alten Holzdielen von Gretchens Zimmer! Wie abscheulich und religionsverachtend! Auch die tiefe künstlerische Aussage Goethes traten diese Herren in ihrer Inszenierung mit Füßen.
Damit ich keine bildlichen und klanglichen Beweise für das, was ich erlebte und empfand, vorlegen kann, waren natürlich während der Vorstellung Foto- oder Tonaufnahmen jeglicher Art untersagt! So kann ich mich nur auf wenige Zuschauer berufen, die das ganze „Spektakel“ so empfanden wie ich.
Vor der Pause verlief bis auf die entsetzliche Entgleisung der o. g. Gretchenszene alles in der Art der 68er, nämlich in der Art möglichst viel zu entstellen und Wesentliches wegzulassen oder durch den Lärm der Musik zu übertönen, sodass ein völlig falsches Bild von dem, was Goethe zum Ausdruck bringen wollte, entstand.
Doch noch einmal zurück zu o. g. Monolog „Ach neige …“ Die Darstellerin Dagmar Geppert war im Nu damit fertig. Doch was noch viel, viel schlimmer war, sie wurde immer lauter und lauter, bis sie die „Heilige“ anschreien musste, aufhob und auf dem Fußboden zerschmetterte. Für mich war das Blasphemie, Schändung eines Sinnbildes christlichen Glaubens, an welcher der Regisseur seine abartige, entartete Wahnsinnswonne hatte. Auch die Regieanweisung, immer lauter und lauter die Madonna anzuschreien, war in nichts, aber gar nichts gerechtfertigt. In diesem wundervollen Gebet ist von Wut nicht im Geringsten die Rede. Hier zeigt sich obendrein, dass er von Goe-

thes Faust nichts verstanden hat, der bedauernswerte, armselige 68er-Wicht! Es ging ihm nur um die Zerstörung unserer abendländischen Kultur, also den Missbrauch der Freiheit der Kunst.
Damit Sie, liebe Leserinnen und liebe Leser, verstehen, warum ich nicht nur entsetzt, sondern mehr als wütend war, lege ich Ihnen Goethes vollständigen Text dieses Monologes vor und frage Sie dann, was hat der Regisseur und die Schauspielerin aus dieser Szene gemacht und bewirken wollen?
Goethes Regieanweisung lautete: „Gretchen steckt frische Blumen in die Krüge vor dem Bild der Mutter Gottes und beginnt zu beten:“

Ach neige,
Du Schmerzensreiche,
Dein Antlitz gnädig meiner Not!

Das Schwert im Herzen,
Mit tausend Schmerzen
Blickst auf zu deines Sohnes Tod.

Zum Vater blickst du,
Und Seufzer schickst du
Hinauf um sein’ und meine Not.

Wer fühlet,
Wie wühlet
Der Schmerz mir im Gebein?

Was mein armes Herz hier banget,
Was es zittert, was verlanget,
Weißt nur du, nur du allein!

Wohin ich immer gehe,
Wie weh, wie weh, wie wehe
Wird mir im Busen hier!

Ich bin, ach! kaum alleine,
Ich wein, ich wein, ich weine,
Das Herz zerbricht in mir.

Die Scherben vor meinem Fenster
Betaut ich mit Tränen, ach!
Als ich am frühen Morgen
Dir diese Blumen brach.

Schien hell in meiner Kammer
Die Sonne früh herauf,
Saß ich in allem Jammer
In meinem Bett schon auf.

Hilf! Rette mich von Schmach und Tod!
Ach neige,
Du Schmerzensreiche,
Dein Antlitz gnädig meiner Not!

Ich kann mich wieder nur den berühmten Worten Goethes (23) anschließen und mit ihm sagen:

„Wenn ihr's nicht fühlt,
ihr werdet's nicht erjagen,
wenn es nicht aus der Seele dringt,
und mit urkräftigem Behagen
die Herzen aller Hörer zwingt."

Armes, kleines, unfähiges, willenloses Geppertchen, warum nur versuchtes du dich an der größten, ergreifendsten Kunst im Kunstwerk „Faust"? Ach wärest du nur bei deinen Leisten geblieben und hättest uns das erspart, was du so völlig sinn- und ahnungslos, unvollkommen und zerstörerisch dargeboten hast.
Und nach der Pause ging es erst richtig los: Der erotische Wahnsinn, in seiner unfassbaren Wut der Begierde begann über die Bühne zu rasen und zu toben. Er walzte alles in grauenvollster Weise nieder, was Goethe mit ihr ausdrücken wollte. Der Regisseur, der ganz gewiss unter einer Sexualneurose litt, verlustierte sich in einer Art und Weise, die allen Vorstellungen von Gesittung, Anstand, Bildung, Kultiviertheit, Geschmack und Stil widersprach.
Die Absicht des Regisseurs war offentsichtlich: Umerziehung der Jugend im Sinne der 68er-Kulturbarbaren!

Die Szenen spiegelten in ekelerregender Deutlichkeit den Geisteszustand Haags wider. Die Walpurgisnacht wurde zu einer widerlichen Sexorgie entwürdigt, wo die halbnackten Schauspieler nur kreuz und quer kopolierten. Die Zuschauer wurden zum Voyeurtum gezwungen, es sei denn, sie schlossen ihre Augen.
Sie sollten, da es einzig und allein nach dem Willen des Regisseurs ging, in den „Genuß“ sexueller Erregung und Befriedigung aus der Beobachtung des Geschlechtsverkehrs der Darsteller kommen. Abscheulich, also entartet.
Doch damit nicht genug, auch der Exhibitionismus wurde in reinster Form praktiziert. Dieser ist, wie man auch hier wieder sah, eine relativ verbreitete, sexuelle Auffälligkeit, die nicht nur bei Männern auftritt. Bei einer solchen Auffälligkeit, spricht der Psychiater Max Nordau ebenfalls von Entartung. Beim Exhibitionismus wird aus gewisser Entfernung, mitunter durch Gesten oder obzöner, also das Schamgefühl verletzender Bemerkungen begleitet, das Geschlechtsteil gegenüber Frauen oder häufiger (und deshalb umso verwerflicher!) gegenüber jungen Mädchen entblößt. Doch auch Frauen entblösten im TV-Sender ZDF Kultur (439) ihre Schamlippen, in dem sie diese aus ihren aufgeschlitzten Jeans herauspressten. Ich beschrieb diese skandalöse Sendung bereits in meinem Buch.

Zurück zu Haag: Wir können getrost feststellen, Haag leidet an Exhibitionismus, also an der Sucht, sich zu entblößen. Sein Innenleben, das er durch seine Kunst ausdrückte, äußerte sich darin, dass er einen von ihm erfundenen Oberteufel, den es bei Goethe natürlich nicht gibt, hoch oben auf einem gerüstartigen Gebilde stehend, mit einem sehr langen, aus der Hose heraushängendem, dunkelbraunen Penis ausstattete. Wer das Prinzhornmuseum in Heidelberg (98) wie ich kennt, sieht sofort die enge Verwandtschaft mit dem Wirken Geisteskranker. Aus der von mir wiedergegebenen Abbildung (24) kommen Sie sicher auch zu dieser Erkenntnis, die ich Ihnen vermitteln will. Der tief zu bedauernde Geisteskranke Karl Brendel (Genzel) schuf in einer Psychiatrischen Anstalt die Holzskulptur „Weib und Mann“ oder „Adam und Eva“, die in der Skulpturensammlung des Prinzhorn-Museums zu sehen ist. Sie wurde in Fachkreisen auch als „Zwitter mit Uhr“ bekannt. Sie sehen die große Ähnlichkeit dieser Skulptur mit „Haags Teufel“ als Beleg meiner Aussage, die mir einen tiefen Einblick in Haags erotomanes Innenleben gab.

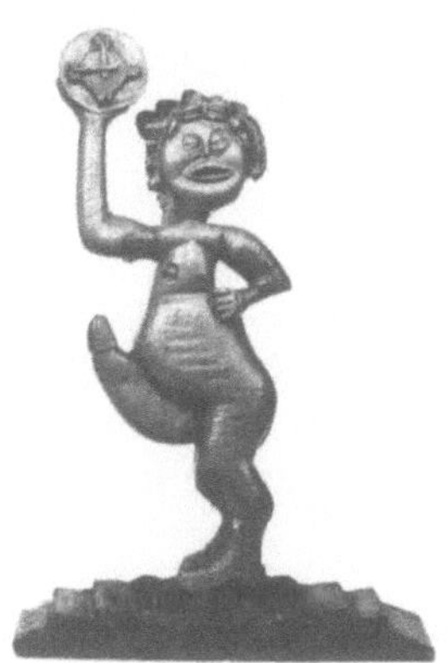

Abb. 24: Karl Brendel „Zwitter mit Uhr“

Haags „großer“ Unterschied bestand allerdings darin, dass er seinem Teufel den Penis herunterhängen ließ.

Bettina Brand-Claussen schrieb in dem Buch „Vision und Revision einer Entdeckung“ (354) zu Genzels Werk: Prinzhorn war der Meinung, dass dieser Zwitter „grotesk“ und „grauenerregend“, ja „wahrhaft irrsinnig“ ist. Der vollplastische, scheußliche Unterkörper sei im Gegensatz zum reliefierten Oberteil, „widerlich“ und „peinlich“.

Widerlich und peinlich, ja, wahrhaft irrsinnig, das war auch die Inszenierung, die Haag in Meinungen präsentierte. Sie war Ausdruck seines grauenvollen Innenlebens und damit seiner Kunst.

Auch Mephistopheles musste ab und zu einen seiner Finger aus seinem Hosenschlitz stecken, um seinen Penis zu imitieren.

In Abwandlung der Worte von Stanislaw Gerzy Lec (355) muss ich dazu sagen: „Ich habe das Werk nicht mit heißen Wangen gesehen und gehört, sondern es war dunkelste Schamröte“. Und genau das wollten die entarteten Verantwortlichen erreichen: Dem normalen Zuschauer die Schamröte ins Gesicht treiben.

War das alles Goethes Vorstellung von seiner Walpurgisnacht? Wenn es so wäre, dass er diese Perversionen auf die Bühne hätte bringen wollen, dann fände man auch die entsprechenden Regieanweisungen in seinem Originaltext. Ich habe keine gefunden.

Mit den unten aufgeführten, früher berühmt-berüchtigten Verszeilen, in denen auch die Apostrophe und Striche von Goethe selbst gesetzt wurden und die Haag in den Mittelpunkt seiner Walpurgisnachtinszenierung zu stellen versuchte, wollte Goethe mit Sicherheit den Zuschauern aber auch nur andeutungsweise vor Augen halten, dass der erotische Wahnsinn, das Obszöne und das Pornografische die entarteten Innenleben der Teufel und Hexen einem kultivierten Menschen absolut unwürdig sind:

Mephistoteles:

„Einst hatt' ich einen wüsten Traum:
Da sah ich einen gespaltnen Baum,
Der hatte ein –;
So – es war, gefiel mir's doch."

Die Alte:

„Ich biete meinen besten Gruß
Dem Ritter mit dem Pferdefuß!
Hat er einen – bereit,
Wenn er – nicht scheut."

Und was machte Haag daraus? Im Grunde genommen nur ein Abbild seines widerlichen, entarteten Innenlebens, das er auf der Meininger Bühne breitschmierte. Das war echte Haag'sche Kunst, echtes Haag'sches Schmierentheater, zu dem Goethe gesagte hätte:

„Du hast sie zerstört, die schöne Welt,
mit mächtiger Faust; sie stürzt, sie zerfällt!
Ein Halbgott hat sie zerschlagen!
Wir tragen die Trümmer ins Nichts hinüber
und klagen über die verlorene Schöne."

Und was am Ende mich vollends entsetzte, viele junge, sehr junge, verbildete und umerzogene Menschen, fielen in einen nicht enden wollenden, rasenden Beifall, anstatt dieses Machwerk eines Psychopathen auszupfeifen. Das war für mich der schlagendste Beweis dafür, dass der Marsch der 68er durch die Gehirne vieler heute lebender Menschen, insbesondere der Jugend, noch immer mit großem Erfolg in den Gymnasien stattfindet. Nun, das wäre eine Erklärung für diesen Beifall. Eine weitere Version fiel mir ein, weil ich einfach nicht glauben konnte, dass unsere Jugend bereits so verblödet ist, dass sie von sich aus derartige entartete Inszenierungen frenetisch beklatscht. Sie haben sicher schon einmal von den linken Gurkentruppen in Berlin gehört, die immer wieder einmal unangehm auffielen. Ich kann mir sehr gut vorstellen, dass Haag einer solchen Truppe, die er in ganz Deutschland zusammenrufen hätte können, 20 oder 30 Freikarten beschaffte und dass diese Truppe

dann auftragsgemäß diesen Beifall begann, in den anschließend die unbedarften der Jugendlichen einfielen.
Wie auch immer: So bleibt mir nur die Hoffnung, die zuletzt stirbt und dieser mit Goethe (23) Ausdruck zu geben:

„O glücklich, wer noch hoffen kann,
aus diesem Meer des Irrtums aufzutauchen!“

Als ich am Abend mit meiner Frau in unser Hotel zurückkehrte, sprach uns eine gut gekleidete, jüngere Dame an und fragte, wie uns die Aufführung des ersten Teiles von Goethes Faust gefallen hätte. Noch ehe wir antworten konnten, fügte sie hinzu: „Ich bin nicht intelligent genug, um diese Kunst zu verstehen.“ Nein erwiderte ich, Sie sind, so wie auch wir, zu intelligent, diese Abart von Kunst, diesen Missbrauch der Freiheit der Kunst, zu verstehen.
Abschließend wiederhole ich, wir sahen das Kunstwerk „Faust“ des Regisseurs Haag, der damit sein obszönes, perverses Innenleben für jedermann sichtbar zur Schau stellte. Darin, dass er auch wesentliche Teile, wie z. B. die wunderbare Szene in „Auerbachs Keller“ einfach wegließ, führt uns zur Verfälschung der Kunstwerke unserer honorigen Künstler, zu denen Goethe unzweifelhaft gehört.
Wenn also ein Regisseur, ein Kunstwerk fälschend, wie oben geschildert, entstellt, wird in manch einem Menschen, der sich mit diesem zum ersten mal bekannt macht, der Eindruck erweckt, der Künstler des Werkes, das er geschaffen hat, hätte selbst ein solches Innenleben gehabt, in unserem Falle also Goethe. Und dagegen müssen wir uns, insbesondere zum Schutz unserer Kinder und Enkel, vehement wehren! Treibt solche Künstler endlich mit „Peitsche und Stock“ oder mit Pauken und Trompeten aus den Tempeln der Kunst und Kunstwerke, so wie Jesus Christus die Händler und Wucherer aus dem heiligen Tempel von Jerusalem vertrieb.
Ein weiters Beispiel lieferte die Inszenierung von Mozarts Idomeneo 2007 an der Deutschen Oper Berlin (392): Diese berühmt-berüchtigte, unheilvolle Neuinszenierung der Oper Idomeneo, in der die abgeschlagenen, blutigen Köpfe des römischen Gottes Neptun und der Religionsstifter Mohamed, Christus und Buddha auf der Bühne gezeigt wurden, ist das untrügliche Zeichen für den derzeitigen Niedergang abendländischer Kultur. Es ist die Inkarnation, die Verkörperung der Perversion, verbunden mit einer unheilbaren, krankhaften Profilierungsneurose der Regisseurin. Um mit dem jüdischen Psychiater und Kunsthistoriker Max Nordau zu sprechen, „diese Regisseurin machte sich der Schändung der Sinnbilder des Glaubens schuldig!“
Sie gehört zu der Sorte von bösen Menschen, den Teufelsanbetern, die an sittlicher Verirrung leiden, eine Wonne in der Anbetung des Satans, also des Bösen, in der

leidenschaftlichen Schmähung Gottes und des Heilands suchen und unter scheußlicher Nachspottung aller Formen der Liturgie ihr entartetes Innenleben, in Form ihrer Kunst zu erkennen geben!

Damit ich richtig verstanden werde, muss ich noch folgende geschichtliche Tatsache schildern: Idomeneus, also Mozarts Idomeneo, war der Enkel von König Minos, der Repräsentativgestalt der langen Minoischen Zeit. Er nahm mit einer Flotte von achtzig Schiffen aus achtzig Orten Kretas am „Trojanischen Krieg" teil, der ca. 1200 vor Christi Geburt wütete. Mohamed wurde 570 n. Chr. geboren. Was haben also die o. g. abgeschlagenen, blutigen Köpfe mit Idomeneus oder der Oper Mozarts „Idomeneo" zu tun? Die Antwort lautet: Mozarts Idomeneo wurde zur Beleidigung und Schändung der Sinnbilder des Glaubens, hier des Islams und des Christentums, eingesetzt. Diese widerliche Inszenierung verfolgte den Zweck, unserer abendländischen und morgenländischen Kultur zu schaden, ja sie zu zerstören. Es war reiner Missbrauch der Freiheit der Kunst.

Wie ich bereits erwähnte, schon Paul Hindemith (246) machte sich 1921 der Schändung der Sinnbilder des Glaubens schuldig: In seiner Oper „Sancta Susanna" ließ er es zu, dass der perverse Regisseur Siegfried Schoenbohm die Ordensschwester Beate sich nackt ausziehen ließ und den am Kreuz hängenden Christus küsste. Noch Schlimmeres ließ er zu, als Schwester Susanna sich entkleidete und von der Christusstatue das Lendentuch entfernte, bevor sie ihn nackt umarmte. Pornografie im Angesicht Gottes und Jesus Christus als Lustobjekt; das ist für mich die höchste Stufe der Entartung! Wie tief waren doch schon damals einzelne Künstler sittlich und moralisch gesunken! Es waren die „Vordenker", die Väter der 68er! Unbegreiflich für mich, las ich in der aktualisierten Neuauflage des Werkes „Opera" von Batta auf Seite 233, dass dies „eine verantwortungsvolle Tat war und dass diese von nur wenigen (Regisseuren) gezeigt wird". Ich erwidere dem verantwortlichen Aktualisierer Heilmann: Das war eine unverantwortungsvolle, gotteslästerliche Untat! Und weil viele Menschen dies genau so sehen wie ich, fühlen sich diese psychopathischen Künstler veranlasst, auszurufen: „Nun erst recht!" Wenn das nicht pervers, also entartet ist, weiß ich nicht, was pervers und entartet ist. Doch ich muss leider immer wieder sagen: Kunst ist es doch, was diese Regisseure fabrizieren, auch sie drücken ihre perversen und entarteten Innenleben darin aus!

Liebe Leserinnen und Leser, als ich Ihnen den Guth'schen Messias von Georg Friedrich Händel vorstellte, ahnten Sie sicher nicht, dass es noch andere Regisseure von der Art Guths gibt. Händel schrieb Ende 1723 die Oper „Julius Caesar". Ort und Zeit der Handlung waren, sind und bleiben für normale, gebildete Menschen Ägypten im Jahre 48 vor Chr. während des Feldzuges Caesars gegen Pompeius, nach der Schlacht bei Pharsalus. Jeder, der dieses musikalische Kunstwerk in den Jahren vor 1968 ge-

hört und gesehen hat oder danach werktreue Inszenierungen erleben durfte, weiß, um was für eine wundervolle Oper es sich handelt. Batta (246) bezeichnete den Reichtum an musikalischer Charakterisierung, das gleichmäßig hohe Niveau und das klare und edle Pathos dieser Oper, den leidenschaftlich bewegten Ausdruck, also des Innenlebens Händels, die feierliche Ergriffenheit, als echtes Meisterwerk.
Die Regisseure Moshe Leiser und Patrice Cauvier, die den Herren Bieito, Neuenfels und Guth nicht nachstanden, inszenierten diese Oper unter der künstlerischen Leitung von Cecilia Bartoli, die auch die Cleopatra sang, im Rahmen der Salzburger Pfingstfestspiele 2012. Doch welch ein Grauen, welch ein Schrecken, welch ein Schaudern musste ich über mich ergehen lassen, als ich mir diese Inszenierung im Arte-TV am 27. Mai 2012 ansah.
Während der Ouvertüre konnte man bereits Autofelgen, riesige Auto- oder Traktorreifen, brennenden Müll, ein schrottreifes Geschütz aus dem Zweiten Weltkrieg, eine fast moderne Polstergarnitur und wild mit Maschinenpistolen herumfuchtelnde, tanzende GIs (US-amerikanische Soldaten) bewundern.
In den folgenden Akten kamen flüchtende, junge, koffertragende Mädchen und ein moderner Pkw hinzu. Das ganze Szenarium sollte sicher dem Flüchtlingselend am Ende des Zweiten Weltkrieges ähneln. Dann saß, wahrscheinlich zur Abwechslung, ein zeitungslesender Sänger in modernem Anzug in einem Ledersessel auf der Bühne, in die von rechts ein Krokodilkopf mit aufgerissenem Rachen ragte. Auch eine überlebensgroße, männliche Schaufensterpuppe in blauem Anzug fehlte nicht. Einer der Sänger schlug auf sie ein, stürzte sie um und riss ihr beide Arme aus, die dann auf der Bühne herumlagen.
Die Sänger bedrohten Sängerinnen und andere Sänger mit modernen Pistolen. Auch ein italienisches Doppelbett mit Federbetten fehlte nicht, aus dem heraus später die Bartoli ihre Arien trällerte. Eine andere Sängerin schleppte zwei der schweren Autoreifen und einen Benzinkanister herbei, stapelte die Reifen übereinander, stieg hinein und übergoss sich mit „Benzin" aus dem Kanister, eine Selbstverbrennung inszenierend, die natürlich von einem herbeieilenden Sänger verhindert wurde. Auch Soldaten, mit auf Gewehren aufgepflanzten Bajonetten für Nahkämpfe, fehlten nicht.
Der Höhepunkt der Entartung gipfelte darin, dass einer der schlampig gekleideten Soldaten zuschaute, wie ein anderer sich über eine der Sängerinnen herzumachen versuchte. Dabei hielt er sich das Kopfkissen vor die Hüfte und imitierte obszöne, sexuelle Bewegungen, die andeuteten, dass er sich selbstbefriedigte.
Später wurde auf einem Flügel Sekt serviert. Am Ende eines Aktes stand ein V1-ähnlicher Zeppelin auf der Bühne, der von einer Sängerin geritten wurde und auf dem sie zuletzt singend gen Himmel schwebte. V1 war eine der Wunderwaffen der Nazis. V stand für Vergeltung.

Das Ganze war einfach nur lächerlich und peinlich. Genauso zusammenhanglos und unsinnig, wie sich die einzelnen Bühnenbilder und Aktionen aneinanderreihten, genauso unsinnig war die gesamte Inszenierung.
Die Regisseure verwendeten den Text von Niccolo Francesco Haym und die Musik Georg Friedrich Händels als Grundlage für ihre abscheuliche, entartete künstlerische Gestaltung der Oper, die letztlich in der Gesamtverantwortung der Bartoli lag. Was für Innenleben entblößten sie und ihre Künstler in Salzburg! Was für ein Missbrauch der Freiheit der Kunst!
Und im Übrigen: So ist das heute: Man nimmt sich einfach Text und Musik und pflanzt beides in seine eigenen Kunstwerke, die mit dem Sinn und den geschichtlichen Aussagen der ursprünglichen Opern rein gar nichts mehr zu tun haben. Für mich ist und bleibt das im Fall „Julius Caesar" eine entsetzliche Entwürdigung Georg Friedrich Händels. Wie schon einmal ausgeführt: Artikel 1, Abs.1 unseres Grundgesetzes lautet: „Die Würde des Menschen ist unantastbar. Sie zu achten und zu schützen, ist Verpflichtung aller staatlichen Gewalt." Leider gilt unser Grundgesetz nicht für Tote!
Hinzu kommen noch die grauenvolle Geschichtsfälschung und die Absicht, die Zuhörer und Zuschauer, unter denen sich auch Jugendliche befanden, zu verdummen. Und die Umerziehungs- und Unkulturminister, aber auch die Gerichte, belehren uns, dass diese Art von Inszenierungen zur künstlerischen Freiheit der Regisseure gehört und wundern sich dann auch noch, wenn die weniger bedarften Schülerinnen und Schüler glauben, dass Julius Caesar und die ägyptische Königin Cleopatra in der heutigen Zeit lebten. Pisa lässt grüßen!
Zuletzt erlauben Sie mir die Frage, was geht in den Köpfen derjenigen Zuschauerinnen und Zuschauer vor, die immer wieder in kollektivem Wahnsinn für solche Inszenierungen rasenden Beifall klatschen. – „Wollt ihr den totalen Krieg? – Jaaaaaaa!", tönte es 1944 in Deutschland. Es ist das gleiche Phänomen und Problem. Es fehlte nur noch, dass die 68er-Meute schreit: „Nieder mit der alten abendländischen Kultur!"
Und die Präsidentin der Salzburger Festspiele, Helga Rabi-Stadler, verkündete am 28.11.2014 in Wien (489): Die Bartoli wird bis 2021 die Salzburger Festspiele leiten! Der amtierende Intendant der Salzburger Festspiele, Hinterhäuser, ergänzte: Die Bartoli könne Künstler zu ganz besonderen Projekten verführen. Nun, das hätte er sicher nicht besonders betonen müssen. Mit der Oper „Julius Caesar" hat sie wahrlich ihre Verführungskünste zum Missbrauch der Freiheit der Kunst offengelegt.
Ähnlich pervers ging es 2011 in Dresden zu. Gabriele Gorgas (380) schreibt in der Überschrift ihrer Rezension, also ihrer kritischen Besprechung einer Aufführung: „Regisseur Simon Solberg lässt in Dresden Lessings ‚Minna von Barnhelm' (Minna) sterben – ohne Wiederauferstehung" (392). Damit Sie auch von dieser entarteten,

grauenvollen Inszenierung einen kleinen Eindruck bekommen, will ich einige Schlagworte aus der Besprechung zitieren: Merkwürdig, irritierend, unterhaltend – für nicht wenige ebenso empörend. Abstruse Aktionen, Wutentladungen der Zuschauer, die dafür berechtigte Gründe haben, als Story ein kriegsmüder Afghanistan-Heimkehrer, Szenen mit Kampfsportgesten, Burka-Verschleierungen, wilden Maschinenpistolen-Attacken und mit ausufernden Schaumbädern und Containerlandschaften“. Dem Fass schlägt Solberg den Boden damit aus, dass er Minna erstochen, erschossen, von Blut überströmt in die Arme von Tellheim sinken lässt. Und genau derartigen Schwachsinn hätte der Psychiater Max Nordau völlig zu Recht als entartete Kunst des entarteten Künstlers Solberg bezeichnet!
Rainer Kasselt ergänzte dazu in der Sächsischen Zeitung unter der Überschrift „Der Krieg tötet die Liebe“: „Schaum, Kot und Blut. Eimer mit Kot und Bierbüchsen mit Blut werden vergossen. Es war eine Mixtur aus clownesken Szenen, Comedy und Farce. Das Lessingsche Original wurde gekürzt, mit Musik und Fremdtexten ergänzt. Die Aussagen Lessings wurden von allzu vielen Mätzchen verdeckt“. Dabei ist das Wort „Mätzchen“ weiß Gott noch geschmeichelt. Er hätte besser sagen sollen: Es waren Ausgeburten des Satans, der Entartung. Solberg gab sich unverhohlen als deutscher Bieito zu erkennen, von dessen abscheulichem Treiben ich Ihnen ja schon berichtete.
Als „würdiger“ Schüler Adornos (s. Kapitel 10) musste Solberg allerdings nach dem Motto: „Die Male der Zerrüttung sind das Echtheitssiegel der Moderne“ Regie führen, so dass sich nun niemand mehr über diese „zerrüttete“ Art dieser Inszenierung wundern muss.
Beschäftigt man sich mit diesen Abscheulichkeiten, nämlich den in Musik, Texten, Handlungen und Bühnenbildern „verwüsteten“ Inszenierungen näher, stellt man fest, dass es sich bei den **werktreuen** Originalen der dargebotenen oder inszenierten Kunstwerke um gemeinsame, europäische Kulturgüter handelt, die ebenso, wie die von Terroristen zerstörten Kulturgüter, in Zukunft von dem Unesco-Welterbezentrum in Paris vor mutwilliger Verwüstung und Zerstörung bewahrt werden sollten.
Das für mich wichtigste Kriterium für den Begriff „Kulturerbe“ lautet: „Kulturgüter stellen Meisterwerke der menschlichen Schöpferkraft dar!“ Und das gilt für die Werke unserer deutschen Künstler genauso, wie für alle Künstler unserer Erde.
Wenn man bedenkt, dass einige Regisseure unser kulturelles Erbgut sich mit dem Ziel vorgenommen haben, Teile unserer gemeinsamen Kultur in den Köpfen von jungen Menschen unwiederbringlich in Schutt und Asche zu legen, müssten unsere „Kultur“-Minister diesem Treiben endlich ein Ende setzen. Leider sind diese barbarischen Gräueltaten von den Verwantwortlichen in den Theatern und Opernhäusern ausdrücklich zugelassen und keine Einzelfälle, sondern sie breiten sich schon seit langem im-

mer mehr aus. Für mich war z. B. die mutwillige Verwüstung und Zerstörung der Oper „Parsifal“ 2012 in Bayreuth ein Albtraum. Nicht umsonst verstand Richard Wagner seine Musik und seine Regieanweisungen als Gesamtkunstwerk. Die Regieberserker wollen mit ihrem Treiben nichts anderes, als die „kulturelle Säuberung“ unserer Kulturstätten von werktreuen, konservativen Inszenierungen.
Frau Dr. Mechtild Rössler, Direktorin des Unesco-Welterbezentrums bezeichnete im ARTE Magazin (508) die Zerstörung von Weltkulturwerken, zu denen ganz gewiss u. a. auch die Kompositionen Mozarts, Beethovens und Richard Wagners gehören, als kriminelle Handlungen und fordert ihre Bekämpfung. Sie schreibt u. a. folgerichtig und sinngemäß, dass es Erfolge aber nur geben wird, wenn das Problem der Verwüstung und Zerstörung an der Wurzel angegangen wird.
Und ich ergänze, dass diese Zerstörungen an Kunstwerken, diese grenzüberschreitenden „Tätigkeiten“ entarteter Regiesseure, Missbrauch der Freiheit der Kunst sind und damit nicht mehr verharmlost werden dürfen. Für mich ist die Zerstörung von Kunstwerken jedweder Art unerträglich und sollte endlich unter Strafe gestellt werden.

In abgeschwächter Form wurde die Oper „Alceste“ (247) von Gluck mit Kostümen der Jahre 1950 bis 1960 inszeniert. Gesendet am 07.10.2006 in 3sat. Sehr junge Zuschauer und Zuhörer, die von Gluck bisher nichts oder nur sehr wenig gehört haben, nicht alle haben Abitur, müssen unweigerlich denken, dass schon dieser Komponist entartet war oder heute noch lebt. Volksverdummung, Geschichtsfälschung und Umerziehung waren schon immer die Kennzeichen für den Missbrauch der Freiheit der Kunst durch die 68er-Regisseure, die immer noch Kulturrevolution veranstalten.
Der Wert solcher Inszenierungen ist für verschiedene Zuschauer sehr verschieden und ergibt sich aus der Wechselwirkung zwischen der Resonanz der reproduzierenden Künstler mit dem Komponisten und der der Zuschauer mit den reproduzierenden Künstlern.
Zurück zu Mozart: Die in der Operninszenierung „Idomeneo“ abgeschlagenen, blutigen Köpfe sind ein beredtes Beispiel des Kulturverfalls in unserer Zeit. Mozart hätte das nicht zugelassen. So eine Inszenierung mit der Bemerkung zu entschuldigen, die Künstler sehen Mozarts Oper eben so, weil ihr Innenleben so ist, wäre zu kurz gegriffen. Diese beleidigende Kunst sollte aus zwei Gründen unter Strafe gestellt werden! Erstens, weil z. B. auch ein Säureattentat auf das Gemälde der Mona Lisa mit Recht strafbar ist und weil zweitens zwei Weltreligionen in übler Art und Weise diskriminiert wurden. Doch die Herren der Staatsanwaltschaft haben für eine Anklage leider nichts übrig. – Warum wohl?
Lassen Sie mich nun zum „Ausdrücken des Innenlebens“ zurückkommen: Lachen, schreien, weinen, schluchzen, kreischen, etc. sind auch Ausdrücke des Innenlebens.

Wenn man dieses Ausdrücken in Form von Malerei, Bildnerei, Musik, Bildhauerei, usw. darstellt oder wiedergibt, dann ist es Kunst. Als solche sind diese Ausdrücke natürlich keine Kunst, da man sonst meine Kunstdefinition ad absurdum führte, also als unsinnig oder nicht haltbar hinstellen könnte.

Streitet ein Künstler ab, dass seine Kunst Ausdruck seines Innenlebens war, dann bemerkt er es nicht oder er lügt oder er produziert keine Kunst-, sondern Machwerke. Wenn ein „Künstler" behauptet, seine „Kunstwerke" hätten mit seinem Innenleben nichts zu tun, so muss man das zur Kenntnis nehmen; dann unterscheidet sich seine Kunst aber auch ganz wesentlich von der Kunst, deren Künstler anerkennt, bzw. sogar von sich selbst sagt, nachdem er meine Definition kennengelernt hat, dass seine Kunstwerke Ausdruck seines Innenlebens sind.

Wenn Kunst nicht Ausdruck des Innenlebens des Menschen wäre, der das Kunstwerk geschaffen hat, dann könnte jedermann per Zufallsgenerator mittels seines Computers aleatorische „Kunstwerke" (221) schaffen. Und nur dann hätte Pierre Bourdieu (384) recht, als er in seinem Buch „Die feinen Unterschiede", erschienen 1982 in Frankfurt, schrieb: „Die Musik ist die reine Kunst schlechthin – sie sagt nichts aus, sie hat nichts zu sagen." Wir sehen, was für dubiose Gedankengänge Bourdieu im Kopfe herumgingen, also Gedankengänge von der Art, dass man in Bezug auf die Ernsthaftigkeit Zweifel hegen muss. Natürlich spricht der Komponist in einer erst einmal unverständlichen Fremdsprache, die nur für ihn selbst verständlich ist. Durch die im reproduzierenden Künstler entstehende Resonanz übersetzt dieser diese Sprache für sich selbst in seine eigene Sprache, die er dann jedem anderen vortragen kann. Es ist völlig klar, dass der Inhalt der Musik jedem Zuhörer meist in abgewandelter Art etwas anderes sagt. Dies gilt im besonderen Maße für die zeitgenössische Musik, zu der jeder, wenn überhaupt, in positive oder negative Resonanz tritt. In dieser Sprache, die nicht aus Sätzen, Worten oder Buchstaben besteht, kommen Laute der Natur, Laute, die Menschen von sich geben und beliebige Geräusche vor. Die Geräusche können natürlich sein, aber auch seltsam oder gefährlich klingen. Denken Sie nur an lautes oder leises Heulen, Kichern, Lachen, Jammern, Seufzen, Wimmern, Rauschen, Klirren, Donnern, Klappern oder Kreischen. Man ist erstaunt, wie viele Geräusche in der Musik auftreten können.

In erster Linie entstehen allerdings menschliche Gefühle, die der Komponist mit seiner Musik ausdrückt. Man kann eine düstere Ahnung gegenüber einer frohen Erwartung erkennen oder das Hoffen und Bangen von Menschen in gefährlichen Situationen, wozu auch die Angst der jungen, aber auch älteren Frau oder des jungen oder älteren Mannes vor dem Verlassenwerden von ihren Partnern gehört. Erwähnen will ich noch die Rachegedanken und das Abreagieren von Wut und Zorn, wie wir es in vielen alten klassischen Opern schon drastisch ausgedrückt gehört haben.

Dichter oder Schriftsteller können das alles für jedermann verständlicher ausdrücken, wenn sie nur wollen. Allerdings gibt es auch Ausnahmen, wie wir schon sahen.
Herbert von Karajan sprach sogar davon, dass er in der Musik Debussys „Pelleas et Melisande" ganz bestimmte Farben gesehen habe. Hätte er diese nicht auf der Bühne realisiert, wäre für ihn die Musik sinnlos gewesen (324).
Zusammenfassend sage ich noch einmal, Musik ist eine Sprache, für die es kein allgemeines Übersetzungsprogramm gibt, aber auch nicht geben kann.
Wenn ein Regisseur meint, er sei kein Künstler, dann schafft er auch keine Kunst-, sondern nur Machwerke. Er hat die Werke nun einmal gemacht, ob Kunstwerk oder nicht. Er ist und bleibt also ein Macher. Ich behaupte, ihm fehlen dann aber auch die Beziehungen zu denjenigen, deren Kunstwerke er inszeniert. Als guter Regisseur sollte er jedoch diese Beziehungen haben oder aufbauen. Tut er das nicht, kann er folgerichtig unmöglich mit der Kunst dieser Künstler in Resonanz treten, was für eine gute Inszenierung, für ein gutes Kunstwerk in meinem Sinne Voraussetzung ist.
Jürgen Bräunlein schreibt sinngemäß in seinem Buch „Schön blöd! Der unheimliche Medienerfolg der Untalentierten" (329): „Die Kulturwelt erlebt seit einiger Zeit einen Triumphzug der Talentlosen, enthusiastisch bejubelt von einem enthemmten Publikum. Plötzlich, scheinbar über Nacht, werden Menschen ohne ersichtliche Talente zu Medienstars. Was passiert da? Hier wären die Psychiater gefragt, um darauf eine Antwort zu geben. Warum machen diese Untalentierten so viele Menschen zu einem Beifall klatschenden Publikum, die erst dann richtig klatschen, wenn etwas richtig schlecht im althergebrachten Sinne ist?" Meine Antwort ist immer wieder die gleiche: Die Saat der 68er ist unheilvoll in den Köpfen dieser Menschen aufgegangen (100), (451) und (481). Sie wurden verbildet und umerzogen, was sie nicht einmal bemerkten.
Der berühmte Regisseur Joachim Herz führt in seinem Buch „Oper mit Hertz I" (239) unzählige Beispiele für entartete Inszenierungen an. So stellt er z. B. als Erklärung für den Jubel nach der Aufführung der Oper „Figaros Hochzeit" im Jahre 2003 in der „Komischen Oper Berlin" fest, „Das Stück, das gespielt wurde, war dem Publikum offensichtlich nicht bekannt." Und genau das ist es, was die Umerziehung bewirken soll: völlige Unkenntnis der Menschen über die Inhalte unserer alten, großen Opern!
Diese geschichtsfälschenden Regisseure und Intendanten glauben, ihr Publikum sei ungebildet und bemerkt nicht, dass ihre Inszenierungen in beliebige Zeiten versetzt wurden. Für manche Zuschauer und Zuhörer trifft das natürlich zu. Ich kenne jedoch sehr viele, einfache, kulturell hochgebildete Frauen und Männer, die diese Machenschaften sehr wohl erkennen. Angefangen von Putzfrauen, über technische Zeichnerinnen, Fabrikarbeitern, bis hin zu Büroangestellten. Doch leider sind sie in der Min-

derheit und ihre Buhrufe gehen im frenetischen, also wahnsinnigen Beifall der wirklich ungebildeten Menge, des Marx'schen Lumpenproletariats, unter.
Doch wie ich schon schrieb, z. Zt. ist eine Rückkehr zu den „Schönen Künsten" nicht zu übersehen und ich bin überzeugt, auch nicht aufzuhalten. Auch Elke Heidenreich glaubt, diesen erfreulichen Trend zu erkennen (434). Allein im Richard-Strauss-Jahr 2014 dirigierte Christian Thielemann traumhaft schön inszenierte Straussopern.
Eines der vielen Musterbeispiele für eine solche Rückbesinnung war auch die Sendung im Arte-TV zu Silvester aus dem Mariinsky-Theater, St. Petersburg, mit dem Ballett „Die Bajadere" („Die Tempeltänzerin") von Leon Minkus: Die Choreografie des Balletts war eine Hommage an Marius Petipa Paquita, ein reiner, ästhetischer Hochgenuss, wie auch das Ballett „Dornröschen" des Bolschoi Theaters Moskau am Heiligabend 2011 und das Ballett „Der Nussknacker" aus der Semperoper Dresden im November 2011 und 2013.
Wenn man einen Regisseur an Hand seiner Inszenierungen beurteilen will oder soll, kommt man sehr schnell zu der Erkenntnis: Er ist entweder hochbegabt, normal oder geisteskrank, pervers, abartig, eben entartet, um mit Max Nordau zu sprechen.
Der anerkannte Theater- und Filmfachmann Hans Jürgen Syberberg beklagt u. a. in seinem Buch „Vom Unglück und Glück der Kunst in Deutschland nach dem letzten Kriege" (170), die Umweltverschmutzung der Seele und urteilt: „Das Schlimmste ist das Sichwälzen im Abgrund und mutwillig und frech im Dreck." Weiter führt er aus: „Die Hölle feierte den Sieg ohne Feier und im Kotzen vor sich selbst." Dank dafür, dass es noch so mutige Experten gibt!
Wenn der Künstler die Kloaken- oder Fäkaliensprache (3) oder gar die Uriniermacke auf der Bühne zur Aufführung bringt, stempelt er sich automatisch zu einem Kloakenregisseur ab, von denen es heute, wie wir sahen, bedauerlicherweise einige gibt. Wobei einer schon einer zu viel ist!
Auch Dichter, die wie schon erwähnt (12), die Kloakensprache gebrauchen, sind selbstverständlich Künstler, sind aber letztendlich entartete Künstler, die sich wie die Schweine im Dreck, im Morast und in Kloaken, also in Jauchepfützen, bzw. –gruben, Misthaufen usw. suhlen.
Schlimm, ja sehr schlimm ist natürlich, dass manche Leserinnen und Leser, Zuschauerinnen und Zuschauer nicht merken oder besser gesagt, nicht merken wollen, dass sie sich auf die gleiche Stufe stellen, auf denen diese nicht normalen, oft unmoralischen, entarteten Künstler stehen, wenn sie dafür Beifall klatschen.
Der große Schauspieler Gustaf Gründgens schrieb einmal in einem Brief (248), dass er nicht gewillt sei, „Romeo und Julia" hinter geschlossenem Vorhang aufzuführen. Ich will damit sagen, dass schon zu seiner Zeit manche Regisseure entartet waren.

Opern führt man z. B. in italienischer Sprache auf, weil es so in allen Ländern üblich geworden sei. Das ist eine Diktatur der Macher, noch besser gesagt, der des Geldes, gegenüber denen, die diese Sprache nicht sprechen, geschweige denn beherrschen. Die deutschen Untertitel nützen da wenig, sie lenken viel zu stark von der Musik und den darstellerischen Leistungen ab. Ausnahmen bestätigen allerdings die Regel. Wenn der Text fehlt oder man ihn nicht kennt, ist kaum vollständige Resonanz mit der Kunst Mozarts, Beethovens oder Verdis möglich. Hinzu kommt noch, dass die Techniker der Produzenten es meist nicht einmal fertigbekommen, weiße Schrift auf dunklem und schwarze auf hellem Untergrund zu fabrizieren, sodass noch mehr vom Kunstwerk verloren geht. Das i-Tüpfelchen setzen sie noch obendrauf, indem sie die Unterschriften so schnell wieder verschwinden lassen, dass man nur einen Bruchteil lesen kann. Das ist technisches Unvermögen der Regisseure in Reinkultur, denn sie könnten wenigstens diese Unsitte abstellen! Oder sie wollen ihre Zuschauer und Zuhörer einfach nur umerziehen, so wie ich Ihnen über die Inszenierung des Messias schilderte.
Wie wichtig eine gefühlvolle Sprache für das Verständnis der Kunst in Oper und Theater ist, entnahm ich auch dem Buch von Jefferson (495), der den Kritiker Joseph Wechsberger sinngemäß sagen lässt: „Auch der geschickteste Sänger kann nicht Wärme und Gefühl vorschützen, wenn sie nicht vorhanden sind.“
Ein lobenswertes Beispiel war für mich die laufende Wiedergabe des Textes in der Semperoper Dresden. Hier ließ 2013 die Regisseurin Mielitz bei ihrer wundervollen Inszenierung der Oper Richard Wagners „Lohengrin“ gut lesbare, weiße Schrift über der Bühne auf völlig schwarzem Untergrund projizieren. Diese stand so lange, bzw. lief so langsam, bis jeder sie vollständig gelesen hatte.
Obwohl die Aufführung in deutscher Sprache erfolgte, wurde das praktiziert, um die Sängerinnen und Sänger vollkommen zu verstehen. Besonders lobenswert führte das natürlich zum Verständnis des geschichtlichen Hintergrundes dieser Oper und förderte dadurch das Kennenlernen des Werkes.
Ich fahre mit Gründgens fort. Er schrieb weiter, er hefte Schillers „Don Carlos“ auch kein drittes Pappbein an, um den Regisseuren zu gefallen. Auch das ist heute im übertragenen Sinne üblich, man schaue sich nur die Wagner-Festspiele 2009 in Bayreuth an. Oder die Aufführung des „Rheingoldes“ 2007 in Valencia (249). Richard Wagner drehte sich im Grabe um, wenn er das sehen müsste. Das Gleiche gilt für viele heutige Bühnenbilder, die lieblose, verkümmerte Gebilde und die geistige Verarmung ihrer Schöpfer darstellen! Sie sind Zeichen unserer Zeit! Warum lassen wir es zu, dass unsere Zeit so in Misskredit versetzt wird? Wissen, Fähigkeit, Fleiß, Einfühlungsvermögen, Hinwendung zum Mitmenschen sind für manche „Moderne“ oft Fremdworte. Ja, als Professor Otto Altenkirch (250) und viele andere hervorragende Bühnenbildner

der Kunstakademie Dresden in der Dresdner Oper malten, in der noch Schuch und Strauss das Sagen hatten und damit großartige und wunderschöne Kunstwerke geschaffen wurden, da war die Welt noch in Ordnung! Doch Gott sei Dank, immer häufiger setzen sich die Könner wieder durch und schaffen wundervolle Bühnenbilder, wie sie zu den alten Kunstwerken passen.
An dieser Stelle muss ich unbedingt darauf hinweisen, dass der Enkel von Richard Wagner, Wolfgang Wagner, in den Jahre 1970 bis 1981 in Bayreuth ebenso wundervolle Bühnenbilder schuf (251), bis er danach sich von „Schlingensief und Genossen" zu mehr als merkwürdigen Inszenierungen verleiten ließ.
Wie will ein reproduzierender Künstler in Stimmung kommen, wenn ihn z. B. das Bühnenbild abstößt? Die notwendige Resonanz bleibt in ihm aus oder er ignoriert dieses Schandwerk. Wenn er das kann, landet er vielleicht eines Tages nicht in der Psychiatrie.
Kunst ist aber auch manchmal Ausdruck des unbewussten Innenlebens, d. h. von Gott oder dem Teufel inspiriert. Wer gibt den Machern das Recht, unsere großen Kunstwerke derart zu verhunzen, zu verschandeln, wie es so manche Regisseure taten und noch immer tun?
Natürlich kann man sagen, was interessiert mich das Innenleben eines Künstlers. Mich interessiert, ob ich mit seiner Musik in Resonanz trete oder nicht. Trete ich in Resonanz, dann ähneln oder gleichen sich unsere Innenleben. Dann wird der Künstler für mich interessant.
Und daraus erklären sich vielleicht auch manche Beifallsstürme des Publikums für entartete Inszenierungen.
Diese Fragen führen wieder zu dem Begriff Charakter, und zwar zu den Charakteren der produzierenden und reproduzierenden Künstler, aber auch zu den Kritikern, den Förderern und den bloßen Duldern.
Lassen Sie es erst einmal damit genug sein, und kommen wir zu einem Charakter, wie ihn z. B. Beethoven hatte.
Welche Rückschlüsse ziehen wir aus der Musik, dem Charakter und dem Innenleben Ludwig van Beethovens: Was für ein Innenleben muss Beethoven gehabt haben! Erhaben, edel, vollkommen, phänomenal. Außerordentlich, außergewöhnlich, erstaunlich sind seine Kunstwerke, seine Musik ist Ausdruck eines einzigartigen Innenlebens, seiner Freude und seines Leides, seines Schmerzes.
Seine Musik kennt so gut wie keine Dissonanzen, sie fließt manchmal stürmisch wie ein reißender Bach, manchmal sanft wie ein großer, ruhiger Strom dahin.
Der berühmte Dirigent Wilhelm Furtwängler (252) charakterisierte ihn treffend: „Beethoven begreift in sich die ganze, runde, komplexe Menschennatur. Niemals hat

ein Musiker von der Harmonie der Sphären, dem Zusammenklang der Gottesnatur, mehr gewusst und mehr erlebt als Beethoven."

Beethoven machte, wie ich schon erwähnte, auf seiner „Missa Solemnis" den Eintrag: „Von Herzen – möge es wieder zu Herzen gehen." Und sobald das Innenleben des Zuhörers mit dem von Beethoven in Resonanz tritt, geht seine Musik „wieder" zu Herzen! Mit dem Wort „wieder" hat Beethoven uns sein wundervolles Innenleben, das voller Wunder war, offen gezeigt. Er wollte für seine Zuhörer Musik komponieren, die zu Herzen geht. Was für eine edle Gesinnung!

Wie merkwürdig klingt dagegen die zwielichtige Meinung des 68er-Demagogen Theodor W. Adorno (5): „Die Spätwerke bedeutender Künstler, also auch die von Beethoven, verweise ich an den Rand von Kunst und nähere sie dem Dokument an." Und weiter: „Es fehlt ihnen all jene Harmonie, welche die klassizistische Ästhetik vom Kunstwerk zu fordern gewohnt ist."

Was immer Adorno unter Kunst und Ästhetik verstand, das hätte er nie gesagt, wenn er Beethovens Kunst als Ausdruck dessen Innenlebens nur im entferntesten erkannt und begriffen hätte und mit ihm in Resonanz getreten wäre! In seiner „Ästhetischen Theorie", die er lieber „Unästhetische, Unverständliche Hypothese" hätte nennen sollen, bestätigt er selbst meine Meinung über ihn.

Oscar Werner würde Adorno darauf antworten: „Wenn man älter wird, erkennt man, dass in einem immer noch ein junger Mann lebt, der fähig ist zu lieben, tief und schmerzend und der das Bedürfnis hat nach Liebe" (253). Und genau das trifft auf Beethoven zu. Er liebte und man muss ihn und seine Musik einfach lieben!

Doch nicht nur Adorno kam mit Beethovens Musik nicht zurecht, wie ich weiter oben schon beschrieb. Doch die meisten Menschen lieben sie über alles.

Vor langer Zeit besuchte ich ein Konzert, in dem Beethovens Neunte Sinfonie gespielt wurde. Ich saß in der 5. Reihe, Parkett. Vor mir waren noch 2 Plätze frei. Kurz vor Beginn kam eine junge Frau, tiefschwarz gekleidet und nahm allein ihren Platz ein. Sie saß regungslos und schien völlig abwesend zu sein. Nach den ersten beiden Sätzen begann das Adagio. Jeder, der es kennt, weiß, was Beethoven damit ausgedrückt hat: So stellte er sich das Paradies vor, in das er nach seinem Tod ganz gewiss eingegangen ist. Offensichtlicher konnte Beethoven, der immer noch seiner „unsterblichen Geliebten" nachtrauerte, sein von Liebe und Sehnsucht erfülltes Innenleben auch im Alter noch so wunderbar ausdrücken. Doch während die Musiker diese wundervolle Musik spielten, begann die junge Frau vor mir plötzlich an zu schluchzen, ganz leise und verhalten. Sie zitterte am ganzen Körper, der sich, wie von einem entsetzlichen, seelischen Schmerz befallen, wand. Was war geschehen? Ihre schwarze Kleidung und der freie Platz neben ihr sagten mir, dass sie wenige Tage vor dem Konzert einen ihr sehr nahestehenden Menschen verloren haben musste. War es ihr

Mann, ihre Tochter, ihr Sohn, ihre Mutter oder ihr Vater? Ich weiß es nicht. Aber eines ist sicher, Beethovens Adagio ließ sie so in Resonanz geraten, dass sie ihr wundes Innenleben, ihre tiefe Trauer, ihren entsetzlichen Schmerz nicht mehr verbergen konnte.
Ganz Ähnliches widerfuhr der von mir hochverehrten Anne Sophie Mutter. Als ihr erster Mann am Vorabend eines ihrer traumhaft schönen Violinkonzerte starb, verschwieg sie dies und sagte das Konzert, das in einem kleineren Kreis aufgeführt werden sollte, nicht ab. Keiner der Anwesenden wusste, wie stark ihr Innenleben aufgewühlt und wund war. Sie spielte für ihren toten, geliebten Mann, wie sie noch nie gespielt hatte und wohl auch nie wieder gespielt hat:

Du weißt es wohl, Gott führte Deinen Bogen,
er hat Dich ganz in seinen Bann gezogen.
Durch Dich verkündet er sein Wort.
Ins Paradies führst Du uns fort.
Du wirst dereinst vor'm Herrgott spielen.
Bei Deinem Spiel vor seinem Thron
erscheint dazu auch Gottes Sohn.

Alle sagten nach dem Konzert: So gefühlvoll und verinnerlicht hat Anne Sophie noch nie gespielt. Und Tage später wussten sie es alle: Die große Resonanz mit Wolfgang Amadeus Mozart erzeugte in ihrem Innenleben, in tiefem Gedenken an ihren Mann, einen ihrer ganz besonderen, künstlerischen Höhepunkte. Ihr Innenleben lag offen ihren Zuhörern zu Füßen.
Lassen Sie mich noch einmal zu Beethovens „Pathetique" zurückkommen: Was wäre aus dem adagio cantabile dieser Sonate in c-moll geworden, wenn Beethoven nicht sein ganzes Innenleben uns bewusst oder unbewusst darin offenbart hätte?
Und nun komme ich zu einem Schauspieler, der sich an die Darstellung Beethovens in dem Beitrag „Beethoven – Genie am Abgrund" (254) gewagt hat. Uwe Ochsenknecht als Darsteller Beethovens war schlicht und einfach eine völlige Fehlbesetzung. Wenn man z. B. das Adagio aus Beethovens Neunter Sinfonie je gehört hat, weiß man, dass Beethovens Innenleben, Beethovens Charakter, völlig falsch dargestellt wurde. Ochsenknecht hat in seiner Darstellung Beethovens, die durchaus Kunst war, keine Resonanz mit dessen Innenleben, d. h. dessen Kunst erfahren. Ob er jemals in Resonanz mit Beethovens Musik trat, wage ich daher zu bezweifeln.
Auch der bekannte, noch lebende Schauspieler Brandauer, der einen der besten „Mephistos" aus Goethes „Faust" auf die Bühne brachte, versagte völlig, als er sich an den Briefen der Familie Mozart versuchte, besser gesagt versündigte (388). Seine

Sprache war oft zu schnell, zu schlecht, zu krächzend, zu schnoddrig, ja zu schnippisch für so einen „hervorragenden" Schauspieler. Ich hatte den Eindruck, dass Brandauer allein durch die Wahl des Tones seiner Sprache den Inhalt dieser Briefe und damit des Innenlebens Mozarts, entstellen wollte. Auch wählte Brandauer die Briefe, die er glaubte, vorlesen zu müssen, selbst aus dem vierbändigen Werk der internationalen Stiftung Mozarteum, Salzburg, aus. Mit widerlichen Bemerkungen versuchte er, Mozart lächerlich zu machen. Einen Brief Mozarts kommentierte er mit den Worten: „Alle konnten über diesen Brief nur lachen, ich eingeschlossen!"
Brandauer offenbarte uns mit dieser „Lesung" und seinen Bemerkungen, dass er tatsächlich ein mephistotelisches Innenleben führt, dass er von Mozart nicht die geringste Ahnung hat und dass er unfähig ist, mit der Musik dieses Genies in Resonanz zu treten. Doch es kommt noch schlimmer. Der Möchtegernphilosoph Brandauer stellte fest: „… Also bin auch ich mit Mozart verwandt!" Für mich klingt das so, als wollte Brandauer gern seinen erbärmlichen, schäbigen Stuhl über den Thron Mozarts stellen, ach wie einfältig!
Weiter meinte er, das Genie Mozart sei auch eines des Verbergens seines Denkens und Empfindens gewesen. Das ist Brandauers Meinung. Die meisten Mozartverehrer haben eine andere. Für diese drückt Mozarts Musik, also Mozarts Kunst, nicht nur sein Denken und Empfinden, sondern sein ganzes Innenleben aus, das er uns immer und immer wieder offenbart, wenn wir mit seiner Musik in Resonanz treten. In einem Vorwort zu dieser Lesung wird dann noch, wie könnte es auch anders sein, gedruckt, Mozart wäre ein „Freund fäkaler Erotik" gewesen und hätte oft „hündisch um Geld gebettelt". Mozarts Geist wird zuletzt sogar noch als „aberwitzig vielfältig" „beschimpft", wobei Brandauer eigentlich wissen sollte, dass der Begriff „Aberwitz" für den Ausdruck „völliger Unsinn" steht!
Brandauer demonstriert mit dieser Auswahl zu seiner Lesung den typischen 68er-Ignoranten, den auch ich nicht überzeugen kann. Hildesheimer (211) charakterisierte diese Wesensart treffend, indem er schrieb: „Denn natürlicherweise hört die Macht der Überzeugungskraft dort auf, wo auf der anderen Seite der eherne Wille zum Unverständnis herrscht, das heißt, die automatische Abwehrreaktion vor einer dargebotenen Erkenntnis, bevor diese vom Willen des potenziellen Empfängers geprüft ist!" Der „Duden" von 1991 (146) fasst es etwas einfacher zusammen: Ignorieren heißt: Nicht wissen wollen, absichtlich übersehen, nicht beachten. Ein Ignorant ist also auch ein „Nichtwissenwollender". Er muss nicht unbedingt ein Nichtwissender oder Dummkopf sein! Schon Goethe schrieb: „Wer es nicht fühlt, der wird es nicht erjagen."

Abschließend rufe ich Brandauer die Worte unseres honorigen Altbundespräsidenten Herzog in etwas abgewandelter Form zu: Die Großproduktion dieser Ihrer Lesung war so überflüssig wie ein Kropf!

Doch nicht nur Mozart muss sich immer wieder verunglimpfen lassen. In den USA erschien 1994 der Film: „Ludwig van B. – Meine unsterbliche Geliebte". Er wurde 20 Jahre später (!), am 23.08.2014, vom Servus TV gesendet. Dieser Film war derartig beschämend, dass ich die damaligen deutschen Kritiker mehr als verstehen kann: Sie schäumten (483). In der Funkuhr konnte man lesen: „Nicht nur habe der Regisseur die Wahrheit vernachlässigt, sondern auch Schindluder mit der Musik getrieben. Sie sehen, auch bis in die USA schwappte die verlogene 68er-Kulturrevolution. Doch heute erhebt sich niemend mehr gegen diesen Missbrauch der Freiheit der Kunst. Wenn man bedenkt, dass er aus dieser großen Liebe heraus, das wundervolle Lied „Ich liebe dich, so wie du mich, am Morgen und am Abend" komponierte, erkennt man die böse Absicht der Filmemacher Jeroen Krabbé, Barrry Humphries und Bernard Rose.

Professor Otto Altenkirch (250) sagte einst: „Erst dann wird ein Malwerk zum Kunstwerk, wenn in ihm Unsichtbares sichtbar und fühlbar wird."

Und das trifft z. B. auf das Spiel von Anne Sophie Mutter und vieler anderer reproduzierender Künstler zu, denn darin wurde und wird das Unsichtbare ganz offensichtlich sichtbar und fühlbar. Nämlich ihre Innenleben!

Lassen Sie mich noch einmal auf meinen Vater, Martin Berthold, zurückkommen: Seine über 300 Aquarelle zeigen die Natur so, wie er sie empfand: Nämlich wunderschön, wundervoll, einzigartig, so wie er sie sah in Harmonie mit seinem Innenleben, aber auch mit der von Gott geschaffenen Natur.

Eines Tages malte er ein stimmungsvolles Aquarell, einen Mühlgraben in seiner zweiten Heimat, in der Oberlausitz. Es war und ist eines meiner Lieblingsbilder. Jahre später besuchte mich eine Klassenkameradin, um sich von meinem Vater ein Bild auszusuchen. Ihre Wahl fiel auf mein Lieblingsbild. Mein Vater willigte ein, ohne zu wissen, was es für mich bedeutete. Als ich protestierte, tröstete er mich und sie mit den Worten: „Ich male es für Sie noch einmal". Nun liegt der Verdacht nahe, dass er es einfach kopierte. Doch weit verfehlt, er malte es noch einmal. Und was für ein Wunder, es war noch schöner als das erste. Ich sagte, das bekommt sie auch nicht! Wer meinen Vater kannte, seinen Charakter kannte, weiß, was folgte: Nun, dann male ich es noch ein drittes Mal! Alle drei Bilder sind fast gleich schön und doch so unterschiedlich schön. Ich schließe daraus, die Seele meines Vaters war unverändert, sein Innenleben war zu den unterschiedlichsten Zeitpunkten, zu denen er die Bilder malte, unterschiedlich, weil seine Umgebung jedes Mal eine andere war. Seine Stimmungen wichen voneinander ab, obwohl sie sehr, sehr ähnlich waren.

Der Herrgott hat uns „altmodischen" Menschen, die alte, werktreue Inszenierungen lieben, 1989 ein Geschenk gemacht: Die Richard-Wagner-Festspiele in Wels, Österreich. Hier wird Richard Wagner so inszeniert, wie wir es uns nicht besser wünschen könnten. Nichts von alledem, was aus dem Gehirn eines egozentrischen, psychopathischen Regisseur entsprang. Alles so, wie Richard Wagner es sich gewünscht hätte, lebte er heute noch.
Theodor Fontane würdigte Richard Wagner mit den wundervollen Worten: „Was er gewollt hat, ist über die Banalität eines gewöhnlichen Operntextes hoch erhaben, überall erkennt man den Mann von Geist und poetischer Mit- oder Anerfindung, überall möchte er philosophisch das Welträtsel lösen oder das Wort sprechen, das uns dieser Lösung näher führt, und überall zeigt sich ein ordnender Geist, dem die Kunst der Komposition kein leerer Wahn ist."
Revi Christ im Gespräch mit dem bekannten Everding sagte treffend in einer der Sendungen „Da Capo (256): „Bühnenbild und Kostüme müssen dem Charakter des Schauspielers und des Stückes entsprechen: Einheit! Ehrlich zu sein mit sich selber!" Und das, liebe Leserinnen und Leser, werden Sie in Wels erleben, wenn Sie meinen Rat befolgen und sich diese werktreuen Inszenierungen anschauen und anhören. Neuerdings ist dies auch in Erl, Südtirol, möglich, wo der weltbekannte Dirigent Gustav Kuhn Werktreue und höchste musikalische Qualität auf seine Fahne geschrieben hat.
Lassen wir den berühmten Sänger René Kollo zu diesem Thema zu Wort kommen (106). In seiner Festansprache anlässlich des 20-jährigen Bestehens des Richard-Wagner-Festivals in Wels am 24. Mai 2009 sprach er mir und vielen anderen Besuchern aus tiefsten Herzen, in dem er ausführte:
„Kinder schafft Neues, sagte Richard Wagner in einer Zeit, in der er noch nicht ahnen konnte, wie „neu" Regisseure unserer Zeit diese Aufforderung nehmen würden. Nun meinte er natürlich nicht die Regisseure, denn die spielten zu seiner Zeit noch gar keine besondere Rolle. Er meinte natürlich: Kinder schafft neue Werke, schafft neue Musik, schafft neue Dichtungen. Heute, rund 60 Jahre nach dem verheerenden Weltkrieg müssen wir feststellen, dass in diesen 60 Jahren nichts wesentlich Neues entstanden ist. Nichts Neues, das sich in den Opernhäusern längerfristig auf dem Spielplan halten konnte. Daraus entspringt ja auch gerade die heutige Sucht, alles Alte anders, also alles auf den Kopf gestellt, zu inszenieren. Es erscheint einigen Intellektuellen einfach zu langweilig zu sein, die Meisterwerke mehr oder weniger unverändert in ihrer Genialität aufzuzeigen.
Mit einem Blick auf ihr Bankkonto wollen sie sich darstellen, ihre egozentrischen „Einfälle" sind das Maß aller Dinge und werden dann meistens von der Kritik auch noch beklatscht. Es ist ja auch bedauernswert, wenn man an jedem Abend als Kritiker

beruflich in die Oper gehen muss, und da macht so eine Ablenkung, egal ob sie stimmt oder nicht, doch viel mehr Spaß.
Aber wie sieht es in den Museen dieser Welt aus. Da schaut man sich doch zu Hunderttausenden immer noch die Bilder des 17., 18. und 19. Jahrhunderts an und die sind immer noch so, wie sie damals gemalt wurden.

Eigenartig!

Da wurde bis heute nichts verändert, nicht übermalt und keine sogenannte Modernität darüber geschmiert.
Vielen Hunderttausend Menschen, die in der Schlange stehen, um überhaupt in die Museen hinein zu kommen, scheint das bis heute noch nicht wirklich aufgefallen zu sein. Sie stehen wie die Kinder vor den Bildern und bewundern völlig unveränderte Meisterwerke, die in grauer Urzeit gemalt wurden. Und die Bilder scheinen ihnen so unverändert auch heute noch zu gefallen.

Höchst eigenartig, nicht wahr?

Muss man also den heutigen Dreck der Straße auf die Bühne bringen, wenn man sozusagen „modern“ sein will? Wollen wir den Schiller’schen Kunsttraum, oder wollen wir den langweiligen psychischen Druck unserer Zeit, den wir ja tagtäglich im Fernsehen sowieso schon über uns ergehen lassen müssen, dann auch noch abends auf der Bühne ertragen?

Liegt irgendein tiefer Sinn darin, ein Geschehen, das ganz absichtlich und dramaturgisch völlig richtig in das 15. Jahrhundert gelegt wurde, mit den Möbeln und dem Ambiente unserer Zeit zu vermischen? Wird es dadurch besser, richtiger oder interessanter?
Andererseits haben wir uns durch diese Regisseure in den letzten 20 Jahren auch schon so weit „entwickelt“, dass wir darüber gar nicht mehr nachdenken. Auf der Bühne muss was los sein. Was auch immer, man will einen Action-Film sehen, vollgestopft mit zumeist unsinnigen Gags.

Um es ganz deutlich zu machen:

Wir wollen nicht zurück zu den Büffelhörnern, aber wir wollen auch nicht so „fortschrittlich“ sein, dass „Lohengrin“ in einer Damentoilette spielt.
Oh, jetzt habe ich den Jungregisseuren wohl einen Tipp gegeben! Pardon, das tut mir leid. Übrigens wird in Tokio wie vor 1800 Jahren immer noch Kabuki-Theater* ge-

spielt und auch in England spielt man Shakespeare noch so wie zu Shakespeares Zeiten.
Ich will den heutigen Abend nicht mit Moralisieren und Lamentieren aufhalten. Da bleibt nur ein schlechter Geschmack.
Ein Satz von dem eben schon erwähnten Friedrich Schiller soll hier heute Abend meine kurze Eröffnung unterstreichen:

Der Menschheit Würde ist in Eure Hand gegeben,
Sie sinkt mit Euch, mit Euch wird sie sich heben.

Noch eine kleine Anmerkung zu diesem Festival. Es ist wohl das einzige Festival, das hier in Wels ohne jede Unterstützung die reinsten Wundertaten vollbringt. Weder der Staat noch die Stadt noch irgendein Spenderverein helfen hier. Die österreichische Politik hält sich völlig heraus. Es bleibt also abzuwarten, wie lange die Familie Doppler-Just dieses Festival, bei aller Liebe zu Richard Wagner noch weiterführen kann. Sicher sind viele meiner Meinung, dass es sehr schade wäre, wenn dieses Festival seine Bühnentüre für immer verschließen müsste.
Hoffen wir nicht, dass es so weit kommt und wünschen wir uns für heute einen schönen und künstlerisch erfolgreichen Abend.

*) japanisches Singtanzstück, das volkstümliche japanische Drama, das sich im 17. Jahrhundert aus der Verbindung primitiver Singtanzpantomimen mit komischen Zwischenspielen entwickelt hat.

Interessant, dass auch Felix Mendelssohn Bartholdy (1809-1847) von diesen Kulturbarbaren völlig missverstanden oder sogar ganz bewusst falsch interpretiert wurde. Mendelssohn schrieb: „Der schöpferische Künstler muss mit der Zeit, nicht gegen sie gehen!“ Allerdings hätte er das Verfälschen von Opern mit einer vernichtenden Kritik bedacht.
Um Ihnen, liebe Leserinnen und Leser, einen Eindruck von diesen wunderbaren Inszenierungen in Wels zu geben, zeige ich Ihnen ein Bild als Zitat und Beleg dafür, dass man werktreu durchaus mit moderner Technik inszenieren kann.
Ohne dem Bild aus der Oper Lohengrin vom „Richard Wagner Festival“ des Jahres 2010, hätte ich ihnen die Einzigartigkeit und hohe künstlerische Fähigkeit des Regisseurs, der Bühnen- und Kostümbildner und der Techniker dieser Aufführung nicht belegen können.

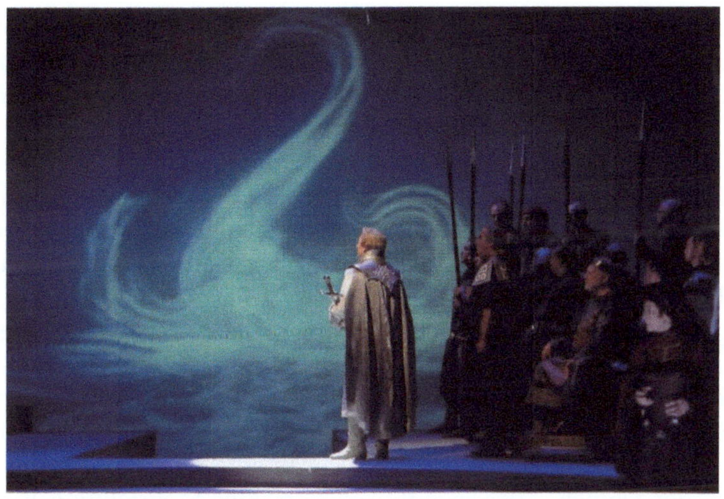

Abb. 25: Lohengrin von Richard Wagner - Festival 2010 in Wels

Als ich Ihnen über die Inszenierung der Oper Donizettis „Anna Bolena" erzählte, drückte ich meine Hoffnung aus, dass die entarteten Regisseure langsam zurückgedrängt werden. Auch diese Oper wurde nämlich in wundervoller Art und Weise inszeniert. Und das Zurückdrängen geht weiter. Auch die Leitung der 68. Bregenzer Festspiele machten mit dem das Publikum abstoßenden und Eintrittsgelder zehrenden Inszenieren der entarteten Regisseure Schluss: Der Intendant David Pountney führte nun höchstpersönlich selbst Regie. Und was erlebte der Zuhörer und Zuschauer? Mozarts Zauberflöte als eine überdimensionale, wundervolle Märchenwelt, deren Bilder Johan Engels kunstvoll gestaltet hatte und damit dem Grundanliegen Mozarts und Schickaneders weitgehend entsprach.

Und noch ein Wunder geschah. Am 13.Januar 2013 kam Richard Wagners Oper „Lohengrin" in der Semperoper zu Dresden zur Aufführung. Zu der traumhaft schönen, 30 Jahre alten, werktreuen Inszenierung nach Christine Mielitz, kamen Bühnenbilder und Kostüme von Peter Heilein, welche die entarteten, der angeblich modernen Bühnenbildschmierer und Lumpenkostümbildner auf die Müllhalde verwiesen, wo diese auch hingehören. Neben mir saß ein junges Ehepaar, das ebenso begeistert wie alle anderen Zuschauer und Zuhörer diese Inszenierung beklatschte, so wie meine Frau und ich. Er sagte zu mir gewandt: „Das ist für uns ein zweites Weihnachtsfest." Ja, es war tatsächlich eine „Weihe-Nacht", eine weihevolle Nacht.

Am Vormittag darauf hörte ich in einem Kommentar des MDR Figaro, wie aus einer übel riechenden Kloake heraus die Stimme eines Sohnes oder Enkels der 68er-

Kulturrevoluzzer, die von Boris Michael Gruhl: „Diese alte Inszenierung war nichts anderes als eine langweilige Ideologie“. Es fehlte nur noch, dass er sagte: Und diese bürgerliche Ideologie gilt es zu zerstören! Er hätte sicher die kulturzerstörende Inszenierung eines Neuenfels lieber erlebt, der die Chöre in erschreckenden Rattenkostümen singen ließ. Wie diese Rattenrudel-Inszenierung im Einzelnen aussah, berichte ich Ihnen später noch ausführlich. Dabei werden sie mehr als deutlich erkennen, dass das Wort „Konvention“, d. s. die Regeln des Umgangs, des sozialen Verhaltens, die für die Gesellschaft als Verhaltensnorm gelten (146), für diese Art von Regisseuren das Gleiche bedeutet, wie für den Teufel das Kreuz.
Doch nicht genug des Gruhl'schen Unsinns im MDR Figaro. Nein, er entblößte sein „modernes“ Innenleben auch am 15. Januar 2013 in der eigentlich überwiegend seriösen DNN wie folgt: „Szenisch wirkt die Aufführung mitunter wie eine peinliche Parodie pathetischer Inszenierungen von Wageropern vor dem Fantasiehorizont kleinbürgerlichen Größenwahns. Die kostümierten Aufzüge militanter Herren, das andächtige Schreiten der Damen, alles in politisch korrekter Stoßrichtung im Hinblick auf deutsche Allmachtfantasien gen Osten und dem Wissen um entsprechende Wagnerrezeptionen, haben schon vor 30 Jahren nicht recht überzeugen können.“
Mit diesen unsinnigen Ausführungen wütete Revoluzzer Gruhl gegen die werktreue Inszenierung der weltberühmten Regisseurin Christine Mielitz, die Thielemann mit ihr, also beide gemeinsam vor dieser 109. Vorstellung noch einmal rezensierten, d. h. künstlerisch, wissenschaftlich kritisch besprachen und sicher das eine und andere wieder im Sinne beider berichtigend ergänzten.
Gruhls Formulierungen, wie „peinliche Parodie, kleinbürgerlicher Größenwahn, militante Herren oder deutsche Allmachtfantasien gen Osten“, wären besser in der sozialistischen Zeitung „Neues Deutschland“ erschienen und nicht in den eigentlich seriösen DNN. Matthias Rank erinnert in einem seiner unten genannten Beiträge wortgewaltig: „Nur ewig Gestrige glauben, sie müssten Wagners Werk auch noch im 100. Todesjahr (im Jahre 1983) des Meisters auf ideologische Tendenzen des „Dritten Reiches“ hin abklopfen.“ Und ich ergänze, Betonköpfe wie Gruhl und Genossen werden dies auch noch im 200. Todesjahr tun.
Und noch etwas: Gruhl versucht auch noch, den Begriff „politisch korrekt“ umzudefinieren. Jeder normal denkende Leser weiß doch, dass man heute darunter die politisch linke Gesinnung vieler unserer Medien versteht (481). Wäre diese Inszenierung tatsächlich politisch korrekt gewesen, dann wären eben gerade die entarteten Ratten über die Bühne hergefallen, denen in Bayreuth sogar viele unserer Politiker Beifall zollten.
Hätte dieser Revoluzzer wenigstens das Programmheft gelesen, bevor er solchen Unfug von sich gab, dann wäre ihm vielleicht ein Licht aufgegangen. Denn die wunder-

baren Beiträge darin von Matthias Rank und Eberhard Schmidt strafen ihn Lügen. Richard Wagner selbst schrieb in einem Brief an Matthilde Wesendonk 1860 u. a.: „Versöhnung ist nur zu finden, wenn man einen ganz furchtbar weiten Blick auf die Welt wirft." Doch dazu war Ignorant Gruhl nicht in der Lage.

Hat er eigentlich einmal darüber nachgedacht, was es bedeutet, dass diese wunderbare, harmonische und ergreifende Inszenierung nunmehr 30 Jahre ihren Siegeszug mit ihrem begeisterten Publikum feiert? Gruhl ist wohl sicher der Meinung, die Intendanz der Dresdner Oper oder gar die sächsische Landesregierung, löste das weitgehend dankbare Dresdner Publikum auf und wählte sich, um mit Brecht zu sprechen, ein anderes, ein Gruhl'sches!"

Seine Fehleinschätzungen bewies er auch auf musikalischem Gebiet, indem er ausführte: „Jugendliches Feuer oder Leidenschaften gar sind bei Robert Dean Smith als Lohengrin und Soile Isokoski als Elsa nicht zu erwarten …" Wer nur die geringste Ahnung von Wagners Erlöser Parsifal und seinem Sohn Lohengrin hat, kommt beim besten Willen nicht auf die Idee, dem von der Gralsburg gesandten Ritter und der in Ketten liegenden Elsa „jugendliches Feuer oder Leidenschaften" zu empfehlen. Scharfmacher Gruhl scheint nicht einmal zu wissen, dass Lohengrin geschickt wurde, um Elsa vor ihren Scharfrichtern und Gottfried von Brabant aus den Fängen der teuflischen Ortrud zu retten. Und ich rufe ihm mit den Worten von René Kollo zu: „Wir wollen nicht zurück zu den Büffelhörnern, aber wir wollen auch nicht so ‚fortschrittlich' sein, dass ‚Lohengrin' in einer Damentoilette spielt."

Wie sagte doch Oscar Wilde? „Gesegnet seien jene, die nichts zu sagen haben und den Mund halten." Hätte er ihn nur gehalten.

Und nun zu dem von allen hoch verehrten Dirigenten Christian Thielemann. Es ist fast überflüssig zu sagen: Hab Dank für dein fantastisches Dirigat, aber auch dafür, dass du keinen entarteten Lohengrin in einer Damentoilette dirigiert hast. Damit bewies Thielemann unzweifelhaft einmal mehr, dass er zu all jenen berühmten, verstorbenen Dirigenten aufgestiegen ist, die heute noch in aller Munde sind. Als Verehrer Friedrich des Großen vertritt er sicher auch dessen Meinung, die man nicht oft genug wiederholen kann: „Die Toleranz muss in einem Staate jedem Freiheit geben, zu glauben, was er will, aber sich nicht soweit erstrecken, dass sie die Frechheit und Ausgelassenheit junger, unbesonnener Leute autorisiert, die dem Hohn sprechen, was das Volk verehrt." Selbstverständlich sollte dieser Grundsatz auch für alle entarteten, nun gottlob älter werdenden Regisseure gelten, die hoffentlich bald völlig aussterben. Warum nur wollen das unsere kulturverantwortlichen Politiker nicht begreifen? Doch die müssen wohl auch erst einmal aussterben.

Zurück zu der Rede René Kollos: „Alles auf den Kopf gestellt, sagte er in seiner Rede!" Wie recht hatte er u. a. mit dieser Bewertung der „Neuen, modernen Inszenie-

rungen“. Er hat allerdings nicht gesagt, dass diese Inszenierungen entartet sind und keine Kunstwerke wären. Was er wirklich gedacht hat, sagte er natürlich auch nicht. Wir aber haben gelernt, dass diese Inszenierungen durchaus durch Kunst entstandene Kunstwerke sind, d. h. durch ein entsprechendes Innenleben der Regisseure. Der Psychiater Max Nordau hat, wie ich schon oft erwähnte, bereits Ende des 19. Jahrhunderts ähnliche Menschen als entartet, also als fast krank, bezeichnet, ohne dass er sie diffamieren wollte, wie gern von seinen Gegnern behauptet wird. Wie anfangs schon gesagt, drückte Kurt Götz ein Verhalten, wie das dieser Regisseure, folgendermaßen aus: „Wenn Sie noch nicht gemerkt haben, dass Sie unter lauter Idioten leben, dann sollten Sie einmal zum Arzt gehen.“
Die Befürworter der „Werk*un*treue“ (259) behaupten, dass bei den „alten“, ehrwürdigen Kunstwerken“, insbesondere in Literatur, Theater- und Opernaufführungen nicht von einem abgeschlossenen Werk gesprochen werden dürfe. Sie hätten nur als „tradierbare Artefakte“ vorhanden zu sein. Liest man im Fremdwörterbuch nach, so erhebt sich die Frage, was meinen die „Experten“ damit. So heißt es u. a.: „Ein Artefakt ist ein künstlich hervorgerufenes Kunsterzeugnis, ein Kunstwerk zum Zwecke der Täuschung, also mit einer Täuschungsabsicht.“ Tradierbar heißt: Überlieferbar, weitergebbar oder mündlich fortpflanzbar. Mich erinnert das Wortgestammel der Befürworter der Werk*un*treue an das Soziologendeutsch der 68er, von dem ich aus dem Buch „Mehr Erfolg mit gutem Deutsch“ (19) ein beredtes Beispiel gab. Diese Äußerung, „tradierbare Artefakte“, ist eine unglaublich anmaßende und dümmliche Behauptung, die durch nichts, aber auch gar nichts zu rechtfertigen ist.
Doch etwas noch Schlimmeres schlägt dem Fass den Boden aus: Einige der „Kunstexperten“, die über Besetzungen in den Opernhäusern zu entscheiden haben, sollen die Sänger nicht mehr engagieren, die in Wels aufgetreten sind. (255).
Sollte das zutreffen, dann hörte für mich der Spaß auf, dann wird es kriminell. Das wäre wahrhaftig die Diktatur der Dummheit und Arroganz. Ihr gehörte der Kampf angesagt! Wenn es solche „Leute“ gibt, dann gehören sie einer besonderen Kategorie des „Raubtierkapitalismus“, des Lumpenproletariats oder der „Kunstmafia“ (223) an!
Ähnlich empört drückte sich die berühmte „Slowakische Nachtigall“, Edita Gruberova, in einem Interview mit der Zeitschrift „Bunte“ (413) auf die Frage aus: „Warum beschweren sich so wenige Künstler?“ Ihre Antwort: „Weil viele Angst haben. Die Kollegen sagen mir dann: Du kannst dir das erlauben, aber nicht ich. Und ich sage dann, wir müssen gemeinsam etwas wie eine Französische Revolution machen. Ja, das ist wirklich an der Zeit!!“ Und ich bin dabei!
Manche Regisseure oder Künstler der Neuzeit benehmen sich wie die kulturrevolutionären Bilderstürmer, die auf kostbare Gemälde oder in Pianos Säure gießen oder wie die Bücherverbrenner im 3. Reich oder wie Diktatoren, die z. B. in der

ehemaligen DDR-Diktatur die Zerstörung von alten Baudenkmälern anordneten und durchführen ließen. Die Schandtaten, nein diese Verbrechen der DDR-Sozialisten füllen ein ganzes Buch (260) und zeugen von absoluter Entartung dieser sozialistischen Politiker.

Am 05.04.2012 las ich in den DNN (366) die mir unverständliche Meinung von Friedrich Schorlemmer, dass (die für diese o. g. Verbrechen Mithauptverantwortliche) die Ministerin für Volksbildung, Margot Honecker, eine Meisterin der Halbwahrheiten sei, die sie geschickt zu ganzen Wahrheiten zusammenfügt. Dem muss ich vehement widersprechen: Sie ist eine Meisterin der Unwahrheiten. Zwei Halbwahrheiten zusammengefügt, werden nie und nimmer zu einer ganzen Wahrheit. Im Gegenteil, sie verstärken sich zu einer einzigen, verlogenen Unwahrheit. Sie war es, sie hat viele der ostdeutschen DDR-Jugendlichen zu den „Bilderstürmern" herangezogen und ausgebildet, die noch heute, gemeinsam mit den 68ern, den Missbrauch der Freiheit der Kunst betreiben.

Am 24.12.2011 bewies, wie schon so oft, das weltberühmte Bolschoi-Theater in Moskau, dass es noch Regisseure und Chorographen gibt, die in großartigster Art und Weise werktreue Inszenierungen auf die Bühne bringen, die in Ästhetik, also an Schönheit, nicht mehr zu übertreffen sind. Dornröschen von Tschaikowsky! Mir fehlen die Worte, diese einzigartige, wunderschöne Ballettaufführung zu beschreiben, geschweige denn zu würdigen. Kaufen Sie sich die DVD, erschienen bei Bell Air Classiques 2012, und Sie werden vor Begeisterung zu klatschen beginnen. Falls Neuenfels und Genossen, die Verkörperer des Häßlichen und Bösen, sich die Aufführung ansehen sollten, fahren sie sicher vor Scham in die Hölle!
Und voller Freude und Dankbarkeit stelle ich immer wieder fest, nicht nur in Moskau oder St. Petersburg gibt es solche großartige Chorografen. Am 21. November 2009 bewies mir das in Dresden Aaron S. Watkin und Francine Watson Coleman mit der Premiere des Balletts Schwanensee von Peter Tschaikowsky in der Sächsischen Staatsoper Dresden, der Semperoper. Hier stimmte alles. Werktreue und doch moderne Dramaturgie. Weitestgehende Werktreue der Partitur. Kostüme, Bühnenbilder, Lichtführung und Projektionen. Einfach alles überwältigend und schön.
Auch das Ballett „Lac", welches am 12.10 2014 im Arte-TV ausgestrahlt wurde, war ein Ereignis von besonderer Schönheit. Im Gegensatz zu den o. g. Choreographen präsentierte der Franzose Jean-Christophe Maillot eine außergewöhnlich schöne, moderne Version von Tschaikowskys „Schwanensee". Maillot bewies mehr als eindrucksvoll, dass modernes Ballett überwältigend schön und höchst dramatisch sein

kann. Der Kampf zwischen dem schwarzen und dem weißen Schwan, zwischen Gut und Böse, war phänomenal, er erinnerte mich stark an die Hexe Carabosse, getanzt von Alexey Lobarevich, im Ballett „Dornröschen“. Diese führte im „Bolschoi Ballet“ Moskau in ähnlich furioser Art den Kampf gegen die gute Fee. Sie erschien in einem, einem kleinen Streitwagen ähnlichen Gefährt, der von rattenartigen, schwarzgekleideten Wesen gezogen wurde.

Und nun lassen Sie mich zu weiteren, ganz anders gearteten Kunstwerken kommen. Die den meisten von Ihnen bekannten Abbas schufen unter vielen andern, mit ihrem wunderbaren Lied „Andante, andante“ (261) ein wundervolles, lebendes Kunstwerk. Es ist wirklich ein echter Verlust, dass sich die Künstler getrennt haben. Doch gibt es alle ihre vortrefflichen Kunstwerke sowohl auf CDs als auch auf DVDs zu kaufen, was sich auf jeden Fall lohnt!
Dagegen steht der Komponist Bella Bartok (262) für moderne, atonale Musik und ist weiß Gott nicht jedermanns Geschmack. Die Pantomime „Der wunderbare Mandarin“, ein Tanzspiel-Ballett aus dem Jahre 1919, ist z. B. für viele entsetzliches Gejaule. Auf mich wirkt sein Innenleben zerrissen. Und niemand wird gezwungen, sich solche Musik anzuhören. Doch wer damit in Resonanz tritt, wird glücklich und zufrieden sein. Als entartet bezeichne ich sie nicht, aber als Ausdruck des zerrissenen Innenlebens Bella Bartoks.
Hierher gehört auch die Zwölftonmusik (263), die sog. „Dodekaphonie“, eine in der spätbürgerlichen „Neuen Musik“ seit 1923 einflussreiche Kompositionsmethode. Sie geht von einer nach festgelegten Regeln erstellten Tonreihe aus und wird aus den sämtlich als gleichberechtigt angesehenen zwölf Halbtonstufen gebildet. Diese wird als Motiv eines musikalischen Satzes angesehen und in ständiger Wiederholung verarbeitet. Unter diese Art von Musik gehört auch die Musik des älteren Richard Wagner, der in seinen musiktheoretischen Werken die „Unendliche Melodie“ anwendete. Max Nordau (17) schrieb darüber u. a.:
„Die zeitgenössischen Musiker hielten Wagner für einen Dichter und die damaligen Dichter für einen Musiker. Nietzsche, ebenfalls ein Entarteter, schrieb die belanglose sog. Verhimmelungs-Broschüre, der er zwölf Jahre später eine ebenso belanglose Verleugnungs-Broschüre folgen ließ, die ebenso wahnsinnig delirierend ist, wie die Erstere.“
Liest man Nordau vollständig und nicht nur auszugsweise, dann erkennt man, dass dieser seine Fachkenntnisse auf dem Gebiet der Psychiatrie äußerst korrekt und sachlich auch auf Wagners Werke anwendete. Er schrieb: „Wagner ist, trotz ablehnender Urteile mancher seiner Fachgenossen, unzweifelhaft ein hervorragend befähigter Musiker.“ Als ernster Wahrheitssuchender fährt er fort: „Wagner sind in der ersten Zeit

seines Schaffens, allerdings viel häufiger als später, sehr schöne Stücke gelungen, von denen manche als Perlen des Musikschrifttums zu bezeichnen sind und sich wahrscheinlich lange der Schätzung auch der gesunden und vernünftigen Leute erfreuen werden. Allerdings stand dem Tondichter Wagner ein großer Feind gegenüber, den man den „Musiktheoretiker Wagner" nennen muss, der ihn an der vollen Entfaltung seiner Gaben ein Leben lang gewaltsam hinderte. Da Wagner aber nicht nur Musiker war, sondern auch grafomanischer (schreibwütiger) Dichter, glaubte er, als er in seiner späteren Schaffensperiode die Fähigkeit verlor, Melodien zu erschaffen, zwei Dogmen postulieren zu müssen, nämlich das „Leitmotiv" und die „unendliche Melodie".

Unter Melodie verstehen wir seit jeher eine regelmäßige Fügung von Tönen zu einer in erhöhtem Maße ausdrucksvollen Tonfolge. Man kann sagen, die (geschlossene) Melodie ist eine Anstrengung der Musik, etwas Bestimmtes zu sagen, wobei sie alle ungewohnten Tonschritte meidet. Sie ist eine späte Errungenschaft der Musik, die sie erst nach einer langen Entwicklung erreicht hat. In ihren geschichtlichen und vorgeschichtlichen Anfängen kennt die Tonkunst sie noch nicht. Die älteste Form der Musik ist das Rezitativ, das nichts ist als eine gesteigerte Rede und das keine geschlossenen melodischen Formen erkennen lässt. Das Rezitativ ist der Entwicklungsgrad, bis zu welchem die Tonkunst bei den Wilden (Naiven), den alten Griechen und den heutigen ostasiatischen Völkern gelangt ist. Nordau bezeichnet nun das zweite musiktheoretische Dogma Wagners als eine Ausgeburt des Entartungs-Denkens. Sie sei musikalische Mystik. Sie sei die Form, in welcher die „Unfähigkeit zur Aufmerksamkeit" sich in der Musik äußert.

Es ist wohl kein Geheimnis, dass manche Menschen manchmal nicht fähig sind, aufmerksam klassischer Musik zu lauschen. Wer hat sich nicht schon einmal dabei ertappt, z. B. bei einer Beethoven-Sinfonie, mit seinen Gedanken abzuschweifen?

Nordau fährt fort: „Wagners unendliche Melodie ist nichts anderes als ein reich harmonisiertes und bewegtes Rezitativ, aber eben nur ein Rezitativ. Wagner nennt die Melodie, mit dem entscheidenden Beiwort unendlich, eine Form, welche tatsächlich die Leugnung und Aufhebung der Melodie ist. Er bezeichnet die unendliche Melodie als einen Fortschritt der Musik und sie ist (in Wirklichkeit) deren Zurückführung auf ihre uralten Ausgangspunkte. Der Psychiater weiß, dass im Munde eines Entarteten das Wort nie den Sinn hat, den ihm der allgemeine Sprachgebrauch beilegt." Und genau das stempelt den „späteren" Wagner, so Nordau, zu einem Entarteten.

Tschaikowsky kam der Meinung Nordaus über diese Art zu komponieren sehr nahe, als er schrieb: „Wagners Inspiration wird durch Theorien gelähmt, die er selbst erfunden hat und die er gegen allen Widerspruch entschlossen ist, in die Praxis umzusetzen" (429).

Nordau weiter: „In seiner jüngeren Schaffensperiode entdecken wir bei Wagner, ähnlich wie wir in Picassos frühen Perioden wunderschöne Bilder finden, öfter wirklich wunderschöne Melodien. In den „Meistersingern“, im „Tannhäuser“, „Lohengrin“ und dem „Fliegenden Holländer“ sind ihm unzweifelhaft einige prachtvolle Melodien gelungen. Erst in zunehmendem Alter versiegte der Strom seiner melodischen Erfindungen, was letztendlich zur musiktheoretischen Erfindung seiner unendlichen Melodie führte.“
Für die Beurteilung des Innenlebens Wagners spielen dagegen seine Dichtungen, die seiner Musik zugrunde liegen, eine große Rolle. Brüggemann schreibt im Arte-Magazin (450) dazu, „dass Wagner in seinen Opern mit Vorliebe die Mythen verwendete, in denen Mord und Totschlag, Diebstahl, Verschleppung, Inzest, Brandstiftung und Tierquälerei vorkommen.“ Für mich sind das eindeutige Entartungskriterien, die Wagner in ihren Bann gezogen haben. Auch der Wunsch nach der Vernichtung der Welt, um eine neue, bessere, entstehen zu lassen, zeugt von einer Abweichung vom Normalen (Anomalie) seines Innenlebens.
Noch kritischer muss man allerdings sein kriminelles Verhalten beurteilen. Brüggeman zählt dazu Finanzbetrug, Volksverhetzung und Verleumdung, Aufwiegelei mit Todesfolge, Vortäuschung falscher Tatsachen, Drogenmissbrauch und, nicht zu vergessen, mehrfachen Ehebruch, der zu Wagners Zeiten noch ein Straftatbestand war. Wenn man allerdings seine Musik hört, ist alles vergessen! Zwei Seelen lebten, frei nach Goethe, auch in Wagners Brust!
Man muss kein großer Psychologe sein, um zu erkennen, dass sein großspuriges Leben und widersprüchliches Innenleben ihn zu seinen Opern inspirierten. Brüggemann stellte wohl deshalb die Frage: „Hat er sein Leben vielleicht sogar absichtlich in Krisen manövriert, um sich künstlerisch zu stimulieren?“ Ob absichtlich oder unbewusst, auf jeden Fall war Wagner in verschiedener Hinsicht entartet, was allerdings seinem Werk nicht den geringsten Abbruch tat.

Horst Seeger beklagte sich in seinem Buch „Kleines Musiklexikon“ (263) über diese o. g. Form der „seelischen Verarmung, die die besten Kräfte vieler begabter Komponisten aufzehrte“. Hauptvertreter dieser Kunst seien Alban Berg, Joseph Matthias Hauer, Rene Leibowitz, Arnold Schönberg und Anton von Webern.
Doch lassen Sie mich immer wieder betonen, auch das Schaffen dieser Künstler ist Kunst, weil es ihr „seelisch verarmtes“ Innenleben, wofür sie selbst kaum verantwortlich sind, zum Ausdruck bringt. Und noch etwas: Viele Hörer und Liebhaber dieser Art von Musik haben natürlich ein ähnliches Innenleben, sonst könnten sie damit nicht so stark in Resonanz treten, was wiederum kein Werturteil sein kann und darf.

Kommen wir zurück, zu den Regisseuren, die durch ihre Inszenierungen dem Ansehen und der Kunst Richard Wagners schweren Schaden zufügen. Denn das, was diese tun, hätte Wagner ganz sicher abgelehnt. Eines von vielen negativen Beispielen gibt uns die Aufführung der Oper „Siegfried“ in München 2006: Hier trieben die Regisseure ihr Unwesen und bezeugten den von ihnen inszenierten, entsetzlichen Kulturverfall: Was ging in dem Regisseur vor, der Siegfried sein Schwert in eine moderne Kloschüssel spießen ließ? Ist es bereits in reinster Form ausgebrochene Schizophrenie?
Allerdings frage ich mich: Was ging in den Zuhörern und Zuschauern vor, die, für mich völlig unverständlich, derartigen Inszenierungen begeistert Beifall klatschten? Zwei alte deutsche Sprichwörter sagen: „Der Apfel fällt nicht weit vom Stamm!“ Und: „Gleich und Gleich gesellt sich gern!“
Der Inszenierung der Oper „Siegfried“ 2007 im Nationaltheater Weimar steht der Münchner in nichts nach. Sie ließen Siegfried in alten, zu großen Hosen, mit alten Hosenträgern auftreten. Das war eine Entwürdigung der Kunst Richard Wagners und eine offensichtliche Missachtung dessen Willens! Auch in Mannheim klatschten die Zuschauer Beifall für eine werk*un*treue Oper Wagners. Das Bühnenbild gehört zum Kunstwerk „Oper“ dazu. Sie können sich sicher vorstellen, was Wagner dazu gesagt hätte.
Sollten Sie meiner Meinung sein und die Besudelung unserer alten Meister, den Missbrauch der Freiheit der Kunst, genauso verurteilen, wie ich, dann sagen Sie ihre Meinung in aller Offenheit! Sprechen Sie aus, was Sie denken, dass es widerliche, abscheuliche Inszenierungen sind. Und wenn Sie aus Wels (255) oder Erl zurückkommen sollten, wo man Wagner und alle anderen Klassiker wirklich verehrt, dann sagen Sie aber auch, dass es fantastisch und wundervoll war, werktreue Inszenierungen gesehen zu haben. Haben Sie den Mut, den die Menschen hatten, als sie ihren Unmut lautstark dem Regime der DDR-Diktatur entgegenschleuderten, weil sie die Diktatur des Proletariats, besser des Lumpenproletariats, um wieder mit Marx (173) zu sprechen, satt hatten! Zeigen Sie Mut und lassen Sie sich nicht mehr tyrannisieren, von entarteten, ja fast geistesgestörten Regiekünstlern. Sagen Sie der „Diktatur der Kunst“ (440), besser gewisser Künstler, den Kampf an!
Wenn unser Strafgesetz jedem völlig zurecht mit hohen Strafen droht, der auch nur versucht, das Bildnis der Mona Lisa in der Gemäldegalerie von Dresden mit Farbe oder Säure zu bespritzen, sollten die Gesetzgeber aber auch die Inszenierungen der Regisseure Schlingensief, Neuenfels, Bieito, Konwitschny und Genossen unter ihre Lupen nehmen.
Liebe Leserinnen und Leser, wenn Sie sich für traumhaft „schöne“ Operninszenierungen interessieren, dann kaufen Sie sich antiquarisch (!) oder leihen Sie sich das

o.g. Werk „OPERA" (246), herausgegeben 1999 (!) von André Batta in der Könemann Verlagsgesellschaft mbH und bewundern Sie unsere, in reinster Form dargestellte, abendländische Kultur. Sie kommen aus dem Staunen nicht mehr heraus. Sie werden die fast 1000 Seiten nicht mehr loslassen können, so faszinierend ist dieses kulturgeschichtliche Werk. Dass das eine oder andere Bühnenbild auch unter den Begriff Entartung fällt, sollten Sie einfach nur zur Kenntnis nehmen. –
Doch Sie müssen nicht verzweifeln, der Trend geht, dem Musikdirektor Phillippe Jordan sei, unter vielen anderen, allergrößter Dank, wieder zurück zu den wundervollen, schönen Inszenierungen. Er dirigierte 2008 in Baden-Baden Wagners Oper Tannhäuser, die Nikolaus Lehnhoff in einer wunderbaren und doch modernen Art inszenierte. Anfang des Jahres 2010 inszenierte die Opera Bastille in Paris die Oper „Werther" in vier Akten, von Jules Massenet (155). Es war Massenets Requiem für Goethes Werther. Hier bedeutet „zurück" den Fortschritt in unserer Zeit! Dem Dirigenten Michel Plasson sei herzlichst gedankt für diese wundervolle Musikdarbietung, dem Regisseur Benoit Jacquot für seine großartige Inszenierung und den Bühnenbildnern, die einem Otto Altenkirch unter Schuch und Strauß (266) in Dresden alle Ehre gemacht hätten.
Sowohl die schlichten, traumhaft schönen Bühnenbilder als auch die Kostüme waren einfach und doch vollendet. Dass Sophie Koch als Charlotte und Jonas Kaufmann als Werther ein Traumpaar waren, wird kaum jemand bezweifeln, der diese Aufführung gesehen und gehört hat.
Interessant, dass man Massenet zu seinen Lebzeiten begeistert feierte. Bald nach seinem Tod wurde er als unzeitgemäß sentimental abgestempelt und nicht mehr aufgeführt (155). Erst Ende des 20. Jahrhunderts kehrte er zurück auf die Bühne, was den allgemeinen Trend zurück zur abendländischen Kultur bestätigt. Die 68er-Horden haben hoffentlich bald ausgedient.
Dass dieser Trend es allerdings schwer haben wird, sich durchzusetzen, sieht man daran, dass es schon 1991 Versuche gab, zu edlen, wundervollen Aufführungen zurückzukehren: Die Inszenierung von Alain Marcel, im Grand Theatre de Geneve des Barbiers von Sevilla von Gioacchino Rossini mit den Sängern Carlos Feller, Vesselina Kasarova, J. Patrick Raftery, dirigiert von Jesus Lopez Cobos, (267) war eine der wundervollsten Inszenierungen, die ich je sah.
Auch für die Inszenierung der gleichen Oper unter dem Dirigat von Gianlugi Gelmetti am Theatro Real in Madrid (DVD bei Decca) (268), gilt der Ausspruch von Verdi voll und ganz, dass sie die schönste Opera buffa sei. In diesem musikalischen Kunstwerk stimmte alles. Es ist eine wundervolle, werktreue Inszenierung.
Auch Regisseur Luc Bondy gehört heute zu den mutigen Vertretern der werktreuen Inszenierungen. Am 10. Juli 2010 (269) wurde seine hervorragende, wunderschöne

„Tosca“ live aus München vom TV-Sender Arte übertragen. Es ist schon ein Wunder, dass es Bondy Kraft seines Mutes gelungen ist, sich gegen die abartigen Bieitos, Schlingensiefs, Neuenfels und Konwitschnys durchzusetzen und sich von ihrer Art und Weise abzuwenden.

Und noch einem großartigen Regisseur muss ich an dieser Stelle ebenfalls meinen und den des Publikums allergrößten Dank aussprechen: Joan Front. Dieser inszenierte 2009 in Barcellona Rossinis „La Cenerentola“ (Aschenbrödel) (270). Seine wundervolle Regie, seine Bühnenbilder und Kostüme, ein einzigartiger Traum von märchenhafter Schönheit.

An diese Stelle gehören, wie ich schon ausführte, auch die Choreografien der beiden Ballette „Der Nussknacker“ und „Dornröschen“ von Tschaikowsky, die 2011 in Dresden und am Bolschoi-Theater in Moskau aufgeführt wurden. In Dresden schrieb Aavo S. Watkin nach Petipa die Choreografie, Joachim Jäckel führte Regie und die musikalische Leitung oblag dem Dirigenten Viello Pähn. Beide Werke Tschaikowskys waren an Schönheit und Werktreue nicht zu übertreffen. Das Gleiche gilt auch für sein Ballett Schwanensee, das am 3. Mai 2013 in Dresden, ebenfalls von Watkin choreografiert, aufgeführt wurde. Und nicht nur die Choreografie nach dem weltberühmten Petipa, sondern auch die nach seinem Assistenten Iwanow, waren an Schönheit kaum noch zu übertreffen. Iwanow schuf darin die Schwanenbilder, in denen die romantische und magische Welt mit wundervollen Stimmungen zur Geltung kam.

Alles, aber auch alles war einfach wunderschön. Dank, Dank und nochmals Dank an diese wirklich großen Künstler der reproduzierenden Kunst im Namen aller Liebhaber nicht entarteter Kunstwerke.

Man sollte sich immer vor Augen führen, dass sowohl gute als auch schlechte Choreografien „lebende Kunstwerke“ sind und damit Ausdruck der Innenleben der jeweiligen Regisseure oder Choreografen, aber auch der Tänzerinnen und Tänzer.

Leider finde ich in vielen deutschen „Musikexpertenkreisen“ eine große Zustimmung eher nicht. Dafür aber umso mehr im Ausland, wie Jörg Königsdorf in (264) schreibt: „Als regietheatergestählter (ich sage besser geschädigter) Besucher deutscher Opernhäuser könnte man glatt vergessen, dass für den Rest der Opernwelt völlig andere Maßstäbe gelten: Während hierzulande nach wie vor das Befreien der Stücke von Aufführungsklischees und das Freilegen von Subtexten angesagt ist, scheint die Fortführung der Konvention anderswo überhaupt kein Problem darzustellen.“ Weiter führte er insbesondere die New York Metropolitan Opera an, die noch in den späten achtziger Jahren wundervoll inszenierte Opern herausbrachte, die heute als DVD wieder auf dem Markt erschienen sind. Er schreibt: „Wer also endlich mal eine Aida im monumentalen Ägypten-Setting und einen Turandot in vollem China-Pomp sehen

möchte, liegt mit den beiden neuen DVDs aus dieser Serie richtig. Beide Produktionen liefern die Stücke genau so, wie sie im Opernführer beschrieben werden.“
Leider klingt in diesen erstaunlichen Zeilen immer noch das Raunen der entarteten Regisseure an, vor denen er sich im Geheimen zu fürchten scheint. Die Worte Setting und Pomp sprechen Bände. Ägypten-Setting soll wohl so viel heißen wie „auf ägyptisch herausgeputzt“ und das Wort Pomp heißt zwar wörtlich übersetzt so viel wie großartiges Auftreten, glanzvoller Aufzug, aber auch übertriebener Prunk, also doch mehr oder weniger auch etwas Negatives.
Nun gut. Warum setzt er sich nicht dafür ein, dass man auch Regisseuren, wie denen von Wels, erlaubt an großen deutschen Opernhäusern zu inszenieren? Es ist doch höchste Zeit, dass man der Mehrheit des Volkes wieder mehr Stimme gibt und endlich aufhört, ihr in Diktator-Manier entartete Inszenierungen aufzuzwingen. Der größte Teil der Verantwortung liegt allerdings bei der Intendanz der Opernhäuser, Dirigenten und der Zuschauer, die doch eigentlich gellend pfeifen müssten.
Da Königshof die Dirigenten und Orchester dieser Operninszenierungen, ob berechtigt oder unberechtigt sei dahingestellt, negativ kritisiert, erweckt er den Eindruck, als wäre Konvention in den Inszenierungen und gute musikalische Leistungen unvereinbar. Wenn das so ist, dann ist es das Verdienst der 68er-Operndirektoren, die ganz bewusst und mit voller Absicht das bürgerliche Theater bis aufs Messer bekämpfen. Doch gibt es auch schon in letzter Zeit in Europa wundervolle Inszenierungen in alter Konvention. Ein Musterbeispiel, wie schon beschrieben, ist davon Wagners Oper „Lohengrin“, dirigiert von Christian Thielemann und inszeniert von Christine Mielitz. Leider verließ diese 1989 Dresden, wo sie von 1980 bis 1989 Oberspielleiterin der Staatsoper Dresden war. Mit ihrem Weggang endete die Zeit des wundervollen „alten Stils“, was aus meiner Sicht einer der größten Verluste für die Kulturstadt Dresden war. Sie ging an die Komische Oper nach Berlin, wo sie 1998 von den 68er-Kulturrevoluzzern vertrieben wurde. Wie musste ihr Herz geblutet haben, als sie von Mozarts „Entführung“, inszeniert von Calixto Bieito, im „Spiegel“ und „Focus“ las.
Doch mehr als erfreulich ist für mich die weltweite Entwicklung zu werktreuen Inszenierungen hin, wozu die schon zum Begriff gewordene „Mielitz“, seit 2010 freischaffende Opernregisseurin weltweit tätig, ihren hervorragenden Beitrag noch heute leistet.
Auch die Wiener Staatsoper bewies 2011 diese Rückbesinnung mit dem Dirigenten Evelino Pido durch die vortreffliche, werktreue Inszenierung der Oper „Anna Bolena“ von Gaetano Donizetti. Unter der Regie von Eric Genovese entstand ein Kunstwerk von außergewöhnlicher Schönheit, eine hervorragende Inszenierung, die seinesgleichen sucht. Dass Anna Netrebko und Elina Garanca u. a. die Hauptrollen sangen, machte die Oper zu einem unvergesslichen Erlebnis. Dank auch den Bühnenbildnern

Jacques Gabel, Chaire Sternberg und der Kostümbildnerin Luisa Spinatelli. Alle Beteiligten, alle, offenbarten den Zuhörern und Zuschauern ihre wunderbaren, edlen Innenleben. Auch darüber berichtete ich Ihnen schon ausführlich.
Das Gleiche gilt für die Oper „La Traviata“, inszeniert von Willy Decker bei den Salzburger Festspielen 2005, der durch seine in Blau gehaltene Stilbühne (Wolfgang Gussmann) der Musik Verdis (Dirigent Carlo Rizzi) eindrucksvoll breiten Raum gab. Wieder war es Anna Netrebko, die nicht nur in wundervoller Weise sang, sondern auch eine schauspielerische Leistung allerersten Ranges von sich gab. Nein, sie schauspielerte nicht, sie lebte die Rolle der Violetta und demonstrierte überwältigend, was seelische Liebe in unserem Leben bedeutet und bedeuten sollte. Ich erinnere an Ferdinand Freiligrath, der zwischen 1810 und 1876 folgendes, in Vergessenheit geratenes, Gedicht schrieb:

O lieb, solang Du lieben kannst!
O lieb, solang Du lieben magst!
Die Stunde kommt, die Stunde kommt,
wo Du an Gräbern stehst und klagst!

Und sorge, dass Dein Herze glüht
und Liebe hegt und Liebe trägt,
solang ihm noch ein ander Herz
in Liebe warm entgegenschlägt!

Und wer Dir seine Brust erschließt,
o tu ihm, was Du kannst, zulieb!
Und mach ihm jede Stunde froh,
und mach ihm keine Stunde trüb!

Und hüte Deine Zunge wohl,
bald ist ein böses Wort gesagt!
O Gott, es war nicht bös’ gemeint –
der and’re aber geht und klagt.

O lieb, solang Du lieben kannst!
O lieb, solang Du lieben magst!
Die Stunde kommt, die Stunde kommt,
wo Du an Gräbern stehst und klagst!

Dann kniest Du nieder an der Gruft
und birgst die Augen, trüb und nass,
– sie sehen den andern nimmermehr –
ins lange, feuchte Kirchhofsgras.

Und sprichst: O schau auf mich herab,
Der hier an Deinem Grabe weint!
Vergib, dass ich gekränkt Dich hab!
O Gott, es war nicht bös' gemeint!

Er aber sieht und hört Dich nicht,
kommt nicht, dass Du ihn froh umfängst.
Der Mund, der oft Dich küsste, spricht
nie wieder: Ich vergab Dir längst!
Er tat's, vergab Dir lange schon,
Doch manche heiße Träne fiel
um Dich und um Dein herbes Wort –
doch still – er ruht, er ist am Ziel!

O lieb, solang Du lieben kannst!
O lieb, solang Du lieben magst!
Die Stunde kommt, die Stunde kommt,
wo Du an Gräbern stehst und klagst!

Anna Netrebko sang und lebte ihre Rolle so, als hätte sie vor der Einstudierung dieses Gedicht gelesen. Ihre künstlerische Leistung, ihre Kunst, der ganz bewusste Ausdruck ihres Innenlebens waren so einmalig schön und ergreifend, dass ich zu der Meinung kam, dass das Publikum und nicht sie, sich am Ende der Aufführung vor ihr verbeugen hätte müssen. Ich tat es in meinem Inneren.
Auch Rolando Villazón stand Anna Netrebko in nichts nach. Auch sein Spiel war gelebt, sein ganzes Innenleben trat völlig bewusst uns entgegen, er verlor „seine über alles geliebte Violetta" und ließ seiner Verzweiflung darüber freien Lauf. Es gibt ganz gewiss kein vollendeteres Paar, das man sich für Verdis La Traviata vorstellen könnte. Rolando Villazón offenbarte uns in dieser Rolle sein ganzes edles Innenleben.
Doch nicht genug, 2015 inszenierte er sogar selbst im Festspielhaus Baden-Baden „seine ganz persönlichen Ansichten" zu dieser weltberühmten Oper. Arte übertrug sie am 21. Juni 2015. Seine einzigartige Regie, verbunden mit wundervollen Bühnenbildern und Kostümen, lassen hoffen, dass die entarteten Regieberserker und Kulturrevoluzzer bald von den Bühnen Europas, nein der ganzen Welt, verschwinden.

Seit dieser Aufführung in Baden-Baden bin ich sehr zuversichtlich, dass die abartigen Regisseure und Kulturrevoluzzer im Kulturleben auf unserer Erde zuletzt doch nicht die Überhand bekommen. Der „gesunde Menschenverstand" des überwiegend nicht abartigen Publikums wird sich auf Dauer durchsetzen und die Intendanten der Opernhäuser werden zu der Ästhetik zurückfinden müssen, die dem normalen, gesunden Publikum gefällt.

Einen der ganz großen Regisseure Ostdeutschlands sollte man allerdings auch nicht vergessen, Walter Felsenstein (271), von dem ich seine Inszenierung der märchenhaften Mozartoper „Die Zauberflöte" an der komischen Oper in Berlin vor sehr langer Zeit nie vergessen kann. Für ihn gilt das Gleiche wie für Joan Front.
Sie kennen sicher das Buch „Die Geschichte der wundervollen Heilung eines versteinerten Herzens" und den daraus entstandenen Film „Der kleine Lord" von F. Hodgon Burnett. Auch dieses Buch und dieser Film gehören zu den wundervollsten, rührendsten, jedoch keinesfalls kitschigen Kunstwerken vom Ende des 19. Jahrhunderts. Die Funkuhr (272) schrieb dazu: „Es ist die Geschichte der Heilung eines versteinerten Herzens." Mit dem TV-Film, der 1980 in England gedreht wurde, legte uns Regisseur Jack Gold sein und Burnetts Innenleben zu Füßen. Ihr Anliegen war in doppelter Hinsicht ein politisch-soziales. Die von den Linken verteufelte Aristokratie wird scharf kritisiert, und gleichzeitig wird aber auch gezeigt, dass es viele wirklich edle Charaktere unter den Adligen gab und gibt, denen das Wohl ihres Volkes am Herzen lag und liegt. Für Burnett verkörperte der kleine Lord den edlen Aristokraten!
Ich sage immer wieder, die weitaus überwiegende Mehrheit der Menschen sind gute Menschen. Und das gilt sowohl für reiche als auch für arme gleichermaßen. Prozentual unterscheiden sich dabei die Aristokraten nicht von den einfachen, weniger gebildeten Menschen. Ein gutes Herz, also einen guten, gütigen Charakter kann jeder haben. Der kleine Lord ist in diesem Kunstwerk die Inkarnation, also die Verkörperung des Guten. Er wirkte auf seinen Großvater wie ein von Gott gesandter Engel, der seinen guten und positiven Einfluss geltend machte. Dieser wurde zuletzt dann auch zum wahren Christen bekehrt. Für mich handelt dieses Buch von menschlicher Größe auf beiden Seiten der Gesellschaft.
Am Beispiel eines weiteren wunderbaren Filmes, eines Dokumentarfilmes, will ich Ihnen zeigen, wie Religionen die Kunst der Filmemacher, die selbstverständlich auch Künstler sind, beeinflusst. Es ist der Film „Damaskus – Er kam als Verfolger und ging als Freund" (409). Er handelt in eindrucksvoller Weise vom Leben des Apostel Paulus, der als blutrünstiger und blindwütender Christenverfolger Saulus auf dem Wege nach Damaskus von Jesus Christus, dem Auferstandenen, aufgehalten wurde. Christus blendete ihn in seinem Licht, sodass er erblindete und nicht mehr weiterhin sein Unwesen treiben konnte. Doch es war nicht die Blendung, die ihn auf den rech-

ten Weg brachte, sondern die realistische Begegnung mit Christus und dessen ergreifende Worte. Und als Christus einem seiner Anhänger Tage später den Auftrag erteilte, Saulus sein Augenlicht zurückzugeben, ließ dieser sich taufen und wandelte sich zum Paulus, einem der berühmtesten Apostel der frühen Christenheit. Soweit der Inhalt des Films. Regie, Kostüme und die gesamte Art und Weise der Aufnahmetechnik waren einzigartig. Die schauspielerischen, künstlerischen Leistungen waren ausgezeichnet. Doch nun muss ich Ihnen etwas erzählen, was den gesamten Film trotz dieser künstlerischen Leistungen, fast zunichtemachte. Es war der vom Teufel besessene Tonmeister, der mit unvorstellbarer Lautstärke der begleitenden Musik nicht nur die Sprache der Schauspieler untergehen ließ, sondern auch den Zuschauer zum ständigen „Lautleisestellen“ des Fernsehgerätes zwang. Es war sicher nicht seine Absicht, dieses christliche Kunstwerk zu schänden, obwohl er es dadurch geschändet hat. Nein, diese Machart ist heute „in“. Sehr viele Menschen ärgern sich über die arroganten, dümmlichen Tonmeister, die glauben, mit einem fürchterlichen, unerträglichen Getöse sich profilieren zu müssen. Haben sie denn nicht gelernt, dass die Musik in einem Film die Handlung untermalen, nicht übermalen soll? Das Gleiche findet man leider auch oft in wunderschönen Naturfilmen.

Lassen Sie mich noch einmal zu dem Innenleben einiger moderner Maler kommen. Betrachtet man ihre Kunstwerke, erkennt man, dass die überwiegende, jedoch leider fast unbekannte Mehrheit, wunderschöne Bilder malte und malt. Ihre Innenleben sind entsprechend ausgeglichen und mit sich und der Welt völlig zufrieden. Die überwiegende Mehrheit moderner Kunstwerke, die heute von vielen Museen gekauft werden und in den letzten Jahren gekauft wurden, erweckt in mir den Eindruck, als seien sie Eintrittskarten für eine Psychiatrische Klinik oder für das Prinzhornmuseum in Heidelberg. In den Dresdner Neusten Nachrichten (DNN) schrieb 2013 ein Leser (448) u. a. dazu: „Die Schau (in diesen Museen) zeigt den steilen Niedergang von den einstigen Höhen der europäischen Malerei in die heutige Sinnlosigkeit. In den Bilderrahmen breiten sich seit über hundert Jahren Unsinn oder einfach nur graue Leere aus.“ … „Verantwortlich dafür, (so schreibt er völlig richtig weiter) sind weder die Malerzunft noch das Volk, sondern die Herrschaften, die die Macht über Steuergelder und Selektion ausüben. Ihr destruktiver (also ihr zersetzender, zerstörender, bösartiger, zum Zerfall führender) Hang bildet sich jetzt hier ab, ohne Rücksicht auf die Menschen, die das bezahlen und ertragen sollen. Die Werke finden ihre Aufnahme nur in staatstragenden Einrichtungen.“ Wie wahr, und schon der Titel dieser Leserzuschrift spricht Bände: „Keine Kunst fürs Volk.“ Mehr als erfreulich ist, dass die DNN auch solche Meinungen, nämlich Volkes Stimmen, zu Wort kommen lässt. Und wenn die Kultur-Verantwortlichen, besser gesagt, die Unkultur-Verantwortlichen, dagegen

Gift und Galle spucken, hätte Brecht ihnen sicher geantwortet: „Wäre es nicht einfacher, ihr löst das Volk auf und wählt euch ein anderes, nämlich dümmeres?"
Und nun noch einmal ein paar Worte zu meinem Vater, dem Maler Martin Berthold. Seine Aquarelle zeigen die Natur so, wie er sie sah und empfand, wie er mit ihr in Resonanz trat: wunderschön, wundervoll, einzigartig. Jeder, der ihn kannte, sieht diese Bilder in Harmonie mit seinem Innenleben. Sie sind ein Musterbeispiel dafür, dass man zur Beurteilung eines Kunstwerkes den Künstler kennen sollte, um ihn zu verstehen.

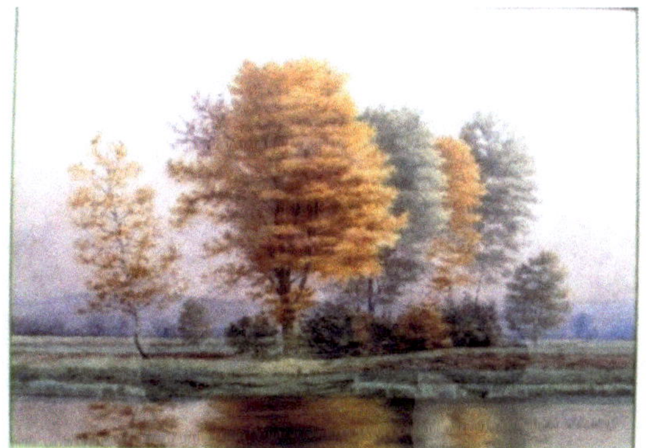

Abb. 26: Landschaft im Lebensraum des Künstlers Martin Berthold

Das oben wiedergegebene Bild bestätigt Ihnen das: Das ruhige Dahinfließen des Flusses, der an den Feldern und Bäumen sanft dahingleitet, das Rauschen der vom Wind liebkosten Blätter und dann dieses Licht, welches das ganze Bild in eine Stimmung versetzt, die dem Innenleben des Künstlers entsprach, als er das Bild malte. Seine Kunst lag darin, Bäume zu malen, deren Grün von Gold- und Sonnengelbtönen durchdrungen sind, die sich auch im blaugrauen Wasser des Flusses spiegeln. Alles ist friedlich, alles ist ruhig. Die Natur scheint zu schlafen, sich auszuruhen.
Leider finden unsere Medien nur selten Worte zu modernen Malern, die mit Entartung nach Nordau nichts, aber auch gar nichts zu tun haben. Es gibt Tausende und Abertausende Künstler, die traumhaft schöne, moderne Bilder malen.
Eine dieser Künstlerinnen ist die 1964 geborene Amerikanerin G. Peine Toormalatei (28). Sie ist eine moderne Künstlerin. Natürlich gibt es unzählige solcher wundervollen Künstlerinnen und Künstler.
Anhand ihrer Bilder können Sie erkennen, was wir auf unserer Erde für erstklassige Künstler haben, die sich nicht durch ein krankhaftes Gehirn auszeichnen, sondern ihr tiefromantisches Innenleben in wundervollen Bildern zum Ausdruck bringen. Aus

dem Katalog „THE FINE ARTS COLLECTION“ (28), den ich schon erwähnte, zitiere ich über das Bild „Gate of the Fountain“:
„Das Plätschern des Flusses, der sich durch die Felder schlängelt, das Rauschen der vom Wind liebkosten Blätter und dann dieses Licht, das die ganze Leinwand zum Strahlen bringt. Darin liegt die ganze Kunst der Künstlerin Toomalatei. Das Grün einer üppigen Natur wird durchdrungen von Gold- und Sonnengelbtönen, die sich auch in dem blauen Licht des Flusses reflektieren. Alles ist friedlich, alles ist ruhig. Die Natur schlummert hinweg. Pssst!“
Insbesondere der ganz anders geartete Maler Jan Groenhart hatte es mir angetan. Er ist in dem o. g. Katalog mit 17 Kunstwerken vertreten. Ein Bild ist wunderschöner als das andere. Im Katalog lesen wir: „Die unwirklich erscheinende Farbkraft und die unbegrenzte Weite des Blickes machen den Zauber von seinen Werken aus. Das Licht gibt seinen Szenen eine stimmungsvolle Transparenz. Der Betrachter taucht in eine Welt ein, die auf den ersten Blick unwirklich und surreal erscheint, wer aber Holland kennt, wird feststellen, dass sich Groenhart bei seinen kraftvollen Farbspielen an der Natur orientiert hat.“ Schauen Sie sich nur das im Katalog wiedergegebene Bild „Silver light“ an, wenn Sie einmal ein Bilder- und Bilderrahmengeschäft besuchen sollten.
Damit Sie sehen, was ich unter dem Begriff „Silberlicht“ verstehe und warum es mich so stark beeindruckte, gebe ich Ihnen noch ein weiteres Bild meines Vaters wieder, der dieses Licht auch so sehr liebte (Abb. 27).

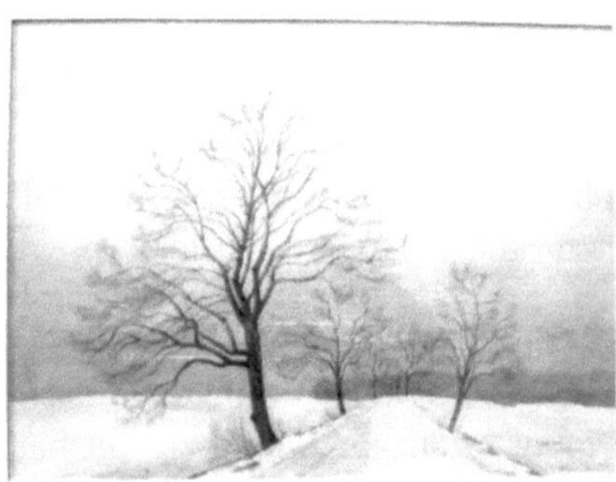

Abb. 27: Winterlandschaft von Martin Berthold

Die eiskalt erscheinende Landschaft, damals, als er es malte, war ich 10 Jahre alt, es herrschten über minus zwanzig Grad Kälte und der sich in der Tiefe der Straße verlierende Blick macht den Zauber von seinen Winterbildern aus, von denen er viele mal-

te. Das trübe Licht gibt seinen Winterlandschaften stimmungsvolle Transparenz. Beim Betrachten taucht man in eine Welt ein, die auf den ersten Blick unwirklich erscheint. Wer aber meinen Vater und seine zweite Heimat, die Oberlausitz, kannte, weiß, dass er sich stets an der von Gott geschaffenen Natur orientiert hatte.
Ich kann mir keine schöneren Winterbilder vorstellen. Auch hier haben Sie wieder den Beweis für die wundervolle Resonanz in mir und für die Großartigkeit moderner, zeitgenössischer, nicht abartiger Kunstwerke.
Hochinteressant ist der o. g. Katalog auch deswegen, weil er Künstler, die blasphemische oder pornografische Kunstwerke produzierten, ad absurdum führt: Das Wort „Modern“ wird von manchen Medien regulär missbraucht. Sie sollten es durch das Wort „entartet“ ersetzen, wenn es sich um entartete Kunstwerke handelt. Doch das trauen sie sich nicht, nur weil es von den Nazis missbraucht wurde. Meinungsfreiheit kann man dies wohl kaum mehr nennen!
Ein besonderes Kunstwerk der Weimarer Kunstschülerin Irmgard von Bongé muss ich an dieser Stelle wiedergeben und beschreiben, um meine Behauptung daran zu belegen, dass „moderne Kunst“ meist wunderschön ist. Ihr wundervolles Pastell „Sestri Levante“ – Wäscherinnen, wurde 2010 in einer ihr gewidmeten Ausstellung in Weimar gezeigt (338). Sie lebte von 1879 bis 1967.

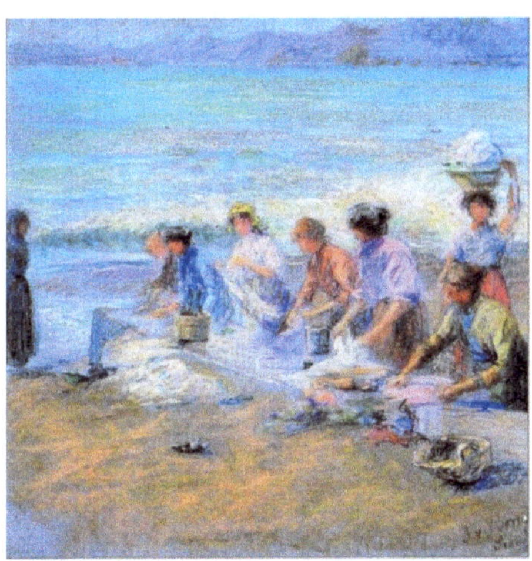

Abb. 28: Irmgard von Bongé: „Sestri Levante“ – Wäscherinnen

Über das weiter unten gezeigte Bild (Abb.29) will ich Ihnen auch noch berichten: Der relativ unbekannte Künstler Heinz Ferbert aus Radebeul nannte es „Freude“. Und

tatsächlich soll das altchinesische Schriftzeichen so heißen, welches er als Erstes gezeichnet hatte. Es ist auch seine Idee, solche Zeichen u. a. als Grundlage für einige seiner Kunstwerke zu verwenden. Anschließend bearbeitet er diese collagierten Drucke mit farbigen Sanden aus vielen europäischen und außereuropäischen Staaten. Natürlich drückt er mit dieser Technik das aus, was er beim Malen für den entsprechenden Text empfand, nämlich sein Innenleben. Im vorliegenden Fall der Abbildung gestaltete er bewusst oder unbewusst auf der linken und rechten Seite zwei Figuren. Obwohl ich weiß, dass es sich um ein Schriftzeichen handelt, erkenne ich links darüber deutlich eine Kapuze und rechts einen Sombrero, Hals und Kragen. Eine Täuschung, die man z. B. auch manchmal in Wolken mit viel Fantasie erkennen kann.
Sein Bild „Freude“ ist ähnlich schön wie das Bild „Sestri Levante“, nur ist es kaum noch als naturalistisch zu bezeichnen.

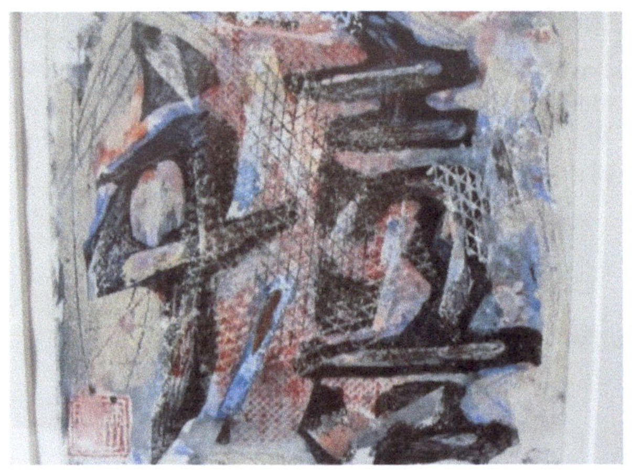

Abb. 29: Heinz Ferbert „Freude“

Blättert man in den o.g. Katalog (28) weiter, so findet man alle Kunstrichtungen darin vertreten:
Aus der Kunstrichtung „Figur und Akt“ sollten Sie sich das Bild „Anticipation“ von Worswick ansehen, welches Sie im o. g. Katalog eines Bildergeschäftes finden.
Sie haben ganz sicher nichts Zarteres, Schöneres je gesehen. Wohlgemerkt: „Nichts Zarteres, nichts Schöneres!“
Das schließt allerdings nicht aus, dass es schon zwischen den Jahren 1489 und 1534 Maler gab, die ebenso wundervoll zarte Frauenakte malten. Ich denke dabei insbesondere an Antonio Allegri, genannt Correggio. Er behandelte mit größter Virtuosität

das Licht, das er bis in die dunkelsten Stellen seiner Gemälde in reichster Abstufung spielen ließ. Das Halbdunkel erhob er zum entscheidenden Element der Bildgestaltung Die Frauen seiner Bilder sind von zartem Liebreiz erfüllt. Am reifsten offenbart sich Correggios Kunst sinnlich-anmutiger Schönheit in vielen seiner mythologischen Bilder. Zu den bekanntesten gehören „Leda“, „Io“ und „Danae“, die Sie in jedem Buch über „Die Kunst der Renaissance“ bewundern können.
Wenn Sie den berühmten Maler Jean Auguste Dominique Ingres (16) kennen, der 1780 bis 1867 lebte, werden Sie leicht die enge Verwandtschaft der Innenleben der beiden Künstler erkennen, obwohl sie über 300 Jahre auseinanderlagen. Gefühlvoller kann man einen Frauenakt nicht darstellen. Doch ich muss noch einmal darauf hinweisen, dass viele weitere Künstler ebenso wundervolle Frauenakte malten, also sich auch in ihren Innenleben ähnelten. Daraus muss man erkennen, dass die Innenleben vieler Künstler nicht von der Zeit abhingen, in der sie lebten.

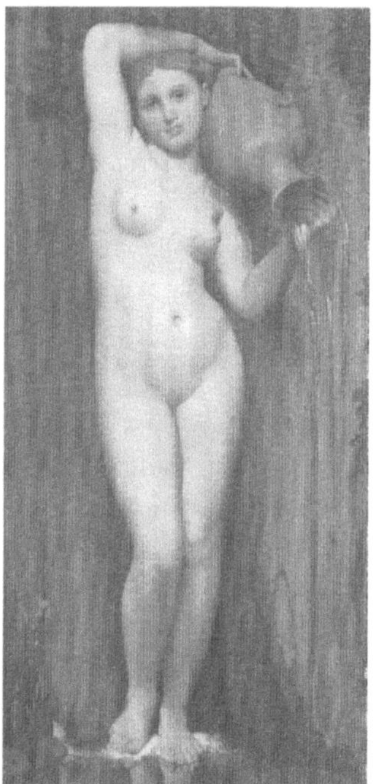

Abb. 30: Ingres „Die Quelle“

Das genaue Gegenteil der Akte von Ingres, Correggio und Worswick begegnet uns in einigen weiblichen Akten Picassos, so z. B. in dem Gemälde „Woman with yellow

Hair“ (Abb.32). Ich zeige sie Ihnen, damit Sie die riesigen Unterschiede sehen. Kishon sagte zu solchen Aktbildern, wie ich schon einmal ausführte: „Wenn Picasso bereit gewesen wäre, eine dieser Frauen, die er so monströs und abstoßend gemalt hatte, zu heiraten, dann wäre er für ihn ein ehrlicher, glaubwürdiger Künstler gewesen!“ Einen besseren Kommentar kann ich mir kaum vorstellen. Für Max Nordau wären solche Künstler entartet, obwohl man Picasso nicht als gesellschaftsschädlich bezeichnen kann. Wie ich schon früher ausführte, beherrschte Picasso seine Maltechnik perfekt, wie Sie aus dem Gemälde „Olga im Sessel“ erkennen können, welches ich Ihnen als Beleg (Abb.33) für sein „Können“ zeige. In seinen späteren Perioden hat er es, wie schon erwähnt, ganz bewusst nicht mehr angewendet.

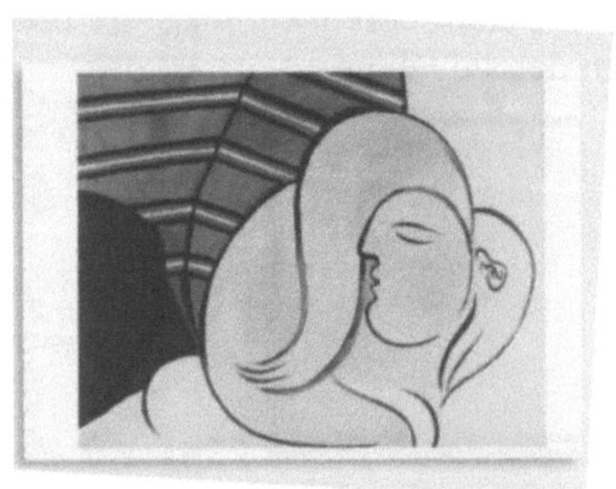

Abb. 31: Woman with yellow Hair

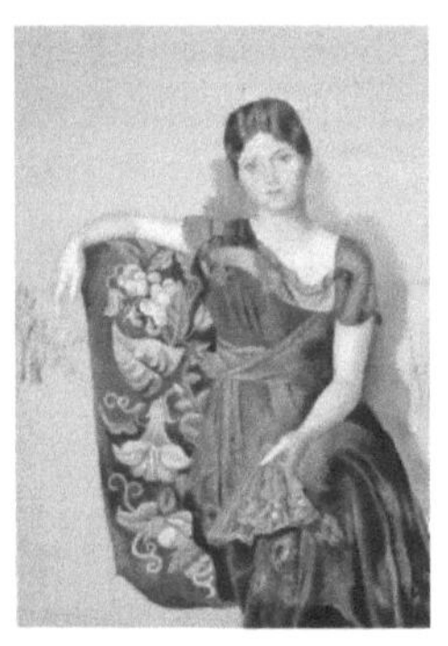

Abb. 32: Olga im Sessel

Für manche meiner Leserinnen und Leser ist Picasso wahrscheinlich der Inbegriff moderner Kunst, und zwar im negativen Sinne. Sie schlössen sich sicher dem Urteil von Nordau an, hätte dieser Picassos „Moderne“, insbesondere seine „Barbarische Periode“, gekannt, kommentiert und kritisiert. Doch wie erstaunlich hat Picasso in seiner Jugend sein damals edles Innenleben in seinem Bild „Maternité“ ausgedrückt, das nicht wundervoller und schöner hätte sein können. Ich zeige es Ihnen als Beleg (Abb. 33) für diese, meine Erkenntnis und dafür, dass er aus meiner Sicht heraus, damals zu den ganz großen Malern seiner Zeit gehörte.

Als er das für mich einzigartige Bild „Maternité“ malte, galt für ihn sicher noch sein eigener Ausspruch „Kunst wäscht den Staub des Alltags von der Seele“. Später, in seiner „Barbarischen Periode“, hätte er eigentlich sagen müssen „Der Staub des Alltags bedeckt meine Seele“. Vergessen Sie bitte nicht, dass „barbarisch“ heißt: „In einer Art und Weise, die allen Vorstellungen von Gesittung, Bildung und Kultiviertheit widerspricht."

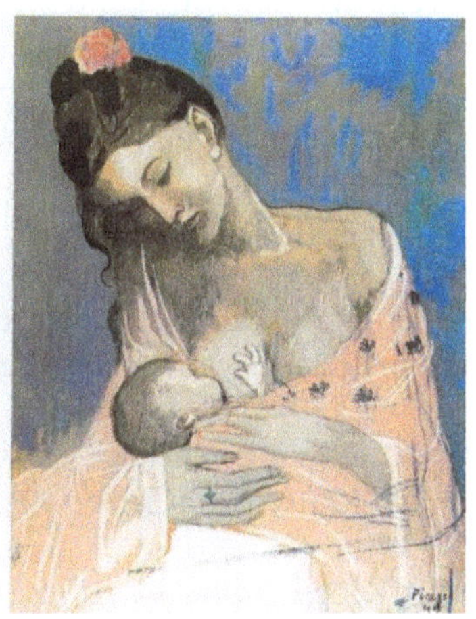

Abb. 33: Picasso „Maternite"

Sie fragen sicher, wie konnte Picasso so etwas Wundervolles, Liebreizendes wie „Maternité" nur malen? Die Antwort gibt uns wieder der Psychiater, Hans Prinzhorn, der, wie schon erwähnt, in seinem Buch „Die Bildnereien Geisteskranker" (36) darstellt, dass viele Künstler ein oder mehrere Male in einer psychiatrischen Klinik untergebracht wurden.
Prinzhorn nennt u. a. Ernst Josephson, Karl Brendel, August Klett, Franz Pohl und viele andere! Doch Picasso wurde nicht in eine psychiatrische Klinik eingewiesen, was den einen oder anderen sicher gewundert hat. Er war also geistig normal und malte nur in seiner „Barbarischen Periode" entartet, die man deshalb auch seine „Entartete Periode" nennen könnte. Ob er tatsächlich entartet war, muss man allerdings infrage stellen, wenn man das liest, was er am 2. Mai 1952 in Madrid niederschrieb:
„Seit die Kunst nicht mehr die Nahrung der Besten ist, kann der Künstler sein Talent für alle Wandlungen und Launen seiner Fantasie verwenden. Alle Wege stehen einem intellektuellen Scharlatanismus offen. Das Volk findet in der Kunst weder Trost noch Erhebung. Aber die raffinierten, die Reichen, die Nichtstuer und Effekthascher suchen in ihr Neuheit, Seltsamkeit, Originalität, Verstiegenheit und Anstößigkeit. Seit dem Kubismus, ja schon früher, habe ich alle Kritiker mit den zahllosen Scherzen zufriedengestellt, die mir gerade so einfielen und die sie umso mehr bewunderten, je weniger sie ihnen verständlich waren. Durch diese Spielereien, diese Rätsel und Ara-

besken, habe ich mich schnell berühmt gemacht. Und der Ruhm bedeutet für den Künstler: Verkauf, Vermögen, Reichtum. Ich bin heute nicht nur berühmt, sondern auch reich. Wenn ich aber allein mit mir bin, kann ich mich nicht als Künstler betrachten im großen Sinne des Wortes. Große Maler waren Giotto, Tizian, Rembrandt und Goya. Ich bin nur ein Spaßmacher, der seine Zeit verstanden hat und alles, was er konnte, herausgeholt hat aus der Dummheit, der Lüsternheit und Eitelkeit seiner Zeitgenossen."

Dass er Missbrauch mit der Freiheit der Kunst im großen Sinne des Wortes, ja sogar Schindluder mit ihr trieb, steht für mich seitdem außer Frage. Doch ein Scharlatan, also ein Schwätzer, Aufschneider oder Schwindler, war er nicht. Aus seinen Bekenntnissen geht recht deutlich hervor, dass er geistig völlig gesund und absolut ehrlich war.

Kommen wir zu einem weiteren Maler: Umstritten ist wohl heute noch, ob man den weithin bekannten Künstler, den Maler Paul Klee, auch zu den entarteten rechnen darf.

Anhand von zwei Bildern Paul Klees, Abb. 34 zeigt „Das Kopfbein" und Abb. 35 seinen „Kritiker", will ich die Meinung ernsthafter Experten, aber auch meine Meinung dazu wiedergeben:

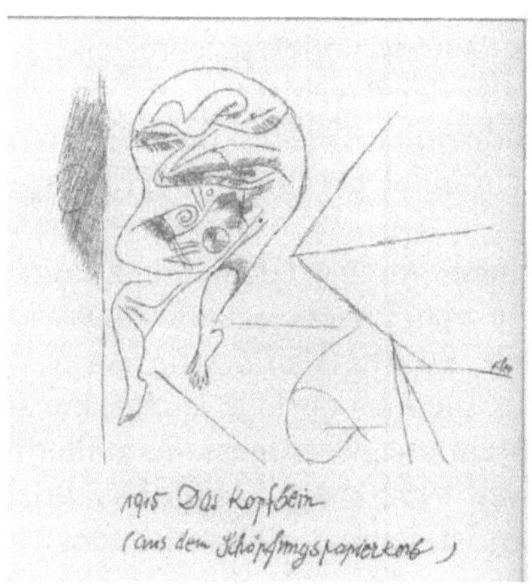

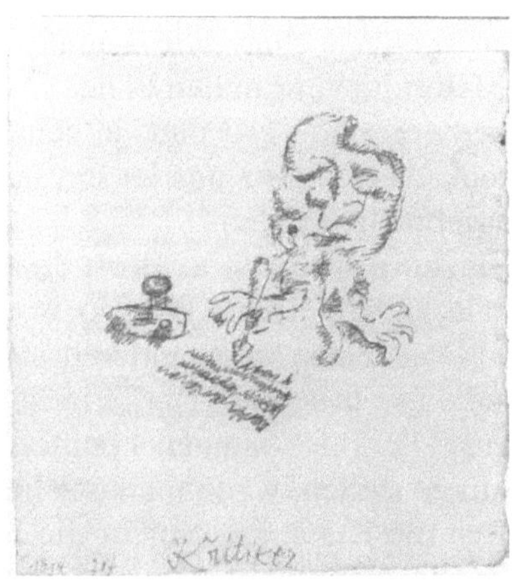

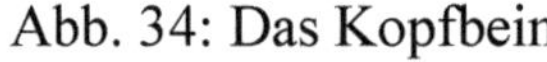
Abb. 34: Das Kopfbein

Abb. 35: Kritiker

Mit Wolfgang Kersten (354) stimme ich völlig überein, wenn dieser sinngemäß schreibt: Es fehlen im Bereich „Paul Klee und die Kunst von Geisteskranken" notwendige Voraussetzungen, um die Bedeutung von Geisteskrankheiten für Klees Kunst über bloße Mutmaßungen hinaus historisch beurteilen und bewerten zu können.

Andererseits wurde Klees Kunst seit 1906 von vielen Kritikern als krankhaft abgelehnt oder sogar diffamiert. Sie verunglimpften ihn 1910/1911 anlässlich seiner ersten Kollektivausstellungen im Berner Kunstmuseum, im Kunsthaus Zürich, im Kunstsalon Winterthur und in der Baseler Kunsthalle. Durch die Presse war Klee besonders massiv dem Vorwurf ausgesetzt, seine Zeichnungen seien „äußerst interessant“ für die Superklugen und Blasierten, d. h. für die Überheblichen, Eingebildeten, Hochnäsigen und Hochmütigen, hauptsächlich aber für den Psychiater. Sie seien „krankhafte Gebilde“.

Ohne auch nur den geringsten Beweis einer Geisteskrankheit vorzulegen, wurden seine Werke in solcher Art und Weise kritisiert. Ausdruck Klees Innenleben waren sie jedoch ganz gewiss!

Oskar Schlemmer (354) schrieb zu einem Vortrag Prinzhorns, in dem dieser über Zeichnungen von Irren berichtete: „Sehr interessantes Bildmaterial, ganz überraschende Ähnlichkeiten mit Modernen. Paul Klee, der den Vortrag auch hörte und die Zeichnungen sah, war begeistert, was sehr zu denken gibt.“ Nun, warum eigentlich? Klee trat mit diesen Zeichnungen in Resonanz, was seine Begeisterung auslöste. Und das kann ihm niemand verwehren; auch kann man nicht daraus schließen, er sei selbst geisteskrank gewesen.

Weiter vertrat Schlemmer dann eine andere Meinung: „Der Irre hat die Ideenwelt, die der Gesunde erstrebt, reiner, weil ganz losgelöst von allem Außen“. Und dann fügte er hinzu, schon Goethe hätte das Fantasieren ins Uferlose als Gefahr erkannt.

Lothar Schreyer (354) zitiert Klee, von Kersten allerdings angezweifelt, folgendermaßen: „Die Herren Kritiker sagen es oft, dass meine Bilder Kritzeleien oder Schmierereien von Kindern gleichen. Die Herren Schriftgelehrten meinen, dass meine Bilder eigentlich von einem Geisteskranken stammen.“

Auch dazu gibt es wieder keine medizinischen Beweise einer vorliegenden Geisteskrankheit.

Klee soll sogar einmal zu Schreier gesagt haben, was Kersten wieder bezweifelt: „Sehen Sie, hier in Prinzhorns Buch, das und das Bild ist bester Paul Klee. Sehen Sie diese religiösen Bilder! Eine Tiefe und Kraft des Ausdrucks, die ich im religiösen Thema nie erreichen könnte. Wahrhaft erhabene Kunst. Eine unmittelbare geistige Schau.“

Auch hier erkennt man eine tiefe seelische Resonanz, die zu Sekundärkunst in seinem Inneren führte und die er dann in seiner Art und Weise zu Papier brachte.

Sollte sich Klee von den Bildern in Prinzhorns Buch angeregt gefühlt haben, warum eigentlich nicht? Was wäre daran schlimm? Es ist völlig egal, wo und wie er sich hat anregen lassen. Wichtig ist nur, dass er sich hat anregen lassen. Wäre er nicht angeregt worden, hätte er Prinzhorns Buch gar nicht gekannt, nur dann könnte man auf

einen geisteskranken Künstler Paul Klee schließen. Solange Kunstwerke nicht gesellschaftsschädlich sind, solange sind sie auch nicht entartet.
Wenn Klee aber meinte, dass es altertümelnd sei, wenn man im Stil der alten Meister malt, dann ist das genauso abwegig, ungerecht und unberechtigt, wie die Meinung Ephraim Kishons: „Die Kunstwerke der Gegenwart gehören der Mülldeponie." Zur Ehrenrettung Kishons sollte man aber auch sagen, dass er nur die abartigen, also die wirklich entarteten gemeint hat.
Es gibt generell keinen vernünftigen Grund, einen unmittelbaren Zusammenhang zwischen moderner Kunst und der Kunst von Geisteskranken herzustellen! Manche Ähnlichkeiten sind allerdings nicht abzuleugnen, doch völlig falsch wäre es, zu sagen, dass in diesem Zusammenhang das Wort „ähnlich", identisch mit geisteskrank ist.
Mir ist nicht bekannt geworden, dass Klee sich von einem Psychiater hat untersuchen lassen, d. h., bei Klee wurde keine Geisteskrankheit von einem Nervenheilarzt diagnostiziert. Hätte Klee die diffamierenden Kritiken ernst genommen oder darunter gelitten und diese Ansichten widerlegen wollen, hätte er sich ganz einfach untersuchen lassen können. Auch hier stehen wir nur vor den Fragen: Wollte er sich nicht untersuchen lassen, hatte er vielleicht Angst, dass man bei ihm eine solche Krankheit feststellt oder hat er ganz bewusst diese Kritiken als Werbung für seine Kunstwerke benützt?
Wolfgang Kersten stellt in seinem Artikel „Paul Klees kulturkritisches Ideal der „Geisteskrankenkunst" (354) fest: „Vor dem Ersten Weltkrieg dienten ‚Künstlern der Avantgarde' Arbeiten von ‚Geisteskranken' häufig, aber nicht immer, in Verbindung mit denjenigen von Kindern und sogenannten Primitiven als Begründung für das kulturkritische Ideal einer ursprünglichen, unverbildeten Kunstschöpfung." Ich hätte allerdings für das ichsüchtige Wort „einer" lieber gesagt, „ihrer angeblich" ursprünglichen, unverbildeten Kunstschöpfung.
Zum Schluss komme ich zu der gleichen Meinung wie Marcel Franciscono (354), nämlich, dass die Bedeutung der Geisteskrankheit für Klees Kunst nicht zu leugnen ist. Dies ist kein Grund dafür, anzunehmen, Klee sei selbst geisteskrank gewesen. Das geht unter vielen anderem daraus hervor, dass Klee an das Staatliche Bauhaus in Weimar berufen wurde, was bewirkte, dass er sich recht bald endgültig von der expressionistischen „Gegenkultur" der Vorkriegszeit und der Kriegszeit 1914/1918 verabschiedete und als „Gesetzgeber" einer neuen rationalen, d. h. in diesem Fall, einer vernünftigen Kunst auftrat. So stieg er in kurzer Zeit in bürgerlichen Kreisen zu einem Repräsentanten „modernistischer Kunst" auf. Diese Entwicklung und Wandlung ist auf sein Innenleben zurückzuführen, d. h. er erkannte, dass das Heil nicht in unästhetischer Kunst zu suchen ist.

Auch Dali und Picasso sind Musterbeispiele dafür, wie sich das Innenleben bewusst oder unbewusst entwickelt hat. Es liegt die Vermutung nahe, dass periodische Veränderungen im Gehirn dieser Künstler (und vieler anderer auch) die Ursache für den Wandel ihres Innenlebens waren. Finstere Depressionen wechselten oft mit lichten Momenten. Sehnsucht nach dem ewigen Orgasmus wird sie auch genannt.
Wir dürfen also annehmen, dass Picasso in seiner Barbarischen Periode vorübergehend pathologisch „beschwert" war oder, wie er selbst einmal sagte, die Menschen ganz bewusst an der Nase herumgeführt hat, um in kürzester Zeit Millionen zu verdienen. „Du darbtest, wären nicht Kinder und Bettler hoffnungsvolle Toren", hätte Goethe ihm sicher zugerufen!
Das ganze Gegenteil eines positiven Innenlebens drückt der Bildhauer Lenk in seiner Kunst aus. Schauen Sie sich noch einmal eines seiner Bilder an. Beethoven, Mozart, Bach und viele andere hätten sich angewidert abgewendet, da Lenks Kunst vom Bösen in ihm, dem Teufel, bewusst oder unbewusst inspiriert wurde.
Abb. 36 zeigt als Beleg meiner Aussage ein weiteres seiner absolut gesellschaftsschädlichen, pornografischen, widerwärtigen Kunstwerke. Es entstand aus seinem entarteten, pornografischen Innenleben heraus. Den Riesenpenis hatte er, wahrscheinlich aus Wut auf den Springerverlag, gegenüber dessen Pressehaus in Berlin errichten lassen (274). Lenk war, bewusst oder unbewusst, ein gelehriger Schüler Adornos, welcher lehrte: "Geradezu ein Gradmesser für den Wert eines Kunstwerkes ist die Wut, die dem Betrachter entgegenschlägt."

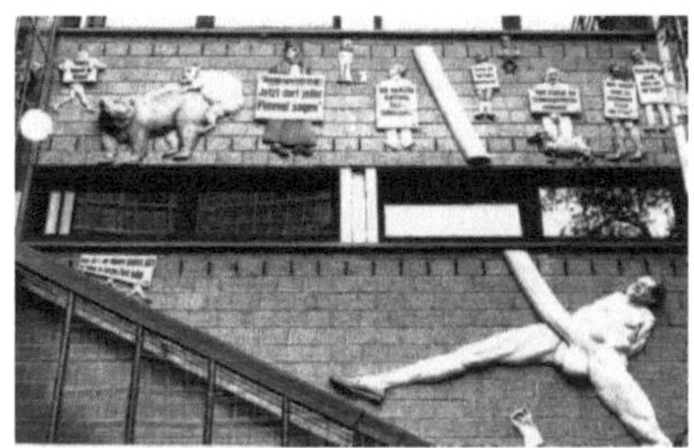

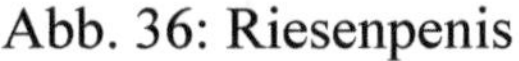

Abb. 36: Riesenpenis

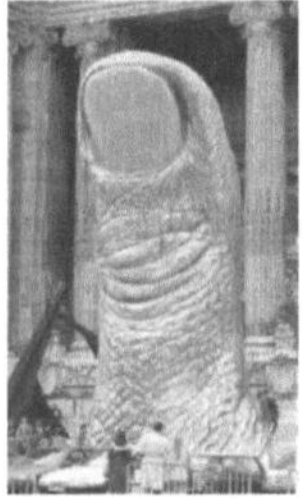

Abb. 37: Baltacinni César: Riesendaumen

Ganz gleich, was er ausdrücken oder bezwecken wollte, er drückte sein perverses Innenleben aus. Dass er sich meiner Meinung nach auch noch von Baltacinni César (*1921) inspirieren ließ, unterstreicht nochmals seinen pornografischen und miesen, also unangenehmen, üblen, schlechten und hässlichen (49) Charakter, der in gewisser Hinsicht auch an Größenwahn erinnert. Als Beleg für diese Erkenntnis zeige ich Ihnen in Abb. 37, den Riesendaumen, zum Vergleich.

Als entartet bezeichne ich ihn deshalb, weil er mit diesem Kunstwerk gesellschaftsschädlich, die Freiheit der Kunst schändlich missbrauchend, in aller Öffentlichkeit auftrat. Sie müssen sich nur einmal vorstellen, dass sie mit ihrer zwölfjährigen Tochter oder Enkelin unverhofft daran vorbeigingen und das Entsetzen auf dem unverdorbenen Gesicht ihres anvertrauten Kindes sehen müssten.
In die gleiche Kategorie reihte sich die aus Kasachstan stammende Malerin Erika Lust ein, die das in Dresden allgemein bekannte Nacktbild der ehemaligen Dresdner CDU- Oberbürgermeisterin Helma Orosz, schuf und verbreitete. Der mutige Jüdische Frauenverein Dresdens (275) nahm dazu wie folgt in den Dresdner Neusten Nachrichten (DNN) Stellung:
„Voll Empörung und tiefer Betroffenheit wenden wir – aus den Ländern der ehemaligen Sowjetunion nach Dresden gekommenen Zuwanderer – uns gegen das Machwerk der aus Kasachstan stammenden Malerin, Erika Lust, die mit ihrem Produkt perverser Fantasie die Persönlichkeitsrechte unserer Oberbürgermeisterin auf solch eine Weise verletzt hat. Bei den bisherigen ebenso primitiv-ekelhaften Verschandelungen echter Kunstwerke hat kein ernstzunehmender Betrachter dieser „Frau Lust“ ein Podium eingeräumt. Somit schuf sie sich ihre Publicity selbst, auf Kosten der Achtung und Würde des Oberhauptes jener Stadt, die ihr als Zuwanderin eine neue Heimat bietet.“
Auch Thorsten Klaus (276) nahm zu dieser Niedertracht von Erika Lust Stellung.
Die Frage, ob der Name Lust wirklich ihr Name oder vielleicht doch nur ihr selbstzugelegter Künstlername ist, wäre zusätzlich zu ihrem „Kunstwerk“, dem konservierten Ausdruck ihres Innenlebens, interessant. Auf jeden Fall passt er recht gut zu ihrer krankhaft überbetonten, erotischen Kunst.
Kommen wir zu dem Dadaisten Karel Appel (277). Sein Motto lautete: „Ich mache nur ein bisschen Dreck.“ Ob er sich bewusst war, was man unter „Dreck“ zu verstehen hat? Oder wollte er die Sprache neu erfinden? Nordau würde ihn als entartet bezeichnen. Allerdings ganz gewiss nicht entartet im Sinne einer bösen Absicht, sondern eines kranken Gehirns, für das Appel nichts konnte. Ich kann ihn nur bedauern.

In der Staatsoper Stuttgart wurde am 17.03.1998 von Martin Kusej Beethovens Oper „Fidelio“ inszeniert. Lassen Sie mich z. B. aus der „Zeit“ (278) zitieren:
„... Aber so brüchig, so erratisch (verirrt, zerstreut, vom Ursprung weit entfernt) so schockierend weit weggerückt von allen Seh- und Hörkonventionen, wie jetzt Kusej und Gielen in Stuttgart, hat das Stück bisher noch keiner auf die Bühne gebracht. Seltsam löchrig ist der Fluss der Musik. Da gibt es quälend lange Generalpausen und gedehnte Momente bleiernen Schweigens, so als müsse das Stück immer wieder erst zu sich selbst finden, und so als müssten die Figuren über den Fortgang ihres Tuns nachdenken. Eine schier berstende Spannung baut sich auf zwischen der stockenden

Inszenierung und der vorwärtstreibenden Dynamik von Beethovens Musik. Und von der ersten Szene an blickt man in eine geschlossene Anstalt, einen leeren Bühnenbunker, in dem alle Figuren der Oper gefangen sind und ein anonymer Männertrupp in grauen Anzügen (was mich an Michael Endes Momo erinnerte) in stummer Knechtschaft vor sich hin vegetiert. Am Ende des ersten Akts stehen sie dösend herum, bis Leonore „Los, Freiheit!" ruft."
Es lohnt sich in der „Zeit" die gesamte Kritik nachzulesen, damit Sie mich besser verstehen können.
Gielen und Kusej haben sich mit dieser Inszenierung selbst verraten: Was für ein unwürdiges Innenleben haben diese beiden? Selbst die Kostüme sprachen dem Hohn, was Beethoven ausdrücken wollte!
Doch wen wundert so eine Inszenierung noch, wenn ein Schlingensief in Bayreuth umjubelt sein Unwesen treiben durfte?
Im Gegensatz zu Professor Altenkirch unter Strauß und Schuch (266) sind viele moderne Regisseure und Bühnenbildner entweder unfähig oder sie vertreten den Standpunkt: „Du sollst haben keine anderen Götter neben mir". In ihrer maßlosen Arroganz glauben sie, ihre entarteten, verrückten, irren oder wahnsinnigen Werke herausstellen zu müssen. Andere wieder begründen ihre Bühnenbilder damit, dass alles andere nur von der Musik ablenkte. Was für ein Irrtum oder gar Hohn. Man bedenke, dass es wesentlich mehr von der Musik ablenkt, wenn man beim Anblick dieser abscheulichen Bühnenbilder mit einem Brechreiz kämpft.
Wohingegen die Inszenierung des Freischütz 2009 (279) in Baden-Baden ein wundervolles, farbenprächtiges, fantastisches und doch modernes Kunstwerk war. Das sollte man gesehen haben: modern und wunderbar. Zurück bedeutet heute eben immer wieder Fortschritt.
Hierher gehört auch die Inszenierung des Bajazzos von Leon Cavallo 2009 im Opernhaus Zürich, (280) die in einer farbenprächtigen, schönen, klassischen Art und Weise sich darbot. Sie sehen, wenn man werktreue Inszenierungen liebt, kann man sie ab und zu auch wieder erleben. Das Internet hilft Ihnen bei der Suche.
Professor Max Burkhardt schrieb bereits 1909 in seinem Buch „Führer durch die Konzertmusik" (281): „Die Tänze und Märsche Franz Schuberts sollten in unseren Unterhaltungskonzerten viel öfter erklingen! Das wäre ein herrliches Mittel gegen die musikalische Schundliteratur unserer Tage!" Wen hat er wohl gemeint? Schönberg oder Hindemith? Doch immer wieder: Diese musikalische Schundliteratur sind Kunstwerke, auch wenn sie, aus meiner Sicht allerdings nur zum Teil zurecht, von Kishon als Kakofonie bezeichnet wurden. Dieses griechische Wort bedeutet allerdings „nur" Missklang und enthält keine Wertung. Ob jeder mit ihr in Resonanz kommt, kann ich mir nicht vorstellen.

Das Innenleben eines Künstlers, der nur das Hässliche, Schreckliche, Perverse und Ekelhafte darstellt, wird definitionsgemäß vom Bösen auf dieser Welt beherrscht. Bösartig, weil er unsere Kultur zerstören will. Also gesellschaftsschädlich. Die 68er sind beredte Beispiele. Ihre Innenleben wurden und werden noch heute von ihrer Ideologie des Hasses auf alles Bestehende und ihrer maßlosen Dummheit beherrscht. Und man sollte nie vergessen, dass ihre Ideologie ihre entarteten Anhänger zur „Roten Armeefraktion“ führte, die viele politische Morde in den Jahren nach 1968 in Deutschland begingen.
Um Sie auf ein weiteres Entartungskriterium aufmerksam zu machen, will ich Ihnen folgende Frage stellen: Haben Sie gewusst, dass in einem Staat Afrikas Menschenfleisch verkauft wurde? In Tansania soll man 45 kg davon für umgerechnet 380.000 Euro verkaufen (282).
In Produktionsstätten mehrerer chinesischer Städte stellte man aus dem Fleisch toter Menschenbabys und menschlicher Föten ein Pulver her und füllte damit Tausende Kapseln, vor einiger Zeit wurden vom Zoll 17.000 Stück beschlagnahmt, die man nach Südkorea schmuggeln und pro Kapsel für 40.000 Won, d. s. ca. 27 Euro, verkaufen wollte (401).
Auch meine Kritiker werden wohl nicht mehr abstreiten wollen, dass diese Menschenfleischhändler entartet sind. Sie bedeuten nicht nur eine Lebensgefahr, sie sind für viele Menschen, besonders für viele afrikanische Kinder und chinesische Babys, lebensbedrohend, ja tödlich.
Genauso sind entartete Künstler für unsere abendländische Kultur lebensbedrohend. Sie zerstören in manchen jungen Menschen bewusst oder unbewusst deren positives Innenleben, die positive Sekundärkunst in ihnen und damit das, was man im Gegensatz zur Unkultur, Kultur zu nennen pflegt. Hat das noch etwas mit der „Freiheit der Kunst“ zu tun? Sie, liebe Leserinnen und Leser, wissen die Antwort, unsere Kulturverantwortlichen leider nicht. Es ist abscheulicher Missbrauch der Freiheit der Kunst!
Man erkennt daraus, dass das Phänomen „Entartung“ keinesfalls nur auf Künstler und deren Kunstwerke beschränkt ist. Auch ein Politiker ist entartet, wenn er, wie der Grüne Ströbele von „logischer, fast zwingenden Folge von Gasangriffen auf Jerusalem“ spricht (481).
Viele „moderne“ entartete Künstler wollen ganz bewusst provozieren, wie z. B. der Enkel des Schahs von Persien (283). Er lässt Elemente der religiösen Mythologie bewusst frontal auf Motive der Gegenwartskultur prallen.
Auch die berühmte „Dose“ zeigt ein beredtes Beispiel davon. Diese Künstler sagen sogar selbst von sich, dass sie provozieren wollen. Ich antworte: Lassen wir uns nicht provozieren und gehen wir einfach nicht in ihre Ausstellungen. „Stellen Sie sich vor, es ist Krieg und keiner geht hin!“ (284)

Genauso gut dürfen dann aber auch konservative Kritiker provozieren! Also, wenn man manche faschistoiden Künstler und darunter zählen auch kommunistische, zurecht mit dem Prädikat „entartet“ bezeichnet, dann ist das genauso legitim, die Provokationen mancher Künstler als entartet zu bezeichnen.
Man könnte vielleicht sagen: Entartung ist nicht gleich geisteskrank. Doch das wäre zu einfach! Lassen Sie mich wiederholen: Auf jeden Fall war eine Verfolgung und Vernichtung dieser Künstler, auch der jüdischen, im Nazireich weder gerechtfertigt, noch wäre sie heute, in unserer Demokratie, denkbar! Die Art und Weise der Entarteten ist jedoch nicht normal, sondern, wenn nicht krankhaft, dann doch wenigstens psychopathisch.
In der Prinzhornausstellung in Heidelberg (98) kann man diesem Fragenkomplex nachgehen. Daraus ergibt sich eine weitere Frage: „Hat man jemals den Geisteszustand „moderner“ Maler und anderer „moderner“ Künstler, wie z. B. den von Lenk oder den des Regisseurs Bieito untersucht? Wenn nein, warum darf man dann nicht von Entartung, also einer wenigsten im Anfangsstadium oder an der Grenze sich befindenden Geisteskrankheit sprechen, da diese Werke gesellschaftsschädlich sind?
Die Dresdner Palliativakademie zeigte im Jahr 2014 eine Filmreihe über „Krankheiten berühmter Künstler“. Am 15.05.2014 schaute ich mir den Film „Zeichnen bis zur Raserei“ über den Maler Ernst Ludwig Kirchner an und will an dieser Stelle kurz darauf eingehen:
Insbesondere möchte ich darauf hinweisen, dass durch Resonanz mit diesen teuflischen Werken, die in labilen Menschen manchmal auftritt, manche davon „zum Amokläufer“ sich entwickelten. Unser Alt-Bundespräsident Köhler sagte zu dem fehlenden, medienübergreifenden Pressecodex: „Es sei wissenschaftlich erwiesen, dass detaillierte Berichte über die Täter, Nachahmer auf den Plan rufen.“
Viele moderne Kunst ist göttlicher Natur und manche moderne Kunst ist die Ausgeburt des Teufels. Schaut euch diese Regisseure an, diese Teufel, diese leibhaftigen Teufel! Sie versuchen, uns zu verhöhnen und geistig zu vergewaltigen. Sie sind pervers, abartig und entartet. Sie sind schwer krank und gehören in die Psychiatrie. Sie verbreiten ganz bewusst Angst und Schrecken, Grauen und Albträume.
„Jeder Gewaltakt ist ein Kunstwerk“. Mit diesem Ausspruch bestätigt der entartete Regisseur Stanley R. Kubrik (287) diese Meinung. Natürlich war er selbst oft beim Psychiater. Folter bis zum Tod! Krieg ist die Konstante in seinen „Kunstwerken“, seinen Filmen und Lust am Morden. Sollte man ihn zum Schutz der Menschen nicht besser in eine geschlossene psychiatrische Anstalt einweisen?
Und Kubriks fadenscheinige und widerwärtige Begründung lautet: „Ich will der Menschheit den Spiegel vorhalten.“ Geboren, um zu töten, um zu morden! Sogar Kinder werden in dieses Inferno mit hineingezogen. Systemvernichtung, das will er.

Doch was kommt danach? Das sagt er natürlich nicht. „Philosophie sei der Versuch in Bildern zu denken." Und jetzt lässt er die Katze aus dem Sack: ein Mensch auf der Spitze einer Atombombe! Entsetzliche Perversion! Sein Leben ist ein einziges Chaos! Er ist ein Entarteter, dessen Entartung unübersehbar eine sehr gefährliche Geisteskrankheit zu sein scheint. Wie haben manche Menschen vor den geisteskranken Nazis gewarnt? „Wehret den Anfängen!"
Und den Menschen den Spiegel vorhalten ist wahrlich nicht nötig, denn die überwiegende Menschheit ist gut und lehnt seine Entartungen klipp und klar ab. Wäre das nicht so, dann hätte Gott die Menschheit schon längst vernichtet. Doch über diese Mehrheit berichten die Medien fast nie.
Am 11.10.2014 prangte auf Seite 12 der DNN (486), für mich völlig unbegreiflich, in riesigen Lettern: „So schön kann Mord sein" und die Kulturverantwortlichen, nein die Unkulturverantwortlichen in Politik und Medien, lesen wahrscheinlich lustvoll grinsend von dem „berauschenden" „Tatort: Im Schmerz geboren", von einem „Strom roten Blutes", „ästhetisierten Tötungsszenen", von Wahnvorstellungen und von „tief liegenden Augen, aus denen der Wahnsinn spricht". Sie verherrlichen damit den Horrorregisseur Florian Schwarz und seine Anleitungen zum Mord, obwohl sie die puren Entartungsszenen darstellen. Das, was Nina May zum Schluss in ihrem Artikel feststellt, trifft völlig zu: „Weil sie böse sind". „So versucht der Teufel seine willigen Opfer". Schwarz missbrauchte mit diesem Tatort die Freiheit der Kunst in abscheulichster Art und Weise.
Wie ich bereits sagte, gehört der Massenmörder und Schriftsteller Hemingway auch zu dieser Sorte von entarteten Künstlern.
Wenn ein „Künstler" behauptet, seine „Kunstwerke" hätten mit seinem Innenleben nichts zu tun, so muss man das zur Kenntnis nehmen; dann unterscheiden sie sich aber auch ganz entschieden von den Kunstwerken, deren Künstler anerkennen, bzw. sogar von sich selbst sagen, dass ihre Kunstwerke Ausdruck ihrer Innenleben sind.
Wenn Kunst nicht Ausdruck des Innenlebens des Menschen wäre, der das Kunstwerk geschaffen hat, dann könnte jedermann per Zufallsgenerator mittels seines Computers Kunstwerke schaffen. Was ja bekanntlich immer wieder einmal versucht wird. Sogar mit Erfolg!
Neuerdings gibt es sogar Kunst, die durch das Zusammenwirken eines Computers mit einem schlafenden Menschen entsteht und aus der dann ein Kunstwerk zustande kommen soll. Das Ganze funktioniert wie folgt: Die Hotelkette Ibis hatte im Jahr 2012 als Werbung zu einer besonderen Übernachtungsart, der „Sleep Art", d. h. der „Schlafkunst" eingeladen. Die Gäste, deren Anzahl begrenzt war, schliefen auf einer Hightech-Matratze, in der 80 Sensoren Bewegungen, Geräusche und Temperaturen maßen. Diese Daten wurden drahtlos an den kleinsten Roboter des Konzerns ABB

übermittelt, der sie mit vielfarbigen Pinselstrichen auf eine Leinwand übertrug, auf der dann das „Kunstwerk“ entstand. Durch die Datenvisualisierung, die ebenfalls ABB vornahm, konnte tatsächlich ein einzigartiges, modernes Acrylgemälde geschaffen werden (430).
Welche Schlussfolgerungen ergeben sich nun aus dem Gesagten? Selbstverständlich handelt es sich bei diesem Beispiel der „Sleep-Art“ nicht um entartete Kunst. Sie ist weder gesellschaftsschädlich, noch psychopathisch. Kunst in meinem Sinne ist es jedoch auch, weil das unbewusste Innenleben, welches sich durch Träumen, Herumwälzen, Schnarchen, usw. ausdrückt, eine unbewusste Tätigkeit ist. Und die Menschen, die sich auf diese Matratze legten, taten das ganz bewusst. Sie wussten auch, dass dabei ihr nächtliches Innenleben aufgezeichnet wurde und ein „Kunstwerk“ entstand.
Daraus ergab sich, dass ich meine Definition mit den Worten „bewusst oder unbewusst“ erweiterte.

Zurück zur entarteten Kunst. Es gäbe sie nicht, wenn es keine entarteten Innenleben der betreffenden Künstler gäbe. Muss man nun mit einer solchen Behauptung oder besser gesagt Definition Angst haben, dass entartete Künstler vorsichtiger werden, ihr perverses Innenleben preiszugeben? Kaum, weil krankhafte Geltungssucht sie beherrscht. Und so lange dafür viel Geld bezahlt wird, „beglücken“ sie uns weiter damit. Einzig und allein die Geldgeber, auch die öffentliche Hand, gehört dazu, tragen an diesem Kulturverfall die Hauptschuld! Und solange weiterhin üppige Staatssubventionen fließen, wird sich daran auch nichts ändern.
Wie abwegig uns so manche heutige Kritik an klassischen Kunstwerken vorkommt, beweist die Wirkung, welche die Musik Beethovens z. B. auf Wolfgang Merkel (288) ausübte, der behauptete, Beethovens 9. Sinfonie sei sein schlechtestes Werk, ebenso Schillers „Freude schöner Götterfunken“ sei Schwachsinn. Merkel ist weit entfernt, d. h. nicht fähig mit Beethoven oder Schiller in positive Resonanz zu treten. Allerdings ist er keinesfalls entartet. Eher bedauernswert ungebildet. Hätte er betont, dass seine Meinung sicher nicht mit den Meinungen der meisten Musikliebhaber und Musikexperten übereinstimmt, dann hätte er wenigstens noch über etwas Selbsterkenntnis verfügt. Er sollte lieber schweigen. Oscar Wilde meinte dazu, wie ich schon zweimal sagte: „Gesegnet seien jene, die nichts zu sagen haben und den Mund halten.“
Doch wenn man über Wolfgang Merkel, einen würdigen Vertreter der Adorno'schen „Ästhetischen Theorie“ nachdenkt, zwingt sich der Verdacht auf: Er will unsere alte Kultur zerstören.

Lassen Sie mich jetzt auf den „Vortragskünstler“ kommen, der durchaus ein echter Künstler sein kann. Natürlich meine ich nicht Vorträge über naturwissenschaftliche Themen.
Liest ein Vortragender seinen selbst verfassten Vortrag ab und dazu noch schnell, dann kann der Zuhörer nur schwer folgen! Das gilt auch, wenn er seinen Vortrag auswendig gelernt hat. Trägt der Vortragende dagegen frei vor, so muss er seine Worte, seine Sätze immer neu in seinem Gehirn bilden, bevor er sie langsam ausspricht. Sein Werk entsteht, während er vorträgt. Das Ergebnis ist: Die Zuhörer können wirklich folgen und damit das Gesagte viel besser verstehen, ja sie können mit diesem in Resonanz treten. Auch wenn man die Sprache eines sehr schnell abgelesenen Vortrages versteht, das Gehirn tut sich meist schwer, den Sinn zu verstehen, wenn dieser kompliziert ist! Weil aber die Sprache der Verständigung zu dienen hat, verstoßen Schnellredner gegen diesen Grundsatz und schaden sich selbst, weil vieles in den Köpfen der Hörer gar nicht ankommt. Heute lautet das Motto des Lebens: „Jung und dynamisch“. Man kann kaum noch folgen! Die manchmal zu schnelle Musikwiedergabe erscheint fast als Vergewaltigung der alten Komponisten. Dazu hören Sie sich das Gegenteil an, die Ouvertüre zu Mozarts Figaros Hochzeit, dirigiert von Hans Martin Linde (289), gespielt von der „Cappella Coloniensis: Die Töne stehen länger im Raum, schwingen länger, haben mehr Zeit, sich zu entfalten. Ich vergleiche diese Wiedergabe der Musik mit dem Duft eines kostbaren Parfüms: Führt man die Probe zu schnell an der Nase vorbei, kann sich der Duft nicht entfalten. Der schnell Vortragende, Ablesende, kann kaum während dieser Raserei sein Innenleben dem Publikum darbieten, was er als Künstler unbedingt müsste. Also ist dieser „Raser“ kein Künstler? Doch, sein Innenleben ist gehetzt und unkonzentriert. An dem Hotel „Kreidacher Höhe“ im Odenwald bei Wald Michelbach las ich die fundamentalen, wunderbaren Worte dazu: „Gott schuf die Zeit, von Eile hat er nichts gesagt“ (290).
Der Begriff „allegro“, schnell und lebhaft, hat sich im Laufe der Zeit verändert. Früher fuhr man mit Pferd und Wagen schnell von Wien nach Paris; zu Fuß wäre es langsamer gegangen. Heute entspricht eine „schnelle Pferdekutsche“, einem, im Schneckentempo fahrenden Eisenbahnzug.
Die Pianistin Dr. Grete Wehmeyer (66) versuchte, z. B. mit ihrer Wiedergabe der Appassionata von Beethoven, eine Langsamkeit in die Musik einzuführen, die nicht zu verstehen ist, weil sie Beethovens Vortragsanweisung nicht befolgte. Bedenkt man, dass appassionato leidenschaftlich, entfesselt, stürmisch heißt und auf dem Gebiet der Musikwiedergabe tatsächlich als Vortragsanweisung zu verstehen ist, haben ihre Kritiker recht. Doch ist ihre Interpretation ein Musterbeispiel für die Entstehung von Sekundärkunst. Als ich diese Musik 1994 zum ersten Mal von einer ihrer CDs hörte, eröffnete sich mir eine wunderbare, neue, schöne Welt. So kann Musik Balsam

für eine wunde Seele sein und nicht nur das Adagio, sondern auch das Allegro! Alle Sätze werden durch die Langsamkeit fast zu Adagios. Manche Menschen, die genießen wollen, so schrieb ich damals, haben sehr viel mehr davon und keinesfalls nur, weil die Musik länger erklingt. Ich verglich diese langsame Musik, die nur noch entfernt etwas mit Beethovens Innenleben zu tun hatte, sie ist eben „Wehmeyers Musik", mit einer lächelnden, jungen Frau, die schon weinend eine wundervolle Schönheit ist. Um wie viel schöner ist doch die lächelnde. Um wie viel schöner wirkt die „Wehmeyer'sche Appassionata" in ihrer Langsamkeit, als eine „heruntergefetzte"! Natürlich, und das wundert mich nicht, empfanden nicht alle so, die sie hörten. Besonders ihre Kritiker. Allerdings hat sie in Mozart einen Mitstreiter, der einmal sagte: „Übrigens ist es auch viel leichter, eine Sache geschwind zu spielen; man kann in Passagen etliche Noten im Stiche lassen, ohne dass es jemand merkt; ist es aber schön?" (217)
Heute, nach fast drei Jahrzehnten, gewann ich etwas Abstand von dieser ein wenig übertriebenen Interpretation der Wehmeyer, weil sich auch mein Innenleben etwas gewandelt hat.
Wehmeyer nimmt für sich in Anspruch, behaupten zu dürfen, dass ihre Langsamkeit die richtige Wiedergabe Beethoven'scher Musik ist. Auch wenn das nicht stimmt, bleibt ihre Interpretation ein wundervolles Kunstwerk, nämlich der Ausdruck ihres eigenen Innenlebens.
Um mir Klarheit darüber zu verschaffen, ob sie recht hat, schaute ich bei dem berühmten Pianisten Wilhelm Kempff nach. Dieser spielte nämlich das Adagio in 3′ 47′′ und sie, die meint, man muss die Musik 50 % langsamer spielen, spielte es in 3′ o5′′. Damit widerlegt sie sich zwar selbst, doch tut diese Tatsache ihrer Wiedergabe, ihrer „Kunst", die damals in mir Sekundärkunst erzeugte, in keiner Weise Abbruch. Durch die Langsamkeit entfalten sich die Töne tatsächlich langsamer, sie klingen länger, sie wirken viel länger auf den Hörer ein. Auch eine Landschaft, ein Gemälde, kann man im Stehen lange betrachten, auf sich einwirken lassen, im Gehen ebenfalls, aus einem dahinrasenden Zug heraus nicht mehr. Die Wirkung auf die menschliche Seele, das Innenleben, ist eine ganz andere. Das Innenleben des Hörers kann mit dieser langsamen Musik völlig anders in Resonanz treten.
Ähnlich verhält es sich mit den anderen Empfindungen: So empfinden viele Frauen anders als die meisten Männer das Zarte zarter, das Ruhige ruhiger, das Leise leiser, das Laute oft unerträglich laut, das Schnelle oft angsterregend schnell, das Helle oft gleißend grell, das Dunkle erschreckend dunkel und düster, aber auch oft das Dunkle wundersam dunkel, das Finstere erschreckend lichtlos, das Helle lichtdurchflutet.
Die Welten der Gefühle sind sehr, sehr unterschiedlich! Je öfter man eine bestimmte Musik hört, desto mehr hört man aus ihr heraus. Durch das wiederholte Hören bildet sich die Resonanz im Hörer immer stärker aus, d. h., man erfährt und erfühlt viel-

leicht mehr über die Seele, das Innenleben des Künstlers, als dieser selbst über sich weiß. Oft erkennt man die Musik als gewaltigen Hilferuf, Notschrei oder Flehen um Liebe. Wenn die Neigung zu nichtentarteter „Kunst“ als Innenleben von Gott allen Menschen mitgegeben worden wäre, hätten in unserer Welt das Böse, Schlechte, Teuflische und Triviale keinen Platz, da die Menschen dann alle gut wären und gar keine Zeit mehr für das so überflüssige Böse und Schlechte hätten. Sie wären alle mit ihrer Kunst beschäftigt, sie würden wie in einem langsam dahinfließenden Strom im Paradies treiben, kämen nicht ans Ufer, um Böses und Unheil zu verbreiten.
Zurück zu der Wehmeyer'schen Appassionata: Ihre Musik, so scheint mir, beginnt bei bedecktem Himmel. Doch dann lösen sich die Wolken langsam auf, bis wundervoller, blauer Himmel über der Landschaft liegt und Sonnenschein die dunklen Wälder erhellt. Man versinkt in einem Meer der Gefühle und erlebt, so wie die Taucher und Schnorchler, eine Unterwasserwelt von traumhafter Schönheit. Man muss sich selbst aus diesem Meer der nachempfundenen Gefühle und Träume herausziehen, sonst ertrinkt man im nacherlebten, nachempfundenen Leid des Künstlers. Wir werden, wie auch immer, noch gebraucht! Wir dürfen nicht ertrinken! Je öfter ich die Wehmeyer'sche Appassionata hörte, desto weiter öffnete sich der Schleier, der Nebel, die vor den Weiten dieser herrlichen musikalischen Landschaft wehten. Ich empfand diese Musik, als hätte ich sie schon einmal in einem früheren Leben oder vielleicht auch nur in meiner Kindheit gehört.
In den Darstellungen ihres Buches „Die Langsamkeit in der Musik“ (66) fiel Wehmeyer aus dem Extrem der Raserei in der Musik ins andere Extrem, in die zu große Langsamkeit. Sie, eine ausgezeichnete Pianistin, spielte mehrere Beethovensonaten halb so schnell, nämlich so, wie Beethoven es angeblich hätte haben wollen. Doch aus ihrer eigenen Erkenntnis, die Adagios nur um 20 % langsamer zu spielen, erkennt man, dass sie wohl selbst an ihrer Interpretation ins Zweifeln kam. So ist und bleibt ihre Interpretation eben die wunderbare, Wehmeyer'sche Interpretation der Appassionata von Beethoven.
Und dass sie nicht allein mit ihrer Auffassung steht, bewies, wie ich schon ausführte, Leonard Bernstein in seiner Aufführung der 9. Symphonie Beethovens zum Fall der Mauer in Berlin. Der ebenfalls auf seine Weise einzigartige Dirigent Thielemann dirigierte gegenüber Bernstein den 3. Satz, also das Adagio, um ca. 30 % schneller. Was der eine oder andere schneller bzw. langsamer spielt, hängt also vom Innenleben des Dirigenten ab. Und das ist gut so.
Dass Wehmeyer und Bernstein nicht die Einzigen sind, die die Langsamkeit der Musik vertraten, las ich erst kürzlich in der Zeitschrift Klassik Akzente (364) unter dem Titel „Mozarts wahrer Charakter“, in dem die berühmte Pianistin Helene Grimaud bekennt, dass sie das Adagio des A-Dur-Konzertes Mozarts, langsamer als fast jeder

andere spielt. „Ich glaube, das ist der schönste Satz, den Mozart jemals fürs Klavier komponierte."
Wenn Wehmeyer die Langsamkeit in der Musik aus Sicht mancher Experten übertrieben hat, so ist dennoch etwas an dieser übertriebenen Langsamkeit, was die Zuhörer in ihren Bann zieht. Und sie steht, wie wir sahen, nicht allein mit ihrer Meinung da.

Salvadore Dali, unumstritten ein großer, moderner Künstler, lässt besonders leicht auf sein Innenleben schließen, weil er ein sehr ehrlicher Mensch war und nicht nur durch seine Kunstwerke sein Innenleben offenbarte, sondern auch in Gesprächen mit Journalisten gern über seine verworrene Gedankenwelt und sich selbst plauderte (291):
„Der Unterschied zwischen den Surrealisten und mir ist, dass ich ein Surrealist bin".
Oder: „Jeden Morgen beim Erwachen genieße ich das erhabene Vergnügen, Salvador Dali zu sein. Voller Erstaunen frage ich mich dann, was dieser Dali heute noch wieder Wunderbares verrichten wird!"
Ist das nicht entsetzlich, wie selbstbewusst dieser Psychopath war? Nein, es ist einfach köstlich, seine Worte zu lesen. Auch Narren werden verehrt! Fast jeder amüsiert sich im Zirkus über einen guten Clown.
Aus dem Buch „Salvador Dali" (292) zeige ich Ihnen, was Dali einmal aus einem klassischen Motiv gemacht hat: Abb. 38 zeigt die Vorlage zu der Skulptur „Hysterischer und aerodynamischer Akt", die Sie in Abb. 39 bewundern und wie Sie daraus Dalis Innenleben ablesen können. Ich glaube, es ist nicht jedermanns Geschmack. Muss es auch nicht, doch die Vorlage beeindruckte mich im Positiven, die Dali-Skulptur dagegen im negativen Sinne, sein Innenleben kommt mir „dickichthaft verschlungenen" vor.

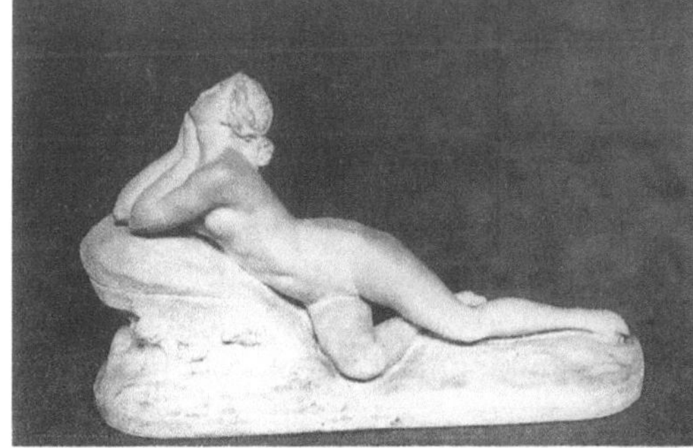

Abb. 38: Vorlage zu Abb. 39

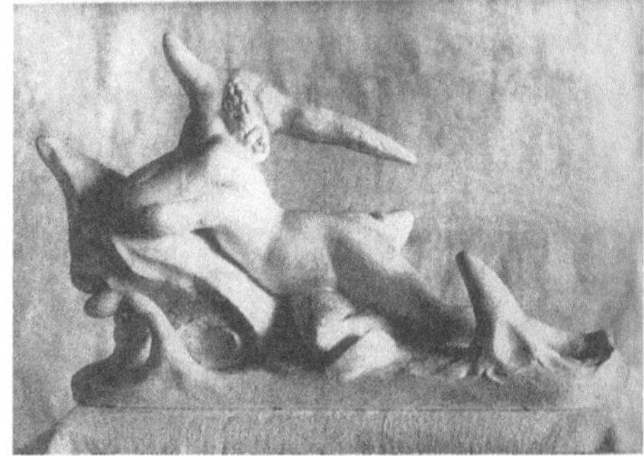

Abb. 39: Hysterischer und aerodynamischer Akt

Spätestens jetzt ist alles klar! Beim Vergleich dieser beiden Bildzitate und Belege (Vorlage und Nachbildung) sollte jeder den abartigen, entarteten, psychopathischen Geisteszustand von Dali erkennen. Was wiederum kein Werturteil über seine Kunst ist. Das gleiche erfuhren wir ja auch schon aus seinem Testament. Doch Kunst ist es in seiner reinsten Form! Auch sein bekanntes Gesicht, welches er selbst gestaltete, muss als ein Kunstwerk angesehen werden.
Er schreckt vor nichts mehr zurück: Ehrfurcht vor dem Leben? Dali ist eine bedauernswerte Kreatur gewesen. Seine Bilder sind zum Teil grauenhaft, voll des Grauens, ein einziger Horror, Flaggelantismus, Töten im Orgasmus (292).
Es drängt sich die Frage auf, ob der Gesetzgeber unsere Kinder und Jugendlichen, ähnlich wie vor Waffen, Drogen und Pornographie schützen sollte, weil diese Bilder durchaus die kindliche Seele beschädigen, ja sogar zerstören können. Hier wären auch die Kunsterzieher gefordert, die diese entartete Kunst entsprechend erklären und verurteilen sollten. Wenigsten die schlimmsten, künstlerischen Entgleisungen Dalis sollten Kindern und Jugendlichen verschlossen bleiben. Dali missbrauchte nach meinem Ermessen mit dieser Kunst zweifelsfrei, bewusst oder unbewusst, die Freiheit der Kunst! Doch damit können die Verantwortlichen leben!

15.0 Das Innenleben eines Kunstliebhabers

15.1 Das Innenleben eines Kunstliebhabers in Bezug auf ein von ihm geliebtes Kunstwerk

Lassen Sie mich mit einem wirklich schönen Beispiel beginnen. Die Programmgestalter der Hochschule für Musik, „Carl Maria von Weber“ in Dresden, würdigten in einem prachtvollen Programm Robert Schumann zu seinem 200sten Geburtstag (293).
Dabei schwärmten sie völlig zurecht davon, dass sie eine Erkundungsreise durch die Seele Schumanns anhand seiner Lieder machen wollten. Sie versuchten, mit dieser Reise die Frage zu beantworten: Wie sieht es im Innern eines Menschen aus, der weltentrückt, der Wirklichkeit den Rücken zuwendend und Sehnsucht nach einer anderen, schöneren Welt hat? Ich bin davon überzeugt, dass diese Programmgestalter in wunderbarer Art und Weise in Resonanz mit Schumanns Werken gelangt waren. Doch nicht genug, sie zitierten auch Johannes Brahms: „Schumanns Musik ist das Zarteste vom Zarten“, womit sie ihr Innenleben restlos offenlegten. Auch sie liebten u. a. das Zarteste vom Zarten, das Edle und Gute im Menschen. Fast provozierend stellten sie zum Schluss die Frage: „Ist die deutsche Romantik am Ende doch nur eine psychische Krankheit, von der wir mittlerweile zum Glück geheilt sind?“

Nun, mit ihrem Programm, der Erkundungsreise durch die Seele Schumanns, beantworteten sie ihre Frage selbst: Natürlich ist die deutsche Romantik keine psychische Krankheit, sie ist nach wie vor für sehr viele Menschen das Wunderbarste der Musikwelt, was die gut besuchten Konzerte beweisen. Und ganz besonders hervorzuheben ist, dass unsere Hochschulen für Musik größte Anerkennung verdienen, weil sie hervorragenden Nachwuchs heranziehen. So besuchten meine Frau und ich am 25.11.2012 eines der „Podien" der Musikhochschule Dresden, auf dem sich Studierende vorstellten. Sophie Reiber und Franziska Schumann, beide Flöte, boten u. a. das Flötenkonzert G-Dur KV 313 von Mozart derartig wundervoll dar, dass wir glaubten, ins Paradies gelangt zu sein. Auch Karine Terterlan, Klavier, überraschte uns mit dem Scherzo Nr.2, b-Moll, op. 31 von Chopin, durch eine hinreißende Darbietung.
Doch es gibt auch viele Bewunderer des Bildhauers Lenk (38), dessen pornografische, obszöne Bilder und Skulpturen mit deutscher Romantik nichts, aber auch gar nichts zu tun haben. Seine abartige, perverse Kunst habe ich Ihnen schon vorgestellt. Jedem steht es frei, Lenk zu bewundern, zu lieben und zu verehren. Doch was schließt man daraus auf das Innenleben eines solchen, Lenk bewundernden Menschen? Nun, das dürfte wohl Ihnen, verehrte Leserinnen und Leser, jetzt klar geworden sein.
Wenn ein Kunstliebhaber zu einem entarteten Kunstwerk sagt, das gefällt mir, dann führt er sehr wahrscheinlich ein entartetes Innenleben. Führt er das in seinen „Vier Wänden", dann ist es allerdings nicht gesellschaftsschädlich, solange er darin z. B. keine Kinder schändet. Mit den Aussprüchen „gefällt, gefällt nicht, hervorragend, widerlich, usw." offenbaren die Betrachter und Hörer von Kunstwerken genauso ihr Innenleben, wie die Künstler, die diese schufen. Ihre Innenleben lassen in ihnen Sekundärkunst entstehen.
Wenn ein Zuhörer eines Musikstückes, das klagend, trauervoll und wehmütig erklingt, selbst in tiefe, seelische Trauer und Verzweiflung gestürzt wird, dann erfolgt in ihm eine besonders intensive, starke Resonanz.
Komponieren ist Kunst, die daraus entstehenden Noten das Kunstwerk. Das Komponieren ist deshalb die Kunst, weil während dieser Tätigkeit der Schaffende sein Innenleben ausdrückt, zum Ausdruck bringt, das dann in seinem Kunstwerk manifestiert wurde, also sich offenbarte.
Wie unterschiedlich Kunstwerke oft beurteilt werden, soll das folgende Beispiel zeigen: So ist für den bekannten Musikkritiker Kaiser (140) die Beethoven-Sonate Nr. 31, op. 110 die schönste und beste, während für andere die Appassionata, die Mondscheinsonate oder der „Sturm" die schönsten sind. Die Schlussfolgerung daraus lautet: Die Resonanzen in den Zuhörern bezüglich dieser Sonaten sind unterschiedlich stark ausgeprägt.

Wenn ein Mensch ein Bild betrachtet und von ihm ergriffen wird, wenn er tief beeindruckt vor ihm steht, oder wenn es ihn zu einer inneren Fröhlichkeit anregt, dann erweckt es, wie schon mehrfach gesagt, in ihm ebenfalls positive Resonanz mit seinem Innenleben.
Handelt es sich dabei um ein ernstes, religiöses Bild, dann ist auch sein Innenleben religiös und vielleicht auch nur momentan überwiegend ernst. Handelt es sich um ein fröhliches, lustiges Kunstwerk, dann ist auch sein Innenleben entsprechend fröhlich und lustig, wenn er mit ihm in Resonanz kommt. Wir sehen, das Goethewort „Zum Himmel hoch jauchzend, zu Tode betrübt", hat immer wieder Gültigkeit, auch wenn zwischen diesen beiden Gemütszuständen beliebig lange oder kurze Zeiten liegen können.
Kishon bekannte offen und ehrlich, dass ihn beim Betrachten des wundervollen romantischen Gemäldes „Die Lady Shalott" von John William Waterhouse (16) eine ästhetische Erregung überkommt. Wer sich über diese Äußerung lustig machen sollte, ist ein wahrer Kunstbanause und besitzt obendrein noch einen fragwürdigen Charakter, denn Kishon war es mit dieser Äußerung sehr ernst. Er hätte jede Zweideutigkeit entrüstet von sich gewiesen!
Dass es unter den Kunstliebhabern auch Menschen gibt, die sich ihr Kunstverständnis selbst erarbeitet haben – ich kenne viele davon – steht außer jedem Zweifel. Die einfachsten Arbeiter und Angestellten findet man in Museen, Galerien, Konzertsälen und Opernhäusern. Wenn diese die modernen, entarteten Kunstwerke ablehnen und sagen, dass dies keine „Kunst" sei, dann steht ihnen das uneingeschränkt zu. Lion Feuchtwanger (355) drückte es so aus: „Ich glaube, dass ein Werk, welches Anspruch erhebt, ein wahres Kunstwerk zu sein, sowohl dem Urteil der Kenner, wie dem Urteil der Massen standhalten können muss."
Freilich wäre es noch besser gewesen, hätte er den Begriff „Wahre Kunst" erklärt, zumindest, was er darunter verstanden hat. Sicher keine entartete Kunst!
Mit meiner Definition können nun auch einfache Menschen verstehen, dass auch das, was sie bisher als Kunst ablehnten, wirklich auch Kunst ist.

15.2 Das Innenleben eines Kunstliebhabers in Bezug auf ein von ihm gehasstes Kunstwerk

Ich habe mich oft gefragt, wie konnte es dazu kommen, dass entartete Kunst von manchem Museumsbesucher bewundert wird, obwohl sie oft nicht nur aus Neugier das Museum besuchen? Die Antwort lautet: Weil ihr Innenleben mit diesen Kunstwerken in Resonanz kommt.

Wen wundert es, dass z. B. Beuys Werke so viel Zustimmung auch von völlig normalen Menschen in Deutschland erhielten? Doch die Ursachen liegen im psychischen Verhalten dieser Menschen. Schrien doch Tausende auch auf Joseph Goebbels Frage „Wollt ihr den totalen Krieg?" unüberlegt, verbohrt und lautstark zurück: „Jaaaaa!" Und dann versank auch Dresden in Schutt und Asche. Sie hatten es lautstark so gewollt. Ich hoffe sehr, dass unsere abendländische Kultur nicht auch eines Tages in Schutt und Asche versinkt.

Und es waren nicht nur einige Deutsche, auch andere Wahnsinnige, wie z. B. sowjetische, polnische, tschechische und bulgarische Menschen, die jahrzehntelang schrien: „Es lebe der Sozialismus, es lebe der Kommunismus", deren Ideologien 80 Millionen Menschen weltweit das Leben kostete (118). Und diese Ideologien führten diese Menschen außerdem noch an den wirtschaftlichen Abgrund, so wie die sittlich verdorbenen Künstler mit ihrer Kunst unsere abendländische Kultur an den kulturellen Abgrund führen.

Eines der abscheulichsten Beispiele bietet uns, wie ich schon oft sagte, der Bildhauer Lenk (38). Er hat einige Bewunderer, doch die überwiegende Mehrheit der Betrachter wendete sich von seinen entarteten Kunstwerken angewidert ab. Diese haben ein Innenleben wie Sie und ich. So wie Sie ihre Leben gestalten, arbeitsam, ehrlich, zuverlässig und treu, beweisen Sie, dass sie zu den guten Menschen gehören und eines Tages beruhigt vor unserem Herrgott stehen werden. Sie hassen derart entartete Kunstwerke, vor denen die Mütter besorgt ihre Kinder zu schützen versuchen, so wie es in Ludwigshafen am Rhein geschah. Sie mussten den Schulweg ihrer Kinder so verlegen, dass sie Lenks widerliche Pornografie nicht sehen konnten.

Nun komme ich zu einer Kunst, die in meinen Augen noch ausgearteter und damit entartet ist:

Einer dieser Künstler (384) malte Mohameds Kopf auf einen Hundekörper. Das ist eine ungeheuerliche Verunglimpfung der islamischen Religion. Ich bestrafte ihn.

Das Gleiche gilt auch, wie ich schon ausführte, für das Theaterstück „Corpus Christi" in dem ein angeblich homosexueller Christus (184) von einem entarteten Regisseur inszeniert wurde, obwohl der Autor ganz bewusst dies nicht in seinem Werk zum Ausdruck brachte.

Die Menschen, die sich solche Theaterstücke ansehen, gehen allerdings aus unterschiedlichen Gründen ins Theater:

1. Sie fragen sich, ist es so mies und pervers, wie es die Medien berichteten? Ich konnte es nicht glauben, ich musste mich selbst überzeugen und war entsetzt.
2. Sie wollen das Stück auspfeifen, weil sie empört sind, was sie darüber gelesen hatten.

3. Weil es ihnen gefällt und sie genauso abartig, mies und pervers sind.

Sollte man solche Aufführungen verbieten? Ja und nein. Wenn nein, dann sollten die Medien in aller Deutlichkeit auf das gefährliche Innenleben der Verfasser und auf das der darstellenden Künstler verweisen, die entweder hassverblendet oder geistesgestört sind. Wenigstens sollten die verantwortlichen Politiker ihre eigenen Gesetze zum Schutze der Jugend befolgen und für deren Einhaltung sorgen.
Was wäre, wenn heute ein Künstler in seinen Werken das Hakenkreuz verherrlichte? Alle Welt verurteilte ihn, obwohl es bereits im 19. Jahrhundert in Ostpreußen auf Brauthandschuhen zu sehen war. Doch nicht nur von den Nazis, nein schon die antisemitischen Verbände des beginnenden 20. Jahrhunderts missbrauchten es. Dieser Missbrauch geht auf Guido List und seine Anhänger zurück, die es bereits 1910 als ihr Abzeichen gegen das Judentum einsetzten. (83) Das Hakenkreuz selbst (lat. Crux gammata) findet man schon in der Jungsteinzeit, nach der es sich ab dem 3. vorchristlichen Jahrtausend weltweit ausbreitete. Auch auf einem liegenden Buddha kann man es finden (294). Sie sehen, mit allem lässt sich Missbrauch treiben und natürlich auch mit der Freiheit der Kunst.
Mit einem ganz anderen Maß wurde und wird beim Christuskreuz gemessen. Unter diesem Symbol wurde auch gefoltert, gequält, geraubt, gemordet und wurden Kriege geführt. Es missbrauchten Christen und dennoch wird es heute als heilig verehrt, weil diese Zeiten des Missbrauchs langsam ihrem Ende entgegengehen.
Sichel und Hammer hingegen, also die Wahrzeichen der kommunistischen Massenmörder, darf man in Deutschland noch immer verherrlichen! Damit messen nicht nur die Linken mit einem noch verkommeneren Maß. Sind unsere Politiker schon so ideologisch verblendet, dass sie dieses „zweierlei Maß“ mit dem sie messen, nicht erkennen? Ich glaube, sie scheinen nicht zu wissen, dass Stalin, Ulbricht und Honecker Kommunisten waren, doch dass Hitler ein Nazi war, das wissen sie wenigstens! Deshalb stelle ich an die „ehrwürdigen“ Politiker die Fragen:
Warum ist es aus guten Gründen in Deutschland untersagt, den Holocaust zu leugnen und warum werden die unter Hammer und Sichel stattgefundenen Massenmorde im kommunistischen Gulag, die heutigen Aktivitäten von ehemaligen SED-Genossen und Staatssicherheitsdienstlern oder kommunistische Straßen- und Platznamen nicht künstlerisch an den Pranger gestellt?
In Polen, Ungarn und Tschechien ist das Tragen faschistischer *und* kommunistischer Symbole, auch künstlerisch gestaltete, per Gesetz untersagt. Dagegen wurden sie in der Bundesrepublik Deutschland, z. B. in der Pragerstraße Dresdens, immer wieder mit einem Altkommunisten konfrontiert, der eine riesige rote Fahne, natürlich mit Hammer und Sichel verziert, geschultert hat. Als ich ihm sagte, dass unter diesem

Symbol über achtzig Millionen Menschen ermordet wurden, beschimpfte er mich lautstark in unflätigster Art und Weise. Obwohl das den Oberen in Dresden bekannt ist, wurde er nicht mit Schimpf und Schande davongejagt!
Der tschechische Innenminister Ivan Langer, dessen Land 1938/1939 von deutschen Truppen besetzt wurde, hat aus guten Gründen erklärt, dass für ihn gilt (97):

> „Kommunismus und Nazismus sind beides Bewegungen, die ausgerichtet waren auf die Unterdrückung der Menschenrechte und die Hunderttausende bis Millionen von Opfern auf der ganzen Welt gefordert haben. Und meiner Meinung nach sollten wir, wenn wir gegen die Propagierung solcher Bewegungen kämpfen wollen, auch keinen Unterschied zwischen Nazismus und dem Kommunismus machen".

Und ich füge hinzu, genauso wie die Nazis unsere Sprache missbrauchten, genauso wurde sie auch von den Kommunisten missbraucht, indem sie z. B. ihr politisches System als demokratisch darstellten, was es nun wirklich nicht war. Demokratischer Sozialismus ist das Gleiche wie brennendes Wasser.
Und ich füge weiter hinzu: Künstler aller Welt, beginnt endlich einen Feldzug gegen diese Verbrechen und Verbrecher, indem ihr euer demokratisches Innenleben endlich in euren Kunstwerken zum Ausdruck kommen lasst. Es wird Zeit, dass ihr euch die Haltung von Ivan Langer zu eigen macht!
1990 schufen mutige Demonstranten und Künstler der friedlichen Revolution in der DDR politische Kunstwerke, die ihr zorniges Innenleben zwar humorvoll, doch nicht minder drastisch zum Ausdruck brachten (296). Ein Werk von Andreas Döring, das Egon Krenz karikierte, erschien in den Dresdner Neuesten Nachrichten.
2010 errichtete man dann auch in Plauen im Vogtland das berühmte „Wende-Denkmal", welches der Künstler Peter Luban schuf. Es ist ein Denkmal, das zum „Denken" anregt und dem Gedenken an die erste Demonstration der „Bürger"-Bewegung, die keine „DDR-Insassen"-Bewegung mehr sein wollte, am 7. Oktober 1989 dient.

16.0 Die Wirkung eines Kunstwerkes auf den Betrachter oder Hörer

Lassen Sie mich mit einem Gespräch beginnen, das Placido Domingo, der große Tenor, im Fernsehen (297) führte: „Wir Künstler haben das großartige Privileg Menschen glücklich zu machen. Sie glücklich zu machen, ist schön. Wenn man solch eine mystische Rolle, wie die des (hebräischen Heerführers) Samson in der Oper Samson und Dalila von Camille Saint-Saens, einen solchen Charakter spielt, dann weckt das den Glauben in dir und macht nachdenklich."

Samson verliert durch die Verführungskunst seiner Feindin Dalila moralische Reinheit und Stärke, gewinnt seine Kräfte aber durch Gottes Gnade zurück und vernichtet dadurch seine Feinde, die Philister, einschließlich Dalila und sich selbst.
Placido Domingo weiter: "Wir können unmöglich nur durch Zufall auf der Welt sein. Da muss jemand sein, der diese Welt geschaffen hat, zum Guten oder zum Bösen. Man muss sich doch immer wieder vorstellen, wie klein wir sind angesichts der Unendlichkeit der Zeit und der Zeit, die wir auf diesen Planeten zubringen. Da muss es noch etwas anderes geben, und ich denke, egal ob sie gläubig sind oder nicht, in schwierigen Momenten beten wir alle und sagen: O Gott, hilf mir! Da muss also ein Gott sein. Wenn man diese Rolle (Samson) spielt, dann rüttelt einen das auf und macht nachdenklich, und man sagt: Ja, da muss es noch etwas anderes geben. Menschen, die eine vernünftige, von der Vernunft bestimmte, also rationale Erkenntnis des Göttlichen oder Übersinnlichen leugnen, also die Agnostiker, können eine derartige Resonanz mit dieser Oper nie erleben."
Die Wirkung eines Kunstwerkes ist auf Menschen sehr unterschiedlich. Tröstlich beschwichtigend, befriedigend, empörend, entsetzlich, verhöhnend und erschreckend. Kunst kann auch beleidigen, verunsichern, kränken, deprimieren, schmeicheln, erfreuen und begeistern. Im Betrachter oder Zuhörer entstehen Empfindungen, Erkenntnisse, Verständnis, Unverständnis und Gefühle. Die Wirkung von Kunstwerken ist also umfangreicher, als nur das Innenleben der Menschen zu beeindrucken oder in Resonanz zu versetzen.
Es gibt sogar ein Buch, das sich mit der heilenden Wirkung der Musik ausführlich befasst: Es ist „Die musikalische Hofapotheke" von Prof. Dr. Christoph Rueger (298). Auch in neuester Zeit mehren sich die Stimmen, dass klassische Musik heilende Wirkungen hat. Joseph Scheppach schrieb u. a. im Magazin „cresendo" (339), dass sogar die Deutsche Herzstiftung unter dem Titel „Herztöne-Musik für die Gesundheit" eine Orgel-CD herausgegeben hat, die herzkranken Menschen helfen soll.
Professor Dr. med. Trappe beschreibt in der Zeitschrift „Herz heute" (4/2014) ausführlich, wie Musik (also Kunst) auf das Herz und die menschliche Seele aus medizinischer Sicht wirkt. Ein großes Einsatzgebiet der Musik sei sogar das in der Schmerztherapie.
Die meisten Menschen haben ein Kunstempfinden. Sie reagieren entweder freudig erregt oder ablehnend. Doch auch Tiere und, wie neuste Forschungen ergeben haben, auch Pflanzen treten mit einigen musikalischen Kunstwerken in Resonanz. Allerdings nicht mit jedem. Als Tiere mit musikalischen Kunstwerken entarteter Künstler konfrontiert wurden, flüchteten sie panikartig. Ich kann es mehr als verstehen.
Der Unterwasserfilmer Hans Hass produzierte vor vielen Jahren einen Film, in dem er in der Karibik unter Wasser den Fischen klassische Musik vorspielte. Es geschah ein

Wunder: Ich sah darin Hunderte Fische nach kurzer Zeit langsam, kreisförmig um den Lautsprecher herumschwimmen. Diese Musik muss wohl eine ganz besonders stark beruhigende Wirkung auf sie ausgeübt haben (299).
Schon in meiner Kindheit hörte ich, Mozart habe auch Spreu, d. h. weniger gute Musik, komponiert. Damit wollte man zum Ausdruck bringen, dass sich einige Stücke vom Gesamtwerk negativ abheben. Es ist ganz natürlich, dass ein Andante oder Adagio auf einen Menschen tiefer einwirkt, wenn dieser in Trauer, sich also in tiefer, seelischer Erregung befindet. Das gilt auch, wenn die Stücke in tiefer, seelischer Erregung vom Komponisten geschrieben wurden. Dass man aber von Spreu sprach, war mir völlig unverständlich. Sollten diese Kritiker jedoch Mozarts „Musikalischen Spaß" gemeint haben, dann haben sie nicht gelesen, was z. B. Wolf-Dieter Seiffert (300) darüber gesagt hat:
„Mozart scheint ein besonders humorvoller Mensch gewesen zu sein. Jedenfalls kehrte er diese Eigenschaft unter Freunden und Bekannten gerne hervor. Oft spielte er die Rolle des „Clowns", wobei seine Späße in Derbheit umschlugen – die Briefe an seine Cousine, das „Bäßle", legen beredtes Zeugnis für diesen Charakterzug Mozarts ab." Mozart selbst wörtlich: „Der Hauptfehler bei mir ist, dass ich nach dem Scheine nicht allzeit handeln sollte"."
Ganz im Gegensatz zu diesem Charakterzug Mozarts, finden wir Elemente des Witzigen, Komischen oder Ironischen, insbesondere in seiner Instrumentalmusik, so gut wie nie.
Seiffert schreibt über den musikalischen Spaß weiter: „Diese köstliche Persiflage auf musikalisches Unvermögen, diese Bündelung kompositionstechnischer Mängel, spielt aber sicherlich auf leibhaftige Erfahrungen, möglicherweise auch mit der Salzburger Serenadenpraxis an. Rein gar nichts stimmt in diesem geistvollen Ulk: Gleich zu Beginn des ersten Satzes wird die Symmetrie der musikalischen Viertaktperiode rüde missachtet. Im Menuett blasen die Hörner haarsträubend Falsches; das banale Trio ist mit seinen 55 Takten völlig überdimensioniert. Das Adagio cantabile (!) spielt gekonnt mit dem Serenadenton, doch stimmt weder die melodische und harmonische Entwicklung noch die Dynamik. Außerdem endet die ausnotierte Kadenz nach etüdenhafter Virtuosengeste im Nonsens. Geradezu atemberaubend nichtssagend gebärdet sich das Finalrondo."
Als ich diesen Spaß zum ersten Mal gehört hatte, ohne zu wissen, um was es sich handelte, musste ich ein anderes Stück von Mozart hören, weil ich ein äußerst unangenehmes Gefühl in mir verspürte, nämlich so, wie man auf eine bittere Medizin etwas Süßes essen oder trinken muss, um diesen fürchterlichen Geschmack wieder loszuwerden.

Spiegeln Sie einmal diesen „Musikalischen Spaß“ an meiner Definition: Sie erkennen, dass er selbstverständlich das offenbarte, das bewusst ausgedrückte, sichtbar- und hörbargemachte Innenleben Mozarts war, als er ihn komponierte. Es war geistreich, humorvoll, raffiniert, spöttisch, satirisch und sogar ein wenig zynisch. Alles in allem ein prächtiges Kunstwerk, über das sich viele Menschen köstlich amüsierten.
Selbstverständlich wird jeder für sich versuchen, Spreu vom Weizen zu trennen. Doch was ist Spreu, was ist Weizen? Wer darf urteilen oder gar richten? Nein, Stimmungen bewirken die Eindrücke auf das Innenleben der Zuschauer und Zuhörer und was bei dem einen als Spreu gilt, verherrlichen andere als Weizen. Auch ist es möglich, dass man heute anders empfindet als morgen.
In Folgendem will ich zeigen, welche merkwürdige Wirkung Mozarts Musik auf den Mozartbiografen, Wolfgang Hildesheimer (211), hatte. Dieser schrieb:
„Wahrscheinlich hat die Zäsur, die Mozarts Tod bedeutete, noch nicht einmal Mozarts engste Mitwelt erschüttert, und niemand hat geahnt, als man am 6. Dezember 1791 den schmächtigen und verbrauchten Körper in ein dürftiges Grab senkte, dass hier die sterblichen Reste eines unfassbar großen Geistes zu Grabe getragen wurden, ein unverdientes Geschenk an die Menschheit, in dem die Natur ein einmaliges, wahrscheinlich unwiederholbares – jedenfalls niemals wiederholtes, Kunstwerk hervorgebracht hat.“
Als ich 1970 von dieser Biografie hörte, kaufte ich sie mir, weil ich von Hildesheimers Einschätzung des „unfassbar großen Geistes Mozart“ ebenfalls tief beeindruckt war. Damals nahm ich mir vor, sie zu lesen, wenn ich als Pensionär Zeit und Muße dazu haben werde. Doch was musste ich bei näherem Hinschauen und Nachdenken im Jahre 2011 entdecken: Mozart, ein unverdientes Geschenk an die Menschheit, und die Natur hätte mit ihm ein einmaliges Kunstwerk hervorgebracht!?
Hildesheimer hält mit dieser Behauptung die Mehrheit der Menschen für schlecht und böse, deshalb wohl ein unverdientes Geschenk. Und dass er Mozart ein von der Natur geschaffenes „Kunstwerk“ hält, grenzt schon an ein gerüttelt Maß von geistigem Unvermögen.
Für mich steht fest, nicht die Natur, sondern Gott hat „das Geschenk Mozart“ den überwiegend guten Menschen als Geschenk, ja als Lohn, für ihren Kampf gegen das Böse und für das Gute auf unserer Welt gegeben! Für mich besteht die Menschheit zum allergrößten Teil aus guten Menschen. Wenn Sie es mir nicht glauben, dann schauen Sie sich nur einmal in Ihrem großen Bekanntenkreis um und fragen Sie sich, wie viele davon sind wirklich schlechte Menschen. Sie kommen ganz gewiss auf eine sehr kleine Anzahl.
Mein Studienfreund Dieter Patzig vertrat zusätzlich noch eine weitere Meinung: „Die Musik Mozarts könnte man auch so verstehen, dass Gott mit ihr die bösen Menschen

zur Umkehr bewegen wollte und will.“ Ein wunderbarer Gedanke! Und meine Frau Brigitta erinnerte sich, dass vor vielen Jahren in den U-Bahn-Stationen von London klassische Musik aus den Lautsprechern erklang, worauf die Straftaten in der U-Bahn tatsächlich zurückgegangen waren.

Davon, dass Gott die Natur erschuf, indem er deren Gesetze erließ und damit auch die Menschen schuf, hat Hildesheimer wohl nicht die geringste Ahnung. „Ich kenne mich in diesen Sphären nicht aus“, verkündete er stolz, gleich zu Beginn auf Seite 20 seines Buches (211). Mit diesen Worten gab er sich als Atheist zu erkennen. Hätte er geschrieben, dass er Mozart für wahrlich gottbegnadet hält, und wenn er das Wort „unverdient“ weggelassen hätte, wäre seine Charakterisierung Mozarts nicht schöner und zutreffender ausgefallen.

Wer meine Worte wirklich verstehen will, sollte sich z. B. das Andante aus Mozarts Klavierkonzert Nr. 21, Köchelverzeichnis KV 467 oder das Larghetto seines Klavierkonzertes Nr. 27 anhören. Spätestens dann weiß er, warum ich gottbegnadet sagte und warum Gott Mozart so früh zu sich nahm!

Als Hildesheimer seine Worte über Mozart fand, schuf er damit wieder ein Kunstwerk, nämlich sein eigenes, allerdings atheistisches Sekundärkunstwerk. Durch dieses wird beim Leser zum dritten Mal Resonanz erzeugt, wodurch seine Biografie wieder zu Kunst wird. Im vorliegenden Fall in mir zu negativer Sekundärkunst.

So können ganze Ketten von Sekundärkunst und damit auch von Sekundärkunstwerken entstehen. Unsichtbare Ketten! Ob es sich dabei um Ketten entarteter Kunst oder Kunstwerke handelt, sollte jeder für sich entscheiden.

Um Ihnen diese Entscheidung leichter zu machen, lege ich Ihnen einige Auszüge aus Hildesheimer Mozartbiografie vor: „Über Mozarts Innenleben wissen wir nicht mehr, als dass seine geistige Triebkraft sich aus einer neuen Weltsicht und entsprechend wachsender Erkenntnis nährte.“ Im krassen Widerspruch dazu schreibt er: „Wie sollte Mozart seine Gedanken anders äußern als in seiner Musik?“ Völlig unverständlich für mich erklärt er weiter: „Seine Musik beantwortet die Frage seiner Gläubigkeit nicht. Seine Messen waren nicht vom Glauben eingegeben.“ Ja hat er denn nie die Waisenhausmesse des 12-jährigen Mozart gehört? Mir fallen da nur die Worte dazu ein: Herr vergib ihm, denn er wusste nicht, was er schrieb! Ein Mozartbiograf sollte meiner Meinung nach, wenn er schon nicht selbst geforscht hat, wenigstens das 4-bändige Werk „Mozarts Briefe“ (217) gelesen haben. Es ist schon arge, böse Absicht eines 68ers, wenn er z. B. Mozarts Brief an seinen Vater vom 24. Oktober 1777 seinen Leserinnen und Lesern vorenthält:

„Ich habe Gott immer vor Augen, ich erkenne seine Allmacht, ich fürchte seinen Zorn, ich erkenne aber auch seine Liebe, seine Mitleiden und Barmherzigkeit gegen seine Geschöpfe. Er wird seine Diener niemals verlassen – wenn es nach seinem Willen geht, so geht es auch nach meinem, mithin kann es nicht fehlen."

Wer diesen Brief bigott nennt, weiß nicht, was scheinheilig ist. An dieser Stelle will ich zeigen, dass ich mit meiner Meinung vom „göttlichen Mozart" keinesfalls allein stehe. Die zumindest in Frankreich sehr bekannte und beliebte Pianistin und Lehrerin Yvonne Loriod wurde in einem Beitrag im Arte-TV 2011 von ihrem Schüler Masaaki Yasuda gefragt: Wie verstehen Sie den Ausdruck „Der göttliche Mozart"? Mit ihrer Antwort sprach sie mir aus dem Herzen. „Ich denke", sagte sie, „ein schlechter Mensch, ein boshafter Charakter kann nicht Mozart spielen." Und ein wenig später: „Ich denke, man muss gläubig sein!"

All diese Worte gelten allerdings voll und ganz auch für Beethoven, Bach, Händel, Schubert, Schumann und die vielen, vielen anderen „Geschenke" Gottes an die guten Menschen.

Nun zeige ich Ihnen, liebe Leserinnen und Leser, welche sichtbare Wirkung ein Kunstwerk auf einen guten Menschen haben kann:

Die weltberühmte Pianistin, Professor Ingrid Haebler, geb. am 20. Juni 1929 in Wien, kam bereits als junge Künstlerin mit der Musik Mozarts in Kontakt. Ihr dadurch nicht wenig beeinflusstes „Innenleben" spiegelt auch das wunderbare Foto (Abb. 40) wider. Ja, es ist Ausdruck ihres „künstlerischen Innenlebens". Ihre Weltkarriere hing eng mit ihrem traumhaft schönen Mozart-Spiel zusammen, welches jedoch nur durch ihr edles, fröhliches und liebenswertes Wesen ermöglicht wurde. Auch Ingrid Haebler war schon im frühen Alter gottbegnadet.

Das Innenleben eines Künstlers spiegelt sich meiner Erkenntnis nach, mehr oder weniger immer in seinem Antlitz, also das den Betrachter „Entgegenblickende" wider.

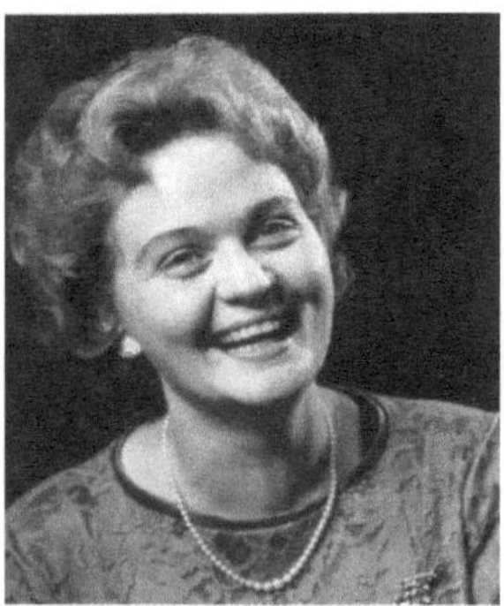

Abb. 40: Professor Ingrid Haebler

Auch vor der portugiesischen Pianistin Maria Joao Pires, die ich Ihnen bereits vorstellte, verneige ich mich in tiefer Ehrfurcht. Auch in ihrem Gesicht spiegelt sich ihr wundervolles Innenleben wieder.
Was für eine Wirkung Richard Wagners Lohengrin auf einige Kritiker im 19. Jahrhundert hatte, soll hier zum Nachdenken wiedergegeben werden und um zu vertiefen, wie unterschiedlich Kunstwerke auf das Innenleben der Menschen einwirken konnten und heute noch können (301). Sollten die Kritiker Speidel und Grumbrecht jedoch Juden gewesen sein, dann könnte man vielleicht damit die antisemitische Haltung Richard Wagners zwar verstehen, aber trotzdem nicht billigen. Der Musikkritiker Ludwig Speidel, gestorben 1906 in Wien, verstieg sich nämlich zu der Äußerung: „Das Vorspiel ist mit einer gefüllten Maikäferschachtel zu vergleichen." Auf Otto Gumbrecht wirkte die Musik in Lohengrin wie ein frostiges, Sinn und Gemüt gleichmäßig erkältendes Tongewinsel. Er schrieb dies damals für die Berliner Presse (301). Wenn man bedenkt, dass die damaligen Inszenierungen noch ganz im Wagner'schen Stil erfolgten, frage ich mich, was hätten diese Kritiker geschrieben, wenn sie z. B. die Inszenierung von Lohengrin in Bayreuth (302), dessen Premiere am 25. Juli 2010 stattfand, inszeniert von Hans Neuenfels, gesehen hätten. Der Ort der Handlung war ein Versuchslabor, der Chor als Rattenrudel verkleidet, der Schwan gerupft wie eine Weihnachtsgans und Elsa erschien mit einer Vielzahl von Pfeilen im Rücken. Die wundervolle Musik wurde zum Hintergrundgeräusch degradiert und zum Schluss trat vor die Zuschauer eine entsetzliche Missgeburt, ein embryoähnliches, ekelerregendes Horrorwesen als Gottfried auf, welches den zukünftigen Herrscher von Brabant präsentieren sollte, das seine blutverschmierte Nabelschnur zerreißt und sie in Stücken dem ihm zujubelnden Publikum entgegenwarf. Wahrscheinlich hätten auch die damaligen Kritiker geschrieben, dass diese Aufführung eine Verfälschung der Kunst Wagners und im höchsten Maße widerwärtig und entartet war. Für mich war sie ein weiterer Höhepunkt an Entartung! Am 14. August 2011 wurde diese grauenvolle Inszenierung auch noch live aus Bayreuth vom TV-Sender Arte übertragen. Im Arte Magazin, Nr. 8/2011, kann man darüber lesen:
„Für sein Debüt auf dem Grünen Hügel bricht ‚Starregisseur' Hans Neuenfels, der Nestor des Regietheaters, radikal mit der Tradition des Lohengrin-Pathos".
Für mich hätte es besser heißen müssen, der von seinem Rattentick besessene, entartete „Rattenregisseur" Neuenfels. Wenn man bedenkt, dass ein Nestor für einigermaßen gebildete Kunstkritiker und Kunstliebhaber dafür bekannt ist, der herausragende, älteste Vertreter eines bestimmten Kreises, eines künstlerischen Faches ist, dann sage ich unmissverständlich, ja – nämlich des Faches „entartete Kunst", zu denen u. a. auch Bieito, Schlingensief und Konwitschny gehören.

Hinzu kommt noch, dass Neuenfels radikal mit dem leidenschaftlich-bewegten Ausdruck, der feierlichen Ergriffenheit (Pathos) einer der schönsten Opern Richard Wagners gebrochen und diese damit völlig missbraucht hat.
Im Arte-Magazin wird fortgefahren: „Er (Neuenfels) geht auf Distanz zu mythischer (d. h. sagenhafter, erdichteter) Entrücktheit und raunendem Heilsversprechen – und versetzt die Handlung ins Versuchslabor. Zusammen mit seinem nie um eine surrealistische (d. h. das Unbewusste und Traumhafte künstlerisch darstellende) Bildidee verlegenen Bühnenbildner Reinhard von der Thannen, suchte Neuenfels nach einer Metapher (d. i. griechisch und heißt ein sprachlicher Ausdruck, bei dem ein Wort, eine Wortgruppe aus seinem eigentlichen Bedeutungszusammenhang in einen anderen übertragen wird, ohne dass ein direkter Vergleich zwischen Bezeichnendem und Bezeichnetem vorliegt) für das wankelmütige Volk im Lohengrin – eine opportunistische (d. h. allzu bereitwillige Anpassung an die jeweilige Lage um persönlicher Vorteile willen) und führerbegeisterte Masse in waffenklirrender Kriegsstimmung. Anstelle des im Libretto (Text) vorgeschriebenen sächsischen, thüringischen und brabantischen Edelvolkes stehen nun ganze Rudel von Ratten auf der Bühne. Der berühmte Hochzeitsmarsch „Treulich geführt" – ein Zug des Ratten-Chores; das Volk von Brabant als Laborratten, geduckte Kreaturen, eingesperrt im Labor. Diese Tiere, bekannt für ihre Anpassungsfähigkeit und ihren Überlebensinstinkt, sind possierlich und bösartig zugleich – und eine Zumutung für Bayreuther Traditionisten. Neuenfels dekliniert (wandelt ab) die ironische (mit feinem verstecktem Spott; durch übertriebene Zustimmung seine Kritik zum Ausdruck bringende) Tiermetapher konsequent durch die Handlung und findet suggestive (auf Menschen einwirkende) und anspielungsreiche Bilder, die unter die Haut gehen und im Gedächtnis haften; der Mensch als Laborversuch, als Ratte unter der Führung einer anonymen Macht, die ihn in klinischen Schutzanzügen und mit Spritzen kontrolliert."
Neuenfels und Genossen führten damit, für jeden wohl unübersehbar, auf breitester Front einen Angriffskrieg gegen unsere althergebrachte abendländische Kultur, die es wohl ihrer Meinung nach, auszulöschen gilt. Damit versuchen sie auch, unsere alten konservativen Werte zu zerstören. Nie wieder Krieg, sollte das nicht auch für den von ihnen uns aufgezwungenen widerlichen Kulturkrieg gelten?
Ich hoffe sehr, dass spätestens jetzt jedem der Begriff „Entartung" klar geworden ist. Denn Ratten sind nicht nur possierlich und bösartig, nein, sie übertragen tödliche Krankheiten, wie sie Ratten-Neuenfels mit seiner Inszenierung unter seine Zuschauer säte und damit deren Seelen, deren Kultur und Innenleben vergiftete. Und dass ihm dieses gelang, bewiesen die lang anhaltenden, rasenden, tobenden Beifallsstürme des Publikums, ohne die derartige, entartete Aufführungen undenkbar wären. Solange jedoch sogar hohe Regierungsvertreter in der ersten Reihe beifallklatschend dem

„Volk“ Vorbild sind, solange können sich die verantwortlichen Bayreuther Macherinnen „Eva und Katharina“, die Töchter von Wolfgang Wagner, einem Enkel Richard Wagners, hämisch grinsend die Hände reiben und die „Kunstliebhaber“ weiter zum Narren halten und das Werk ihres Urgroßvaters entstellen, verhöhnen und schänden. Und sie verhöhnen damit nicht nur ihren Urgroßvater, nein sie verhöhnen auch die normalen Zuschauer und Zuhörer des völlig entstellten Kunstwerkes!
Damit Sie das Werk dieser Fälscherbande selbst beurteilen können: Richard Wagner gab folgende Anweisungen für die Bühnenbilder: 1. Akt: Eine Aue am Ufer der Schelde bei Antwerpen. 2. Akt: In der Burg von Antwerpen. 3. Akt, erstes Bild: Im Brautgemach. 3. Akt, zweites Bild: Die Aue am Ufer der Schelde.
Ich muss noch einmal feststellen: Jeder normale Mensch würde einen Filmregisseur für verrückt erklären, der die Eroberung des Nordpols in der afrikanischen Wüste Sahara bei + 45^0 C im Schatten stattfinden ließ. Doch Neuenfels wird für derartigen Schwachsinn auch noch umjubelt. Was ist nur los mit diesem Publikum? Kennen sie nicht das Märchen von des Kaisers neuen Kleidern?
Bei Andras Batta (246) kann man in seinem vortrefflichen Buch dagegen nachlesen: „Holländer, Tannhäuser und Lohengrin sind Symbole großer, allein gegen die Welt stehender Menschen. Lohengrin fliegt vom Himmel herab und erscheint in einem von einem Schwan gezogenen Kahn als Retter, um die Betrügerei der Welt zu entlarven.“ O käme er noch einmal vom Himmel herab und trieb die Ratten aus den heiligen Hallen von Bayreuth. Weiter heißt es: „Lohengrins Distanz zu den Menschen und zur Welt verleiht seiner Gestalt einen repräsentativen festlichen Charakter. Die Liebesszene zwischen Lohengrin und Elsa hat die Atmosphäre der Traumseligkeit.“ – Bei Ratten-Neuenfels ist davon nichts, aber auch gar nichts zu spüren gewesen. Bei diesem Musikgeschichtsfälscher hat Lohengrin mit voller Absicht nicht nur als Mensch, sondern auch als Gottgesandter verloren. –
Zusammenfassend darf man mit Batta (246) sagen: „Die Oper Lohengrin gibt eine Vision der Einheit des deutschen Vaterlandes, des Bundes zwischen Gottgesandten, König und Volk. Und Wagner komponierte den Ton des guten Königs, der braven Recken, der schönen Heimat aus vollem Herzen. Er wollte mit der deutschen Vergangenheit eine Vision der Zukunft geben. Musikalisch-poetisch handelt es sich nicht um einen historischen, sondern eher um einen imaginären (bildhaften) Stil, auch wenn er in unseren Ohren quasi (gewissermaßen) historisch authentisch (zuverlässig und verbürgt) klingt. So erweist sich Wagners Lohengrin als ein romantisches Gebilde im höchsten Sinne des Wortes. Hier sind Mythos und Geschichte, Märchen und Tragödie vereinigt.“ – Neuenfels hat dieses Kunstwerk Richard Wagners nicht nur geschändet, sondern in übelster Art und Weise entstellt und verhöhnt. – Sollte man ihm und seinen Genossen weiterhin Narrenfreiheit zubilligen, dann gehe ich nur noch in konzer-

tante Aufführungen der klassischen Opern. Doch soweit kommt es gottlob nicht, wie ich seit 2013 in Dresden immer wieder erfahre.
In geringfügiger Abwandlung der Worte Max Nordaus rufe ich deshalb das ernsthafte, um deutsche Kultur besorgte Publikum auf:
„Die Verurteilung von Werken, welche auf Perversion, also auf die krankhafte Abweichung vom Normalen, dem Entarteten spekulieren, muss von Frauen und Männern ausgehen, an deren Vorurteilslosigkeit, Geistesfreiheit, Verständnis und Unabhängigkeit niemand zweifelt!" –
Vor vielen Jahrzehnten fand man in der Augsburger Allgemeinen Zeitung zu lesen: „Wagner hat wieder eine Oper geschrieben, in der er seinen Rienzi an wüstem Lärmen noch überboten hat." Und über Liszt schüttete man folgende Schmutzkübel aus: „Tonschmierereien, dissonierendes Geheul (301)".
Wenn es bei diesen damaligen Kritiken um die Musik Richard Wagners und nicht um dessen Dichtkunst ging, hätte es diesen Kritikern über die „Dichtkunst" des Rattenregisseurs Neuenfels die Sprache verschlagen.
Abschließend zu diesem traurigen Kapitel der Operngeschichte muss ich sagen: Hans Neuenfels ist nicht etwa geisteskrank, nein, er ist kerngesund, auch nicht ein bisschen geistig gestört. Ganz bewusst offenbart er uns mit seinen bösartigen Inszenierungen sein Innenleben, das von elendem Geltungsbedürfnis und von Ichsucht geplagt wird. Wie in dem Kommentar des Chefredakteurs der Zeitschrift „Opernwelt" Stephan Mösch in Bayreuth am 14. August 2011 zu lesen war, gehört Neuenfels, ein Schüler von Max Ernst, dem Meister des Surrealismus, zur Generation der 68er, die sich diese zerstörerische Kulturschande, diese Unkultur auf ihre Fahnen schrieb. Ihre, insbesondere durch Adorno vergiftete Saat, ist aufgegangen. Und die Kommentatorin Annette Gerlach am Ende der Vorstellung glaubte sagen zu müssen, ich hoffe, dass sie ähnlich begeistert sind, wie das heutige Publikum. Ähnlich begeistert? Nein – entgeistert!! Wer über die riesigen Filmbilder widerlicher, kämpfender Ratten und einer derartigen Zerstörungswut der Regie begeistert sein kann, ist tatsächlich nicht normal und sollte sich fragen lassen, ob er weiß, was er mit seinem Beifall erreicht. Ich erinnere noch einmal an Joseph Goebbels, der in die Massen schrie: „Wollt ihr den totalen Krieg?" Und die blöde Masse brüllte mit rasender Begeisterung zurück: „Jaaaaaaaa!" Wollen Sie verstehen, wie so etwas möglich werden kann, dann lesen Sie Georg Orwells Buch „1984", in dem ausführlich über die Wirkung der Gehirnwäsche zu lesen ist. Ich erinnere auch an die Schauprozesse des faschistischen Volksgerichtshofes und der in der Sowjetunion, in denen nach Folter und grauenvollen Gehirnwäschen die Angeklagten sich selbst beschuldigten und damit ihr Todesurteil aussprachen.

Und ich sage Ihnen, es ist völlig egal, ob sie ein Hakenkreuz erschlägt oder ob Hammer und Sichel der 68er sie umbringen. Auch mit der Freiheit der Kunst ist es dann für sie vorbei, wenn sie tot sind.

Ich komme nun zu einem weiteren Regieberserker, d. h. zu einem kampfwütigen, tobend sich gebärdenden Regisseur (146). Unter diesem Begriff soll Frank Casdorf an vielen Theatern und Opernhäusern bekannt sein.
Im März 2013 ließ man ihn am Burgtheater Wien „Die Krönung Richard III" von Hanns Henny Jahnns inszenieren. Casdorf ist mir seit Langem bekannt, sich den Missbrauch der Freiheit der Kunst auf seine rote Fahne geschrieben zu haben. Joachim Lange von den Dresdner Neuesten Nachrichten hat sich sein Schmierentheater angesehen (477): „Dieser Richard hat ein Pferd. Und er hat ein Königreich. Behält es sogar. Ob er auch in einem Reich aus Worten herrscht, ist nicht so klar. Denn es wird kräftig herumgebrüllt, genuschelt und vom Wege abgekommen, Schabernack getrieben und Afrika ins Spiel gebracht und auch so palavert. Gleich am Anfang wird ein Lustknabe der Königin, die ganz wörtlich, einen perversen Appetit auf Frischfleisch hat, kurzerhand kastriert. Und da, wo früher bei Casdorf sprichwörtlich Kartoffelsalat in der Bühnengegend herumflog, wird jetzt geschissen, was das Zeug hält. In der wunderbaren schwarzen Burg mit Turm, Wendeltreppe mit Fackeln und Innenhof fürs königliche, ausgestopfte Pferd, hat Bert Neumann nämlich ein Plumpsklo für diverse Sauereien eingebaut. Die aber weiter keinen (mehr) stören." Ich war entsetzt und fassungslos!
Jahnns lustknabenfixierte Königin Elisabeth spielt natürlich in Casdorfs Inszenierung eine gewichtige Rolle für die ganz bewusste Förderung des auf Kinder beiderlei Geschlechts gerichteten Sexualtriebes Erwachsener. Pädophilie hat für mich mit Freiheit der Kunst nichts, aber auch gar nichts zu tun. Damit missbrauchte Casdorf in reinster Form die Freiheit der Kunst! Im „Spiegel" Nr. 30/2014 war dazu u. a. in einem Interview mit ihm zu lesen: „Als sich kürzlich im Wiener Burgtheater das Ensemble per Misstrauensvotum gegen den später abgesetzten Intendanten Matthias Hartmann wandte, haben Sie (Casdorf) öffentlich gesagt, in einem solchen Fall hätten Sie mit der stalinistischen Knute dreingeschlagen." Eine bessere Offenlegung seiner kulturzerstörenden Absichten kann ich mir nicht mehr vorstellen.
Eine weitere Eigenschaft von Casdorfs Innenleben zeigte sich 2013: „Endlich" durfte er im Festspielhaus in Bayreuth, das mit Millionensubventionen der Steuerzahler gut versorgt ist, die Schändung Richard Wagners und die Entweihung seiner Werke u. a. mit dem „Rheingold" fortsetzen. Im SPIEGEL-ONLINE las ich am 27.07.2013: Casdorf platzierte die Handlung wie folgt: „Ein Motel, eine Tankstelle, der Rhein als

schäbiger Pool, ein Straßenschild „Route 66“ hier, ein altmodischer Strommast da, Semiotik der B-Filme und des amerikanischen Gewalt-Kinos.“

Und weiter las ich in Kultur-Süddeutsche.de: „Ein nuttiges Nixentrio bewacht den Schatz im Swimmingpool, Obergangster Wotan hat nur Augen für das Dekolleté von Puffmutter Erda.“

Die Frage muss erlaubt sein: Fühlen sich die dafür verantwortlichen Weiber von Bayreuth etwa darin wohl, dass sie ihren Urgroßvater öffentlich verhöhnen und gleichzeitig in den Bordelldreck ziehen lassen? Ihr Innenleben lässt jedenfalls darauf schließen.

In Wikipedia erfuhr ich erstmals, wes’ Geisteskind Casdorf eigentlich ist. Ich dachte, er wäre ein ausgewachsener, kulturzerstörenwollender 68er à la Adorno. Doch weit gefehlt. Nein, er war bei den Grenztruppen der Nationalen Volksarmee der DDR. Ich muss wohl nicht erst erwähnen, dass diese Grenztruppen den berüchtigten Schießbefehl hatten: Abknallen! Das war die Devise der Grenztruppenbefehlshaber. So wunderte es mich auch nicht, dass Casdorf Siegfried den Drachen mit einer Kalaschnikow (einer sowjetischen Maschinenpistole) zur Strecke bringen oder besser gesagt, niedermähen oder abknallen ließ (462), wie die Grenztruppler ihre Landsleute an der Grenze zur Bundesrepublik Deutschland. Zu dem perversen Innenleben Casdorfs passte selbstverständlich auch der Sturm auf den Ölbohrturm, auf dem er dann auch seine geliebte rote Fahne hissen ließ (461). Man kann gar nicht so viel fressen, wie man kotzen muss, um im Casdorfstil zu sprechen. Prizkau (462) behauptet, Casdorf will mit seinen blöden Metaphern Richard Wagner gar nicht ernst nehmen. Doch leider zeigt sie mit dieser Äußerung, dass sie sich dunkle Scheuklappen angelegt hat. Sie sieht nicht die ungeheure, böse Absicht Casdorfs, nämlich seinen Willen, zur Zerstörung unserer abendländischen Kultur beizutragen. Besonders schlimm finde ich es, dass Prizkau die Meinungsfreiheit Andersdenkender damit infrage gestellt hat, dass sie diese beschuldigt, sie beschimpften Casdorf, wenn sie ihn Idiot nennen.

Sicher haben die „Weiber von Bayreuth“ Casdorf nicht gefragt, bevor sie ihn engagiert hatten, ob auch er an der deutsch-deutschen Grenze auf fliehende DDR-Insassen geschossen hat. Sie wussten wohl auch nicht, dass Jonathan Meese, für Parsifal 2016 engagiert, sich wegen seiner „Hitlergrüße“ vor Gericht zu verantworten hat. (2014 wurde er allerdings, aus mir unbekannten Gründen, wieder ausgeladen!) Was wissen diese Damen eigentlich noch alles nicht? Dass Hitler ein Nazi war? Dass die Kommunisten weltweit mehr als 80 Millionen Menschen ermordet haben? Und dass Marx, Lenin, Stalin und Mao nichts, aber auch gar nichts am Mount Rushmore zu suchen haben, wissen sie wohl auch nicht. Sie sollten einmal das Schwarzbuch des Kommunismus (118) lesen, damit sie eines Tages nicht sagen können: „Ach, das haben wir nicht gewusst.“

Der Künstler Günter Wanger wurde vom Landgericht München wegen Verwendung von Nazi-Symbolen erneut verurteilt. Er hatte Bundeskanzlerin Merkel in Nazi-Uniform mit Hakenkreuz-Armbinde öffentlich auf einem Plakat dargestellt. Die Begründung der Strafkammer lautete: In diesem konkreten Fall könne er sich nicht auf die Kunstfreiheit berufen (473). Aha! Es gibt ihn tatsächlich, den Missbrauch der Freiheit der Kunst!
Richard Wagner hat sich gegen alles gewandt, was mit Bevormundung zu tun hatte, sei es vom Staat oder der Kirche. Und was machten Neuenfels und Casdorf? Sie bevormundeten ihr Publikum, indem sie ihnen ihre grauenvollen, abscheulichen Inszenierungen vorsetzten. In ZEIT-ONLINE fragt Christine Lemke-Matwey völlig zurecht: „Ja spinnen die denn, die Oberfranken? Die Welt zu Gast bei Wagner, dem Leuchtturm deutscher Kultur."
Die Regieberserker haben wahrlich daraus einen schiefen Turm gemacht, und wenn die deutschen „Kulturverantwortlichen" diesem teuflischen Treiben nicht bald ein Ende bereiten, stürzt er mit viel Getöse in sich zusammen. Im Internet las ich dazu: „Wie kommt die kleine Gruppe selbstherrlicher „Sachverständiger" dazu, derart anmaßend ihren eigenartigen Geschmack durchzusetzen?" Nun, man sollte nicht vergessen, es ist auch der Geschmack der „Weiber von Bayreuth". Sie könnten es verhindern, doch sie wollen es nicht! Dazu im SPIEGEL-ONLINE am 27.07.13: „Nein über den Wagner-Clan kann man nur den Kopf schütteln!" Doch auch in Süddeutsche.de konnte man am 27.07.13 lesen: „Immer das Gleiche: Irgendetwas nehmen, das überhaupt nichts mit dem Werk zu tun hat. Etwa einen Gral oder Nazis … dazu noch etwas Ekliges und Sex und schon schwärmen die ewig gestrigen 68er von Mythenzerstörung, Provokation etc. Nur die Musik bleibt, da sonst niemand mehr hingehen würde. Immer langweiliger das Regietheater. So pilgert auch kein hochkarätiger Gast mehr auf den Hügel, außer unsere hochgebildeten Politiker und Veronika Ferres. Die größte Provokation wäre, einmal werkgetreu zu inszenieren! Aber da würden unsere subventionierten „Künstler" schnell merken, dass Kunst von Können kommt! – Bayreuth ist am Ende!" Und ich ergänze: unsere Kultur bald auch. Und: „Warum Merkel dort so gern hinpilgert? Es ist das Heimweh nach der DDR! Und das Publikum stammt ja auch aus der DDR", liest man ebenfalls im SPIEGEL-ONLINE vom 27.07.2013.
Im Focus-Online las ich am 15.11.2014 zu Richard Wagners „Ring", dass Casdorf überhaupt keine Geschichten erzählte, sondern – wie das eben sein Stil ist – bis zur Unkenntlichkeit auf das Werk einprügelte".
Die Ursachen lassen sich in der Frankfurter Schule, der neomarxistischen Kaderschmiede Westdeutschlands, ausmachen. Wie ich schon ausführlich schrieb, der Neomarxist Theodor W. Adorno verbreitete dort viele jahrzehntelang unter unzähligen

seiner Studenten die entsetzlichen Lehren seiner Ästhetischen Theorie. Er erblödete sich, unter vielen anderem zu schreiben: „Geradezu ein Gradmesser für den Wert eines Kunstwerkes ist die Wut, die ihm entgegenschlägt (326).“ Daraus ergeben sich verschiedene Sichtweisen. Erstens, es handelt sich um ein absolut wertloses Kunstwerk, denn es gibt bekanntlich auch negative Werte, um die es sich bei den Werken der o. g. Regieberserker ganz offensichtlich handelt. Zweitens, nur wenn dem Kunstwerk vom Betrachter und/oder Zuhörer keine Wut entgegenschlägt, handelt es sich um ein wertvolles Kunstwerk. Drittens, wenn Kunstwerke, denen die Wut einiger Betrachter und/oder Zuhörer entgegenschlägt, von anderen frenetisch gefeiert werden, dann gelten wohl für diese die Worte Aristoteles, die Hauskeller (326) so treffend ins Feld führt: „Wer beim Anblick eines Unrechts keinen Zorn verspürt, beweist dadurch geradezu die Minderwertigkeit seines Charakters. Darüber hinaus ist der Mangel an Zorn auch unvernünftig, weil hier nur der Zorn als angemessene Reaktion gelten kann.“ Ergänzen muss ich noch, dass für mich und viele meiner Bekannten die o. g. Inszenierungen Unrecht waren, weil sie einen „Leuchtturm der deutschen Kultur“ besudelten und schändeten und ihre Regisseure damit die Freiheit der Kunst in widerwärtiger Art und Weise missbrauchten.

Damit Sie, liebe Leserinnen und Leser, meinen Zorn, bzw. meine Wut verstehen können, die ich beim Zuschauen und Zuhören solcher Kunstwerke empfinde, will ich noch kurz folgendes erläutern: Zorn ist ein heftiger seelischer Erregungszustand, der nicht nur dadurch eintreten kann, dass ihn ein Mensch an der freien Betätigung seines Handelns behindert oder durch eine ihm gleichstarke Macht bedroht (34), sondern auch dadurch, dass er seine geistige Freiheit durch das Handeln dieser Regieberserker bedroht sieht. Wenn das Publikum laut pfeift oder buht, die Fäuste ballt oder gar faule Eier wirft, dann sind das markante Kennzeichen seiner Wut über derartige Aufführungen.

Cosima Wagner inszenierte zum ersten Mal Lohengrin in Bayreuth selbst, nachdem ihr Mann Richard, gestorben war. Für sie war Lohengrin ein christlich-germanisches Glaubensbekenntnis. Und als die Nazis die Wagner-Opern für ihre Zwecke zu missbrauchen begannen, sagte Thomas Mann: „1936 wurde in Bayreuth die Kunst verraten an die Macht.“ Und heute verraten die Verantwortlichen die Kunst an die entarteten Regisseure, die sich die Macht anmaßen.

Für Neuenfels ist es das Wichtigste, Wagner zu entmystifizieren. Doch damit steht er nicht alleine da. Auch andere Künstler arbeiten fleißig daran. So liest man im Echo Klassik Magazin 2011 (403) ein Interview mit Pierre Boulez, der darin unheilvoll und großsprecherisch verkündete: „Das Neue muss sich vom Alten trennen!“

Die Zeitschrift „Echo Klassik“ ergänzte: „Im legendären Bayreuther Parsifal eliminierte Boulez alles Heilige!“ Boulez selbst sagte: „Das war Programm. Mich hat das aufgeblasene Pathos geärgert, mit dem Wagner gespielt wurde, in dem jedes Crescendo zum Fortissimo getrieben wurde. Das finde ich unerträglich – noch heute." Jeder bevormundet also auf seine Weise! Damit Sie das Innenleben des Herrn Boulez noch etwas näher kennenlernen, ergänze ich an dieser Stelle seine Aussage von 1967, also kurz vor dem ersten Auftreten der 68er-Kulturrevoluzzer: „Sprengt die Opernhäuser in die Luft!" (431). Ist das nicht entartete Fluxusart in reinster Form? Nein, nicht nur. Es ist Aufforderung zu Terror, Mord und Totschlag, wenn Opernhäuser in die Luft gesprengt werden sollen!

Lassen Sie mich dieses leidige Thema nun verlassen und mich noch einmal zu Wagners Spätwerken kommen: Hat man nämlich Max Nordaus Buch „Entartung" aus dem Jahre 1893 aufmerksam gelesen, kann oder sollte man über Wagners spätere Musik einmal nachdenken. Seine „Literarischen Werke" schreibt Nordau, nicht seine Operntexte oder seine Musik, sind größtenteils entartet. Und weiter: Zu Beginn seiner Schaffensperiode schuf Wagner mit Lohengrin, Tannhäuser, den Meistersingern und dem Fliegenden Holländer echte, meisterhafte, nicht entartete, wunderschöne, melodienreiche Kunstwerke.
In Lohengrin schildert und bedauert Wagner das Scheitern einer bedingungslosen Liebe, eines bedingungslosen Vertrauens, einer bedingungslosen Hingabe.
Er offenbart uns damit eine moralisch hochstehende Charaktereigenschaft, die auf sein positives Innenleben in den frühen Phasen seines Schaffens schließen lässt.
Doch nicht nur in der Musik gingen und gehen verständlicher, aber auch unverständlicherweise, die Meinungen auseinander.
1863 stellte Edouard Manet, der große und weltberühmte Maler, sein Modell mit der schwarzen Katze, seine „Olympia", aus. Heute völlig unverständlich fiel die damalige Kritik äußerst negativ aus, die Manet mit Hohn und Spott übergoss. Man lachte sich krumm und schief darüber. Man bezeichnete sogar das Bild als freizügig, arrogant und als vollendete Hässlichkeit und empfand die Haut als leichenhaft (328). Von 60 Kritiken waren nur 4 positiv. Die anderen lauteten u. a.: Schmutzig, obszön, weiblicher Gorilla oder Gummipuppe, obwohl Giorgios „Ruhende Venus" schon zu Beginn des 16. Jahrhunderts als epochales Kunstwerk anerkannt war. Ich stelle beide Bildzitate als Beleg nebeneinander, damit Sie sich selbst ein Urteil über die damalige Kritik und meine Erkenntnisse bilden können.

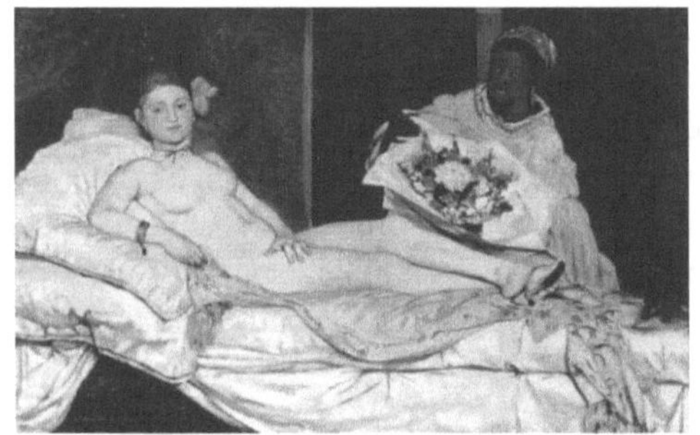

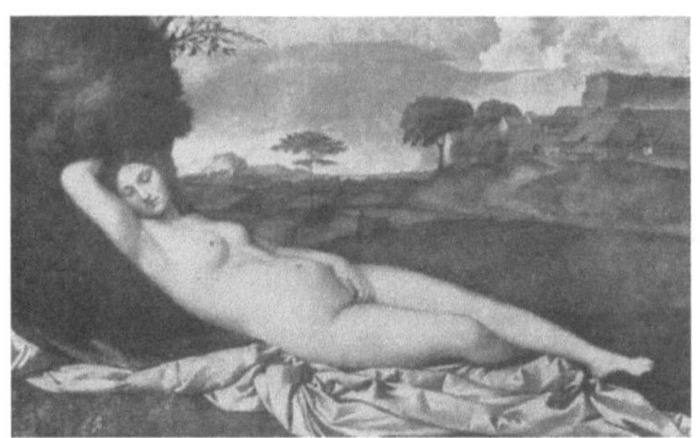

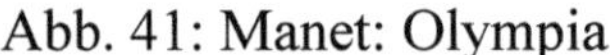

Abb. 41: Manet: Olympia

Abb. 42: Giorgione: Ruhende Venus

Zurück zu Richard Wagner: Kunstwerke, gleich ob Kompositionen oder Bilder, wurden zu jeder Zeit von den „Kunstexperten“ positiv oder negativ beurteilt. Dennoch sind alle diese Werke Kunstwerke! Das Innenleben der damaligen Kritiker, das mit Wagner nicht in positive Resonanz trat, ist u. a. die Ursache für negative Beurteilungen, die allen Komponisten oft das Leben schwer machten und machen.
Es gibt sehr viele Kunstwerke, die auf Menschen so einwirken, dass sie diese entweder als schön oder hässlich empfinden. Schönheit ist subjektiv. Jeder empfindet etwas anders. Für Abbado war sowohl klassische als auch moderne Musik schön. Warum nicht? Allerdings sollte man bei einer solchen Meinung fragen, was verstand Abbado unter schön und modern? Ein altes deutsches Sprichwort sagt: Was dem einen seine Eule, ist dem anderen seine Nachtigall. Es gibt viele Stufen der Schönheit. Auch Eulen sind wirklich schöne Vögel.
Absolute Schönheit kann es jedoch nicht geben. Natürlich darf jeder für sich etwas als absolut schön bezeichnen, weil dies auf ihn so wirkt. Das gleiche gilt für das Hässliche und nicht nur in der Kunst.
Entartete Kunstwerke können allerdings wirklich negative, verheerende Wirkungen haben. Mord, Selbstmord, Proteste, Demos, Revolutionen, Revolten. Maler die in ihren Bildern dazu geradezu auffordern, sind nicht selten. Um Ihnen, liebe Leserinnen und Leser, diese grauenvollen Wirkungen zu beweisen, schildere ich Ihnen aus einer Fernsehsendung einige verheerende Beispiele:
Am 30.08.2000 sah und hörte ich im 3sat-Kulturzeitmagazin einen Beitrag über das Thema „Kunst-Lustmord“ (304). Nach dieser Sendung wurde mir völlig überraschend und voller Entsetzen klar, dass der Lustmord, das Bedürfnis während des Geschlechtsverkehrs zu morden, ein zentrales Thema der „Moderne“ war und ist. So wie ein Maler menschliche Körper zerstückelt und die Stücke unsinnig in anderer Form zusammensetzt, so taten und tun es die Lustmörder, die immer wieder ihre entsetzlichen Taten ausführen. Doch wie damals und heute üblich, fiel kein Wort über Ursa-

chen und Wirkungen auf andere Menschen, auf Menschen, die selbst schon krank sind, geisteskrank, und bei denen es nur eines kleinen Anlasses bedarf, um den lustvollen Sexualmord zu begehen. Wen wundert es noch, dass schon Max Nordau vor dieser entarteten Kunstrichtung eindringlich warnte. Auch Altbundespräsident Horst Köhler verurteilte diese Art von Kunst, wie ich bereits ausführte. Und die Kultur-, nein die Unkulturminister stehen da und sagen sicher: Damit können wir leben.

Und hier sei es noch einmal in aller Deutlichkeit gesagt: Das ist im herkömmlichen Sinne keine Kunst! So stellen sich die normalen Menschen Kunst nicht vor. Doch auch diese Art von Kunst ist Ausdruck des Innenlebens der Künstler, die zum Mörder wurden oder zum Mord aufrufen oder verführen. Aber auch alle, die den Kunst-Lustmord als Kunst verehren, sind gefährliche Kunstliebhaber, die nur auf eine passende Gelegenheit warten. Wer die wörtlichen Gerichtsprotokolle liest, die uns die linken Medien weitgehend vorenthalten, erkennt, wie es zu diesen Untaten kommt.

Falls Sie es nicht glauben: 5/6 aller Journalisten, also die überwältigende Mehrheit, sind links eingestellt (481)!!

Sollten sich die Kultur- und Justizminister nicht endlich einmal ernsthaft Gedanken machen, wie man diese Übel abstellt? Diese Untaten als Kunst darzustellen, das ist etwas, das in die Psychiatrie und keinesfalls in die Museen, die Kinos und ins Fernsehen gehört. Denken Sie nur an labile Halbwüchsige, die aus Rechts- oder Linksradikalismus andere Menschen zu Tode trampeln, verbrennen oder auf andere brutale, abscheuliche Weise umbringen. Hier ist Ursachenforschung gefragt, denn nur wenn es uns gelingt, alle Ursachen in ihren ersten Ansätzen zu erkennen und zu beseitigen, können wir uns von dieser Geisel der Menschheit, von diesem Missbrauch der Freiheit der Kunst befreien. Was in der Naturwissenschaft seit Langem bekannt, nämlich das Kausalitätsprinzip (Prinzip von Ursache und Wirkung), sollte endlich auch für die kulturverantwortlichen Politiker Pflicht werden.

Auch sollte man solche Politiker energisch in die Schranken weisen, wie z. B. Gregor Amann, SPD-Geschäftsführer, (305) der 2001 in Frankfurt am Main sich in der Zeitschrift Bunte Nr. 9/2001 auf Seite 114 sogar zu folgenden Sätzen verstieg: „Obwohl die Songtexte von Sabrina Setlur, einer von dem Tennisstar Becker geschiedenen Ehefrauen, voller Obszönitäten stecken, hat sie den Kulturpreis „Skyline“ der Frankfurter SPD erhalten.“ Amann weiter: „Was ordinär ist, was schöne Sprache ist, wandelt sich. Gute Kunst ist meist provozierend!“ Amann gehört also zu den Kulturrevoluzzern der 68er, welche die SPD unterwanderten und die unsere abendländliche Kultur zerstören wollen. Es wird ihnen aber nicht gelingen! Auch dem Teufel ist die Machtübernahme über die Menschheit nicht gelungen, auch wenn er sie schon öfter einmal über einen Teil der Menschen errungen hatte.

Was Kunst bewirkt ist also sehr vielfältig. Von sehr viel bis hin zu nichts. Meist will die Kunst eines Künstlers nichts bewirken, doch bestimmte Künstler wollen es durchaus! Sie können sich große Verdienste erwerben, aber auch großes Unheil anrichten.
M. Layer, Leiter der Edition Deutscher Ärzteverlag (306), beschrieb die Wirkung recht originell und positiv: „Kunst wischt den Staub des Alltags von der Seele.“ Erlauben Sie mir die Ergänzung dieser unvollständigen Beschreibung. Es muss weiter heißen: Kunst überhäuft aber auch die Seele manchmal mit Staub, Schmutz und Dreck, wenn man z. B. an die entartete Fäkalien- und Urinierkunst denkt.
Kunstwerke können zu Waffen des Guten oder des Bösen entarten. Göttliche Waffen im Kampf gegen das Böse sehe ich auch in der Musik Beethovens, die oft den Teufel aus den Hallen des Göttlichen vertreibt.
Teuflische Waffen im Kampf gegen Gott oder Gottes Sohn, wie z. B. das Theaterstück „Corpus Christi“ (184) und die Oper „Sancta Susanna“ von Paul Hindemith (246) habe ich Ihnen bereits vorgestellt.
Kunstwerke sind oft Zeichen von Liebe, Ausdruck von Qualen, von Lust. Auch können Kunstwerke Wut, Neid oder Hass ausdrücken.
Und jeder uns bekannte, verstorbene Künstler lebt durch seine Kunstwerke unter uns weiter!

17.0 Wert, Wertung, Bewertung und Beurteilung eines Kunstwerkes

Grundsätzlich enthält Kritik auch eine Bewertung, welche nie objektiv, also nicht unvoreingenommen ist. Es sei denn, sie bezieht sich auf rein technische Einzelheiten.
Wert hat zwar auch etwas mit „Werten“, also sittlichen und moralischen Werten zu tun, doch dazu habe ich an anderer Stelle ausführlich Stellung genommen. Auch ich kenne die Sehnsucht nach unseren alten, konservativen Werten.
Schon für Volkelt (73) bildete, wie wir sahen, der ästhetische Wert als Selbstwert eine Seite des absoluten metaphysischen, also jede mögliche Erfahrung überschreitenden Wertes, dessen drei andere Seiten die Werte der Erkenntnis, des sittlichen Wollens und des religiösen Fühlens sind.
Es gibt also vor allem Werte der Moral und Sitte, die heute leider in vielen Fällen von den Experten für eine Bewertung von Kunstwerken nicht herangezogen werden. Ich bedauere das sehr, weil gerade die Bewertung von Kunstwerken nach ihren erzieherischen Werten äußerst wichtig wäre. Nicht nur Bildung ist wichtig, sondern an erster Stelle sollte die Erziehung zu Moral und Sittlichkeit stehen!
Eichler (3) und Kishon (9) bilden zwei der wenigen Ausnahmen. Sie stellten Sitte und Moral an die ersten Stellen ihrer Bewertungsskalen. Sogar die Bildung der Preise

betrachteten sie unter dem Primat von Sitte und Moral. Zu welchen erschreckenden, von ihm nachgewiesenen Ergebnissen Eichler kommt, will ich später beschreiben.
Kunst und Kunstwerke sind deshalb noch lange nicht wertvoll, weil sie tatsächlich Kunst und Kunstwerke sind! Auch wenn mancher Kunsthändler es gern behauptet.
Man muss also den Begriff „Wert von Kunst“ genauso definieren, wie den Begriff „Kunst“ selbst. Was versteht man unter Wert von Kunst und Wert eines Kunstwerkes? Das Gleiche gilt natürlich auch für den Begriff der Qualität in der Kunst, wobei diese auf den Wert eines Kunstwerkes sehr großen Einfluss hat.
Die Frage „Was versteht man unter dem Wert von Kunst“, ist gleichbedeutend mit der Frage „Was versteht man unter dem Wert des Innenlebens eines Künstlers.“ Und diese Frage sollte man nicht stellen, weil z. B. geisteskranke Künstler keinesfalls wertlos sind. Die Frage nach dem Wert, bzw. nach der Qualität eines Kunstwerkes ist dagegen durchaus berechtigt, weil damit sehr viel Schindluder getrieben wurde und noch immer getrieben wird. Professor em. Ludger Rémy vertrat in seinem Beitrag „Ein (vergeblicher) Versuch, Unfassbares fassbar zu machen“, zur Ringvorlesung der Musikhochschule Dresden „Musikalische Qualität“ die Meinung, dass musikalische Qualität eine Aporie sei. Sollte er mein Buch einmal lesen, wird er sehr wahrscheinlich seine Meinung ändern, denn eine Aporie ist ja die Unmöglichkeit, eine philosophische Frage zu beantworten.
Lassen Sie mich mit dem Text der 6. Szene des 2. Aktes, der von musikalischen Wundern vollen Oper Christoph Willibald Glucks, „Iphigenie auf Tauris“ weiter fortfahren:
„O lasst mich Tiefgebeugte weinen! Dahin sind all die Meinen. Ihr habt nicht Herrscher mehr, und ich bin elternlos. Auch euer Jammer ist so wie der meine groß.“
Wenn man dazu die Musik bewusst gehört hat, dann drängt sich unweigerlich der Begriff „Wert der Kunst“ auf. Und schon ist man bei einer Vielzahl von Werturteilen. Dem einen bedeutet diese Iphigenie nichts, er findet sie albern und dem anderen gleicht sie einem Wesen des himmlischen Paradieses, er empfindet diese Musik von Gluck als rein göttliche Musik.
Und wie viele Menschen im Nazireich und den kommunistischen Reichen stimmten tief gebeugt ein: „Dahin sind all die Meinen“!
Wir dürfen daraus schließen, dass diese Musik für den einen wertlos und den anderen wertvoll ist.
Wenn ich mir vorstelle, dass eines der teuersten Gemälde der Welt, das Bild Van Goghs „Porträt des Dr. Gachet“ vor vielen Jahren für 82,5 Millionen Dollar nach Japan verkauft wurde (307), frage ich mich, wie kommt dieser Wert, nein dieser Preis zustande. Natürlich war das Bild zu einem reinen Spekulationsobjekt entwürdigt, was für einen normalen Menschen nicht nachvollziehbar ist. Doch wer kaufte es zu so

einem Preis? Wäre es der Staat gewesen, dann handelte es sich um eine grandiose Veruntreuung von Steuergeldern, die hoch bestraft werden müsste. War es eine Privatperson, dann wäre das so lange in Ordnung, bis erstens der Verkäufer seinen Spekulationsgewinn versteuert hat und bis zweitens der Käufer, seine „Ausgabe" nicht von seiner Einkommens- oder Kapitalertragssteuer absetzen durfte. Hier wären wieder einmal die Politiker gefragt. Doch die mimen nur die drei berühmten Affen: Nichts hören, nichts sehen, nichts sagen!"

Jeder weiß, wenn er ein Auto kauft, muss der Verkäufer, also der Händler, 19 % Mehrwertsteuer an das Finanzamt abführen. Was viele meiner Leserinnen und Leser wahrscheinlich nicht wissen, wenn ein Galerist ein Kunstwerk verkauft, muss er nur 7 % Mehrwertsteuer abführen, wobei er natürlich, wie auch der Autohändler, diesen Steuerbetrag vor Verkauf auf den Verkaufspreis völlig legal aufschlägt.

Nun haben sich die Politiker durchgerungen, diesen völlig absurden Mehrwertsteuersatz ab 1. Januar 2014 zu ändern. Im ersten Entwurf stieg er tatsächlich auf 19 %. Doch die „armen" Lobbyisten, hier die Kunsthändler und Galeristen, jammerten so lange, bis sie es schafften, die Politiker davon zu überzeugen, dass dies „ungerecht" sei. Also einigte man sich auf einen Kompromiss: 30 % des Preises eines verkauften Kunstwerkes werden nun mit 19 % Mehrwertsteuer bedacht, die anderen 70 % weiterhin mit 7 %. Für mich war der Deal, der alle Preisklassen der zu verkaufenden Kunstwerke betrifft, nicht nachvollziehbar. Man fragt sich wirklich, wessen Geistes Kinder die Verantwortlichen sind.

Wenn ein Mensch mehrfacher Milliardär ist, dann spielen für ihn 82,5 Millionen Dollar keine Rolle. Das Finanzamt eines Staates sollte jedoch in so einem Fall aufhorchen und untersuchen, ob seine Milliarden Dollar auf redlichen Wegen verdient wurden. Sollte das der Fall sein, würde der Nationalökonom Adam Smith wahrscheinlich sagen, dass am Wirtschaftssystem dieses Landes etwas nicht in Ordnung ist. Schauen wir uns dazu die Öl- und Gasmilliardäre in der ehemaligen Sowjetunion an. Wie konnte es möglich werden, dass die Bodenschätze Öl und Erdgas dieses Landes in den Besitz einiger Privatpersonen gerieten?

Doch warum in die Ferne schweifen, sieh, das Böse liegt so nah: Eichlers Buch „Viel Gunst für schlechte Kunst" (3) ist eine Fundgrube von Beispielen ungeheuerlicher Steuerverschwendungen in der Bundesrepublik Deutschland. Hier einige Beispiele:

Nr.1: Anfang der 90er-Jahre des vorigen Jahrhunderts kaufte das Wallraf-Richartz – Museum in Köln das Bild „Tableau" von Piet Mondrian, das dieser 1921 malte, für 440.000 DM (3).

Nr.2: Im Jahre 1962 kaufte das Museum Folgwange in Essen das Kandinsky-Bild „Landschaft mit Kirche I", das dieser 1913 malte, für den Betrag von 800.000 DM. (3)

Nr.3: Im Jahre 1967 kauften die Bayerischen Staatsgemäldesammlungen für 1,2 Millionen DM das Bild von Georges Braque „Frau mit Mandoline" (3).

Das Ungeheuerliche an Beispiel Nr. 3 war die Tatsache, dass die Verantwortlichen des Museums das nötige „Kleingeld" nicht besaßen und deshalb aus ihrem Fundus 106 Gemälde des 15. bis 18. Jahrhunderts verkauften und der zuständige Staatsanwalt auf beiden Augen und Ohren blind und taub war (3).
In Eichlers Buch finden Sie eine große Anzahl weiterer ähnlicher Fälle, deren Verursacher nie zur Verantwortung gezogen, geschweige denn verurteilt wurden. Die Verantwortlichen „entschuldigen" sich mit den Worten: Böten wir nicht so viel für Kunstwerke, dann könnten wir keine Museen füllen.
Das Einfachste von der Welt wäre folgende Alternative „Kauf von sehr guten, ich betone sehr guten (technischen) Reproduktionen, nicht etwa Fälschungen, sondern von echten Kopien", so wie es Dali tat, als er seine geheime Sammlung anlegte (360). Kein einziger Besucher der Museen könnte unterscheiden, ob es sich um ein Original oder eine absolut vollständige, also in allen drei Dimensionen übereinstimmende, Reproduktion handelt, was sie sich gerade anschauen. Einige meiner Bekannten widersprechen mir allerdings vehement. Sie gingen nie mehr in ein Museum, sie brauchten die ausgestellten Originalkunstwerke, um die „wundervolle" Stimmung in einem Museum zu genießen. Selbstverständlich glaube ich ihnen das uneingeschränkt. Doch sie „wissen", es sind Originale und deshalb entsteht in ihnen die von mir beschriebene Sekundärkunst. Ich bleibe allerdings bei meiner Meinung, wüssten sie nicht, dass eine hervorragende Reproduktion an der Museumswand hängt, dann kämen sie ganz gewiss in die gleiche Stimmung. Es entstände in ihnen die gleiche Sekundärkunst. Für mich hängt das mit der Psychologie, also der Seele des Betrachters zusammen. Leider hat noch niemand die Probe aufs Exempel gemacht. Ja, es wäre wirklich einen Versuch wert! Doch halt! Waren Sie schon einmal im Louvre in Paris? Ja? Dann haben Sie sicher auch das Bildnis der weltberühmten Mona Lisa von Leonardo da Vinci bewundert! Wirklich? Haben Sie „ihr Lächeln des inneren Glücks, die Anmut ihrer Seele" tatsächlich sehen können? Nein, Sie haben es nicht! Sie sahen eine hervorragende echte Kopie! Denn das unbezahlbare Originalgemälde liegt tief verborgen in einem Tresor des Museums. Die Gefahr einer Beschädigung oder eines Raubes wäre viel zu groß, um es öffentlich zu zeigen. Auch nicht hinter Panzerglas oder Ähnlichem. Also Sie sehen, es ginge sehr wohl, wenn man nur wollte! Doch die Politiker

dünken sich ohnmächtig gegenüber der Kunstmafia, die zur Spezies der Raubtierkapitalisten gehört. Ist das nicht mehr als beschämend? Doch warum verschließen sie sich meinem Vorschlag? Richteten sie nämlich derartige Museen ein, wäre das Ergebnis: Die Preise der Kunstwerke purzelten nach unten, weil es nicht genügend Käufer, nein Spekulanten, mehr gäbe. Doch die Politiker haben natürlich nicht das geringste Interesse, Vorschriften zu erlassen, die derartige Steuerverschwendungen unterbänden, weil sie wahrscheinlich selbst im Besitz ähnlicher Kunstwerke sind, mit denen sie spekulieren und zocken möchten und diese dann nicht mehr so „wertvoll“ wären. Man kann den Hals nicht voll genug bekommen! Sie brauchen zum Beweis nur an die laufenden Diätenerhöhungen zu denken!
Doch Vorsicht, Martin Leyer-Pritzkow (308) warnt davor, es diesen Spekulanten gleichzutun. Er antwortete auf die Frage, „Wer garantiert, dass ich beim Kunstkauf (besser beim Kauf eines Kunstwerkes) mein Geld sicher anlege, mit der klaren Antwort: Niemand! Doch auch er wiegelt ab, indem er sagt: „Auch für keine Aktie der Welt gibt es eine Garantie auf Gewinn. Lotto bleibt Lotto!”
Am 29.11.2013 veranstaltete die „Frankfurter Allgemeine Zeitung“ in Berlin die Konferenz „Museum reloaded“. Der Chef der Staatlichen Kunstsammlungen Dresden, Hartwig Fischer, hielt einen herausragenden Vortrag über die Herausforderungen an die Museen im 21. Jahrhundert, die mit den oben genannten Themen eng zusammenhängen. Amely Clemens berichtete darüber in (470). Fischer befürchtet mehr oder weniger, dass heute reiche Sammler die Zukunft der Museen gefährden, wenn sie auf Versteigerungen horrende Summen für Kunstwerke aus ihren „Portokassen“ bezahlten. Erst in den vergangenen Wochen sei auf einer Versteigerung bei Christie’s, London, für ein Triptychon des Künstlers Francis Bacon die Rekordsumme von 142 Millionen Dollar (!) erzielt worden.
Im Laufe seiner Rede fordert er deshalb mehr öffentliche Finanzierung der Europäischen Museen und die Erhöhung ihrer eigenen Einnahmen. Das kann nur Erhöhung der Eintrittspreise bedeuten, was keinesfalls im Interesse der einfachen, weniger vermögenden Kunstfreunde liegt, die schon immer mit ihren Steuergeldern die Museen und damit auch die Kunstmafia weitgehend finanziert haben und finanzieren. Sollte Fischer das entgangen sein? Und soll der Steuerzahler noch mehr Geld für den Ankauf neuer Kunstwerke ausgeben, damit die Kunstmafiosi, die schon seit Langem zu den reichsten Menschen der Welt gehören, noch reicher werden? Ökonomische Kreativität fehlt fast allen Kunstexperten. So kam auch Fischer nicht auf die Idee, einmal über das nachzudenken, was ich oben beschrieb. Es erhebt sich wirklich die Frage, ob Hunderte Millionen Bürger weltweit dafür aufkommen sollen, einen Teil ihrer Steuern dafür auszugeben, die Verzückungen einiger Kunstliebhaber beim Betrachten der Hunderte Millionen teuren Originalkunstwerke zu subventionieren. Ich sage nein

dazu! Erst wenn die europäischen Politiker die vielen Tausend Milliarden Schulden beglichen haben, die alle europäischen Staaten aufhäuften, ließe ich wieder darüber mit mir reden. Und ich bin mir sicher, Millionen Kunstliebhaber, die nicht unter dieser Placeboeffektomanie leiden, auch. Hinzu kommt, dass weltweit in den Archiven der Museen Millionen Originale von Kunstwerken lagern, die noch keiner der heutigen Kunstliebhaber gesehen hat und die man vielleicht eines Tages gegen moderne Kunstwerke verschachert, sodass diese dann für immer in den Villen und Archiven der Milliardäre unerreichbar verschwinden.
Nun lassen Sie mich nach dieser für Sie sicher interessanten Einführung in den Begriff „Wert“ dazu kommen, was Sie schon alles für Worte in Bezug auf den Begriff „Wert von Kunst“ oder „Bewertung von Kunstwerken“ gehört und gelesen haben. Ich will nur einige wenige aufzählen: Außergewöhnlich, überdurchschnittlich, erstaunlich, exorbitant, ungewöhnlich, eigenartig, unterdurchschnittlich, abnormal, ausgeartet, abartig und zuletzt entartet.
Immer wieder können sie von Besuchern oder Experten in Kunstausstellungen den Begriff „Qualität“ hören, der natürlich für den Begriff „Wert“ eine große Rolle spielt. Im Großen Brockhaus (24) findet man darüber folgende Erklärungen: „Qualität ist die Beschaffenheit eines Gegenstandes, soweit dieser weder räumlich, noch zeitlich, noch logisch bestimmt ist.“
Da Kunstwerke, also z. B. ein Gemälde, eine Skulptur oder eine Partitur, Gegenstände sind, gilt für diese, für den Begriff Qualität die gleiche Definition, wie für jeden anderen Gegenstand auch. Als typische Beispiele werden die Geschmacksunterschiede (süß, sauer, etc.) und die Tastunterschiede (hart, weich, rau, etc.) angeführt, die zweifellos voneinander als Qualitäten unterscheidbar sind. Im Brockhaus wird fortgefahren: „Einzelne Farben sowie einzelne Töne können, brauchen aber nicht als verschiedene Qualitäten aufgefasst zu werden. Einzelne Zahlen sowie einzelne Raumorte können hingegen nicht verschiedene Qualitäten darstellen. Qualitäten, die einem Gegenstand stets zukommen, heißen seine eigenschaftlichen Qualitäten oder Eigenschaften, solche die ihm nur vorübergehend zukommen, seine zuständlichen Qualitäten oder Zustände. Da die Qualität begrifflich gefasst, wichtige Aufschlüsse über das Wesen der Dinge zu eröffnen vermögen, ist der Qualitätsbegriff zu einem der wichtigsten Begriffe der gesamten Philosophie und Philosophiegeschichte geworden. Die modernen Naturwissenschaften suchen den Begriff der Qualität auszuschalten und durch mathematische und quantitative Angaben über die Bewegung der sog. Physikalischen Materie im Raum völlig zu ersetzen.“ Man spricht dann vom „Qualitätslosen Weltbild“. Sie, liebe Leserinnen und Leser, kennen den Begriff Qualität vom Einkaufen her. Es ist in diesem Fall die Beschaffenheit der Ware, die Sie kaufen wollen. Sie beurteilen diese nach ihren Vorzügen und Mängeln und ihrer Art und Güte. Dabei

unterscheiden Sie zwischen hervorragender oder minderwertiger Art und Güte, also der Qualität. Haben Sie einen Gegenstand hervorragender Qualität erworben, dann hat er zweifelslos für Sie auch einen großen persönlichen Wert.
Die Bedeutung der Begriffe „Sitte und Unsitte“, insbesondere in Bezug auf den Begriff Wert, hat sich im Laufe der Geschichte ab und zu verändert, aber auch wieder zurückverändert. Zurück ist dann oft als Fortschritt zu werten. Dagegen hat sich der Moralbegriff so gut wie nie geändert. Mord war für den „normalen“ Menschen immer etwas Böses und christliche Nächstenliebe immer etwas Gutes. Nur wenige Entartete, wie z. B. Nietzsche, verteufelten die christliche Moraltheologie in unfassbarer Art und Weise. Nur wer wirklich nachweisen kann, dass früher das Gute – auch heute noch als das gut angesehene – das Böse war, soll sich zu Wort melden.
Nun will ich Ihnen sagen, was ich unter dem Wort „Wert“ verstehe. Ich unterscheide drei verschiedene Arten von Werten:
Den rein materiellen, den ideellen und den „ganz persönlichen Wert“ eines Kunstwerkes.
Ich beginne mit der letzten Art, dem „ganz persönlichen Wert“: Herbert Marcuse (3) spricht vielen Idealisten und Romantikern aus ihren Herzen, wenn er sagt: „In einer rein hässlichen Welt kann es keine Freiheit geben. Hässlichkeit ist mehr als ein ästhetischer Begriff. Hässlichkeit ist ein Begriff, der irgendwie den Organismus krank macht, genauso wie z. B. die Abschaffung der Privatsphäre und der Stille organische Schäden verursacht.“
Hier erkennt man, der 68er hatte auch einmal lichte Momente und stand mit seiner Meinung im krassesten Widerspruch zur „Ästhetischen Theorie“ (5) seines neomarxistischen Genossen Adorno.
Seine Aussage trifft natürlich voll und ganz auf den „persönlichen Wert“ von Kunstwerken zu. Die Hässlichkeit, die viele entartete, aber auch nicht entartete Künstler in ihren Bildern zur Schau stellten und stellen, kann tatsächlich krank machen, ja es scheint so, als übertrügen diese Werke ihre Krankheit auf manche Museumsdirektoren und -besucher.
Freiheit ist einer der allergrößten menschlichen, ideellen Werte und deshalb hat Marcuse in seinem Ausspruch uns eine erste Möglichkeit gegeben, Kunstwerke zu bewerten, auch wenn sich daraus für den normalen Menschen nur negative Werte für manche „moderne“ Kunstwerke ergeben sollten.
Dennoch sind hässliche Kunstwerke eben Kunstwerke, die aus einem hässlichen, vielleicht aber auch aus einem verzweifelten, ja krankhaften Innenleben heraus entstanden sind.
Die Freiheit der Kunst sollte genauso wie die der Meinungsfreiheit, seine Grenzen haben. So sieht die Europäische Menschenrechtskonvention im Gesetz verankerte

Einschränkungen der Freiheit der Kunst vor, die „in einer demokratischen Gesellschaft u. a. notwendig sind, und zwar zum Schutz des guten Rufes und der Rechte anderer, zum Schutz der Moral und der geistigen Gesundheit und auch der minderjährigen Jugend", die ja ohne Weiteres jede Kunstausstellung betreten darf und sich blutrünstige, ekelerregende oder pornografische, also per Definition unmoralische, unsittliche Kunstwerke betrachten kann. Der Missbrauch der Freiheit der Kunst, auch und insbesondere in Zusammenhang mit dem Jugendschutz, wurde allerdings von vielen Staatsanwaltschaften und Gerichten bis zur Lächerlichkeit vernachlässigt, wie Sie bereits in der Einleitung meines Buches erfuhren.
Im Brockhaus von 1932 (24) findet man, dass das Wort Moral aus dem Lateinischen kommt und „die Sitte" heißt. Moralisch bedeutet also sittlich. Das Moralprinzip ist der oberste Grundsatz der Sittlichkeit. Die Moralität ist der sittliche Charakter des Willens eines Menschen.
Weiter liest man im großen Brockhaus (24): „Sitte ist nach Ihring „die im Leben des Volkes sich bildende und verpflichtende Gewohnheit". Doch auch die allen bekannten „Unsitten" bildeten sich in den Völkern.
Die Sitte geht meist auf mythische und religiöse Vorstellungen zurück. Daraus leitet sich ihr verpflichtender Charakter her, der zu den Sittengesetzen führte. Unter Sitte wird auch oft die Gesittung, Lebensart oder das Schickliche verstanden. Unsitte ist z. B. die Ausschreitung gegen die öffentliche Ordnung auf sittlichem Gebiet, wie Alkoholmissbrauch, Schmutz und Schund in Wort, Schrift und Bild oder die Auswüchse im Vergnügungswesen. Ein Musterbeispiel ist die öffentliche Sodomie in den Rotlichtvierteln mancher Großstädte. Vielleicht wird dabei sogar der Analverkehr Homosexueller dargeboten.
Schon aus diesen Begriffen geht hervor, dass sich jeder Betrachter von Kunstwerken seine eigenen Wertvorstellungen über das eine oder andere Kunstwerk bilden kann, ja bilden sollte, denn man spricht nicht zu Unrecht von den „sittlichen Werten", was natürlich auch für die Kunst zu gelten hat.

Der materielle Wert eines Kunstwerkes ist leicht manipulierbar. Durch eine negative oder positive Kritik eines berühmten Kritikers, z. B. Joachim Kaisers oder Marcel Reich-Ranickis (†), konnte der Geldwert sinken oder steigen. Kritiker können also den Lebensstandard eines Künstlers stark beeinflussen. Sie sollten also mit ihren Worten sorgfältig und behutsam umgehen, es sei denn, sie kritisieren beispielsweise Kloakenkunstwerke, also entartete. In solch einem Fall müssen auch sie mit aller Wucht ihrer Sprache und größter Lautstärke dafür Sorge tragen, dass diese Kunstwerke dahin gebracht werden, wo sie hingehören, z. B. die bildnerischen ins Prinzhornmuseum nach Heidelberg (98), das man dann allerdings wesentlich, ich betone we-

sentlich, erweitern müsste. Eine wahrhaft lohnende Steuerverwendung, nicht Steuerverschwendung!
Selbstverständlich könnte man auch ein spezielles Museum für entartete Kunstwerke schaffen, in dem ausschließlich das Entartete in der Kunst nach sorgfältiger Prüfung gezeigt werden sollte, damit wir unsere abendländische Kultur erhalten.
Doch dieser Vorschlag kollidiert mit dem Begriff „entartete Kunst“ so lange, bis die nationalsozialistische und kommunistische Auslegung desselben nicht verurteilt wurde. Wie ich schon erwähnte, gibt es in Berlin die „Forschungsstelle Entartete Kunst“, die sich der Diktatur der Nationalsozialisten gebeugt hat und unter entarteter Kunst nur das versteht oder verstehen darf, was die Nationalsozialisten darunter verstanden haben. Ganz offensichtlich hätte Max Nordau von der durch diese Forschungsstelle erstellten Liste entarteter Künstler nur wenige als entartet bezeichnet, aber von den vielen heutigen entarteten Künstlern, die er ja nicht kennenlernen musste, sehr viele.
Obwohl so ein Museum sehr lehrreich wäre, höre ich schon die linken, politisch korrekten „Kunstsachverständigen“ oder besser gesagt, die Kunstdummschwätzer der linken Medien, die auch den „Kot in der Dose“ als Kunstwerk hochgelobt haben, wie ein Rudel ausgehungerter Wölfe über mich herfallen. Völlig zu Unrecht, da ich nie angezweifelt habe, dass diese „Büchse“, so wie alle entarteten Kunstwerke auch Kunstwerke sind, nur dass es eben die Kunst Entarteter war. Vielleicht sollte man die o. g. Büchse mit der, der Pandora in Beziehung setzen.
In der „Büchse der Pandora“ (24) waren nämlich alle Übel der Menschheit enthalten, die sich nach ihrer Öffnung durch die Pandora ausbreiteten. Nur die Hoffnung, die sich ebenfalls darin befand, wurde zurückgehalten. Und die Hoffnung, auch die auf Einliefern der entarteten Kunstwerke in die Prinzhornsammlung oder in ein Museum für entartete Kunst, stirbt zuletzt!
In so einem Museum muss die Gegenüberstellung von Kunstwerken nichtentarteter Künstler mit solchen entarteter gelingen. Ich höre schon das wütende, sich überschlagende Gezeter auch der entarteten, „modernen“ Künstler, voran die Regieberserker Neuenfels, Casdorf, Bieito, Konwitschny mit allen ihren 68er-Genossen. Doch wer sich ein klein wenig mit der Kunst Geisteskranker beschäftigt hat, weiß sehr wohl, dass es äußerst schwer ist, zwischen einem geistig gestörten und einem entarteten, modernen Künstler zu unterscheiden. In der Zeitschrift „Vernissage“ Nr. 13/07, der Zeitschrift zur Ausstellung „Sammlung Prinzhorn“ der Psychiatrischen Universitätsklinik Heidelberg, werden vier Bilder gezeigt und mit der Frage gegenübergestellt, wer von ihnen war Künstler und wer Geisteskranker. Ich hätte allerdings lieber die Frage gestellt: „Wer war der „moderne Künstler“ und wer war der geisteskranke Künstler, denn beide drückten bewusst oder unbewusst ihr Innenleben in ihren Werken aus.

Wenn Kunst etwas Gutes auf der Welt erreicht, dann darf man auch von der Kunst, also dem Innenleben des Künstlers, als gut und wertvoll sprechen.
Die Worte schön oder scheußlich sind individuelle Werturteile. Auch die Begriffe „Spreu und Weizen" sind Werturteile. Was heißt das? Jeder Hörer oder Betrachter wird ein Kunstwerk etwas anders als ein anderer bewerten, deshalb kann das, wie schon gesagt, was für den einen Spreu ist, für einen anderen Weizen sein.
Wie wir in der Einleitung zu diesem Kapitel sahen, führt die materielle Bewertung oft zu Betrügereien. Der Staat sollte nur von ganz besonders seriösen, unbestechlichen, vereidigten Gutachtern Kunstwerke von unseren Steuergeldern kaufen lassen, wenn man schon nicht nur sehr gute Reproduktionen anfertigen lassen will.
Ob ein Künstler geistig normal oder unnormal ist, sagt nichts über den materiellen Wert seines Kunstwerkes aus. Dieser ist nämlich genauso wie der ideelle und „ganz persönliche Wert" rein subjektiv. Die Grenze zwischen normal und unnormal, also geistesgestört, ist nicht eine senkrechte Linie, sondern ein mehr oder weniger breites, senkrechtes Band. Die Bandbreite kann auch riesig groß sein. Das sieht man nicht nur bei der Bewertung von Kunstwerken durch „Experten", sondern auch täglich im realen Leben: Verbrechen werden unumstritten nur von nicht normalen, also entarteten Menschen bejubelt.
Sie haben sicher schon einmal gehört: „Was wäre die Welt ohne Mozarts Kunst? Sie wäre sehr viel ärmer." Und ich ergänze, ohne manche entartete moderne Kunst, sehr viel reicher, ja sogar im wahrsten Sinne des Wortes: Denn die o. g. Steuergelder wären für sinnvollere Dinge ausgegeben worden. Aber Sie sehen, die Worte reicher und ärmer beziehe ich an dieser Stelle in Bezug auf den idellen Wert des Kunstwerkes.
Aufgrund unserer Erfahrung frage ich aber doch noch einmal: Sollte die öffentliche Hand nicht auch Kunstwerke z. B. aus „Schrott" ankaufen, um zu zeigen, was gewisse „Künstler" für ein Innenleben führen? Ist das nicht sogar ihre Pflicht? Könnte man mit einigen wenigen, derartigen Werken nicht auch Richtlinien erarbeiten, an die sich die staatlichen Kunsteinkäufer zu halten hätten? Das Strafgesetz, meine Herren Politiker, verbietet Steuerhinterziehung, sollte aber endlich auch Steuerverschwendung unter Strafe stellen.
Einige weitere Beispiele von einer Versteigerung zeigte bereits 1996 die Zeitschrift „Bunte" (309):
Das Bild „Die Liebenden" von Marc Chagall wurde für 5,5 Millionen DM verkauft. Die „Drei Frauen" von Joan Miró für 4,8 Mio. DM. René Magrittes „Ruf der Berge" ging für 1,96 Mio. DM weg und Renoirs „Mädchen im gelben Kleid" für 2,84 Mio. DM.

Im Dezember 2011 beschrieb Johanna di Blasi (369) in den Dresdner Neusten Nachrichten, dass derartige Preise auch heute noch bezahlt werden und „dass sich die Künstler selbst nicht erklären könnten, wie derartige Preise zustande kommen. So vergöttere z. B. der „Kunstmarkt“ den Maler Gerhard Richter. Sie hätte besser sagen sollen, die Kunstmafia! Die realistische Darstellung seiner brennenden Kerze erbrachte in London umgerechnet zwölf Millionen Euro. In New York wechselte kürzlich ein abstraktes Bild für umgerechnet rund 15 Millionen Euro den Besitzer.
Richter selbst sagte, dass solche Werke, aber auch seine eigenen, Marktpreise jenseits aller Bodenhaftung nicht rechtfertigen. Er nannte die jüngsten Preiseskapaden „absurd“ und „vollkommen unmöglich“. Doch da irrte er sich gewaltig. Seine Bilder wurden zu reinen Spekulationsobjekten erniedrigt und entwürdigt. Bekanntlich stinkt Geld nicht. Doch sollte er auf seine Einnahmen verzichten? Wenn er sie ordnungsgemäß versteuert, dann natürlich nicht! Unter dem Strich bleibt allerdings der fade Geschmack der entarteten Kunstmafia des Raubtierkapitalismus. Platzt die „Blase“, dann bekommen die Spekulanten ihre wohlverdiente Rechnung präsentiert:

Dummheit, Dummheit über alles,
überall in unsrer Welt.
Immer schon ward sie regieret,
von der Macht des „Mammon Geld“.

Am 17./18.05.2014 stellte Richter in den Dresdner Neuesten Nachrichten dazu noch zusätzlich fest: „Wenn Sie die Auktionskataloge sehen, da wird ja 70 Prozent Müll für teures Geld verkauft. Die Kriterienlosigkeit, die ist schon das Härteste dabei.“ Hätte man eine Definition für den Begriff Kunst, hätte man auch Kriterien zur Beurteilung der „Müll- und Schrottkunst“.

Im Arte-Magazin 4/2013 veröffentlichte Diana Aust ein Interview mit der Regisseurin Corinna Belz. Es handelte sich dabei um ein Gespräch über deren Film (446), den diese mit Gerhard Richter in seinen eigenen Ateliers drehte. Man erkennt recht beeindruckend, dass Richter schon immer ein bescheidener, einfallsreicher Künstler war und geblieben ist. Allerdings wurde seine völlig neue Art von Bildnerei vorgeführt, die mit dem Malen von Bildern im klassischen Sinne nichts mehr zu tun hat. Der Arte-Artikel beginnt mit dem Satz: „Er arbeitet wie ein Meister asiatischer Kampfkunst.“ Jeder, der den Film gesehen hat, ist in der Lage, Bildnereien herzustellen, die denen von Richter sehr ähneln. Nur wird er keine hohen Preise für seine Kunstwerke erzielen.

Richter hat nämlich „einen Namen“ – warum auch immer – und ist ein Musterexemplar eines modernen Künstlers, dessen Kunst und Kunstwerke solange nicht als entartetet zu bezeichnen sind, solange er oder andere, sie nicht gesellschaftsschädlich missbrauchen. Doch was bedeutet das? Er und seine Händler müssen ihre Spekulationsgewinne ordnungsgemäß versteuern und die Käufer dieser Kunstwerke dürfen ihre Ausgaben nicht von der Steuer absetzen. Falls das Steuerrecht einzelner Länder dies nicht gewährleistet, sollten die Politiker diese Un-Art abschaffen und die Verantwortlichen zur Rechenschaft ziehen. Es geht nicht an, dass die Steuerzahler die Neigungen gewisser Multi-Millionäre mitfinanzieren müssen.
Die Beherrschung des Handwerks, d. h. der Technik, welche die Künstler einsetzen, um ihre Werke zu schaffen, führt für den „normalen“, nicht entarteten Kunstliebhaber zur Qualität des Kunstwerkes, also zu einem materiellen Wert.
Wie bei allen anderen Objekten, gibt es auch bei Kunstwerken gute, schlechte und mittelmäßige Qualität.
Der Wert könnte sich auch nach dem Können des Künstlers richten, so wie das Gehalt eines Ingenieurs sich meist nach seinem Können richtet. Doch das widerspricht allen herkömmlichen Bewertungen von Kunstwerken. Solange es Spekulanten gibt, die die Preise und damit den materiellen Wert einiger Werke in schwindelerregende Höhen treiben, läßt sich der Begriff des materiellen „Wertes“ nicht definieren. Der Wert wird von einigen „Kunstexperten“ und „Kunstliebhabern“ einfach festgelegt und solange es Spekulanten gibt, die diese Preise zahlen, solange ist eine allgemeine Definition des Begriffes „Wert“ nicht möglich. Auch Professor Paul (223) kritisierte die Kunstmafia, die die Preise willkürlich festsetzten.
Ein geistig armer, bedauernswerter Millionär und Kunstsammler zahlte vor einiger Zeit für einen in Formalin eingelegten Hai in einem Glaskasten, fast zehn Millionen Euro. Der Urheber des „Kunstwerkes“, Damien Hirst, wird heute nicht etwa als phänomenaler Verkäufer seiner Schwindelware verehrt, nein, sondern als großer Künstler (451). Man sollte es nicht für möglich halten. Doch nicht Hirst, sondern der Millionär ist reif für eine psychiatrische Untersuchung. Wie sagte doch Goethe? „Ihr darbtet, wären nicht Kinder und Narren hoffnungsvolle Toren.“
Nach dem herkömmlichen Sprachgebrauch handelt es sich bei den Preisen von Kunstwerken nicht um ihren Wert! Angebot und Nachfrage bestimmen sie.
Und noch etwas: Irgendwann platzt die Blase und die Preise der Werke solcher Künstler fallen nach unten bis ins Nichts. Und das wird selbstverständlich dem Laienkäufer verschwiegen. Wir sehen, derartige Kunstwerke sind zu ganz gewöhnlichen „Aktien“ verkommen, deren Geldwerte in schwindelerregende Höhen schießen, aber auch in abgrundtiefe Schluchten fallen können.

Der Staat sollte keine „entarteten Kunstwerke“ mit unseren Steuergeldern kaufen, weil diese nicht vor der überwiegenden Mehrheit der Bürger bestehen können! Dabei spreche ich nicht von den „Kunstwerken“, die die Nationalsozialisten als entartet definiert hatten, denn diese sind oft alles andere als entartet! Unter „entarteten Kunstwerken“ kann man, wenn man seinen Verstand noch beisammen hat, nur solche Werke verstehen, die alle Merkmale der Entartung aufweisen und die ich in Kapitel 6.12 aufgelistet habe. Also z. B. die „berühmte Dose“ und alle ähnlichen „Fäkalienkunstwerke“, alle „pornografischen Kunstwerke“ (nicht die erotischen), alle Kunstwerke, die religiöse Sinnbilder schänden, alle Kunstwerke, die zu Mord und Totschlag aufrufen oder zumindest verführen können usw. usw.
Wenn Steuergelder für den Ankauf solcher entarteter Kunstwerke Verwendung finden, dann ist dies schlicht und einfach kriminell, weil die normalen Steuerzahler keinen Einfluss darauf haben! Diejenigen, die entscheiden, werden entweder bestochen oder sie wagen sich nicht, gegen den Kauf zu stimmen, wie Kishon treffend sagte (9).
Kommen wir zu dem Wert von Auftragskunst. Am Beispiel des Requiems von Mozart läßt sich recht einfach belegen, dass Auftragskunst sogar zu einem unbezahlbaren, ideelellen Wert eines Kunstwerkes führen kann.

„Kunst ist sehr oft sich Selbstzweck“ und dadurch lassen sich viele Kunstwerke schwer verkaufen. Sie haben nur einen ideellen Wert. Sind keine Förderer da, die sie in der Öffentlichkeit lobend darstellen, bleiben die Werke unverkäuflich, wobei man aber auch den Ausspruch „alles Vortreffliche ist selten“ berücksichtigen sollte.
So ist „Die Spargelfrau“ auf dem Markt in Schwetzingen ein bewundernswertes, einzigartig schönes, modernes zeitgenössisches Kunstwerk. Hier hat der Staat, die Stadt, sich ganz im Einvernehmen mit der Öffentlichkeit zum Kauf entschieden. Ich habe von Passanten, die vor diesem Werk standen nur das allerbeste gehört. Es fehlte nicht ein Wort des Lobes, welches man darüber hätte aussprechen können. Und es verging und vergeht kein Tag, an dem Touristen bewundernd davor stehenbleiben. Derartige Beispiele lassen sich gottlob fast endlos auflisten und ich glaube, dass jeder schon solche wunderbaren Kunstwerke in den europäischen Städten betrachtet hat. Erst vor kurzem fotografierte ich das Kunstwerk „Spargelfrau“ (siehe Abb. 43).

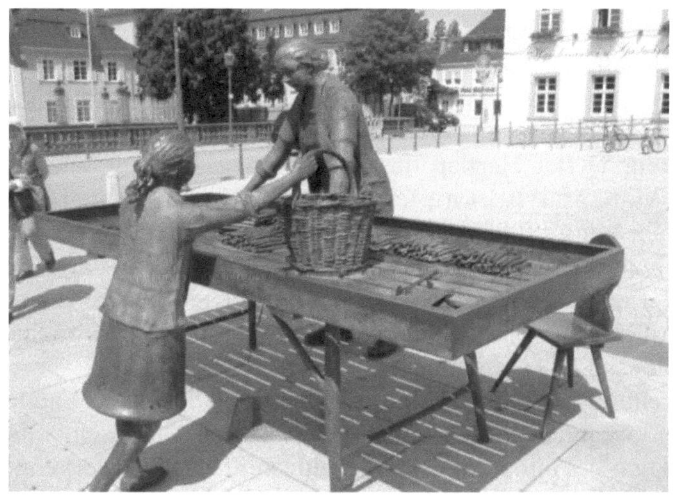

Abb. 43: Die Spargelfrau zu Schwetzingen

Ein Musterbeispiel für den „ganz persönlichen Wert“ eines Kunstwerkes gibt uns der berühmte Physiker Albert Einstein mit den Worten: „Mozarts Musik ist die innere Schönheit des Universums.“ (310)
Man sollte allerdings Albert Einstein nicht mit dem Mozartbiografen Alfred Einstein (311) verwechseln, denn dessen musikwissenschaftliches Urteil, z. B. über Mozarts Sonate in B-Dur KV 358 ist dagegen für mich völlig unverständlich und abwegig. Er schrieb: „Das Presto-Finale in Sonatenform ist „ordinär“, also auf abstoßende Weise derb und gewöhnlich, ja unfein.“ Was ihn zu diesem Urteil bewog, ist mir unbekannt, völlig schleierhaft und nicht nachvollziehbar. Doch hat wohl eine negative Resonanz oder eine momentane, negative Stimmung, die dieses Werk in ihm erzeugte, ihn zu einer solchen unverständlichen Aussage bewegt. Hätte er es sich doch später noch einmal angehört!

Wenn ich schreibe „Kunst ist das bewusste oder unbewusste Offenbaren, Ausdrücken, Sichtbarmachen, Hörbarmachen, Lesbarmachen, Fühlbarmachen, Entblößen des Innenlebens des Menschen, der damit ein Kunstwerk schafft“, birgt dieses die Gefahr in sich, dass ich auf mancherlei Weise zu Schaden kommen werde. Es kann mir als Anmaßung, sogar als Störung der zeitgenössischen Entwicklung, d. h. der Ansichten über Kunst, des Kunstmarktes, etc. ausgelegt werden. Das Eindringen in die Domäne der „Kunstexperten“, der Kunstmafia, wird man mit allen Mitteln bekämpfen: So wie Marcel Reich-Ranicki (†) im Juni 2000 im Literarischen Quartett des Zweiten Deut-

schen Fernsehens gegen Sigrid Löffler vorgegangen ist, wäre er vielleicht auch gegen mein Buch vorgegangen! So wie Tiere ihre Reviere durch „Duftmarken“, also durch ihren Urin abstecken, so haben die „Kunstexperten“ ihre Reviere abgesteckt. Doch für diese „Experten“ habe ich mein Buch nicht geschrieben.
Der Chefredakteur Detlef Hartlap des Wochenmagazins „prisma“ (313) schrieb zu diesem Thema Mitte Mai 2010 treffend: „Ein falsches Wort und das Gewitter bricht los. Zurück bleibt ein Gefühl der Zerstörung. Das Ganze ist ein Gesellschaftsspiel, das von Menschenopfern lebt.“ Thilo Sarrazin ist der beste Beweis dafür. In „SED-politbüroartiger Einstimmigkeit“ wurde er von allen, ich betone von allen Parteien verurteilt, noch bevor das Buch erschienen war. Die Stimme Sarrazins war und ist die Stimme des Volkes, die heute nichts mehr gilt!
Als Daniel Barenboim in Israel Kompositionen von Richard Wagner aufführte und die Kleingeister „Skandal“ riefen, sagte er: „Wagner war fraglos ein unangenehmer Kerl. Aber ich kann bei ihm keine einzige antisemitische Note erkennen“. Nur wenige haben den Mut, sich gegen den „Mainstream“ so entschieden zur Wehr zu setzen wie Barenboim. Täte er es nur öfter, nämlich dann, wenn er entartete Inszenierungen von klassischen Opern dirigieren soll.
Und ich ergänze: Wehe, wenn einer einmal anderer Meinung ist und gegen die Ansichten dieser selbsternannten, „unfehlbaren Kunstexperten“ etwas vorbringt. Erstaunlicherweise waren sie jedoch nicht fähig, eine allgemeingültige Definition für Kunst zu finden.
Bezeichnend für positive Diskussionen war, wie ich schon ausführte, die Fernsehsendung des Saarländischen Rundfunks, der gemeinsam mit dem Kulturforum des Stadtverbandes Saarbrücken 1996 den „Streit im Schloss“ (9) ausstrahlte und damit einen mehr als interessanten Beitrag zum Thema „Was ist Kunst?“ lieferte. Wieder einmal konnte ich feststellen, dass jeder seine eigene, ganz persönliche Meinung zu der Frage „Was ist Kunst?“ äußerte.

Dem Moderator Wulfing von Rohr zolle ich höchsten Respekt, dass er es gewagt hatte, zwei Kunstexperten u. a. auch zu zwei Werken der „Fäkalienkunst“ zu befragen. Das eine beschrieb ich schon, und das zweite sehen Sie als Bildzitat und Beleg meiner Ausführungen in Abb. 44. Das Kunstwerk trägt den Titel „Merda d’artista“, auf Deutsch „Künstlerkot“, Kishon drückte sich etwas vulgärer aus, um seiner Empörung Ausdruck darüber zu verleihen.

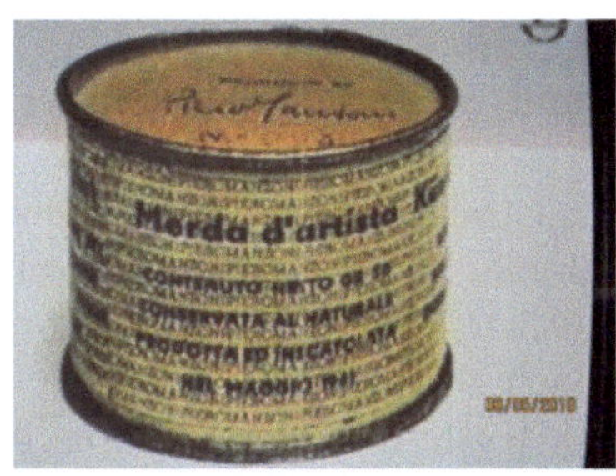

Abb. 44: „Merda d'artista" von Piero Manzoni

Die Antworten waren eindeutig. Professor Karl Ruhrberg wörtlich: „Ausgestellt hätte ich beide Werke, aber ich hätte sie nicht als Kunst bezeichnet, auch gar nicht daran gedacht, sie als Kunst zu verstehen." Die „Dose" wäre als eine provokante Persiflage auf einen verkitschten Kunstbegriff zu verstehen gewesen. Nun ist allerdings bekannterweise eine Persiflage eine feine, geistreiche Verspottung durch übertreibende oder ironisierende Darstellung bzw. Nachahmung. Jeder muss sich in diesem Fall fragen, was wurde auf eine feine, geistreiche Art verspottet? Wenn es eine Verspottung gewesen ist, dann in einer Art und Weise, die allen Vorstellungen von Gesittung, Bildung, Kultiviertheit, Geschmack und Stil widersprach, ganz bestimmt nicht in einer geistreichen und feinen.
Doch zurück zu dem „Experten" Ruhrberg. Dieser meinte also, dass die „Dose" keine Kunst sei. Damit widersprach er den Experten des städtischen, staatlichen Kunstmuseums in Wolfsburg, die sie als Kunstwerk ausstellten und damit recht hatten, denn sie ist und bleibt Ausdruck des fäkalienbehafteten Innenlebens des Künstlers.
Vorsichtiger reagierte Dr. Jean-Christophe Amman, Direktor des Museums für Moderne Kunst in Frankfurt am Main: „Auf das Niveau (der Dose), will ich mich nicht begeben!" Damit sagte er, dass dieses Niveau sehr niedrig ist und der Wert dieser Kunstwerke ebenfalls, womit er zweifelsfrei recht hatte.
Danach machte er Aussagen, die sowohl von den Anwesenden als auch von mir nicht akzeptiert werden konnten. Es ging um das Verstehen von Kunstwerken. Er meinte, dass jede Kunst zu jeder Zeit erklärungsbedürftig war.
Meine Meinung dazu ist: Wenn man zum Verständnis eines Kunstwerkes Erklärungen braucht, dann ist die Ausdrucksweise des Künstlers mangelhaft, infantil, unverständlich, missverständlich, so wie auch sein Innenleben. Und damit ist auch bereits ein Werturteil über seine Tätigkeit „Kunst" gefallen.

An dieser Stelle muss ich noch einmal Max Nordau (17) zu Wort kommen lassen, der in einer unübertroffenen Art und Weise schon 1893 über die Beurteilung von Kunstwerken sinngemäß schrieb:
„Sobald man erkennt, dass Kunst nicht um ihrer selbst willen ausgeübt wird, sondern um die Befriedigung eines organischen Bedürfnisses und der Wirkung auf andere Menschen, müssen die Grundsätze der Sittlichkeit und der Gesetze zur Beurteilung dieser Anwendung finden, nach denen jede andere denselben Zweck verfolgende menschliche Tätigkeit beurteilt wird. Wir haben also jeden organischen Drang darauf zu prüfen, ob er einem rechtmäßigen Bedürfnis entspringt oder die Folge einer Verirrung ist, ob seine Befriedigung dem Organismus nutzt oder schadet; wir unterscheiden den gesunden vom krankhaften Trieb und müssen die Bekämpfung des krankhaften fordern. Sucht der Drang seine Befriedigung in einer Tätigkeit, die auf andere wirkt, so müssen wir untersuchen, ob diese mit dem Bestand und Gedeihen der Gesellschaft vereinbar ist oder sie gefährdet. Die Tätigkeit, welche die Gesellschaft schädigt, verstößt gegen Brauch und Gesetz, die nichts anderes sind als die Zusammenfassung der jeweiligen Anschauungen der Gesellschaft über das, was ihr nützt oder schadet. Die Begriffe gesund und krank, sittlich und unsittlich, gesellschaftlich und gesellschaftsfeindlich, gelten somit für die Kunst wie für jede andere menschliche Tätigkeit, und es lässt sich nicht der Schimmer eines vernünftigen Grundes anführen, weshalb wir ein Kunstwerk anders ansehen sollen, wie jede andere Kundgebung einer Individualität“. Und weiter schrieb er:
„Es ist sehr wohl denkbar, dass die Emotion, welcher der Künstler in seinem Werk Ausdruck gibt, aus einer krankhaften Verirrung hervorgeht, dass sie naturwidrig, wollüstig, grausam, auf Hässliches oder Ekelhaftes gerichtet ist; sollen wir diese Werke nicht verurteilen und, wenn uns dies möglich ist, unterdrücken? Wie will man seine Berechtigung verteidigen? Etwa damit, dass der Künstler aufrichtig war, als er es schuf, dass er das wiedergab, was wirklich in ihm lebte (also sein Innenleben), und dass er deshalb die subjektive Berechtigung hatte, sich künstlerisch auszuleben? Es gibt eben Aufrichtigkeiten, die gänzlich unzulässig sind. Der Trunk- und Zerstörungssüchtige ist auch aufrichtig, wenn er säuft oder alles zerbricht, was in seinem Handbereiche liegt. Wir gestehen ihm aber nicht das Recht zu, seinen Drang zu befriedigen. Wir hindern ihn gewaltsam daran. Wir entmündigen ihn, obschon er mit seinem Trinken und Verwüsten vielleicht nur sich selbst und sonst niemanden schädigt. Und noch viel entschiedener widersetzt sich die Gesellschaft der Befriedigung jener Begierden, die nicht ohne gewaltsame Einwirkung auf andere gestillt werden können. Die (1893) neue Wissenschaft der Kriminal-Anthropologie gibt ohne Weiteres zu, dass die Lustmörder, gewisse Brandstifter, viele Diebe und Landstreicher unter einem Zwangsantrieb handeln; dass sie mit ihrem Verbrechen einen organischen Drang befriedigen,

dass sie schänden, töten, zündeln, stehlen, faulenzen, wie andere sich zum Mittagstische setzen, einfach weil sie Hunger danach haben; aber sie fordert trotzdem, gerade deshalb, dass diesen Entarteten die Stillung ihrer sehr aufrichtigen Begierde mit allen Mitteln verwehrt werde, nötigenfalls durch ihre vollständige Unterdrückung. Es fällt uns nicht ein, dem Verbrecher aus organischer Anlage zu gestatten, dass er seine Individualität in Verbrechen „auslebe"; und ebenso wenig kann uns zugemutet werden, dem entarteten Künstler zu gestatten, dass er seine Individualität in unsittlichen Kunstwerken auslebe. Der Künstler, der das Verwerfliche, das Lasterhafte, das Verbrecherische mit Behagen darstellt, es billigt, es vielleicht gar verherrlicht, unterscheidet sich nicht im Wesen, sondern nur im Stärkegrad vom Verbrecher, der es tatsächlich verübt. Es ist eine Frage der Dringlichkeit des Zwangsantriebes und der Widerstandskraft des Urteils, vielleicht auch des Mutes und der Feigheit; nichts anderes. Wenn das positive Gesetz den Verbrecher im Geiste nicht ebenso streng behandelt, wie den Verbrecher der Tat (auf unsere heutige Zeit bezogen auch auf die nationalsozialistischen Verbrecher des nationalsozialistischen Geistes, die kommunistischen Verbrecher des kommunistischen Geistes und die islamistischen Verbrechen des islamistischen Geistes), so ist dies darum, weil das Strafrecht die Tat, nicht die Absicht, die objektive Erscheinung und nicht ihre subjektiven Wurzeln verfolgt. Das Mittelalter kannte Zufluchtsstätten, wo Verbrecher wegen ihrer Missetaten nicht behelligt werden durften. Das neuere Recht hat diese Einrichtung aufgehoben. Soll nun etwa die Kunst das letzte Asyl sein, wohin Verbrecher sich flüchten, um der Strafe zu entgehen? Sollen sie die Triebe, deren Befriedigung (z. B. die Entblößer) auf der Straße der Schutzmann verhindert, im sogenannten „Tempel" der Kunst stillen dürfen? Ich sehe nicht, wie man ein solches Vorrecht gesellschaftsfeindlichster Natur verteidigen will."

Und weiter schrieb er:

„Ich bin weit entfernt, die Ansicht Ruskins (17) zu teilen, dass man von einem Kunstwerk nur Sittlichkeit und sonst nichts verlangen dürfe. Die Sittlichkeit allein tut es nicht. Denn sonst wären Traktätlein (religiöse Flugschriften) das schönste Schrifttum und die bekannten, in München fabrikmäßig hergestellten, bunt gestrichenen Kirchenheiligen die vornehmste Bildhauerei. Die Vorzüglichkeit der Form behält in allen Künsten ihre Rechte und sie gibt der Schöpfung in erster Linie ihren Kunstwert. Das Werk braucht also nicht sittlich zu sein. Es braucht, genauer gesagt, nicht ausdrücklich Tugend und Gottesfurcht zu predigen und zur Erbauung von Betschwestern bestimmt sein. Aber zwischen einem Werk ohne Heiligungszweck und einem gewollt unsittlichen Werke ist ein himmelweiter Unterschied. Ein sittlich gleichgültiges Werk wird nicht alle Geister gleich stark anziehen und gleich tief befriedigen, es wird aber niemand abstoßen und ärgern. Ein ausgesprochen unsittliches Werk erregt im gesun-

den Menschen dieselben Empfindungen der Unlust und des Abscheus, wie die unsittliche Handlung selbst und die Form des Werkes kann daran nichts ändern. Gewiss, die Sittlichkeit allein macht ein Kunstwerk nicht schön. Aber Schönheit ist ohne Sittlichkeit unmöglich."
Dem kann ich mich voll und ganz anschließen, dem ist nichts, aber auch gar nichts hinzuzufügen. Für mich sind das alles Wertmaßstäbe, die bei der Beurteilung oder Wertfeststellung eines Kunstwerkes herangezogen werden sollten.

Kommen wir zum Schluss noch einmal zu Malereien von Tieren. Dass Affen den Pinsel recht geschickt schwingen und „Bilder" aufs Papier bringen können, wissen die meisten von Ihnen. Doch im Januar 2010 las ich in der „Funkuhr" (80), dass Renee Chambers, die Besitzerin eines 23-jährigen Pferdes namens Chollas, die Fähigkeit ihres Lieblings entdeckte, Bilder zu malen. Sie steckte ihrem Pferd einen Pinsel ins Maul, stellte es vor eine Leinwand und siehe da, es entstanden interessante „Bilder". Wenn man bedenkt, dass sie diese für 900 bis 2200 $ verkaufte, stellt sich natürlich die Frage, besitzen sie wirklich diesen Wert? Die Beantwortung ist sehr einfach: Der Preis wird, wie jedem bekannt, nach Angebot und Nachfrage geregelt. Wenn ein solches Bild einem Käufer so gut gefällt, dass er dieses Geld dafür ausgibt, warum nicht? „Tierische Kunst" ist es allerdings auf keinen Fall, weil ein Tier nicht in der Lage ist, sein Innenleben z. B. durch Malen auszudrücken! Ich muss allerdings einschränken, bisher war es uns verwehrt, beurteilen zu können, ob Tiere im menschlichen Sinne ein Innenleben führen. Sollten wir einmal in der Lage sein, den Tieren durch Veränderung ihrer Gene, eine menschliche „Sprache" quasi einzupflanzen, dann werden sich uns mit allergrößter Wahrscheinlichkeit völlig neue Welten, Tierwelten öffnen. Dann können wir auch das unendlich große Leid erkennen, was wir heute noch oft genug den Tieren antun. Hinzuzufügen ist noch, dass die Malerin Renee Chambers den Pinsel erst dann ihrem Pferd Chollas ins Maul steckte, nachdem sie ihn in die von ihr ausgewählten Farben steckte. Damit hat sie auch ein klein wenig ihres Innenlebens in den Bildern ihres Pferdes zum Ausdruck gebracht.
Wenn Sie dieses Buch zu Ende gelesen haben, können Sie die Künstler beurteilen, ohne sie persönlich zu kennen. Vorausgesetzt, sie waren Menschen und keine Computer oder Tiere. Einzig und allein aus ihren Werken heraus! Allerdings auch aus ihren eigenen Neigungen, ihrem Geschmack und ihren Vorlieben. Und bedenken Sie immer, dass andere, aber auch Sie selbst aus ihrer Beurteilung eines Kunstwerkes auf ihr eigenes Innenleben schließen können, was Sie oft genug selbst nicht in allen seinen Facetten kennen.
Neulich fragte mich eine gute Bekannte nach dem Maßstab, nach dem man Kunstwerke bewerten könnte. Sicher haben Sie schon von der Beaufortskala für Windstär-

ken gehört, die die Windgeschwindigkeiten von der Windstille, über Sturm bis hin zum Orkan von 1 bis 12 beziffert. Es ist sicher denkbar, Kriterien für einen Wertmaßstab für Kunstwerke einzuführen, wenngleich nur bei einem Versuch, dem Schöpfer einer solchen Skala, ein gewaltiger Orkan der Entrüstung entgegenschlüge. Dieser Gefahr mir völlig bewusst, will ich dennoch versuchen, etwas darüber zu schreiben. Adorno meinte in seiner „Ästhetischen Theorie", ein Gradmesser (also ein Maßstab) für den Wert eines Kunstwerkes ist die Wut, die Stärke des Orkans der Empörung, die ihm entgegenschlägt. Damit ist sofort klar, dass für den sittlich und moralisch hochstehenden Kunstliebhaber, ein sittlich und moralisch verkommenes Kunstwerk natürlich an einem anderen Strich einer solchen Skala zu stehen kommt, als für einen sittlich und moralisch verkommenen, der sich, wie z. B. der bedauernswert kranke Teilnehmer eines Fäkalienhappenings, im eigenen Kot und Gestank wohlfühlt. Das sind zwei Extreme, aber wahre Beispiele. Was man allgemein auch heute noch unter Sitte und Moral zu verstehen hat, habe ich in Kapitel 12 dargestellt.

So wie im Strafgesetzbuch zwischen Vergehen und Verbrechen unterschieden wird, könnte man in mehr und weniger schädliche, aber auch in mehr und weniger nützliche Kunst unterscheiden und dies auf einer Skala zum Ausdruck bringen. Warum sollten nicht auch die Begriffe gesellschaftsfeindlich und für die Gesellschaft nützlich für eine Beurteilung herangezogen werden. Doch auch jetzt sehe ich sofort wieder die neomarxistischen Ideologen, aber auch die Vertreter der „Kunstmafia", also die Vertreter des „Raubtierkapitalismus" jedweder Couleur, die Nazikeule gegen mich schwingen. Sie unterstellen mir natürlich eine Absicht, an die ich erst einmal noch gar nicht gedacht hatte, als ich diesen Vorschlag machte. Sie werden mir die Absicht unterstellen, ihnen die Preise, der von ihnen bevorzugten Kunstwerke, verderben zu wollen, womit sie sogar recht hätten. Über eines sind wir uns sicher klar: Die Besetzung dieser Skala ist und wird immer subjektiv sein und bleiben, weil sie sich einer objektiven Einschätzung, zumindest bis heute, entzieht, ja sogar widersetzt. Der Vorschlag meiner Bekannten, den Begriff „andersartig" zur Beurteilung mit heranzuziehen, greift meiner Meinung nach zu kurz, denn andersartig ist nun einmal jeder Künstler, auch wenn man Verwandtschaften sowohl im positiven als auch im negativen Sinne unter ihnen nicht leugnen kann.

Im Gegensatz zur Beaufortskala, die ja nur positive Zahlen kennt, könnte man für eine Wertskala für Kunstwerke auch einen Nullpunkt und negative Zahlen einführen. So platzierte ich die weiße Leinwand, die sogar noch rahmenlos im Museum hängt, an den Nullpunkt und einige Werke, keinesfalls alle Werke Dalis, in Richtung negativer Zahlen. Dies begründet sich von selbst aus seinem Testament, in dem er von sich und seinen Kunstwerken recht allgemein sagte:

„Es würde mir nicht missfallen, wenn mich die Menschheit eines Tages heiligspräche und die Fackeln meines Lebens von Generation zu Generation weiterreichte als ewiges Zeugnis der Evolution. Dali, der durch die Welt irrt bis zum Verlöschen der Sonnen – was für ein großartiges Delirium! So würde ich dann die Menschheit aller Zeiten und Länder zum Narren halten!“

Doch noch einmal: Ich bin mir völlig bewusst darüber, dass sich z. Zt. keine Übereinstimmung für einen Wertmaßstab, also eine Werteskala finden lässt. Einen Hinweis für eine Versöhnung der unterschiedlichen „Lager“ könnte vielleicht doch noch, bei gutem Willen aller, zu einer Einigung führen. Auf einem solchen Maßstab, einer solchen Skala sind immer Messwerte eingetragen und messen heißt ja bekanntlich vergleichen. Also lasst uns erst einmal die infrage kommenden Kunstwerke vergleichen, bevor wir versuchen, sie objektiv zu bewerten.

Kunst zu definieren, zu bewerten oder zu beurteilen sind verschiedene Paar Schuhe. Häufig wird das eine mit dem anderen verwechselt. Natürlich wehren sich alle Pseudokünstler (im Volksmund nicht wirkliche Künstler) gegen meine oder irgendeine andere Definition, weil sie den Ausdrucksmitteln keine Bedeutung vom Wert her beimessen. Schon der Begriff Kunst allein wird häufig als Werturteil verstanden: Zu Unrecht, wie wir sahen.

Pseudokunst ist für mich das Beschmieren von großen Papierblättern mit Farbpinseln aus Zweigen durch Wind- oder Armbewegungen. Oder wenn der Künstler einen Farbbottich aus großer Höhe auf ein Stück Papier oder eine Leinwand fallen lässt. Natürlich dürfte das nicht Kunst sein, da sonst alles Kunst ist. Da aber manche Kunstexperten auch solche Werke zu Kunstwerken hochstilisieren, fällt diese Kunstart eben auch unter den Begriff „Kunst“ und damit unter die Adverbien primitiv, dümmlich, albern, kindisch, lächerlich, zum Narren haltend, zum Affen machend, usw.

Aus diesen Gründen mussten bisher alle Versuche, den Begriff „Kunst“ zu definieren, in denen man sich von solchen Werken distanzierte, also diese in eine Definition nicht einbezog, fehlschlagen.

Was wertvoll erscheint, was uns wertvoll ist, müssen wir bewahren. Wenn Menschen Werte bedrohen, muss man konservativ werden, weil man das, was bedroht wird, also von Zerstörung bedroht wird, bewahren und erhalten sollte. Denn das Wort konservativ heißt übersetzt: „Erhaltend und bewahrend.“

Zum Abschluss dieses Kapitels will ich noch zu der bekannten Fernsehsendung „Kunst und Krempel“ kommen. Nach hochinteressanten Gesprächen über einige von Privatpersonen dargebotenen Kunstwerke, kommen die jeweiligen Experten zu der Frage: „Was ist dieses Kunstwerk wert? Ich erinnere mich, wie einmal über ein Gemälde etwas weniger Positives gesagt wurde. Dieser Pinselstrich, diese Wolkenpartie, diese Landschaft und diesen Baum hätte ein berühmter Künstler so und so gemalt.

Man sähe an dem vorgelegten Bild, dass es nicht besonders wertvoll sei und nur so und so viel am Markt gezahlt würde. Ich bin mir sicher, dass die Experten recht hatten. Und oft trösteten sie die Besitzer damit, dass es für sie doch einen wesentlich höheren, ideellen Wert besäße. Und genau das ist absolut richtig.

18.0. Was ist Kitsch?

Die Frage „Was ist Kitsch?“ ist seit Ende des 19. Jahrhunderts genauso oft gestellt worden, wie die Frage, was ist Kunst. Und genau so, wie es bisher keine Definition für den Begriff Kunst gab, gibt es bis heute keine allgemein bekannte, anerkannte, umfassende Definition des Begriffes Kitsch.
Interessant ist allerdings die Antwort auf die Frage „Was ist Kitsch“, die der Dudenverlag in seinem Buch „Die Rechtschreibung“ (62) gibt: „Kitsch ist süßliche, sentimentale, geschmacklose Kunst“.
Damit wird klar, dass die Sprachwissenschaftler des Dudenverlages einen Begriff mit einem nicht definierten Begriff definierten, denn unter dem Wort Kunst schweigen sie sich aus. Aber, und das ist für mich besonders wichtig, Kitsch ist nach dem „Duden“ auch Kunst, nämlich genauso Kunst, wie z. B. die „Moderne“ Kunst ist! Im Bedeutungswörterbuch des Dudens wird Kunst als die Schöpfungen des menschlichen Geistes bezeichnet, also die schöpferische Tätigkeit des Menschen in Dichtung, Malerei und Musik.
Das Wort Kitschwerk kennt der Duden nicht, was ein sehr großer Mangel ist, weil natürlich zwischen Kitsch und Kitschwerk genauso zu unterscheiden ist, wie zwischen Kunst und Kunstwerk. Ich wiederhole: Die Sprache sollte der Verständigung dienen!
Im Weiteren führt der Duden aus: „Kitsch ist ein geschmacklos gestalteter Gebrauchsgegenstand“, womit wir bei einer rein subjektiven und damit unbrauchbaren Definition angelangt sind. Denn über Geschmack lässt sich bekanntlich streiten. Auch das Wort „sentimental“ besagt etwas Subjektives, nämlich „übertrieben empfindsam, rührselig“, und zwar im abwertenden Sinne. Besonders verwirrend und abwegig zugleich ist die Behauptung, dass Kitsch ein wie auch immer gestalteter Gebrauchsgegenstand sei. D. h., der Begriff Kitsch ist nach dem Duden fest mit dem Begriff Gebrauchsgegenstand verbunden. Und das ist nun völlig falsch, denn jeder hat schon einmal Kitsch betrachtet, der nichts, aber auch gar nichts mit einem Gebrauchsgegenstand zu tun hatte, es sei denn, man versteigt sich in die Rolle eines Sophisten, also eines Wortverdrehers und meint, jeder Kitsch wird irgendwie gebraucht, d. h. benutzt. Nun denn, das könnte man dann aber auch von einem Kunstwerk sagen.

Wir sehen, bei dem Versuch, eine Definition des Begriffes Kitsch zu finden, geht es drunter und drüber.
Bevor ich zu dem Begriff Kitsch Weiteres sagen werde, erlaube ich mir die Frage zu stellen, warum einige Menschen alte US-amerikanische oder alte deutsche Filme, die mit einem „Happy end“ zu Ende gehen, als Kitsch bezeichnen?
Für sehr viele, zumindest ältere Menschen bedeuten sie wundervolle Stunden, in denen sie oft tief ergriffen diesen „Lehrstunden für Moral und Sitte“ zuschauen und zuhören. Sie sind noch fähig, mit diesen Kunstwerken in innere Resonanz zu treten, sodass in ihnen die von mir eingeführte Sekundärkunst entsteht. Sie lassen sich nicht aus dem „Paradies der Erinnerung“ treiben, wie Jean Paul sagte (21).
Die Literatur der Vergangenheit befasst sich ebenfalls mit dem Begriff Kitsch. Aus der Vielzahl dieser literarischen Werke will ich aus dem Buch „Der Kitsch“ von Fritz Karpfen, das er 1925 im Weltbund-Verlag, Hamburg, veröffentlichte, einiges wiedergeben (315), was so haarsträubend ist, dass ich jeweils die Seitenzahl angebe, weil man sonst das Angeführte nicht glauben kann.
Er beginnt damit, zu behaupten, jedermann wüsste, was Kitsch ist, und niemand könnte eine präzise Deutung darüber geben. Sein Buch soll als „blutige Hacke zur Zerstörung des Kitsches dienen“. Danach beginnt er erst einmal zu erklären, was aus seiner Sichtweise heraus Kitsch ist. Ich bin überzeugt, dass Sie, liebe Leserinnen und liebe Leser, nach dieser Lektüre wissen werden, wie sein Innenleben aussah. Ich zitiere wörtlich:
„Kitsch ist geschmackloser, billiger Tand, aufgeputzt mit künstlerischen Emblemen, lächerliche Wichtigtuerei mit dilettantischen Schlagworten, die der Geistigkeit des Krämers entsprechen, ein Ding, das nichts sagen will und nichts vom Gedanken verlangt. Er ist Aufputz in die geruhsame Kaffeerunde des Bürgers, Protzentum, das Messinggold und Glasbrillanten um den Kunstbauch trägt, Bluff, der das Herz bluffen will und Tränen erzeugt wie eine Zwiebel. Er ist ein Gemenge aus Blaustrumpf und Nettigkeit, kurzum: Talmi, spekulierend auf die kindliche Freude am Glitzernden (S.8). Kitsch ist die Fälschung des künstlerischen Niederschlages der Zeit. Er ist Kunsthonig, süß und angenehm, leicht verdaulich und beschwerdelos (S.9). Kitsch ist die Phrase in der Kunst, also die abgegriffene, leere Redensart, das Geschwätz. Kitsch ist die kleinliche, widrige und schleimige Phrase, die Lüge. Kitsch ist die böse Wucherung in der Kunst, Niederschlag des Ungeistes, der den Geist töten will (S.11). Kitsch ist die zuoberst flatternde Fahne des Maulwurfhügels, darin die Pharisäer und Heuchler vegetieren (S.16). Kitsch ist Materialfälschung, Zweckwidrigkeit, Stillosigkeit, Kunstlüge und Hexenreigen (S.20). Kitsch ist religiöse Kunst in der Masse (S. 21), Phrase und Lüge (S. 23). Künstlerisch echter Dreck (S. 32). Kitsch ist lügenhaft und unwahr (S. 46). In der Architektur ist der Kitsch die Art der Entartung von Stil

und Form (S. 52). Kitsch ist das Merkmal der Konvention und damit alles, was rückwärts entartet ist (S. 57)."
Er lehnt also die Regeln des Umgangs, des sozialen Verhaltens, die für die Gesellschaft als Verhaltensnorm gelten, ab. Weiter führte er aus: „Kunst wird durch Kitsch entartet" (S. 59). Daraus muss man schließen, dass Kitsch für ihn entartete Kunst ist. Weiter geht es mit: „Kitsch ist die Schlacke, Kunst das Erz (S. 59). Kitsch ist der Antichrist in der Religion Kunst (S. 64). Kitsch ist lügenhafte Kunst (S.67). Kitsch ist eine böse Seuche und mit allen Mitteln der geistigen Hygiene, präventiv und injektiv (von Injektion abgeleitet) zu bekämpfen (S. 68). Kitsch ist die vulgär-fälschliche, aber leichte Form, die jede geistige Tätigkeit des Erfassens überflüssig macht" (S.69).
Damit soll es genug sein, was Fritz Karpfen unter Kitsch versteht. Ich kann mich seinen Ausführungen, die voller Hass gegen die bürgerliche Moral und Konventionen gerichtet sind (S. 36ff), genau so wenig anschließen, wie den Thesen der Frankfurter Schule. Man könnte fast meinen, Adorno hätte das geschrieben. Gelesen hat er es sehr wahrscheinlich.
Karpfen bemerkte in seiner Verblendung gar nicht, dass er in seinem Buch regelrecht einen Feldzug gegen den Kitsch führte und Tausenden Künstlern schweres Unrecht zufügte. Genauso wenig, wie wir die Bildnerei von Geisteskranken oder die Kunstwerke der Drogenabhängigen verurteilen dürfen, dürfen wir auch die Kitschwerke und erst recht nicht die Künstler, die diese schufen, verurteilen, solange sie nicht zu Mord und Totschlag aufrufen.
Bevor ich mich dem Innenleben von Künstlern nähere, die Kitsch in durchaus ehrenwerter Absicht schufen und heute noch schaffen, will ich ein Beispiel dafür geben, wie nach Karpfen u. a. Kitsch produziert wird:
„Die Nachahmungen (einer Buddha-Statue) werden mit Kunstfertigkeit von geschickten Händen geformt, der Abguss wird immer wieder aus schlechter Bronze hergestellt – und dann werden die Figuren reihenweise in die Senkgrube des Hauses eingelassen. Nun kackt die ganze Familie durch Monate hindurch auf die Buddhas – und dann sind die Skulpturen derart echt und fabelhaft alt patiniert, dass kein Kunsthistoriker daran zweifelt, Stücke der Hüan-Dynastie vor sich zu haben" (S.28).
Hier kann ich Karpfen wieder nicht recht geben; diese Skulpturen sind kein Kitsch, sie sind nichts anderes als Gegenstände einer ehrlosen, niederträchtigen, schändlichen Familie, auf die so mancher ahnungslose Tourist noch heute hereinfällt.
Wie ich wiederholt schrieb, verehre ich den Philosophen David Precht, weil ich mit vielen seiner Ansichten übereinstimme. Das heißt allerdings nicht, dass ich ausnahmslos mit ihm übereinstimme. Ein gravierendes Beispiel möge das erläutern: Im „Stern" (356) bezeichnete er Goethes „Werther" als einen unglaublichen Kitsch, und zwar im negativen Sinne und beschimpfte dieses Kunstwerk als „verlogene Sozialro-

mantik". Er behauptete sogar, der Inhalt dieses Kunstwerkes sei eine „ausgestorbene Thematik". Diese Aussage mutet nachgerade weltfremd an, wenn man bedenkt, dass Liebeskummer auch heute noch ein mehr als ergreifendes Thema ist. Hätte er beim Statistischen Bundesamt in Berlin nachgefragt, dann wüsste er, wie viele junge, aber auch ältere Menschen aus Liebeskummer den Freitod wählten und noch immer wählen. Diese Thematik ist hochaktuell und keinesfalls ausgestorben, auch wenn die Anzahl der Suizide 2006 „nur noch" ca. 12 auf 100 000 Einwohner beträgt, also insgesamt in Deutschland etwa 9600, wobei schon einer, einer zu viel ist! Ich schlussfolgere daraus: In unserer heutigen unromantischen Zeit, in der u. a. auch ein großes moralisches Defizit unter vielen Menschen herrscht, sollten nicht nur unsere Kinder lernen, selbst zu denken und nicht bloß zu fühlen und zu meinen; nein alle Menschen sollten es ausnahmslos lernen und anwenden. Und zwar folgerichtig und nicht verquer!
Lassen Sie mich in meinen weiteren Ausführungen mit der Frage beginnen: Sind die mit Karl-Heinz Böhm (†) und Romy Schneider (†) (316) gedrehten, wirklich berühmten Filme, wie z. B. „Sissi", Kitsch? Böhm entschuldigte sich quasi für diese Filme, indem er am 23.04.2008 im ZDF zu seinem 80sten Geburtstag sagte: „Es waren nur Unterhaltungsfilme." Schade, er verleugnete sich und seine Kunst selbst. Er schämte sich, diese Filme mit seinem Innenleben in Verbindung zu bringen. Doch wenn man bedenkt, mit wie viel Liebe, Innerlichkeit und Freude Romy Schneider und, ich betone und, Karl-Heinz Böhm das Leben zweier Liebenden darstellten, darf man keinesfalls von Kitsch reden. Beide hatten sich in ihre Rollen derart vertieft, dass sie in höchstem Maße in Resonanz mit dem Innenleben des Autors traten. Sie wollten überzeugen und brannten lichterloh. Wenn man Szenen über seelische, in diesem Fall nicht einmal körperliche Liebe als Kitsch bezeichnet, dann muss man auch die Gretchenszene im Faust, die die religiöse Liebe zur Muttergottes darstellt, als Kitsch bezeichnen. Und das täte wohl niemand, nicht einmal Atheisten.
Einige Zuschauer gaben und geben auch heute noch uneingeschränkt zu, dass sie an manchen Stellen der beiden „Sissi-Filme" geweint haben und das ist großartig, denn die Tränen sind, so sagte schon Goethe, der Menschheit bestes Gut. (23) Man kann es nicht oft genug wiederholen. Wenn Kunst derartige Resonanzen und Sekundärkunst erzeugt, dann ist es kein Kitsch, sondern große Kunst und Karl Heinz Böhm hätte auf dieses Feuer, das damals in ihm brannte, wirklich stolz sein können.
Ich glaube, Romy hätte den Ausdruck ihres Innenlebens damals nicht verleugnet. Sie neigte immer schon zur Romantik und Sentimentalität, auch wenn viele darüber mit mir nicht einer Meinung sind, weil sie in ihren späteren Jahren glaubte, sich von der Romantik abwenden zu müssen. Ihr tragisches, freiwilliges Ausscheiden aus ihrem Leben scheint mir allerdings recht zu geben.

Was viele nicht wissen, in der sozialistischen, materialistischen Volksrepublik China wurden die Sissi-Filme synchronisiert und im Fernsehen gesendet (317). Ein beachtenswerter Wandel nach der chinesischen Kulturrevolution, in der alles, fast alles, was Mao und seine Genossen u. a. für Kitsch hielten, vernichtet wurde.
Sollten Kritiker bei ihrem Urteil über Sissi bleiben, dann müssen sie sich auch fragen lassen, ob der Film „Der Garten“ mit Elisabeth Bergner und Gerd Fröbe (318) Kitsch ist. Wenn ja, dann gilt auch hier wieder: Sie sind nicht fähig, mit diesem großartigen Kunstwerk in Resonanz zu treten, was aber wieder kein Werturteil über ihren Geschmack sein soll. Doch die, die derartige Werke lieben, obwohl sie von dem einen oder anderen belächelt werden, sollten sich sagen: Lasst sie doch lächeln!
Auch von den Kritikern des Kitsches, die, wie könnte es anders sein, noch keine Definition für diesen Begriff fanden und veröffentlichten, wird nicht abgestritten, dass die Malerei auf Meißner Porzellan reproduzierte Kunstwerke sind.
Die Porzellanherstellung ist Kunsthandwerk. Die, welche die Motive schufen sind unumstritten Künstler. Diejenigen, die diese Motive vervielfältigten, also reproduzierten, sind ebenso wenig Künstler, wie die, welche Bilder oder Bücher vervielfältigen, doch sind sie vortreffliche Kunsthandwerker.
Wie schwierig es ist, zu entscheiden, was Kitsch ist, will ich an Hand eines Briefes von Johann Wolfgang von Goethe zeigen, den er 1813 an seine Frau Christiane, unter anderem über seinen Besuch in der „Porcellain-Fabrique“ Meißen schrieb (23):
„Es ist beinahe unglaublich, daß man so wenig darin findet, was man in seiner Haushaltung besitzen möchte. Das Übel liegt nämlich darin: Weil man zu viel Arbeiter hatte (es waren vor 20 Jahren über 700), so wollte man sie beschäftigen und ließ immer von allem, was gerade Mode war, sehr viel in Vorrat arbeiten. Die Mode änderte sich, der Vorrat blieb stehen. Man wagte nicht, die Dinge zu verauktionieren oder in ferne Weltgegenden um ein Geringes zu versenden. Und so blieb alles beisammen. Es ist die tollste Ausstellung von allem, was nicht mehr gefällt und nicht mehr gefallen kann und das nicht etwa eines, sondern in ganzen Massen zu Hunderten, ja zu Tausenden.“
Da Gefallen und Missfallen rein subjektive Begriffe der Ästhetik sind, können sie nicht über Kunst oder Kitsch entscheiden. Es muss also etwas anderes geben, was den „Kitsch“ auszeichnet. Einen ersten Hinweis, nämlich auf die „Masse“, finden wir also bei Goethe.
Häufig wird die Darstellung von Sehnsucht, Liebe, Harmonie, Geborgenheit, oder Naturidylle in Werken als Kitsch bezeichnet. So äußerte sich Professor Jürgen Grimm von der Universität Wien (319) in dem Fernsehfilm „Lieben Sie Kitsch“ sinngemäß: „Kitsch ist die Sehnsucht nach Harmonie, Aufgehobensein, Frieden und Freude, um Leid besser ertragen zu können.“

Doch wissen wir, dass dies z. B. auch für die „Träumerei“ von Schumann gilt und die ist ganz gewiss kein Kitsch. Für mich ist Sehnsucht nach Harmonie, Aufgehobensein, Frieden und Freude, um Leid besser ertragen zu können, ebenso kein Kitsch, sie ist Ausdruck des Innenlebens vieler junger und alter Menschen, die mit entsprechenden Kunstwerken in Resonanz traten und treten.
Uehling schreibt in seinem Buch (324), dass sogar die Übergabe der Silbernen Rose im Rosenkavalier, mit ihrer berühmten, pseudobitonalen (unecht bitonalen) Glitzerschicht von Flöten, Celesta, Harfen und Geigen ein Paradestück Strauß'schen Kitsches sei. (Bitonal bedeutet: Unter gleichzeitiger Anwendung zweier verschiedener Tonarten komponiert). D. h. doch, dass diese, für sehr viele Menschen wunderbare, traumhaft schöne Szene süßliche, sentimentale, geschmacklose Kunst sei. Auch hier sieht man, wie abwegig derartige Behauptungen sind. Und wenn er von Strauß'schem Kitsch spricht, muss es für ihn noch andere Stellen in dessen Kompositionen geben, die er als Kitsch bezeichnet. Und wenig später will er uns wieder einmal vom Gegenteil überzeugen, indem er schreibt, es sei schwer, diesen Moment (der Übergabe der Rose) nicht für einen der schönsten aller Musik zu halten. Sie sehen, für Uehling gilt: „Alles ist richtig, auch das Gegenteil“ (4).
Max Nordau schrieb über Friedrich Nietzsche, wenn ein Philosoph sich dauernd widerspricht, dann erfüllt er eines der vielen Entartungskriterien. Und das gilt ganz gewiss nicht nur für Philosophen, sondern auch für Kritiker!
Auch die Wüstenstadt Las Vegas in den USA verkörpert in manchen Bauten, Darbietungen und Veranstaltungen die Sehnsucht nach Harmonie und ewiger Liebe. Und trotzdem bezeichnet man Las Vegas als Hauptstadt des Kitsches, worüber man allerdings sehr wohl auch streiten kann.
In die gleiche Kategorie, den Kitsch, werden sogar russische Volkslieder eingegliedert, obwohl sie nun eindeutig der Ausdruck der Innenleben der russischen Menschen, der russischen Volksseele sind. Auch Volkskunst ist ja Kunst!
Matthias Megyeri (319) versteigt sich in die unsinnige Behauptung, „Kitsch spräche von einer heilen, schönen Welt, die nicht existiere. Mit Kitsch sich so eine Welt zu gestalten, sei pervers.“ Sie erkennen sofort, wes' Geistes Kind Megyeri ist. Sehnsucht nach Herz, Liebe und Harmonie heißt doch unzweifelhaft, Sehnsucht nach Gutem, im Gegensatz zu manch anderen Menschen, die sich nach dem Bösen sehnen. Ich erinnere nur an die „Teufels- oder Satanskulte“, die auf Anordnung bis zur Selbsttötung von Sektenmitgliedern führten.
Aline Kominsky-Crumb (319) dagegen, interpretiert Kitsch als Ausdruck von Liebe, was meiner Meinung nach für vieles, was mit dem Wort Kitsch abgewertet werden soll, schon eher zutrifft.

Wende ich meine etwas verkürzte Definition für den Begriff Kunst auf das Schaffen von „Kitsch" an, so komme ich zu folgendem Ergebnis:

Kitsch ist das bewusste oder unbewusste Offenbaren, Ausdrücken, Sichtbarmachen, Hörbarmachen des Innenlebens des Menschen, der damit ein Kitschwerk schafft.

Daraus ergibt sich logisch, also folgerichtig:

Das Kitschwerk ist das bewusst oder unbewusst offenbarte, sichtbar und hörbar gemachte, konservierte Innenleben des Künstlers.

Ob dies allerdings für eine Definition des Begriffes Kitsch ausreicht, einfach das Wort Kunst durch das Wort Kitsch zu ersetzen, bezweifle ich selbst, obwohl, wie wir sahen, für den Duden Kitsch auch Kunst, also nur eine besondere Kunstform oder Kunstart ist.
Über Kunst wurde schon sehr viel gestritten, über Kitsch noch viel mehr. Wenn ich daran denke, dass einige Professoren sogar Robert Schumanns „Träumerei" in die Kategorie „Kitsch" verwiesen, dann muss man wirklich an deren Verstand zweifeln. Doch erklären lässt sich eine solche Meinung sehr gut: Ihnen fehlte die Fähigkeit, mit diesem wundervollen, harmonischen Kunstwerk Schumanns in Resonanz zu treten.
Allerdings ist es nicht ganz so leicht, ein Urteil über einen Menschen zu fällen, der beispielsweise einen Osterhasen schuf, auf dessen T-Shirt die Worte „Heil Hitler" und an dessen Hosenboden ein Hakenkreuz prangt (319). Doch warum eigentlich nicht? Das Innenleben dieses Menschen kommt doch anschaulich zum Ausdruck! Mit Sicherheit erweckte er das Interesse des BND. Das Original dieses Hasen ist also ein Kunstwerk. Als es der Künstler schuf, war es Missbrauch der Freiheit der Kunst. Durch seine Massenproduktion wurde es allerdings zu Kitsch, womit wir nun vielleicht bei einem ersten Teil für eine bessere Definition angekommen wären.

Kitsch ist das massenweise, auch maschinelle Reproduzieren von Kunstwerken (für den Verkauf u. a. in Souvenir- oder Andenkenläden).

Diese Tätigkeit, die zu dieser Art von Kitschwerken für den alltäglichen Gebrauch führt, könnte man tatsächlich als Kitsch bezeichnen.
Beleuchten wir das Ganze einmal an der berühmten Mona Lisa. Millionenmal wurde das weltberühmte Kunstwerk von Raphael in den unterschiedlichsten Formen hergestellt und als Souvenir verkauft. Jeder von uns bezeichnet solche Souvenirs als

Kitsch, obwohl diesen Gegenständen das berühmte o. g. Kunstwerk zugrunde liegt. Ich stelle also fest, das Original ist und bleibt ein Kunstwerk.
In dem Film „Lieben Sie Kitsch?“ kam zum Ausdruck, dass in neuster Zeit, die schon immer auf dem Kitschmarkt vertretenen Engel boomen, d. h. überproportional häufig angeboten werden. Ich glaube, man verbindet heute immer öfter das Wort Engel mit dem Wort Schutzengel: „Gott befahl seinen Engeln, dich zu beschützen auf all deinen Wegen!“ (320).
Angelika von Aufsess (319) bezeichnete die Massenware „Engel“ als „herzanrührenden Kitsch, oft mit der standhaften Aussage: „Ich bin der kleine, süße Engel“. Diejenigen, die diese herzanrührenden Engel als Original herstellten, schufen Kunstwerke, die als Masse zu Kitsch entarteten. Sie sind und bleiben aber Künstler, drückten sie doch eindeutig ihr Innenleben damit aus. Der Künstler wollte damit ganz gewiss nur Gutes bewirken.
Interessant ist die Tatsache, dass nicht nur Engel im üblichen Sinn im Souvenirgeschäft stehen, nein, nicht nur Engel, sondern auch kleine, süße Teufelchen. Dabei vergisst man natürlich, bzw. hat noch niemals davon gehört, dass diese Teufelchen keinesfalls süß sind, sondern die Ausgeburt des Bösen, die nach ihrer, vom Erzengel Luzifer angezettelten Revolte im Himmel, vom Herrgott auf die Erde gestürzt wurden, wo sie noch heute ihr Unwesen treiben.
Kommen wir zu der Figur der Maria von Lourdes. Die Kitschsammlerin Aline Kominsky-Crumb (319) findet zurecht, dass in sehr vielen Reproduktionen die Mutter Gottes, Maria, ein liebes, gütiges Gesicht hat und damit das Gute darstellt. Im krassen Gegensatz dazu steht die Darstellung der Maria als pornographische Figur. Ihr, mit einem offenen Umhang umgebener Körper ist als Vagina geformt. Hier werden wir wieder einmal mit einem entarteten Künstler konfrontiert (319), der sich der Schändung einer religiösen Symbolfigur schuldig machte und dadurch Missbrauch mit der Freiheit der Kunst trieb. Sie sehen, auch unter der Flagge „Kitsch“ gibt es entartete Künstler. Dass man eine solche entweihende Entartung der Jungfrau Maria in Lourdes als Andenken zum Verkauf anbietet, ist für mich allerdings nicht mehr nachvollziehbar. Der Künstler, der das Original schuf, ist nicht nur ein Psychopath, sondern ein schon allgemein gefährlicher Mensch, der seinen ganzen, teuflischen Hass gegen unsere christliche Religion in perverser Art und Weise zum Ausdruck brachte. Dass die katholische Kirche gegen diese Schändung einer christlichen Symbolfigur nicht einschreitet, ist mir völlig unverständlich und stößt viele ernste Gläubige vor den Kopf. Fürchtet man sich etwa vor dem Satan?
Vielleicht interessiert hier die Tatsache, dass es den Begriff Kitsch in der Renaissance noch nicht gab und deshalb auch die Engel auf dem Gemälde der Sixtinischen Madonna von Raffael nie als Kitsch bezeichnet wurden und auch bis heute nicht

bezeichnet werden. Der Begriff Kitsch wurde erst Ende des 19. Jahrhunderts im Münchner Kunsthandel aufgenommen. In Abb. 45 zeige ich Ihnen die Sixtinische Madonna von Raffael mit ihren wundervollen kleinen Engeln als Beleg dafür, dass die Darstellung von Engeln keinesfalls Kitsch sein muss.

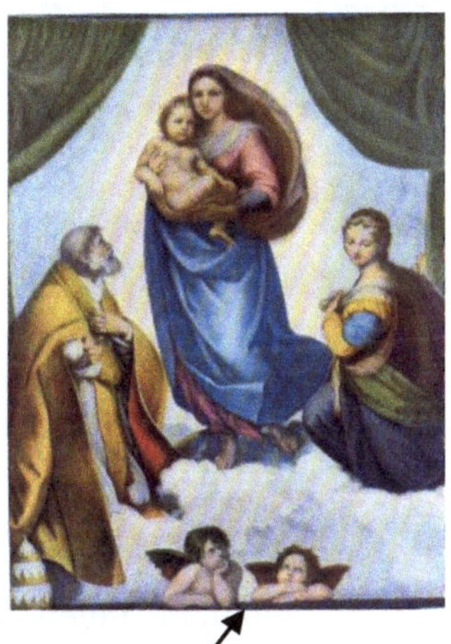

Abb. 45: Das sind die berühmten Engel Raffaels

Erst seit der industriellen Revolution, nach der die Massenproduktion ermöglicht wurde, existiert das Wort Kitsch. Auch hier wird Kitsch unbewußt mit dem Begriff Massenproduktion verbunden.
Der Philosoph Professor Konrad Plessmann meinte sinngemäß in dem o. g. Film einfühlsam: „Kitsch bleibt dann nicht Kitsch, wenn man Gefallen daran findet.“ Das heißt doch aber anders ausgedrückt, wenn der Betrachter oder Hörer in Resonaz mit dem „Kunstwerk Kitsch“ tritt, entsteht völlig von den massenhaft produzierten Gegenständen losgelöst, in ihm Sekundärkunst. Damals bezog er sich auf leicht verkäufliche Skizzen, später auf Schund und Geschmacklosigkeit von Bildern, insbesondere von pornografischen Bildern. Schon 1926 verabschiedete der Deutsche Reichstag gegen pornografische Bilder ein „Jugendschutzgesetz“, das heute oft verletzt wird.
Wenn Kritiker Kitsch als Erzfeind der Kunst hochstilisieren, dann artet das in Schöngeistereien aus, denn eine Kunstart kann nicht der Erzfeind aller Kunst sein. Ich sehe immer wieder, wie wenig man sich über Kitsch Gedanken gemacht hat und was „man“ alles „wie einem der Schnabel gewachsen ist“, daherredet!

Wenn Aline Kominsky-Crumb allerdings glaubt, daß Kitsch mit Kunst nichts zu tun hätte, dann irrte sie sich, wie wir gesehen haben. Wahrscheinlich hat sie, wie so viele andere auch, noch nie über Definitionen dieser beiden Begriffe nachgedacht.

Kitsch ist also das Massenproduzieren eines, in Supermärkten, Souvenir- und Andenkenläden, usw. zum Verkauf angebotenen, mehr oder weniger schlecht reproduzierten Kunstwerkes.

Jeder kann sich seit sehr langer Zeit die kostbarsten Gemälde als wunderbare Kunstdrucke kaufen. Diese Drucke stellen weder Kunst- noch Kitschwerke dar. Sie sind hervorragende Reproduktionen der Originalwerke. Und das gilt für jedes Kunst- und Kitschwerk.

Um noch einmal auf die Bedeutung der Massenware für eine Definition des Begriffes Kitsch einzugehen, fiel mir die Aussage Richard W. Eichlers in seinem Buch „Der gesteuerte Kunstverfall" (3) ein, in dem er meinte, „dass auf dem modernistischen Feld, zwischen Dekoration, Formenspielerei und angelernter Primitivität der Kitsch wuchert". Im Verb „wuchern" steckt das massenweise Verbreiten von Dingen, was ja auch auf den Kitsch zutrifft. Es wäre vielleicht angebracht, auch Kunstwerke, die beispielsweise nur aus rein geometrischen Figuren bestehen, wie einzeln dargestellte Rechtecke, Quadrate, Dreiecke, Kreise, Ellipsen, aber auch unregelmäßige Flächen bildende Linien, als Kitsch zu bezeichnen, da sie von jedermann stammen könnten. Diese Werke können durchaus dekorativ, verspielt oder primitiv sein, wenn sie z. B. wundervoll bunt koloriert wurden. Und das Wesentliche dabei ist, dass derartige Werke von jedermann auch beliebig oft, also massenweise, hergesetellt werden können.

Für den Wert von Kitsch trifft das Gleiche zu, was für den Wert von Kunstwerken zutrifft: Man muss den rein materiellen Wert, der meist sehr niedrig ist, von dem ideellen und den „ganz persönlichen Wert" unterscheiden, der völlig von dem Geschmack des Kitschliebhabers abhängt. Es genügt, wenn Sie das noch einmal lesen, was ich über den Wert von Kunstwerken im Kapitel 16.0 geschrieben habe.

Eines lassen Sie mich noch zum Abschluß sagen: Wenn ich in einem, mit der Massenware „Kitsch" gefüllten Souvenirladen stehe und mich umschaue, dann gerate ich manchmal so in psychische Bedrängnis, in eine negative Resonanz, dass ich kaum noch atmen kann. Die Welt scheint sich um mich herum zu vernebeln. Insofern kann Kitsch auch das Innenleben eines Menschen negativ beeinflussen. Ganz anders sieht es z. B. in einem der vielen Läden der Unternehmerin Käthe Wohlfahrt aus. Da hängen u. a. wundervolle Kopien kleiner Kunstwerke, wie gläserne Engel, die an Zartheit und Schönheit kaum zu übertreffen sind.

Wir sahen, Kitsch wird von vielen Menschen geliebt, Kitsch fällt auch unter den Begriff Kunst! Und zwar genauso wie z. B. primitive Kunst! Kitsch wird häufig zu Unrecht als etwas Negatives aufgefasst, obwohl es natürlich auch, wie wir oben sahen, entarteten Kitsch gibt.
Da Kitsch etwas mit Geschmack zu tun hat, empfindet oft jeder etwas anderes bei der Betrachtung eines Kitschwerkes. Dass sentimental gleich geschmacklos sein soll, ist schlichtweg falsch, denn sentimental bedeutet: Übertrieben, gefühlvoll und rührselig. Rührselig bedeutet wiederum übermäßig stark das Gefühl ansprechend und übertrieben gefühlsbetont (49). Das ist äußerst subjektiv und die Fragen, ist das etwas Schlechtes, Negatives, Gutes oder gar Böses, werden meist nicht beantwortet.
Die abwegige o. g. Meinung des Herrn Matthias Megyeri über Kitsch erinnert mich an Adornos „Ästhetische Theorie". Dort findet man, dass Kitsch ein idiosynkratischer Begriff sei. Idiosynkratisch heißt „von unüberwindlicher Abneigung erfüllt und entsprechend auf jemanden oder auf etwas reagierend.
Auf Grund dieser Aussage darf man annehmen, Adorno ist gegenüber „Kitsch" von einer unüberwindlichen Abneigung erfüllt. Natürlich sagt er nicht, was Kitsch ist, weil Kitsch nicht zu definieren sei. Außerdem sei Kitsch „so unverbindlich, wie er sich nicht definieren lässt". Diese „dickichthaft verschlungene" Aussage bleibt wohl für immer Adornos Geheimnis. Wahrscheinlich meinte er: Kitsch ist genauso unverbindlich, wie er sich nicht definieren lässt. Für diesen Wirrkopf diente wohl die Sprache nicht der Verständigung, sondern der Verwirrung. Und typisch für die Professoren der Frankfurter Schule ist, dass sie Definitionen scheuen, wie der Teufel das Weihwasser. Definiert man, kann man darauf festgelegt werden und das will man auf gar keinen Fall. Wo käme man denn dann nur hin mit seiner Ideologie?

19.0 Die Verurteilung oder die Verteidigung der Kunst paranoider, pornografischer, geisteskranker und psychopathischer Künstler

Friedrich Schiller beschwor die Künstler seiner Zeit in einer seiner Schriften, indem er sagte: „Der Menschheit Würde ist in Eure Hand gegeben, sie sinkt mit Euch, mit Euch wird sie sich heben." Dieser Ausspruch legt nahe, dass schon zu Schillers Zeiten Künstler lebten, die, um mit Max Nordau zu sprechen, entartete Kunstwerke schufen, weil sie ein entsprechendes Innenleben führten. Ähnliche Überlegungen lagen dem Buch Nordaus zugrunde. Er verabscheute, wie viele Menschen auch schon damals, die geistigen Verirrungen, die manche Schriftsteller in ihren Werken erkennen ließen. Die Kunst paranoider, pornografischer, drogenabhängiger, geisteskranker und psychopathischer Künstler lehnte er nicht nur radikal ab, sondern verurteilte sie mit wortgewaltiger Schärfe. Er begann einen Kampf gegen die damalige Unmoral und

Sittenlosigkeit, das Hässliche, das Ekelhafte, das Perverse. Doch ehe er diesen Kampf begann, hatte er ihn schon verloren, wie wir heute allerorts hören und sehen können. Auch Ephraim Kishon hat diesen Kampf sein Leben lang geführt und er sagte sogar von sich selbst, dass er ihn verlieren wird (9). Doch ich sage, es ist noch nicht aller Tage Abend und wenn sich genügend Kämpfer finden lassen, dann könnten die abscheulichen und ekelerregenden Kunstwerke, und natürlich nur die abscheulichen und ekelerregenden, eines Tages in einem „Museum für entartete Kunst“ verschwinden, wo sie dann von interessierten Besuchern „bewundert“, besser gesagt verwundert betrachtet werden können.

Unter Verurteilung verstehen wir u. a. auch das Ergebnis einer Gerichtsverhandlung. In einer Verurteilung wird eine Geld- oder eine Gefängnisstrafe stehen. Richard W. Eichler (3) verwendete als Thematik seines Buches „Der gesteuerte Kunstverfall“ einen Strafprozeß, in dem er fiktiv, also erdichtet, selbst von der Staatsanwaltschaft angeklagt wurde, die Kunst paranoider, pornografischer, drogenabhängiger, geisteskranker und psychopathischer Künstler in beleidigender Art und Weise verunglimpft zu haben. Das Buch endet mit den Worten des Vorsitzenden Richters: „Das Gericht zieht sich zur Beratung zurück“. Wie das Gericht entscheidet, ob Geld- oder Gefängnisstrafe oder gar Freispruch, das erfährt man nicht. Eichler überlässt das Urteil ganz bewusst dem gesunden Menschenverstand und der Logik, also dem folgerichtigen Denken der Leserinnen und Leser. Schon lange bevor man das Buch zu Ende gelesen hat, weiß man, wer hier auf der Anklagebank saß, nämlich die paranoiden, pornografischen, drogenabhängigen und psychopathischen Künstler. Derart pauschal wäre allerdings eine solche Anklage völlig zu Unrecht geschehen. Doch Eichler belegte seine Ansichten anhand von vielen Beispielen. Und nur diese wurden angeklagt.

Geisteskranke oder drogenabhängige Künstler sind für ihre Kunstwerke und seien sie noch so ekelhaft, unmoralisch und sittenwidrig, keinesfalls strafrechtlich zu verfolgen oder gar, wenn sie auch noch Juden sind, wie unter Hitler geschehen, umzubringen.

Die Staatsanwaltschaft hat aber dann die Pflicht zur Anklage und Strafverfolgung, wenn sie feststellt, dass Künstler z. B. zu Mord und Totschlag aufrufen.

Nun ist es leider so, dass Begriffe wie „die Moderne“, „zeitgenössische Kunst“, „Avantgardisten“ usw., dazu führten, dass unter der Bevölkerung der Bundesrepublik Deutschland und sicher auch anderer Staaten, unendlich viele Missverständnisse, Verleumdungen, Anklagen und Verteidigungsreden erschienen. Und natürlich nur deshalb, weil keiner der angeblichen Kunstexperten definierte, was Kunst wirklich ist. Schon im 17. Jahrhundert stellte Pierre Bayle (485) fest: „Jede philosophische Auseinandersetzung setzt voraus, dass die streitenden Parteien über gewisse Definitionen einig sind.“ Auch Leibnitz, der sich mit Bayles Gedankenwelt auseinandersetzte, anerkannte das Fehlen von Definitionen als Ursprung vieler Übel.

Mit den neuen Definitionen „auch Kunst ist das bewusste oder unbewusste Offenbaren, Ausdrücken, Sichtbarmachen, Hörbarmachen des Innenlebens des Menschen, der damit ein Kunstwerk schafft“ und „das Kunstwerk ist das bewusst oder unbewusst offenbarte, sichtbar und hörbar gemachte, konservierte Innenleben des Künstlers“, fallen alle o.g. Ausdrücke in die Begriffswelt „Kunst, Künstler und Kunstwerk“. Kein Mensch muss sich mehr Gedanken darüber machen, ob dieses oder jenes Werk ein Kunstwerk ist oder nicht. Es ist auf jeden Fall der Ausdruck des Innenlebens des Künstlers und damit ein Kunstwerk. Allerdings nicht, so meine ich, wenn es z. B. von einem Tier oder dem Zufallsgenerator eines Computers geschaffen wurde.
Die ganz besondere Bedeutung, die dieser Definition zukommt, ist, dass jedermann nunmehr von jedem Künstler auf dessen Innenleben schließen kann. Der Künstler entblößt sich mit seinen Werken selbst, ob nun im positiven oder negativen Sinn. D. h. natürlich auch, ob er ein geistesgestörter, drogenabhängiger oder abartiger Künstler ist. Und auch das erkennt jeder ganz deutlich, ob er einen sittlich und moralisch hochstehenden oder verwerflichen Künstler vor sich hat. Das Gleiche gilt auch für die religiösen Künstler, wie z. B. Mozart, der u. a. sehr viele, wundervolle Messen schrieb und der sich damit als strenggläubig zu erkennen gab.
Eine Verteidigung all der „entarteten“ Kunstwerke ist endlich durch diese Definition völlig überflüssig und sinnlos geworden, weil sie aus Tätigkeiten entstanden sind, die man nun aus gutem Gewissen heraus Kunst nennen darf. Kein Krieger, der gegen die „Moderne“ ins Feld zog oder noch immer zieht, hat heute ein Recht zu sagen: Das ist keine Kunst, das ist kein Kunstwerk! Aber auch die sollten ihre Waffen strecken, die z. B. gegen Max Nordau, Richard Eichler oder ähnlich denkende Menschen ins Feld zogen oder noch immer ziehen, nur weil diese aus der Sicht der Psychiatrie des 19. und 20. Jahrhunderts manche und keinesfalls alle Künstler und deren Kunst, also deren Tätigkeit und deren Kunstwerke, als entartet bezeichneten und die Meinung vertraten, dass man sie nicht als „Leitkunst“, also als besonders wertvolle Kunst oder Kunstwerke hochstilisiert.
Auch kämpften sie dagegen an, dass zahlreiche Verehrer entarteter Künstler als Schöpfer einer neuen, besonders wertvollen Kunst, als Herolde der kommenden Jahrhunderte preisen. Die Füchse, um mit Wilhelm Busch (365) zu sprechen, sollten sich erst einmal ihre Reißzähne ziehen lassen, bevor sie von den Igeln verlangen, ihre Stachelfelle abzulegen.
Unter dem Begriff „Reißzähne“ verstehe ich in diesem Zusammenhang z. B. die Tatsache, dass die vielen Schriften, die sich vehement gegen das Buch Nordaus „Entartung“ richten, nicht ein einziges Beispiel enthalten, in denen Nordau erklärt, was er z. B. an Ibsen, Wagner, Nietzsche u. a. entartet findet. Liest man solche Beispiele, die in

sehr großer Zahl in seinem fast 1000-seitigen Buch vorliegen, dann kommt man, genügend Objektivität und guten Willen vorausgesetzt, sehr schnell ins Grübeln.
Allerdings diejenigen, die das Buch unter der Prämisse „Was nicht sein darf, ist nicht“ lesen, können schon aus ideologischen Gründen nicht zum Nachdenken kommen. Sie sind und bleiben echte Ignoranten, also Nichtwissenwollende. Oscar Wilde hätte Kritikern, die Max Nordau und Richard W. Eichler unbegründet beschimpften, leicht abgewandelt zugerufen: „Bücher, die ihr kritisieren wollt, dürft ihr grundsätzlich nicht lesen, ihr könntet ja von ihnen beeinflusst werden!“ Und ich ergänze: Lesen tut der Dummheit Abbruch!
Damit Sie, liebe Leserinnen und Leser, noch ein paar Beispiele entarteter Kunst kennenlernen, zitiere ich im Folgenden aus Nordaus Werk (17):
Bd. II, S. 88: In dem Gedicht "Eine Blutzeugin" von Baudelaire liest man: „Nachdem der Mörder eines jungen Mädchens, wahrscheinlich einer hübschen Dirne, den Kopf abgeschnitten und mitgenommen hat, fragt Baudelaire: „Der bösartige Mensch, dessen Lüste du trotz so vieler Liebe nicht sättigen konntest, hat er an deinem leblosen und willfährigen Fleische die Ungeheuerlichkeit seiner Begierde gestillt?“
Bd. II, S. 125: Maurice Barres, französischer Schriftsteller, 1862-1923, vertrat z. B. die Meinung: „Als die Triebe noch wild, schlecht und unvernünftig waren, brauchten sie die Unterweisung des zügelnden Gesetzes. Jetzt (zu Barres Zeiten) sind sie (die Menschen) so vollkommen, dass sie dieses Führers und Meisters nicht mehr bedürfen.“ Auf die Frage: „Was fängt man dann heute mit den Verbrechern an?“, antwortete Barres: „Diese liebt und küsst man so lange, bis sie gut werden.“ Nordau konnte sich verständlicherweise nicht die Bemerkung verkneifen: „Ich wünschte nur, dass Herr Barres Gelegenheit hätte, seine Verteidigungsmethode in einem nächtlichen Überfall gegen Raubmörder anzuwenden!“
Bd. II, S. 190: Henry Ibsen, "Nora". Nachdem Helmers Frau Nora, sich der Fälschung eines Wechsels schuldig gemacht hatte, machte ihr Ehemann ihr darüber Vorhaltungen. Darauf verließ sie ihn mit den Worten: „Auf die Pflichten meinen Kindern gegenüber kann ich keine Rücksicht nehmen. Ich habe andere, ebenso heilige Pflichten, die Pflichten gegen mich selbst.“
Ich könnte Ihnen noch seitenweise weitere Beispiele vorlegen, ja man könnte ein ganzes Buch darüber füllen, doch will ich es mit diesen Beispielen bewenden lassen. Wichtig für mich ist, dass Sie nunmehr wissen, was Max Nordau bereits 1893 unter „Entarteter Kunst“ verstand.

20.0 Nachwort

Die Experten der Kunstszene behaupten erstaunlicherweise und völlig zu Recht, dass beispielsweise Mozart, Beethoven, Bach, Rembrandt, Raphael, Caspar David Friedrich, aber auch Piero Manzoni Künstler sind und Kunstwerke schufen.
Die vielen Kunstliebhaber, die früher sagten, das Schaffen Manzonis ist keine Kunst und seine Werke sind keine Kunstwerke, haben sicher erkannt, dass sie sich geirrt haben, weil es bisher für Kunst keine allumfassende Definition gab.
Mit den nun vorliegenden Definitionen ist also die immer wieder und häufig zu hörende Meinung über manche moderne Kunst: „Das ist doch keine Kunst!" widerlegt. Jeder, der logisch, also folgerichtig denken kann, wird mir recht geben. Abschließend kann ich im ruhigen Vertrauen auf die Kraft desjenigen Wortes, welches seit nunmehr über zweitausend Jahren als letztes, untrügliches Kennzeichen die falschen Propheten von den wahren scheiden lehrt, sagen: „An ihren Früchten könnt Ihr sie erkennen!"
Ich bin mir allerdings völlig im Klaren, dass ich nicht einen einzigen Entarteten zur Vernunft bringen konnte, auch wenn ich ihm noch so unwiderlegbar und überzeugend nachwies, dass er fast geisteskrank oder wenigstens psychopathisch ist. Ich weiß, dass es gänzlich aussichtslos ist, ihn durch Überredung oder Gründe zur Anerkennung der Unwirklichkeit und Krankhaftigkeit seiner Wahnvorstellungen bewegen zu wollen. Das Einzige, was ich mit meinem Buch erreiche, ist, dass er in mir einen Feind und Verfolger sieht, und dass er mich vehement hassen wird. Oder er wird mich für einen verständnisunfähigen Dummkopf halten und belächeln.
Das Gleiche gilt selbstredend auch für die Liebhaber des Entarteten, für die Liebhaber des Missbrauchs der Freiheit der Kunst. Sie können und wollen nicht einsehen, dass sie sich für Verirrung und Aberwitz begeistern. Die Kunstwerke, deren Tollheit jeder vernünftige und normale Mensch auf den ersten Blick erkennt, gewähren ihnen mit größter Wahrscheinlichkeit Lustgefühle. Dies ist ein Ausdruck ihrer geistigen Verdrehtheit oder der Perversion ihrer eigenen Triebe. Sie ärgern sich, wenn man ihnen klar machen will, dass anderen diese Werke keinen Genuss bieten, sondern Ekel, Abscheu und Verachtung hervorrufen. Manch einer der Liebhaber entarteter Kunst geht vielleicht sogar so weit und sagt: Ich fühle mit all meinen Nerven die Schönheit dieser großartigen (entarteten) Kunstwerke. Gegen das, was in ihnen Lustgefühle erzeugt, kommen die Einwendungen des Verstandes nicht auf. Für sie habe ich mein Buch aber auch nicht geschrieben! Die vielen Verführten, die heute noch perverse, entartete Kunstwerke verehren, also den schlauen Täuschungen mancher entarteten Künstler, Intendanten, Ausstellungs- und Museumsdirektoren zum Opfer gefallen sind, versuchte ich, auf die richtigen, also die normalen Bahnen der Tausenden, nicht entarteten, heutigen Künstler zurückzulenken. Ich habe versucht, dass die Zuschauer

entarteter Inszenierungen erkennen, dass sie z. B. von den Regisseuren „zum Narren gehalten werden und ihnen die Affen machen".

Den meisten Menschen ist seit Langem bekannt, dass zwischen Krankheit und Gesundheit kein Wesens-, sondern nur ein Mengenunterschied besteht und dass nicht alles Krankhafte hässlich und schädlich sein muss. Doch kein Kunstkritiker der Welt kann mit Sicherheit bestimmen, an welcher Stelle die Abweichung von der Norm, also von der Gesundheit beginnt. Aber die offensichtlich zerstörerische, außerordentlich stark auftretende entartete Kunst, sollten die Verantwortlichen endlich in ihre Schranken verweisen, nämlich dann, wenn diese, wie Nordau sagte, „das Verbrechen preisen, die Sittlichkeit leugnen, dem Trieb Altäre bauen, die Wissenschaft verhöhnen und Tagedieberei als einzigen Lebenszweck hinstellen". Aber auch das Gewaltantun, das körperliche und seelische, führt dazu, dass die öffentliche Ordnung gestört wird. Wenn nach einer Premiere mehrere Besucher der Aufführung zum Arzt müssen, wie im „Düsseldorfer Tannhäuser" geschehen (503), ist das Missbrauch der Freiheit der Kunst in reinster Form. Nur wenn ein Hund Straßen oder Fußwege beschmutzt, erhebt sich ein fürchterliches Geschrei. Ist das nicht eigenartig?

Obwohl viele behaupten, heute seien die modernen Künstler jung und dynamisch, die konservativen hingegen alt und greisenhaft, gilt, zumindest für die jungen, entarteten das Schillerwort aus seinen Votivtafeln „Jetzige Generation": „War es immer wie jetzt? Ich kann das Geschlecht nicht begreifen. Nur das Alter ist jung, ach! Und die Jugend ist alt!"

Johann Wolfgang von Goethe nahm zu diesem Thema ebenfalls Stellung, indem er sagte: „Die Mängel aufdecken ist nicht genug, ja man hat unrecht, solches zu tun, wenn man nicht zugleich das Mittel zu dem besseren Zustand anzugeben weiß." Deshalb prangerte ich nicht nur den Missbrauch der Freiheit der Kunst an, sondern führte sie auch in das Reich der Schönen Künste, in das Reich der wahrhaft schönen und harmonischen Kunstwerke.

Doch es genügt nicht, wenn die Normalen nur die Achseln zucken und verächtlich lächeln oder wenn die Gleichgültigen sich damit trösten, dass kein vernünftiger Mensch diesen „Blödsinn" ernst nimmt. Wer Sitten und Moral für Güter hält, die Wert haben und verteidigt werden sollten, der erhebe mit mir seine Stimme und verkünde mit Wortgewalt: Hebt euch hinweg, Teufel der Entartung des 20. und 21. Jahrhunderts.

Und jeder hat schon gehört, wo manche Entartung endet, nämlich in der Kinderpornografie und Kinderschändung! Schon Max Nordau rief bereits 1893 auf:

„Die Verurteilung von Werken, welche auf Unzucht spekulieren, muss von Männern ausgehen, an deren Vorurteilslosigkeit, Geistesfreiheit, Verständnis und Unabhängigkeit niemand zweifelt!“

21. Abschließende, zusammenfassende Bemerkungen über die Hauptgedanken und Forderungen meines Buches

- Bisher kannte man nur verbindliche, gesetzliche Aussagen, jedoch keine Definitionen der Begriffe „künstlerische Tätigkeit“ und „Künstler“ aus dem Einkommensteuergesetz. Diese lauten:
  „Eine künstlerische Tätigkeit liegt nur vor, wenn der Künstler eine eigene schöpferische Leistung vollbringt, in der seine individuelle Anschauungsweise und Gestaltungskraft zum Ausdruck kommt und die über eine hinreichende Beherrschung der Technik hinaus eine gewisse Gestaltungshöhe erreicht.“ (§18 Abs.1 Nr.1 EstG).

- Meine neuen Definitionen verlangen jedoch die Beherrschung der Technik und eine gewisse Gestaltungshöhe im Sinne der „Alten Kunst“ nicht mehr. Dadurch trifft sie auf alle Künstler, Kunst und Kunstwerke zu, auch auf diejenigen, die keine ausreichende Beherrschung der Technik erkennen lassen. Also beispielsweise die, welche nur wissen, wie man einen Pinsel in einen Farbtopf stecken muss, um ein Blatt Papier damit zu beschmieren.

- Es gab bisher keine allumfassende, allgemein verständliche, zeitlose Definition für die Begriffe Kunst und Kunstwerk.

- Durch das Fehlen einer Definition des Begriffes „Kunst“ war dem Missbrauch der Freiheit der Kunst Tür und Tor geöffnet.

- Der Missbrauch der Freiheit der Kunst sollte zum Schutz der Jugend, der abend- und morgenländischen Kultur explizit unter Strafe gestellt werden.

- Da Kunst ein Vorgang, eine Tätigkeit oder Leistung, also Arbeit pro Zeiteinheit ist, lautet eine allumfassende, allgemein verständliche, zeitlose Definition:

  „(Auch) Kunst ist das bewusste oder unbewusste Offenbaren, Ausdrücken, Sichtbarmachen, Hörbarmachen, Lesbarmachen, Fühlbarmachen, Entblößen des Innenlebens des Menschen, der damit ein Kunstwerk schafft.“

Und für das Kunstwerk:

> **„(Auch) das Kunstwerk ist das bewusst oder unbewusst offenbarte, ausgedrückte, hörbar, lesbar, fühlbar gemachte, entblößte und konservierte Innenleben des Künstlers."**

Und:

> **„Ein Künstler ist ein Mensch, welcher in seinem Werk (auch) bewusst oder unbewusst sein Innenleben offenbarte, ausdrückte, sichtbar, hörbar, lesbar, fühlbar machte und/oder entblößte."**

- Der Unterschied zwischen Kunst und Kunstwerk liegt darin, dass Kunst eine Tätigkeit ist, und dass das Kunstwerk aus dieser Tätigkeit, also aus dieser Kunst, entsteht.
- Entartete Kunst ist auch Kunst.
- Entartete Kunstwerke sind auch Kunstwerke.
- Entartete Künstler sind auch Künstler.
- Entartete Kunst kann durchaus auch schön sein.
- Entartete Kunst kann aber auch hässlich, abstoßend, ekelerregend, verletzend und/oder beleidigend sein.
- Entartete Künstler können liebevolle, liebebedürftige und herzensgute Menschen sein.
- Entartete Künstler können auch bedauernswerte, erbarmungswürdige, kranke und bösartige Menschen sein.
- Entartete Künstler können sogar allgemein gefährlich sein, so wie z. B. Menschen, die im Meskalinrausch den „drängenden Wunsch verspüren, andere und sich selbst zu vernichten".
- Psychedelische Kunst ist Kunst, die unter dem Einfluß von Rauschmitteln entsteht.
- Aus einem Kunstwerk kann man auf das Innenleben des Künstlers schließen.
- Aus einer Liebe zu bestimmten Kunstwerken kann man auf das Innenleben dieses „Liebenden" schließen.

- Die Wirkung eines Kunstwerkes auf den einen oder anderen Kunstliebhaber kann infolge von individueller Resonanz sehr unterschiedlich sein.
- Der moralische und sittliche Wert eines Künstlers hängt von seiner Kunst ab.
- Der individuelle Wert eines Kunstwerkes für den einen oder anderen Kunstliebhaber kann sehr unterschiedlich sein.
- Der Preis eines Kunstwerkes hängt nicht immer vom Wert eines Kunstwerkes ab.
- Kunstwerke können im Betrachter und/oder Hörer Sekundärkunst erzeugen.
- Die Beurteilung eines Kunstwerkes hängt von einer positiven oder negativen Resonanz ab, die das Kunstwerk im Beurteiler, bzw. Kritiker hervorruft.
- Der Zweck von Kunst kann die unterschiedlichsten Absichten verfolgen.
- Werke die von Tieren oder Zufallsgeneratoren der Computer geschaffen werden, sind per Definition keine Kunst, da Kunst an die Tätigkeit eines Menschen gebunden ist.
- Es gibt per Definition nur Kunstwerke von Menschen.
- Kitsch ist das massenhafte Produzieren eines, u. a. in Souvenir- und Andenkenläden zum Verkauf angebotenen Kunstwerkes.
- Nichtentartete Kunst verletzt nicht, beleidigt nicht, zerstört nicht, verletzt nicht die Würde der Menschen.
- Die missbrauchte Freiheit der Kunst verletzt, beleidigt, zerstört und verletzt auch die Würde des Menschen.

22. Einige Anzeichen von Entartung, wie sie u. a. der Psychiater Max Nordau beschrieben hat und die oft zum Missbrauch der Freiheit der Kunst führen:

- Demenz, d. h. erworbener Schwachsinn, auf organischen Hirnschädigungen beruhende dauernde Geistesschwäche.

- Dekadenz, d. h. Verfall, sittlicher und kultureller Niedergang.

- Das Zurückkehren zu den ältesten, längst überwundenen Zuständen für einen Fortschritt, die ferne Vergangenheit für Zukunft zu halten.

- Ein Geisteszustand tiefer Verwirrtheit.

- Die fortwährende Empfehlung der Unzucht.

- Das Rühmen des „Sichauslebens".

- Das seinen Gestalten, in allen Stücken eines Dichters in den „Mundlegen" anarchistischer Effektphrasen von Volksversammlungsrednern niedrigster Gattung.

- Der Gebrauch geheimnisvoller Ausdrücke, die dem Hörer unverständlich sind und die der Sprecher entweder vollkommen frei erfindet oder denen er einen eigenen, vom gewöhnlichen Sprachgebrauch abweichenden Sinn gibt.

- Absurditäten, wie die nichtssagenden, verschwommenen, tiefsinnig klingenden Redensarten, die geheimnisvollen, formelartigen Worte und die Traumfaselei.

- Der Zustand der beständigen, fortwährenden Empörung gegen alles Bestehende, in dem nicht etwa gezeigt wird, was schlecht ist, warum es schlecht ist und wie es besser gemacht werden könnte.

- Das Verlangen zu zerstören, z. B. den Staat und alles Bestehende.

- Die Sucht, die Auflehnung gegen die Pflichten zu verfechten.

- Gesetze, Sitten, Einrichtungen, Selbstzügelung zu beschimpfen oder zu verspotten.

- Rücksichtslose Ichsucht als einzige Lebensführerin auszurufen.

- Alle Anzeichen von Geisteskrankheiten.

Und ich füge hinzu:

- Verwendung aller denkbaren Körperflüssigkeiten, wie z. B. Blut, Urin, Kot, Eider, Schleim, Sperma, usw. für Effekte aller Art auf der Bühne, im Film, im Fernsehen und in Kunstwerken jeder Art.

- Öffentliche Ausstellung pornografischer, nicht erotischer (!), Kunstwerke aller Art.

- Das Verwenden der Fäkaliensprache beim Schaffen von Kunstwerken.

- Schändung religiöser Symbole.

- Das Bestreben nach Auflösung, Destruktion, Negation und Zersetzung unserer abend- und morgenländischen Sitten, Moral und Kultur.

- Die bösen Gedanken, die Unzucht, der Diebstahl, der Mord, die Verleumdung, der Hochmut und die Unvernunft in der Kunst.

- Die Verleitung, Aufforderung zu Unzucht, Diebstahl oder Mord.

Teléletay !

23. Literatur- und Zitatennachweis

Die von mir zitierte Literatur steht in enger, innerer Verbindung zu dem vorliegenden Buch. Es wurden keine Änderungen, insbesondere keine sinnentstellenden, an dem Material vorgenommen. Das ernsthafte, methodisch strukturierte, eigene geistige Streben nach Erkenntnis und deren Vermittlung, soll die Wissenschaftlichkeit dieses Buches erkennen lassen. Es diente der geistigen Auseinandersetzung mit den zitierten fremden Werken und musste dafür mit deren Inhalten erläutert werden.

1 Ratzinger, Joseph; Benedikt XVI: „Jesus von Nazareth, Band I“, Verlag Herder, Freiburg im Breisgau 2007

2 Schweizer, Albert: „Die Lehre der Ehrfurcht vor dem Leben“, Union Verlag (VOB) Berlin, 2. Auflage1963

3 Eichler, Richard, W: „Viel Gunst für schlechte Kunst“, J. F. Lehmanns Verlag München, 1969 und Eichler, Richard W. „Der gesteuerte Kunstverfall“, J. F. Lehmanns Verlag München 1965

4 Tucholsky, Kurt: Gesammelte Werke, Rowohlt Verlag GmbH, Reinbeck b. Hamburg 1999

5 Adorno; Theodor W.: „Ästhetische Theorie“, Frankfurt am Main; Erstauflage 1973 im Suhrkamp-Verlag Frankfurt am Main. 19. Auflage stw 2012

5a Adorno; Theodor W.: „Ästhetische Theorie“, Frankfurt am Main Erstauflage 1973 im Suhrkamp-Verlag, Frankfurt am Main. 19. Auflage stw 2012. Darin u. a. die Seiten 267-269; 271; 369; 361; 363.

6 Lorenz, Konrad: „Die acht Todsünden der zivilisierten Menschheit“, München 1973

7 Wirth, Anna: „Hat die FSK versagt?“, pro 5/2010 S. 5; Christliches Medienmagazin

8 Schumacher, Jörn: „Inländerfeindlichkeit“; pro, Christliches Medienmagazin 6/2010

9 Rohr, Wulfing von: „Streit im Schloss“, Kishon und die Kunst, Saarländischer Rundfunk in Zusammenarbeit mit dem Kulturforum des Stadtverbandes Saarbrücken, 1996 (DVD)

10 Mäckler, Andreas: „Was ist Kunst“ 1080 Zitate geben 1080 Antworten; Dumont Taschenbücher

11 Gorgas, Gabriele: „Tanz für Genussfähige“, DNN vom 28./29. 4. 2007, Seite 9

12 Einstein, Adolf: „Maschine“ S. 11. Jahrbuch für das Neue Gedicht, Brentano-Gesellschaft, Frankfurt/M. GmbH, 2008

13 DNN vom 06.02.09: „Zwei neue Töne in Halberstadt“

14 Gibson, Ian: “Salvator Dali, Biographie”; Deutsche Verlagsanstalt GmbH, Stuttgart, 1998 ISBN 078-342-105-133-2

15 Liedtkes, W.: „Bunte“ Nr. 31 vom 29.7.99. S. 60

16 Kishon, Ephraim: „Picasso war kein Scharlatan“, Albert Langen-Georg-Müller Verlag GmbH, München/Wien, 1986

17 Nordau, Max: „Entartung“, Verlag von Carl Duncker, Berlin, 1893

18 Eco, Umberto: „Der Name der Rose“, Carl Hanser Verlag München, 1980
19 Hallwass, Edith: „Mehr Erfolg mit gutem Deutsch“, Verlag DAS BESTE, Stuttgart
20 Lapide, Pinchas: „Ist die Bibel richtig übersetzt?“, Bd. 1; Gütersloher Verlagshaus, 1997
21 Berend, E.: Gesamtausgabe der Werke Jean Pauls
22 Furber, Martin übersetzt von Siegried Konrad (Literatur nicht mehr auffindbar).
23 Goethe, Johann Wolfgang von: „Sämtliche Werke“, Verlag der J. G. Cotta’schen Buchhandlung, 1869
24 Brockhaus, Der Große; Verlag F. U. Brockhaus/Leipzig, 1929
25 SWR: Reisewege zur Kunst; Fernsehserie im Südwestfunk am 06.02.01
26 Bunte, Zeitschrift Nr. 37, 2000
27 ars mundi, Katalog Highlights, 2002
28 The fine arts collection, Katalog 2009, Verlag International Graphics Walmsley GmbH
29 Picasso, Pablo; Buchholz, Elke Linda u. Zimmermann, Beate, Könemann Verlagsgesellschaft mbH, Köln 1999
30 Grass, Günter: Gesamtausgabe: Hermann Luchterland Verlag GmbH, Neuwied, 1987
31 Brentano-Gesellschaft, Jahrbuch für das Neue Gedicht, Frankfurt/M. GmbH, 2011 und 2012
32 Keats, John: „Complete Poems“, Belknap Press, Cambridge, Mass., 2003
33 Bilzer, Bert: „Begriffslexikon der bildenden Künste“, Rowohlt Verlag GmbH, Reinbeck bei Hamburg
34 Meyers Enzyklopädisches Lexikon, Bibliographisches Institut Mannheim / Wien / Zürich, Lexikonverlag, 1971
35 Rappelmann, R. / Harlam, V. / Schata, P.: „Soziale Plastik“, Aschberg Verlag, Aschberg, 1984
36 Kopp Aktuell, April 2012, Seite 59
37 Prinzhorn, Hans: „Bildnereien der Geisteskranken“, Springer Verlag, 1922
38 Frasch, Timo: „Nicht ohne seinen Pimmel“, FAZ, 21.09.2008
39 Schrott, Raoul: „Dada 15/25“; Arp, Hans, Hadje Stuttgart, 1957
40 Winkler, Walter: Psychologie der modernen Kunst“, Alma mater, Tübingen, 1949
41 Roh, Franz: „Entartete Kunst“, Fackelträger, Hannover, 1962
42 Behne, Adolf: „Entartete Kunst“; Carl Habel Verlagsbuchhandlung, Berlin, 1947
43 Kaiser, Celine: „Die Rhetorik der Entartung“, transcript Verlag, Bielefeld, 2007
44 Arte-TV: Wagner, Richard, Bayreuth Götterdämmerung, Arte, Spiegel TV / ZDF Unitel, 2008, Richard-Wagner-Archiv
45 Schlingensief: Kulturzeit extra v. 23.8.2010 und v. 24.8.2010; 3sat z. Tode von Christoph Schlingensief
46 Schwarzkopf, Elisabeth, Opernwelt Nr. 12, Dezember 1995
47 Arte-Magazin 7/2010
48 Goetheanum, Das – Der Bauimpuls Rudolf Steiners; Philosophisch-Antroposophischer Verlag, Goetheanum Dornach / Schweiz

49 Duden, Rechtschreibung Band 1, Bibliographisches Institut Mannheim/Wien/Zürich, Dudenverlag, 1980
50 Lerm, Matthias: „Abschied vom alten Dresden“, Hinstorff Verlag Rostock, 2000
51 Orwell, George, „1984“, Diana Verlag Zürich, 1950
52 Gauck, Joachim: Festrede “Freiheit wagen, Verantwortung leben” am 3.10.2007 im Sächsischen Landtag, Dresden
53 Heinemann, Fritz: „Plotins Entwicklung und sein System“, 1922 und Mehlis: „Plotin“, 1924
54 Cassirer, Ernst: „Kants Leben und Lehre“, 1921, und Fischer, Kuno: „Immanuel Kant und seine Lehre“, 1928
55 Vischer, Robert: „Studien zur Kunstgeschichte“, 1886
56 Konnerth, H.: „Die Kunsttheorie Konrad Fiedlers. Eine Darlegung der Gesetzlichkeit der Bildenden Kunst“, 1909
57 Schmarsow, August: „Grundbegriffe der Kunstwissenschaft“, 1905
58 Dessoir, Max: „Ästhetik und allgemeine Kunstwissenschaft“, 1923
59 Burger, Fritz: „Einführung in die moderne Kunst“, 1917, und Hildebrandt, H.: „Der Expressionismus in der Malerei“, 1919
60 Fuchs, C.H. „Die Philosophie Victor Cousins“, 1847
61 Conrad, Michael, Georg: „Zola“; Verlag Marquart & Co, Berlin, 1906
62 Duden, Bedeutungswörterbuch, Band 10, Bibliographisches Institut Mannheim/Wien/Zürich, Dudenverlag, 1985
63 Duden, Etymologie, Herkunftswörterbuch, Band 7, Bibliographisches Institut Mannheim/-Wien/Zürich, Dudenverlag, 1997
64 Kruft, H.-W.: „Geschichte der Architekturtheorie“, Velde, Verlag C.H. Beck, 2004
65 Marees: „Der deutsche Maler in Rom“, Delphin-Verlag, München, 1921
66 Wehmeyer, Grete: „prestissimo“, Rowohlt Taschenbuch Verlag GmbH, 1993
67 Bellini, Boß über … Klassik Akzente 5, 2001, S. 16
68 Heer, Friedrich: „Abendland“ in Meyers Enzyklopädisches Lexikon, Bibliographisches Institut Mannheim / Wien / Zürich, Lexikonverlag, 1971
69 Corbas, Robert: Arte TV am 16.05.2010, 0^{50}
70 Deutschlandfunk, am 06.04.2007, 17^{05} – 17^{30}
71 Clay, Edmund, R. : L’Alternative. Contribution à la psychologie. » Traduit de l’anglais par A. Burdeau. Paris, 1886
72 Fechner, Hanns: „Kommende Kunst“, Verlag Waisenhaus, Halle a. d. Saale, 1915
73 Volkelt, Johannes, Immanuel: „Der Symbolbegriff in der neusten Ästhetik“, 1876; „Ästhetische Zeitfragen“, 1895; „Ästhetik des Tragischen“, 1897; „System der Ästhetik“, 1914
74 Solger, Karl Wilhelm Ferdinand: „Erwin, vier Gespräche über das Schöne und die Kunst“, 1815
75 Hegel, Georg, Wilhelm, Friedrich: „Enzyklopädie der philosophischen Wissenschaft im Grundriss“, 1817, Lasson: „Hegels sämtliche Werke“, 1913
76 Schopenhauer, Arthur: „Die beiden Grundprobleme der Ethik“, 1841: Fischer, K.:

"Schopenhauers Leben, Werke und Lehre", 1908
77 Catoni, Fancesco: „The mathematics of Minkowski"; Spacetime Verlag Birkhäuser, Basel, 2008
78 Lehmann, Karl Kardinal: Vortrag am 1.4.2008, Hofkirche zu Dresden
79 Gerthsen, Kneser, Vogel: Physik, Springer, 1977, Berlin
80 Chambers, Renee: Das malende Pferd Cholla; Funkuhr, s. Internet vom 4.11.2008
81 Davidson, Donald: „Probleme der Rationalität", Suhrkamp Frankfurt a. M., 2004
82 Hahn, K.: „Deutsche Volkskunst", 1928
83 Hupp: „Runen und Hakenkreuze", 1921
84 Bahr: „Kritik der Moderne", Verlag und Datenbank für Geisteswissenschaften, Weimar, 2004
85 Plasberg: „Cicero in seinen Werken und Briefen", Zielinski: „Cicero im Wandel der Jahrhunderte", 1929
86 Erbauer, Matthias: „Neues Großes Handbuch für Allgemeinbildung", Compact Verlag München, 2002
87 Baur, Eva, Gesine: „Meisterwerke der Erotischen Kunst", DuMont Buchverlag Köln, 1995
88 Seidel, Karl: u. a. „Neurologie und Psychiatrie einschließlich Kinderneuropsychiatrie und Gerichtliche Psychiatrie", VEB Verlag Volk und Gesundheit Berlin, 1980
89 Focus 39, 2006
90 Orwell, George: „Farm der Tiere", Diogenes Taschenbuch, Zürich, 2005
91 Bronn, H.G.: Darwin, Evolutionstheorie; E. Schweizerbart'sche Verlagshandlung und Druckerei, Stuttgart, 1860
92 Unzieker, Alexander: „Vom Urknall zum Durchknall", Springer, 2010
93 Planck, Max; Institut für Gravitationsphysik (Albert-Einstein-Institut), Golm/ Potsdam, 2010
94 Hawking, Stephen: „Eine kurze Geschichte der Zeit"; Rowohlt Taschenbuch Verlag GmbH, Hamburg, 1991
95 Nietzsche, Friedrich: Werke in 2 Bänden, Alfred Kröner Verlag, Leipzig
96 „Glasauge", Magazin für brot- und gottlose Kunst. S. Internet vom 17.09. 2007
97 Knabe, Hubertus: „Die Wahrheit über die Linke", Ullstein Buchverlag Berlin, 2009
98 Prinzhorn, Sammlung und Museum, Voßstraße 2; Heidelberg
99 BGB, Becks-Texte im Deutschen Taschenbuchverlag,
100 Kossiek, Rolf, Die Machtübernahme der 68er, Hohenrain-Verlag, 2009
101 Crescendo; September/Oktober 2010, Seite 32
102 Kästner: „Fabian. Die Geschichte eines Moralisten", Deutsche Verlagsgesellschaft Stuttgart Berlin
103 Bibel, Altes Testament, Lukas 7; 1-10 „Der Hauptmann von Kapernaum"
104 Christus, aus Schokolade, Euro News 31.3.07, 14h 35
105 Messiah, 3sat, 27.03.10
106 Kollo, Rene: „Festansprache" am 24.05.2009 zum 20-jährigen Jubiläum des Richard-

Wagner-Festivals in Wels
107 Orwell, Georg: Gesammelte Schriften
108 Lynd, Robert: Wikipedia Foundation Inc.
109 Congo, Schimpanse, Wikipedia Foundation Inc.
110 Tarantel, Satirische Monatszeitschrift der DDR in Westberlin des geteilten Deutschlands bis 1961; ehemaliger Chefredakteur Walter Schulz-Heidorf
111 Wintzek, Bernhard, C. Mut Verlag Asenberg
112 Wurzbach, W. von: „Studien zu Alexander Dumas dem Jüngeren", in Zeitschrift für neufranzösische Sprache und Literatur, 44 (1917 und 45 (1920)
113 Hagen, Günter von: Ausstellung „Körperwelten" im Postbahnhof am Ostbahnhof Berlin am 27.04.2011.
114 Jungaberle, Henrik / Röske, Thomas: „Rausch im Bild – Bilderrausch", Sammlung Prinzhorn Heidelberg, 2004
115 Blässle, Marcias; „Neuanarchistische Theorie und Praxis am Beispiel dreier Kommunen" in Jungaberle, Henrik/Röske, Thomas; „Rausch im Bild – Bilderrausch", Sammlung Prinzhorn, Heidelberg, 2004
116 Kossieck, Rolf: „Die Frankfurter Schule und ihre zersetzenden Auswirkungen", Tübingen 2001, ISBN 3-89180-061-4
117 Beetz, Christian: „Zwischen Wahnsinn und Kunst. Die Sammlung Prinzhorn"; Gebrüder Beetz Filmproduktion, 2009
118 „Schwarzbuch des Kommunismus", Piper Verlag GmbH, München
119 Beil, Hanswilhelm, Sammlung Beil, 1974/1977 in der Sammlung Prinzhorn 2004
120 Großheim, Juliane: „Die Kinder vom Friedrichshof", Arte-Magazin 7/2010, Seite 53
121 Funkuhr, Zeitschrift vom 25.07.10
122 Rüttimann, Vera: „Der Reiz religiöser Motive", Zeitschrift „Tag des Herrn" Nr.41 10.10.10
123 Jacobi, Holger: „Früchteteppich zum Erntedank", Zeitschrift „Tag des Herrn" Nr. 41 10.10.10
124 Mann, Thomas: Tonio Kröger, Fischer Verlag Frankfurt/M, 1973
125 Preuß: „Friedrich der Große" in 4 Bänden, 1834;
Krause, G.: „Friedrich der Große und die Deutsche Poesie", 1884
126 Gogh, van, Zeitschrift Bunte Nr. 8, 2002, S 94
127 ESTG, Becks-Texte im Deutschen Taschenbuchverlag
128 BVG, Bundesverfassungsgericht
129 Friedrich, Caspar David, „Künstlerbriefe über Kunst", Wolfgang Jess Verlag, Dresden, 1957
130 Ohff, Heinz: „Kunst ist Utopie", C. Bertelsmann Verlag Gütersloh/Berlin, 1972
131 Noa, Wolfgang: „Paul Wegener", Hentschelverlag, Berlin, 1964
132 Foto des Mercedes „E-Coupé" von 2009, Firmenprospekt
133 Bühlow, von: „Gesammelte Prosa", Diogenes Verlag, Zürich, 2006
134 Croce, Benedetto: Gesammelte philosophische Schriften in deutscher Übersetzung, Hg. v. Feist, Bd. 1 Ästhetik als Wissenschaft. Verlag Ausdruck und Allg. Sprachwis-

senschaft, Tübingen, 1930
135 Ree, Paul: „Der Ursprung der moralischen Empfindungen", Denkmalverlag
136 Drewermann, Eugen: „Das Böse überlieben", aus der Zeitung „reformiert" vom 24.09.2010. Evangelisch-Reformierte Zeitung für die deutsche und rätoromanische Schweiz
137 Effel, Jean: „Die Erschaffung der Welt", Rowohlt Verlag, Reinbeck b. Hamburg und DVD
138 Sloterdijk, Peter; Prof. für Philosophie und Ästhetik an der Universität Karlsruhe
139 Gruber, Gisi: „Die sieben Kleider der Kathrin", Verlag Kohlhammer und Wallishauser, Hechingen
140 Döpfner, Mathias: „Wie Joachim Kaiser zum Anti-Adorno wurde", Internet vom 01.09.2010
141 Kahlke, Thomas: Beilage zu Philips: „Classic" CD 438727-2
142 Korfmacher, Peter: „Modernist aus Kaisers Zeiten", FAZ, 5./6. April 2008
143 Schubart, Christian, Friedrich, Daniel: „Ideen zu einer Ästhetik der Tonkunst", 1806 in Degen: „Schubarts gesammelte Schriften und Schicksale", 1840
144 Döge, Klaus: „Dvořak, Leben, Werk, Dokumente", Piper Verlag, München, 1991
145 Karajan, Filmstar Karajan, WDR 2008
146 Duden, „Das Fremdwörterbuch", Bibliographisches Institut, Mannheim, 1974
147 Bibel, Neues Testament, Die Offenbarung des Johannes, 12,9; 12,12
148 Beuys, „Ende offen. Kunst und Antikunst": Wochenendforum am 27.01.1970 des WDR, Köln, 1970 (DVD)
149 Mittwissen Mittun, Pro Conscientia Infobriefe Nr.12, S.33, vom 03.10.2002; Heidelberg
150 Boxberger, Robert: „Rückert, Friedrich" in „Allgemeine Deutsche Biographien" (ADB); der Historischen Kommission bei der Bayerischen Akademie der Wissenschaften, Bd. 29; Duncker & Humblot, Leipzig, 1889
151 ars mundi 1/2002
152 Jarchow, Peter / Stabel, Ralf: „Palucca", aus ihrem Leben, aus ihrer Kunst. Hentschel Verlag, Berlin, 1997
153 Brentano-Gesellschaft, Berthold, Rainer; Jahrbuch für das Neue Gedicht, Frankfurt / M. GmbH, 2008
154 Parker, Julia u. Derek: „Träume offenbaren Dein Schicksal", Weltbildverlag, Augsburg, 1991
155 Massinet, Jules Werther: „Werther" Pariser Nationaloper Bastille, Dirigent: Michel Plasson, Inszenierung: Benoit Jacquot, Arte France, 2004.
156 Gauck, Joachim: „Winter im Sommer – Frühling im Herbst", Siedler Verlag, München, 2009
157 Heine, Heinrich; Sämtliche Werke, Bd. 1, Zeitgedichte Seite 307; Bibliographisches Institut Leipzig/Wien, 1890
158 Nordau, Max, Wikipedia Foundation Inc.
159 Marcuse, L.: "Gerhart Hauptmann und sein Werk", 1922. Christ. Herrmann: „Die

Weltanschauung Gerhart Hauptmanns in seinen Werken“, 1926

160 Bumke, O.: „Handbuch der Geisteskrankheiten“; Hsg. Bd. 5 (1928), darin v. Lange-Eichbaum: „Genie - Irrsinn und Ruhm“

161 Beethoven: „Wut über den verlorenen Groschen“, CD

162 Beethoven: „Ich liebe dich“, CD

163 Rothe, Rudolf: „Höhere Mathematik“, B. G: Teubner Verlagsgesellschaft, Leipzig, 1949

164 Funkuhr, Zeitschrift vom 30.07.2010

165 Rheinneckar Zeitung vom 27./28.02.1999

166 Schieferdecker, Uwe: „Vom Bewahren und Erneuern“, Sachsenbummel Nr. 4, 2010

167 Grimsehlpass, Schrottkunst auf dem Grimsehlpass/Schweiz (Wikipedia)

168 Bunte, Zeitschrift Nr. 45, 01.11.2000

169 „Dinge der Kunst des 20. Jahrhunderts“ Haus der Kunst, München 2000

170 Syberberg, Hans Jürgen, „Vom Unglück und Glück der Kunst in Deutschland nach dem letzten Krieg“, *in*: Kosiek „Die Machtübernahme der 68er“, -Hohenrain – Tübingen 2009, siehe auch Literatur (116)

171 Wagner, Richard: Rheingold, Hannover, 1992/93

172 Weber von, Carl Maria: „Der Freischütz“, Dresden, 1984

173 Meyers Enzyklopädisches Lexikon, Stichwort „Lumpenproletariat“ Marx, Karl

174 Klaus, Torsten: „Ein Stürmchen im Gläschen“, DNN 07.01.11

175 Mozart, „Die Entführung aus dem Serail“, Spiegel 26/2004 und Focus 49/2005

176 Kronsbein, Joachim: „Bordell mit Käfighaltung“, Spiegel, Nr. 26/2004

177 Schlingensief, Christoph: Fluxus-Oratorium: „Eine Kirche der Angst vor dem Fremden in mir“, Ruhr Triennale, 21.09.2008

178 Schlingensief, Interview mit Katrin Bauernfeind, 2008 (DVD)

179 Mozart, Requiem, Text des Requiems: Aus „The Philips Complete Mozart Edition“, 1991

180 Kulturzeit, 3sat, 23.08.10

181 Konwitschny: “Lohengrin”, Staatsoper Hamburg, 1998

182 STGB § 183a

183 „Gay Community News“, Magazin der amerikanischen Schwulenbewegung, Mitwissen Mittun, Pro Conscientia Infobrief Nr. 20?; 2010, Heidelberg

184 McNally, Terence: Textbuch zu Corpus Christi; Per H. Lauke Verlag, Hamburg, 1999

185 Kästner, Erich: „Werke in 9 Bänden“, Carl Hanser Verlag, München

186 Berger, Jürgen: “Jesus liebte auch Männer“, Süddeutsche Ztg., 23.05.2000

187 Sommer, Andreas: „Normverstoß und Patschwork-Decke“, Heilbronner Stimme, 15.04.2000

188 Lauke: Bildzitat aus „Per Lauke Verlag informiert“ Nr. 23/2000

189 Leinemann, Susanne: “Die Tabubrecher-Buben auf Tour durch Deutschland”, Die Welt v. 30.06.2000

190 Hahn, W. Otto: „Kultur des Todes oder Kultur der Barmherzigkeit?“ Mittwissen Mittun, Pro Conscientia Infobrief Nr. 20; 2010, Heidelberg

191 Berger, Jürgen: „Schwert Gottes“, Süddeutsche Zeitung 09.03.2000
192 Leinemann, Susanne: “Christenbeschleuniger im Stadttheater”, Die Welt, 15.04,2000
193 Corpus Christi, Grüne fordern Ratsdebatte; Südwest Presse, 26.05.2000
194 Sommer, Andreas: „Ohne Ende“, Heilbronner Stimme, 30.5.2000
195 Corpus Christi, Keine Angst vor „Corpus Christi“, Heilbronner Stimme, 02.06.2000
196 Fassbinder, Rainer, Werner: „Der Müll, die Stadt und der Tod“, Bunte, Zeitschrift Nr.15, 2002
197 Frauenholzer, Robert und Rosendorfer, Herbert, Magazin Rondo 4/11
198 Rost, Walter: Deutsche Stilkunde, Bertelsmann Fachverlag, Gütersloh, 1960
199 Cage, John, Wikipedia Foundation Inc. vom 01.02.2012
200 Schwengers, Marlies: „Werner Gilles“ (1894-1961), Kölner Schriften zu Geschichte und Kultur (KSGK), Köln
201 Goscinny, Rene, Sepe, Jean-Jacques: „Der kleine Nick“, Diogenes Verlag Zürich, 1974/2001
202 Ziegler, Christoph: „Möbelinstallation mit eingebautem Künstler“, Weimarer Rathauskurier Nr. 15, 2010
203 Unseld, Dr., am 10.01.08 im Lipsiusbau der Kunsthalle Dresden
204 Franzke, Andreas: “Georg Baselitz, Idea and Concept (Art & Design)”, Verlag Prestel, Verlagsgruppe Random House GmbH, München
206 Eckerman, Johann, Peter: „Gespräche mit Goethe“, Inselverlag, Frankfurt/M., 2006
207 Uhde-Bernays, Hermann (Herausg.): „Künstlerbriefe über Kunst, Verlag“, Wolfang Jess Verlag, Dresden 1926/1957
208 MUT, Nr. 468, S.74
209 Müller, Friedrich: Gespräche mit „Herbert von Karajan“, ZDF am 10.04.1988
210 Tolstoi, Graf Leo: “Die Kreuzer Sonate“, Deutsche Buchgemeinschaft, Berlin
211 Hildesheimer, Wolfgang: “Mozart”, Inselverlag, Frankfurt/Main, 1990
212 Bibliotheca Beethoveniana, Leipzig, 1925
213 Vogt, Lene: „Säks’sche Balladen“, Band II, Verlag A. Bergmann, München
214 Mozart, Zauberflöte, Zürich 2007
215 Bunte Nr.11, 06.03.02
216 Ludwig, Christa: Gespräch in “Die Zeit; Zeitgeschichte“ Nr.1, 2008, S. 66
217 Mozart, Briefe und Aufzeichnungen. Gesamtausgabe, herausgegeben von der internationalen Stiftung Mozarteum Salzburg, Bd. I-VII, Kassel, Basel, London, New York, Tours, 1962-1975
218 Mozartband, Wikipedia Foundation Inc.
219 Loussier, Jacques – Trio: “Play Bach”, CDs z. B. bei DVD-EuroArts
220 Swingl Singers, The: „Bach/Mozart“; viele CDs im Handel
221 Marriner, Mozart, Rarities & Surprises (Raritäten und Besonderes) Philips, Complete Mozart Edition, CD Nr. 3
222 Mozart, KV 516f
223 Paul, Jürgen: „Das überforderte Kunstwerk“, Wissenschaftliche Zeitschrift der Technischen Universität Dresden, 44 (1995), Heft 2

224 Kornemann, Matthias; „Buchbinders Beethoven“ Programmheft 2010/2011, Sächsische Staatskapelle Dresden; 2010/2011

225 Tangeberg, Peter: „Wahrheit und Mythos Bernt Notke und die Stockholmer St.-Georgs-Gruppe“, ISBN 978-3-7995-8405-0

226 Acker, Hans: Glasfensterzyklus im Ulmer Münster, 1440

227 Altdorfer, Albrecht: Friedländer 1891 *und* Tietze 1923

228 Nieswiodek-Martin, Ellen: „Mit Gott im Atelier“, pro/Christl. Medienmagazin 6/2010

229 Schmidt, Helmut: „Religion in der Verantwortung“, Ullstein Buchverlage GmbH

230 Smith, Adam: “Wohlstand der Nationen”, Anaconda Verlag GmbH, Köln, 2009

231 Ickler, Theodor; Professor Dr. an der Universität Erlangen-Nürnberg

232 Bunte, Zeitschrift Nr. 46, 1998, S. 92

233 Shiraga, Fumigo: Konzert am 15.11.1999 in der Aula der Universität Heidelberg

234 Hurel, Juliette: Musikfestival 2010 in Nantes.

235 Precht, Richard, David, Philosoph: „Moral-Schrift“, Focus 42 / 2010, S. 134

236 Aurelius Augustinus: Werke in deutscher Sprache. Herausgeber Perl, Paderborn, 1955

237 Schwabe, Kurt: Sächsische Zeitung, Dresden, Januar 1951

238 Speer, Albert: „Erinnerungen“, Propyläen Verlag, Berlin, 1971

239 Wagner, Rheingold, Funkuhr 31.10.09

240 Mulert, H.: „Schleiermacher“, 1918; und Braun, O. / Bauer, Johann: „Ausgewählte Werke Schleiermachers“, 1010-1913

241 Descartes: „Les passions de l’ame“, 1650, dtsch. 1911

242 Kant; Anthropologie in pragmatischer Hinsicht, 1798

243 Feuchtersleben: Diatetik der Seele, 1838 (Ausgabe 1917)

244 Faust, in Meiningen 30.04.2010

245 Mozart, Idomenea, 3sat, 05.12.2009

246 Batta, Andras: „Opera“, Könemann Verlagsgesellschaft mbH, 1999, Seite 231

247 Gluck, Alceste 3sat, 7.10.06

248 Riess, Curt: „Gustav Gründgens“, Verlag Hoffmann & Campe, Hamburg, 1982

249 Wagner, Rheingold in Valencia

250 Grafe, Adolf: „Otto Altenkirch, ein Maler deutscher Landschaft“, Verlag C. Heinrich, 1934

251 Wagner, Wolfgang: „Lebensakte“, Albrecht Knaus Verlag, München, 1994

252 Furtwängler, Elisabeth: „Über Wilhelm Furtwängler“, Atlantis Musikbuch-Verlag, 2006

253 Werner, Oscar, Columbia-Bavaria-Film AG: „Zwischenspiel“ mit Oscar Werner 1968 (Englischer Titel „Interlude“ GB 1968), Regie Kevin Billington

254 Ochsenknecht, ZDF-Theaterkanal, 18.8.07

255 Schenk, Otto, Professor, Dr.: „Richard Wagner Festival“, Wels, Österreich

256 Everding, August: „Da capo, Der Fragebogen des August Everding. ISBN 3-932529-10-3

258 Hellen, E. von der: „Cottasche Säkularausgabe der Werke Friedrich Schillers“, 1904/1905, Boxberger u. Birlinger: „Schiller“ in „Dt. National-Literatur“, 1882-1891

259 Werktreue, Wikipedia, die freie Enzyklopädie „Werktreue“
260 Focus 49/2005
261 Abbas: Viele CDs im Handel
262 Schönewolf, Karl: Herausgeber, Konzertbuch, Hentschelverlag, Berlin, 1960
263 Seeger, Horst: Kleines Musiklexikon, Hentschelverlag Berlin, 1958
264 Königsdorf, Jörg: Rondo 5/2011
265 Friedländer: „Max Liebermann“, Berlin, 1924
266 Schuch, Friedrich von, Richard Strauss: „Ernst von Schuch und die Dresdner Oper“, VEB Verlag der Kunst, Dresden (ohne Jahr)
267 Rossini, Gioachino: „Der Barbier von Sevillia“, Genf 1991, Theatro Madrid, Bonus DVD, Decca, 2005
268 Spiegel 26/2004
269 Verdi, Tosca von Bondy, Arte 10.7.10
270 Rossini, Gioachino: Aschenbrödel, 2009, in Barcelona, DVD
271 Felsenstein, Walter: aus Wikipedia
272 Burnett, F. Hodgson: „Der kleine Lord“, TV-Film, ARD 2010
273 Wickert, Ulrich: „Gauner muss man Gauner nennen“, Piper Verlag, München
274 Hüetlin, Thomas: „Tanz dem Axel Springer“, Der Spiegel Nr. 49, 2009
275 Lust, Erika: DNN 15./16.05.2010
276 Morche, Pascal: Rondo 4/2011
277 Lyotard, Jean, Francois: „Karl Appel (Karel) ein Farbgestus. Essay zur Kunst Kavel Appel“, Verlag Gachnang & Springer, Berlin, 1998
278 Fidelio v. Gielen und Kusej, 17.3.1998, Staatsoper Stuttgart: „Die Zeit“ vom 19.03.98 (Ausgabe 13/1998)
279 Weber, Freischütz, DVD, Baden-Baden, 2009
280 Bajazzo, Opernhaus Zürich, 2009, DVD
281 Burkhardt, Max: „Führer durch die Konzertmusik“, Globus-Verlag GmbH, Berlin, 1909
282 Siegerist, Joachim: Von Gorbi bis van Gogh, WPR Wirtschafts- und Verbands-PR GmbH Hamburg 2009
283 Arte Journal, Pahlavi, Axel, Arte Journal 6/2010, S.47
284 „Stellen sie sich vor, es ist Krieg und keiner geht hin“, Slogan der Grünen in den 68er-Jahren
285 Bunte Nr. 15, 2002
286 pro, Medienmagazin „pro“ 2/2010, S.4)
287 Kubrik, Wikipedia Foundation Inc.
288 Merkel, Wolfgang, Wikipedia Foundation Inc.
289 Linde, Hans Martin: „Cappella Coloniensis“
290 Kreidacher Höhe „Inschrift am Hotel“; Wald-Michelbach im Odenwald
291 Dali, “Kunstart” Nr. 12, 2010
292 Descharnes, Robert und Gilles Neret: „Salvador Dali“, Benedikt Taschen Verlag, Köln, 1997

293 Schumann, Robert: „Hochschule für Musik Carl Maria von Weber“, Dresden, 2010

294 Bradley, Mayhew: “Die Marco Polo-Fährte”, Arte 07.01.11 und (Autor unbekannt) 3sat am 06.01.2013, 13^{30}, “Durch das Reich der Mitte”

296 Döring, Foto von Andreas Döring in der DNN vom 21.05.10, Egon Krenz

297 Domingo, Placido, arte-TV, Januar 2011, DVD

298 Rueger, Prof. Dr. Christoph: „Die Musikalische Hausapotheke“, Ariston Verlag, Genf / München, 1991

299 Haß, Hans: „Unter Korallen und Haien“, Verlag Bertelsmann, München, 1977

300 Seifert, Wolf-Dieter: „Meisterwerke ersten Ranges. Die Divertimenti für Streicher und Bläser von W. A. Mozart“, The Philips Complete Mozart Edition, 1996, CD, Musikalischer Spaß

301 Hecker, Jutta: “Die Altenburg”, Verlag der Nation Ingwert Paulsen jr., Husum, 1999

302 Neuenfels, Frankfurter Allgem. Zeitung vom 27.07.2010 und 17.08.2010

303 DNN 15./16. 01. 2011

304 Lustmord, 3sat, 30.8.2000

305 Amman, Gregor: Zeitschrift Bunte Nr. 9 / 2001

306 Layer, Edition Deutscher Ärzteverlag

307 ars mundi, Katalog Sommer 1998

308 Prisma von 2/2012 (Beilage zur DNN)

309 Bunte“, Nr. 29 vom 11.07.96

310 Schwinger, Julian: „Einsteins Erbe“, Spektrum Akademischer Verlag Heidelberg, 2000

311 Einstein, Alfred: „Mozart, sein Charakter, sein Werk“, Fischer Taschenbücher, Allgemeine Reihe, Frankfurt/M

312 Reich-Ranicki, Marcel, Literarisches Quartett des Zweiten Deutschen Fernsehens im Juni 2000

313 Hartlap DNN Mai 2010

314 Brüggemann am 03.10.2004 im Internet: „Nachrichten Welt am Sonntag – Welt Online“

315 Karpfen, Fritz: „Der Kitsch“, Weltbund-Verlag, Hamburg, 1925

316 „Sissi” verfilmt von Ernst Marischka, nach dem Roman "Sissi" von Maria Blank-Eisman mit Romy Schneider und Karl Heinz Böhm

317 Sissi, Kaiserin” – Musical von Stampfer, Georg, Loibnegger, Margot und Ferkay, Tamas. Produzentin in China: Jin Ling, Grand Theater in Ningbo.

318 Aspinal, Tim: „Der Garten“ mit Elisabeth Bergner und Gerd Fröbe. Regie Wolfgang Liebeneiner, übersetzt von Marianne de Barde, Polyphon Film- und Fernsehgesellschaft mbH, 1982

319 Tink Diaz: “Lieben sie Kitsch?“, Arte-TV/plus und NDR. Tag/Traum 2009. Gäste: Grim; Megyeri; Crumb u. a.

320 Psalm 91,11

321 Knabe, Hubertus: „17. Juni 1953“ (Stalin) Ullsteinverlag

322 Behrens, Peter: „Feste des Lebens und der Kunst“, Jena, 1990

323 Raphael Enthoven im Gespräch mit Paul Clavier: „Philosophie Kunst"; Arte, 22.05.2011,
324 Uehling, Peter: „Karajan, eine Biographie", Rowohlt Taschenbuchverlag, 2008
325 Goll, Claire: „Ich verzeihe keinem" *in*: Artraud, Antonie, 1896-1948, Seite 306
326 Hauskeller, Michael: „Was ist Kunst?", Verlag C.H. Beck oHG, München, 2008
327 Barth, Ferdinand: „Wie wird man ein Klassiker?", Vortrag am 21. Juli 1999 in der Stadtkirchengemeinde in Darmstadt
328 Arte-TV, Kunstdoku vom 22.06.11: Das Model mit der schwarzen Katze: „Olympia" 1863 von Edouard Manet.
329 Bräunlein, Jürgen: „Schön blöd. Der unheimliche Medienerfolg der Untalentierten", Quadriga Verlag, Berlin, 1999
330 Ars mundi, Katalog Sommer 2011
331 Zuschlag, Christoph: „Entartete Kunst", Ausstellungsstrategien im Nazideutschland, Wermersche Verlagsgesellschaft, Worms, 1995
332 Paul, Jean: „Vorschule der Ästhetik", Felix Meiner Verlag, Hamburg, 1990
333 Rößler, Herbert: „Windsamen", Gedichte. Albert Schneider Verlag, Bingen am Rhein, 1971
334 Bobrowski, Johannes; „Die Gedichte", Bd. 1 der gesammelten Werke 1. Deutsche Verlags-Anstalt GmbH, Stuttgart, 1987
335 Müller, Bertram (Hrsg.): „Philosophen", 2011, Rheinische Post Verlagsgesellschaft mbH, Düsseldorf
336 Maazel, Lorin, in der Beilage zur CD von Philips 422 167-2 „Händel: Feuerwerksmusik und Wassermusik-Suite"
337 Wittgenstein, Ludwig; *in* Richard David Precht, „Die Kunst kein Egoist zu sein", Wilhelm Goldmann Verlag, München, 2010
338 Amtsblatt der Stadt Weimar „Rathauskurier" Nr.13 2010, Irmgard von Bonge „Sestri Levante" – Wäscherinnen"
339 Cresendo, September/Oktober 2011
340 Eucken: "Sinn und Wert des Lebens", 9. Auflage, 1922, und „Die Lebensanschauungen der großen Denker", 19. Auflage, 1930
341 Heynen: „Diltheys Psychologie des dichterischen Schaffens", 1916
342 Rondo 4/11
343 Deutsches Gedichtbuch, Aufbauverlag Berlin, 1959
344 Borris, Siegfried: „Einführung in die moderne Musik", Mitteldeutscher Verlag Halle (Saale)
345 Pratella *in* (344)
346 Konzertbuch; zweiter Teil, Hentschelverlag, Berlin, 1960
347 Büchen: „Musik der Nationen" (344)
348 Leichtentritt, H.: „Ferrucio Busoni" 1916, Gisello Seiden-Goth „Ferrucio Busoni", 1922 und Jakob Wassermann in "In Memoriam Ferrucio Busoni", 1925
349 Dresdner Hefte, Sonderausgabe 1999
350 Plumley, Gavin; Beilage zu den 3 CDs: Hindemith, „Matthis der Maler" (EMI Classics)

351 Hitzer, Friedrich: Entfaltung zur Persönlichkeit, Musik als Schutz des Lebens: Mut, Mai 2004
352 Bloch, Ernst; „Diskussionen über Expressionismus“ (1938) in „Erbschaft dieser Zeit“, Frankfurt a. M., (1979)
353 Prokofjew: „Das unvollendete Tagebuch“, Kulturdoku im Arte-TV, 06.11.11
354 Brand-Clausen, und Jädi: Katalog „Visionen und Revision einer Entdeckung“ zur Sammlung Prinzhorn, Heidelberg, 2001
355 Keller, Dieter: „Kunst und Künstler im Aphorismus“; E. A. Seemann Verlag, Leipzig
356 Prechts Welt, Stern Nr. 48; 24.11.11
357 Lübke-Semrau: „Die Kunst der Renaissance“, Paul Neff Verlag, 1912, Esslingen
358 Spitzer, Manfred; Bild der Wissenschaft 12/2011
359 Weizsäcker, Richard von – Für immer Präsident, Film von Sandra Maischberger und Jan Kerhart, NDR, 2010
360 Dali: „Die geheime Sammlung des Salvadore Dali“ Arte-TV, „Journal Film Klaus Volkenborn KG; im Auftrag des ZDF, 1991
361 Morche, Pascal, Crescendo 12/2011- 01/2012
362 Brecht, “Europas Erbe” Arte-TV, 24.10.11; „Die großen Dramatiker – Brecht“
363 Gluck, Christoph, Willibald: Die Oper „Telemaco ossia L'isola di Circe“, am 23.07.2011 im TV-Sender 3sat
364 Grimaud über Mozart, Klassik, Akzente 3/2011
365 Busch, Wilhelm; Sämtliche Werke, Bertelsmann Verlag München, 1988
366 Schorlemmer: „Meisterin der Halbwahrheiten“, DNN vom 05.04.2012
367 Löhndorf, Marion: „Lieblingsziel Totalirritation“, Kunstforum, Bd. 142, 10/98 Seiten 94-101
368 Sachs, Gunter; Kunst in der Turmwohnung in St. Moritz; Stern Nr.9/1970 vom 22.02.1970
369 Blasi, Johanna di, DNN, 06.12.2011, „Der unscharfe Riese“
370 Picasso, Pablo; „Brief an einen unbekannten Empfänger“, im „Jahrbuch zur Pflege der Künste; 5. Folge“, Wolfgang Jess Verlag, Dresden 1957 entnommen aus „Künstlerbriefe über Kunst“, ebenfalls Wolfgang Jess Verlag, Dresden.
371 Luxemburg, Rosa; Gesammelte Werke, Berlin (DDR) 1975
372 Precht, Richard, David: „Die Kunst kein Egoist zu sein“, Wilhelm Goldmann Verlag, München, 2010
373 Focus 36/2011, De Lisle
374 Korn, David: „Wem dient Merkel wirklich?“, FZ-Verlag, München, 2006 (Merkelbiografie)
375 Marx, Karl: Lumpenproletariat, Wikipedia vom 29.11.2011
376 Mannheimer Morgen, 2001: Heidelberger Leserzuschriften
377 Roth, Matthias: „Skandal um Skandalstück“, Rhein-Neckar-Zeitung vom 10.04.01
379 Wieland, sämtliche Werke; 58-bändige Ausgabe von Gruber
380 Gorgas, Gabriele: „Buh-Konzert im Schauspielhaus“, DNN vom 28.02.2011
381 Hahnewald, Edgar: „Sächsische Heimatbilder“. Kapitel „Otto Altenkirch – ein Maler

der sächsischen Landschaft“, F. A. Brockhaus Verlag, Leipzig, 1989

382 Staatsvertrag der Bundesrepublik Deutschland über den Schutz der Menschenwürde und den Jugendschutz in Rundfunk und Telemedien vom 10.09.2002

383 Jugendrecht, 32. Auflage, 2011, Beck-Texte im dtv

384 Niemetz, Gustav: „Geschichte der Sachsen“, Oberlausitzer Verlag, 2009

385 DNN 12./13. 05. 2012

386 Kultur-Spiegel, März 2011, Heft 3

387 Thielemann-Kaiser-Gespräch „Beethoven entdecken“, 2011, im zdf.Kultur-TV-Kanal, Bernsteins 9. Sinfonie Beethovens zum Fall der Mauer in Berlin

388 „Brandauer liest Mozart“, CDs vom Verlag Lübbe Audio, Verlagsgruppe Lübbe GmbH & Co. KG. Bergisch Gladbach, 2006

389 Tito: Aus dem Libretto von Caterino Mazzola nach Pietro Metastasio zur Oper „La Clemenza di Tito“ von Wolfgang Amade Mozart.

390 Schindler, Anton: „Beethovenbiographie“, Münster, 1840

391 Kaiser, Georg: „Beiträge zu einer Charakteristik Carl Maria Webers als Musikschriftsteller“, Leipzig, 1910

392 Herz, Joachim; Oper mit Herz I, (Seite 399) 2010, Verlag Christoph Dohr Köln

393 Schneider: DNN vom 05.04.2012, “Zitat des Tages“

394 Prinzhornmuseum: „Wahnsinnige Kunst“, Arte-TV am 02.04.2012

395 Schuler, György: „Wenn Mozart ein Tagebuch geführt hätte“, Verlag Corvina, Budapest, 1961

396 Schiller, Friedrich: „Über Anmut und Würde“

397 FAZ vom 12.04.2012: „Ketzer in Hannover“

398 Rauterberg, Hanno: “Und das ist Kunst?”, Fischer Taschenbuch Verlag, Frankfurt a. M., 2011

399 Planck, Max: Vorträge und Erinnerungen, „Naturwissenschaft und Religion“, Wissenschaftliche Buchgesellschaft Darmstadt 1970

400 DNN vom 12./13.11.2011

401 DNN vom 08.05,2012

402 Don Giovanni à trois, am 19.03.2009 im ZDF-Theaterkanal

403 Boulez, Pierre, Echo Klassik Magazin, 2011

404 Abert, Hermann: Wolfgang Amadeus Mozart

405 Rößler, Herbert, Gedichte „Windsamen“. Verlag Albert Schneider, Bingen am Rhein

406 Herzenberger, Christian, A 4020 Linz, Ramsauerstraße 83

407 Kishon, Ephraim, „Picassos süße Rache“, Langen Müller in der F. A. Herbig Verlagsbuchhandlung GmbH, München/Berlin, 1995

408 Mercedes E-Coupé vom 31.12 2008

409 Bibel-TV am 29.06.2012, 20^{15}

410 OS-DE 198 20 946 A1 und OS-DE 100 21 559 A1

411 Haeberle, Ingrid. Aus der Beilage zu „Complete Mozart Edition

412 Alt, Peter-André: „Ästhetik des Bösen“, C.H. Beck Verlag, München, 2010

413 Gruberova, Interview in Bunte 28/2012

414 http://www.welt.de/multimedia/archive/00437/museum01-DW-Hamburg-437166g.jpg, 02.07.2012
415 Dähn, Rolf, Feuilleton der FAZ vom 02.12.2010
416 Schiller, Friedrich: „Über Anmut und Würde“, 1793
417 Reichert, Oberstudiendirektor, Schwetzingen. Art Nr. 12, 1992
418 Roth, Andreas: „Gott steht über den Dingen“, Der Spiegel 28/2012
419 Nicolaus, Frank: „Nur mit Bildern ins Paradies“, art Nr. 12, Dezember 1992
420 Helmes, Peter: „Die blutigen Ikonen der Grünen“. Die Deutschen Konservativen, Hamburg, 2012
421 Röser, Johannes in „Christ der Gegenwart“ Nr. 31, S.339
422 Dolak, George: „Hakenkreuz-Schmerzen“, Focus 31/2012
423 Voss, Egon: Textbuch zu „Richard Wagner Parsifal, ein Bühnenweihfestspiel“, Verlag Philipp Reclam jun. Stuttgart, 2005
424 Vill, Susanne: „Parsifal“. Eine Inszenierungsanalyse mit Kommentaren
425 Röser, Johannes: „Christ der Gegenwart“, Nr. 31 vom 29.07.2012; Seite 339
426 Kronsbein, Joachim: „Das Kultische ist mir fremd“, Der Spiegel 29/2012
427 Zitat des Monats in ARTE Magazin 10/2012
428 Will Grohmann: „Im Netzwerk der Moderne“, Ausstellungskatalog 2012, herausgegeben von Konstanze Rudert
429 Kleine Weisheiten für Musikfreunde. Philipp Reclam jun. Stuttgart 2007
430 Firmenzeitschrift „ABB Kontakt“, 5/2012
431 Carolin Pirich, Die Zeit; Nr. 52, 19.12.2012
432 Heumann, Monika und Hans-Günther: „Das große Buch der Musikerwitze“; Schott Musik International GmbH & Co. KG., Mainz
433 Fluxus, Wikipedia Foundation Inc.
434 Heidenreich, Elke. „Passione – Liebeserklärung an die Musik“
435 Glanz & Klang, Magazin der Sächsischen Staatskapelle Dresden, 2012/2013
436 Liessmann, Konrad, Paul: Lob der Grenze; Paul Zsolnay Verlag
437 „Das Streiflicht“, Süddeutsche Zeitung vom 26./27.01.2013
438 Gisela Foerster: „Falsche Benutzung“, Funkuhr, Heft 8, 2013
439 „Künstler hautnah: Jonathan Meese“, ZDF-Kultur am 6. Februar 2013.
440 „Der radikale Gärtner, Grenzgänge in Kunst und Werbung“, ZDF-Kultur am 6. Februar 2013
441 „Durch die Nacht mit Jessica Schwarz und Jonathan Meese“, ZDF-Kultur am 6. Februar 2013
442 Wagner, Richard „Das Judentum in der Musik“, Leipzig, 1869, Verlagsbuchhandlung von J. J. Weber. Auch Wikisource, die freie Quellensammlung
443 Hilmes, Oliver: „Herrin des Hügels“. Siedler Verlag, München, 2007
444 Aus Wikipedia, die freie Enzyklopädie vom 15.03.2013
445 Gruber, Reinhars, H. arte-TV am 14.04.2013: „Die Zauberflöte“
446 Aust, Diana: Interview mit Corinna Belz über den Künstler Gerhard Richter. Gesendet von Arte-TV am 17.04.2013

447 Gantenbrink; Mönnich; Rauss; Ross; Schröm; Wüllenweber. „Bushido – Frank Sinatra in Jogginghosen". Stern Nr. 17 vom 18.04.2013
448 Kleeberg, Dr. Fritz: „Keine Kunst fürs Volk", DNN vom 20./21.04.2013
449 Heidenreich; Thielemann: „Ein Ausgefuchster Orchestertüftler" in Semper Oper Dresden Saison 2013/14
450 Brüggemann, Axel: „Im Wagnerwahn", Arte-Magazin 5/2013
451 Llosa, Mario Vargas: „Alles Boulevard. Wer seine Kultur verliert, verliert sich selbst", Suhrkamp-Verlag, Berlin.
452 Matussek, Matthias: „Predigt zum Zerfall", Der Spiegel 16/2013
453 Hagen, Gunther von: Der Zyklus der Zeiten; SIMs Kultur.net, 2013
454 Fischer, Guido: Le sacre du Printemps: Prähistorischer Jazz; Rondo 3/2013
455 Wüllenweber, Walter: „Die Asozialen", Deutsche Verlags-Anstalt, München, 2012
456 Gropp, Rose-Maria: „Wo der Künstler um sich selbst kreist", FAZ, 27.06.2013
457 Paul, Jürgen, Professor, Dr.: „Kunst, was ist das?", fama, Die Kunstzeitschrift aus Sachsen, 1996
458 Paul, Jürgen, Professor, Dr.: Funktionen der Kunst, heute? Morsbroicher Kunsttage, Standort Deutschland, Leverkusen, 1997
459 Spranger, Günter: Der rote Sperling von Siebenlehn, Greifenverlag zu Rudolstadt, 1985
460 Heumann, Monika und Hans-Günter: Das große Buch der Musikerwitze. Schott Music International GmbH &Co. KG, Mainz, 2005
461 Büning, Eleonore: „Zynische Verlierer in der Parallelbilderbild", FAZ 29.07.2013
462 Prizkau, Anna: „Bergheim im Frankenland", Frankfurter Allgemeine Sonntagszeitung, 04.08.2013
463 Stöber, Harald: Der Orient - Die Quelle unserer Kultur. Engelsdorfer Verlag 2012
464 Ariane - Liebe am Nachmittag; Arte Magazin 9/2013
465 Adorno, Theodor W.: „Einleitung in die Musiksoziologie. Zwölf theoretische Vorlesungen", 2. Aufl., Reinbek, 1968, S. 226
467 Erhardt, Heinz; „Von der Pampelmuse geküsst", Philipp Reclam jun., Stuttgart, 2005
468 Langner, Ralph: Psychologie der Literatur. Psychologie Verlags Union, Weinheim
469 Lütteken, Laurenz; „Der andere Strauss", Crescendo 7/2013
470 Clemens, Amely: Die Politik war nicht dabei. DNN vom 29.11.2013
471 epd; Rückblick auf „Alarmzustand"; DNN vom 30.11. / 01.12. 2013
472 Iris Wagner, 71-jährig gestorben. dpa; DNN 10.01.2014
473 Merkel-Plakat mit Hakenkreuz. DNN 09.01.2014
474 Prospekt des Hotels Moseralm, Südtirol; 18.Juli 2013
475 Born, Gunthard: „Mozarts Musiksprache", München 1985
476 Mozart; Köchelverzeichnis; Verlag Breitkopf & Härtel, Wiesbaden, 1983
477 Lange, Joachim; „Ein König, ein Pferd, die Burg und kein Ende", DNN März 2013
478 Assmann, Jan: „Die Zauberflöte", Manesse Verlag, Zürich
479 Christine Mielitz, in einem Programmheft des Jahres 2014 der Dresdner Aufführung „Moskau, Tscherjomuschki" von Schostakowitsch

480 Hahne, Peter: „Leid – warum lässt Gott das zu?“, ISBN 978-3-8429-1002-7

481 Fleischhauer, Jan: „Unter Linken, von einem, der aus Versehen konservativ wurde“, Rohwohlt Verlag GmbH, Reinbek bei Hamburg, 2009

482 Weissflog, Heinz: „Die Linie als existenzielles Ereignis“, DNN vom 7./8. Juni 2014

483 Funk Uhr, August 2014, Heft 34, Seite 31

484 Arte Magazin, Nr. 7, 2014, S.46

485 Gottfried Wilhelm Leibnitz: Die Theodizee von der Güte Gottes, der Freiheit des Menschen und dem Ursprung des Übels. Suhrkamp Taschenbuch Verlag, Frankfurt a. M., 1965

486 May, Nina: „So schön kann Mord sein“, Dresdner Neueste Nachrichten (DNN) 11./12.10.2014

487 Brüggemann, Axel: „Die Oper ist kein Quickie!“; Cescendo 6/2014

488 Frauenholzer, Robert: „Zugabe“; Rondo 5/2014

489 „Bartoli bleibt bis 2021 in Salzburg“. DNN Nr. 277 vom 29./30.11.2014

490 Adolphs, Volker; Hoberg, Annegret: „August Macke und Franz Marc. Eine Künstlerfreundschaft. Hatje Cantz Verlag.

491 Klunker, Bistra; Diagnose Faust – eine Verführungskunst. DNN 01.12.2014

492 Johanna di Blasi: „Terrorist der Phantasie“, DNN 02.12.2014

493 Weigelt, Nada: Marx kauft „Das Kapital“. DNN vom 25.02.2015

494 Ortag, Peter: Jüdische Kultur und Geschichte; ISBN 3-932502-04-3

495 Jeffererson, Alan: „Elisabeth Schwarzkopf“, Verlag Langen Müller, München

496 Vaughan, Roger: „Ein biographisches Porträt“; Ullstein Taschenbuchverlag

497 „Die geheime Physik des Zufalls. Quantenphänomene und Schicksal“

498 Lebrecht, Norman: „The Maestro Myth: Great Conductors in Pursuit of Power”

499 Stöber, Harald: “Afrikas magische Fremdheit“, Engelsdorfer Verlag, 2011,

500 „Die Macht der Hormone“, Funkuhr Nr. 25, 2015

501 Hartlap, Detlef: „Heiter bis tödlich“, prisma Nr. 29/2015

502 Strauss, Gabriele, Wunderlich, Barbara: „Der Patriarch-Richard Strauss und die Seinen“, Artus Musik GmbH, 2014

503 Goertz, Wolfram: „Freiheit und Grenzen der Kunst“, RP ONLINE, 10.05.2013

504 Krause, Peter: „Es ist mal Schluss mit Hurzen!“, concerti; Juli/August 2015

505 Korfmacher, Peter: „Versuche über die Unmöglichkeit der Liebe“, DNN vom 27.07.2015

506 Maaßen, Dr. Wolfgang: „Bildzitate in Gerichtsentscheidungen und juristischen Publikationen“, ZUM 11/2003

507 Schricker; Urheberrecht § 51 Rn. 31. Wandtke / Bullinger / Lüft, „Praxiskommentar zum Urheberrechtsgesetz § 51 Rn. 13“.

508 Rössler, Mechtild: „Wir brauchen ein Bekenntnis zu sauberem Kunsthandel.“ ARTE Magazin 8/2016

509 Hamann, Brigitte: „Winifred Wagner oder Hitlers Bayreuth“, Piper München Zürich 2002

24. Bildzitate

Das zitierte Bildmaterial steht in enger, innerer Verbindung zu dem hier vorliegenden Buch. Es wurden keine Änderungen, insbesondere keine sinnentstellenden, an dem Bildmaterial vorgenommen. Das ernsthafte, methodisch strukturierte, eigene geistige Streben nach Erkenntnis und deren Vermittlung sollte die Wissenschaftlichkeit des vorliegenden Buches erkennen lassen. Es diente der geistigen Auseinandersetzung mit fremden Werken und musste dafür mit deren Bildmaterial erläutert werden.

Nr.	Bezeichnung	Bildzitat aus/von	Lit.
1	Kreuz mit Perle	Archiv Autor	
2	Aquarell	Berthold, Martin, Vater des Autors	
3	Nackte Politiker	Lenk, Peter	38
4	Freifrau in Weimar	Altwein, Anne-Katrin, Foto: Autor	
5	Weinendes Mädchen	Haller, Hermann	34
6	Die Bergung	Burger, Jonas	398
7	Kinderkunst I	Elias Haufe, Enkel des Autors	
8	Kinderkunst II	Elias Haufe, Enkel des Autors	
9	Brunnen in Kefelar	Foto: Archiv Autor	
10	Die Strandkönigin	Gruppe „endart“	100
11	Das Böse	Foto Autor; Am Dom zu Merseburg	
12	Windsamen	Rößler, Herbert	405
13	Zeichnung unter LSD-Einfluss	Hrdlicka, Alfred 1968	114
14	Technisches Kunstwerk „Blaues Wunder“ in Dresden	Foto: Autor	
15	Hintersee	Foto: Autor	
16	Dentriden	Foto: Autor	
17	Schrottkunstwerk	Grimsehlpass; Foto: Autor	167
18	Ich bin das Licht der Welt	Münch, Eberhard	228
19	Dresdner Engel	Wenzlik, Judith	385
20	Schutzengel	Amrhein, Elvira	28
21	In Wahrheit ist es Liebe	Amrhein, Elvira	28
22	Auferstehung	Grünewald, Matthias, Isenheimer Altar	357
23	Würgeengel	Pohl, Franz	37

25. Einige Künstler, die in Max Nordaus Zeit lebten und die von ihm nicht als Entartete, sondern lobend hervorgehoben wurden. In Spalte 5 verweise ich auf die entsprechenden Stellen in seinem Buch „Entartung“.

Nr.	Name	Von - bis	Kunstart	Band/Seite
8	De Amicis	1846-1908	Dichtung	II / 420
4	Auerbach, Berthold	1812-1882	Dichtung	II / 417
5	Baumbach, Rudolf	1840-1905	Dichtung	II / 470
6	Boerne,		Dichtung	II / 472
2	Dumas der Jüngere	1824-1895	Dichtung	
9	Eliot, George	1819-1880	Dichtung	II / 419
10	Fontane, Theodor	1819-1898	Dichtung	II / 470
12	Gutzkow, Karl	1811-1878	Dichtung	II / 472
13	Hauptmann, Gerhard	1862-1946	Dichtung	II / 497-504
14	Heiberg, Gunnar	1857-1929	Dichtung	II / 470
15	Heine, Anselm	1855-1930	Dichtung	II / 472
25	Heine, Heinrich	1797-1856	Dichtung	
16	Humboldt, Wilhelm	1767-1835	Dichtung	II / 420
11	Keller, Gottfried	18191890	Dichtung	II / 419
7	Liliencorn, Detlew von	1844-1909	Dichtung	II / 470
1	Monet, Claude	1840-1926	Malerei	
17	Nachtigall		Dichtung	II / 420
24	Renoir, Pierre, Auguste	1841-1919	Malerei	
18	Schweinfurt		Dichtung	II / 420
19	Sudermann, Hermann	1857-1928	Dichtung	II / 513
20	Turner, William	1775-1851	Malerei	
21	Uhland, Ludwig	1787-1862	Dichtung	
22	Wieland, Christoph	1733-1813	Dichtung	II / 537; 539; 540
3	Wolzogen, Ernst Freiherr v.	1855-1934	Dichtung	II / 494

26. Einige der bekanntesten malenden, bildhauernden und komponierenden Künstler, die im 3. Reich völlig zu Unrecht als entartet galten

Barlach, Ernst	Maler
Beckmann, Max	Maler
Berg, Alban	Komponist
Bloch, Ernst	Komponist
Braque, Georges	Maler
Chagall, Marc	Maler
Corinth, Lovis	Maler
Dix, Otto	Maler
Ernst, Max	Maler
Fall, Leo	Komponist
Feininger, Lyonel	Maler
Gaugin, Paul	Maler
Gogh, van; Vincent	Maler
Grosz, George	Maler
Hindemith, Paul	Komponist
Kandinsky, Wassily	Maler
Kirchner, Ernst Ludwig	Maler
Klee, Paul	Maler
Kokoschka, Oskar	Maler
Lehmbruck, Wilhelm	Bildhauer
Liebermann, Max	Maler
Marc, Franz	Maler
Matisse, Henri	Maler
Modersohn-Becker, Paula	Maler
Munch, Edvard	Maler
Nolde, Emil	Maler
Picasso, Pablo	Maler / Bildhauer
Schmidt-Rottluff, Karl	Maler
Schönberg, Arnold	Komponist
Stravinsky, Igor	Komponist
Weill, Kurt	Komponist

27.0 Einige Merkmale des Bösen

1 Ausschweifung
2 Betrug
3 Blasphemie
4 Böse Gedanken
5 Bosheit
6 Brandstiftung
7 Diebstahl
8 Diktatur der Kunst
9 Diktatur, politische
10 Ehebruch
11 Faulheit
12 Geiselnahme
13 Geiz
14 Gesetzesbruch
15 Gewalt
16 Gier
17 Gleichgültigkeit
18 Gotteslästerung
19 Grausamkeit im Handeln
20 Grausamkeit, politische (s. Schwarzbuch des Kommunismus)
21 Habgier
22 Hass, ethnischer
23 Hinterlist
24 Hochmut
25 Hurerei
26 Lästerei
27 Mord
28 Neid
29 Rassismus
30 Raub
31 Rauchen
32 Ruchlosigkeit
33 Sachbeschädigung (s. Strafgesetzgebung)
34 Sauferei
35 Schwatzhaftigkeit

36 Sexuelle Begierde
37 Spott
38 Trunkenheit
39 Tyrannei
40 Ungehorsam
41 Ungerechtigkeit
42 Unrecht
43 Untreue
44 Unvernunft
45 Unzucht
46 Verfolgung, politische
47 Verfolgung, religiöse
48 Verhöhnung
49 Verhöhnung religiöser Symbole
50 Verletzen, körperlich
51 Verletzen, seelisch
52 Verleumdung
53 Vertragsbruch
54 Völlerei
55 Wortbruch
56 Zorn, unberechtigter

28. Fachausdrücke zum Verständnis der „Psychologie der modernen Kunst“ (146)

Abendland	Okzident oder Occident von occidens (lat.) = Untergang (der Sonne). Abendland, die Gegend, wo, von Italien aus, die Sonne scheinbar untergeht, im Gegensatz zum Orient. Heute zusammenfassende Bezeichnung für die westlichen Länder, insbesondere des „Mittelmeerischen Kulturkreises“, also auch Deutschlands (24).
Absolut	Von der Art oder so beschaffen, dass es durch nichts beeinträchtigt, gestört, eingeschränkt ist; uneingeschränkt, vollkommen, äußerst, beziehungslos.
Abstrakt	Vom Dinglichen gelöst, rein begrifflich, theoretisch ohne unmittelbaren Bezug zur Realität.
Abstrakte Kunst	Kunstrichtung, die vom Gegenständlichen absieht.
Abstraktion	Auf zufällige Einzelheiten verzichtende, begrifflich zusammengefasste Darstellung. (nach Winkler das Weglassen, Verkürzen und Komprimieren.
absurd	Widersinnig, dem gesunden Menschverstand widersprechend, sinnwidrig, abwegig, sinnlos
Absurdes Drama	Moderne, dem Surrealismus verwandte Dramenform, in der das Sinnlose und Widersinnige der Welt und des menschlichen Daseins als tragendes Element in die Handlung verwoben ist.
Absurdes Theater	Form des modernen Dramas, bei der Irrationales und Widersinniges, sowie Groteskes als Stilmittel verwandt werden, um die Absurdität des Daseins darzustellen.
Absurdismus	Moderne Theaterform, die ganz bestimmte antirealistische Stilmittel verwendet und satirische Zwecke verfolgt.
Ad absurdum	Ad absurdum führen heißt u. a., die Unsinnigkeit eines Vorgangs, einer künstlerischen Tätigkeit usw. zu beweisen.
Agnostiker	Leugner der rationalen Erkenntnis des Göttlichen oder Übersinnlichen
Agnostizismus	Sammelbegriff für alle philosophischen und theologischen Lehren, die eine rationale Erkenntnis des Göttlichen oder Übersinnlichen leugnen.
Ästhetik	Wissenschaft vom Schönen, Lehre von der Gesetzmäßigkeit und Harmonie in Natur und Kunst (146).

	Der ursprünglichen Wortbedeutung nach, ist die Ästhetik (griechisch: aisthanesthai, d. h. durch die Sinne wahrnehmbar, sinnlich anschaubar) nicht nur die Wissenschaft von dem was gefällt, sondern auch von dem, was nicht gefällt, also missfällt (24).
Affekt	Heftige Erregung, Zustand einer außergewöhnlichen seelischen Angespanntheit oder Leidenschaft
Altruismus	Durch Rücksicht auf andere gekennzeichnete Denk- und Handlungsweise; Selbstlosigkeit, Uneigennützigkeit, Aufopferungsfähigkeit (s. Fabian; Hauptmann von Kapernaum)
Ambivalenz	Abneigung und Zuneigung zugleich; Zwiespältigkeit, innere Zerrissenheit
Anachronismus	Falsche zeitliche Einordnung von Vorstellungen, Sachen oder Personen. Verlegung, das Hineinstellen einer Erscheinung usw. in einen Zeitabschnitt, in den sie historisch gesehen nicht hineingehört.
Anarchist	Jemand, der jede staatliche Organisation und Ordnung ablehnt.
Antagonismus	Gegensatz, Gegnerschaft, Widerstreit, Widerstand, einzelne gegensätzliche Erscheinungen, gegeneinander gerichtete Wirkungsweise
Apologie	Rechtfertigung einer Lehre; Verteidigungsschrift
Aporie	Ratlosigkeit, Verlegenheit. Die Unmöglichkeit, eine philosophische Frage zu lösen, zu beantworten, in einer bestimmten Situation die richtige Entscheidung zu treffen oder eine passende Lösung zu finden. Ausweglosigkeit.
Archaisch	Altertümlich, frühzeitlich, nach alten Vorbildern gestaltend
Archetyp	Komponente des kollektiven Unbewussten im Menschen, die die ererbte Grundlage der Persönlichkeitsstruktur bildet.
Archetypisch	Der Urform, dem Urbild entsprechend
Assoziation	Vereinigung, Zusammenschluss; Verknüpfung von Vorstellungen, von denen die eine die andere hervorgerufen hat.
Asyntaxis	Ohne Gliederung. Nichtgliederung
Atavismus	Das Wiederauftreten von Merkmalen der Vorfahren, die den unmittelbar vorhergehenden Generationen fehlen. Entwicklungsgeschichtlich als überholt geltendes körperliches oder geistig-seelisches Merkmal.
Autismus	Bei schizoiden und schizophrenen Personen vorkommende

	psychische Störung, die sich in krankhafter Ichbezogenheit und affektiver Teilnahmslosigkeit, Verlust des Umweltkontaktes und/oder der Richtung, Flucht in die eigene Fantasiewelt äußert.
Avantgardismus	Fortschrittlichkeit; für eine neue Idee eintretende kämpferische Richtung auf einem bestimmten Gebiet, besonders in der Kunst
Berserker	Kampfwütiger, sich wild gebärdender Mann
Bildagglutination	Bildzusammenballung, Bildverdichtung insbesondere im Surrealismus
Blasphemie	Gotteslästerung, Gottesbeschimpfung, verletzende Äußerung über etwas Heiliges
brillieren	Herausstechen, glänzen
Charakter	Gesamtheit der geistig-seelischen Eigenschaften eines Menschen; seine Wesensart; eigentümliche Geschlossenheit einer Aussage
Dadaismus	Nach dem kindersprachlichen Stammellaut „dada" benannte Kunstrichtung nach 1916, die die absolute Sinnlosigkeit und einen konsequenten Irrationalismus in der Kunst proklamiert.
Dandy	Ein sich übertrieben modisch kleidender Mann
decouvrieren	sich herausstellen
degoutant	ekelhaft, abstoßend
Dekadenz	Verfall, Entartung, sittlicher und kultureller Niedergang
Demagoge	Einer, der durch leidenschaftliche Reden verführt, verhetzt.
Demenz	Erworbener Schwachsinn; auf organischen Hirnschädigungen beruhende dauernde Geistesschwäche
destruktiv	Zersetzend, zerstörend; bösartig, zum Zerfall führend
Dogma	Fester, als Richtschnur geltender Lehr- und Glaubenssatz
dogmatisch	Starr an eine Ideologie oder Lehrmeinung gebunden bzw. daran festhaltend
editorisch	Die Herausgabe eines Buches betreffend; verlegerisch
Eidetik	Fähigkeit sich Objekte oder Situationen so anschaulich vorzustellen, als ob sie realen Wahrnehmungscharakter hätten.
Emotion (emotional)	Gemütsbewegung, seelische Erregung, Gefühlszustand, innere Erregung, (gefühlsmäßig)
Empirie	Erfahrungswissen

esoterisch	Nur für Eingeweihte, Fachleute bestimmt und verständlich, geheim.
Efferenz	Erregung, die über die herausführenden Nervenfasern vom Zentralnervensystem zur Peripherie geführt wird und die Motorik, das ist die Gesamtheit der willkürlichen aktiven Muskelbewegungen, in Gang setzt.
em.	Emeritus, d. h. im Ruhestand Befindlicher
Erotomanie	Krankhaft übersteigertes sexuelles Verlangen
Eskapade	Falscher Sprung eines Schulpferdes, mutwilliger Streich, Seitensprung, Abenteuer, abenteuerlich-eigenwillige Unternehmung
Expressionismus	Ausdruckskunst
extravertiert oder extrovertiert	Nach außen gerichtet, für äußere Einflüsse leicht empfänglich
exzessiv	Das Maß überschreitende Orphik (das ist eine religiös-philosophische Geheimlehre der Antike, die Erbsünde und Seelenwanderung lehrte)
fanatisch	Dogmatisch verfechtend, verbohrt, blind eifrig und rücksichtslos für etwas einsetzend
Feuilleton	„Beiblättchen“, kultureller Teil einer Zeitung, literarischer Beitrag in einer Zeitung. Oft sind damit auch die Beitragenden gemeint.
Fin de siècle	Epochenbegriff als Ausdruck eines dekadenten, bürgerlichen Lebensgefühls in der Gesellschaft, Kunst und Literatur am Ende des 19. Jahrhunderts
fluodoid	Im Dudenfremdwörterbuch nicht aufgeführt. Das Wort „fluodoid“ ist auch dem Autor nicht bekannt; er vermutet dahinter eine „Wortschöpfung“, wie man sie von Adorno her kennt.
fragil	Zart, zerbrechlich
Frenetisch	Stürmisch, rasend, tobend
Futurismus	Den völligen Bruch mit der Überlieferung und ihren Traditionswerten fordernd
grotesk	Durch eine Übersteigerung oder Verzerrung absonderlich, fantastisch wirkend; absurd, lächerlich.
Groteske	Erzählform, die Widersprüchliches, z. B. Komisches und Grauenerregendes verbindet.

Groteskkopplung	Bevorzugung der Zusammenballung an sich unsinniger, allgemeiner, menschlicher Erfahrung nach vollkommen unzusammenhängenden Tatbeständen
Happening	Spontane oder improvisierte öffentliche Veranstaltung, oft unter Mitwirkung des Publikums, die als Kunstereignis mit überraschender oder schockierender Wirkung betrachtet werden kann und Körperkunst.
Hebephrenie	Jugendirresein; Form der Schizophrenie
Hypertrophie	Übermäßige Vergrößerung von Geweben und Organen infolge Vergrößerung der Zellen, meist bei erhöhter Beanspruchung. Überspanntheit, Überzogenheit Überspannte, überzogene Gedankengänge im Menschen also auch im Künstler
Illusion	Wunschdenken
Impressionismus	Stilrichtung, die den zufälligen Ausschnitt aus der Wirklichkeit darstellt und bei der Farbe und Komposition von subjektivem Reiz des optischen Eindrucks unter der Einwirkung des Lichts bestimmt sind. Eine betont subjektive, möglichst differenzierte Wiedergabe persönlicher Umwelteindrücke mit Erfassung der Stimmungen, des Augenblickhaften und Flüchtigen erstrebend.
integer	Unbescholten, ohne Makel, unbestechlich.
interpretieren	Auslegen
introvertiert	Nach innen gewandt, zur Innenverarbeitung der Erlebnisse veranlagt
Immanenz	Beschränkung auf das innenweltliche Sein
Ironie	Feiner verdeckter Spott, mit dem man etwas dadurch zu treffen sucht, dass man es unter dem auffälligen Schein der eigenen Billigung lächerlich macht.
irrational	Mit der ratio, dem Verstand nicht fassbar, dem logischen Denken nicht zugänglich; vernunftswidrig.
Kakophonie	Missklang
katathym	Affektbedingt, wunschbedingt, durch Wahnvorstellungen entstanden
Katatonie	Form der Schizophrenie mit Krampfzuständen der Muskulatur und mir Wahnideen; Spannungsirresein
Kasuistik	1. Der Teil der Sittenlehre, der für mögliche Fälle des praktischen Lebens im Voraus an Hand eines Systems von Geboten das rechte Verhalten bestimmt.

	2. Der Versuch und eine Methode oder einer Rechtsfindung, die nicht von allgemeinen, umfassenden, sondern spezifischen, für möglichst viele Einzelfälle gesetzlich geregelten Tatbeständen ausgeht.
	3. Wortverdreherei, Haarspalterei, Spitzfindigkeit
kausal	Ursächlich
Konstruktivismus	Bildgestaltung mithilfe rein geometrischer Formen. Kompositionsweise mit Überbewertung des formalen musikalischen Satzbaues
Kontext	Zusammenhang; der umgebende Text einer gesprochenen oder geschriebenen sprachlichen Einheit
Konvention	Regeln des Umgangs, des sozialen Verhaltens, die für die Gesellschaft als Verhaltensnorm gelten.
konziliant	Umgänglich, verbindlich, freundlich, versöhnlich
Korrepetitor	Assistent des Kapellmeisters
Koryphäe	An der Spitze Stehender; jemand, der auf seinem Gebiet durch außergewöhnliche Leistungen hervortritt
latent	Versteckt, verborgen, vorhanden, aber nicht hervortretend, nicht offenkundig. Ohne typische Merkmale vorhanden, nicht gleich erkennbar, kaum oder nicht in Erscheinung tretend.
L'art pour l'art	Die Kunst für die Kunst
Lepra	Aussatz, Hansen-Krankheit
Logik	Lehre vom folgerichtigen Denken, vom richtigen Schließen aufgrund gegebener Aussagen; zwangsläufig, zwingende, notwendige Folgerung
Mainstream	Abwertend für die vorherrschende Meinung oder Richtung
Manna	Vom Himmel gefallene Nahrung für die Israeliten in der Wüste nach ihrem Auszug aus Ägypten; irgendeine Nahrung, die man auf wundersame Weise erhält.
Mäzen	Freigebiger Gönner und Geldgeber für Künstler
Masochismus	Das Empfinden von sexueller Erregung beim Erdulden von körperlichen oder seelischen Misshandlungen
membra disiecta	Glied, Körper, Teil eines Ganzen; Zerstreuungen (plural)
Metaphysik	Die philosophische Disziplin oder Lehre, die das hinter der sinnlich erfahrbaren, natürlichen Welt Liegende, die letzten Gründe und Zusammenhänge des Seins behandelt. Der marxistischen Dialektik entgegengesetzte Denkweise, die die

	Erscheinungen als isoliert und als unveränderlich betrachtet.
Metapher	Sprachlicher Ausdruck, bei dem ein Wort, eine Wortgruppe aus seinem eigentlichen Bedeutungszusammenhang in einen anderen übertragen wird, ohne dass ein direkter Vergleich zwischen Bezeichnendem und Bezeichnetem vorliegt; auch bildhafte Übertragung.
militant	Mit kriegerischen Mitteln für eine Überzeugung kämpfend
monoton	Ermüdend, eintönig
narzisstisch	Eigensüchtig, voller Selbstbewunderung, in sich selbst verliebt sein, krankhafte Selbstliebe, Ichbezogenheit, ichsüchtig
Negation	Verneinung; Ablehnung
obskur	Dunkel, zweifelhafter Herkunft, verdächtig, unbekannt
obszön	In einer das Schamgefühl verletzenden Weise auf den Sexual- und Fäkalbereich bezogen. Unanständig, schlüpfrig, sittliche und moralische Entrüstung hervorrufend. (Nur in unsittlichen und unmoralischen Menschen)
Orphik	Religiös-philosophische Geheimlehre der Antike, die Erbsünde und Seelenwanderung lehrte.
Pädophilie	Auf Kinder beiderlei Geschlechts gerichteter Sexualtrieb Erwachsener
Paradigma	Denkmuster, das das wissenschaftliche Weltbild, die Weltsicht prägt. Beispiel, Muster; Erzählung, Geschichte mit beispielhaftem, modellhaftem Charakter.
	Anzahl von sprachlichen Einheiten, zwischen denen in einem gegebenen Kontext zu wählen ist.
Paranoia	Torheit, Wahnsinn. Aus inneren Ursachen erfolgende, schleichende Entwicklung eines dauernden Systems von Wahnvorstellungen; sich in festen Wahnvorstellungen, z. B. Eifersuchts-, Propheten-, Verfolgungswahn, äußernde Geistesgestörtheit
paranoid	Paranoia ähnlich, z. B. von Formen der Schizophrenie, bei denen Wahnideen vorherrschen
Perseveration	Tendenz von seelischen Erlebnissen und Inhalten, im Bewusstsein zu verharren. Krankhaftes Verweilen bei ein und demselben Denkinhalt. Hängenbleiben an einem Gedanken oder einer sprachlichen Äußerung, ohne Rücksicht auf den Fortgang des Gesprächs. Das Gegenteil ist die Ideen- oder Gedankenflucht.

Persiflage	Feine, geistreiche Verspottung durch übertreibende oder ironisierende Darstellung bzw. Nachahmung
Phänomen, menschliches	Mensch mit außergewöhnlichen Fähigkeiten
phänomenal	Außergewöhnlich, einzigartig, erstaunlich, unglaublich
Phantasmagorie	Zauber, Truggebilde, Wahngebilde; künstliche Darstellung von Trugbildern, Gespenstern, u. a. auf der Bühne
fantastisch	Unwirklich, verstiegen, überspannt, unglaublich, großartig, wunderbar
Phonismus	Nicht auf Gehörwahrnehmungen beruhende Tonempfindung bei Reizung anderer Sinnesnerven
Phrase	Abgegriffene, leere Redensart, Geschwätz
phrenetisch	Wahnsinnig, besessen von Wahnvorstellungen
Potenz	Für Kunst nur: Fähigkeit und Leistungsvermögen
primitiv	Auf niedriger Kultur- und Entwicklungsstufe stehend, von geringem geistig-kulturellem Niveau; dürftig
proklamieren	Verkünden, erklären, aufrufen, kundgeben
Psychose	Seelische Störung, Geistes- oder Nervenkrankheit
Ratio	Verstand, Vernunft
rezipieren	übernehmen
Sadismus	Erregung, meist sexuelle Erregung, beim Ausführen körperlicher oder seelischer Misshandlungen. Lust am Quälen und an Grausamkeiten
Sarkasmus	Mitleidloser, beißender, höhnischer Spott
Satire	Ironisch-witzige, literarische oder künstlerische, bildliche Darstellung menschlicher Schwächen und Laster. Aber auch eine Literaturgattung, die durch Übertreibung, Ironie und Spott an Personen oder Zuständen Kritik üben möchte.
schizoid	Seelisch zerrissen, autistisch veranlagt
Schizophrenie	Bewusstseinsspaltung, Verlust des inneren Zusammenhangs der geistigen Persönlichkeit, Spaltungsirresein, innere Widersprüchlichkeit, Zwiespältigkeit, Unsinnigkeit, absurdes Verhalten
schizothym	Eine latent bleibende, noch nicht zum Durchbruch kommende Veranlagung zur Schizophrenie besitzend
Schizothymie	Innenlebigkeit, das Abschließen von der Umwelt, Autismus. Das der Außenwelt Abgeneigtsein, das Ungesellige, das Alleinsein betonte, die Ablehnung des menschlichen Ver-

	kehrs, Ängstlichkeit, Scheu, Schüchternheit, ironische Kälte, mürrische, verbohrte Stumpfheit, schneidende brutale, aktive Menschenfeindlichkeit, ständige seelische Konflikte. Nicht das Zerrbild einer Wirklichkeit, sondern das Abbild einer (angeblich) verzerrten Wirklichkeit
Sekundärkunst	Von J. E. R. Berthold geschaffener Begriff, wenn im Hörer oder Betrachter die Kunst des Künstlers in Resonanz tritt und dadurch Gefühle, z. B. wunderbare oder entsetzliche Gefühle erzeugt werden. Auch Nachempfinden.
Sezession	Absonderung, Trennung von einer Künstlergemeinschaft. In Österreich: Jugendstil
skurril	Auf lächerliche oder befremdende Weise eigenwillig, verschroben
Sodomie	Geschlechtsverkehr mit Tieren; früher auch Homosexualität, also auch analer Geschlechtsverkehr
Solipsismus	Erkenntnistheoretischer Standpunkt, der nur das eigene Ich mit seinen Bewusstseinsinhalten als das einzig Wirkliche gelten lässt und alle anderen Ichs mit der ganzen Außenwelt nur als dessen Vorstellungen annimmt.
somatisch	Im Unterschied zu Geist, Seele und Gemüt nur den Körper betreffend
somnambul	Schlafwandlerisch, nachtwandelnd, mondsüchtig
spiraloid	Im Dudenfremdwörterbuch nicht aufgeführt
Stereotypie	Das Wiederholen von sprachlichen Äußerungen oder motorischen Abläufen über einen längeren Zeitraum
Stil	Einheitliche und charakteristische Darstellungs- und Ausdrucksweise eines Künstlers oder einer Epoche
subjektiv	Persönlich, auf die eigene Person bezogen, von der eigenen Person aus urteilend, einseitig, parteiisch, unsachlich
subtil	Mit viel Feingefühl, mit großer Sorgfalt, Behutsamkeit, Genauigkeit vorgehend oder ausgeführt. In die Details, die Feinheiten gehend, fein strukturiert und daher schwer zu durchschauen, zu verstehen, schwierig, kompliziert.
Surrealismus	Richtung der modernen Literatur und Kunst, die das Bewusste, Unwirkliche und Traumhafte künstlerisch (also das Innenleben ausdrückend) darstellen will.
Symbol	Gegenstand oder Vorgang, der stellvertretend für einen anderen, nicht wahrnehmbaren, geistigen Sachverhalt steht.

	Sinnbild, Wahrzeichen. Ausdruck des Unbewussten, Verdrängen in Worten, Handlungen, und Traumbildern.
Synästethetiker	Mensch, der beim Betrachten eines Bildes in seinem Inneren Musik zu hören glaubt und umgekehrt. So spricht man auch von schreiendem Grün, kreischendem Rot etc., Noten hören
Syntax	Lehre vom Bau des Satzes als Teilgebiet der Grammatik; Lehre von der korrekten Art und Weise, sprachliche Elemente zu Sätzen zu ordnen. (Schon deshalb sind viele moderne Antinaturalisten nicht „normal", also von der Norm abweichend.)
Tetéletai!	Es ist vollbracht!
Transfiguration	Die Verklärung Christi und ihre Darstellung in der Kunst
Transformation	Umwandlung
Verismo	Kunst mit dem Ziel einer schonungslosen Darstellung der Wirklichkeit
Verismus	Krasse, wirklichkeitsgetreue künstlerische Darstellung
Vibrato	Mit Schwingen und leichtem Zittern oder Beben des Tones im Gesang und bei Streich- und Blasinstrumenten
zyklothym	Von extravertierter, geselliger, dabei aber Stimmungsschwankungen unterworfener Wesensart. Von weltoffenem, freien unbefangenem Sinn, anpassungsfähige, warme Menschenfreundlichkeit, mitlebend, mitfühlend, mitleidend, verständig und auch versöhnlich, verbindlich, freundlich, umgänglich, also konziliant
Zession	Übertragung